DENKMALE DES INDUSTRIEZEITALTERS

Mit herzlichen Grüßen

Alexander Kierdorf

24.10.05

Lehrstuhl für
Denkmalpflege und Bauforschung
der Universität Dortmund

Denkmale des Industriezeitalters

Von der Geschichte des
Umgangs mit Industriekultur

Alexander Kierdorf · Uta Hassler

Gefördert durch das Ministerium für Arbeit,
Soziales und Stadtentwicklung, Kultur und Sport
des Landes Nordrhein-Westfalen

Die Deutsche Bibliothek - CIP-Einheitsaufnahme
Denkmale des Industriezeitalters : von der Geschichte des Umgangs
mit Industriekultur / Hrsg.: Lehrstuhl für Denkmalpflege und
Bauforschung der Universität Dortmund. Uta Hassler ; Alexander
Kierdorf. - Tübingen ; Berlin : Wasmuth, 2000
ISBN 3-8030-0604-X

© 2000 Ernst Wasmuth Verlag Tübingen • Berlin
und Lehrstuhl für Denkmalpflege und Bauforschung der Universität Dortmund
Bearbeitung und Gestaltung: Lehrstuhl für Denkmalpflege und Bauforschung
der Universität Dortmund (Ellen Niehaus);
Atelier Reichert, Stuttgart
Repros, Druck und Bindung: Lipp GmbH, Graphische Betriebe, München

ISBN 3 8030 0604 X

Vorwort

Die Beschäftigung mit der Geschichte der Industriedenkmalpflege ist Teil der Auseinandersetzung mit den Wurzeln und Entwicklungen der postindustriellen Gesellschaft. An der Schwelle zum 21. Jahrhundert, in dessen erstem Jahr der Europarat mit der Kampagne „Europa – Ein gemeinsames Erbe" die öffentliche Aufmerksamkeit auf das baukulturelle Erbe lenkt, hat die wissenschaftsgeschichtliche Aufarbeitung dieser Thematik gerade im industriellen Kernland Europas eine besondere Bedeutung: Wie keine andere Region ist Nordrhein-Westfalen geprägt vom Industriezeitalter und der damit zusammenhängenden Umwandlung einer vormals agrarisch geprägten Kulturlandschaft in ein flächendeckendes Netz aus Industrie- und Verkehrsflächen mit Fördertürmen, Hochöfen, Kokereien, Maschinen- und Lagerhäusern, Gasometern, Leitungs-Trassen, Straßen, Kanälen und Schienen. Folgerichtig beteiligt sich das Land NRW mit dem „Jahr der Industriekultur" an der Europarat-Kampagne.

Die ästhetischen, städtebaulichen, ökologischen und kulturellen Qualitäten der oft denkmalwerten Anlagen sind in den vergangenen Jahren entdeckt worden, nicht zuletzt deshalb, weil sich Nordrhein-Westfalen früh zur Geschichte der Arbeit und der Industrialisierung bekannt hat: Schon im Nordrhein-Westfalen-Programm 1975 war es ein Anliegen der Landesregierung, verstärkt die Erhaltung wertvoller Bauten zu sichern, die für die technische und wirtschaftliche Entwicklung des Landes charakteristisch sind. Im 1980 in Kraft getretenen Denkmalschutzgesetz – seinerzeit im bundesdeutschen Vergleich eine Besonderheit – ist dann auch die Berücksichtigung der Arbeitswelt namentlich genannt. Flankiert wurde das Bekenntnis durch Schwerpunktsetzung in den entsprechenden Förderprogrammen und 1989 durch die Gründung der Internationalen Bauausstellung EmscherPark als ein auf zehn Jahre angelegtes integratives Steuerungs- und Handlungskonzept für die Profilierung der Region in Nordrhein-Westfalen, in welcher der Industrialisierungsprozeß die tiefsten Spuren hinterlassen hat. Ein bundesweit einmaliges Zeichen hat die Landesregierung außerdem mit der Gründung der Stiftung Industriedenkmalpflege und Geschichtskultur im Jahre 1995 gesetzt.

Der reiche Bestand und die Dynamik des wirtschaftlichen Wandels mit der schnellen Abfolge von Errichtung, Stillegung, Abriß oder Verfall haben dazu geführt, daß das Thema Industriedenkmalschutz und Industriedenkmalpflege sowohl im politischen Raum als auch innerhalb der einschlägigen Fachdisziplinen intensiv diskutiert und befördert wurde. Die Geschichte des Umgangs mit Industriedenkmalen in Theorie und Praxis ist deshalb ganz eng mit Nordrhein-Westfalen verbunden. Fallbeispiele für alle Phasen und Entwicklungsschritte lassen sich zwischen Rhein und Weser finden, und viele von denjenigen, die maßgeblich zur Theoriebildung und praktischen Umsetzung beigetragen haben, waren und sind in Nordrhein-Westfalen tätig.

Die vorliegende, am Lehrstuhl für Denkmalpflege und Bauforschung an der Universität Dortmund erarbeitete Publikation präsentiert und interpretiert nicht nur die Quellen zu Theorie und Praxis des Industriedenkmalschutzes und der Industriedenkmalpflege in den vergangenen 25 Jahren, sondern verfolgt die Geschichte dieser Disziplin bis zum Anfang des 19. Jahrhunderts zurück. Darüber hinaus wird mit den Beiträgen zu Werterhaltungsstrategien und der Nachhaltigkeitsidee der Bogen in die Zukunft geschlagen. Uta Hassler und Alexander Kierdorf haben damit wichtige Bausteine für die weitere Auseinandersetzung mit dem Thema in der beginnenden postindustriellen Epoche zusammengetragen.

Ilse Brusis
Ministerin für Arbeit, Soziales und Stadtentwicklung, Kultur und Sport

Inhalt

6 Vom Kultobjekt zur Ressource

9 I. Ansichten von Industrie im 19. Jahrhundert

11	Besichtigung der Industrielandschaft	
13	Nation und Welt	
15	Kaiser, Unternehmer und Arbeiter	
19	Suche nach dem Überbau	

Texte
1. Fischer, Hammerwerk Tiltinghouse, 1825 — 20
2. Schinkel, Birmingham; Manchester, 1826 — 21
3. Schopenhauer, Das Maastal, 1826 — 23
4. Schücking, Von Minden nach Köln, 1856 — 24
5. Thun, Ratingen-Cromford, 1879 — 26

29 II. Zwischen Heimatschutz und Technikgeschichte: Das Technische Kulturdenkmal

29 Anfänge vor dem Ersten Weltkrieg
34 Zwischen den Kriegen
43 Ungebrochene Fortsetzung in den 30er Jahren
51 Nachkriegszeit
55 Rückblick auf eine langsame Entwicklung

Texte
6. Miller, Rundschreiben, 1903 — 58
7. Eyth, Hammerwerk, 1904 — 59
8. Berger, Frohnauer Hammer, 1909 — 60
9. Bredt, Windmühlen, 1912 — 62
10. Loehr, Ausgestaltung, 1923/25 — 63
11. Matschoß, Technische Kulturdenkmäler, 1927 — 64
12. Matschoß, Satzung, 1928 — 65
13. Wildeman, Technische Kulturdenkmäler, 1931 — 66
14. Haßler, Technische Kulturdenkmale, 1931 — 69
15. Wildeman, Windmühlenprogramm, 1936 — 71

73 III. Die Industrie des 20. Jahrhunderts: Macht, Triumph und Zerstörung

73 Reform und Industriekultur
78 Von Krieg zu Krieg
80 Technik und die Kultur der Moderne
89 Industrie und Technik im Nationalsozialismus
94 Umgang mit historischer industrieller Bausubstanz

Texte
16. Rathenau, Mechanik des Geistes, 1913 — 97
17. Schultze-Naumburg, Industrielle Anlagen, 1917 — 98
18. Behrens, Über die Beziehungen, 1917 — 100
19. Clemen, Künstlerische Strömungen, 1925 — 102
20. Barthel, Kohle und Eisen, 1929 — 102
21. Diesel, Phänomen der Technik, 1939 — 104

107 IV. Die Entdeckung des industriellen Erbes: Industriearchäologie als Forschungsidee

109 Industriearchäologie in England
114 Forschung und Inventarisation
118 Erste industriearchäologische Aktivitäten in Deutschland
123 Internationaler Aufbruch der 70er Jahre
126 Industriearchäologie in den 80er Jahren
129 Industriearchäologie und Industrielandschaft
130 Ein neuer, unerwarteter Wissenschaftstyp?

Texte
22. Rix, Industrial Archaeology, 1955 — 132
23. Fischer, Anonyme Industriebauten, 1967 — 132
24. Buchanan, Industrial Archeology, 1972 — 133
25. Paulinyi, Industriearchäologie, 1975 — 137
26. Gubler, Industriearchäologie, 1980 — 138
27. Slotta, Einführung, 1982 — 139
28. Palmer/Neaverson, Industry in the Landscape, 1994 — 140

145 **V. Ein neues Geschichtsbild: Industriekultur, Alltag und demokratische Identität**

148	Die Literatur der Arbeitswelt: Geschichte und industrielle Realität	29. Wallraff, „Sinter zwo", 1966	167
		30. Günter, Schloß und Schlot, 1975	169
151	Aufbruch um 1970: „Geschichte als Aufkärung"	31. Ruppert, Industriekulturfonds, 1981	171
154	Kunstgeschichte und Massenkultur	32. Glaser, Maschinenwelt, 1981	173
157	Alltagskultur und Museum	33. Dülmen, Industriekultur, 1989	174
161	Industriekultur und Denkmalpflege	34. IBA EmscherPark, Positionspapier, 1992	174
164	Industriekultur als Zukunftsentwurf		

179 **VI. Die langsame Annäherung an das Industriedenkmal**

179	Stadtsanierung und Denkmalschutz	35. Wächtler/Wagenbreth, Ziele und Methoden, 1973	204
182	Definitionen und Begründungen	36. Neumann, Gegen den Planungstod, 1975	207
185	Inventarisation und Auswahl	37. Mörsch, Technische Denkmale, 1976	208
194	Bewertungskriterien	38. Slotta, Technische Denkmäler, 1982	211
197	Öffentliche Akzeptanz und Konflikte	39. Kühne, Zum Umgang, 1985	212
199	Industriedenkmale der Zukunft	40. Föhl, Industriedenkmalpflege, 1987	214

217 **VII. Entstehung und Wandel der Erhaltungkonzepte**

218	Zur Geschichte der Umnutzung	41. Weidner, Denkmalschutz und Stadtplanung, 1984	248
221	Moderne Architektur, Städtebau und historische Industriebauten	42. Framke, Industrieruine, 1987	250
		43. Dauskardt, Erbe, 1988	251
231	Denkmal und/oder Museum	44. Damus, Alte Fabriken, 1989	252
236	Begehbares Denkmal und Ruine	45. Buschmann, Kohle und Stahl, 1989	253
239	Pluralität der Erhaltungs- und Nutzungskonzepte	46. Selle, Die Unantastbarkeit, 1990	256
241	Gratwanderungen im Umgang mit dem Original	47. Bönnighausen, Museale Nutzung, 1991	258
245	Management der Industrielandschaft	48. Höhmann, Museen der Industrie, 1992	260

263 **VIII. Perspektiven: Deindustrialisierung und das Ideal ressourcenschonenden Wirtschaftens**

263	Grenzen der Fortschrittshoffnungen	49. Frank, Die Ökologische Rechnung, 1989	284
264	Strukturwandel und Deindustrialisierung	50. Grunsky, Kunstgeschichte und Wertung, 1991	285
265	Entwicklung des „Ökologischen Denkens"	51. Ganser, Strukturwandel, Geschichtlichkeit und Perspektiven des Ruhrgebiets, 1992	286
267	Industriemoderne und Landschaft		
270	Leitbilder einer neuen „Kulturlandschaft"	52. Petzet/Hassler, Reparaturkultur, 1996	292
272	Das Ideal der Nutzungskontinuität	53. Kornwachs, Entsorgung von Wissen, 1996	293
272	Die Entwicklung der Industrielandschaft	54. Kohler, Stoffflüsse im Bauwesen, 1996	294
274	Die IBA EmscherPark als Steuerungsmodell	55. Enquete-Studie, Umweltbelastungen durch Bauen und Wohnen, 1997	295
275	Zur Verteidigung alter Industrielandschaften gegen eine industrialisierte „Regionalfolklore"		
		56. Huse, Unbequeme Denkmale, 1997	296
277	Der Nachhaltigkeitsgedanke		
279	Industrielles Wirtschaften und konservatorische Ziele		

298 Zeittafel zur Industriedenkmalpflege
301 Auflösung der Literaturkürzel
303 Register
310 Abbildungsnachweis
313 Abkürzungsverzeichnis

Vom Kultobjekt zur Ressource

Der Umgang mit den Zeugnissen industrieller Kultur ist Thema konservatorischen Mühens seit Beginn unseres Jahrhunderts. Theoriebildung und Erhaltungskonzepte haben sich freilich auf vielerlei Ebenen und oft auch unabhängig voneinander entwickelt – von der Arbeit des Vereins Deutscher Ingenieure über Werkbund, Heimatschutzbewegung und gar das Amt „Schönheit der Arbeit" der nationalsozialistischen Zeit, von Technik- und „Freilicht-Museen" bis hin zu Einrichtungen wie der „Stiftung Industriedenkmalpflege und Geschichtskultur" heute.

Schon die Definition der Begriffe „Industriekultur", „Industriearchäologie", „Industriedenkmalpflege" (sofern es eine solche als eigenständige Disziplin überhaupt gibt) ist Fachgeschichte und Positionierung gleichermaßen, die Literatur vielfältig und verstreut.

Norbert Huse schreibt in der Einführung seiner Quellenedition zur Geschichte der Denkmalpflege „Deutsche Texte aus drei Jahrhunderten" (der unsere Textsammlung vom methodischen Ansatz her verpflichtet ist), „notwendig wären sowohl eine entfaltete Theorie als auch – ihr komplementär – eine differenzierte Geschichte der Denkmalpflege" –, und er meint, eine wirkliche Fachgeschichte müßte von den Denkmalen und ihren Schicksalen ausgehen, nicht von den Absichtserklärungen jener, die sich mit ihnen befaßten. Dieser Forderung – die für die industrielle Welt ebenso gelten muß wie für die „klassischen" Denkmale – ist freilich durch unsere Studie ebenfalls nur in Ansätzen zu genügen, denn das Bewußtsein von der Schutzwürdigkeit der Objekte wie ihr materielles Schicksal, die Geschichte und unsere Kenntnis davon beeinflussen und bedingen sich gegenseitig.

Nun verdanken jene Schutzimpulse, welche die „Denkmalpflege" im staatlichen, öffentlichen und privaten Engagement vorangebracht und definiert haben, in den Anfängen ihr Entstehen auch ganz wesentlich dem Widerstand gegen die Veränderungen, die die „industrielle Welt" und ihre Dynamik dem traditionellen Leben und seinen gewohnten Landschafts- und Städtebildern zufügte – so gesehen sind konservatorische Ideale dem Prinzip des Industriezeitalters dem Grunde nach feindlich und kontrovers, nicht nur in ihren ersten Manifesten, wie sie sich etwa mit John Ruskins Ablehnung „serieller Produktion" belegen lassen.

Ein Paradoxon konservatorischer Arbeit ist freilich die Tatsache, daß sich Erhaltungsbemühungen nun schon seit ebenfalls fast einem Jahrhundert den Zeugnissen jenes industriellen Wirtschaftens zuwenden, die das System wachsenden Ressourcenverbrauchs und schneller Strukturveränderungen hervorgebracht haben und stützen – eben den großen baulichen und materiellen Relikten industrieller Entwicklung.

Eine Fachgeschichte der Erhaltungsbemühungen und Schutzbegründungen für Denkmale des Industriezeitalters müßte folglich sowohl das Schicksal ihrer Objekte untersuchen als auch die Entwicklung konservatorischer Ideale in der Auseinandersetzung mit der Industrialisierung und ihren Produktionsverhältnissen – also im weiteren Sinn der „Moderne" – reflektieren.

Unsere Quellensammlung versucht aus der sehr verstreuten Literatur weniger eine Fachgeschichte zu destillieren, als vielmehr eine Geschichte der Beschäftigung mit den Denkmalen des Industriezeitalters vor den wechselnden Ansprüchen und Idealen ihrer Zeit zu zeichnen – eine „Fachgeschichte" im historischen, kulturellen, ökonomischen und politischen Kontext. Schwer zugängliche und uns besonders wichtig erscheinende Quellentexte sind in acht thematischen Schwerpunkten geordnet, eine Darstellung der jeweiligen Entwicklung steht den Texten jeweils voran. Unsere acht Kapitel sind nicht chronologisch aufeinanderfolgende Darstellungen, sondern nach Themenfeldern gegliedert. Die ausgewählten Dokumente entsprechen natürlich oft nicht mehr unserer fachlichen Position – sie spiegeln aber die historische Situation und zeigen in typischer Weise unterschiedliche Standpunkte auf. Bei der Bearbeitung zeigte sich, daß es gravierende Kenntnislücken vor allem über die dreißiger bis sechziger Jahre gab, wir haben hier einen Schwerpunkt unserer Recherche gesetzt. Der Umgang mit Industriegeschichte ist vor allem in dieser Zeit nicht zu trennen von wirtschaftlichen und politischen Absichten, in den dreißiger Jahren wird die Aura der technischen Welt für politische Zwecke dienstbar gemacht, wie auch versucht wird, „Fortschritt" im Mantel scheinbar traditioneller Formen zu verwirklichen.

Nach einigem Zögern haben wir uns für das Wagnis entschieden, die Diskussion auch der ganz jungen Vergangenheit in unsere Darstellung einzubeziehen – und wir versuchen einen Ausblick zu geben auf die Möglichkeiten einer Entwicklung, die heute in den ersten Anfängen ist: In diesem Punkt verlassen wir die „Geschichte und Methodenentwicklung" und denken über Theorie und Wege in die Zukunft nach.

Die Studie ist Ergebnis eines Forschungsprojektes, das das Ministerium für Stadtentwicklung, Kultur und Sport des Landes NRW im Jahr 1992 initiiert und für drei Jahre finanziert hat, wir danken dem Land und den Mitarbeitern des Ministeriums, vor allem Herrn Dr. Memmesheimer, sehr für ihr Engagement. Dr. Alexander Kierdorf hat von Beginn an die Arbeit an der Studie mit großem Enthusiasmus, Ausdauer und Disziplin getragen und vorangebracht, aus seiner Feder stammen die Kapitel eins bis sieben.

Bei der Auswahl der Materialien gibt es einen gewissen Schwerpunkt bei der Entwicklung an Rhein und Ruhr – das mag daran liegen, daß Alexander Kierdorf als gebürtiger Kölner sich dem Rheinland besonders verbunden fühlt – aber ist natürlich auch darin begründet, daß die weit zurückreichenden industriellen Traditionen in dieser Region früh schon privates und öffentliches konservatorisches Engagement, aber auch große Verluste an materieller Überlieferung verzeichnen.

In der industriellen Welt sind Trends unseres Jahrhunderts oft besonders idealtypisch umgesetzt – die Errichtung von Anlagen für die Herstellung kurzlebiger Produkte, aber auch das Bauen für einen bestimmten zeitlich sehr begrenzten Zweck –: in der Konsequenz die auch ideologische Abwendung vom „Langfristprodukt" traditioneller historischer Architektur und der Versuch einer Umsetzung des Ideals „industrialisierten" Bauens. Somit unterliegen nicht nur die Produktionsanlagen sehr kurzen Erneuerungszyklen, sondern auch die Bauten selbst haben oft kurze geplante Verweildauern und besitzen eine Bautechnik, die Erhaltungsmaßnahmen nicht leicht macht.

Im Grundsatz sind konservatorische Tugenden natürlich für das klassische Kulturdenkmal und die Zeugen des Industriezeitalters die gleichen: Strategien minimaler Intervention, der Versuch der Werterhaltung und auch materiellen Weiternutzung der Bestände, Substanzpflege und „Erhaltung statt Ersatz". Bei den Industrieobjekten – vorausgesetzt, ihre Bedeutung als Geschichtszeugnisse und materielle Dokumente des jetzt zuendegehenden Industriezeitalters wären immer erkannt – stellen sich die Probleme einer klugen Erhaltungsstrategie allerdings oft härter und unvermittelter als bei den traditionellen Denkmalen: Oft sind Baubestand und Böden kontaminiert, oft werden große Objekte nach einer Zeit baulicher Vernachlässigung plötzlich obsolet und aufgegeben – und oft sind sie nicht leicht für andere Zwecke neu zu gebrauchen.

Es ist gerade für die großen Industriekomplexe wenig Wissen verfügbar über Zahl, Größe, Zustand, Alter, Zweckbestimmung und Qualitäten der Bauten und Anlagen – und noch immer werden Abrißentscheidungen als „Einzelfallentscheidungen" getroffen. Wir wissen in der Bundesrepublik weder, wieviele industrielle und gewerbliche Nutzflächen verfügbar sind, noch, wie die Relation jener Anlagen, die wir für erhaltenswürdig halten, zur Größe des Gesamtbestandes ist. Abwägungen im regionalen oder überregionalen Rahmen und eine ernsthafte Diskussion der Weiternutzbarkeit der materiellen Reste fehlen ebenso wie regionale Strategien zum Umgang mit den kontaminierten Böden und Anlagen. Erneuerungsstrategien werden nicht selten deswegen favorisiert, weil Erhaltungsstrategien fachlich nicht beherrscht werden. Große Betriebe wurden in den vergangenen Jahren vor allem in der ehemaligen DDR oft mit öffentlicher Subventionierung aus ABM-Mitteln beseitigt, die Gelände werden auch in den alten Bundesländern noch heute in der Regel mit Bauschuttmaterialien 'abgedeckt', kaum aber für eine Weiternutzung erschlossen.

Museale Konzepte können nur für sehr wenige Objekte umgesetzt werden, wobei sicherlich auch fraglich ist, wieweit solche Strategien hilfreich und finanzierbar sind. Erhaltungsstrategien technischer Kultur umfassen ein weit breiteres Feld:
– das klassische Technikmuseum (z. B. München),
– die Idee der „Freilichtmuseen" (z. B. Ironbridge),
– das „Museum im Denkmal" (z. B. Rammelsberg),
– die Fortführung historischer Formen der Produktion als „Museumsindustrie" (Solingen),
– das „begehbare Denkmal Fabrik" (z. B. Oldisleben),
– Nutzung der baulichen Teile des Industriedenkmals als Hülle für Neues (z. B. Zollverein, Essen),
– Anpassung der Baubestände an Nachnutzungen,
– Industrielle Relikte als archäologische Reservate,
– Kontrollierte Erhaltung von Altlasten als Denkmale (Kokereien?),
– Verfall ohne Abriß, die Ruine,
– Steinbruch für andere Verwendung, Weiternutzung der Materialien,
– Moratorien, Zwischennutzungen auf Zeit, Erhaltung auf Zeit.

In der Fachdiskussion der letzten Jahre wird deutlich, daß nicht nur historisch-kulturelle Abwägungen für Erhaltung sprechen, sondern auch ökonomische und ökologische Gründe eine Weiternutzung bestehender Anlagen nahelegen. In einem Bilanzrahmen, der externe Kosten einbezieht und einem Denken der Langfristigkeit und dem heute oft genannten Leitbild der „Nachhaltigkeit" verpflichtet ist, sind Stategien der Weiternutzung und Erhaltung einer Politik von Abriß und Ersatz immer überlegen.

Aber auch neue Vermittlungsstrategien technischer Kultur setzen auf die „Aura des Originals" – in unserem Zusammenhang auf die Erhaltung der „wirklichen Relikte", der materiellen Kultur im Ganzen („things with dirt on them") –, verzichten also auf die Versuche einer „Re-Dimensionierung" von Vermittlungsfragmenten und befassen sich mit dem gealterten, realen, beschädigten Erbe.

Unsere Studie ist ein wenig von der Hoffnung getragen, daß der Rückblick auf die Anfänge den Blick öffnet für die Verletzbarkeit der wenigen überlebenden Zeugnisse des Industriezeitalters und daß deutlich wird, wie schnell alle Generationen die Verluste der jeweils vergangenen Zeit schon bedauern. Neben den Chancen materieller Weiternutzbarkeit und ihrer Fähigkeit, für das kollektive Gedächtnis als 'Erinnerungsmonumente' zu fungieren, bilden die Bauzeugen der industriellen Welt noch eine andere Art von Gedächtnis: Sie sind Archive aufgegebener Produktions- und Konstruktionsweisen, die eine spätere Zeit an ihnen studieren zu können vielleicht glücklich sein wird, als Ressource für eine postindustrielle Welt.

Uta Hassler

I. Ansichten von Industrie im 19. Jahrhundert

Wo liegen die Wurzeln der Industriedenkmalpflege? Noch im 19. Jahrhundert ist die Beschäftigung mit historischen Zeugen der Technik nur in wenigen Bereichen nachzuweisen. Eine Ausnahme bildete nur die Geschichte der Bautechnik und Konstruktion, die als Teil der Baugeschichte zur Architektenausbildung gehörte.[1] Besonders in der Archäologie gerieten technische Großbauten und Systeme wie Großarenen und Aquädukte schon in das Blickfeld der Forschung. Auch die Beschäftigung mit den Schriften Vitruvs, dem einzigen komplett erhaltenen und vor allem bautechnisch ausgerichteten Architekturlehrbuch der Antike, lenkte den Blick auf die technische Seite; seine Beschreibungen von Maschinen und Ingenieurbauten regten immer zu phantasievollen Rekonstruktionen an (Abb. 2).[2] Das 19. Jahrhundert fand in der Antike Situationen und Bauaufgaben, die sich zum Vergleich mit den eigenen Aufgaben, aber auch Errungenschaften heranziehen ließen. Fernverkehr und Massenversorgung, Großstadtorganisation und Staatssymbole, aber auch Privatluxus und Massenvergnügen fanden hier ihre Parallelen. Die als „Weltwunder" bis auf die Pyramiden nur schriftlich und archäologisch überlieferten technischen Großtaten der Antike dienen als historische Bezugspunkte bei der Einordnung eigener Leistungen.[3] Allerdings beruhen die Leistungen der Industriellen Revolution auf einer neuen Basis: auf dem Ersatz und der Vervielfältigung menschlicher Arbeitskraft durch den Einsatz von Maschinen. Die Schaffung einer kontrollierbaren Energiequelle, der Dampfmaschine, ermöglicht eine industrielle Entwicklung, die sich selbst steigerte und fortentwickelte und die schließlich alle Lebensbereiche des Menschen erfaßte und grundlegend veränderte.[4]

Das antike Bauzeugnis galt spätestens seit der Renaissance als erforschens- und teilweise auch erhaltenswert.[5] Wurde es anfangs als künstlerisches und bautechnisches Vorbild, als Maßstab und geistiges Bezugsobjekt gesehen, ermöglichte die Herausbildung kunstgeschichtlicher Methoden unter Winckelmann im 18. Jahrhundert auch die kulturgeschichtliche Einordnung. Die Erforschung der Entwicklungsschritte der antiken Baukunst half, die künstlerischen und technischen Errungenschaften der Antike zu verstehen, systematisch zu ordnen und wieder anzuwenden.

Im 19. Jahrhundert wurde der Begriff des Baudenkmals auch auf mittelalterliche Monumente übertragen, die jetzt ebenfalls auch mit kunstgeschichtlichen Wertmaßstäben gemessen wurden.[6] Dazu kam der aus dem „aufgeklärten" Landschaftsgarten stammende Gedanke des idealisierenden Denkmals, mit dem sich historische und geistige Werte und Bezüge verbinden und darstellen ließen.[7] In den entstehenden Nationalstaaten wurden viele historische Bauten und Orte über ihre Geschichte zu nationalen Symbolen. Dies übertrug man auch auf die Stilentwicklung: Die noch geringen kunsthistorischen Kenntnisse ließen dabei jedoch zu, daß etwa der unfertig aus dem Mittelalter überkommene, von französischen Vorbildern abhängige Kölner Dom als Höhepunkt vermeintlich „deutscher" Gotik verstanden und vollendet wurde.[8] In ihm erneuerte sich sichtbar die frühere kulturelle und ökonomische Macht der Nation und demonstrierte gleichzeitig gegenüber Frankreich den deutschen Anspruch auf das ganze Rheinland. Dieser von historischen und kunstgeschichtlichen Idealvorstellungen geprägte Denkmalbegriff vor politischem Hintergrund drängte das Interesse für individuelle bauliche und dekorative Details wie für die wirkliche Entstehungsgeschichte lange in den Hintergrund und bestimmte die Restaurierungs- und Erhaltungsentscheidungen.

---

1. Schiffshebewerk Henrichenburg

[1] Curt Merckel: Die Ingenieurtechnik im Altertum. Berlin 1899; Albert Neuburger: Die Technik des Altertums. Leipzig 1919; H.-O. Lamprecht: Opus caementitium – Bautechnik der Römer. Düsseldorf 1987.
[2] Bodo Ebhardt: Die zehn Bücher der Architektur des Vitruv und ihre Herausgeber seit 1484. Berlin 1919.
[3] W. Launhardt: „Die sieben Weltwunder der Alten und die Wunderwerke unserer Zeit." In: ders.: Am sausenden Webstuhl der Zeit. Leipzig 1905, S. 1–27.
[4] David S. Landes: Der entfesselte Prometheus, Technologischer Wandel und industrielle Entwicklung in Westeuropa von 1750 bis zur Gegenwart. Köln 1973 (Orig.: Cambridge 1970); Joachim Radkau: Technik in Deutschland. Vom 18. Jahrhundert bis zur Gegenwart. Frankfurt am Main 1989.
[5] Wolfgang Götz: Beiträge zur Vorgeschichte der Denkmalpflege. Diss. Leipzig 1956.
[6] Gabriele Wolff: Zwischen Tradition und Neubeginn. Zur Geschichte der Denkmalpflege in der 1. Hälfte des 19. Jahrhunderts. Geistesgeschichtliche Grundlagen in den deutschsprachigen Gebieten (Frankfurter Fundamente der Kunstgeschichte, Bd. 9). Frankfurt 1992.
[7] Wilfried Lipp: Natur, Geschichte, Denkmal. Zur Entstehung des Denkmalbewußtseins der bürgerlichen Gesellschaft. Frankfurt am Main/New York 1987.
[8] Hugo Borger (Hg.): Der Kölner Dom im Jahrhundert seiner Vollendung (Ausst.-Kat., 2 Bde.). Köln 1980.

ANSICHTEN VON
INDUSTRIE

Die Projektion romantischer Ideale auf die Baudenkmale und mit ihr das Bemühen um nationale Identifikation entwickelte sich, als die Industrialisierung vielerorts begann, das Wachstum der Städte, die Erneuerung und der Ausbau der Verkehrswege einsetzten. Die Denkmale wurden als überkommene, letztlich geistige Werte den neuen, technisch-materiellen Entwicklungen gegenübergestellt. Der Denkmalbegriff verbindet sich für lange Zeit fest mit der vorindustriellen Welt und mit den konservativen politisch-geistigen Grundlagen der Gesellschaft. Industrie und Technik bedrohen diese kulturellen Werte und müssen im Idealfall beim Erhalt historischer Bauten eine dienende, beschränkte und eingebundene Funktion übernehmen. Bei der Fertigstellung des Kölner Domes etwa zeigt sich dies im Einsatz einer Dampfmaschine auf der Baustelle (ab 1860) und bei der sinnvollen und ausgiebigen, aber verdeckten Verwendung von Eisen als Baumaterial für Dachstuhl und Vierungsturm (Abb. 3).[9] Auch französische Kirchen wurden so ausgebaut, etwa die Kathedrale von Chartres schon nach einem Brand im Jahre 1836. Ziel war damals nicht nur, Gewicht und Brandgefahr der Dachtragwerke zu verringern, sondern auch, fortschrittliche Technik in die Monumente zu integrieren. Die bei den Architekten verbreitete Ansicht, daß zwischen gotischer Baukunst und den konstruktiven Möglichkeiten des Eisens eine innere Verwandschaft bestünde, dürfte die Entscheidung gegen eine mittelalterlich-konventionelle Lösung erleichtert haben. Diesen Maßnahmen fielen auch zum Teil die mittelalterlichen Dachstühle zum Opfer. Der Einsatz des neuen Materials steht damals ganz unter dem Ideal einer effizienteren Technologie.

Die Auseinandersetzung mit der Industrialisierung nicht nur als ökonomischem, sondern auch als kulturellem Phänomen fand auf der Basis des überlieferten Kulturbegriffs statt. Meist dominierte dabei der vorwärtsgerichtet-zweckgebundene Charakter der neuen Technik. In der Literatur finden sich oft euphorisch überhöhte Schilderungen der Industrie. Demgegenüber sind Beschreibungen selten, in denen frühere und gegenwärtige Zustände verglichen werden, um ein plastisches Bild mit historischer Perspektive entstehen zu lassen. Eine besonders lohnende Quelle, aus der sich immer wieder kulturgeschichtliche Aussagen über die junge Technik und Industrie ergeben, bilden die Reisebeschreibungen, ob in spontaner Tagebuchform oder in ausgearbeiteter literarischer Fassung. Sie vermitteln dem gebildeten Publikum in der Zeit des „Biedermeier" als individuell geprägte Sachprosa zugleich Haltungen und Sichtweisen und waren eine wichtige Informationsquelle über geographische, wirtschaftliche und kulturelle Verhältnisse.[10]

Gerade in der Blütezeit des Landschaftsparks und der Vorstellung von weitläufiger Kulturlandschaft drang die Industrie in die Landschaft ein und zwang zur Auseinandersetzung und zur Stellungnahme.[11] Heute verbindet sich mit dem Begriff „Industrielandschaft" die historisch gewachsene, umfassende und nicht umkehrbare Prägung zahlreicher Regionen und damit auch ein bleibendes „industrielles Erbe"; die historischen Quellentexte können uns Aufschluß über die Entstehung dieses Begriffes geben. Sie führen damit bereits auf eine Reflexionsebene, die sich fortsetzt in der heutigen Diskussion der „postindustriellen" Gesellschaft über den Umgang mit den verlassenen Industrierevieren und ihren Denkmalen. Daneben bieten Reiseberichte vor allem des frühen 19. Jahrhunderts eine vielfältige, aber dennoch realitätsbezogene Darstellung. Weil Autoren verschiedenster Herkunft zu Wort kamen, machen sie aber auch die Spannweite individueller, zweckgebundener Sichtweisen deutlich. Literarische Topoi, geistiger Hintergrund der Autoren und Erwartungen der Leser werden in der Gegenüberstellung deutlich erkennbar.

Die neue Erfahrung der Industrielandschaft wurde durch eines ihrer wichtigsten Elemente, den Ausbau der Verkehrswege, ermöglicht oder zumindest wesentlich erleichtert: Im 18. Jahrhundert stehen Kanäle und Chausseen im Vordergrund, erst vergleichsweise spät auch die Eisenbahn (Abb. 4). Die Industrie prägte ihre eigene

2. „Eygentliche Contrafactur des Hebzugs nach der Leer & meynung Vitruvii" aufgerissen; Vitruv, 10. Buch, Nürnberg 1548, Rivius nach Cesario Como
> 3. Eiserner Dachstuhl des Kölner Doms von 1863 mit eisernem Unterbau des Vierungsturmes

[9] Grundlegend: Thomas Schumacher: Großbaustelle Kölner Dom. Technik des 19. Jahrhunderts bei der Vollendung einer gotischen Kathedrale. Köln 1993; zum Dachstuhl S. 390–537.
[10] Peter J. Brenner: Der Reisebericht in der deutschen Literatur. Ein Forschungsüberblick als Vorstudie zu einer Gattungsgeschichte. Tübingen 1990.
[11] Adrian von Buttlar: Der Landschaftsgarten. Gartenkunst des Klassizismus und der Romantik. Köln 1989.

Wahrnehmung und Darstellung auf neuartige Weise durch die „Industrialisierung von Zeit und Raum" (Schivelbusch).

Das Ansammeln von Erlebnissen und Bildern durch Einzelne, und somit der Vergleich aus eigener Anschauung, bildete den Auftakt und die Basis zur Loslösung von traditionellen Darstellungsmustern und zur Entwicklung neuer Sichtweisen.

Besichtigung der Industrielandschaft

Erst nach der Französischen Revolution und der Napoleonischen Zeit begannen sich die im England des 18. Jahrhunderts erreichten grundlegenden technischen und organisatorischen Neuerungen auf dem Kontinent wirklich auszubreiten. Hier festigten sich gleichzeitig neue territoriale Herrschaftsverhältnisse, und in den zwanziger Jahren des 19. Jahrhunderts hatte sich die allgemeine Wirtschaftslage so weit erholt, daß die technologische Erneuerung wieder in Fahrt kam. Der enorme Vorsprung Englands um diese Zeit zog über alle politischen Unruhen hinweg

ANSICHTEN VON INDUSTRIE

4. Eröffnung der Eisenbahnlinie Glasgow-Garnkirk, aus: „Views of the Opening of the Glasgow and Garnkirk Railway", David Octavius Hill, 1832
> 5. „Etablissements Cockerill à Seraing" um 1850, aus: „Belgique industrielle ..."

[12] Michael Schumacher: Auslandsreisen deutscher Unternehmer 1750-1851 unter besonderer Berücksichtigung von Rheinland und Westfalen. Köln 1968.
[13] Hans Seeling: Wallonische Industriepioniere in Deutschland. Historische Reflektionen. Lüttich 1983.
[14] Karl Schib, Rudolf Gnade: Joh. Conr. Fischer 1773-1854. Schaffhausen 1954; NDB 5, Berlin 1961, S. 192.
[15] Ilja Mieck: Preußische Gewerbepolitik in Berlin 1806-1844. Berlin 1965; Willi A. Boelcke: Glück für das Land. Die Erfolgsgeschichte der Gewerbeförderung von Steinbeiß bis heute. Stuttgart 1992.
[16] König/Weber 1990, S. 111-120 und 393-402; Ulrich Pfammatter: Die Erfindung des modernen Architekten. Ursprung und Entwicklung seiner wissenschaftlich-industriellen Ausbildung. Basel 1997.
[17] Beispielhaft: Hanno Möbius: 400 Jahre technische Sammlungen in Berlin (Berliner Beiträge zur Technikgeschichte und Industriekultur, Bd. 2). Berlin 1983; Frieder Jentsch: „Die Modellsammlung der TU Bergakademie Freiberg." In: TKD, H. 32, April 1996, S. 14-17.
[18] Hans Straub: Die Geschichte der Bauingenieurkunst. Basel 4 1991 (Orig. 1949).
[19] Karl Friedrich Schinkel 1781-1841 (Ausst.-Kat., Reprint). Berlin 1981; Julius Posener: „Schinkel und die Technik. Die englische Reise." In: Buddensieg/Rogge 1981, S. 143-153; Gottfried Riemann (Hg.): Karl Friedrich Schinkel. Reise nach England, Schottland und Paris im Jahre 1826. München 1986; Reinhard Wegner (Bearb.): Die Reise nach Frankreich und England im Jahre 1826 (Karl Friedrich Schinkel, Lebenswerk). Berlin 1990.
[20] ADB 32, Leipzig 1891, S. 345-349.
[21] Wolfgang Hädecke: Poeten und Maschinen. Deutsche Dichter als Zeugen der Industrialisierung. München/Wien 1993.
[22] Zug der Zeit - Zeit der Züge. Deutsche Eisenbahnen 1835-1985 (Ausst.-Kat., 2 Bde.). Berlin 1985.

viele Unternehmer und Ingenieure an.[12] Der schriftliche wie persönliche Kontakt mit England war vor der Revolution freizügig; erst als sich zunehmend Konkurrenzangst einstellte, wurde strikte Abschottung zur Regel. Gleichzeitig dehnten die englischen Unternehmer ihre Aktivitäten auf den Kontinent aus. In der traditionsreichen, eisenverarbeitenden Ardennen-Maas-Region etwa, in Seraing bei Lüttich, gründete 1814 die englische Familie Cockerill ein Hüttenwerk (Abb. 5). Als 1830 das Königreich Belgien gebildet wurde, hatte die Industrialisierung gerade auf dem Kontinent Fuß gefaßt.[13] Belgien wurde damit der erste moderne Industriestaat in Europa.

Wie für die meisten Kontinentaleuropäer war für die Deutschen eine Reise nach England oder Belgien die erste Möglichkeit, mit der industriellen Entwicklung in Berührung zu kommen. Neben den Unternehmer-Ingenieuren wie Johann Conrad Fischer aus Schaffhausen (Text 1), der auf eigene Initiative mehrfach nach England reiste (zuerst 1795),[14] bemühten sich auch einige Regierungen zunehmend um technologischen und organisatorischen Austausch.[15] Schinkel unternahm seine Englandreise in Begleitung von Peter Beuth, der für die preußische Gewerbeförderung verantwortlich war (Text 2). Wichtige Bausteine dieser „Technologiepolitik" waren die technischen Hochschulen, die nach französischem Vorbild (École des Ponts et Chaussées, 1747; École Polytechnique, 1795) gegründet wurden: Berlin-Charlottenburg 1821; Karlsruhe 1825; Hannover 1835.[16] Hier entstanden auch seit dem späten 18. Jahrhundert erste systematische Modell- und Maschinensammlungen zu Lehr- und Studienzwecken.[17] Die konsequente Organisation der Ingenieurausbildung verschaffte Deutschland später, am Ende des Jahrhunderts, zunehmend Vorsprung gegenüber dem pragmatisch vorgehenden England.[18] Die Entwicklung der eigenständigen naturwissenschaftlich-technischen Ausbildungszweige führte allerdings auch zur konsequenten Trennung von Architekten und Ingenieuren. Die Architekten, früher oft auf militärischer Basis als Ingenieure umfassend geschult, wurden nun einerseits der künstlerischen Ausbildung zugeordnet. Andererseits bot etwa die Bauakademie in Berlin eine grundlegende bautechnische Ausbildung. Bei Schinkel mit seinem ausgeprägten Interesse für organisatorische und technische Aufgaben und konstruktive Details ist diese Trennung noch nicht vollzogen.[19] Sein Bemühen, für Zweckbauten sowohl geeignete Konstruktions- als auch eigenständige Gestaltungsweisen zu finden, belegt sein umfassendes Architekturverständnis.

Wie unterschiedlich man industrielle Bauten wahrnehmen und beschreiben kann, zeigt die Schilderung Johanna Schopenhauers (Text 3).[20] Sie benutzt häufig die Worte der Obelisken und Säulen, um die Schornsteine der Bergwerke zu beschreiben; einen Eindruck der Gesamtanlagen vermittelt sie nicht. Dabei besaß die

Schriftstellerin spätestens seit einer ausgedehnten Reise durch England 1802/03 genaue Kenntnis der dortigen Verhältnisse und technischen Entwicklungen. Dies macht deutlich, daß die hier zitierte dramatisch-schwärmerische Beschreibung des Maastales eine bewußte literarische Gestaltung darstellt, die Unkenntnis eher vorgibt. Die Industrielandschaft, die sie vorstellt, dürfte eher dem Geschmack, der Erfahrungswelt und den Erwartungen ihrer Leser(innen) entsprochen haben. Aus den Berichten Schinkels und Fischers dagegen wird deutlich, daß die dichtbebauten schwerindustriellen Zentren Englands auch in ihrer neuartigen städtebaulichen Erscheinung einen tiefen Eindruck bei ihnen hinterlassen haben; historische oder künstlerische Besonderheiten wie die Burg von Dudley oder die „gotische" Gießerei stechen aus der fremd- und neuartigen Masse der Gebäude heraus.

Die ganz unterschiedlich entwickelte Wahrnehmungsfähigkeit und -absicht wird so deutlich: der noch unsicher-überspielte Blick der bürgerlich-kulturellen Oberschicht, verglichen mit dem zwischen Kunstgeschichte, Industrie und Natur hin und her pendelnden Interesse des Künstlers und Staatsbeamten Schinkel und dem sachlich-differenzierten Bericht des Unternehmers Fischer. Die Auseinandersetzung mit der Industrie in der fiktionalen Literatur, die im 19. Jahrhundert durchaus breiteren Raum einnimmt, thematisiert dagegen die Phänomene der Industrielandschaft und Fabrikarchitektur nur selten.[21]

Nation und Welt

Die Reisen Schinkels und seiner Zeitgenossen fanden noch mit Pferd und Wagen oder gar zu Fuß statt. Ab dem zweiten Jahrhundertviertel aber wurde auch in Deutschland die Verkehrs-Infrastruktur zugunsten der neu entstehenden, aber auch der traditionellen Industrien entscheidend verbessert. Die meist privat finanzierten Eisenbahnlinien verbinden vorrangig wirtschaftlich wichtige Regionen und Städte.[22]

Die dampfbetriebene Eisenbahn, deren erste Passagierstrecke 1825 zwischen Liverpool und Manchester eröffnet wurde, war die erste von England ausgehende industrielle Neuerung, die sich ohne Verzögerung über Belgien (Abb. 4) auch auf dem Kontinent durchsetzte und zum eigentlichen Symbol der Industrialisierung wurde. Etwa zur gleichen Zeit fuhren die ersten Dampfschiffe auf dem Rhein, wenn auch zunächst nur in geringer Zahl. Ab 1843 wurden die seit 1815 preußischen

6. Weltausstellung in Paris 1900: „Retrospektive Ausstellung des Transportwesens"

[23] Alfons Möllers: Die Entwicklung der Eisenbahn im Rheinisch-Westfälischen Industriegebiet. Bühl ²1989; Lutz-Henning Meyer: 150 Jahre Eisenbahnen im Rheinland. Entwicklung und Bauten am Beispiel der Aachener Bahnen (Beiträge zu den Bau- und Kunstdenkmälern im Rheinland, Bd. 30). Köln 1989.
[24] ADB 32, Leipzig 1891, S. 643–647.
[25] K. W. Luckhurst: The Story of Exhibitions. London 1951; Christian Beutler (Hg.): Weltausstellungen im 19. Jahrhundert (Ausst.-Kat.). München 1973; Werner Plum: Weltausstellungen im 19. Jahrhundert. Schauspiele des soziokulturellen Wandels. Bonn 1975; Georg Maag: Kunst und Industrie im Zeitalter der ersten Weltausstellungen. München 1986; Zeitgen. Beschreibung: Lothar Bucher: Kulturhistorische Skizzen aus der Industrie-Ausstellung aller Völker. London 1851; Franz Reuleaux: Briefe aus Philadelphia. Berlin 1877; Julius Meier-Graefe (Hg.): Die Weltausstellung in Paris 1900. Paris/Leipzig 1900; Friedrich Naumann: Ausstellungsbriefe. Berlin 1909 (²1913 u. d. T. „Im Reich der Arbeit"); Evelyn Kroker: Die Weltausstellungen im 19. Jahrhundert: Industrieller Leistungsnachweis, Konkurrenzverhalten und Kommunikationsfunktion ... . Göttingen 1975.

Rheinlande durch die Köln-Mindener Eisenbahn mit Berlin verbunden;[23] die Strecke führte durch das spätere Ruhrgebiet, wo ab etwa 1830 mit britischer und belgischer Unterstützung der Tiefbergbau in Gang kam. Die „kleine Gründerzeit" 1852–56 löste hier einen ungeheuren Boom aus, dessen Erscheinungsformen von Levin Schücking sehr anschaulich, aber eher unkritisch beschrieben werden (Text 4).[24] Der Bau und die preisgünstige Brennstoffversorgung leistungsfähiger Dampfmaschinen ermöglichte nun die Anlage großer Fabriken, vor allem der Textilindustrie, an Standorten mit günstiger Verkehrs-, Rohstoff- und Arbeitskräftelage. Mit der Gutehoffnungshütte (Zusammenschluß 1808), Henschel (1812) und Borsig (1837), entstanden bedeutende Maschinenfabriken. Der schon 1812 gegründeten Firma Krupp gelang auf der Londoner Weltausstellung von 1851 mit ihren Gußstahlprodukten der entscheidende internationale Durchbruch. Der Deutsche Zollverein (1834) war der erste wirtschaftlich bedeutende Schritt zur deutschen Einigung. Schückings begeisterte Schilderung der aufblühenden Industrie spiegelt die Hoffnung des Bürgertums, daß der wirtschaftliche Aufstieg Deutschlands zwangsläufig auch zur nationalen Einheit führen müsse.

Die industrialisierten Staaten traten auf der Weltausstellung in London 1851 erstmals an, um ihre technischen und künstlerischen Leistungen direkt miteinander zu vergleichen. Aus den Kunst- und Gewerbeausstellungen, ihren Vorbildern, übertrug man die inszenierende und prunkende Darstellungsweise auch auf die technischen und industriellen Bereiche. Mittelpunkt der zahlreichen Weltausstellungen (etwa in Paris 1867, Wien 1873, Paris 1889, 1900, Chicago 1893) bildete jeweils die Präsentation von spektakulären technischen Neuheiten. Daneben gab es auch Exponate historischer Technik, die Erfahrung und Tradition versinnbildlichten, aber auch Folie des Fortschritts bildeten (Abb. 6).[25] Diese Tendenz verstärkte sich zur Jahrhundertwende, so daß die Pariser Ausstellungen von 1889 und besonders 1900

auch umfangreiche retrospektive Abschnitte enthielten. Vermutlich festigten und verbreiteten sich bei diesen Ausstellungen auch Gewohnheiten wie die verkaufsfördernd polierte Maschine und die Darstellung im Modell. Die Photographie als „Paralleltechnologie" diente zur Darstellung und Dokumentation der Produkte und der Fabrikanlagen.[26] Aber auch für die einzelne Maschine, und hier an erster Stelle die Dampfmaschine, entwickelten sich Präsentationsgewohnheiten, ja Inszenierungen.[27] Dies zeigt sich deutlich in der sorgfältigen und aufwendigen Ausstattung und Dekoration der Maschinenhäuser und auch der Maschinen selber. Das Maschinenhaus war der Ort, an welchem dem Besucher der Ursprung aller künstlichen neuen Kraft, die kostbare Dampfmaschine, vorgeführt wurde. Diese Tradition läßt sich außerhalb der Industrie etwa über die Potsdamer Dampfmaschinenhäuser der königlichen Parks (Abb. 7) bis zu den Maschinerien barocker Parkanlagen, etwa der „Machine de Marly" bei Versailles (um 1680), zurückverfolgen.[28] Die „Inszenierung der Technik" konzentrierte sich auch in der Folge auf wenige Maschinentypen und bestimmte damit auch das Technikwissen und -interesse der Allgemeinheit. Dies gilt vor allem auch für die fahrende Dampfmaschine, die Lokomotive, der in den frühen Bahnhöfen oft Triumphportale gesetzt wurden.[29] Verkehrsbauten wie Brücken und Tunnel sind es auch, die seitdem als spektakuläre Leistungen das Ringen von Natur und Technik vor dem Hintergrund der „wilden" Naturlandschaft symbolisieren. Die Verkehrstechnik ist Anlaß und Mittel bei der „Industrialisierung des Raumes", der Ausbreitung der Industrielandschaft.

Durch die Leistungen der Ingenieure und Unternehmer, die industrielle Technik und Wirtschaft, stieg das Bürgertum in Deutschland im 19. Jahrhundert zur wirtschaftlich bedeutendsten Schicht auf. Ihr Ziel mußte neben stärkerem politischen Einfluß auch die Anerkennung und Aufwertung der kulturell-zivilisatorischen Leistung der Unternehmer und Ingenieure sein.[30]

7. Innenansicht des Pumpenhauses in Sanssouci, Ludwig Persius und August Borsig, 1842, stillgelegt 1896, erhalten

[26] Axel Föhl: „Die Fotografie als Quelle der Industriearchäologie." In: MJK 20, 1981, S. 107-122; Reinhard Matz: Industriefotografie. Aus Firmenarchiven des Ruhrgebiets (Schriftenreihe der Kulturstiftung Ruhr, Bd. 2). Essen 1987; Klaus Tenfelde (Hg.): Bilder von Krupp. Fotografie und Geschichte im Industriezeitalter. München 1994.
[27] Jan Pieper: „Die Maschine im Interieur. Ludwig Persius' Dampfmaschinenhaus im Babelsberger Park." In: Daidalos 53, Sept. 1994, S. 104-115; Matthias Staschull: Architekturverkleidungen „technischer" Parkgebäude des 19. Jahrhunderts in Potsdam am Beispiel von Ludwig Persius' Dampfmaschinenhaus für den Park von Sanssouci. Marburg 1999; siehe auch: Rainer Slotta: „Bemerkungen zum Verhältnis von ‚Technik' und ‚Kunst' am Industrie- und Maschinenbau." In: Buddensieg/Rogge 1981, S. 187-206.
[28] Walter Zrenner: „La machine de Marly", Aspekte des Zeitgeistwandels. Wien 1989.
[29] J. Dethier (Hg.): Die Welt der Bahnhöfe (Ausst.-Kat.). Paris/Berlin 1980; Rolf Steinberg, Axel Föhl: Bahnhöfe. Berlin 1984; Burkhard Brunn, Diedrich Praeckel: Der Hauptbahnhof wird Stadttor. Zum Ende des Automobilzeitalters. Gießen 1992.
[30] Arno J. Mayer: Adelsmacht und Bürgertum. Die Krise der europäischen Gesellschaft 1848-1914. München 1984; Thomas Nipperdey: Deutsche Geschichte 1866-1918, Bd. 1: Arbeitswelt und Bürgergeist. München 1990.
[31] Wilhelm Treue: Wirtschafts- und Technikgeschichte Preußens. Berlin 1984.

Kaiser, Unternehmer und Arbeiter

Mit der Reichsgründung im Januar 1871 vor dem Hintergrund des militärischen Erfolges gegen Frankreich war das Ziel der nationalen Einheit Deutschlands erreicht. Das Deutsche Kaiserreich gehörte von Beginn an zu den führenden Industriestaaten.[31] Die Einigung wiederum war eine wichtige Voraussetzung für weitere ökonomische und infrastrukturelle Entwicklung und eine begleitende, einheitliche Gesetzgebung. Die industrielle Revolution begann die gesellschaftliche und politische Entwicklung zu beschleunigen.

Bereits ein halbes Jahrhundert zuvor hatte Schinkel auf seiner Englandreise die von der Industrialisierung in Bewegung gesetzten Menschenmassen wahrgenommen und in knapper, fast bedrohlicher Diktion den Einsatz des Militärs zur Verhinderung von Unruhen erwähnt (Text 2). Auch Schücking, der das rheinisch-westfälische Industriegebiet mit der Köln-Mindener Eisenbahn bereist, beschreibt um die Jahrhundertmitte, wie sich durch die Industrialisierung Bevölkerungsströme in Bewegung setzten, Einkommen und Lebenshaltungskosten sich veränderten (Text 4). Seit Beginn der Industrialisierung hatte das neue Unternehmer- und Bürgertum ungekannten Wohlstand errungen, während die Lohnabhängigen kaum an dem Aufschwung teilhatten und das traditionelle Handwerk eine schwere Krise erlebte. Die sich im 19. Jahrhundert unter der neuen wirtschaftlichen Struktur, dem Aufkommen des „Fabrikenwesens", neu ordnenden Schichten der Gesellschaft mit ihrer sehr unterschiedlichen Teilhabe an den erwirtschafteten Werten führten auch zu neuen Theorien über die Begriffe Arbeit und Eigentum. Von Marx und Engels wurden bereits früh unter dem Eindruck der weiter fortgeschrittenen und wohl auch radikaleren Entwicklung in England eine neue, dialektische Geschichtstheorie und die

ANSICHTEN VON INDUSTRIE

Vorstellung von der Überwindung des Kapitalismus mit dem Ziel einer kommunistischen Gesellschaft formuliert.

Teils zur Abschwächung solcher Bestrebungen, teils aus eigenem religiösen und philosophischen Antrieb bemühte man sich von vielen Seiten um die Verbesserung der Situation der Arbeiter und Handwerker. Seit der Reichsgründung wurden verstärkt neue Strukturen der medizinischen und der Daseinsvorsorge, der Ansiedlung und Ausbildung eingeführt. Auf Druck des Staates, nicht zuletzt aber auch im eigenen Interesse verbesserten die Unternehmer die Arbeitsbedingungen, etwa durch Verkürzung der Arbeitszeiten, weniger schädliche Produktionsverfahren oder Maßnahmen zum Arbeitsschutz.[32] Die Entwicklung der systematischen Maschinenbaulehre und -forschung und der chemischen Technologie ermöglichten Verbesserungen, die die neuen Erkenntnisse der Medizin berücksichtigten. Gegen Ende des Jahrhunderts ließ sich so schon auf die Erfahrung mehrerer Generationen mit der industriellen Technologie zurückgreifen.[33]

Die Wirtschaftswissenschaft, eine der vielen im 19. Jahrhundert geformten und ausgebauten akademischen Wissenschaften, bildete um Gustav von Schmoller und Werner Sombart eine historisch-analytische Fachrichtung. die zum wesentlichen Anreger sozial- und wirtschaftsgeschichtlicher Forschung wurde.[34] In diesem Zusammenhang befaßte sich Alphons Thun mit der Geschichte der traditionsreichen niederrheinischen Textilindustrie (Text 5). Thun nimmt in seiner Darstellung deutlich Bezug auf die Fortschritte in Arbeitsschutz und Hygiene, indem er die älteste Textilfabrik des Kontinents, die 1784 nach englischem Vorbild gegründete Spinnerei „Cromford" bei Ratingen, mit modernen Textilfabriken seiner Zeit, also ein Jahrhundert später, vergleicht.[35] In der Entwicklung der Textilfabrik Cromford, die heute zu den bedeutendsten Industriedenkmalen Westdeutschlands zählt, lassen sich verschiedene Stufen der Innovation und Veraltung verfolgen. Nutzbare Wasserkraft gab den Ausschlag für den abgelegenen Standort; deshalb entstanden dort neben der Fabrik und dem Herrenhaus des Unternehmers auch Wohnhäuser für Arbeiter. Als die Energieversorgung auf eine Dampfmaschine umgestellt wurde, umgab man den historischen Kern der Fabrik mit modernen, heute wieder verschwundenen Sheddachhallen (Abb. 8).

Der Fabrikbau entwickelte sich, abhängig von der Kraftquelle und der Verstädterung, in drei wesentlichen Schritten. Die ersten industriellen Unternehmen, die noch auf die Wasserkraft angewiesen waren, folgten dieser auch in wenig besiedelte und schlecht zugängliche Täler. Im Bergischen Land und in Sachsen entstanden so die ersten (textilen) „Industrielandschaften" Deutschlands. In die meisten Städte, und damit näher zu den Verkehrswegen und Arbeitern, konnten die Fabriken erst vordringen, als mit der Dampfkraft eine nicht mehr an die örtliche Wasserkraft ge-

8. Textilfabrik Brügelmann in Ratingen-Cromford; Darstellung auf dem Briefkopf um 1919

[32] Karl Josef Rivinus (Hg.): Die soziale Bewegung im Deutschland des 19. Jahrhunderts. München ²1989; Wolfhard Weber: Technik und Sicherheit in der deutschen Industriegesellschaft 1850 bis 1930 (Sicherheitswissenschaftliche Monographien, Bd. 10). Wuppertal 1986; Mensch – Arbeit – Technik. Katalog zur Dt. Arbeitsschutzausstellung. Köln 1993.
[33] Grundlegend: Theodor Beck: Beiträge zur Geschichte des Maschinenbaues. Berlin 1899; Conrad Matschoß: Ein Jahrhundert deutscher Maschinenbau. Berlin ²1922 (Geschichte der DEMAG).
[34] Armin Tille: „Wirtschaftsarchive." In: Alexander Tille: Sozialwissenschaftliche Zeitfragen, H. 5/6, Berlin 1905; vgl. aus kommunistischer Perspektive: Jürgen Kuczynski: Zur Geschichte der Wirtschaftsgeschichtsschreibung (Studien zu einer Geschichte der Gesellschaftswissenschaften, Bd. 8). Berlin 1978; allg.: Pierangelo Schiera, Friedrich Tenbruck (Hgg.): Gustav Schmoller in seiner Zeit. Die Entstehung der Sozialwissenschaften in Deutschland und Italien. Berlin 1989; Michael Appel: Werner Sombart – Historiker und Theoretiker des modernen Kapitalismus. Marburg 1992.
[35] Die Macht der Maschine. 200 Jahre Cromford-Ratingen. Eine Ausstellung zur Frühzeit des Fabrikwesens (Ausst.-Kat.). Ratingen 1984; „Die öde Gegend wurde zum Lustgarten umgeschaffen". Zur Industriearchitektur der Textilfabrik Cromford 1783–1977 (Landschaftsverband Rheinland, Rheinisches Industriemuseum, Schriften, Bd. 5). Köln 1991.

9. Die Borsig-Arkaden in Berlin, errichtet 1857–62 von Georg Heinrich Strack, an ihrem heutigen Standort im Park der TU Berlin-Charlottenburg (Foto 1988)

[36] Frühe Überblicke: Wolfgang Müller-Wiener: „Fabrikbau." In: RDK 6, München 1973, Sp. 847–880; Roland Günter: „Zu einer Geschichte der technischen Architektur im Rheinland." In: Günther Borchers, Hans Verbeek (Hgg.): Beiträge zur rhein. Kunstgeschichte und Denkmalpflege. Festschrift Rud. Wesenberg (Kunstdenkmäler der Rheinlande, Beiheft 16). Düsseldorf 1970, S. 343–372; Martin Schumacher: „Zweckbau und Industrieschloß. Fabrikbauten der rheinisch-westfälischen Textilindustrie vor der Gründerzeit." In: Tradition 15, 1970, S. 1–47; Günter Drebusch: Industrie-Architektur. München 1976.
[37] Dieter Vorsteher: Borsig. Eisengießerei und Maschinenbauanstalt zu Berlin. Berlin 1983, bes. S. 9, 128–152.

bundene Energiequelle zugänglich wurde. Damit wurde die Industrie Teil der oft noch engen innerstädtischen Bebauung. In einem dritten Schritt bildeten sich Industrievororte mit neugegründeten und aus Platzgründen verlagerten Betrieben. Um sie herum wuchsen Wohnquartiere zu neuen, industriell geprägten Städten und Stadtteilen heran. Aus der häufig isolierten Lage in der Landschaft wuchs die Fabrik also in städtische Zusammenhänge hinein.

Die Erstellung einer Fabrik ist die Aktivität, mit der ein Unternehmer in den Bereich des Bauwesens gelangt. Diese architektonische Aufgabe wird nun ganz unterschiedlich aufgefaßt.[36] Ein Großteil der Bauten wurde nach rein ökonomischen und funktionalen Gesichtspunkten errichtet: Dekor ergab sich aus den Möglichkeiten des dominierenden Backsteinmaterials und den normalen Fähigkeiten und Gewohnheiten des Baugewerbes. Anderes gilt für Bauten in auffälliger Lage, für renommierte Unternehmen oder solche mit hohem Investitionsaufwand, der sich auch in der Gestaltung widerspiegeln sollte.

Die beispielhaft detailliert erforschte bauliche Entwicklung der Borsig-Standorte in Berlin-Moabit vor Umsiedlung des Unternehmens nach Tegel im Jahre 1887 macht dies deutlich.[37] Die Bauten des bedeutendsten preußischen Maschinenbauunternehmens wurden von dem Schinkelschüler Johann Heinrich Strack (1805–50), einem der führenden Architekten in Berlin, geprägt. Besonders Eingangsbereich und Verwaltung des Unternehmens zeigten den höchsten für diese Bauaufgabe überhaupt denkbaren architektonisch-inhaltlichen Aufwand. Die Kopfbauten der Eingangsarkaden erhielten Triumphbogenform; zahlreiche Terrakotta-Reliefs zeigten Allegorien und Symbole der Wissenschaften und Technik. Nach dem Abbruch im Jahre 1887 wurde ein dreibogiges Teilstück der 1857–62 errichteten und damit erst gut 25 Jahre alten Eingangsarkaden der Fabrik wie ein antikes Fragment im Park der kurz zuvor fertiggestellten Technischen Hochschule Charlottenburg wieder aufgebaut (Abb. 9). Dort erinnern sie an die erhebliche Bedeutung der Firma Borsig für die Entwicklung der Ingenieurausbildung in Berlin, aber auch an die erste, vor-kaiserzeitliche Blüte der Berliner Industrie. Damit könnte man die Strack-Arkaden als eines der ersten, noch vor komplexem Hintergrund und durch „Translozierung" erhaltenen architektonischen „Industriedenkmale" bezeichnen.

Architektonisch hoher, kultiviert-konservativer Anspruch verwies auf die Solidität des Unternehmens und hatte einen wichtigen Werbeeffekt. Die fast obligatorische (und oft geschönte oder antizipierte) Fabrikdarstellung auf dem Firmenbrief-

ANSICHTEN VON
INDUSTRIE

[38] Fabrik im Ornament. Ansichten auf Firmenbriefköpfen des 19. Jahrhunderts (Ausst.-Kat.). Münster 1980; Christoph Bertsch: ... und immer wieder das Bild von den Maschinenrädern. Beiträge zu einer Kunstgeschichte der Industriellen Revolution. Berlin 1986, bes. S. 69-101.
[39] Francis D. Klingender: Kunst und industrielle Revolution. Dresden 1974 (Orig.: London 1947); Aus Schacht und Hütte. Ein Jahrhundert Industriearbeit im Bild 1830-1930 (Ausst.-Kat.). Recklinghausen 1980; Ernst Schmacke u.a. (Hgg.): Industriebilder. Gemälde einer Epoche. Münster 1994.
[40] Sigrid-Jutta Motz: Fabrikdarstellungen in der deutschen Malerei von 1800-1850. Frankfurt am Main 1980.
[41] Françoise Forster-Hahn: „Adolf Menzels 'Eisenwalzwerk'. Kunst im Konflikt zwischen Tradition und sozialer Wirklichkeit." In: Buddensieg/Rogge 1981, S. 122-129.
[42] Etwa: Artur Fürst: Triumph der Technik. Berlin 1912.
[43] Manfred F. Fischer: Phoenix und Jahresringe. Beiträge zur Baugeschichte und Denkmalpflege in Hamburg. Hamburg 1989, S. 199-201.
[44] W. A. v. Zuccamaglio (Wilhelm. v. Waldbrühl): Das Leben berühmter Werkmeister. Frankfurt am Main 1853; Samuel Smiles: Lives of the Engineers. London 1861/62; ders.: Industrial Biography. Iron Workers and Tool Makers. London 1863; Conrad Matschoß (Hg.): Männer der Technik. Ein biographisches Handbuch. Berlin 1935; Franz Maria Feldhaus: Männer deutscher Tat. München 1934.
[45] Etwa: H. Koch: Geschichte des Königlichen Blei- und Silberbergwerks Friedrichsgrube, Tarnowitz, Oberschlesien. Berlin 1884; Max Krause: A. Borsig, Berlin 1837-1902. Festschrift zur Feier der 5000. Lokomotive. Berlin 1902; O. Junghann: Festschrift zur 100-jährigen Jubelfeier der Königshütte 1802-1902. Die Gründung und Weiterentwicklung der Königshütte. Berlin 1908; Paul Neubaur: Mathias Stinnes und sein Haus. Düsseldorf 1908.
[46] Wolfgang Kemp: John Ruskin 1819-1900. Leben und Werk. München/Wien 1983; Andrea Schlieker: Theoretische Grundlagen der Arts & Crafts-Bewegung. Untersuchungen zu den Schriften von A. W. N. Pugin, J. Ruskin, W. Morris, C. Dresser, W. R. Lethaby u. C. R. Ashbee (Diss.). Bonn 1989.; Hans-Georg Kirsch: William Morris. Ein Mann gegen die Zeit. Köln 1983; Repr. München 1996; zuletzt: St. Coote: William Morris. His Life and Work. London 1996.
[47] Nicolaus Pevsner: The Origin of the Modern Design. London 1936; Stuart Durant: Christopher Dresser. London 1993.

kopf belegte für den Kunden zusammen mit den aufgeführten Auszeichnungen den Erfolg und die Dynamik des Unternehmens. Ihr Wahrheitsgehalt bei der Nutzung als Quelle muß an dieser Funktion gemessen werden.[38] Ähnliches gilt für die Darstellung der industriellen Arbeitswelt in der (Auftrags-)Kunst.

Weil sich Photographie und Gebrauchsgraphik der praktischen Aufgaben angenommen hatten, konzentrierte sich die Kunst im Sinne der akademischen Historienmalerei auf die großformatige und idealisierende Darstellung der industriellen Welt.[39] In der ersten Hälfte des 19. Jahrhunderts hatte die Industrie in der Malerei noch keine eigenständige Rolle gespielt. Die wenigen Darstellungen von technischen Anlagen, seien es alte Mühlen oder noch bescheidene industrielle Werkstätten, entstehen innerhalb der Grenzen der Landschaftsmalerei, eine Verbindung, die sich bis zu den Vorläufern der eigenständigen Landschaftsmalerei im 15. Jahrhundert zurückverfolgen läßt. Die wenigen reinen Fabrikdarstellungen, etwa die 1838 entstandene Darstellung des Lendersdorfer Walzwerks bei Düren im Besitz der Familie Hoesch, waren Auftragsarbeiten und erreichten kaum überragende Qualität.[40] Erst nach der Jahrhundertmitte, mit der Wiedereinführung der „barocken" Ausdrucksmittel Dynamik, Bewegung und Realismus in die Malerei, wurden industrielle Arbeit und Technik auch motivisch interessante Themen (Abb. 10). Menzels „Eisenwalzwerk" von 1875, das erste wirklich aufwendige und spektakuläre Werk dieser Richtung, bemühte sich zwar in den Details der Atmosphäre und mit Hilfe von Studien vor Ort um Wirklichkeitsnähe, ist aber in der genrehaften Komposition und in der Wiedergabe ganz den Darstellungsweisen der Historienmalerei der Zeit verhaftet[41], wie sie sich thematisch auf den Barockklassizismus etwa eines Joseph Wright of Derby zurückführen läßt. Revolutionäre neue Themen und Darstellungsformen wurden eher in der spontanen Graphik, der Karikatur, der Skizze aufgegriffen, entwickelt und bald als Mittel politischer Beeinflussung eingesetzt (Daumier, Zille, Kollwitz). Dem steht eine Tradition heroischer und triumphal-allegorischer Darstellungen gegenüber, welche die Selbstdarstellung und die offiziellen Aktivitäten der Industrie dominierte.[42] Erst spät drang die industrielle Welt in die Sphäre der Repräsentation ein, können die führenden Wirtschaftszentren ihren Stolz so formulieren; dabei entstand, etwa in der Ausmalung des Hamburger Rathauses von Hugo Vogel ab 1902, ein heute merkwürdig anmutender Kontrast zwischen einer historisierenden Ausstattung und zeitgenössischen industriellen Darstellungen.[43]

Die mit zunehmender Dauer der Industrialisierung häufiger werdenden Unternehmensjubiläen boten Anlaß zu historischer Rückschau. Sie sind neben den Sammlungen von Lebensläufen bedeutender Techniker und Unternehmer, die schon in der Mitte des 19. Jahrhunderts einsetzen und eine eigene Tradition begründen,[44] und den historischen Analysen der Nationalökonomie die ersten wirtschafts- und technikgeschichtlichen Darstellungen.[45] Gelegentlich wurde in diesen Zusammenhängen schon auf die Orte und Bauten verwiesen, die sich mit den Anfängen der Unternehmen verbanden, auch wenn durch die stürmische Entwicklung gerade im 19. Jahrhundert dieses Interesse oft schon zu spät kam, um, wie etwa beim Gießhaus der Firma Henschel in Kassel, wichtige Bauten bewußt zu erhalten.

Eine überwiegend kulturell-gesellschaftlich argumentierende Gegenbewegung zu den durch die Industrialisierung geschaffenen Produktions- und Arbeitsweisen entstand in der zweiten Hälfte des 19. Jahrhunderts natürlich zuerst in England: Um William Morris bildete sich die „Arts-and-Crafts"-Bewegung,[46] die betonte, daß die Übertragung künstlerisch-handwerklicher Gestaltungsweisen auf die Industrieproduktion unangemessen sei und verheerende Wirkungen auf die Geschmacks- und Stilentwicklung befürchten lasse. Sie propagierte zum einen eine neue Einheit der freien und angewandten Künste, bereitete gedanklich aber auch das Industriedesign vor.[47] Ihr Interesse für die Volkskultur und ihr handwerklich geprägtes Kunstverständnis führt zu einer Erweiterung des Denkmalbegriffes auf die Alltagsbauten und Kulturlandschaften und zu einer Ablehnung von rekonstruierender Restaurierung.[48] Die nationale Identifikation über die Baudenkmale richtete sich in England nur nach innen; eine politisch-gesellschaftliche Abgrenzung und Konkurrenz wie zwischen den noch jungen Nationalstaaten auf dem europäischen Kontinent war damit kaum verbunden. Diese Situation erleichterte sicherlich in England die frühe Abgrenzung zu der französisch beeinflußten, rekonstruierenden und idealisierenden Denkmalpflege, wie sie etwa noch von George Gilbert Scott vertreten wurde, und ermöglichte eine handwerklich-künstlerische, auf die historische Substanz konzentrierte Betrachtungsweise der Denkmale. In Deutschland wurde dieser Schritt um die Jahrhundertwende von Georg Dehio theoretisch vollzogen.[49]

Suche nach dem Überbau

Im 19. Jahrhundert wurden auch in Deutschland die bis heute wirksamen Grundlagen der industriellen Gesellschaft gelegt. Das Verständnis dieses Prozesses und seine Reflektion durch die Zeitgenossen ermöglichen es uns, die heute noch vorzufindenden Strukturen zu verstehen und zu bewerten. Wichtig für die Industriearchäologie ist dabei die langsame und schrittweise Ausbreitung der Industrialisierung unter den Bedingungen der Antriebs- und Transportmöglichkeiten. Dies ist nämlich ein wesentlicher Grund dafür, daß eine große Zahl technisch vor- oder kleinindustrieller Anlagen noch entstand oder erneuert wurde, als andere Regionen bereits industrialisiert waren. Die in den Texten ablesbaren Sichtweisen und Stellungnahmen zur Industrialisierung und ihren Begleiterscheinungen zeigen deutlich den kulturellen Bruch und das Auseinanderdriften der künstlerisch-kulturellen und der technischen Sphäre. Das Verhältnis Architekt – Ingenieur steht dafür beispielhaft. Wenn Wertvorstellungen der vorindustriellen Gesellschaft mit solchen der neuen Richtungen zusammentrafen, kam es zu heftigen Verständigungs- und Akzeptanzproblemen; widersprüchliche Ideale ließen sich nicht mehr verbinden. Die Folge war, daß man sich weiter entfernte und somit leichter und freier deutbare Epochen als politisch-historischen Bezugspunkt wählte. Traditionen der Geschichtsschreibung, etwa die Fixierung auf Einzelpersönlichkeiten, behinderten auch die Erfassung und Darstellung der tatsächlichen Genese technischer Neuerungen.[50] Die Auseinandersetzung um den der Industrie und Technik zustehenden Rang und Einfluß in der Gesellschaft spiegelte sich in dem zwiespältigen Verhältnis der Unternehmer und Ingenieure zu ihren eigenen zivilisatorischen Leistungen. Als „Geschichte der Ausbeutung" im System des Kapitalismus wurde die Industrialisierung auf den Menschen bezogen und bereits als Negativum interpretiert. Diese ideologisch geprägte Sicht und Deutung der industriellen Revolution verdrängte neben der ästhetischen Ablehnung schon früh die Wahrnehmung menschlicher Aktivität im Bezug auf Natur und Schöpfung, die sich noch in den Schilderungen der frühen Industrielandschaften spüren läßt. Die Auseinandersetzung mit diesen Spannungen und die Bewältigung der gesellschaftlichen Folgen der Industrialisierung überdeckten häufig die differenzierte Wahrnehmung der Industrie als historischen und kulturellen Faktor. Vom eingebundenen Bestandteil der „aufgeklärten" Kulturlandschaft wurde die Industrie zum dominierenden Element der „Industrielandschaft". Das Verhältnis von Natur und menschlicher Aktivität hat sich grundsätzlich verschoben. Im 19. Jahrhundert etablierte sich die industrielle Technik als neues zivilisatorisches Element und Grundlage einer veränderten Gesellschaft. Die historische Erfassung und Deutung dieser Entwicklung, ihre Einbindung in Geschichtsbild und kulturelles Selbstverständnis der jungen Industriegesellschaften wurde als Herausforderung der Zeit erst langsam begriffen.

10. Paul Meyerheim: Maschinenfabrik, 1875; Teil des Zyklus „Geschichte der Lokomotive" für die Villa Borsig in Berlin

[48] Martin S. Briggs: Goths and Vandals. A Study of the Destruction, Neglect and Preservation of Historical Buildings in England. London 1952, bes. Kap. 9, S. 203–219; Chris Miele: „The First Conservation Militants. William Morris and the Society for the Protection of Ancient Buildings." In: Michael Hunter (Hg.): Preserving the Past. The Rise of Heritage in Modern Britain. Far Thrupp 1996, S. 17–37.
[49] Siehe: Marion Wohlleben: Konservieren oder restaurieren? Zur Diskussion über Aufgaben, Ziele und Probleme der Denkmalpflege um die Jahrhundertwende (Veröff. d. Inst. f. Denkmalpflege a. d. ETH Zürich, Bd. 7). Zürich 1989.
[50] Zum Problem der „geradlinigen" Technikentwicklung: Maria Osietzki: „Technik zwischen Genie und Wahnsinn. Zur Ideologie der Technikentwicklung und -aneignung." In: Ideologie der Objekte – Objekte der Ideologie. Naturwissenschaft, Medizin und Technik in Museen des 20. Jahrhunderts. Hg. z. 90. Gründungsjubiläum der Dt. Ges. f. Gesch. d. Naturwiss., Medizin und Technik e. V. Kassel 1991, S. 89–95; allgemein: Radkau 1989.

1.

Johann Conrad Fischer

Tagebuch England: Hammerwerk Tiltinghouse, 1825

aus: Johann Conrad Fischer: Tagebücher, S. 315–317

Zur Person:
Geboren 1773 in Schaffhausen. Ausbildung zum Kupferschmied. Wanderjahre in ganz Europa. Frühe Gußstahlproduktion, Metallwerkstätten, Erfindungen. Mehrere Englandreisen zu Bauwerken der Technik. Gestorben 1854

… Den 30. Juni. Das Tiltinghouse ist ein Hammerwerk, vom Wasser des durch die Stadt fliessenden Don getrieben, und, sonderbar genug ganz wie ein altes Kastell, mit vier Thürmen, mit Zinnen und gothischen hohen Fenstern und Schießscharten in Kreuzform gebaut, indessen aber ganz modern. Die Engländer lieben das Gothische ungemein, und bringen es zuweilen auch da an, wo es sich gewiß nicht schickt. – Schon wie ich vor elf Jahren bemerkte, sind sie in Einrichtung und Betrieb der Hammerwerke hinter uns in Deutschland zurück. Hier sind vier Streckhämmer, zwei größere und zwei kleinere, wovon aber immer nur ein großer und ein kleiner geht. Diese thun ihre Schuldigkeit wegen der ungemeinen Kraft von Wasser; aber eben hätte man um derselben willen bei einer anderen Disposition das gedoppelte Resultat erhalten können. Hämmer und Amböse sind, wie überall in England, von T-Form, und mit Steckbahnen versehen. Das Wärmfeuer ist anders, als in Deutschland. Holzkohlen haben sie nicht; in den Coks würde der Stahl verbrennen, und die unmittelbare Berührung der Steinkohlen ihm schaden, deswegen wird der zu verstreckende Stahl in der bloßen Flamme geglüht, welches sehr gut ist. Ich brachte ein Stück meines Meteorstahls mit, um dasselbe von der dickern Form, die es hatte, in Rasiermesserform zu verstrecken. Sie wollten Anfangs nicht dahinter, indessen erhielt ich doch zuletzt meinen Willen. Was mir interessant schien, war die Verbindung des Schleifsteins, um das Hammergeschirr zu schleifen, vermittelst eines gear wheels (schrägen Rades) mit den schrägen Kammern, die an dem Kranzring, in dem die Hebarme oder Daumen, um den Hammer zu treiben, stecken, angegossen waren. …

Ich ging, da mir der Buchhalter den Cementofen gezeigt hatte, noch in das Gießhaus, und wartete, da ich nun einmal Erlaubnis hatte, den Guß aus zwei Oefen ab. Es waren deren im Ganzen sechs. Ich bemerkte, daß darin eine Aenderung gegen früher vorgenommen worden, daß jeder Ofen nun zwei Tigel enthält, statt ehemals einen, daß sie auch mehr Metall fassen als früher, nämlich 33 bis 36 Pfund, eine andere Form haben, und von der Composition sind, wie sie der alte Huntsman schon lange gebraucht hat. Als der Ofen geöffnet wurde, und der Arbeiter den Tigel heraushob, um ihn dem andern, welcher gießt, zu übergeben, lief er aus. Ein Gehilfe warf geschwind ein Stück nassen Leim auf den Riß, und ungefähr noch die halbe Stange wurde gegossen. Die andern Tigel waren alle gut. Zum Schmieden der Stangen haben sie drei Fuß lange Eingüße von Gußeisen, die flach achteckig sind, und sehr genau ineinan-

11. Iron forge bei Tintern, Monmouthshire; Stich von B. T. Pounce nach einem Gemälde von Thomas Hearne, 1790

der passen, und zum Walzen der Bleche sehr breite, niedere und dünne. – Da ich mit ansah, wie die Tigel gefüllt und componirt wurden, so konnte ich mich überzeugen, wie die, welche aus diesem Stahl gewalzte Bleche zu Uhrfedern verwenden, zuweilen so sehr übel ihre Rechnung dabei finden. Kalter Regen trieb mich heim, und an ein kaum angezündetes Kaminfeuer, das mit dunkeln, zweifelhaften Flammen brannte. ...

2.

Karl Friedrich Schinkel

Tagebuch der Englandreise: Birmingham; Manchester, 1826

aus: Karl Friedrich Schinkel, Lebenswerk. Die Reise nach Frankreich und England im Jahre 1826 (Bearb. Reinhard Wegner). München 1990, S. 136/37, 144, 160

Zur Person:
Geboren 1781 in Neuruppin. Seit 1794 in Berlin. Ausbildung zum Architekten bei Friedrich Gilly. Kurzer Akademiebesuch. Ab 1803 zweijährige Italienreise. 1810 Mitarbeiter der Technischen Oberbaudeputation. Ab 1815 eigene Bauprojekte. Seit 1820 Akademieprofessor. In den 1820er Jahren erste große Bauten in und um Berlin; gleichzeitig mit Beuth für die Gewerbeförderung aktiv; 1826 Englandreise mit diesem. 1830 Leiter der Oberbaudeputation. Zahlreiche Inspektionsreisen in Preußen. Gemälde, Zeichnungen, Theaterdekorationen; veröffentlicht Sammlungen von Entwürfen und Vorbildern. Gestorben 1841 in Berlin

Dienstag den 20 Juni [Birmingham]
Bulton u Watts Park wird passirt (Erfinder der Dampfmaschine) Fahrt nach Dudlay – Kanal in Birmingham, 12 Fuß breit, 12 Schleusen die jede Schiffer sich selbst öffnen können, eiserne Bewährungen an den Schleusenwänden, die Schleusen füllen sich nicht durch Schützen im Thor sondern durch Canäle die vom obern Wasser ins untere Wasser führen. Es werden neue Canäle gegraben. Die Gegend angenehm in der Ferne sieht man die Eisenwerke dampfen die sich meilenweit erstrecken. Um 9 Uhr kommen wir mit Extrapost in Dudlay an u fahren nach dem Frühstück von Thee gleich zu den Eisen werken. Grandioser Anblick von tausenden von Obelisken welche rauchen größtentheils Förderungs-Maschinen um Steinkohle, Eisen u Kalk aus den Gruben zu bringen. Dann grosser Tolus für die Glashütten pp Die Dampfmaschinen sind immer nur beim Cylinder unter Dach der Arm mit der Kurbel u dem Schwungrade, so wie die Dampfkessel (jedesmal 2 Kessel an einer Maschine) liegen zu tage. Das Werk Gospel Oaks iron works wird besehn welches entsetzliche Ausdehnung hat. 15 Dampfmaschinen Lauter Puttlings Öfen, hohe Öfen, Walzwerke, Anstalt zum Verzinnen des Blechs, Bohrmaschinen. In einem Feuer wird aus dem Glühofen das Eisen 3–4 Zoll stark durch 2 Streckwerke zu Plateisen fein bearbeitet, Vorrichtungen zum Abschaben von der Walze, von einem Knaben durch einen Fuß und Handdruck jedesmal gestellt. Eine Schere schneidet jedes 4 zölliges Eisen ganz leicht durch. –

Dachkonstructionen von Eisen. Sehr weit gespannter leichter Bogen in Backstein der viel trägt u viel erschüttert wird. Dachkonstruction von Eisen u Ziegel die Pfeiler sind zugleich Wasserabfall Rinnen. Cylinder für ein Gebläse von 9 Fuß Durchmesser aufs sauberste abgedreht. –

Das Werk Wednesbury Oaks iron works eine schöne regelmässige neue Anlage wird uns auf dem Rückwege nach Dudlay zufällig gezeigt. – Rückweg aufs alte Schloß von Dudlay in einem Park auf einem Waldberg liegen die Ruinen des Schlosses noch hinreichend erhalten, einen Hof umschließend an einer Seite ein altes Schloß halb zerstört an der andern die Gebäude der übrigen Mauern u grüner Rasenplatz, doppelter Graben u Aussenwerke; prächtige Aussicht der Berg im Park ganz unterminirt, Canäle, Hölen, Tunnels pp unterirdisch. – Nachmittag wird eine Glashütte in der Stadt besehn. Tolus 40 Fuß Durchmesser 1 1/2 Stein stark von Ziegeln drinnen die Öfen, soll böhmische Erfindung seyn. In Deutschland hat man allgemein diese massiven Umgebungen der Öfen abgeschafft. Gläser besonders Hüttenwände u Füsse für Weingläser werden sehr schön gemacht. – Rückfahrt nach Birmingham, Ansicht der rauchenden Eisen Werke. Immer schönes Wetter. Es wird ein Vorhängeschloß gekauft, bald zu Bett gegangen. ...

Freitag 30 Juni
Herr Bischoff führt uns in die Maschinenfabrik von Fenton Morray. Rundgebäude 80 Durchmesser mit Etagen – Drehbänke – Dampfmaschinen überall – Gießerei – Flachsspinnerei von Marchall, vorzügliche Maschinen u Bearbeitung schöne Mädchen unter den Arbeiterinnen, Gewölbtes Gebäude, Wasser-

ANSICHTEN VON INDUSTRIE

12. Karl Friedrich Schinkel, Tagebuch einer Englandreise, 1826, Blatt 62 (Ausschnitt: Fabrikbauten in Manchester)

reservoir, grosse Dampfmaschine 75 Pferdekraft. – Eisenweg wo 28 Wagen mit Steinkohle von einer Maschine schnell fortbewegt werden u 2 Knechte sind bei dem ganzen Geschäft angestellt. Der Weg ist untermauert an einigen Stellen Doppelbahn, Öffnungen um die Kohle aus u durch fallen zu lassen. Neue Kirche in einförmigem Styl. Kornhalle dorisches Rundgebäude, ohne grosses Geschick. Die innere Säulenstellung zu eng gegen die weitsäulige äussere Stellung.

Wir essen ziehn uns vorher fein an, fahren in einer bequemen auseinandergeschlagenen Miethskutsche zuerst durch die Masse der Fabrikgebäude nach der herrlichen Ruine von Cirkstell Abaye Normännisch, sächsischer Styl, herrlich mit alten Linden u Epheu durchwachsen. Die Kirche in Haupttheilen erhalten von kräftigsten Verhältnissen. Hat in dem Mittelschiff kein Gewölbe gehabt, aber in den Seitenschiffen. Ein schön angelegter Weg neben einem Kanal der herrliche Fabrikgebäude mit einem 120 Fuß hohen Dampfschornstein umgiebt, durch blühende Sträucher u durch das Haus eines Wächters über eine Massive Schleusenwand mit Schützen geht der Weg auf die Wiese wo die Ruine liegt. Wir sehn die Fabrik des Herrn Stansfield für Kammgarnspinnerei u Weberei. Dampfmaschine u ein grosses Wasserrad unterstützen sich. Mädchen weben uns etwas vor. Einrichtung der Schiffchen u des Einschlags. Spinnereien daselbst. An dem Tage wird eigentlich nicht gearbeitet: (?) Kinder versehn das Geschäfft. ...

Montag, den 17 Juli
Ich will mich schonen bleibe zu Haus schreibe Tagebuch, die andern sehn Fabriken. Nach Essens am Abend gehn wir u [sehen] mehrere Enorme Fabrikgebäude zu bi Maconol Kunedy u ein andrer Morris haben Gebäude 7–8 Etagen hoch solang als das Berliner Schloß u eben so tief ganz feuersicher gewölbt, einen Canal zur Seite u drinnen. Strassen der Stadt führen durch diese Häusermassen, über die Strassen gehn Verbindungs Gänge fort. In ähnlicher Art geht es durch ganz Manchester, dies sind Spinnereien von Baumwolle von der feinsten Art, aus einem £ Pfund Baumwolle (Pfund) werden 1300 x 2500 Ellen Zeug gemacht. – Der Bleicher Ainsworth bleicht in jeder Woche 50 bis 100 Stück Zeug zu 60 Ellen. – Der grosse Kanal der Stadt führt über Strassen weg, ... Dieser Canal hat bald darauf eine Schleuse u geht dann wieder unter einer Strasse und unter einem hohen Gebäude durch welches auf 2 ungleichen Bögen von geringen Wiederlagern gewölbt ist. Es liegen über den Strassen grosse

Eisenbahnen hoch auf Gestellen. Ein grosses Wasserrad von Eisen sehr leicht construiert.

Jetzt sind 6000 Irrländische Arbeiter aus den Manschesterschen Fabriken auf Kosten der Stadt nach ihrem Vaterlande zurück gebracht worden aus Mangel an Arbeit. 12000 Arbeiter kommen jetzt zusammen um zu revolutioniren. Viele Arbeiter arbeiten 16 Stunden des Tags u können dann doch nur wöchentlich 2 Schilling ausgezahlt bekommen. Anstalten die 500 000 £ Sterling kosteten haben zum Theil jetzt den Werth nur von 5000. Ein schrecklicher Zustand der Dinge; Seit dem Kriege sind in Lancesterchire 400 neue Fabrikanlagen gemacht worden, man sieht die Gebäude stehn, wo vor drei Jahren noch Wiesen waren, aber diese Gebäude sehn so schwarz geräuchert aus als wären sie hundert Jahre in Gebrauch. – Es macht einen schrecklich unheimlichen Eindruck ungeheure Baumassen von nur Werkmeistern ohne Archhitectur und fürs nackteste Bedürfnis allein und aus rothem Backstein ausgeführt. – Viel englisches Militair ist in Manchester zur Sicherheit zusammengezogen. ...

3.

Johanna Schopenhauer

Reise an den Rhein und an die Maas: Das Maastal, 1826

Johanna Schopenhauer: An Rhein und Maas. Düsseldorf 1987, S. 100/01, 106

Zur Person:
Geboren 1766 in Danzig. Mutter des Philosophen Arthur Schopenhauer. 1797 und 1803 berühren große Reisen auch Belgien. Bereits 1805 verwitwet, wurde sie ab 1807, auf ihren Erinnerungen aufbauend, zur populären Reise- und Romanschriftstellerin. Gestorben 1838

... Kaum hatten wir Lüttich im Rücken, als sich eine der herrlichsten, reichsten Aussichten in das schöne Val Benoit vor uns auftat, in das wir unter einer von einer Anhöhe zu einer anderen hinüberführenden Holzbrücke hindurchfuhren. Zur rechten Hand erblickten wir eine reich bebaute Anhöhe; zwischen Gärten, schönen Landhäusern und hohen alten Bäumen erregten zwei sonderbare aus Ziegelsteinen turmhoch und sehr massiv aufgemauerte Gebäude unsere Neugier. Türme waren es nicht; dazu fehlte es ihnen an Umfang, wenngleich nicht an Höhe. Wir hätten sie für Ruinen, für Überreste ehemaliger riesengroßer Säulen halten können; doch dazu sahen sie viel zu neu aus. C'est la méchanique, erwiderte unser Kutscher, den wir befragten, und wir waren durch seine Antwort um nichts klüger. Endlich erfuhren wir von einem Vorübergehenden, daß diese wundersamen Riesengestalten zu einer unter der Erde in einem Steinkohlenbergwerk angebrachten Dampfmaschine gehörten, dessen Eigentümer, die Herren Lesoine et Comp., in Lüttich wohnten, und zudem die hölzerne Brücke führte, unter der wir soeben durchgefahren waren. Auf unserem ferneren Wege längs den Ufern der Maas trafen wir auf mehrere dieser uns so rätselhaft scheinenden Gebäude. Zuweilen standen sie in Gruppen, vier bis fünf an der Zahl, nebeneinander, zuweilen einzeln; oft an Stellen, wo sie den malerischen Reiz der Landschaft unglaublich erhöhten. Hier, wie in England, machen die sehr häufigen und ergiebigen Steinkohlengruben einen großen Teil des Reichtums dieses ohnehin so gesegneten Landes aus. ...

Bebauter, bewohnter als das bald sich verengende, bald mehr erweiternde Tal, das die Maas durchzieht, ist kein Fleck der Erde, kann keiner sein. Durch das unbeschreiblich freundliche Dorf Tilleur gelangten wir nach Seraing, das größtenteils von Arbeitern bewohnt wird, die in der gegenüber, am anderen Ufer prachtvoll sich ausbreitenden Eisenschmelzerei und Maschinenfabrik eines reichen Engländers, des bekannten Herrn Cokerill, Unterhalt und Beschäftigung finden. Das palastartige Gebäude, das dieses weitläufige, große und bedeutende Etablissement jetzt einnimmt, war ehemals ein Schloß des Fürstbischofs von Lüttich.

Unfern dieser, viele Hunderte beschäftigenden und ernährenden Anstalt, auf dem selben Ufer, in einem höchst anmutigen Tal, Val Saint Lambert genannt, von den freundlichen, fast wie ein Städtchen sich ausnehmenden Häusern der in ihr beschäftigten Arbeiter umgeben, liegt die große Glasfabrik der Herren Lapique, in der sehr vorzügliche Kristallwaren aller Art verfertigt werden. So reichen hier bei jedem Schritt Kunst und Industrie einander die Hand.

ANSICHTEN VON INDUSTRIE

Hinter Seraing fuhren wir durch das Dorf Jemeppe, wo wir wieder in dem zu einer weiten Ebene sich ausdehnenden Tal eine bedeutende Anzahl jener turmartigen Baulichkeiten erblickten, die das Dasein mehrerer bedeutender Steinkohlengruben uns verkündeten. ...

Die Gegend zwischen Huy und Namur, durch die wir jetzt kamen, ist fast noch reicher an hoher überraschender Herrlichkeit und dabei nicht minder kultiviert und angebaut als die, welche uns am Morgen entzückt hatte. Wir setzten nicht wieder über den Strom, sondern blieben jetzt am linken Ufer der Maas. Die Steinkohlengruben mit ihren seltsamen Türmen verschwanden, aber Eisenhämmer, die auch einer minder schönen Gegend einen ganz eigenen malerischen Reiz geben, traten an ihre Stelle. ...

4.

Levin Schücking
Reise von Minden nach Köln, 1856

aus: (Christoph Bernhard) Levin Schücking: Von Minden nach Köln. Schilderungen und Geschichten, Brockhaus' Reise-Bibliothek für Eisenbahnen und Dampfschiffe. Leipzig 1856, S. 83/84

Zur Person:
Geboren 1814 in Clemenswerth bei Meppen. Aus alter Beamtenfamilie. Studierte Jura, wurde dann Redakteur und Schriftsteller. Kontakt mit Annette von Droste-Hülshoff. Patriotische Schriften, Werke in zahlreichen literarischen Gattungen; schließlich Wohlstand durch Erfolg. Gestorben 1883

Die nächste Station, die wir erreichen, ist Hamm. Diese kleine Stadt an der Lippe, welche sich durch große und fruchtbare Weideländereien schlängelt, bildet den Knotenpunkt für die zwei großen westfälischen Eisenbahnlinien, die Köln-Mindener und die Westfälische Eisenbahn, welche letztere aus Thüringen und Hessen gen Norden zum Seehafen Emden führt. Hamm hat dadurch einen sehr großen Aufschwung und steigt zusehends an Häuser- und an Menschenzahl und an Wohlstand. Ueberhaupt ist diese Grafschaft Mark, deren Hauptstadt Hamm, ein reich von der Natur gesegnetes Land. Nicht allein besitzt es jene breite Bank üppig-fruchtbaren Kleibodens, der sich vom Padernbornischen im Osten bis weit nach dem Rhein hin gen Westen zieht und, der Hellweg genannt, die gewerbthätigsten, wohlhabendsten Städte Westfalens trägt; es hat daneben eine Unzahl ergiebiger Salzquellen, von denen wir nur Unna und Werl nennen; daran schließt sich der fabelhafte Reichthum an Steinkohlenlagern; und um die Schätze des Bodens fortführen zu können, besitzt die Mark jene zwei merkwürdigen Wasserstraßen, die Ruhr und die Lippe, welche nahe nebeneinander her ganz parallel sich dem Rheine zuschlängeln, beide schiffbar, die Ruhr dank dem Eifer und den Bemühungen des Ministers von Stein, der am Ende des vorigen Jahrhunderts, seit 1788, bekanntlich als märkischer Kammerpräsident die preußischen Besitzungen in Westfalen und am Rhein verwaltete, und dann seit 1802 als Oberpräsident von Westfalen die Organisation der neuerworbenen Landesteile übernahm. Die Lippe ist schiffbar gemacht durch die nicht minder eifrige Fürsorge des Herrn von Vincke, welcher Stein's Nachfolger als Oberpräsident von Westfalen war und sehr energisch das mühevolle Werk durchführte, das mit gewaltigen Schwierigkeiten zu ringen hatte. Jetzt sind die Schwierigkeiten glücklich überwunden, zahlreiche Kähne bewegen sich auf den besiegten Gewässern, Schleppschiffahrtsgesellschaften konstituieren sich, und was mit deren Hülfe die Ruhr- und Lippenachen nicht fortschaffen, das führen die endlosen Güterzüge der Eisenbahnen vondannen. Der steigende Wohlstand infolge steigenden Verkehrs und steigender Arbeitsnachfrage läßt sich am besten am fallenden Werthe des Geldes ermessen; und daß das Geld im Werthe sinkt, zeigt sich nirgends mehr als in diesen Hauptverkehrsplätzen an den westfälischen Eisenbahnen wie Hamm und Dortmund: das Leben ist hier in diesen kleinen Städten beinahe so theuer wie in den größten Hauptstädten Deutschlands, sodaß Alles Wehe schreit, dessen Einkünfte sich nicht wie alle Preise verdoppelt haben.

Das kann man nun freilich nicht von denen sagen, welche so glücklich sind, in dieser glücklichen Grafschaft Mark eine Kuxe in einer Kohlenzechengewerkschaft zu besitzen. Wir zweifeln, ob irgendwo in der Welt eine Industrie je so riesenhafte Fortschritte gemacht hat wie der Kohlenbau hier. Wer mithin der alleinige Besitzer von Kohlenzechen ist, wie z.B. die Freiherrn von Für-

13. Hochofenanlage und Kokerei bei Dortmund, um 1860; Lithographie aus: Schoenfelder: Die baulichen Anlagen auf den Berg-, Hütten- und Salinenwerken in Preußen. Berlin 1861

stenberg und Romberg, oder wie einige reiche Einwohner der Stadt Dortmund, der sieht seine Einkünfte in einer wahrhaft traumhaften Weise vergrößert; aber auch die Inhaber von einzelnen Kuxen oder nur Kuxenantheilen (die Kuxen werden meistens in Sechzehntheile getheilt, während ein einzelnes Bergwerk, „die Zeche", 130 Kuxen enthält, von denen zwei dem Eigenthümer des Grundstücks zufallen, auf welchem geschürft ist) ziehen glänzende Renten von den Unternehmungen, die sich natürlich jetzt zahlreich und fast beängstigend ohne Aufhören vermehren. Beinahe in gleichem Maße steigt die Zahl anderer industrieller Unternehmungen, besonders die Metallindustrie, die Eisenhütten, die Messinggußwaaren-, die Stahlfabriken u.s.w., während die ältern Etablissements sich ausdehnen und immer großartigere Verhältnisse annehmen. – Puddel- und Walzwerke sind in reger Thätigkeit, auch der Galmeibergbau erfreut sich eines schwunghaften Betriebs. Das wichtigste aber ist die Thätigkeit der Hochöfen. Davon waren im westfälischen Hauptbergdistrikt im Jahre 1853 schon zwölf im Betriebe. ... Wir führen nur noch an, daß im Laufe des Jahres 1855 beinahe ein halbes Dutzend neuer Hohöfen in Betrieb genommen sind. ...

Man kann übrigens – und Reisenden, welche nicht sklavisch an die Minute gebunden sind, nicht etwa beabsichtigen, noch am Abend in Köln einen Anschluß an die linksrheinischen Bahnen oder die Rheindampfschiffe zu benutzen, rathen wir dies dringend – in Dortmund die Köln-Mindener Bahn verlassen, um auf der Bergisch-Märkischen den Rhein zu erreichen. Man hat den Vortheil der unendlich interessantern Fahrt durch das Ruhrtal, an Herdecke und Hagen vorüber, der „Enneper Straße" nach, an Schwelm her und durch die in ihrer Art einzigen Industriestädte des Wupperthals, jenes stundenlange Barmen und Elberfeld mit seinen Hunschaften – eine Gegend, die vom anziehendsten Gemisch von Gärten und Wiesen, schimmernden Landsitzen, Siedlungen der Fabrikarbeiter, Industrieanlagen vom kleinen Mühlenwerk bis zur riesigen Spindelkaserne und Webstuhlpalast, von Brücken und farbenglänzenden Färbereien und Bleichereien unübersehbar weit bedeckt und malerisch überstreut ist. In der That, dieser Anblick, diese Schöpfungen deutscher Betriebsamkeit, deutscher Tüchtigkeit in Gewerbe und Leistung sind so großartig, so verheißungsvoll für eine große und stolze Zukunft des Vaterlandes, daß sie den kurzen Umweg aufs reichlichste lohnen.

Wir aber folgen unserer festgestellten Reiselinie – wir verlassen Dortmund und berühren nur noch ein paar Stationen auf westfälischer Erde, darunter Herne-Bochum, hinter welcher rechts die alte Wasserburg Strünkede auftaucht. ...

ANSICHTEN VON INDUSTRIE

Die nächste Station ist Berge-Borbeck, einst ein Lustschloß der Fürst-Aebtissin von Essen, jetzt ein Rittergut, das einen Theil seines Areals zu den großen Hohöfenanlagen des „Phönix" hergegeben hat, an denen die Schienenstraße sich unmittelbar entlangzieht. Linksab von hier führt eine Straße nach dem nahen Mülheim an der Ruhr, das in anmuthiger, dichtbevölkerter Landschaft neben dem von einer schönen Kettenbrücke überspannten Fluß liegt, über ihm auf der Höhe die alte Herrschaft Broich – lebhaft, verkehrreich, fabrikthätig und industriös, wie sie das alle sind, diese Städte des Ruhr- und Lippelandes. Die Eisenbahn aber führt uns nach Oberhausen, mitten in eine Landschaft, welche eine Staffage von nordamerikanischem Gepräge hat: Wir befinden uns in ödester Sandgegend, die kaum dürftigen Fichtenaufschlag nährt, in einer wahren Urhaide; und mitten in ihr erblicken wir die Schöpfungen des modernsten Culturlebens, eben aus dem Boden gestiegene Stationsgebäude, Häuser, Hôtels, Fabriketablissements, und ehe viel Zeit verfließt, wird mit amerikanischer Schnelligkeit eine Stadt aus diesen Sandhügeln aufwachsen, das verbürgt der Knoten der Bahnlinien, der hier sich schürzt. Linkshin nämlich zieht der Schienenstrang der Köln-Mindener Bahn nach Duisburg, in gerader Linie vor uns fort der nach Ruhrort, rechtsab wirft sich der nach Wesel, Emmerich, Arnheim, Amsterdam; eine neue Linie nach Mülheim an der Ruhr wird gebaut; von Mülheim wird sie in zwei Abzweigungen links nach Essen, Steele, Bochum, Witten ziehen, rechts das Ruhrthal hinauflaufen. ...

5.

Alphons Thun
Ratingen-Cromford, 1879

Die Textilindustrie am rechten Niederrhein. Schmollers Jahrbuch für Gesetzgebung, Verwaltung und Volkswirtschaft, Berlin 1879, S. 175/76, 183

Zur Person:
Stammte aus Livland. Seit 1876 in Deutschland. Studierte Nationalökonomie in Berlin und Straßburg. War später u.a. Berater der russischen Regierung

... Und was für Gebäude waren es, in denen die ersten Fabriken etablirt wurden! Ich kenne keinen belehrenderen Vergleich zwischen der Handspinnerei und der mechanischen als denjenigen, der sich auf einer Fahrt nach Ratingen bei Düsseldorf ergiebt. Auf geheimnissvollen Pfaden durch Busch und Wald folgt man einem Bächlein, plötzlich erweitert es sich und der weite Wasserspiegel verkündet ein nahes Mühlwerk. Da liegt Cromford, die energische That eines deutschen Industriellen, im Jahre 1784 als erste Spinnerei vom Kaufmann Brögelmann aus Elberfeld gegründet. Hart vor dem Thore liegt das alte Fabrikgebäude, heute verlassen, aber der alte Geist spricht aus den einsamen Räumen. Ein fünfstöckiges Haus mit niedrigen Sälen, engen Fenstern, früher dicht an einander gedrängten Maschinen; das Mühlwerk so eng, daß selbst der schlankste Jüngling nur mit äußerster Vorsicht zwischen der Wand und dem umgehenden Rade passiren kann; erst in meiner Gegenwart, also nach bald hundert Jahren, ordnete der Fabrikinspektor eine Schutzvorrichtung an. Dies alte Haus konnte die neue Zeit nicht vertragen; als man die neuen rasch gehenden Maschinen aufstellte, wurde es so erschüttert, dass es oben vom Giebel an barst und eine neue Fabrik nebenan erbaut werden musste: hohe luftige Arbeitsschuppen mit guter Ventilation und neuen Maschinen, denen gleich alle Schutzvorrichtungen mitgegeben waren.

Eine der ältesten, aus den 1820er Jahren stammende Fabrikanlage wird noch gegenwärtig in Aachen benutzt; ich bin zurückgetaumelt als mir die staubige, stinkende, heisse Luft aus den niedrigen Räumen durch die Thür entgegen strömte. Vielfach wurden auch alte Klöster, Schlösser und sonstige Baulichkeiten zu Werkstätten eingerichtet. In den Wollspinnereien war die Staubentwicklung noch die geringste, weil das Material geölt wurde, am grössten und am gefürchtetsten war sie in den Baumwollspinnereien, Man bedenke nur, dass die damaligen Wölfe, in welchen die Baumwolle durch rasche Umdrehung zerfasert und gereinigt wird, ohne Umhüllung und Abzugsventilation waren. Der ganze Raum war erfüllt von umherfliegenden Baumwollentheilchen und eine schwere Wolke von feinstem und ganz grobem Staub schwebte über den Arbeitern und drang in die Atmungsorgane ein; der Lärm war so entsetzlich, dass kein Wort vernommen wurde. ...

Im letzten Jahrzehnt haben sich die Verhältnisse bedeutend günstiger gestaltet. Die wesentlichste Verbesserung hat in baulicher und gesundheitlicher Hinsicht stattgefunden. Früher wurde im Bauwesen überhaupt der sanitäre Gesichtspunkt vernachlässigt und die älteren Fabriken sind vielfach nicht schlechter als Kranken- und Wohlthätigkeitsanstalten, Kasernen und Schulen. Diese alten Gebäude sind meist aufgegeben, die neueren mit viel Rücksichtnahme auf Gesundheit und Schutz des Lebens der Arbeiter eingerichtet worden, die Shedbauten haben nicht nur in der Weberei, sondern auch in der Spinnerei Verbreitung gefunden und die in der Glanzzeit entstandenen Fabriken sind sogar luxuriös ausgestattet. Der Fortschritt gegenüber den alten Handspinnereien, diesem Heerde von Siechthum und Sittenverwilderung, ist unverkennbar. ...

14. Tal der Wupper in Barmen und Elberfeld (ab 1929 Stadt „Wuppertal") mit der gerade fertiggestellten „Schwebebahn" (Foto um 1905)

II. Zwischen Heimatschutz und Technikgeschichte: Das „Technische Kulturdenkmal"

Anfänge vor dem Ersten Weltkrieg

An der Wende zum 20. Jahrhundert entwickelte sich in Deutschland eine neue Haltung zur Geschichte der Technik und Industrie und zu ihren materiellen Relikten.[1] Viele bedeutende Unternehmen konnten inzwischen auf eine längere eigene Entwicklungsgeschichte zurückblicken. Jubiläen wie das hundertjährige Bestehen der Gutehoffnungshütte 1910 und der Firmen Krupp und Henschel im Jahre 1912 waren der Anlaß, historische Unterlagen zu sammeln, Firmenarchive anzulegen, die Lebensläufe der Gründer und die Entwicklung der Unternehmen zu erforschen und darzustellen.[2] Das Bewußtsein für die geschichtliche Perspektive der industriellen Entwicklung nahm schnell zu.

Zur gleichen Zeit übernahm Deutschland in einem neuen und zukunftsträchtigen Industriezweig, der Elektroindustrie, die Führung, unter maßgeblichem Einfluß von Werner von Siemens und Emil Rathenau.[3] Die Dampfkraft, über lange Zeit Anreger und Schrittmacher der industriellen Entwicklung, wurde damit, obwohl weiter genutzt und entwickelt, durch einen neuen, sauberen und vielseitigeren Primärenergieträger ergänzt und zunehmend abgelöst. Im letzten Viertel des 19. Jahrhunderts, und dann mit besonderer Dynamik in den eineinhalb Jahrzehnten vor dem Ersten Weltkrieg, entwickelte sich Deutschland zum mächtigsten und modernsten Industriestaat Europas. Gleichzeitig mit dem Wohlstand verstärkten sich auch die gesellschaftlichen und kulturellen Reformbestrebungen.[4] Nach verbreiteter Ansicht entsprachen die gesellschaftliche Hierarchie des Kaiserreichs und die künstlerische und geistige Kultur weder der Leistung der einzelnen Bevölkerungsgruppen, ihren kulturellen Bedürfnissen noch der technischen und wirtschaftlichen Entwicklung. Unternehmer und Ingenieure sahen ihre Bedeutung für diesen Aufstieg nicht ausreichend anerkannt und gewürdigt, die grundlegende Rolle der Industrie und Technik für die moderne Gesellschaft nicht verstanden und umgesetzt.

Die Wirkung eben dieser neuen Kräfte der Industrie auf die Landschaft, die regionale Kultur und das breite gestalterische Schaffen rief auch neue Vereinigungen zur Sicherung dieses nationalen kulturellen Erbes ins Leben. Neben den bürgerlich-liberalen Heimatschutzvereinen organisiert man sich vor allem im konservativen „Dürerbund" mit der Zeitschrift „Der Kunstwart".[5]

Während die Gruppe der Ingenieure und Industriellen Anerkennung auch der industriellen, d.h. technischen und unternehmerischen Erfolge als kulturell-zivilisatorische Leistungen erreichen wollte, versuchten Dürerbund und Heimatschutz, die traditionelle Lebenswelt und Kultur gerade vor den Auswirkungen dieser modernen „Unkultur" zu schützen. Für beide Gruppen wurden die Geschichte der Industrie, aber auch die aktuellen Bauten und Anlagen der Technik zur Herausforderung, zum wichtigen Bestandteil und Schlüsselthema ihrer Aktivitäten.

Für die Ingenieure, die bereits seit 1856 im Verein Deutscher Ingenieure (VDI) organisiert waren und sich seit der Jahrhundertwende verstärkt um die gesellschaftliche und offizielle Anerkennung ihrer Leistungen bemühten,[6] führte der Weg noch in typisch historistischer Weise über die Klärung, Darstellung und Aufwertung der eigenen Vergangenheit. Als „Schrittmacher der Industrialisierung" stellten sie

---

1. Die 1769/70 durch den Trierer Kurfürsten eingerichtete, seit 1815 staatlich-preußische Hütte am Saynbach bei Bendorf nahe Koblenz erhielt 1828-30 von Carl L. Althans eine Gießhalle. Die neugotische, dreischiffig basilikale Gußeisenkonstruktion, 1844 von sechs auf zehn Joche erweitert, besteht aus vor Ort produzierten Teilen. Bei der Stillegung der Hütte, die sich zuletzt im Besitz der Firma Krupp befand, im Jahre 1926, war der besondere historische Wert bereits erkannt; trotzdem drohte jahrzehntelang immer wieder der Abriß. Seine vielschichtige Überlieferungsgeschichte macht die Sayner Hütte zu einem Schlüsselobjekt des Erhalts von Industriedenkmalen

---

[1] Wolfhard Weber: „Von der ‚Industriearchäologie' über das ‚Industrielle Erbe' zur ‚Industriekultur'. Überlegungen zum Thema einer handlungsorientierten Technikhistorie." In: Troitzsch/Wohlauf 1980, S. 420-447, bes. S. 423-426; Slotta 1982, bes. S. 147-151; Einf. zu: Matschoß/Lindner 1932; Repr. Düsseldorf 1984; Linse 1986; Axel Föhl: „Industriearchäologie und Industriedenkmalpflege im Bergischen Land." In: Neues Bergisches Jahrbuch 3, 1990, S. 48-60; Föhl 1994, bes. S. 29-37.
[2] Gutehoffnungshütte 1810-1910. o.O., o.J. (1910); 100 Jahre Henschel. Kassel 1912; Wilhelm Berdrow: Die Firma Krupp. Essen 1912; vgl. dazu: Fritz Redlich: Anfänge und Entwicklung der Firmengeschichte und Unternehmerbiographie. Das deutsche Geschäftsleben in der Geschichtsschreibung (Tradition, 1. Beiheft). Baden-Baden 1959.
[3] König/Weber 1990.
[4] Stephan Muthesius: Das englische Vorbild. Eine Studie zu den architektonischen Reformbewegungen in Architektur, Wohnbau und Kunstgewerbe im späteren 19. Jahrhundert (Studien zur Kunst des 19. Jahrhunderts, Bd. 26). München 1974.
[5] Gerhard Kratzsch: Kunstwart und Dürerbund. Ein Beitrag zur Geschichte der Gebildeten im Zeitalter des Imperialismus. Göttingen 1969.
[6] Karl-Heinz Ludwig, Wolfgang König (Hgg.): Technik, Ingenieure und Gesellschaft. Geschichte des VDI 1856-1981. Düsseldorf 1981, bes. S. 197-199 u. 275-278.

DAS TECHNISCHE KULTURDENKMAL

2. „Der erste Dieselmotor" (Deutsches Museum, Rundgang durch die Sammlungen, 7. Auflage von 1942)

[7] Etwa: Franz Reuleaux: „Kurzgefaßte Geschichte der Dampfmaschine." In: E. F. Scholl: Führer des Maschinisten. Braunschweig 6.1864, S. 549–581.
[8] Stichwort „Conrad Matschoß." In: Troitzsch/Wohlauf 1980, S. 81–91; Wolfgang König: Stichwort „Conrad Matschoß." In: NDB 16, S. 385–387.
[9] Walther von Miller: Oskar von Miller. Nach eigenen Aufzeichnungen, Reden und Briefen. München 1932, mit Verzeichnis d. Publ.; NDB 17, S. 517–519.
[10] Maria Osietzki: „Die Gründungsgeschichte des Deutschen Museums von Meisterwerken der Naturwissenschaften und Technik in München 1903–1906." In: TG 52, 1985, Nr. 1, S. 49–75.
[11] Hochreiter 1994, S. 163–167; vgl.: Alois Riedler: Emil Rathenau und das Werden der Großwirtschaft. Berlin 1916, S. 244 f.
[12] Hochreiter 1994, Rez.: FAZ v. 30.1.1995 (Konrad Adam); Hans-Liudger Dienel: „Ideologie der Artefakte. Die ideologische Botschaft des Deutschen Museums 1903–1945." In: Ideologie der Objekte (wie Kap. I, Anm. 50), S. 105–113; Oskar v. Miller: Technische Museen als Stätten der Volksbelehrung (Deutsches Museum, Abh. u. Ber. 1, H. 5). München 1929.

die Dampfmaschine in den Mittelpunkt der historischen Forschung, denn deren Geschichte konnte nach Einführung der Elektrotechnik und der Dampfturbine als weitgehend abgeschlossen gelten.[7] Durch einen Wettbewerb angeregt, verfaßte der Maschinenbauingenieur Conrad Matschoß (1871–1942) (Abb. 3) mit Unterstützung des VDI die erste umfassende, eigenständige und wissenschaftlich exakte Darstellung der Entwicklung der Dampfmaschine, die 1908 in zwei Bänden erschien.[8] Im Jahre 1909 gründete er als Jahrbuch die „Beiträge zur Geschichte der Technik und Industrie", die spätere Zeitschrift „Technikgeschichte" des VDI. 1910 wurde er stellvertretender Leiter und ab 1916 geschäftsführender Direktor des Vereins. Schon seit 1912 lehrte er daneben als Professor für „Geschichte der Maschinentechnik" an der Technischen Hochschule Charlottenburg.

Enge Verbindungen zum VDI hatte auch Oskar von Miller (1855–1934)[9], der Initiator und erste Leiter des „Deutschen Museums von Meisterwerken der Naturwissenschaft und Technik" in München. Von Miller gehörte als erfolgreicher Elektroingenieur der neuen technischen Führungsschicht dieser Industrialisierungsepoche und zugleich dem Münchner Großbürgertum an und hatte bereits bei der Organisation von technischen Fachausstellungen Erfahrungen gesammelt. Wie der Gründungsaufruf zeigt, sollte sein „Deutsches Museum" (s. Abb. 2) die Leistungen der Forscher und Ingenieure gleichwertig neben die der Kunst stellen, um den „Ruhm des deutschen Vaterlandes zu mehren";[10] ein in der Kunst- und Museumsstadt München ebenso formal naheliegendes wie inhaltlich provokatives Konzept. Die etwa von dem Berliner Maschinenbauprofessor Alois Riedler vertretene Vorstellung, das Museum könne die gesamte Entwicklung der „wirtschaftlichen Zustände" und der damit verbundenen sozialen Verhältnisse darstellen,[11] wurde von v. Miller jedoch abgelehnt. Jede weitere öffentliche Diskussion über das Museumskonzept wurde unterbunden; erst Ende der 20er Jahre äußerte er sich ausführlicher über die didaktischen Grundsätze der Sammlung und Präsentation.[12] Obwohl nicht ausdrücklich erwähnt, sollten die Werke der deutschen Ingenieure im Mittelpunkt stehen. Auch sollte die Sammlung als „Leistungsschau der deutschen Technik" der Begeisterung der kommenden Generationen für die Technik dienen, also einem propagandistisch-pädagogischen Zweck. Alle drei Aspekte: Darstellung der Entwicklung, Betonung des deutschen Beitrags und Werbung, waren geeignet, das Selbstbewußtsein der Technikerschaft und ihre öffentliche Anerkennung zu fördern.

Öffentliche Sammlungen technischer Geräte und Anlagen, künstlerischer und industrieller Produkte spielten im 19. Jahrhundert eine Rolle, die sich von der heutigen wesentlich unterscheidet. Dabei dienten sie weniger der historischen Bildung als der Förderung von Wirtschaft und Produktion durch die Bereitstellung technischer und künstlerischer Vorbilder.[13] Einige, wie das „South Kensington Museum", der Vorläufer der Londoner kunstgewerblichen, naturwissenschaftlichen und technischen Museen, gingen direkt aus den Beständen der Weltausstellungen hervor.[14] Andere wurden z.B. als „National-Fabriksproduktenkabinett" (Wien 1815) oder „Permanente Gewerbeausstellung" (Berlin) gegründet. Sie wandelten sich, sieht man einmal von den bewußt „retrospektiven" Bestandteilen ab, mit fortschreitender wissenschaftlicher und technischer Entwicklung durch Veralten von selbst in museale Sammlungen. Diesen meist nach technischen oder kunstgewerblichen Kriterien geordneten Beständen eine bewußt (technik-)entwicklungsgeschichtlich konzipierte Sammlung gegenüberzustellen war innovativer Ansatz des Deutschen Museums. Daß dieses Konzept verstanden und begrüßt wurde, zeigen die dadurch ausgelösten Um- und Neugründungen ähnlicher Museen in Europa und den USA, über welche die Rubrik „Technische Museen" im historischen Jahrbuch des VDI ständig ausführlich informierte. Im Jahre 1908 wurde das Wiener „Technische Museum für Industrie und Gewerbe" gegründet;[15] im gleichen Jahr entstanden auch in Prag und Budapest gleichartige Einrichtungen. 1909 wurde das „Science Museum" in London aus dem Komplex des „South Kensington Museums" ausgegliedert und erhielt ein eigenes Haus.[16] Nach Eröffnung des Münchner Sammlungsbaus im Jahre 1925 wurde u.a. in Warschau 1929 ein „technologisches Museum" gegründet. 1930 entstand aus mehreren Vorgängern das spätere Deutsche Bergbaumuseum Bochum;[17] hier dokumentierte sich das besonders starke historische Interesse am Bergbau, das aus dessen herausragender Bedeutung für die frühe Technikentwicklung zu verstehen ist. Gegenüber dem als Stiftung organisierten Deutschen Museum handelte es sich jedoch meist um staatliche oder bald verstaatlichte Einrichtungen. Die wohl bedeutendste Ausnahme bildet das 1929 von Henry Ford (Abb. 4) in Dearborn (Michigan) gegründete Technikmuseum, das vom Münchner Vorbild angeregt war und u.a. in England bedeutende historische Maschinen

3. Conrad Matschoß (1871-1942)
4. „Thomas A. Edison, John Burroughs, Henry Ford and Harvey Firestone posed atop a waterwheel at the Old Evans Mill in Leadmine, West Virginia, while on a camping trip in 1918"

[13] Barbara Mundt: Die deutschen Kunstgewerbemuseen im 19. Jahrhundert (Studien zur Kunst des 19. Jahrhunderts, Bd. 22). München 1974.
[14] Eugene S. Ferguson: „Technical Museums and International Exhibitions." In: TC 6, 1965, S. 30–46; Thomas Werner (Hg.), Helmut Lackner (Bearb.), Horst Bredekamp: Das k. k. National-Fabriksprodukten-Kabinett. Technik und Design des Biedermeier. München/New York 1995; Günther Luxbacher: „Warenkunde als Sammelwissenschaft zwischen bürgerlicher Produktkultur und technischer Rohstofflehre. Die Warenkundliche Sammlung des Wiener Handelsmuseums." In Johann-Beckmann-Journal, Jg. 7, 1993, H. 1/2, S. 57–74.
[15] Siegmund Brosche: „Gründungsgeschichte des Technischen Museums für Industrie und Gewerbe in Wien." In: BGT 2, 1934, S. 199–205.
[16] Vgl.: Ferguson (wie Anm. 14).
[17] Evelyn Kroker (Hg.): Fünfzig Jahre Deutsches Bergbaumuseum Bochum. Fotodokumentation. Bochum 1980.
[18] Notizen in: TG 19, 1929, S. 168; TG 21, 1931/32, S. 180/81; vgl.: T. E. Crowley: Beam Engines. Princes Risborough 1976, ³1992, S. 8, 19.

DAS TECHNISCHE
KULTURDENKMAL

erwarb.[18] In das dazugehörige, den deutschen Überlegungen (s.u.) folgende Freilichtmuseum der amerikanischen Geschichte „Greenfield Village" wurden auch originale und rekonstruierte technikgeschichtliche Stätten wie die Werkstatt der Gebrüder Wright und Edisons Laboratorium Menlo Park mit einbezogen.[19]

Sowohl der VDI unter Matschoß als auch das Deutsche Museum förderten und unterstützten die Beschäftigung mit der Technikgeschichte. Das Museum, 1906 provisorisch eröffnet, konzentrierte sich in seiner Sammlung vor allem auf originale Maschinen, Apparaturen und Modelle größerer Anlagen. Sie wurden teils von den Herstellerfirmen zur Verfügung gestellt, teils von den eigenen oder spezialisierten, kommerziellen Modellbauwerkstätten hergestellt. Diese Ausstellungsformen hatten sich, speziell in den historischen Abteilungen der großen Industrieausstellungen (s.o.), an denen von Miller ja selbst mitgearbeitet hatte, bewährt.

Bestandteil vieler aufwendiger internationaler Großausstellungen waren auch die Szenerien ländlicher regionaler Bauten; in Wien wurden etwa 1873 Bauernhäuser verschiedener Regionen Europas gezeigt.[20] Durch die Volkskunde wurden diese Ausstellungen zur Grundlage von eigenständigen Freilichtmuseen gemacht; das erste Museum dieser Art, bestehend aus Bauernhäusern und ländlichen Gewerbebauten, wurde 1891 in Skansen bei Stockholm eröffnet. Oskar von Miller, der Skansen kurz vor dem Ersten Weltkrieg kennenlernte, erkannte in dieser Sammlungsform eine Möglichkeit, auch historisch bedeutende technische Anlagen vollständig zu erhalten. Durch den Ausbruch des Ersten Weltkriegs wurde seine erste Initiative zur Erfassung solcher Bauten frühzeitig unterbrochen.

Mit historischen technischen Bauten und Anlagen beschäftigten sich auch die Mitglieder der zu Beginn des 20. Jahrhunderts entstehenden Heimatschutzvereine.[21] Besonders in den alten industrie- und bevölkerungsreichen Regionen Rheinland und Sachsen waren diese Vereinigungen sehr erfolgreich. Ihr Interesse an technischen Bauzeugnissen hatte einen historischen und einen gestalterischen Aspekt. Die traditionellen Gewerbe und ihre Bauten waren für sie für die einzelnen Regionen von kulturellem und geschichtlichem Interesse und stellten zudem als traditionell eingepaßte und charakteristische Bestandteile der Landschaft baukünstlerisch gelungene Nutzbauten dar. Das Problem der „Verschandelung der Landschaft" durch Industrieanlagen sollte durch das Studium der historischen Bauten und die Entwicklung einer angemessenen Baukultur gelöst werden. Für die Beschäftigung mit den „Technischen Kulturdenkmalen" spielten die Heimatschutzbewegung und ihre Vorstellungen neben dem Deutschen Museum die ausschlaggebende Rolle. Dabei

5. Frohnauer Hammer bei Annaberg im Erzgebirge, die Hämmer um 1985

[19] Geoffrey C. Upward: A Home for Our Heritage. The Building and Growth of Greenfield Village and Henry Ford Museum, 1929-1979. Dearborn (Mich.) 1979.
[20] Christian Beutler: Weltausstellungen im 19. Jahrhundert (Ausst.-Kat.). München 1973, S. 84/85.
[21] Walter Schoenichen: Naturschutz, Heimatschutz. Ihre Begründung durch Ernst Rudorff, Hugo Conwentz und ihre Vorläufer (Große Naturforscher 16). Stuttgart 1954; Rolf Peter Sieferle: „Heimatschutz und das Ende der Romantischen Utopie." In: arch+ Nr. 81, Aug. 1985, S. 38-42.

gibt es immer wieder Schlüsselobjekte, an denen sich Verständnis und Vorgehensweisen entwickelt haben und deshalb besonders deutlich werden.

Der Frohnauer Hammer (Abb. 5) bei Annaberg im Erzgebirge war eines der ersten, zudem durch private Initiative geretteten technischen Denkmale (Text 7).[22] Als sich 1907 das Deutsche Museum für die gerade stillgelegte Anlage interessierte, bidete sich 1908 mit dem „Hammerbund" eine von mehreren örtlichen Vereinigungen getragene Initiative gegen den Verkauf und Abbruch. Das Ensemble von Hammergebäude und Wohnhaus wurde als „volkskundlich wertvoll" aufgefaßt. 1909 richtete man im Herrenhaus eine Gaststätte ein. Nachdem man schon 1914 an der Wiederherstellung gearbeitet hatte, wurde der Hammer im Jahre 1925 „nach umfangreichen Restaurierungsarbeiten", die durch einen Hammerschmied durchgeführt worden waren, erneut als technische Schauanlage eröffnet. Für die Vorführungen war der Landesverein Sächsischer Heimatschutz verantwortlich. Da bei den Restaurierungen letztlich die Fortführung des touristisch attraktiven und finanziell wichtigen Schaubetriebes im Vordergrund stand, wurden die beschädigten und unbrauchbaren Originalteile handwerklich erneuert. Der sächsische Denkmalrat als zuständige staatliche Institution lehnte zwar aus prinzipiellen Gründen die Auswechslung aller alten Holzteile ab; 1930 wurde dennoch die große Welle des Rades erneuert. Weitere Maßnahmen wie die Erneuerung des Außenputzes der Gebäude folgten. Der Frohnauer Hammer war während des Zweiten Weltkriegs verfallen, wurde aber bereits 1952/53 erneut mit beträchtlichen Mitteln wiederhergestellt und auch später noch mehrfach restauriert. Schon in den 30er Jahren wurde die „Ausbreitung des Kitschs insbesondere in der Gaststätte" beklagt; mit 180 000 Besuchern jährlich war der Frohnauer Hammer in der DDR eines der bekanntesten technischen Denkmale und wurde im Rahmen des Erzgebirgs-Tourismus' mit weiteren Attraktionen wie einer Volkskunstausstellung verbunden.

Der Vergleich der Beschreibung des Frohnauer Hammers mit einem Abschnitt aus den Lebenserinnerungen Max von Eyths (Text 6)[23] ist aufschlußreich: Der populäre Schriftsteller-Ingenieur Eyth (1836-1906) stellt der sehr wohl gegenwartsbezogenen Reflexion über Arbeit und Individuum (scheinbar?) einen unreflektierten, kindlichen Enthusiasmus für die (personifizierte) Technik gegenüber, wenig nützliche geistige „Bildung" contra tätigen Fleiß. Die Gegenüberstellung markiert sehr deutlich das Spannungsfeld zwischen Technikgläubigkeit und dem Gefühl des Verlusts der sinnstiftenden Einheit von Mensch und Arbeit. Die in die bäuerlich-handwerkliche Vergangenheit projizierte Empfindung des „romantischen Reizes" ist (und bleibt noch lange Zeit) charakteristisch für die populäre Auffassung.

Vermutlich nach dem sächsischen Vorbild oder Anregungen aus Freilichtmuseen richtete der Kölner Waggonfabrikant Max Charlier um 1910 ein „Hammermuseum" in der Eifel ein. Er ließ dazu auf eigene Kosten das aus dem 17. Jahrhundert stammende Hammerwerk Dalbenden wiederherstellen. Nach dem Ersten Weltkrieg wurde das Museum geplündert; 1926 kam es zum endgültigen Abbruch.[24]

Die irrationalen Werte, die mit technischen Anlagen verbunden werden, machte auch Friedrich Wilhelm Bredt (1861-1917),[25] Jurist, Mitbegründer und Schriftführer des Rheinischen Vereins für Denkmalpflege und Heimatschutz, zur Grundlage seiner Betrachtung über Windmühlen (Text 8). Als charakteristischer Teil der Landschaft symbolisierten sie für ihn geradezu ländliche Tugenden; außer Dienst werden sie zum „monument mort" ihrer Zeit. Daneben stellte Bredt aber auch recht klare Überlegungen zur selektiven Erhaltung historisch bedeutender und landschaftlich prägender Mühlen an, ohne schon auf den Denkmalschutz zu verweisen, der um diese Zeit überhaupt erst (auf Drängen des Heimatschutzes und der Volkskunde) begann, sich um ländliche Baukunst zu kümmern (Abb. 6).[26]

Aus einem neuen Verhältnis zur ungestört-harmonischen Lebensweise und der historischen Kulturlandschaft entwickelte der Heimatschutz auch eine neue Ein-

---

[22] Karl Schmidt: „Zur Erhaltung des Frohnauer Hammers bei Annaberg." In: Die Denkmalpflege 1908, 10, S. 38/39; Waldemar Berger: „Der Frohnauer Hammer." In: MLSH 1909, 5, S. 136-147; ders.: „Im restaurierten Frohnauer Hammer." In: MLSH 1910, 11, S. 425-429; Siegfried Sieber: „Der Frohnauer Hammer als Denkmal der erzgebirgischen Eisenindustrie." In: MLSH 1938, 27, S. 1-29; Wagenbreth/Wächtler 1983, S. 26, 217, 219; Schmidt/Theile 1989, Bd. 1, S. 70-72; insbes.: Heinrich Magirius: Geschichte der Denkmalpflege - Sachsen. Von den Anfängen bis zum Neubeginn 1945. Berlin 1989, S. 271/72.
[23] Vgl.: Hädecke (wie Kap. 1, Anm. 21), S. 378-386; NDB 4, S. 714/15.
[24] Peter Neu: Eisenindustrie in der Eifel. Aufstieg, Blüte und Niedergang (Werken und Wohnen, Volkskundliche Untersuchungen im Rheinland, Bd. 16). Köln/Bonn 1989, S. 177/78; ähnliches gilt auch für den Zweifallhammer bei Vossenack, der um 1910 von der Fabrikantenfamilie Schöller restauriert wurde: Justus Hashagen: „Zur Geschichte der Eisenindustrie vornehmlich in der nordwestl. Eifel." In: A. Hermann (Hg.): Eifel-Festschrift z. 25-jähr. Jubelfeier des Eifelvereins. Bonn 1913, S. 269-294.
[25] Nachruf von Edmund Renard in: MRV 11, 1917, H. 3, S. 102-107, mit Schriftenverz.; auch als Sonderdruck.
[26] Vgl.: Ländliche Bauten im Kreis Erkelenz. Neuss 1911.

DAS TECHNISCHE
KULTURDENKMAL

stellung zur Industrialisierung. Ernst Rudorff, der wichtigste geistige Vater der Heimatschutzbewegung, hatte sich noch fast ausschließlich negativ über die Eingriffe der Industrie und des Verkehrs geäußert.[27] Dagegen verhielten sich Bredt und der 1906 gegründete Rheinische Verein kompromißbereit und reformbetont gegenüber den modernen Entwicklungen. Bredt nahm Kontakt mit dem Deutschen Werkbund auf und zeigte anläßlich der Jahrestagung des Vereins in Barmen 1909 dessen Fotoausstellung zur Industriearchitektur (siehe Kap. III). Bredt, der aus Wuppertal-Barmen stammte, ergänzte sie durch historische Beispiele der spätbarock-schlichten Industriearchitektur des Bergischen Landes. Die modernen Bauten wurden im Jahrgang 1910 der Vereinszeitschrift durch ihre Architekten, darunter Peter Behrens und Max Taut, selbst erläutert.[28]

Auch in der im Jahr 1910 in Leipzig gegründeten Zeitschrift „Industriebau" wurden regelmäßig historische Industrieanlagen unter dem Reihentitel „Beschreibungen alter Fabrikbauten" vorgestellt. Im Jahre 1911 waren dies etwa „Die alte Saline in Bad Nauheim" und weitere Salinenanlagen.[29] Eine weitere Rubrik der Zeitschrift umfaßte die „Heimatschutzbestrebungen".

Die oft noch klassisch-architektonisch gestalteten Bauten der „textilen" Frühindustrialisierung, etwa auch im Aachener Raum oder in Sachsen, wurden über die Heimatschutzbewegung in das wachsende Interesse für die Baukunst des Spätbarock und Klassizismus und in die allgemeine Suche nach Vorbildern und Anknüpfungspunkten schlichter Gestaltung einbezogen. Publikationen wie Paul Mebes' „Um 1800. Kunst und Handwerk im letzten Jahrhundert ihrer natürlichen Entwicklung" (München 1908) oder „Oberschlesische Landbaukunst um 1800" von Hans Joachim Helmingk (erschienen erst 1937) bilden auch einige frühe Fabrikbauten ab.[30]

Zwischen den Kriegen

Nach Ende des Ersten Weltkriegs mit seinen ernüchternden und deprimierenden Erfahrungen fand sich Deutschland in veränderter politischer und wirtschaftlicher Situation wieder. Demilitarisierung und Reparationen zwangen die Industrie zur Einschränkung und Umstellung der Produktion; die Inflation schluckte die Geldvermögen, und auch die Weltwirtschaftskrise Ende der 20er Jahre bedrohte die Industriebetriebe in ihrer Existenz. Kleine, alte und unrentable industrielle Anlagen wurden in dieser Zeit verstärkt stillgelegt und abgebrochen.

Während in Deutschland das Interesse für die technischen Denkmale lange auf die regionale Ebene beschränkt blieb, wurde in Österreich im Rahmen eines neuen Denkmalschutzgesetzes schon 1923 erstmals die Beschäftigung mit „wirtschaftsgeschichtlichen Denkmalen" als eigenständige, wenn auch ehrenamtlich betreute Abteilung des Denkmalamtes etabliert (Text 10).[31] Der Vorsprung beruhte offensichtlich auf der gegenüber Deutschland erheblich engeren Verbindung zur regionalen Geschichtsforschung und den lokalhistorischen Museen. In diesem Rahmen wurden bereits die Zusammenarbeit mit ehrenamtlichen Helfern und eine regionale Arbeitsteilung mit Branchenschwerpunkten geplant. Zwar waren fast alle Aspekte industrieller Struktur wie Industrie, Handel und Verkehr einbezogen, man scheint jedoch vor allem an mobile und kleinformatige Anlagen und weniger an feste Bauten und Großbetriebe gedacht zu haben. Hier wird sichtbar, daß diese Vorstellungen aus dem Bereich der historischen und technischen Museen stammten.

Die Initiative Oskar von Millers und des Deutschen Museums ruhte währenddessen, weil in der neuen Situation alle Kräfte auf die Fertigstellung des 1906 begonnenen und durch den Ersten Weltkrieg in Schwierigkeiten geratenen Museumsgebäudes konzentriert werden mußten, das erst 1925 fertiggestellt wurde. Den ersten Schritt zu einer allgemeinen Erfassung der technischen Denkmale unternahm schließlich der Verein Deutscher Ingenieure. In den Nachrichten des VDI vom 4. August 1926 rief Conrad Matschoß zur Einsendung von Informationen über historisch wertvolle technische Anlagen auf.[32] Das unerwartet große Echo auf diesen Aufruf ermöglichte es ihm, ab 1927 im VDI-Jahrbuch „Technikgeschichte" zahlreiche, meist von örtlichen Kennern verfaßte Darstellungen der Denkmale einzelner Regionen zu veröffentlichen.

Die folgende Initiative, ein ausführlicher Aufruf in den Mitteilungen des VDI im Jahre 1927, bezieht auch das Deutsche Museum wieder ein, wobei die „Vaterschaft" Oskar von Millers sowohl am Begriff des „Technischen Kulturdenkmales" als auch an der Idee der Erfassung ausdrücklich betont wurde (Text 11).[33] Ziel war die Organisation der Erfassung und Sichtung der technischen Denkmale in Zusammenarbeit von VDI und Deutschem Museum. Der Hinweis auf von Miller und das Museum sollte wohl auch die Seriösität des Vorhabens unterstreichen und die feste Anbindung an das Deutsche Museum sichern. Die Forderung der Gleichstellung mit Kunstdenkmalen erinnert an den Gründungsaufruf des Deutschen Museums. Die Erhaltung vor Ort wird in diesem Aufruf gegenüber der Translozierung eindeutig favorisiert. Das Deutsche Museum sollte durch einen Sonderraum mit Fotos, Plänen und Modellen sowie einer Übersichtskarte auf die Bauten hinweisen. Der Sonderraum wurde Ende 1930 eingerichtet, verschwand aber spätestens bei der Wiederherstellung des Museums nach dem Zweiten Weltkrieg wieder. Oskar von Miller dachte auch längere Zeit an einen „Baedeker der technischen Denkmale", einen Reiseführer als Ergänzung zum Museum und in direkter Parallele zu den Kunstführern und Kurzinventaren wie dem „Dehio".

Die organisatorischen Bemühungen um die Erfassung der technischen Denkmale führten dann im Jahr 1928 zur Gründung der „Arbeitsgemeinschaft Technischer Kulturdenkmale", in die neben dem VDI und dem Deutschen Museum der Deutsche Bund Heimatschutz eintrat; sie setzten damit eine schon 1921/22 begonnene Zusammenarbeit fort (s. Kap. III). Die Aufgabenverteilung sah nun neben einem zentralen Archiv beim Deutschen Museum vor, daß der Deutsche Bund Heimatschutz über seine Regionalverbände und Einzelvereine die landesweite Erfassung durchführen sollte. Dazu entwickelte man einen Fragebogen in zwei Fassungen, der im Frühjahr 1929 an Behörden und Vereine verschickt wurde. Fragebogen Typ A war für Laien, Typ B für Behörden gedacht.[34] Zumindest im rheinischen Teil Preußens wurde die Aktion sogar mit Unterstützung des Staates auf amtlichem Wege durchgeführt. Der Fragebogen war in enger Zusammenarbeit mit den Konservatoren ent-

< 6. Schloßmühle in Kalkum bei Düsseldorf vor der Restaurierung in den 20er Jahren (Foto Dr. Wilhelm Quedenfeld, Düsseldorf, um 1920)

[27] Andreas Knaut: „Ernst Rudorff und die Anfänge der Deutschen Heimatbewegung." In: Edeltraut Klueting (Hg.): Antimodernismus und Reform. Beiträge zur Geschichte der Deutschen Heimatbewegung. Darmstadt 1991, S. 20-49.
[28] MRV 4, 1910, H. 1, Einführung.
[29] Zur Zeitschrift „Industriebau": Rolf Fuhlrott: Deutschsprachige Architekturzeitschriften. München 1975. Nr. 32, S. 212; Elke Mittmann: Der Industriebau. Une revue d'architecture industrielle allemande entre 1910 et 1931 (Mémoire de DEA, Université de Paris IV). Paris 1995 (Manuskript).
[30] Paul Mebes (Hg.): Um 1800. Architektur und Handwerk im letzten Jahrhundert ihrer traditionellen Entwicklung (2 Bde.). München 1908, S. 123 (Leuchttürme) u.a.; Oskar Zech: Heimische Bauweisen in Sachsen und Nord-Böhmen. Dresden 1908.
[31] August Loehr: „Die Pflege der wirtschaftsgeschichtlichen und technischen Denkmale in Österreich." In: ÖZKD 2, 1948, S. 1-8; Manfred Wehdorn, Ute Georgeacopol-Winischhofer: Baudenkmäler der Technik und Industrie in Österreich. Wien – Niederösterreich – Burgenland, Bd. 1. Wien 1984, S. XV-XVII; Helmut Lackner, Günther Luxbacher, Christian Hannesschläger: Technikgeschichte in Österreich. Eine bibliographische und museale Bestandsaufnahme. Wien 1996; Manfred Wehdorn: „Technische Baudenkmäler des Eisenhüttenwesens in der Steiermark." In: Der Anschnitt, Bd. 20, 1968, H. 2, S. 3-9.
[32] VDI-Nachrichten vom 4. 8. 1926.
[33] Conrad Matschoß in der Einleitung zur ersten Zusammenstellung „Technische Kulturdenkmäler." In: TG 17, 1927, S. 123.
[34] DM, Akte Nr. 0434: Denkmalspflege. VDI. 1926-1945; ALVR, Nr. 3787, Bl. 96/97 (Typ B)

DAS TECHNISCHE
KULTURDENKMAL

standen; Werner Lindner schrieb: „Wir sind uns bewußt, daß wir für die Erhaltung technischer Kulturdenkmäler in erster Linie der gütigen Mithilfe der amtlich bestellten Denkmalpfleger bedürfen. Ständiges Einvernehmen ... ist deshalb in jedem Fall anzustreben ...".35 In diesem Zusammenhang wurde von der preußischen Verwaltung offiziell eine Unterscheidung zwischen der Pluralbildung „Denkmale" für Bau-, Kunst- und technische Denkmale gegenüber den „Denkmälern" mit Gedenk- und Ehrenfunktion veranlaßt. Die so zusammengetragenen Unterlagen, die in Berlin beim VDI und beim Deutschen Bund Heimatschutz verblieben, wurden im Zweiten Weltkrieg wahrscheinlich restlos zerstört; gleiches gilt übrigens auch für die österreichischen Bestände der Vorkriegszeit.

Tragende Persönlichkeit dieser Aktivitäten beim Deutschen Bund Heimatschutz war dessen Geschäftsführer Werner Lindner (1883-1964) (Abb. 7)36. Der an der Technischen Hochschule Berlin-Charlottenburg ausgebildete Architekt war 1912 in Dresden mit der Arbeit „Das niedersächsische Bauernhaus in Deutschland und Holland" promoviert worden und leitete seit 1915 als Geschäftsführer den Deutschen Bund Heimatschutz. Er hatte sich bereits 1923 und 1927 in Veröffentlichungen mit dem Problem der Integration von industriellen Bauten und Anlagen in die Landschaft beschäftigt (s. Kap. III) und dabei auch ausführlich auf historische technische Bauten Bezug genommen. Später, im Jahr 1934, wurde Lindner neben seiner Funktion beim Deutschen Bund Heimatschutz auch Geschäftsführer der Vereinigung „Natur und Heimat". Mit der Programmschrift „Heimatschutz im Neuen Reich" (Leipzig 1934) vollzog er die programmatische Einbindung des Heimatschutzes in die Organisationen des Nationalsozialismus. Für die Arbeitsgemeinschaft „Heimat und Haus" veröffentlichte er mit wechselnden Partnern mehrere Bände der Reihe „Die landschaftlichen Grundlagen des Deutschen Bauschaffens": im Jahre 1938 „Das Dorf. Seine Pflege und Gestaltung", 1939 „Die Stadt. Ihre Pflege und Gestaltung" und 1940 „Der Osten". Diese Reihe, als deren Herausgeber der „Reichsorganisationsleiter der NSDAP" fungierte, erfüllte eine wichtige Propagandafunktion und wurde noch bis weit in den Krieg hinein neu aufgelegt. Daneben beschäftigte sich Lindner weiter mit der zeichnerischen Erfassung handwerklicher Arbeitsweisen und technischer Denkmale und verfolgte dabei einen volkskundlich-sozialhistorischen Ansatz, der erst sehr viel später wieder aufgegriffen wurde. Lindners intensives Engagement im Dritten Reich verhinderte jedoch nach 1945 weitere offizielle Aktivitäten.

Die „Arbeitsgemeinschaft Technischer Kulturdenkmale" sah auch die Intervention in Fällen der Gefährdung und eine regelmäßige Betreuung durch „Paten" vor. In der Praxis bedeutete dies, daß VDI und Deutsches Museum in Problemfällen, die an sie herangetragen wurden, ihren Einfluß bei den verantwortlichen Stellen geltend machten und geeignete Spender zu vermitteln versuchten; so etwa 1929 im Fall der Schiffsmühle von Ginsheim bei Mainz,37 als man sich an den „Ausschuß der Reichsmüllerverbände" wandte; schließlich erhielt man eine Spende von der Mühlenbau- und Industrie-AG Braunschweig (MIAG). Weitere erfolgreiche Initiativen galten etwa der Fraunhofer Glashütte, der Hammerschmiede in Ruhpolding und der Alten Schloßmühle Meersburg. Man bemühte sich auch besonders um die vorindustriellen Krananlagen am Rhein als ortsbildprägende und quasi-konstitutierende Hafeneinrichtungen.38

Der weitreichende Ansatz der Arbeitsgemeinschaft scheiterte jedoch bald an der Ungeduld Oskar von Millers, dem die Erfassung nicht schnell genug ging, und an den fehlenden Kapazitäten des Deutschen Museums für die Archivierung und Auswertung der gesammelten Unterlagen. Schon 1929 wurde deshalb die zuerst auf immerhin fünf Jahre geplante Arbeitsgemeinschaft wieder aufgelöst, und der Deutsche Bund Heimatschutz übernahm den Großteil der Aufgaben39. Am 12. Juli 1930 schrieb Lindner an von Millers Mitarbeiterin Conzelmann, „... daß allerorten im Hei-

7. Dr. Werner Lindner (1883-1964), Architekt, seit 1915 Geschäftsführer des Deutschen Bundes Heimatschutz; 1933 wurde er Leiter der Abteilung „Heimat und Erbe" und der Reichsfachstelle „Heimatschutz" im Reichsbund „Volkstum und Heimat". Als der Deutsche Heimatbund diesen 1934 verläßt, wird Lindner zum Fachbeauftragten des Heimatbundes ernannt und fungiert als „Verbindungsarm" zur NS-Kulturgemeinde „Volkstum und Heimat"

---

35 Wie vor., o. Nr.
36 Linse 1986; Werner Linse: „Von ewiger Grundform. Die Typenlehre Werner Lindners." In: arch+ Nr. 85, Juni 1986, S. 53-59. Barbara Banck stellte dankenswerterweise wesentliche Informationen aus ihrer noch unveröffentlichten Dissertation über Werner Lindner zur Verfügung.
37 „Die Schiffsmühle Ginsheim." In: JTG 20, 1930, S. 167.
38 Vgl.: Michael Matheus: Hafenkrane. Zur Geschichte einer mittelalterlichen Maschine am Rhein und seinen Nebenflüssen von Straßburg bis Düsseldorf. Trier 1985; früh: Erwin Suppinger: Technische Kulturdenkmäler. Die alte Mainbrücke und der alte Mainkran in Würzburg. Würzburg 1928.
39 Linse 1986.

matschutz die ganze Arbeit betreffend technischer Kulturdenkmale auf fruchtbaren Boden gefallen ist. Ich lege darauf um so größeren Wert, als sich leider, wie ich zufällig hörte, Exzellenz von Miller sehr mißmutig über das zu langsame Vorangehen der Arbeit Herrn Professor Matschoß gegenüber ausgesprochen hat. Ich habe nun Anlaß genommen, Herrn Professor Matschoß vor einigen Tagen schriftlich eingehend zu entwickeln, welche große organisatorische Arbeit bei uns trotz Mangels jeglicher Mittel und bei bescheidensten Hilfskräften in die Wege geleitet ist. Wenn dabei die Frage des Ehrenraumes noch nicht recht gefördert ist, so scheint das dem Wesen der Arbeit als solcher keinerlei Abtrag zu tun."[40]

Die Sammeltätigkeit mündete schließlich in einer 1932 von Matschoß und Lindner herausgegebenen und von der Agricola-Gesellschaft am Deutschen Museum finanzierten Publikation „Technische Kulturdenkmale".[41] Sie wurde anläßlich der Vollendung des Bibliotheks- und Studienbaus des Museums vorgestellt. Diese erste Übersicht über die technischen Denkmale in Deutschland fand kein überwältigendes Echo. Obwohl teilweise gezielt verteilt, waren bis 1939 von den 5000 hergestellten Exemplaren noch über 1200 auf Lager, deren Spur sich im Weltkrieg verliert.

Bis 1973/75 waren die „Technischen Kulturdenkmale" die einzige landesweite Darstellung von Beispielen technischer Denkmale in Deutschland und faßten die Kenntnisse und Schwerpunkte der Beschäftigung bis dahin gültig zusammen. Nach einer Skizze zur Vorgeschichte der Beschäftigung mit technischen Denkmalen von Conrad Matschoß führte Werner Lindner unter der Überschrift „Das Technische Kulturdenkmal im Bild der Heimat" eher traditionell aus Sicht des Heimatschutzes in das Thema ein. Es folgte eine knapp-pragmatische, aber durch viele Überschneidungen gekennzeichnete Kapitelgliederung nach Grundbereichen der Technik und Industrie: Kraftmaschinen – Kulturdenkmale im Bergbau und Salinenwesen – Eisenhüttenwesen – Metallhüttenwesen – Technische Kulturdenkmale im Bereich von Handwerk, Gewerbe und bäuerlicher Kultur – Bauwesen. Diese eher technikgeschichtlich geprägte Gliederung ermöglichte es allerdings, entwicklungsgeschichtlich auch bis zu relativ späten und hochindustriellen Anlagen vorzudringen. Unter dem modernen, aber lapidaren Titel „Kraftmaschinen" skizzierte Matschoß die Entwicklung vom Tretrad über Kran, Göpel und Windmühle bis zur Dampfmaschine, um bei den Verbrennungsmotoren zu enden. Auch die Kapitel „Kulturdenkmale im Bergbau und Salinenwesen" und „Eisenhüttenwesen", verfaßt von den Geschäftsführern der jeweiligen Industrieverbände, gelangten jeweils über die vorindustrielle Zeit hinaus. So wurden etwa drei Schachtanlagen aus der 2. Hälfte des 19. Jahrhunderts im Ruhrgebiet gezeigt. Diese Auswahl dürfte auf die zu dieser Zeit schon vorliegenden Darstellungen der Entwicklung des Ruhrbergbaus und seiner Anlagen zurückzuführen sein.[42] Im Eisenhüttenwesen wurden zwischen frühindustriellen Anlagen der berühmte, allerdings schon 1912 stillgelegte und beseitigte „Hammer Fritz"[43] und ein Puddelofen der Firma Krupp von 1867 gezeigt. Der Abschnitt „Metallhüttenwesen" blieb dagegen konventionell. Werner Lindner selbst übernahm, entsprechend seinen handwerkskundlichen Interessen, „Technische Kulturdenkmale im Bereich von Handwerk, Gewerbe und bäuerlicher Kultur" und bot einen großen Querschnitt. Der Berliner Baurat Prof. August Hertwig bearbeitete den ungewöhnlich klingenden, letzten Abschnitt „Bauwesen". In ihm werden Befestigungsanlagen und vor allem Einrichtungen der Infrastruktur vorgestellt: Wasserbauten, Straßen, Brücken, Bahnlinien und deren „Zubehör". Man könnte diesen Abschnitt auch als „Ingenieur- und Fahrzeugbau" bezeichnen. Dabei erreichte er zeitlich bei den Brücken die großen Eisenkonstruktionen kurz nach der Mitte des 19. Jahrhunderts; bei den Fahrzeugen ging er gar auf frühe Automobile und Flugzeuge ein. Damit lehnte er sich einerseits an die durchgängig überlieferte Geschichte des Brückenbaus an[44] und verwies andererseits auf populäre technische „Leitfossilien" des

---

[40] DM, Akte Nr. 0434: Denkmalspflege. VDI. 1926–1945, Brief vom 12.3. 1930.
[41] Conrad Matschoß, Werner Lindner (Hgg.), August Hertwig, Hans v. u. zu Löwenstein, Otto Petersen, Carl Schiffner (Bearb.): Technische Kulturdenkmale. München 1932; Repr. Düsseldorf (Klassiker der Technik, VDI-Verlag), Einf. v. Wolfgang König, Rainer Slotta. Düsseldorf 1984.
[42] Theodor Möhrle: Das Fördergerüst. Seine Entwicklung, Berechnung und Konstruktion. Kattowitz 1909; v. Poellnitz: „Architektonische Behandlung von Industriebauten unter besonderer Berücksichtigung von Hochbauten auf Grubenanlagen in alter und neuer Zeit." In: Bericht über den 12. allg. Bergmannstag zu Breslau v. 2.–5. Sept. 1913. Breslau 1914; Karl Koschwitz: Die Hochbauten auf den Steinkohlenzechen des Ruhrgebiets. Ein Beitrag zur Baugeschichte .... Essen 1930; Hans Spethmann: Das Ruhrgebiet im Wechselspiel von Land und Leuten, Wirtschaft, Technik und Politik, Bd. 2: Die Entwicklung zum Großrevier seit Mitte des 19. Jahrhunderts. Berlin 1933; Repr. Essen 1996.
[43] „Die letzte Schicht des Hammers Fritz." In: STE 31, 1911, S. 484–486; Lindner/Matschoß 1932, S. 58; im Dt. Museum befindet sich ein Modell; vgl. Tenfelde (wie Kap. I, Anm. 26), bes. S. 269–287 (Aufsatz Hannig).
[44] Alfred Gotthold Meyer, Wilhelm Freiherr v. Tettau: Eisenbauten. Ihre Geschichte und Ästhetik. Esslingen 1907; vgl.: Georg Christoph Mehrtens: Der Deutsche Brückenbau im 19. Jahrhundert, bei Gelegenheit der Weltausstellung in Paris im Jahre 1900 bearb. .... Berlin 1900; Repr. Düsseldorf 1984; vgl. auch: ders.: Vorlesungen über Ingenieur-Wissenschaften, Tl. II, Bd. 1: Eisenbrücken-Bau, 1. Gesamtanordnung der festen Eisenbrücken und ihre geschichtliche Entwicklung bis auf die Gegenwart. Leipzig 1908.

DAS TECHNISCHE
KULTURDENKMAL

20. Jahrhunderts. Insgesamt wird klar, daß sich der Begriff „Technische Kulturdenkmale" nach dieser übrigens auch von Oskar von Miller praktizierten Auffassung keineswegs auf Bauten und ihre technischen Einrichtungen beschränkte, sondern ebenso bewegliche Maschinen jeden Alters umfaßte.

Dem Werk „Technische Kulturdenkmale" gelang es durch diese pragmatische Struktur, die historischen Objekte nicht zu isolieren und aus sich selbst zu erklären, sondern sie in einen sinnvollen historischen wie funktional-organisatorischen Zusammenhang zu stellen. Auffälligstes 'kompositorisches' bzw. redaktionelles Merkmal der „Technischen Kulturdenkmale" ist die Unabhängigkeit von Text und Abbildungen: Während im Text die technische Entwicklung geschildert wird, führen die Abbildungen auch ohne Verweis entsprechende Beispiele vor und erläutern sie eigenständig, d.h. unabhängig von der Tendenz der Autoren. Durch diese Vorgehensweise konnten Matschoß und Lindner auch jüngere Objekte einbeziehen.

Die Aktivitäten der Heimatschutzbewegung hatten die Erweiterung des Denkmalverständnisses auf die ländliche und jüngere Baukultur und die Anerkennung von technischen Denkmalen wesentlich gefördert und erleichtert. Sie wurden nun als wichtiger Bestandteil der vorindustriellen Kultur auch in der Bevölkerung akzeptiert. Erleichtert durch die traditionellen Verbindungen zwischen Denkmalschutzinstitutionen und Heimatschutzbewegung begannen auch die inzwischen überall eingerichteten Denkmalbehörden, sich mit den technischen Denkmalen zu beschäftigen. Dies wird etwa durch eine entsprechende Abhandlung dokumentiert, die Werner Lindner 1930 in der Zeitschrift für Denkmalpflege und Heimatschutz veröffentlichte.[45]

Einzelne Konservatoren nahmen sich besonders der in ihrem Gebiet verbreiteten Bautypen an. Provinzialbaurat Theodor Wildeman (Abb. 9), beim Rheinischen Provinzialkonservator in Bonn zuständig für den Niederrhein, entfaltete schon seit 1928 in Deutschland neben Lindner und dem Baurat Wilhelm Claas aus Hagen (s. u.) die umfangreichsten, weit über den Niederrhein hinausreichenden Aktivitäten. Wildeman knüpfte in seinem Aufsatz von 1931 an persönliche Erinnerungen an, um dann über die technische Entwicklung und Anschaulichkeit die Mühlen (Abb. 8) als charakteristische „Endergebnisse jahrhundertelanger technischer Kultur" im Gegensatz zur jungen industriellen Technik aufzuwerten (Text 13).

Erhaltungsmöglichkeiten und -ziele bildeten den Schwerpunkt in der theoretischen Diskussion der 20er Jahre um die technischen Denkmale. Seit die historische Technik aus dem musealen Rahmen herausgewachsen war, sah man in der Konservierung vor Ort und der Translozierung die aussichtsreichsten Möglichkeiten des Erhalts.[46] Man war sich einig, daß eine Auswahl nach Bedeutung und Zustand stattfinden müsse. Wildeman, der vom Ideal des Weiterbetriebs und der damit erreichten umfassenden Anschaulichkeit ausging, wies am Beispiel der Umnutzung von Mühlen sehr überzeugend auf die konstruktiven und technischen Gefahren hin, die bei der Stillegung drohten. Schon hier begann er sich für die in den 30er Jahren ausgebaute indirekte Subvention arbeitender Anlagen durch Unterstützung von Reparaturen und Teilmodernisierungen einzusetzen (s. u.).

Auch in Holland und England gerieten die Mühlen als anschaulichste Zeugen vor- und frühindustrieller Technik und Wirtschaft und als landschaftsprägende Bauten seit den 20er Jahren ins Blickfeld der Öffentlichkeit.[47] In den Niederlanden wurde schon 1923 eine „Vereeniging tot behoud van oude Molens" gegründet, die in Zusammenarbeit mit der TH Delft und durch die Herausgabe eines Jahrbuchs schnell zur führenden und koordinierenden Einrichtung beim Erhalt historischer Windmühlen wurde.[48] Zuvor entstand bereits das Freilichtmuseum in Arnheim (1912), später die Zaanse Schans (1960) mit ihren Mühlen. In England bildete die „Society for the Protection of Ancient Buildings" 1931 eine Abteilung für Mühlen, die allerdings das rapide Verschwinden der historischen Anlagen nicht aufhalten konnte. Hier wird das ausgesprochen geringe allgemeine Interesse an dem Thema „Technische Denkmale" in England vor dem Zweiten Weltkrieg deutlich[49]. Rex Wailes (1901–1986),[50] wichtigste Stütze dieser Initiative, wurde nach dem Zweiten Weltkrieg Mitbegründer der Industriearchäologie. In England, wo die Bezeichnung „mill" als Bezeichnung auf die wasserkraftgetriebenen Textilfabriken und später sogar auf Hüttenwerke („steel mill") übertragen wurde, gelangte mit der 1784 gegründeten Quarry Banks Mill bei Manchester im Jahre 1939 die erste industrielle Anlage als Stiftung der Unternehmerfamilie an den nicht-staatlichen National Trust. Sie wird heute von einer selbständigen Stiftung betrieben und gehört zu den beliebtesten Industriedenkmalen des Landes.[51]

Schweden und Polen sind weitere Länder, in denen schon in den 20er Jahren ähnliche Bestrebungen einsetzen. In Schweden wurden beispielsweise durch das verantwortliche Unternehmen die historischen Anlagen der offenen Erzgrube von Falun geschützt.[52] Als das am Grubenrand gelegene museal genutzte Industriegebäude abzustürzen drohte, wurde eine Replik für die Sammlung in sicherer Entfernung errichtet. In Polen begann man, ausgehend vom 1929 gegründeten technischen Nationalmuseum in Warschau, eine Erfassung der technischen Denkmale. Diese vermutlich durch das Vorbild der benachbarten Regionen Sachsen und Schlesien angeregten Aktivitäten wurden auch nach dem Krieg intensiv fortgesetzt und entwickelten sich zu einem der frühesten „industriearchäologischen" Zentren.[53] Zu

< 8. Turmwindmühle in Lank am Niederrhein; Aufn. v. E. Quedenfeldt, Düsseldorf (Foto um 1925)
9. Landesoberbaurat Theodor Wildeman, 1885–1962

[45] Werner Lindner: „Technische Kulturdenkmale." In: Dt. Zeitschrift f. Denkmalpflege und Heimatschutz 4, 1930, S. 235–237.
[46] Einleitung zu: Matschoß/Lindner 1932; vgl.: Friedrich Haßler: „Die technischen Kulturdenkmale, ihr Schutz und ihre museale Darstellung." In: MK 8, 1936, S. 47–50, bes. S. 49.
[47] Vgl.: Jannis C. Notebaart: Windmühlen. Der Stand der Forschung über das Vorkommen und den Ursprung. Den Haag/Paris 1972.
[48] J. S. Bakker: „Geschichte der Windmühlenerhaltung in den Niederlanden." In: Der Mühlstein 7, 1990, H. 2, S. 15–19.
[49] John Vice: Discovering Windmills. Prince Risborough 1968, [8]1993.
[50] Trinder 1992, S. 820.
[51] Anthony Burton: The National Trust Guide to our Industrial Past. London 1983.
[52] Marie Nisser, Kersti Morger: „Conservation of the Industrial Heritage: Sweden." In: Hult/Nyström 1992, S. 167–184, bes. S. 175/76; BEIA S. 730–734; vgl.: Torsten Althin: „Technische Kulturdenkmale in Schweden." In: TG 27, 1938, S. 167–168.
[53] BEIA S. 575–580; Ákos Paulinyi: Industriearchäologie. Neue Aspekte der Wirtschafts- und Technikgeschichte. Dortmund 1974, S. 18–21.

DAS TECHNISCHE
KULTURDENKMAL

den ersten geschützten technischen Denkmalen gehört auch die Eisenhütte „Les Forges du St. Maurice" von 1729 in Kanada, die bereits seit 1919 als frühes historisches (und archäologisches) Monument der Besiedlung des Landes erhalten wird.[54]

Aus Entstehungsgeschichte und geistigem Hintergrund von Heimatschutz und Denkmalpflege ist verständlich, daß das „Technische Kulturdenkmal" dieser Zeit fast grundsätzlich eine vorindustrielle, handwerklich-gewerbliche Anlage war. Während der Heimatschutz die technischen Denkmale gemäß seiner historischen Perspektive an der vorindustriellen Herkunft festmachte, konnte allerdings die Technikgeschichte auch jüngere historische Anlagen als Dokumente industrieller Entwicklung begreifen.

Kaum ein Beispiel spiegelt in solcher Dichte und Dramatik die frühen Probleme des Erhalts und der Nutzung technischer Denkmale wie die Gießhalle der Sayner Hütte bei Koblenz.[55] Daß hier in der Praxis des Denkmalschutzes die Schwelle zur frühen Industrialisierung wohl zuerst überschritten wurde, dürfte einer der Gründe dafür gewesen sein. Der Kampf um den Erhalt der gußeisernen basilikalen Halle mit neugotischen Details aus den Jahren 1828–30 zog sich über Jahrzehnte hin. Er begann in den 20er Jahren und fand erst in den 70er Jahren einen vorläufigen Abschluß. 1927 verkaufte die Firma Krupp, die den ehemaligen Staatsbetrieb 1865 erworben hatte, Gelände und Bauten an die Gemeinde Bendorf-Sayn, nachdem sie spätere Ergänzungen von 1874 wieder abgebrochen hatte (Abb. 10). Der Vertrag enthielt bereits die Verpflichtung, „die als historisches Kunstwerk anzusprechende Gießereihalle zu erhalten. Wesentliche bauliche Änderungen, die geeignet sind, den Charakter dieses Bauwerks zu stören, dürfen nicht vorgenommen werden...".[56] Vermutlich war man bei der Firma Krupp schon um die Jahrhundertwende auf den ungewöhnlichen Bau aufmerksam geworden; 1905 erhielt das Deutsche Museum ein Modell als Geschenk. Im Jahr 1922 beschäftigte sich der historisch interessierte ehemalige Walzwerksdirektor Knaff in den „Kruppschen Monatsheften" mit dem Bau,[57] über dessen Geschichte sich im Archiv der Firma umfangreiche Unterlagen fanden; 1923 machte Knaff ihn zum Mittelpunkt weiterer konstruktionsgeschichtlicher Überlegungen zum frühen Hallenbau.[58] Die patriotischen Kunstgußarbeiten der Sayner Hütte gehören zudem zu den bekanntesten preußischen Kunsthandwerkserzeugnissen der Mitte des 19. Jahrhunderts.[59] Die Einfügung der Erhaltungsklausel durch die Firma zeugt also von aktiver historischer Verantwortung gegenüber einer wichtigen historischen Stätte. Dem Provinzialkonservator teilte die Firma auch die Verkaufsabsicht und -bedingung mit, erhielt aber keine Antwort; im Jahre

1937 wurde die Halle jedoch als Denkmal eingetragen. Da es der Gemeinde aber nicht gelang, die zu hohem Preis (100 000 RM) erworbene Anlage mit den Auflagen wieder zu verkaufen, sondern von den Interessenten ein Abbruch verlangt wurde, erreichte man bei der Firma Krupp 1929 die Streichung der Klausel; dabei wurde wiederum Desinteresse des Konservators angemerkt. Ein Verkauf kam jedoch aufgrund der Wirtschaftskrise nicht zustande. Währenddessen bemühte sich der Mittelrheinische Bezirksverein des VDI in Koblenz zusammen mit der Berliner Zentrale des Vereins intensiv um die Erhaltung. Im Jahr 1932 wurde die Sayner Gießhalle in den „Technischen Kulturdenkmalen" abgebildet, allerdings in einem historischen Foto vor dem Umbau von 1874. Anfang 1933, als in Koblenz nur noch eine Demontage möglich erschien, schaltete man das Deutsche Museum ein. Oskar von Miller bat daraufhin den zuständigen Regierungspräsidenten um einen Zuschuß zur Erhaltung; gleichzeitig erkundigte er sich bei Gustav Krupp von Bohlen und Halbach, einem der wichtigsten Mäzene seines Museums, über den Hergang und seine Einflußmöglichkeiten. Krupp lehnte zwar ein direktes Eingreifen ab, wenig später verzichtete die Firma jedoch bei der Gemeinde auf einen ausstehenden Rest des Kaufpreises. Während der VDI in Koblenz 1933/34 die Halle zeichnerisch detailliert aufnehmen ließ (Abb. 11),[60] wurde ein erster Restaurierungsanschlag von 40 000 RM genannt. Im Mai 1934 war die Gemeinde wiederum bereit, das Gelände an einen Interessenten zu verkaufen und dem Abbruch zuzustimmen. Für den Provinzialkonservator des Rheinlandes übernahm nun Theodor Wildeman die Verhandlungen; er hielt fest, daß die Halle zwar verwahrlost, aber keineswegs baufällig sei, und schlug eine Verwendung als Eisenkunstgußmuseum oder als Turnhalle vor. Nachdem der Regierungspräsident den Verkauf und Abbruch endgültig untersagt hatte, arbeitete Wildeman einen Restaurierungsvorschlag für 10 000 RM aus. Werner Lindner schlug die Finanzierung durch Spenden und sogar den Einsatz des Reichsarbeitsdienstes vor. Während der folgenden Jahre wurden jedoch nur geringe Sicherungsarbeiten vorgenommen, die eine Nutzung als Lagerhalle ermöglichten. Die weitere Entwicklung nach dem Zweiten Weltkrieg, obwohl hier chronologisch vorgreifend, zeigt den langen Stillstand der Pflege technischer Denkmale: So kam es 1958 wegen Baufälligkeit zum Abbruch des Hochofens und seiner Flügelbauten. Breite Aufmerksamkeit zog die Halle erst wieder auf sich, als 1969 eine Abbildung des Baus in der Zeitschrift „Bauwelt" veröffentlicht wurde (Abb. 1). Innerhalb des beginnenden Interesses für die Ingenieurbaukunst des 19. Jahrhunderts entdeckte man den Bau als Inkunabel der eisernen Hallenkonstruktionen wieder.[61] Obwohl die Halle als einer von wenigen Industriebauten schon 1940 im Inventar der Kunstdenkmäler und 1972 im Dehio-Kunstführer verzeichnet worden war, genehmigte die Gemeinde 1973 nochmals einen Abbruchantrag unter Verweis auf eine sehr negative Beurteilung des baulichen Zustandes. Inzwischen hatte sich jedoch die „Arbeitsgemeinschaft Sayner Hütte e.V." gebildet, die nachwies, daß die Konstruktion weit besser erhalten war als angenommen und die möglichen Restaurierungskosten viel zu hoch eingeschätzt worden waren. Mit modernen naturwissenschaftlichen Methoden wurde nun der Bauzustand untersucht und dokumentiert.[62] Erst 1976 kaufte ein benachbarter Unternehmer die Halle und rekonstruierte sie schrittweise mit Hilfe von Landes- und Bundeszuschüssen. 1978 wurden der Hochofen und die Außenwände der Seitenschiffe, anschließend der in Fotos und Zeichnungen überlieferte neugotische Westabschluß rekonstruiert. Für eine Nutzung als Lagerhalle wurden Tore und Betonboden eingebracht; das große öffentliche Interesse legte jedoch eine museale Nutzung nahe.

Dies betrifft jedoch allein die prominente Halle, die ebenfalls erhaltenen zugehörigen und für das Verständnis der Gesamtanlage wichtigen übrigen Hüttengebäude werden bis heute kaum beachtet und sind noch immer in sehr schlechtem Zustand.

< 10. Die Gießhalle der Sayner Hütte bei Koblenz von 1828–30 nach dem Abbruch späterer Anbauten (Foto um 1927)
11. Ausschnitt aus einer frühen Bauaufnahme der Gießhalle, um 1930

[54] BEIA S. 266–268.
[55] Hans Erich Kubach u.a.: Die Kunstdenkmäler der Rheinprovinz 16. Die Kunstdenkmale des Landkreises Koblenz. Düsseldorf 1944, S. 337 f.; Paul-Georg Custodis: „Die Baugeschichte der Sayner Hütte und ihre Restaurierung." In: DiRP XXXI–XXXIII, 1976-78, S. 136–147.
[56] Hist. Archiv d. Fried. Krupp-Hoesch AG, Sign. WA 149/10 u. 14/181.
[57] Albert Knaff: „Die Sayner Hütte und ihre Gießhalle." In: Kruppsche Monatshefte 3, 1922, S. 179–184.
[58] Ders.: „Verwendung von Gußeisen bei Hallenbauten im Anfang des vorigen Jahrhunderts." In: Revue Technique Luxembourgeoise 15, 1923, S. 103–108.
[59] Zuletzt: Peter Janisch (Hg.), Karl Baemerth, Gerhard Seib: Geformt und Gegossen. Gestaltetes Gußeisen und Eisenkunstguß. Neu-Anspach 1996.
[60] Aufmaße Sayner Hütte 1933: Dt. Museum, München, Plansammlung.
[61] Custodis 1976-78 (wie Anm. 55).
[62] Frdl. Mitt. SFB 315, Univ. Karlsruhe.

DAS TECHNISCHE
KULTURDENKMAL

Die Geschichte der Gießhalle der Sayner Hütte spiegelt die Probleme und Grenzen beim Erhalt der „Technischen Kulturdenkmale" über lange Zeit wider. Obwohl historisch und baugeschichtlich von überragender Bedeutung, verhinderten eine ungünstige Lage wie die ungewöhnliche Konstruktion eine konventionelle Nutzung. Mangelnde Erfahrung in der Bewertung und Pflege industrieller Eisenkonstruktionen erschwerte die Einschätzung des realen Bauzustandes und des Erhaltungsaufwandes. Zwischen 1934 und 1973 bestand hier in der Praxis des Umgangs kaum ein Unterschied. Dies gilt auch für die Mißachtung der Gesamtanlage und ihrer historisch wichtigen Zusammenhänge und die Konzentration auf die Halle als kunstgeschichtlich herausragendes Objekt. Nachdem der Erhalt durchgesetzt war, bemühte man sich um möglichst komplette Rückversetzung in den Zustand vor 1874, verbunden mit Zugeständnissen für eine neue Nutzung. Auch diese spektakuläre und demonstrative Wiederherstellung ist inzwischen ein wichtiger Bestandteil der Geschichte der Sayner Gießhalle; er dürfte eine breite Signalwirkung gehabt haben.

Neben der in situ-Erhaltung wurde die Umsetzung von technischen Denkmalen als Einzelobjekte in Freilichtmuseen oder in die Freigelände von Museen zwischen den Weltkriegen in zahlreichen Fällen praktiziert. In gewisser Weise schloß sie an das im ländlichen Raum durchaus übliche Verfahren der Umsetzung von Fachwerkbauten und Mühlen an, die als „Mobilien" verkauft werden konnten.[63] Im Garten des Deutschen Museums wurde schon 1922 eine vollständige Windmühle aus Zingst an der Ostsee errichtet, die nach der Zerstörung im Zweiten Weltkrieg rekonstruiert wurde. Auf dem Gelände des heutigen Oberharzer Bergwerksmuseums in Clausthal-Zellerfeld setzte, als 1930 fast der gesamte Bergbau im Oberharz eingestellt wurde, der Museumsleiter, Oberbergrat Barry, Teile von originalen Anlagen zu einem Erzbergwerk zusammen, ergänzt durch weitere Bauten der Region.[64] Ähnlich ging man auch bei weiteren Heimatmuseen vor.

Die Beschäftigung mit den vor- und frühindustriellen Relikten des sächsischen Bergbaus hatte schon im Umkreis des Heimatschutzes vor dem Ersten Weltkrieg begonnen, etwa in der 1917 unter dem Einfluß der Heimatschutzbewegung erschienenen Dissertation des Architekten Fritz Bleyl mit dem Titel „Baulich und volkskundlich Beachtenswertes aus dem Kulturgebiet des Silberbergbaus zu Freiberg, Schneeberg und Johanngeorgenstadt im sächsischen Erzgebirge".[65] Angeregt durch Otto Fritzsche (1877–1962),[66] Ordinarius für Maschinentechnik der Freiberger Bergakademie, setzte sich diese Institution immer stärker für die Erhaltung der Relikte des Bergbaus ein. Der als Lehrgrube der Bergakademie dienende Schacht „Alte Elisabeth" (Abb. 12) mit eigenen, konservierten Anlagen wurde zu einer Art Freilichtmuseum ausgeweitet. 1936 versetzte man das Schwarzenberg-Gebläse von 1829/31 auf das Gelände der Lehrgrube und versah es mit einem eigenen Fachwerkgehäuse.[67]

Die Mitglieder des 1928 gebildeten „Arbeitskreises Technische Kulturdenkmale" favorisierten jedoch gegenüber lokaler Erhaltung die Gründung eines nationalen Freilichtmuseums für technische Denkmale, das als eigenständige Organisation auch zentrale Sammlungs- und Betreuungsfunktionen übernehmen sollte. In einer Besprechung im Juli 1929 wurde unter anderem vorgeschlagen, „eine Stadt, welche ein Heimatmuseum besitzt, müßte veranlaßt werden, im Anschluß daran eine Art Skansen-Park anzulegen, und außerdem die Erhaltung der technischen Kulturdenkmale in Deutschland überhaupt zu übernehmen. In erster Linie käme hierfür Köln in Betracht". Vermutlich waren es das gerade anläßlich der 1000-Jahr-Ausstellung der Rheinlande neu eingerichtete, großzügige Rheinische Museum und die zu erwartenden hohen Besucherzahlen, die Köln, die größte Stadt Westdeutschlands, als Standort sinnvoll erscheinen ließen.

Schon am 15. Juli 1929 schlug der Oberbürgermeister von Hagen seine am Rande des traditionsreichen märkischen Industriegebiets gelegene Stadt als Standort für ein zentrales Freilichtmuseum vor,[68] eine Anregung, aus der später das „Westfä-

12. Das Schwarzenberg-Gebläse von 1831 nach der Aufstellung auf der Lehrgrube „Alte Elisabeth" bei Freiberg (Sachsen) im Jahre 1936

[63] Siehe: Gerhard Wittrock: Die Versetzung von Gebäuden. Gründe, Methoden und Ziele (Diss.). Darmstadt 1992.
[64] Claudia Küpper-Eichas: 1892–1992. Hundert Jahre Oberharzer Bergwerksmuseum in Clausthal-Zellerfeld. Eine Festschrift. Clausthal-Zellerfeld 1992.
[65] Hg. vom Landesverein sächsischer Heimatschutz, Dresden 1917; zu Bleyl: Fritz Bleyl 1880–1966. Mitbegründer der Künstlergruppe „Brücke" (Ausst.-Kat.). Zwickau 1994; vgl. auch: Otto Fritzsche: „Technische Kulturdenkmale des Berg- und Hüttenwesens im Sächsischen Erzgebirge." In: TG 20, 1940, S. 169–171; Otfried Wagenbreth, Eberhard Wächtler (Hgg.): Der Freiberger Bergbau. Technische Denkmale und Geschichte. Leipzig 1986.
[66] Otfried Wagenbreth: „Prof. Dr.-Ing. O. Fritzsche und die Technikgeschichte." In: Hervorragende Angehörige und Freunde der Bergakademie Freiberg, Bd. 2. Freiberg 1982, S. 31–41, 54–61.
[67] Otto Fritzsche: „Das Schwarzenberggebläse." In: MLSH 26, 1937, 9/12, S. 255–268; Wagenbreth/Wächtler 1983, S. 14 u. 221; Schmidt/Theile 1989, Bd. 1, S. 69/70.

lische Freilichtmuseum Technischer Kulturdenkmale" hervorgehen sollte. Initiator dieser Bewerbung war offensichtlich der beste Kenner der technischen Denkmale in dieser Region, der in Essen lehrende Baurat Wilhelm Claas (1885–1966).[69] 1930 trat Claas dann erstmals mit seinen Museumsplänen an die Öffentlichkeit.[70] Die Weltwirtschaftskrise ließ diese Überlegungen allerdings erst einmal scheitern.

Ungebrochene Fortsetzung in den 30er Jahren

Mit der Machtübernahme der Nationalsozialisten verband sich zuerst einmal die Hoffnung auf eine Überwindung der schweren wirtschaftlichen und politischen Krise. Die Beschäftigung mit technischen Denkmalen war in dieser Zeit nicht etwa gering, wie lange behauptet wurde,[71] sondern nahm, wie hier an zahlreichen Beispielen gezeigt werden kann, in der bereits eingeschlagenen Richtung noch kontinuierlich zu, ergänzt durch spezifisch weltanschauliche Definitionen. Im Jahre 1933 publizierte Wilhelm Claas „im Vertrauen auf den Willen des neuen Deutschland" seine Vorschläge (s.o.) zu Errichtung eines Freilichtmuseums (Abb. 13) erneut und wandte sich damit auch an den zuständigen Reichsminister für Wissenschaft, Erziehung und Volksbildung. Für den Standort Hagen sprachen nach Claas die Tradition des märkischen Gewerbes, die Bereitstellung des Geländes durch die Stadt, die geographisch günstige Lage in der Mitte Deutschlands und die Möglichkeit, einen „Ausgleich" für die zurückgehende Wirtschaftskraft der Stadt zu schaffen. Auch die nicht näher erläuterte „Möglichkeit einer Fortsetzung für die Zeit nach 1800 im Essener Raum", vermutlich unter Beteiligung des dortigen Historischen Museums und der Firma Krupp, sei räumlich naheliegend. Gegen dezentrale Freilichtmuseen wandte Claas ein, sie könnten im Verhältnis zum Aufwand nicht genügend Besucher anziehen und keinen umfassenden Überblick verschaffen; der Erhalt einzelner Anlagen vor Ort lohne sich kaum, weil deren oft ungünstige Lage keine ausreichenden Besucherzahlen verspreche. Nach etlichen Versuchen, die Vorplanung zu finanzieren, wurde Claas 1936 von seiner Tätigkeit bei der Essener „Höheren Technischen Staatslehranstalt für Hoch- und Tiefbau" beurlaubt, um die

13. „Plan eines Freilicht-Museums Technischer Kulturdenkmale im Mäckingerbachtal bei Hagen. Idee und Entwurf: Wilhelm Claas, Zeichnung: Dr.-Ing. Paul Breidenbach. Am Schnittpunkt der beiden Täler der Einzelhof mit Nebengebäuden, rechts anschließend die Dorfanlage, weiter hinten im Tal die Wassertriebwerke"

[68] DM, Registratur, Nr. 0433: Denkmalpflege. 1926–1945. A-Z; zur Geschichte des Freilichtmuseums: F. H. Sonnenschein: „Museum einmalig in der Welt. Freilichtmuseum technischer Kulturdenkmale." In: Westfalenspiegel 17, 1973, S. 1–5.
[69] Uwe Beckmann: Fotografien von Wilhelm Claas. Architektur und Technische Kulturdenkmale 1925–1950. Hagen 1993.
[70] Wilhelm Claas: „Freilichtmuseum zur Erhaltung technischer Kulturdenkmale." In: Westfälische Heimat 12, 1931, S. 210–212; SWWA, Bestand IHK Hagen, K8-2851.

DAS TECHNISCHE
KULTURDENKMAL

Planung in ehrenamtlicher Arbeit und mit Unterstützung von Freunden, insbesondere seines Kollegen Paul Breidenbach,[72] voranzubringen. 1937 wurden die Planungsergebnisse öffentlich ausgestellt und im Jahrbuch „Technikgeschichte" des VDI publiziert.[73] Trotzdem gelang es nicht, auf nationaler Ebene eine Grundlage für den Aufbau und den Betrieb des Museums zu finden. 1939 erschien eine auf Claas' umfangreichen Dokumentationen beruhende Übersicht über die technischen Denkmale der ehemaligen Grafschaft Mark.[74] Sie wurde 1958 und 1966 fast unverändert neu aufgelegt, nun aber vor allem als Nachruf auf die meist bereits zerstörten Anlagen; gleiches gilt auch für eine Ausstellung „Technische Kulturdenkmale", die im Jahre 1952 im heutigen Hagener Karl Ernst Osthaus-Museum stattfand.

Die wesentliche Neuerung, die Claas (im direkten Rückgriff auf das skandinavische Vorbild) durchsetzte, war die Wahl eines ausreichend großen, topographisch geeigneten Geländes, das die sinnvolle Anordnung und naturräumliche Einbindung der Bauten ermöglichte. Darauf war in Deutschland in diesem Maßstab und mit solcher Konsequenz bisher nicht geachtet worden; vielmehr war man noch auf ein eher neutrales, verkehrsgünstig gelegenes „Ausstellungsgelände", wie es in Köln nur möglich gewesen wäre, fixiert. So ist es wohl unter anderem auch zu erklären, daß man nach dem Krieg, obwohl die ursprünglich zur Translozierung vorgesehenen Anlagen meist verschwunden waren und durch andere Bauten ersetzt werden mußten, an dem ursprünglichen Standort und Konzept festhielt. Von der Stadt Hagen und insbesondere dem Oberstadtdirektor und späteren Direktor des Kommunalverbands Ruhrgebiet, Karl Jellinghaus, weiter verfolgt, konnte das Vorhaben erst ab 1960 mit der Gründung des „Westfälischen Freilichtmuseums Technischer Kulturdenkmale" durch den Landschaftsverband Westfalen-Lippe realisiert werden.[75] Im Jahre 1973 fand die Eröffnung statt, und bis in die 80er Jahre wurde das Museum kontinuierlich erweitert.[76]

Wilhelm Claas gehörte als vom Heimatschutz angeregter Architekt und lokaler Amateur zu einer in der Erforschung der technischen Denkmale engagierten Berufsgruppe. Zu diesen sind daneben vor allem auch historisch interessierte, oft pensionierte Ingenieure und Architekten zu zählen, ebenso Industrieverbandsmitarbeiter als offizielle Vertreter; dies spiegelt sich auch deutlich in den Autoren des Buchs „Technische Kulturdenkmale" von Matschoß und Lindner. Hauptsächlich auf Studienreisen (seine fotografische Sammlung umfaßt etwa Aufnahmen aus dem Erzgebirge, der Eifel, dem Westerwald, Niedersachsen und natürlich dem gesamten Rheinland und Westfalen [Abb. 14]), aber auch durch schriftliche Anfragen verschaffte sich Claas, dessen weiteres Interesse auch der gesamten ländlichen Baukultur galt, einen gewissen Überblick über die Bestände wichtiger regionaler Zentren. Durch seine Essener Studenten ließ er zahlreiche Bauaufnahmen anfertigen. Seine Sammlung nannte er 1939 „Deutsches Archiv für Handwerk und Industrie". Dies widerspricht der Behauptung, Claas habe das Thema vor allem baugeschichtlich verstanden, und belegt sein ganzheitliches Verständnis historischer Arbeitswelt.

In den 30er Jahren findet die bemerkenswerte Geschichte des Halbachhammers in Essen ihren Höhepunkt.[77] Sie beginnt bereits vor dem Ersten Weltkrieg, bezeichnenderweise mit einer der großen Industrieausstellungen: 1912 erwarb der in Düsseldorf ansässige Verein deutscher Eisenhüttenleute die Einrichtung der Fickenhammerhütte in Weidenau an der Sieg; Vermittler war dabei der Direktor des Van der Zypenschen Walzwerks in Wissen an der Sieg, Albert Knaff, der später auch bei Krupp auf die Sayner Hütte hinwies. Das kleine Hammerwerk sollte in einer historischen Vorbildern nachempfundenen baulichen Hülle auf der für 1915 geplanten Industrieausstellung in Düsseldorf gezeigt werden als Teil der Abteilung „Industrie einst und jetzt". Als die Ausstellung jedoch wegen des Kriegsausbruchs abgesagt wurde, erwarb die Firma Krupp die gesamte Anlage, um sie in Essen wieder aufzubauen; ein Angebot, sie dem Deutschen Museum zu übergeben, war von diesem zu-

> 14. Blick durch das Gradierwerk auf das Maschinenhaus der Zeche Unna-Königsborn von 1799 (Glasplattendia von Wilhelm Claas, 1939)

[71] Weber (wie Anm. 1).
[72] Hubert Köhler: Technische Kulturdenkmale. Zeichnungen und Aquarelle von Paul Breidenbach (1892-1964) (Ausst.-Kat. Westf. Freilichtmus. Hagen). Hagen 1995.
[73] Wilhelm Claas: „Die Planungsunterlagen für ein Freilichtmuseum technischer Kulturdenkmale in Hagen." In: TG 26, 1937, S. 148-152 u. Tf. 21-23.
[74] Ders.: Technische Kulturdenkmale im Bereich der ehemaligen Grafschaft Mark. Hagen 1939 (^{2}1958, ^{3}1966), mit Schriftenverzeichnis.
[75] SWWA, Bestand IHK Hagen, K8-224 und K8-437 (Mappe mit Plänen und Fotos, um 1960); Sonnenschein (wie Anm. 68).
[76] Michael Dauskardt: „Perspektive 2000. Der Museumsentwicklungsplan für das Westfälische Freilichtmuseum Hagen." In: TKD, H. 24, Apr. 1992, S. 7-10 (Tl. 1); H. 25, Okt. 1992, S. 20-24 (Tl. 2).
[77] Siehe: „Der Halbachhammer bei Essen." In: TG 36, 1937, S. 36; Walter Sölter: Die Essener Wasserhämmer (Führer des Ruhrlandmuseums, H. Nr. 1). Köln 1978.
[78] NDB 13, Berlin 1982, S. 138-143.
[79] Wilhelm Berdrow: Die Familie von Bohlen und Halbach. Essen 1921.
[80] Wie Anm. 56.

vor abgelehnt worden. Initiator war dabei Gustav Krupp von Bohlen und Halbach (1870–1950),[78] der 1906 die Krupp-Erbin Berta geheiratet hatte. Die von Gustav Krupp von Bohlen und Halbach in Auftrag gegebene Halbachsche Familiengeschichte legte dar, daß seine Vorfahren aus der Familie Halbach Eisenhämmer bei Müngsten an der Wupper betrieben hatten. Während die Familienchronik 1921 im Druck erschien,[79] wurde der Wiederaufbau des Hammers aufgeschoben; die Teile lagerte man im Unternehmen ein. Als man sich der Anlage 1934 erinnerte, mußte sie erst innerhalb des Werks mühsam aufgespürt werden;[80] selbst eine Suchanzeige in den Kruppschen Monatsheften, der Werkszeitung, wurde erwogen. Unterhalb der Siedlung Margarethenhöhe, ebenfalls einer Krupp-Stiftung, fand man eine geeignete Stelle, um die Anlage in dem für die Ausstellung gestalteten Gehäuse funktionsfähig wieder aufzubauen. Der Siegerländer Mühlenbaumeister August Heinrich Berg, der bereits für die Ausstellungsvorbereitung tätig gewesen war, benötigte dazu elf Monate. Da keine Pläne mehr vorhanden waren, mußte die gesamte Anlage zeichnerisch rekonstruiert werden; von den ursprünglichen 800 Einzelteilen des Originals, von denen schon 1915 einige nachgebaut worden waren, wurden

DAS TECHNISCHE
KULTURDENKMAL

schließlich nur noch 60 Teile wiederverwendet. Die Einweihung fand am 9. November 1936 (dem Geburtstag des Vaters Krupps von Bohlen und Halbach) in kleinem familiären Rahmen statt, wenn man auch auf das Hakenkreuz am Rednerpult nicht verzichten wollte; eine Tatsache, die noch in den 70er Jahren durch entsprechende Beschneidung eines Fotos kaschiert wurde.[81] Der Essener Oberbürgermeister nahm den Hammer als Außenstelle des Essener Heimatmuseums, des heutigen Ruhrlandmuseums, entgegen. Zum Andenken an die Vorfahren des Stifters erfolgte die Umbenennung in „Halbachhammer". Damit wurde der Hammer dem schon 1912 wiederhergestellten und inmitten der Fabrik erhaltenen 'Stammhaus' der Familie Krupp gegenübergestellt. Beide Anlagen sollten in ihrem schlichten Format nicht zuletzt auch den Aufstieg der Familien und die Ausmaße des Großunternehmens Krupp verdeutlichen.

Die Geschichte des Halbachhammers (Abb. 15), einer privaten Initiative, zeigt die Herauslösung eines Baus aus dem ursprünglichen Zusammenhang, die eine neue Verwendung und Deutung ermöglicht. Seit dem Abbau wurde der Hammer als 'bewegliches Kulturgut', als Antiquität, begriffen. Das führte vor allem auch dazu, daß die staatliche Denkmalpflege offensichtlich zu keinem Zeitpunkt einbezogen wurde. Erst in der heute in Essen überlieferten Form ist die Gesamtanlage wieder als 'museales' Denkmal, als komplexes historisches Dokument zu verstehen. Das museale (und nur in sehr weitem Sinne konservatorische) Konzept der nachempfundenen Umbauung oder Einhausung technischer (und anderer) Originale wird gelegentlich noch heute verfolgt, etwa bei der Bocholter Textilfabrik des Westfälischen Industriemuseums.[82]

Gustav Krupp von Bohlen und Halbach, in den 30er Jahren als Vorsitzender des Reichsverbandes der Deutschen Industrie führender Repräsentant der deutschen Wirtschaft, wollte sicher auch ein Beispiel für den damals als vorbildlich begriffenen Umgang der Industrie mit den Zeugnissen ihrer Geschichte geben. Der Wiederaufbau nach fast 25 Jahren wäre sicher mit Hinweis auf den schlechten Zustand der Teile mit gutem Grund ablehnbar gewesen. Trotzdem fühlte man sich anscheinend verpflichtet, die einmal übernommene Anlage wiederherzustellen und sinnvoll einzusetzen, und zwar in Verbindung mit den sozialen und kulturellen Aktivitäten des Unternehmens, deren bekanntestes Beispiel die Margarethenhöhe bildet. Der angeheiratete Krupp-Mitinhaber, zuvor Diplomat, nutzte die Gelegenheit aber auch, sich über die Herkunft der Familie Halbach ausdrücklich als ein der Krupp-Dynastie würdiger und dem Metallgewerbe bereits lange verbundener Nachfolger darzustellen; er nutzte hier die Familienforschung und -geschichte zu seiner eigenen Legitimation und Einbindung in die Gegenwart. Obwohl die familiengeschichtlichen Interessen Gustav Krupp von Bohlen und Halbachs vor der Zeit des Nationalsozialismus begannen und im gesamten Bürgertum Parallelen fanden, fügten sie sich doch völlig und ausdrücklich in die „völkischen" Vorstellungen der Nationalsozialisten ein.

Der Verein Deutscher Eisenhüttenleute in Düsseldorf, dessen Ehrenvorsitzender Gustav Krupp von Bohlen und Halbach bereits seit 1915 war, unterstützte besonders auch die von Wilhelm Claas maßgeblich initiierte und zwischen 1939 und 1950 durchgeführte Wiederherstellung der Wocklumer Luisenhütte im Sauerland.[83] Als zweites wichtiges Objekt förderte der Verein ebenfalls schon in den 30er Jahren die Wendener Hütte im Sauerland bei Olpe (gegr. 1728), die aus zahlreichen Gebäuden um den ältesten in Mitteleuropa erhaltenen Hochofen besteht. Das Interesse und Engagement des Vereins für die frühe Geschichte der eigenen Branche war vor allem dem langjährigen Geschäftsführer Otto Petersen, der schon an den „Technischen Kulturdenkmalen" von 1932 beteiligt gewesen war, zu verdanken. Es setzte sich in der 1960 anläßlich des 100jährigen Vereinsjubiläums entstandenen Publikation „Bauten, Denkmäler und Stiftungen deutscher Eisenhüttenleute" von Franz Michael Ress fort.[84]

Unter dem Titel „Kupferhammer Grünthal. Vierhundert Jahre deutscher Arbeitskultur" erschien 1937 eine Festschrift, die den erzgebirgischen Betrieb bei Olbernhau (Abb. 16) als Muster heimatverbundener Arbeitsethik pries und Geschichte und Gegenwart verband.[85] Die Festschrift, aufwendig mit Fotografien von Albert Renger-Patzsch ausgestattet, bildet einen sehr weitgehenden Versuch, ein historisches Unternehmen (und seine technischen Denkmale) aus der nationalsozialistischen Ideologie zu interpretieren. Die „geschlossene Werksgemeinde" des isoliert gelegenen, wegen seiner wirtschaftlichen Bedeutung einst sogar befestigten Betriebs wird betont. „Die Hüttenmauer, die heute noch Werk und Wohnstätten umschließt, versinnbildlicht aufs beste diesen Geist engster Verbundenheit von Werk und Mensch, der 400 Jahre lang lebendig blieb." Nur als staatseigenes Unternehmen konnte die Hütte über dreihundert Jahre fast unverändert in Betrieb bleiben. 1870 privatisiert, kam es 1931 fast zur Stillegung, die wieder nur mit staatlicher Hilfe abgewendet werden konnte. „Zuweilen wollte es scheinen, als seien all die Opfer umsonst gebracht, als sollte diese geschichtlich so bedeutende Stätte deutscher Arbeit endgültig zum Erliegen kommen. Aber Führung und Gefolgschaft ließen den Mut nicht sinken. ... Ein Werk, das so viele Jahrhunderte überdauert hatte, durfte nicht zu-

< 15. Einweihung des Halbachhammers am 9.11.1926. In der ersten Reihe die Familie von Bohlen und Halbach und der Essener Oberbürgermeister Reismann-Grone (in Uniform).
16. „Alter Kupferhammer zu Grünthal bei Olbernhau im Erzgebirge, ... mit zwei Schwanzhämmern. Auf einen dieser in vollem Betrieb befindlichen Hämmer hat sich Zar Peter der Große gesetzt, als er gelegentlich einer Reise nach Karlsbad 1711 das Werk besichtigte" (1937)

[81] Sölter (wie Anm. 77), S. 26.
[82] Landschaftsverband Westfalen-Lippe (Hg.): Westfälisches Industriemuseum. Das Textilmuseum in Bocholt (Unser Bocholt 40, 1989, H. 1-2). Bocholt 1989.
[83] Wilhelm Claas: „Die ehemalige Louisenhütte in Wocklum an der Borke." In: TG 20, 1930, S. 153/54; Matschoß/Lindner 1932, S. 51, Abb. 88; Herbert Dickmann: „Der letzte Holzkohlenhochofen im rheinisch-westfälischen Industriegebiet." In: STE 58, 1938, S. 918/19; Wilhelm Claas: „Die ehemalige Louisenhütte in Wocklum an der Borke. Ein bedeutendes technisches Kulturdenkmal Westdeutschlands bleibt erhalten." In: Technische Mitteilungen (Organ des Hauses der Technik. Hg. von den Gauämtern der NSDAP) 32, 1939, S. 211-213; Claas 1939 (wie Anm. 74), S. 64-69; Herbert Dickmann: „Der letzte Holzkohlenhochofen im rheinisch-westfälischen Industriegebiet." In: STE 70, 1950, S. 887/88; Frank Lothar Hinz: Die Luisenhütte in Wocklum (Techn. Kulturdenkmale in Westfalen, hg. v. Westf. Heimatbund, H. 1). Münster 1978.
[84] Franz Michael Ress: Bauten, Denkmäler und Stiftungen deutscher Eisenhüttenleute, im Auftrage des Vereins Deutscher Eisenhüttenleute ... . Düsseldorf 1960.
[85] Ernst von Laer (Text), Albert Renger-Patzsch (Fotos): Kupferhammer Grünthal. Vierhundert Jahre Deutscher Arbeitskultur 1537-1937 (Hg.: F. A. Lange Metallwerke Aktiengesellschaft Aue = Auerhammer/Kupferhammer Grünthal; Gestaltung C. A. Röder AG, Leipzig). Leipzig 1937.

DAS TECHNISCHE
KULTURDENKMAL

grunde gehen. So wurden die schwersten Jahre deutscher Wirtschaftsgeschichte durchkämpft, bis Adolf Hitler zur Macht kam. Eine neue Zeit ist angebrochen, gewaltiger und umfassender in ihrer Bewegung, als das deutsche Volk sie jemals erleben durfte. Sie hat den Begriff der Gemeinschaft in den Mittelpunkt gestellt. ... Möge dieses Werk, das vier Jahrhunderte deutschen Schaffens verkörpert, uns stets dabei den rechten Weg weisen." Auf diesen Abschnitt „Das Werk" folgen Ausführungen über den erzgebirgischen Volkscharakter, illustriert mit Arbeiterportraits, und ein Abschnitt über die Landschaft.

Über den Autor dieser Festschrift ist weiter nichts bekannt; trotzdem scheint es, daß hier eine besonders ambitionierte Darstellung und Interpretation der Werksgeschichte vorliegt, die nicht allein für die Mitarbeiter gedacht war, sondern auch darüber hinaus als Vorbild dienen sollte. Die Beugung der historischen Wahrheit, etwa der unbestreitbaren Rückständigkeit des Betriebs, ist offensichtlich. Auf der Grundlage nationalsozialistischer Idealvorstellungen wird der historische Betrieb einseitig als Beispiel der Ausbildung und Überlieferung sozialer Tugenden: „Werksstolz, Treue, Kameradschaft und ein starker Gemeinschaftssinn", interpretiert. Vor dem Hintergrund der historischen Zwänge und Abhängigkeiten wirken diese Ideale geradezu wie Hohn. Diese massive ideologische Ausdeutung lieferte auch die Begründung sowohl für den Weiterbetrieb als auch die öffentliche Präsentation der Anlage, denn anläßlich des Jubiläums wurde, obwohl in der Festschrift nicht ausdrücklich erwähnt, der „Althammer" des Werks von 1537 restauriert.

Nach Übernahme als Volkseigener Betrieb (VEB) in der DDR wurde die zum Kupferhammer Grünthal gehörende „Lange Hütte" in den 60er Jahren abgebrochen, während der übrige Bestand fast unverändert erhalten blieb.[86] Nach der Wiedervereinigung sicherte man die Grundmauern, rekonstruierte einen Teil der Ausstattung der Hütte und eröffnete 1994 das Museum „Saigerhütte Grünthal".

Die publizistischen Aktivitäten zum Thema „Technische Kulturdenkmale" gehen in den 30er Jahren stärker etwa vom Jahrbuch „Technikgeschichte" auf die Periodika von Denkmalpflege und Heimatschutz über. Mit ausdrücklicher Unterstützung des rheinischen Provinzialkonservators Graf Wolff-Metternich wurden 1936 im Band 13 des Jahrbuchs der Rheinischen Denkmalpflege bisherige Ansätze der Beschäftigung mit technischen Denkmalen im Rheinland zusammengefaßt. Der daraus wiedergegebene Beitrag von Theodor Wildeman (Text 15) macht am Beispiel der Windmühlen deutlich, daß man den Schwerpunkt auf den Weiterbetrieb oder die Wiederinbetriebnahme der Mühlen legte. Der konservatorische Ansatz wird auf die Gesamtanlage bezogen, wobei die Erneuerung funktionswichtiger Teile Priorität hat; mit dieser Überlegung weist Wildeman auch direkte äußerliche „Schönheitsreparaturen" zurück. So sieht er auch in der Modernisierung mit Hilfe der seit dem 19. Jahrhundert (Jalousieflügel) weiterentwickelten Technik Maßnahmen zum Erhalt.[87] Diese Haltung wurde auch völkisch („lebenswichtiger Berufsstand") und nicht zuletzt kriegswirtschaftlich begründet.

Zur Umsetzung dieses Konzeptes organisierte Wildeman von 1935 bis 1939 die „Windmühlenaktion", die von der Provinzialverwaltung (als Vertreter der Denkmalbehörde), von den gleichgeschalteten Berufsorganisationen, dem Reichsnährstand und dem Rheinischen Verein finanziell ausgestattet wurde.[88] Er faßte damit die seit Mitte der 20er Jahre gelegentlich geförderten Mühleninstandsetzungen zusammen, die auch durch die Wochenschrift „Die Mühle", in der schon früh historische Abhandlungen erschienen, journalistisch unterstützt wurden. Zur Durchführung der „Windmühlenaktion", die sich bald auch auf einige Wassermühlen erstreckte, holte Wildeman Provinzialverwaltung, Kreisbauämter, Standesvertreter, Denkmalschutzbehörde und Mühlenbesitzer zu regelmäßigen Treffen, meist in Xanten, zusammen. Dabei ging es etwa um Fragen des Wasserrechts oder der Zuteilung von Mahlkontingenten. Der typische Etat des Jahres 1936 betrug 16 000 RM; davon steuerten die

---

[86] Siehe etwa: Schmidt/Theile 1989, Bd. 1, S. 76-79; Die Silberstraße in Sachsen. Technische Denkmäler. München 1996, S. 59-66.
[87] K. Bilau: Windmühlenbau einst und jetzt. Leipzig 1933; H. Op de Hipt: Windmühlenpraxis. Leipzig 1937.
[88] Theodor Wildeman: „Der Erhalt der Windmühlen." In: RP 1934, H. 9, S. 25-30, H. 10, S. 22-28; ders: „Zwei Jahre Windmühlenaktion der Rheinprovinz." In: RP 1937, S. 158-169; ders.: „Erhaltungsarbeiten an den Rhein. Wind- und Wassermühlen i. J. 1937." In: RP 1938, S. 165-175; Schriftverkehr und Protokolle: ALVR, Nr. 11194.

17. Originaler Gasmotor als Denkmal für Nikolaus August Otto und Eugen Langen, die Pioniere des Verbrennungsmotorenbaus, vor dem Bahnhof Köln-Deutz. Einweihung am 26. 6. 1931 durch Oberbürgermeister Konrad Adenauer

[89] Provinzialkonservator Niederschlesien (Hg.): Schlesische Heimatpflege – Kunst und Denkmalpflege, Museumswesen u. Heimatschutz. Breslau 1935, S. 278/79.
[90] Friedrich Haßler: „Die technischen Kulturdenkmale, ihr Schutz und ihre museale Darstellung." In: MK 8, 1936, S. 47–50.
[91] Eduard Trier: „Das Denkmal als readymade. Gedanken zum Denkmal für den Erfinder des Verbrennungsmotors." In: Buddensieg/Rogge 1981, S. 284–287; Unterlagen im Dt. Museum.
[92] Wagenbreth/Wächtler 1983, S. 200/01 u. S. 344; Schmidt/Theile 1989, Bd. 1, S. 124/25.
[93] Schmidt/Theile 1989, Bd. 1, S. 74/75.
[94] Völk. Beob. v. 23. 9. 1934; Westermann-Reihe „museum": Hist. Museum Bielefeld; DM Registratur, Denkmalspflege 1926–1945. A-Z. 0433, o.S.
[95] Reinold Knümann: „Technische Denkmale auf dem Campus der Univ. Dortmund." In: IB 28, 1982, H.2, S. 88–93.
[96] Haßler 1936 (wie Anm. 90), S. 47–50; Ulrich Linse: „'Technische Kulturdenkmale' im ‚Laufbild'. Über die Anfänge der filmischen Dokumentation industriearchäologischer Denkmäler." In: TG 55, 1988, Nr. 4, S. 323–337.

Provinzialverwaltung 9000 RM, die Landesbauernschaft des Rheinlandes 5000 RM und der Rheinische Verein 1000 RM bei. Dem standen schon im ersten Jahr Beihilfeanträge über 68 000 RM gegenüber. Die Auswahl wurde auf Empfehlung der Kreise gemeinsam getroffen. Insgesamt erhielten mehrere Dutzend Mühlen Mittel. Bald zeichneten sich vor allem im benachbarten Holland und Flandern, aber auch in England und Pommern ähnliche Aktivitäten ab. Für 1938 plante man deshalb einen internationalen Mühlenkongreß. Wegen erschwerter Reisebedingungen für Ausländer in Deutschland und vor allem aufgrund stark gekürzter Mittel für das Mühlenprogramm wurde er jedoch wieder abgesagt. Unter dem Druck der Kriegsvorbereitung fand auch die „Windmühlenaktion" ihr Ende.

Zu den zahlreichen weiteren technischen Denkmalen, die in den 30er Jahren restauriert wurden, gehörten zum Beispiel der letzte sächsische Bergbau-Pferdegöpel in Johanngeorgenstadt und die Saline in Bad Sülze. Einen weiteren interessanten Fall der 'Subvention' des Weiterbetriebs bietet die Papiermühle von Bad Reinerz in Schlesien, bei der man den ursprünglich vorgesehenen Umbau zur Jugendherberge verhinderte und den Betrieb durch die Herstellung von Spezialpapiersorten aufrechterhielt.[89]

Zum Erhalt bemerkenswerter technischer Einzelobjekte wie Maschinen ist spätestens seit Anfang der 30er Jahre die denkmalartige Aufstellung bewußt propagiert und umgesetzt worden.[90] Auch diese Methode kann man wie die musealen Konventionen mit dem kommerziellen Ausstellungsbereich, aber auch der Avantgardekunst (Ready-made, Konstruktivismus) verbinden. Eines der prominentesten Beispiele ist die Aufstellung eines Otto-Motors vor dem Bahnhof in Köln-Deutz im Jahre 1931 (Abb. 17). Dieses Denkmal für den in Köln tätigen Nikolaus August Otto (1832–91), den Entwickler des modernen Verbrennungsmotors, und seinen Partner Eugen Langen wurde auf Initiative des Deutschen Museums durch die Münchner Siemens-Ring-Stiftung mitfinanziert.[91] Andere Beispiele sind die 1935 erfolgte Aufstellung des zweiten Zylinders der ersten Dampfmaschine in Deutschland von 1789 in Löbejün (Thüringen)[92] und einer Gebläsemaschine von 1837 in Alt-Lauchhammer. Diese 1925 stillgelegte Anlage wurde 1929 anläßlich des 200jährigen Bestehens der Firma vor der Hüttenschenke aufgestellt.[93] Dampfmaschinen der Zeit um 1840 wurden auf diese Weise in Berlin bei Borsig, in Halle und in Bielefeld erhalten. 1933/34 wurde beispielsweise in Bielefeld auf Initiative des örtlichen Ingenieurvereins anläßlich seines vierzigjährigen Bestehens die älteste Bielefelder Dampfmaschine als Ehrenmal für die gefallenen Vereinsmitglieder aufgestellt. Aus diesem Anlaß erkundigte man sich beim Deutschen Museum nach geeigneten Konservierungsmöglichkeiten. In der Antwort wurden mehrere Alternativen vorgeschlagen: Man solle die blanken Teile der Maschine gut fetten; auch kämen ein spezielles Rostschutzmittel und der wetterfeste Lack einer Münchner Firma in Frage; zudem solle das Konservierungsmittel halbjährlich erneuert werden. Offensichtlich bestand hier noch erhebliche Unsicherheit. Die Bielefelder Maschine blieb erhalten, stand später (ohne Ehrenmalfunktion) vor der Fachhochschule und befindet sich heute in fragmentierter Form (vom Schwungrad ist nur eine Hälfte erhalten) im Historischen Museum der Stadt in der Ravensberger Spinnerei (Abb. 18).[94]

Auch in den USA wurden schon in den 20er Jahren unter anderem komplette Lokomotiven „plinthed". Die Aufsockelung und die allgemeine Freiluft-Präsentation von attraktiven Maschinen und einzelner Maschinen- und Anlageteile haben eine sich bis in jüngste Zeit fortsetzende, ungebrochene Tradition, ja sind als „Förderwagen- und Seilscheibenseuche" populäre „Geschichtspflege" geworden.[95]

Neue Ansätze in der Technikgeschichte lagen in den 20er und 30er Jahren vor allem in der Dokumentation von Verfahrensabläufen und Techniken, wie sie Friedrich Haßler, Historiker beim VDI, und Werner Lindner ab Ende der 20er Jahre betrieben.[96] Die filmische Dokumentation oder die zeichnerische Abstraktion sind hier

DAS TECHNISCHE
KULTURDENKMAL

konkurrierende Techniken. Die von Haßler (siehe Text 14, S.69) vorgeschlagene Einbeziehung des Arbeitsvorgangs in den Begriff „Technisches Kulturdenkmal" konnte sich jedoch nicht durchsetzen, auch wenn die didaktische und technikgeschichtliche Bedeutung der aktiven Handhabung alter Werkzeuge und Produktionsanlagen bis heute von großem Gewicht ist.[97]

Grundsätzliche Neuerungen oder Uminterpretationen hat das technikgeschichtliche Erbe in den wenigen Friedensjahren des Dritten Reichs zwar nicht erfahren, sein konservativ-handwerklicher und volkstümlich-regionaler Ansatz ließ sich aber bruchlos in das offizielle Geschichts- und Kulturbild des Nationalsozialismus einfügen.[98] Die immer vorhandenen „sozialromantischen" Züge und der wirtschaftliche Nutzwert wurden allerdings stärker betont. Bezeichnenderweise wurde erst mit dem Heimatschutzgesetz von 1934 der Begriff des Kulturdenkmals und damit faktisch auch des „Technischen Kulturdenkmals" in Deutschland juristisch festgelegt.[99] Die Position des Österreichers Karl Holey, der ideologische Begründungen wenig überzeugend nachlieferte, blieb eine Ausnahme. Holey, Direktor des Technischen Museums in Wien, schrieb 1938: „Wenn wir die Zeugen technischen Schaffens vieler Jahrhunderte, die technischen Denkmäler, betrachten, dann muß jeder Mensch mit aufnahmefähigen Sinnen einsehen, daß die Werke der Technik nicht Ergebnisse eines rein rationalen Denkprozesses, keine trockenen Rechenexempel sind, sondern Äußerungen einer naturverbundenen Schöpferfreude. Dieses tiefe innere Aufgehen des Menschen in der Natur und das Einssein mit den Naturkräften, das ist zugleich der Wesenszug des deutschen Menschen, und aus allen diesen Zeugen technischer Schaffenskraft unserer Heimat spricht deutscher Geist, deutsche Kraft und deutsche Seele."[100]

Das ältere Projekt des Hagener Freilichtmuseums wurde den neuen Herren angedient, und manches wurde propagandistisch vereinnahmt, ohne daß die Vorgehensweisen grundsätzlich verändert wurden. Am auffälligsten ist vielleicht die bei Wildeman zu beobachtende ideologische Untermauerung der schon zuvor propagierten Strategie, die historischen Anlagen durch Reparaturen und Modernisierungen in Betrieb zu halten. Neben den Mühlen gilt ähnliches auch für die Nutzung von Salinen und Gradierwerken vor allem von Kuranlagen. Weiterhin erschienen regionale Zusammenstellungen der technischen Denkmale, so neben der Übersicht der rheinischen Themenschwerpunkte von 1936 im Jahre 1937 eine Übersicht über die oberschlesischen Technikdenkmale[101] und 1938 eine Darstellung von Werner Lindner über Brandenburg.[102] Vereinzelt wurden hochrangige technische Denkmale auch in die Inventare der Bau- und Kunstdenkmale aufgenommen, etwa die schon erwähnte Sayner Hütte und die Saline in Unna-Königsborn (Abb. 10).[103] 1936 richtete das Badische Denkmalamt ein Spezialinventar zu den Technischen Denkmalen ein,[104] und 1939 entstand in Kassel mit dem „Landesamt für Kulturgeschichte der Technik" für kurze Zeit die erste volkskundlich-technikgeschichtliche Behörde in Deutschland,[105] deren Aufgabe sich im Rahmen der durch von Miller, Lindner und Matschoß begonnenen Aktivitäten bewegte.

Im Krieg kam es neben den Schäden durch Kampfhandlungen auch zu bewußten Zerstörungen, etwa im polnischen Sielpia, wo das in den 20er Jahren konservierte und 1934 als Schauanlage eröffnete Hammerwerk von deutschen Soldaten zum Zweck der Demütigung des polnischen Nationalstolzes demoliert wurde.[106]

Nachkriegszeit

Angesichts der immensen Zerstörungen von Kunstdenkmalen standen nach dem Krieg auch die zuvor anerkannten technischen Denkmale nicht gerade im Mittelpunkt denkmalpflegerischen und öffentlichen Interesses. Unterlassener Bauunterhalt führte selbst bei restaurierten Anlagen aufgrund ihrer wenig haltbaren Materialien und Konstruktionen durchweg schnell zu substantiellen Schäden; beim Wegfall der hier unverzichtbaren kontinuierlichen Pflege machte sich die kurze Lebensdauer einzelner Bestandteile wie etwa der Wasserräder besonders bemerkbar. Die noch produzierenden Anlagen waren hier vorübergehend im Vorteil, weil ihre zumindest notdürftige Pflege unabdingbar war.

Die Beschäftigung mit technischen Denkmalen konnte sich nur an wenigen Stellen institutionell fortsetzen, behindert etwa bei Werner Lindner durch dessen enge Systembindung zur Zeit des Dritten Reichs. Personelle Kontinuität ermöglichte dagegen beispielsweise im Falle Theodor Wildemans im Rheinland die weitere Betreuung des (vorindustriellen) Bestandes an Mühlen.

Nachdem während des Krieges und in der frühen Nachkriegszeit zahlreiche bäuerliche technische Denkmale, vor allem Mühlen, zeitweise wieder in Betrieb genommen worden waren (was oft nur aufgrund der früheren Restaurierungen möglich war), führte die Wiederherstellung der Großmühlen bald zu Überkapazitäten. Das daraufhin erlassene „Mühlengesetz" von 1957, das für Klein- und Mittelbetriebe eine Stillegungsprämie vorsah, stellte für den Betrieb der meisten Mühlen eine wichtige Zäsur dar.

Für die Mühlen, insbesondere die Windmühlen als die am weitesten verbreitete und größte Gruppe der möglichen technischen Denkmale liegt eine größere Menge von zeitlich und regional gestaffelten Bestandszahlen vor, die es erlauben, in diesem Fall beispielhaft das Verhältnis des ursprünglichen Bestands zur heute erhaltenen Zahl einzuschätzen. 1882 wurden im Deutschen Reich 18 579 (arbeitende) Windmühlen gezählt; 1899 waren es noch 11 175 Stück, und bis 1911 reduzierte sich ihre Zahl auf 7560. Zwischen 1895 und 1939 nahm die Zahl der Windmühlen in Deutschland insgesamt von etwa 16 000 auf 4700 ab. In Sachsen gab es um 1840 etwa 800 Windmühlen; 1907 wurden noch 269 gezählt; davon war 1923 bereits nur noch die Hälfte vorhanden; 1951 wurden von den verbliebenen etwa 80 noch 62 betrieben. Allein in Niedersachsen verringerte sich ab 1960 bis heute die Zahl der Wind- und Wassermühlen um fast vierzig Prozent auf 1400. 1990 gab es auf dem Gebiet der DDR noch etwa 700 Windmühlen, davon nur noch wenige betriebsfähig.[107] Insgesamt ist also davon auszugehen, daß weit weniger als ein Zehntel der ursprünglich bestehenden Anlagen überlebt hat. Trotzdem darf man annehmen, daß diese 'Quote' im Vergleich zu anderen Typen technischer Denkmale noch ungewöhnlich hoch ist.

< 18. Erste Bielefelder Dampfmaschine von 1842, nach langer Freiluftaufstellung seit 1996 im Historischen Museum der Stadt Bielefeld in der Ravensberger Spinnerei

[97] Dauskardt (wie Anm. 76).
[98] Karl-Heinz Ludwig: „Das nationalsozialistische Geschichtsbild und die Technikgeschichte 1933–1945." In: TG 50, 1983, Nr. 4, S. 359–375.
[99] J. Jungmann: Gesetz zum Schutz von Kunst-, Kultur- und Naturdenkmalen (Heimatschutzgesetz). Radebeul 1934.
[100] Karl Holey: „Der Schutz der technischen Denkmale in Österreich." In: BIGT 1, 1933, S. 25–33; ders.: „Die technischen Denkmäler in Österreich und ihre Verbundenheit mit Volk und Boden." In: BIGT 5, 1938, S. 4–15, Zitat S. 15.
[101] Hans Joachim Helmigk: „Alte Industriebauten in Oberschlesien." In: Schles. Jahrbuch f. dt. Kulturarb. im ges. Schles. Raume 8, 1935/36, S. 133–139; vgl.: K. Bimler: Die neuklassische Bauschule in Schlesien, H. 3: Die Industrieanlagen in Oberschlesien. Breslau 1931.
[102] Werner Lindner: „Technische Kulturdenkmale in der Mark Brandenburg." In: BJB 1937, H. 5 u. 6, S. 3–54.
[103] In den jew. Bau- und Kunstdenkmälerinventaren; vgl. etwa Anm. 55.
[104] Föhl 1994, S. 31.
[105] Paul Adolf Kirchvogel: „Das Landesamt für Kulturgeschichte der Technik in Kassel." In: TG 29, 1940, S. 165 f.
[106] Kenneth Hudson: „Who owns Industrial Archaeology?" In: SICCIM 1975, S. 37; BEIA S. 688.
[107] Zahlen nach: Werner Schnelle: Windmühlenbau. Berlin 1991, S. 9; Hans Nadler: „Die Erhaltung technischer Denkmale." In: Technische Kulturdenkmale Sachsens, H. 1 (Ausst.-Kat.). Görlitz 1952, S. 4; Otfried Wagenbreth, Helmut Düntzsch, Rudolf Tschiersch, Eberhard Wächtler: Mühlen. Geschichte der Getreidemühlen, Technische Denkmale in Mittel- und Ostdeutschland. Leipzig/Stuttgart 1994, S. 174.

DAS TECHNISCHE
KULTURDENKMAL

Ein typisches Beispiel für das Schicksal einer Anlage von überdurchschnittlicher Bedeutung bietet die Hüvener Mühle bei Meppen im Emsland (Abb. 19 u. 20).[108] Die ungewöhnliche Anlage, Kombination einer älteren doppelten Wassermühle mit einer Mitte des 19. Jahrhunderts aufgesetzten Windmühle, wurde bereits 1932 in den „Technischen Kulturdenkmalen" abgebildet. Ende der 20er Jahre war die (Wasser-)Ölmühle als Teil des Ensembles zerstört, d.h. vermutlich ausgebaut worden. Über den VDI-Bezirksverein Osnabrück und das Deutsche Museum wurde auch der Niedersächsische Bund für Heimatschutz aktiviert.[109] Gemeinsam setzte man sich für den Erhalt der bereits stark verfallenen Anlage ein und veranlaßte eine Bauaufnahme. Bis 1950 blieb die Mühle verpachtet und zumindest zeitweise in Betrieb; in diesem Jahr brach der Damm des Mühlweihers und machte zusätzlich zur allgemeinen Baufälligkeit den Weiterbetrieb unmöglich. Seitdem sammelten der Emsländische Heimatbund und der VDI für die Sicherung Spenden, die offensichtlich sofort eingesetzt wurden; 1954 bewilligte auch der Kreistag einen ersten Zuschuß; im folgenden Jahr wurde der Kreisheimatverein neuer Eigentümer. Nach einer Neuunterfangung, die vor allem auch durch die Umleitung des treibenden Baches und die dadurch veränderten Baugrundverhältnisse notwendig geworden war, wurde die Mühle 1956 von Mühlenbauer Mönck aus Ostgroßefehn restauriert. Mit fast

26 000 DM erhielt der Mühlenbauer mehr als ein Drittel der gesamten Bausumme von etwa 71 500 DM als Lohn. Die Mittel dazu stammten von den Landkreisen Meppen und Aschendorf-Hümmling (je 9 000 DM), dem Land Niedersachsen (12 500 DM); den Rest ergaben Spenden von über 41 000 DM. Diese Aufschlüsselung zeigt beispielhaft, daß der Eigentümer und Träger der Aktion, in diesem Fall der Kreisheimatverein, auch den größten Anteil an der Finanzierung trug. Aber auch die regionalen und Landesbehörden engagierten sich in erheblichem Maße für ein als landschaftsprägendes Wahrzeichen der Region verstandenes Denkmal.

Die Hüvener Mühle gehörte bald zu den technischen Vorzeigedenkmalen, so auf der Ausstellung „Bewahren und Gestalten – Deutsche Denkmalpflege", welche die Vereinigung der Landesdenkmalpfleger 1965 für die UNESCO als Wanderausstellung konzipierte. Die Hüvener Mühle vertrat hier neben dem mittelalterlichen Leuchtturm von Neuwerk, zwei weiteren (Holländer-)Windmühlen, dem Braunschweiger Bahnhof, der Orangerie von Seligenstadt, der Bremer Hansekogge (!) und drei mittelalterlichen Brücken die Gruppe „Technische Kulturdenkmäler".[110]

In der DDR setzte sich das Dresdner Institut für Denkmalpflege, also das ehemalige Sächsische Landesamt für Denkmalpflege, unter Hans Nadler erheblich stärker und kontinuierlicher als westdeutsche Einrichtungen für technische Denkmale ein. In zwei Ausstellungen in den Jahren 1952 und 1953 in Görlitz und in einer Wanderausstellung 1955 präsentierte das sächsische Landesdenkmalamt die von ihm gesammelten umfangreichen Unterlagen zu den technischen Denkmalen, insbesondere historische Pläne. Im Gegensatz zur Bundesrepublik wurde hier versucht, aufbauend auf den sächsischen Traditionen die Wirtschafts- und Technikgeschichte und damit die Pflege technischer Denkmale als besonderes Anliegen der neuen sozialistischen Gesellschaft und ihrer industriell-technischen Aufbaudynamik zu etablieren. Im Grußwort des ersten Kataloges schrieb der Görlitzer Oberbürgermeister: „Die gezeigten Risse, Modelle und Bilder veranschaulichen, in welch stürmischem Tempo die Produktivkräfte sich entwickelt haben und zu welch schöpferischen Leistungen die werktätigen Massen unseres Volkes, vor allem die Arbeiter, die Handwerker, die Ingenieure und Wissenschaftler, fähig waren. Die Befreiung der Produktivkräfte von Ausbeutung und kapitalistischer Unterdrückung in unserer volksdemokratischen Ordnung wird die Arbeiterklasse und die schaffende Intelligenz zu neuen, großen, schöpferischen Leistungen befähigen, für die die technischen Leistungen der Vergangenheit Anregung und Ansporn sind".[111] Die später ausgebaute propagandistische Verbindung von technischen Denkmalen und sozialistischer Geschichtsideologie und -darstellung nimmt hier ihren Anfang. Über die Erhaltungskriterien und Mittel schreibt Nadler in der Einleitung unter anderem: „Wir wissen, daß die Lebensjahre der jetzt noch vorhandenen Mühlen gezählt sind. Wir streben an, daß in jedem Landkreis der Niederung eine Windmühle als technisches Denkmal erhalten bleibt, wobei wir Wert darauf legen, daß die Mühle in Betrieb bleibt, damit die laufende Unterhaltung der technischen Einrichtungen gewährleistet ist. Unter Umständen wird man durch die Herabsetzung der Handwerkssteuer und der Brandversicherung die Wirtschaftlichkeit des Betriebes ermöglichen müssen. Später kann in der Mühle oder in unmittelbarer Nähe im Rahmen eines kleinen technischen Museums die Entwicklung des Mühlenwesens vom vorgeschichtlichen Mahlstein bis zur modernen Großmühle gezeigt werden. Damit wird das technische Denkmal zum technischen Museum". Auch hier wird die Hoffnung auf den Weiterbetrieb als beste Erhaltungsgrundlage wie schon bei Wildeman in den Vordergrund gestellt, während museale Konzepte erst in weiter Ferne möglich scheinen.

Schon 1951 hatte die sächsische Denkmalpflege eine systematische Bestandsaufnahme der technischen Denkmale begonnen; diese Aktivität wurde 1952 durch die Einbeziehung dieser Denkmalgattung in das Denkmalschutzgesetz bestätigt.

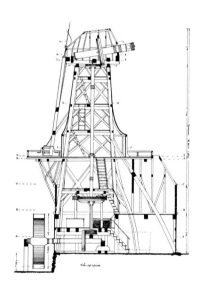

< 19. Hüvener Mühle im Emsland, Ansicht nach Restaurierung 1955 mit Erneuerung der Schindelverkleidung und der Flügel
20. Hüvener Mühle (kombinierte Wind- und Wassermühle mit einem Mahlwerk); Schnittzeichnung um 1930 von Dipl.-Ing. Speckter, Lingen, aus: Matschoß/ Lindner: Technische Kulturdenkmale, 1932

[108] Hermann Röttger: „Die Hüvener Mühle." In: Jahrbuch des Emsländischen Heimatbundes 29, 1983, S. 35-47.
[109] DM, Registratur, Nr. 0433: Denkmalspflege 1926-1945. A-Z, div. Scheiben von 1930 u. 1931.
[110] Dierk Stemmler (Bearb.): Bewahren und Gestalten. Deutsche Denkmalpflege (Ausst.-Kat., hg. v. d. Verein. der Landesdenkmalpfleger in der BRD). Berlin 1965, S. 58 u. Abb. 53.
[111] Technische Kulturdenkmale Sachsens, H. 1. (Ausst.-Kat.). Görlitz 1952, S. 1.

DAS TECHNISCHE
KULTURDENKMAL

Eine Einbindung der volkseigenen Unternehmen in Sanierungs- und Betreuungsvorhaben gelang häufig; so wurde etwa das kurz zuvor abgebrannte Pochwerk der Zinnwäsche Altenberg im Jahre 1955 von Mitarbeitern der Altenberger Zinnwerke wieder aufgebaut.[112] Im Erzgebirge und im Freiberger Bergbaugebiet wurden die Anlagen systematisch als touristische Attraktionen hergerichtet. Trotz erklärter Absicht und verbreitetem ehrenamtlichen Einsatz etwa des „Kulturbundes" konnten bei zahlreichen technischen Denkmalen die Mittel zum Erhalt nicht aufgebracht werden. Dies zeigt etwa das Schicksal der Getreidemühlen, deren Zahl trotz Erfassung beständig abnahm,[113] oder der Langen Hütte in Kupferhammer Grünthal.[114]

In der Nachkriegszeit wurden in beiden deutschen Staaten schon in der Vorkriegszeit anerkannte Technische Kulturdenkmale durch Mutwilligkeit oder Mangel zerstört. Das Gehäuse der „Feuermaschine" (Abb. 21; vgl. Abb. 15) von 1799, d.h. der „Dampfpumpe" der Saline in Unna-Königsborn,[115] wurde abgebrochen, nachdem die Dachkonstruktion durch Baufälligkeit eingestürzt war; die Maschine selber verbrachte man in das Bochumer Bergbaumuseum. Vor dem Krieg, als sich der VDI um den Erhalt der Anlage bemühte, hatte sich die Eigentümerin, eine Zechengesellschaft, einer Demontage (auch für das Deutsche Museum) mit Hinweis auf die enge Verbindung von Bau und Maschine immer widersetzt. Der Eberswalder Kupferhammer,[116] eines der prominentesten technischen Denkmale Brandenburgs, wurde von sowjetischen Soldaten zerstört; der Göpel von Johanngeorgenstadt in Sachsen, vor dem Krieg restauriert, mußte 1948 dem Uranbergbau und damit einer politisch begründeten industriellen Maßnahme weichen.[117]

Die weitere Entwicklung des Umgangs gerade mit historischen Mühlen, der hier, chronologisch vorgreifend, kurz angerissen werden soll, zeigt den schnellen Wechsel der Bewertung, hervorgerufen durch 'Wirtschaftswunder', Motorisierung und schließlich ökologische Reformbestrebungen.[118] Zunächst erfaßten viel stärker als in der Vorkriegszeit eine Sanierungs- und Neubauwelle, Elektrifizierung und wirtschaftliche Konzentration auch den ländlichen Raum und verdrängten die letzten arbeitenden Anlagen. Mühlen gehörten dann zu den Gebäudetypen, die seit den späten 60er Jahren wieder als ungewöhnliche Wohnhäuser Interesse fanden, wobei die technischen Einrichtungen, wenn überhaupt erhalten, häufig entfernt oder fragmentiert wurden.

Eine Renaissance erlebten die Mühlen als dezentrale und umweltfreundliche Energieerzeuger (Abb. 22) seit Mitte der 70er Jahre. Sie führte 1987 zur Gründung der „Deutschen Gesellschaft für Mühlenerhaltung und Mühlenkunde e.V." (DGM) mit Sitz in Minden als Dachorganisation der zahlreichen aktiven Mühlenvereine. Diese initiierten und organisierten in den ländlichen Gebieten vielfache Erhaltungsmaßnahmen in enger Zusammenarbeit mit den Denkmalämtern und schufen vor allem eine Struktur, „die durch laufende örtliche Betreuung die Gewähr bietet, daß nicht schon wenige Jahre nach der Restaurierung eine neue, kostspieligere nötig wird".[119] Die zahlreichen Mühlenrestaurierungen und Neuausbauten seit dieser Zeit belegen einen neuen Ansatz regionalen nachhaltigen Wirtschaftens.[120] Die Deutsche Bundesstiftung Umwelt etwa förderte ein Beratungsprojekt unter dem Titel „Reaktivierung von kleinen Wasserkraftanlagen", das ausdrücklich auch das Gebiet der ehemaligen DDR einschloß.[121]

Bei dieser neuen Motivation spielen Funktionsfähigkeit und Nutzbarkeit der Technik wieder eine große Rolle; das Erhaltungsinteresse verschob sich also vom historischen und ästhetischen Reiz wieder auf die Nutzbarkeit. Dies ermöglichte auch den Erhalt weniger spektakulärer Anlagen. Nutzung wird dabei allgemein als denkmalerhaltend erwünscht und unproblematisch dargestellt. Der Konflikt zwischen der Zerstörung des historischen Bestandes durch Abnutzung und Konservierung wird dadurch nicht gelöst, wohl aber eine ökonomisch neue Basis gebildet.[122]

Rückblick auf eine langsame Entwicklung

Angesichts der frühen Beschäftigung mit technischen Denkmalen in Deutschland muß nach einer besonderen Ausgangssituation gefragt werden. Was bewog so unterschiedliche Organisationen wie den Bund Heimatschutz und den Verein Deutscher Ingenieure, sich gemeinsam für die Geschichte von Industrie und Technik und deren bauliche Zeugnisse einzusetzen? In den Jahren vor dem Ersten Weltkrieg scheint in Deutschland erstmals über die reine Technikgeschichte hinaus ein Bewußtsein für die Geschichte der Industriegesellschaft, ihrer Kultur und ihrer Erscheinungsformen entstanden zu sein. Auf diesem gemeinsamen kulturgeschichtlichen Ansatz beruht im wesentlichen die Zusammenarbeit zwischen den verschiedenen Partnern bei der Entdeckung der „Technischen Kulturdenkmale". In einer Zeit großer wirtschaftlicher Prosperität, ökonomischen und technologischen Weltrangs und deshalb auch nationalen Stolzes vor dem Ersten Weltkrieg geboren, mußte der Gedanke erst nach 1918 unter ganz anderen Bedingungen umgesetzt werden.

Insgesamt läßt sich die „Entdeckung des technischen Denkmals" in drei ungleich lange Phasen einteilen. Die erste reicht von der Jahrhundertwende, als sie eine Be-

---

< 21. Die Ruine der „Feuermaschine" (Newcomen-Dampfmaschine) von Unna-Königsborn im Jahre 1958

[112] W. Preiß: „Zinnaufbereitung Altenberg. Probleme der Erhaltung technischer Denkmale." In: WZD 3, 1954, S. 371–376; Schmidt/Theile 1989, S. 11/12.
[113] Wagenbreth u.a. (wie Anm. 107).
[114] Wie Anm. 96.
[115] Wilhelm Claas: „Die älteste, noch arbeitende deutsche Dampfmaschine in Königsborn bei Unna." In: TG 20, 1930, S. 155; Lindner/Matschoß 1932, S. 45, Abb. 78; DM, Registratur Nr. 0434: Denkmalspflege. VDI. 1926–1945, Schreiben vom Nov. 1933.
[116] Matschoß/Lindner 1932, S. 68; Eduard u. Werner Lindner: „Der Kupferhammer bei Eberswalde." In: BJB 1937, H. 5, S. 40–48.
[117] Fritz Bleyl: „Der Pferdegöpel der Neu Leipziger Glück Fundgrube bei Johanngeorgenstadt im Erzgebirge." In: MLSH 25, 1936, 9/12, S. 233–239; Wagenbreth/Wächtler 1983, S. 25 u. 220; vgl. zahlr. Beisp. bei: Heinrich Douffet: „Bergbauliche Schauanlagen im sächsischen Erzgebirge und seinem Vorland. Ein Katalog." In: Der Anschnitt 44, 1992, H. 4, S. 133–139.
[118] Matthias Heymann: Die Geschichte der Windenergienutzung 1890–1990. Frankfurt am Main/New York 1995.
[119] z.B.: Wilhelm Brepohl, Horst Wöbbeking: Die westfälische Mühlenstraße im Kreis Minden-Lübbecke. Hameln ²1990, S. 9.
[120] Michael Mende: „Strom aus technischen Denkmalen. Beispiel Niedersachsen." In: KuT 13, 1989, S. 224–230; Theo Kinstler (Hg.): Stehen die Mühlen still weil das Korn ausbleibt ist ein böser Stern aufgezogen über dieser Welt. Marburg 1991; Friedrich Kur, Heinz Georg Wolf: Wassermühlen. 35 000 Kleinkraftwerke zum Wohnen und Arbeiten. Karlsruhe ³1992; zur Restaurierungswelle: Gundolf Scheweling, Ansgar Vemmemann: Mühlen im Osnabrücker Land. Osnabrück 1993.
[121] Jürgen Klose: „Reaktivierung von kleinen Wasserkraftanlagen. Ein Beratungsprojekt der Mühlenvereinigung Niedersachsen/Bremen, gefördert von der Deutschen Bundesstiftung Umwelt." In: Der Mühlstein. Periodikum für Mühlenkunde und Mühlenerhaltung 10, 1993, H. 3, S. 35–40.
[122] Vgl: Michael Mende: „Denkmäler von Adel und Kraft. Wassermühlen und Wasserkraftwerke zwischen Nutzung und Erhalt." In: KuT 13, 1989, S. 216–223.

DAS TECHNISCHE KULTURDENKMAL

gleiterscheinung des Heimatschutzes, der Technikgeschichte und deren Museen bildete, bis in die erste Hälfte der 20er Jahre. Die Beschäftigung mit historischer Technik und Industrie war bis dahin wenig systematisch und unter verschiedensten Zielsetzungen vor sich gegangen. Ikonographische und pädagogische Interessen mischten sich mit volkskundlichen und romantischen Positionen. Diese Phase der Einzelobjekte endete, als Mitte der 20er Jahre verschiedene Organisationen gemeinsam die systematische Erfassung und Dokumentation der technischen Denkmale begannen. Seitdem konnte auch die Denkmalpflege sich verstärkt um diesen Bereich kümmern. Die Phase der landesweiten Inventarisierung wurde mit der Publikation der „Technischen Kulturdenkmale" von 1932 faktisch abgeschlossen. Schon vorher hatte in Einzelfällen die Bewältigung der dritten und wohl schwierigsten Aufgabe begonnen: die Rettung und Konservierung der technischen Denkmale vor Ort. Sie wurde auch im Nationalsozialismus, nun mit stärker ideologischen Begründungen, fortgeführt. Erhalt am Ort stand als Strategie der Translozierung und Fragmentierung, anschauliche, aber 'nutzlose' Funktionsfähigkeit der wirtschaftlich rentablen Umnutzung gegenüber. Restaurierungsmaßnahmen wurden im gesamten Zeitraum als Reparaturen in handwerklicher Tradition vorgenommen.

War bisher von einer weitgehenden Aufgabe der Beschäftigung mit technischen Denkmalen schon im Nationalsozialismus ausgegangen worden, so zeigt sich überraschend, daß ein Bruch im Westen Deutschlands eher in die Zeit zwischen 1950 und 1960 zu datieren ist. Nachdem der Heimatschutz durch sein Engagement im Dritten Reich viel Vertrauen verspielt hatte und die Ingenieure sich der Zukunftstechnologie zuwandten, kam es zu einem Stillstand in Forschung und Theoriebildung. Es wurde mit den seit Mitte der 20er Jahre geschaffenen Grundlagen unverändert weitergearbeitet, was sich nicht zuletzt auch mit der Existenz einer relativ abgeschlossenen Denkmalgruppe und eines engen, aber 'durchdiskutierten' Handlungsrahmens erklären läßt. Mit dem Interesse gingen Zahl, Bekanntheit und Betreuungsaufwand technischer Denkmale stark zurück. Ausführliche theoretische Erörterungen und Neuansätze zu Fragen der Konservierung oder der Problematik des abnutzenden Weiterbetriebs finden sich nicht mehr; Erhaltungsaufrufe blieben weitgehend folgenlos. Auch über die normale Inventarisation und historische Bauaufnahme hinaus wurden Dokumentationen nicht angefertigt.

Die These, daß wirtschaftliche Krisen die Beschäftigung mit technischen Denkmalen fördern, sei es durch verstärkte Stillegung historischer Anlagen oder durch mehr Gelegenheit zu historischer Recherche, läßt sich zumindest für die Zeit vor dem Ersten Weltkrieg nicht bestätigen; hier ließen wohl eher die durch zunehmenden Wohlstand gewachsene Freizeit und Mobilität und der Stolz auf wirtschaftlichen Erfolg das Interesse auch an technischen Denkmalen ansteigen. In den späten 20er Jahren nahm man einen neuen Anlauf während der 'ruhigen' Phase der 'goldenen 20er', um die Aktivität allerdings zur Zeit der Weltwirtschaftskrise verstärkt fortzusetzen. Indirekt haben wirtschaftliche Konzentration, Rationalisierung und Verdrängung der veralteten Kleinunternehmen sicherlich den Druck auf historische Technik und den Einsatz für ihren Erhalt verstärkt. Ob es aber auch direkte Auswirkungen, etwa durch technikgeschichtliche Arbeiten beschäftigungsloser Architekten und Ingenieure gab, ist nicht zu belegen.

Gegenüber anderen Ländern vollzog sich in Deutschland in den 20er Jahren eine Entwicklung von einmaliger Breite und Intensität; selbst in England maß man den vor- und frühindustriellen Relikten zur gleichen Zeit weniger Bedeutung zu. Nur im Bereich der Mühlen bildeten England und Holland eine Ausnahme, bei den Eisenhütten Schweden. Dabei spielte wohl auch eine Rolle, daß in vielen Ländern etwa Skandinaviens oder Südeuropas, in denen die Industrialisierung zumindest auf dem Land noch kaum eingesetzt hatte, viele 'potentielle' technische Denkmale vor- und frühindustrieller Entwicklungsstufen noch in normalem Gebrauch waren.

22. Kombination einer historischen Wassermühle mit einem modernen Generator zur Stromerzeugung (Foto um 1985)
> 23. Mühle von Neu-Luisendorf bei Kalkar, aufgenommen vom Landeskonservator Rheinland im November 1965

Ein ganz wesentlicher Unterschied zum heutigen Verständnis von technischen Denkmalen besteht in der fast ausschließlichen Beschränkung auf vorindustrielle Anlagen. Mit dem Beginn der Industrialisierung und damit der gegenwärtig noch andauernden Großepoche der Technik- und Wirtschaftsgeschichte verengt sich das historische Interesse auf die museal dargestellte Technikgeschichte. In der Wiederaufbauzeit nach dem Zweiten Weltkrieg wird endgültig deutlich, daß durch die Beschränkung auf die vorindustrielle Zeit der Gegenwartsbezug immer schwächer wird. Weil man unfähig ist, das Spektrum der technischen Denkmale zu erweitern und sich von Seiten der Denkmalpflege und Kunstgeschichte auch systematisch mit historischen Industriebauten und -anlagen zu beschäftigen, kommt es zu einem Überlieferungsbruch vor allem in den 60er Jahren. Hier sollte erst die Industriearchäologie mit dem „Industrial Monument" den älteren Handlungsrahmen sprengen und zeitlich wie begrifflich neue Sichtweisen und Wege erschließen. Diese Sichtweisen beruhen auf einem neuen Selbstverständnis der Industriegesellschaft, wie es sich im späten 19. und im 20. Jahrhundert entwickelt hat. Es bildet die Grundlage eines neuen Begriffs: „Industriedenkmal".

6.

Oskar von Miller

Rundschreiben zur Gründung eines Technischen Museums, 1903

aus: Walther von Miller (bearb.): Oskar von Miller. Nach eigenen Aufzeichnungen Reden und Briefen. München 1932, S. 54–56

Zur Person:
Geboren 1855 in München. Studium der Elektrotechnik in Karlsruhe. Organisator von Ausstellungen. Mitarbeiter der AEG, dann selbständiger Ingenieur. 1905 Initiator und erster Direktor des Deutschen Museums von Meisterwerken der Technik und Industrie in München. Gestorben 1934

Euer Hochwohlgeboren!   München, den 1. Mai 1903

Als Vorsitzender des Bayerischen Bezirksvereins Deutscher Ingenieure möchte ich mir erlauben, eine Idee in Anregung zu bringen, welche, im Falle ihr die maßgebenden Persönlichkeiten sympathisch gegenüberstehen, anläßlich des in München tagenden Ingenieur-Kongresses zur Verwirklichung gelangen könnte.

Es besteht wohl kaum ein Zweifel, daß die Industrie und die technischen Wissenschaften für die ganze Welt eine stets wachsende Bedeutung gewinnen, und daß ihr Einfluß auf allen Kulturgebieten immer mehr und mehr zur Geltung kommt.

Es dürfte daher wohl zu erwägen sein, ob nicht, wie für die Meisterwerke der Kunst und des Gewerbes, auch für die Meisterwerke der Wissenschaft und Technik eine Sammlung in Deutschland angelegt werden sollte, wie dies bereits in Frankreich und England mit großem Erfolg im Museum des Arts et Métiers und im Kensington-Museum geschehen ist.

Es wäre gegenwärtig wohl noch möglich, viele Instrumente und Maschinen zu vereinigen, welche wichtige Wendepunkte in der Entwicklung der modernen Technik bezeichnen, bevor dieselben zerstreut, verdorben oder vergessen sind.

So könnten die ersten Instrumente von Fraunhofer und Steinheil, die ersten Telephonapparate von Reiß, die ersten Bogenlampen und Dynamomaschinen, die epochemachenden Versuchsapparate für elektrische Strahlen, die ersten Vervollkommnungen der Lokomotiven usw. in historisch bedeutungsvollen Exemplaren oder Modellen noch beschafft werden.

Eine systematisch geordnete Sammlung würde nicht allein ein interessantes und belehrendes Bild von der Entwicklung der Technik und den technischen Wissenschaften geben, sondern sie würde auch dazu beitragen, die kommenden Geschlechter zu begeistern, und ferner sicherlich dazu dienen, den Ruhm des deutschen Vaterlandes zu mehren.

Um dies zu erreichen, müßte sich allerdings ein derartiges Museum von den industriellen Ausstellungen gewöhnlicher Art in gleicher Weise unterscheiden wie z.B. das Nationalmuseum von einem Gewerbemuseum.

Die Oberleitung des Museums müßte einer unter staatlicher Mitwirkung und Aufsicht gebildeten Kommission überlassen werden, so daß sich diese Sammlung gleichzeitig zu einer Ruhmeshalle für die hervorragendsten Männer der Wissenschaft und Technik gestalten würde.

Es ist kein Zweifel, daß manche deutsche Städte solch eine Sammlung in ihren Mauern besitzen möchten; wenn irgend möglich sollten aber doch diese wertvollen Erinnerungen an die technischen Großtaten für alle Zeiten in Bayern und in München verbleiben, um zu zeigen, daß auch Bayern seit jenen Zeiten, da die erste Bahn des Kontinents zwischen Fürth und Nürnberg verkehrte, da die ersten telegraphischen Versuche auf der Sternwarte in München stattfanden, mit in erster Linie unter den deutschen Staaten den Fortschritt in Handel und Industrie zu fördern wußte.

Ich glaube, daß die Verwirklichung dieser Idee in München nicht zu schwierig sein würde. Geeignete Räumlichkeiten sind zunächst wohl im alten Nationalmuseum oder Armee-Museum oder in der Augustinerkirche oder dgl. erhältlich. Die Beschaffung der Ausstellungsgegenstände wäre im jetzigen Zeitpunkt kaum mit nennenswerten Kosten verknüpft, und für die Unterhaltung der Sammlung könnten die zunächst erforderlichen Mittel durch Beiträge von staatlichen und städtischen Körperschaften, von Vereinen und aus dem Kreise der Industriellen zur Verfügung gestellt werden.

Zur Sammlung von Ausstellungsgegenständen sowie zur Sicherung von Beiträgen für ein derartiges Museum würde der diesjährige Ingenieurkongreß in München eine günstige Gelegenheit bieten, und zwar vor allem dann, wenn zu dieser Zeit unter dem Allerhöchsten Protektorat Sr. Kgl. Hoheit des Prinzen Ludwig die bis dahin gesammelten Schätze zum erstenmal gezeigt werden könnten.

Um die vorbereitenden Schritte zur Gründung eines solchen Museums, insbesondere den Entwurf einer Denkschrift, die Organisation eines etwa zu gründenden Vereins, die Bitte um Übernahme eines Allerhöchsten Protektorates usw. zunächst im engeren Kreise zu beraten, erlaube ich mir an Ew. Hochwohlgeboren die ergebenste Bitte zu richten, zu einer Besprechung

am Dienstag, den 5. Mai a.c. Nachmittags 4 Uhr
in dem gütigst zur Verfügung gestellten
Sitzungssaal der Königlichen Obersten Baubehörde
Theatinerstrasse 21
gefälligst erscheinen zu wollen.

Mit der Versicherung vorzüglichster Hochachtung
zeichnet ergebenst
gez. OSKAR VON MILLER
Vorsitzender des Bayer. Bezirksvereins Deutscher Ingenieure.

7.

Max von Eyth

Auf der Wanderschaft: Hammerwerk, 1904

aus: Im Strom der Zeit, Bd. 1, 1904, S. 7/8

Zur Person:
Geboren 1836 in Kirchheim unter Teck; voller Name Eduard Friedrich Maximilian Eyth. Maschinenbaustudium am Polytechnikum in Karlsruhe. Weltweite Reisen zur Einführung des Fowlerschen Dampfpflugs. Populärer Technik- und Reiseschriftsteller; württ. Adel im Jahre 1896. Gestorben 1906 in Ulm

… In der ganzen idyllischen Landschaft fesselte mich jedoch nichts als dort unten, am Ende des Dorfes, ein trüber, braungrauer Fleck – schmutzig hätten ihn andere wohl genannt – , hinter dem einige größere Gebäude kaum zu erkennen waren. Es war Rauch, der schwer und dick aus zwei plumpen kurzen Schornsteinen quoll, der Rauch meiner Hammerschmiede.

Ringsum lag alles in nachmittäglicher Stille. Man hörte die Grillen zirpen und zwei Pfauenaugen tanzten am nächsten Steinriegel auf und ab, ohne mich zu reizen. Ich legte mich hinter einem Dornbusch auf die Lauer, ja ich drückte das Ohr kunstgerecht auf den Boden, wie ich's aus Indianergeschichten gelernt hatte. Doch blieb dieses Verfahren ohne Erfolg.

Plötzlich aber pochte es unten im Tal laut genug: „tapp, tapp, tapp, tapp" hastig, dumpf, zwei Minuten lang. Wie mich's rief und lockte! – Dann kam eine lange Pause, als ob mein Freund auf Antwort wartete. Hätte er hören können, wie mein kleines Herz klopfte, der gutmütige, trutzige, dickköpfige Hammer! – Jetzt rief er wieder: „tapp, tapp, tapp, tapp!" Diesmal nur kurz, wie wenn er vorhin etwas vergessen hätte. – Darauf folgte eine schier endlose Stille. War er mit allem fertig? Hatte er mir nichts mehr zu sagen, der arbeitslustige Geselle? – O nein; es ging wieder los: fünf ganze Minuten lang, als könnte er nicht mehr aufhören, wie toll vor Eifer: tapp, tapp, tapp!

Er dachte wohl gar nicht an mich; er war zu sehr beschäftigt! – Das war ein anderes Schaffen, als wenn ich Wörtchen aus dem Cornelius Nepos klaubte, um sie wieder zusammenzusetzen, wie in einem Geduldspiel. – Tapp, tapp, tapp! – ein wenig einförmig, ja! Aber das Feuer, mit dem der brave Hammer draufklopfte, und das Wasserrad und das Zahngetrieb, die ihm halfen! – Wie der rote Eisenklumpen sich dabei dehnen und strecken mochte! Das konnte ich allerdings nur vermuten, aber ich sah es so deutlich, wie den Hammerkopf, der vor Eifer so rot wurde, wie das spritzende Eisen selbst. – Jetzt wird der runde Klotz viereckig, und der viereckige länger und länger; er wird schon eine Stange, die man zu allem brauchen kann, was das Herz begehrt – zu einer

DAS TECHNISCHE KULTURDENKMAL

Wagenachse, zu einem Blitzableiter, wer weiß zu was noch! – Das fühlte das Hämmerchen wohl; kein Wunder, es war so eifrig. Wüßte ich, zu was man den Cornelius Nepos brauchen kann, wer weiß, ob ich nicht ebenso eifrig wäre! Aber das konnte ja kein Mensch wissen! – Tapp, tapp! rief ich laut dem Hammer in seiner eigenen Sprache zu. Sie war so viel leichter und lustiger zu erlernen als die des Nepos. Tapp! tapp! tapp!

„Tapp, tapp, tapp", äffte eine rauhe höhnische Stimme über mir und eine schwere Hand legte sich auf meine Schulter. „Was der Kuckuck treibst denn du da, Bub'! Woher bist du? Wem gehörst du? Rede gestanden! Mit tapp tapp ist bei mir nichts zu machen."

Ich war ein kleines erschrockenes Bürschchen von kaum neun Jahren, verschmiert und verspritzt bis über die Ohren, …

8.

Waldemar Berger

Der Frohnauer Hammer, 1909

aus: Mitteilungen des Landesvereins Sächsischer Heimatschutz, Bd. I, Jg. 2, 1909, S. 136–147 (gekürzt)

Zur Person:
Mitarbeiter des Sächsischen Heimatbundes

… Durchstreifen wir das sächsische Erzgebirge, so begegnen wir da und dort Kulturdenkmälern, die nicht nur als Quellen der Geschichte von wissenschaftlichem Wert sind, sondern deren Erhaltung uns auch als ein Gebot des Heimatschutzes wichtig ist, weil an solchen Denkmälern die Liebe zur Heimat haftet, in der die besten Eigenschaften unseres Volkes wurzeln.

Ein solches Denkmal der Vergangenheit, ein Denkmal der Arbeit aus alten Zeiten, ist der Frohnauer Hammer. Er liegt im Hüttengrunde bei Annaberg und gehört zum Dorfe Frohnau, einer Ansiedlung, die um Jahrhunderte über die Gründung der Stadt Annaberg zurückreicht. Hingelehnt am Bergeshange, beschattet von einer mächtigen Linde, zu seinen Füssen bespült von der vorüberrauschenden Sehma, hat das altersgraue Bauwerk von der Natur einen seiner Schönheit würdigen Rahmen erhalten. Wie unsere Bilder zeigen, besteht der Frohnauer Hammer aus dem eigentlichen Hammerwerk und einem gegenüberliegenden Wohnhaus. Das Hammerwerk selbst rührt mit seiner Betriebseinrichtung aus dem Anfange des 15. Jahrhunderts her und macht auf den Wanderer, dem seine Bedeutung noch nicht bekannt ist, etwa den Eindruck einer idyllisch gelegenen Mühle. Es ist das einzige der einst im Erzgebirge so zahlreich gewesenen Hammerwerke, das uns völlig unverändert erhalten blieb. Alle anderen sind die Opfer moderner Technik geworden oder vollkommen vom Erdboden verschwunden. Aber die noch bestehenden Herrenhäuser ehemaliger Hammergüter zeigen uns, welchen Wohlstand jene Betriebe einst dem Lande gebracht haben. Welche Bedeutung in Bezug auf die Geschichte der Industrie auch in Fachkreisen dem Frohnauer Hammer beigelegt wird, zeigt der gehegte Wunsch des Deutschen Museums in München, die Betriebseinrichtung des Hammers zu erwerben, falls das Gebäude, wie seiner Zeit verlautete, zum Abbruch kommen sollte. …

Betreten wir das Innere des Hammerwerkes, so drängt sich uns unwillkürlich der Vergleich zwischen alter und neuer Betriebsweise, Arbeitsform und Kultur auf. Der Mensch der Gegenwart, der mit Staunen die Leistungen der Mechanik und Technik in unseren modernen Riesenwerkstätten betrachtet hat, blickt doch ehrfurchtsvoll hier auf die Zeugen vergangener Tage, in denen der Mensch, noch nicht in dem heutigen Umfang durch die Maschine ersetzt, mit seiner schaffenden Kraft den Mittelpunkt seines Betriebes bedeutete. Ist nun auch zweifellos die Leistungsfähigkeit und der wirtschaftliche Wert unserer heutigen Industrie weitaus höher einzuschätzen, so können wir uns doch beim Anblick solch alter Stätten der Arbeit des Empfindens nicht erwehren, daß die Persönlichkeit einen höheren Wert hatte zu jener Zeit, als die Arbeitsteilung und Arbeitsverbindung nicht in dem heutigen Maße ausgebildet waren. Und weiter wirkt auf uns der romantische Reiz dieses Werkes, der sich nicht beschreiben und begründen läßt: Eine eisenbeschlagene Tür mit kunstvoll geschmiedetem Handgriff führt, etwas tiefer als die Straße liegend, in das Hammerwerk hinein. ...

Im Inneren, welches ein Halbdunkel umgibt, nimmt der Blick zunächst das Gewaltige der bis zum Dachfirst sich öffnenden Werkstatt auf, nur durch die hochgelegene Fensterreihe dringt das Tageslicht in diese Stätte. Betrachten wir dann die Betriebseinrichtungen des Werkes, so sind es hier vor allem die gewaltigen Hämmer, drei Stück an der Zahl, welche unser Interesse in Anspruch nehmen. Diese toten, jetzt zur Untätigkeit verdammten, bis zu sechs Zentner schweren Werkzeuge wurden seinerzeit durch die Wasserkraft der an dem Werke vorbeifließenden Sehma betrieben; hier sind noch die als Antrieb hierzu nötig gewesenen Wasserräder vorhanden. ...

Halten wir weiteren Umblick in dem Werke, so fallen uns neben den uralten Schmelzherden besonders zwei riesige Blasebälge auf, die trotz der Einfachheit ihrer Bauart doch eine für die damalige Zeit staunenswerte Konstruktion aufweisen. Auch sie sind von beträchtlichem Alter und der eine derselben soll sogar aus der Gründungszeit des Hammers herstammen. ... Das Gebäude selbst trägt ein großes verwittertes Schindeldach.

Ihm gegenüber, jenseits der Straße, liegt das stattliche Wohnhaus, eines der besten Beispiele alterzgebirgischer Bauweise. Im Hause selbst begegnen wir auf Schritt und Tritt den Spuren edler, das Leben schmückender Volkskunst.

Der Frohnauer Hammer war bis jetzt im Besitze der Familie Martin, die ihn durch Heirat und Erbfolge in der zweiten Hälfte des 18. Jahrhunderts ... erwarb. Vor wenigen Jahren erst sah der letzte Besitzer sich genötigt, den angesichts der rastlosen Entwicklung moderner Technik nicht mehr lohnenden Betrieb des Hammerwerkes einzustellen. Trotzdessen konnte sich der „Alte Martin" nicht von dem Erbe seiner Väter trennen. Obwohl die vorteilhaftesten Kaufangebote an den Alten herantraten, hielt er doch, alles abweisend, jahrelang an der Arbeitsstätte und dem Heime seiner Vorfahren fest. Aber das Alter und der begreifliche Wunsch, sein Haus zu bestellen, rückten ihm doch den Gedanken eines Verkaufs immer näher und damit die Gefahr, daß eines Tages der Frohnauer Hammer – in fremden Händen – doch schließlich einer neuen Anlage von bloßem Nutzwert Platz machen würde. Damit wäre ein einzigartiges wertvolles Kulturdenkmal zerstört worden und ein unersetzliches geschichtliches Gut dem Erzgebirge, ja dem engeren Vaterlande verloren gegangen. ...

Freunde des Heimatschutzes fanden den Mut, die Erhaltung des Frohnauer Hammers sich selbst zur Aufgabe zu machen. ... Sie ... faßten alle, die bereit waren ... in dem sog. „Hammerbund" zusammen (Er schloß mit dem alten Martin über das Hammerbesitztum einen Kaufvertrag ab). ... Der Verein, welcher sich aus Vertretern des Annaberger Erzgebirgsvereins, des Geschichtsvereins, sowie des Vereins zur Kunstpflege und zahlreichen Freunden des edelen Zweckes zusammensetzt, wurde dann schließlich als Besitzer des Hammers grundbücherlich eingetragen. ...

Die Deckungsmittel sucht der Verein durch einmalige Spenden, laufende Beiträge und Ausgabe von Anteilscheinen aufzubringen. ...

9.

Friedrich Wilhelm Bredt
Windmühlen, 1912

aus: Mitteilungen des Rheinischen Vereins für Denkmalpflege und Heimatschutz, Jg. 6, 1912, S. 203–220; Zitate S. 203, 213/14

Zur Person:
Geboren 1861. Mitglied einer verzweigten rheinischen Unternehmerfamilie. Regionalhistoriker, Mitbegründer und erster Schriftführer des Rheinischen Vereins für Denkmalpflege und Heimatschutz im Jahre 1906. Gestorben 1917 in Elberfeld

Die Entstehung der Windmühlen führt in weite Ferne zurück. Wann und wo sie zuerst errichtet wurden, dürfte genau kaum noch zu ermitteln sein. Sicher ist, daß die germanischen Niederungen, in denen wir sie heute im Gegensatze zu den gebirgigen Gegenden vorzugsweise antreffen, und mit ihnen der deutsche Niederrhein, diese Vorstufe zum mühlenreichen Holland, nicht ihre Wiege gewesen sind. Sie wird im Orient, in Asien gestanden haben, vor langen Zeiten. …

Was begeistert nun, wiederholen wir, die Künstler für die Windmühlen? Was machte sie volkstümlich und der Heimatpflege wert? Weder jener vielgelesene Roman des Cervantes, der seinen scharfsinnigen, edlen Don Quixote von La Mancha gegen Windmühlenflügel kämpfen läßt, noch die hübsche Anekdote, laut welcher der alte Fritz durch die Mühle von Sanssouci zu der Erkenntnis kam, daß es ein Kammergericht in Berlin gebe, oder gar die Narrenakademie und erleuchtete Monduniversität im niederrheinischen Dülken, welche die dortige Windmühle zum Symbol ihres löblichen Strebens wählte, haben sie so bekannt gemacht. Das Verhältnis ist umgekehrt. Weil sie etwas besonderes besitzen, spielten sie diese Rollen. Es ist das aber nicht aber nur die Eigenschaft des Malerischen, wie man sich landläufig auszudrücken beliebt. Es ist vielmehr etwas Seltsames, Wunderliches und Abenteuerliches in ihrer Erscheinung, dem man sich nicht entziehen kann. Und dieses Absonderliche ruht unseres Erachtens noch mehr in der eckigen, befremdlichen Gestalt der deutschen Bockmühle als in dem einem Turme nahe kommenden holländischen Aufbau. Die Wirkung der Flügel, die so verwegen in die Lüfte ragen, ist zwar bei beiden Arten die selbe. Wir möchten sie eine phantastische, fast gespenstische nennen, gleichviel ob das Sprossenwerk frei liegt oder von seiner Bedeckung überzogen ist. Das Eigenartige, das in der Windmühle steckt, kommt noch mehr zur Wirkung, wenn wir sie im Herbste bei stürmischem Wetter und wechselnder Beleuchtung oder gar im Mondlichte schauen. Sie paßt vollkommen zum nordischen Wetter und würde unter dem blauen Himmel des Südens weniger Eindruck auslösen. In unseren Breiten und in unserer Landschaft bietet sie aber ebenso viele künstlerisch verwendbare Motive wie Anregungen für das Volksempfinden. Dabei ist das Seltsame, das ihr innewohnt, nur die eine Seite ihrer Erscheinung. Man kann ihr auch etwas Ansprechendes und Belebendes abgewinnen. Wer in der Ruhe eines Sommertages die niederrheinische Ebene durchwandert und in diesem weiten Frieden am Horizonte die Flügel einer Mühle kreisen sieht, dem sind sie ein liebes Zeichen menschlicher Stätte, das wie mit weißer Hand von ferne her über die stillen Fluren grüßt. Oder wer auf einem Boote in Holland die Zaan hinabfährt und auf allen Seiten an den Ufern die Riesenarme der Mühlen im Winde flattern sieht, dem müssen sie zum Sinnbilde ernster Arbeit und ruhelosen Schaffens werden.

Aus diesen Gründen sind sie mit dem Charakter des Gesamtbildes der germanischen Niederungen so eng verwachsen. Die oft und gern erfüllte Aufgabe der Maler und Kupferstecher war und ist es, die Erscheinung der Windmühlen künstlerisch zu verewigen. Soll der Heimatschutz ergänzend dazu erstreben, den Rückgang der Windmühlen aufzuhalten? Das wäre ein ebenso aussichtsloses wie törichtes Unternehmen. Wohl aber gilt es anzustreben, in einigen wenigen Fällen, wo die Windmühle mit der geschichtlichen Entwicklung des Ortes eng verknüpft oder zu einem ihrer Wahrzeichen geworden ist, wo sie besonders wirkungsvoll im Landschaftsbilde steht oder sich mit ihr eine bestimmte Begebenheit von Bedeutung verbindet, den Verfall oder die Beseitigung zu verhindern, wenn der Betrieb eingestellt wird. Zwar wird man einwenden können, daß eine künstlich erhaltene Mühle doch nur ein Theaterschaustück bilde. Das darf der Kritiker ruhig sagen. Aber es gibt manche monuments morts, die nur den Zweck einer deutlichen Verkörperung ihrer Art an Ort und Stelle zu erfüllen haben. ...

Aber noch etwas Anderes und sehr Bedeutsames sollte der Heimatschutz bei den Windmühlen lernen. Sie sind, wie wir darlegten, mit ihrer aus dem Rahmen der sonstigen Architekturgebilde stark herausfallenden Gestalt und trotz ihrer ausgesprochenen landwirtschaftlichen oder industriellen Zweckbestimmung seit Jahrhunderten von den Künstlern und der Bevölkerung geschätzt worden. Dies muß den Heißspornen unter den Heimatschützlern, die mit ihrem Übereifer nicht immer am besten Faden ziehen, die Erkenntnis geben, daß auch unsere modernen Industriebauten Reize besitzen können, und daß sie deshalb keineswegs ohne weiteres zur Verunstaltung führen und verhindert werden müssen. Freilich eine Rücksichtnahme auf die Umgebung in der Wahl des Platzes und der baulichen Gestaltung wird geboten bleiben. Wie malerisch, interessant und eindrucksvoll reine Erwerbsbauten zu wirken vermögen, das hat die Essener Ausstellung des letzten Sommers „Die Industrie in der bildenden Kunst" und die vor kurzem erschienene, mit Bildschmuck reich ausgestattete Veröffentlichung von Artur Fürst über „Das Reich der Kraft" bewiesen. In Verbindung damit und aus der Stellung, die sich die Windmühle in der Auffassung und Beurteilung seit fernen Zeiten erobert und gesichert hat, darf der Heimatschutz vertrauensvoll den Schluß ziehen, daß er das Industrielle nicht abstoßen, sondern belehrend zu sich heranziehen soll. ...

10.

August Loehr

Ausgestaltung der Funktionen des numismatischen Konsulenten zu einem vollen Referat für wirtschaftsgeschichtliche Denkmale, 1923/25

aus: Die Pflege der wirtschaftsgeschichtlichen und technischen Denkmale in Österreich. In: Österr. Zeitschrift für Denkmalpflege, Jg. 2, 1948, S. 1–8, Anm. 2 u. 3

Zur Person:
Geboren 1882 in Wien als August Ritter von Loehr. Studium der Philosophie und Geschichte in Wien, Heidelberg und Grenoble. Seit 1906 Mitarbeiter an der Wiener Münzen- und Medaillensammlung, wirtschafts-geschichtliche Studien. 1929 Professor für „Numismatik und Geldgeschichte", Fach „Museumskunde"; 1938 Ruhestand; 1945–49 Direktor des Kunsthistorischen Museums und Generaldirektor der Bundessammlungen. Gestorben 1965

Bundesdenkmalamt Wien
VIII, Auerspergstr. 1   Eure P.T.

Vom Bundesministerium für Unterricht ist antragsgemäß die Ausgestaltung der Funktionen des numismatischen Konsulenten zu einem vollen Referat für wirtschaftgeschichtliche Denkmale im Bundesdenkmalamte verfügt worden. Es ist beabsichtigt, dieses Referat so zu führen, daß nicht nur die bisher schon gepflegten münz- und geldgeschichtlichen Angelegenheiten auf den gesammten Umfang des Handels- und Verkehrswesens ausgedehnt, sondern auch zugleich die Entwicklung von Industrie und Gewerbe, des Bergbaues und des Agrarwesens in den Aufgabenkreis einbezogen werden.

Derartige Denkmale sollen verzeichnet, eventuell abgebildet und verwahrt werden, wobei nicht daran gedacht wird, sie in die Wiener Zentralmuseen zu bringen, sondern sie auf geeignete Weise zu sichern; zugleich sollen die lokalen Museen angeregt werden, sich auch ihrerseits mit der Pflege dieser Agenden zu befassen und dies Gebiete museal zu erschließen. Vor allem ist dabei die für unsere Heimat charakteristische Art materieller Kultur zu beachten: Donauschiffahrt, Vorarlberger Spinnerei, Steierischer Erzberg, Salzbergwerke des Salzkammergutes, Niederösterreichischer Weinbau. Die Nachweisung von einschlägigen Archivalien, die Verzeichnung von Literatur (Monographien, Berichte) würde sehr förderlich sein.

Die Erreichung der gestellten Aufgabe, dieses Gebiet zu erschließen, wird wesentlich von der Arbeit an Ort und Stelle abhängig sein; es wird daher zunächst gebeten, Persönlichkeiten, welche zur Mitarbeit geeignet sind, bekannt zu geben, Denkmale, welche des Schutzes bedürfen, namhaft zu machen, und Anregungen aller Art zu geben. Das wirtschaftsgeschichtliche Referat im Bundesdenkmalamte führt der Direktor des Münzkabinetts Dr. August Loehr.

Wien, am 18. Dezember 1925   Der Vorstand des Bundesdenkmalamtes

DAS TECHNISCHE
KULTURDENKMAL

Numismatischer Konsulent des Staatsdenkmalamtes
ZI.: 23/XIV/1923
Wien, den 16. Jänner 1923
An das Staatsdenkmalamt, Wien, VIII.
Auerspergstraße 1
Zu ZI. 2363 / D ex 1922 v. 3.1.1923 gestattet sich der Konsulent zu bemerken, daß er grundsätzlich eine Ausgestaltung der kulturgeschichtlichen Sammlungen als eine der allerwichtigsten Aufgaben der Denkmalpflege betrachtet und sich, abgesehen von einer Weiterbildung des Niederösterreichischen Landesmuseums zu einem wirklichen Kulturmuseum für eine Aufstellung oder Weiterführung spezifischer Sammlungen auf solchen Teilgebieten der kulturellen Entwicklung einsetzt, die in der betreffenden Gegend von ganz besonderer Bedeutung geworden sind. Dazu gehören:
1. für das Salzkammergut in Gmunden oder Aussee eine Darstellung der Entwicklung des österreichischen Salzbergbaues und des Salinenwesens,
2. in Leoben oder Eisenerz ein Museum für den österreichischen Erzbergbau,
3. in Krems, Baden, Klosterneuburg eine Darstellung des österreichischen Weinbaues, eventuell noch
4. in Dornbirn oder Bregenz ein Museum für Textilindustrie.
Von diesem Gesichtspunkte aus wäre auch das Museum in Eisenerz zu führen ... Loehr e.h.

11.

Conrad Matschoß

Technische Kulturdenkmäler, 1927

aus: VDI-Beiträge zur Geschichte der Technik, 1927, S. 175/76, 183

Zur Person:
Geboren 1871 in Ostpreußen. Studium des Maschinenbaus in Hannover. Fachschuldozent; nach ersten technikgeschichtlichen Studien 1906 zum VDI; „Entwicklung der Dampfmaschine" (1908). 1916–34 und 1936/37 Direktor des VDI; seit 1912 auch Professor für Geschichte der Technik in Berlin. 1930 Gründung der VDI-Fachgruppe Technikgeschichte. Zahlreiche Publikationen; mehrfacher Ehrendoktor. Gestorben 1942 in Berlin

Die Geschichte eines Volkes lebt in seinen Werken. Bei den Schöpfungen der Kunst hat man dies seit langem erkannt, und planmäßig schützen Staat und Gesellschaft die Kunstdenkmäler. Wir kennen eine organisierte Denkmalspflege, die gerade in unserer Zeit, der man ein Übermaß an Pietät sonst nicht zumißt, in ausgezeichneter Weise für unsere Nachkommen Wichtigstes zu erhalten sucht. Um die Schöpfungen der Technik hat man sich viel weniger gekümmert. Die Technik gilt ja auch heute noch vielen als eine moderne Erfindung, deren Ergebnisse manchmal ganz angenehm zu benutzen sind, die aber nicht damit rechnen dürfen, daß man sich vom kulturellen Gesichtspunkt aus mit ihnen befaßt. Und doch ist die Technik viel älter als Wissenschaft und Kunst, da sie schon lange vor jeder überlieferten Geschichte dem Menschen die Waffen und Werkzeuge zum Kampf ums Dasein liefern mußte. Wer sich in die Geschichte der Technik vertieft, weiß auch, wie stark die Technik gestaltend in das Leben der Menschen eingegriffen hat.

In Deutschland hat erst das Deutsche Museum in München in großem Ausmaß weiteste Kreise auf diese geschichtlich bedeutsame Seite der großen technischen Entwicklung aufmerksam gemacht. Es ist deshalb auch kein Zufall, daß Oskar von Miller, der das Deutsche Museum geplant und gebaut hat, als Erster den Gedanken entwickelte, man möchte die technischen Kulturdenkmäler in gleich sorgfältiger Weise behandeln wie die Denkmäler der Kunst. Kurz vor dem Ausbruch des Weltkrieges besuchte er Stockholm und das Freilichtmuseum Skansen, in dem die nordische Kultur in Haus und Hof und in den einfachen alten technischen Einrichtungen wie Windmühlen, Wasserräder, in so wunderbarer Weise zu einer Einheit verschmolzen ist. Nach Deutschland zurückgekehrt entwickelte er den Plan, nicht nur in ähnlicher Weise für technische Maschinen und Bauten ein Freilichtmuseum zu schaffen, sondern er dachte, darüber hinausgehend, daran, die alten Zeugen großer technischer Vergangenheit bodenständig zu erhalten. Vom Deutschen Museum aus wollte er dafür sorgen, wie es hier und da in einzelnen Fällen schon geschehen war, Wichtiges vor der Vernichtung zu retten. Der Krieg machte diesen Plänen für viele Jahre ein Ende. Es ist ein besonderes Verdienst des Vorstandes des Deutschen Museums, daß nunmehr dieser Gedanke wieder aufgenommen wurde. Ein Teil des Freilichtmuseums ist um den großen Neubau auf der Museumsinsel in München im Entstehen begriffen. Vielleicht läßt sich hier noch manches hinzufügen. Besonders wertvoll wird es sein, die Frage zu prüfen, ob und in welcher Form für die technischen Kulturdenkmäler ein ähnlicher Schutz zu erreichen sei wie für die Kunstdenkmäler. Natürlich setzt dies eine sachgemäße Beurteilung und die Berücksichtigung der tatsächlichen Verhältnisse voraus. Hierfür könnte eine so große Organisation wie das Deutsche Museum die wichtigste Arbeit leisten. Vielleicht läßt sich ein Anschluß an die Denkmalspflege finden.

Bevor man zu einer Entschließung kommt, erschien es wünschenswert, sich ein Bild zu schaffen von dem, was heute noch an technischen Kulturdenkmälern in Deutschland vorhanden ist. Der Unterzeichnete wurde deshalb vom Deutschen Museum aus beauftragt, hierüber zu berichten. Durch einen Aufruf in den VDI-Nachrichten und durch einen ausgedehnten Briefwechsel mit den Bezirksvereinen des Vereins deutscher Ingenieure und andern für die Geschichte der Technik interessierten Kreisen gelang es, wertvolle Mitteilungen zu erhalten. Es zeigte sich hierbei aber auch, daß der gesamte Stoff viel zu umfangreich wurde, um in einer Veröffentlichung des vorliegenden Jahrbuches untergebracht zu werden. Es erschien richtiger, zunächst anzufangen, um durch diese Veröffentlichung das Verständnis für diese Fragen in immer weitere Kreise zu tragen. Die folgenden Zusammenstellungen machen deshalb in keiner Form Anspruch auf Vollständigkeit. Es müssen noch wesentlich mehr technische Kulturdenkmale in Deutschland vorhanden sein als hier in Wort und Bild vorgeführt werden. Das Deutsche Museum wird erfreut sein, immer neue Mitarbeiter zu finden, und die Schriftleitung dieses Jahrbuches wird gerne weiteren Stoff zur Fortführung dieser Darlegungen entgegennehmen. …

12.

Conrad Matschoß
Technische Kulturdenkmäler Satzung des Vereins, 1928

aus: VDI-Beiträge zur Geschichte der Technik, 1928, S. 19 (gekürzt)

Zur Person:
siehe Text 11

I. Name, Gründer und Sitz
Das Deutsche Museum in München, der Deutsche Bund Heimatschutz und der Verein deutscher Ingenieure gründen eine „Deutsche Arbeitsgemeinschaft zur Erhaltung technischer Kulturdenkmäler" mit dem Sitz in München.

II. Zweck
Die Arbeitsgemeinschaft will für die noch vorhandenen Schöpfungen der Technik vergangener Jahrhunderte einen ähnlichen Schutz erreichen, wie er heute schon bei der Kunst selbstverständlich erscheint. Als technische Kulturdenkmäler sind hierbei solche alten wertvollen technischen Anlagen zu betrachten, die in ihrer Gesamtheit an Ort und Stelle noch erhalten und für die Gewerbetätigkeit der betreffenden Gegend besonders kennzeichnend sind. Es wird hierbei gedacht z. B. an alte Wasserräder, Windmühlen und Pferdegöpel, an alte Brücken, Krane und Schöpfwerke, an alte Schmieden, Schleifmühlen, Brennöfen oder Weinpressen, an alte Salinen mit ihren Gradierwerken und an andere Zeugen der handwerklichen Technik unserer Altvorderen, z. B. alte Webstuben usw.

Der Zweck der Arbeitsgemeinschaft ist gemeinnützig, und jede auf Gewinn gerichtete Tätigkeit ist ausgeschlossen.

III. Arbeitsweise
1. Um eine solche Übersicht zu erhalten, was heute noch in Deutschland an solchen Technischen Kulturdenkmälern vorhanden ist, wird die vom Verein

DAS TECHNISCHE
KULTURDENKMAL

deutscher Ingenieure eingeleitete Materialsammlung fortgesetzt, und zwar übernimmt der Deutsche Bund Heimatschutz insbesondere den Verkehr mit den Behörden, den Konservatoren und den örtlichen Organisationen für Volkskunde und Heimatschutz. Der Verein deutscher Ingenieure arbeitet in gleicher Weise wie bisher mit den ihm nahestehenden technischen Organisationen und besonders mit seinen Bezirksvereinen. ...

4. Auf Grund der so gewonnenen Übersicht berät die Arbeitsgemeinschaft darüber, welche dieser technischen Kulturdenkmäler unter den Schutz des Deutschen Museums gestellt werden sollen. Ebenso tritt die Arbeitsgemeinschaft zusammen, wenn die Nachricht eintrifft, daß wichtige technische Anlagen verfallen oder vernichtet werden sollen. In diesem Falle wird beraten, was zu geschehen hat. Ist die Erhaltung nicht möglich, so soll dafür gesorgt werden, daß die Anlagen durch Photographien und Zeichnungen, gegebenenfalls auch durch Filmaufnahmen für die Nachwelt erhalten werden. ...

6. Von der Arbeitsgemeinschaft wird für jedes zu schützende Kulturdenkmal ein Pate bestimmt, entweder eine Stadtverwaltung oder ein Ortsansässiger, eine Firma oder Organisation. Diese Paten verpflichten sich, für die Erhaltung zu sorgen und von etwaigen Veränderungen rechtzeitig dem Archiv im Deutschen Museum Kenntnis zu geben. Außerdem wird veranlaßt, daß das geschützte technische Kulturdenkmal als solches und als unter dem Schutz des Deutschen Museums stehend, gekennzeichnet wird.

13.

Theodor Wildeman

Technische Kulturdenkmäler in den Rheinlanden und ihre Erhaltung, 1931

aus: Mitteilungen des Rheinischen Vereins für Denkmalpflege und Heimatschutz, 1931, H. 2, S. 126–156; Zitate S. 130–136

Zur Person:
Geboren 1885 in Bonn. Studium der Architektur in Darmstadt. 1914 bis 1950 beim Provinzialkonservator Rheinland (heute Rheinisches Amt für Denkmalpflege); Referent für den Niederrhein und für technische Denkmale. Zahlreiche Publikationen. Gestorben 1962 in Bonn

Wenn wir einmal als Knaben [von Bonn aus] die langersehnte Ferienreise zum Großvater in Holland antreten konnten, galt unser erster Gruß auf der Fahrt den beiden Windmühlen, deren Flügel wir zwischen Sechtem und Brühl fern im Osten drehen sahen. Wir wußten damals noch nicht, wo sie standen, nochweniger, daß die eine diesseits des Rheines bei Godorf, die andere jenseits des Stromes am Nordende bei Langel lag. Aber ihr Erscheinen war für uns ein doppeltes Symbol: einerseits hatten nun die Ferien ihren Anfang genommen, weil die Vaterstadt Bonn mit der Schule schon weit hinter uns lagen, andererseits erschienen sie uns als die ersten Vorzeichen des Landes, dessen damals noch zahllose Windmühlen eine Hauptanziehungskraft auf uns ausübten.

Von einer jener unvergleichlich schönen Reisen im Jahre 1903 ist mir noch ein ganz besonders starker Eindruck unvergeßlich geblieben: auf einer Radfahrt über den Deich von Ridderkerk (bei Dordrecht), dem Wohnsitz des Großvaters, nach dem durch die Überschwemmungen bekannten Kinderdyk zu der Stelle, von der man damals noch 43 Windmühlen auf eine Platte bekommen konnte, kam ich an der Getreidemühle des Ortes vorbei, die so dicht hinter dem hohen Damm stand, daß man den Flügeln ganz nah gegenüberstehen konnte. Ich fragte den freundlichen Müller, ob ich einmal eintreten und das Innere besichtigen dürfe. Da sah ich nun zum ersten Male das überwältigende Uhrwerk mit seinen metergroßen hölzernen Zahnrädern, sah die genial erdachte Übertragung der Windkraft auf die Vertikalachse von der schrägliegenden Achse des eichenen Brustkreuzes, an dem die vier Lärchenholzflügel mit ihren zum Abgleiten des Windes propellerähnlich geschwungenen Gitterleitern befestigt waren. Ich stieg hinauf bis in den drehbaren Kopf, aus welchem die Kreuzachse herausgesteckt war und der auf einem Kranz exaktest gearbeiteter Kegelstümpfe – wie auf einem Kugellager – ruhte, damit er stets dem Wind genau entgegengedreht werden konnte. Dies ließ sich leicht handhaben, und zwar ohne daß die Verbindung zum Hauptgetriebe verlorenging oder die Mühle unbedingt stillgelegt zu werden brauchte. Dann wurden die Segel auf jeden Flügel einzeln nach Drehen in die untere Lage aufgerollt, nach

Ausbreitung geglättet und angebunden, die Ein- und Ausschalthebel gezogen und die Bremsschleifen gelöst; darauf begannen langsam sich drinnen die schweren Basaltlava-Mühlsteine ebenso gleichmäßig zu drehen wie die luftigen Flügel draußen. Nachdem ich dann noch all die praktischen Vorrichtungen zum Körnersackaufzug, zum Mehlablauf und zur Verladung in dieser fabelhaften schiffsähnlichen Raumausnutzung betrachtet hatte, schied ich in dem Gefühl, eine der großartigsten Schöpfungen menschlichen Erfindungsgeistes und eines der Endergebnisse jahrhundertelanger technischer Kultur wahrhaft erlebt zu haben. Seit diesem Tage habe ich mir viele Mühlen von innen angesehen, und zwar nicht nur Wind-, sondern auch Wassermühlen, die in manchen Teilen ähnlich angelegt sind. Bald lernte ich noch die konstruktiven Unterschiede zwischen Holzsäge-, Pump-, Papier-, Schleif-, Öl- und Mahlmühlen sowie der Hammerwerke, der hölzernen und steinernen Turm- und der verschiedenen Bockwindmühlen sowie endlich der ober-, mittel- und unterschlächtigen Wassermühlen kennen.

Inzwischen ist die technische Entwicklung ebenso sprunghaft wie unerbittlich fortgeschritten. Die Gas-, Öl- und Elektromotoren haben ihren Siegeszug angetreten. Eine Mühle nach der anderen hat ihr Wasserrad oder ihr Flügelkreuz stillgelegt oder verkommen lassen, wenn nicht gar schon abgebrochen. In Holland sind keine 10 % der Windmühlen mehr in Betrieb, die noch vor einem Menschenalter in munterem Dreh die Luft durchschnitten und das gleichförmige Bild des platten Landes so köstlich belebten. Von den Mühlentürmen ist je nur ein kleiner Stumpf übriggeblieben, der den selbsttätig sich einschaltenden Motor birgt.

Bei uns in Norddeutschland, und insbesondere im Rheinland, ist es ebenso traurig bestellt. Wo sind die hochragenden Stadtwindmühlen in Bonn, Köln, Kempen, Kleve, Wesel und Rees geblieben? Und selbst die letzten in Zons und Kalkar haben auch seit 1–2 Jahrzehnten ihre Flügel verloren, so daß diejenige in Xanten nunmehr die einzige erhaltene Stadtwindmühle ist; aber auch diese ist bereits mangels örtlichen Interesses stark bedroht.

Der Müller in Spiel im Kreise Jülich erzählte mir im vergangenen Sommer, daß er früher von seiner Mühle aus 35 Windmühlen (meist hölzerne Bockmühlen) laufen sehen konnte; heute sind es nur noch zwei. Auch die südlichste aller rheinischen Windmühlen, diejenige auf der Fritzdorfer Höhe bei Ahrweiler, die früher von diesem Feldherrnhügel den Manövern des rhein. VIII. Armeekorps zuschaute und uns bei unseren Jugendwanderungen zum Tromberg mit ihren drehenden Flügeln erfreute, ist bis auf einen kümmerlichen Stumpf verschwunden.

Von den hunderten von Windmühlen, die bis gegen 1900 in der Provinz noch liefen, sind im Regierungsbezirk Aachen höchstens noch neun windgetriebene Mühlen vorhanden; im Kölner Bezirk sind es nur noch drei. Der niederrheinische Regierungsbezirk Düsseldorf weist noch die höchste Zahl mit etwa 70 Windbetrieben auf, von denen jedoch sehr viele dadurch bedroht sind, daß ihr Betrieb sich kaum lohnt oder sie schwer vernachlässigt sind. Die Denkmalpflege bemüht sich in den letzten Jahren um die Erhaltung von vier Mühlen im Aachener, von zwei im Kölner und etwa ein Dutzend im Düsseldorfer Bezirk. Wenn man bedenkt, daß beispielsweise der ganze niederrheinische Kreis Geilenkirchen nur noch eine einzige, bereits im Verfall begriffene Windmühle besitzt, so dürfte dies die allgemeine Lage grell genug beleuchten. Von den noch etwa 150 vorhandenen Windmühlen in der Rheinprovinz bestehen 70 nur noch in Turmstümpfen, und kaum 80 laufen noch mit Windkraft. Da alljährlich neue stillgelegt werden, stehen wir vor der Tatsache, daß vielleicht die nächste Generation bereits das völlige Aussterben der Mühlen alter Art erlebt.

DAS TECHNISCHE
KULTURDENKMAL

Sollen wir wirklich so arm werden?! Soll alle Poesie aus der Landschaft in wenigen Jahrzehnten dank den modernen technischen „Errungenschaften" verschwinden, so daß man beispielsweise Wasser- oder Windmühlen bald nur noch im Bilde oder in Modellen vorführen kann?! Soll die heutige Technik es in dieser Beziehung mit ihren Vorläufern ebenso machen, wie es das Dampfboot mit dem Segelschiff getan hat?! ...

Gewiß können und wollen wir den unerbittlichen Verlauf der technischen Vervollkommnung nicht aufhalten und uns in falscher Romantik gegen das allen alten technischen Kulturdenkmälern drohende Schicksal aufbäumen. Ebensowenig kann selbstverständlich davon die Rede sein, kritiklos alles erhalten zu wollen, nur weil es alt ist, obgleich die absolute Bedeutung dieser Denkmäler häufig über diejenige der Fachwerkhäuser, Kapellchen, Bildstöcke, Wegekreuze usw., die wir mit allen verfügbaren Mitteln zu erhalten uns gewöhnt haben, weit hinaus geht. Aber es kann doch auf der anderen Seite wohl auch nicht geleugnet werden, daß bereits vieles, ja allzu vieles aus engherziger Kurzsichtigkeit, verantwortungsloser Bequemlichkeit und übertriebenem Eigennutz abgebaut und zerstört worden ist, was bei gutem Willen hätte vermieden oder noch für Jahrzehnte lebensfähig erhalten werden können. Es ist daher allerhöchste Zeit, daß man sich der Verantwortung der Nachwelt gegenüber noch einmal klar bewußt wird und untersuchen sollte, was von all den technischen Kulturdenkmälern – genau wie bei den Baudenkmälern – vorerst noch erhalten zu werden verdient. Im allgemeinen wird es, um mit Prof. Dr. C. Matschoß zu sprechen, ausreichen, unseren Nachkommen das zu übermitteln, was für die Technik und die Arbeitsverfahren vergangener Zeiten besonders kennzeichnend ist. Um dies zu können, ist eine Generalübersicht über die heute noch vorhandenen technischen Kulturdenkmäler nötig. ...

Denn man war sich schon längst darüber klargeworden, daß – ohne die unersetzlichen Verdienste des „Deutschen Museums" in München und seines Leiters Oskar v. Miller schmälern zu wollen – die in die Museen verpflanzten Denkmäler dieser Art viel von ihrem lebendigen Geiste und ihrer unmittelbaren „bodenständigen" Wirkung einbüßen. Das Unterbringen in solchen Sammlungen sollte daher eigentlich stets nur das äußerste Rettungsmittel sein! Man sollte – genau wie schon seit Jahrzehnten bei den Kunstdenkmälern – mehr als bisher die Erhaltung an Ort und Stelle anstreben und, wenn beispielsweise die Fortführung des betreffenden technischen Betriebes selbst sich als unmöglich erweist, die museale Konservierung nach Art der Heimatmuseen mit Hilfe örtlich interessierter Stellen in die Wege leiten. Unter Umständen können diese Anlagen dann auch Kristallisationspunkt für weitere technische Lehrsammlungen werden.

Jeder, der die Entwicklung in den letzten Jahrzehnten mit offenen Augen verfolgt hat, weiß, wie dringend notwendig eine größere Aktivität auf diesem bisher leider sehr stiefmütterlich behandelten Gebiet der Denkmalpflege ist. Ebenso wird es wohl niemand abzustreiten wagen, daß die Erhaltung an Ort und Stelle – abgesehen von landschaftlichen und heimatschützlerischen, auch aus Erziehungs-, Bildungs- und Studiumsgründen – dringend erwünscht ist. ...

Denn was würde es nützen, nur die – wenn auch kunst- oder kulturhistorisch bemerkenswerte – äußere Schale zu erhalten, wenn der wesentliche Kern der Anlage, „die Maschinerie", durch mangelnde Beobachtung allmählich verfiele?! In dieser Hinsicht sind meines Erachtens Nachprüfungen der Konstruktion von Zeit zu Zeit ganz am Platze, weil über die Pflege dieser alten Uhrwerke bisher kaum etwas bekannt geworden ist.

Besonders bei den Windmühlen, diesen phantastischsten, markantesten und unentbehrlichsten Erscheinungen im niederrheinischen Landschaftbild, dürfte

m. E. diese Grundforderung keinesfalls außer acht gelassen werden. Man ist, um sie den Malern, Natur- und Heimatfreunden zu erhalten, stellenweise dazu übergegangen, auch sie in Heimatmuseen zu verwandeln. So hat man in Dülken eine hölzerne Bockwindmühle und in Kranenburg bei Cleve den seinerzeit in Abbruch befindlichen Mühlenstumpf im Zuge der Stadtmauer nach entsprechender Wiederherstellung diesem modernen Verwendungszweck zugeführt.

In anderen Fällen hat man sie zu Jugend- und Wanderherbergen eingerichtet, z. B. in Schaphuysen, Stenden und Labeck. So anerkennenswert diese neuzeitlichen Verwendungen auch sind, so erfüllen sie doch im Hinblick auf die Geschichte der technischen Entwicklung nicht die wesentlichen Forderungen. Auch ergeben sich leicht Schwierigkeiten, weil man nunmehr Mühlenflügel erhalten muß, die nur noch einer Theaterkulisse gleichkommen. Gefährlich wird die Sache aber erst, wenn der Kopf mit den Flügeln durch Entnahme der Innenkonstruktion nicht mehr drehbar bleibt, so daß mitunter der Wind von rückwärts die Flügel erfaßt und abbricht.

Es ist wirklich merkwürdig, daß man auch im Rheinland noch nirgends solche Mühlenkonstruktionen um ihrer selbst willen zu erhalten sich eingesetzt hat! Man hat sich darauf beschränkt, nur den Betrieb durch Zuschüsse aufrechtzuerhalten. Wer aber unter Tausenden kennt wirklich etwas von diesen prächtigen Maschinerien?! Es gibt unbestreitbar gerade für technisch veranlagte Menschen nichts lehrreicheres als beispielsweise dieses imponierende und durch die Größe der Einzelausbildung so überaus klar verfolgbare Uhrwerk eines Mühlengetriebes. Daher sollte man allein zu Lehr- und Studienzwecken von den wenigen noch vorhandenen Beispielen mindestens je eines nach Möglichkeit in jedem Kreise unter Aufbietung äußerster Opferwilligkeit unverändert erhalten. Noch schöner wäre selbstverständlich die Fortführung der Betriebe selbst, wenn auch unter Leistung gewisser Zuschüsse, wie es bei den meisten der mit Mitteln der Denkmalpflege und des Heimatschutzes unterstützten Fällen bezweckt wurde, weil das auf die Dauer billiger bleibt als die museale Erhaltung. …

14.

Friedrich Haßler

Technische Kulturdenkmale als Quelle zur Geschichte der Technik, 1931

aus: Zeitschrift des Vereins Deutscher Ingenieure, Bd. 75, Nr. 26, 1931, S. 843–848; Zitate S. 843, 846/47 (vorgetragen in der Fachsitzung „Geschichte der Technik" gelegentlich der 70. Hauptversammlung des Vereines Deutscher Ingenieure in Köln, am 28. Juni 1931)

Zur Person:
Referent für Technikgeschichte beim Verein Deutscher Ingenieure

Geschichte der Technik kann heute noch am lebenden Objekt und an Bauten und Anlagen vergangener Jahrhunderte studiert werden. Aber die Bauten verfallen und die primitiven Völker eignen sich die neuzeitliche Technik an. Die Pflege der Technikgeschichte hat daher gegenwärtig die Erhaltung technischer Kulturdenkmale als geschichtlicher Quellen zur Hauptaufgabe. In Deutschland haben das Museum in München, der Deutsche Bund Heimatschutz und der Verein deutscher Ingenieure diese Aufgabe übernommen. Oskar von Miller gab die Anregung zu dieser Gemeinschaftsarbeit.

… Aber wir brauchen nicht nur an die Völker ferner Länder zu denken, wir haben auch in unserem eigenen Lande noch viele Zeugen einer längst vergangenen Kultur, die teilweise für die Gewerbetätigkeit einzelner Gegenden geradezu kennzeichnend waren. Wir denken hier zum Beispiel an alte Wasserräder, Windmühlen und Pferdegöpel, an alte Brücken, Krane und Schöpfwerke, an Schmieden und Schleifmühlen, Brennöfen und Weinpressen, an alte Salinen und ihre Soleleitungen, Pumpanlagen und ihren Gradierwerken und an andre Zeugen der handwerklichen Technik unserer Altvorderen, wie alte Werkstätten, Webstuben und dergleichen.

Neben dem, was uns als Zeugen mittelalterlicher Techniken noch erhalten blieb, sind heute auch manche Werke der Technik der Neuzeit schon gefährdet durch die stürmische Entwicklung, die die Technik gerade in unseren Tagen genommen hat. So sehen wir, wie durch die großen Überlandzentralen mit ihren weitverzweigten Leitungsnetzen immer mehr jene kleinen Wind- und Wasserkraftanlagen stillgelegt werden und verfallen, die für manche Gegenden des Vaterlandes geradezu kennzeichnend waren, die Ihnen ein besonderes Gepräge gaben und auch in der Poesie unseres Volkes immer wieder verherrlicht werden, ... heute muß man schon stundenlang reisen, wenn man seinen Kindern die „klappernde Mühle am rauschenden Bach", eine Windmühle oder ein Hammerwerk, die einst den jungen Max Eyth so begeisterten, zeigen möchte. Dabei müssen wir zugeben, daß wir Ingenieure durch unsere Arbeit alle diese Anlagen vernichten. Wir müssen weiter zugeben, daß wir durch die Errichtung großer Fabriken mit neuzeitlichen Fertigungsmaschinen und Einrichtungen für die Massenfabrikation immer mehr jene kleinen handwerklichen Anlagen zum Stillstand bringen, in denen noch handwerkliche Kunst und Geschicklichkeit und durch Jahrhunderte überlieferte Herstellungsweisen bewahrt und gepflegt wurden. So berechtigt unser Stolz auf unsere Leistungen ist, die diese Entwicklung ermöglichten, so fällt es oft schwer, ein Bedauern über diese ungewollten Folgen unserer Tätigkeit zu unterdrücken. ...

Der Begriff „Technische Kulturdenkmale"
Es mag sonderbar erscheinen, daß man unter dem Begriff „Technische Kulturdenkmale" nicht nur Anlagen und Bauten einer untergegangenen und untergehenden Technik verstehen soll, sondern auch Arbeitsverfahren und Herstellungsweisen. Die Nebeneinanderreihung der Herstellung von Steinwerkzeugen durch australische Ureinwohner und etwa einer holländischen Windmühle mag vielleicht befremdlich erscheinen, und man könnte darüber streiten, ob nicht eine andere Bezeichnung hätte gewählt werden können.

Damit wäre der Sache selbst wenig gedient. Es erschien dagegen notwendig, wenigstens einleitend einmal das ganze Aufgabengebiet zu kennzeichnen, das mit der Bezeichnung „Erhaltung technischer Kulturdenkmale" erfaßt werden soll. Es war dies um so notwendiger, als im folgenden in erster Linie über technische Kulturdenkmale in Deutschland und über unseren Anteil an der Erfüllung der gezeigten Aufgabe berichtet werden soll unter dem Gesichtspunkt, daß mit dieser Arbeit wichtige und wertvolle Quellen zur Geschichte der Technik gesichert werden. ...

Hier steht in erster Linie die Einreihung in ein schon vorhandenes geschichtliches Museum, die älteste Art der Erhaltung technischer Kulturdenkmale. Allerdings haben gerade die sogenannten Heimatmuseen eine besondere Vorliebe für ganz alte Gegenstände. Man hat oft den Eindruck, daß dort die Wertschätzung der Sammlungsgegenstände um so größer ist, je älter sie sind. Nur so läßt es sich erklären, daß steinzeitliche Waffen und Geräte fast in jedem Museum vorhanden sind, und zwar oft in so großen Mengen, daß man sicherlich eine ganze Generation von Urzeitmenschen damit ausrüsten und bewaffnen könnte. Während aber diese Schätze aus grauer Vorzeit meist sehr sorgfältig und gewissenhaft angeordnet sind, fehlt eine solche Ordnung häufig bei den Werken späterer Jahrhunderte, besonders bei technisch bemerkenswerten Gegenständen. So findet man zwar häufig Werkstätten ... und einzelne Maschinen, aber sie sind oft so versteckt, daß man danach suchen muß.

An zweiter Stelle stehen die technischen Zentralmuseen, ... technische Sondermuseen ... und Industriemuseen, wie sie von großen Industriefirmen eingerichtet werden.

Die dritte Art unter den Museen bilden die Freilichtmuseen, deren besondere Eignung wir schon festgestellt haben. ...

Die zweite große Gruppe der Mittel zur Erhaltung technischer Kulturdenkmale besteht in der Aufstellung auf öffentlichen Plätzen, in Parks, auf

Fabrikhöfen ... oder in geschlossenen Anlagen. ... Zu dieser Gruppe gehört auch die denkmalartige Aufstellung. ...

Die dritte große Gruppe besteht in der Erhaltung und Sicherung am ursprünglichen Ort, und zwar entweder außer Betrieb ... oder – was besonders wünschenswert ist – im produktiven Betrieb. ... Um dieses Ziel zu erreichen, wird man verschiedene Wege, je nach Lage der Verhältnisse, einschlagen müssen:

1. Eintragung von Dienstbarkeiten mit Zustimmung des Besitzers.
2. Behördliche Verhinderung der Denkmalzerstörung auf Grund gesetzlicher Bestimmungen.
3. Ankauf besonders bemerkenswerter Anlagen, soweit durchführbar.
4. Langfristige Pachtverträge mit etwaiger Aufrechterhaltung des Betriebes.

... Ob eine solche Zentralstelle für technische Kulturdenkmale in Deutschland im Deutschen Museum in München entstehen wird oder ob es vielleicht möglich sein wird, auch in Deutschland einmal ein großes Freilichtmuseum zu schaffen und diesem eine solche Stelle anzugliedern, ist wohl heute nicht zu entscheiden. Es ist aber sicher, daß jeder, der ernsthaft Geschichte der Technik pflegen will, sich auch für die Erhaltung technischer Kulturdenkmale interessieren muß. ...

15.

Theodor Wildeman
Das Windmühlenprogramm, 1936

aus: Die Erhaltung der Wind- und Wassermühlen. Jahrbuch der Rhein. Denkmalpflege 13, 1936, S. 362–371; Zitate S. 365–367

Zur Person:
siehe Text 13

Nachdem nun seit dem Umbruch die Kulturbestrebungen neuen Impuls und neue Ziele erhalten hatten, beschloß die Rheinische Provinzialverwaltung ..., eine gesonderte Windmühlenaktion einzuleiten, die zunächst einmal einige Jahre laufen soll, bis die kritische Zeit überwunden ist und eine Selbstverjüngung bzw. Selbsterhaltung – wie früher – wieder Platz gegriffen haben wird. ... Sie war sich dabei bewußt, daß ... inzwischen neue Erfindungen gemacht worden sind, die die Mühlen wider sehr rentabel und durchaus lebensfähig erscheinen lassen, und ferner, daß es auch im Sinne unserer ganzen heutigen Auffassungen und Aufgaben liegt, diesem fast ganz niedergebrochenen, aber für die Volksernährung wichtigen Berufsstand wieder auf die Beine zu helfen. ... Es bleibt eine vordringliche Aufgabe des Reichsnährstandes, hier vermittelnd einzugreifen, bis sich das gewünschte Verdienstverhältnis für die Windmüllerei wieder eingespielt hat. Denn es ist hierbei zu bedenken, daß es volks- und kriegswirtschaftlich nicht richtig ist, fast die gesamte Mehlversorgung auf die Großmühlen abzustellen, die unter Umständen samt den Kraftwerken ganz plötzlich durch feindliche Gewalt einmal außer Betrieb gesetzt werden können. Unter diesem Gesichtswinkel bilden die vom Kraftstrom ganz unabhängigen Wind- und Wassermühlen einen nicht zu unterschätzenden Faktor. Außerdem darf nie vergessen werden, daß die fast täglich über unseren Boden hinwegstreifende Windkraft ein umsonst zur Verfügung stehendes Nationalvermögen aller Völker darstellt, das wirklich noch vieltausendfach mehr als bisher ausgenutzt werden müßte. Es ist schon auch den bisherigen Erfindungen bestimmt anzunehmen, daß diese Einsicht bald wieder mehr und mehr durchbricht. Es darf nur nichts Unmögliches oder Übersteigertes erwartet werden. Bilau und Op de Hipt haben die zur Zeit möglichen Grenzen schon für die Praxis genügend ausprobiert.

III. Die Industrie des 20. Jahrhunderts: Macht, Triumph und Zerstörung

An der Wende zum 21. Jahrhundert wird das historische Bild der deutschen Industrie nicht von den Erfindungen und Aufbauleistungen des früheren 19. Jahrhunderts, sondern ganz wesentlich von der Hochindustrialisierung seit dem Wilhelminischen Kaiserreich mit ihren politischen und sozialen Begleiterscheinungen geprägt. Hochkonjunkturen, Krisen und politisch motivierte und geförderte Kriege lösten einander ab und haben so in weit größerem Maße zur Auffächerung von Meinungen, Positionen und Konzepten im Umgang mit Technik und industrieller Wirklichkeit beigetragen, als dies bei einer ungebrochen-kontinuierlichen Entwicklung möglich gewesen wäre. Die wirtschaftlichen und politischen, geistigen und künstlerischen Strömungen bilden den Hintergrund, oft auch die Grundlage für den Umgang mit 'industrieller Substanz', mit den schon existierenden oder noch entstehenden künftigen Industriedenkmalen. Unternehmenspolitik und Industriearchitektur spiegeln zeitgenössisches Technikverständnis. Die Geschichte des 20. Jahrhunderts, sein Fortschrittsglaube bildet die Vorgeschichte industrieller Denkmale, ihrer Entstehung, Definition, Entdeckung und Bewertung.[1]

Die beiden kulturellen Bewegungen, die sich schon vor dem Ersten Weltkrieg erstmals für technische Denkmale interessierten, nämlich die künstlerische Reformbewegung und der Heimatschutz, waren auch die Anreger einer Auseinandersetzung mit der baulichen Gestalt von Industrieanlagen und ihrer landschaftsprägenden und -verändernden Wirkung. Eine Versöhnung von Technik und Kultur, von Pragmatismus und Idealismus schien im späten Kaiserreich als „Industriekultur" möglich. Der Erste Weltkrieg ließ die zerstörerischen Energien der industriellen Zivilisation erstmals umfassend spürbar werden und veranlaßte die intellektuelle und künstlerische Schicht, sich in Befürworter und Gegner der Technik zu teilen. Zwischen Technikeuphorie und strikter Gegnerschaft etablierte sich eine pragmatische Haltung, die in Fortsetzung der idealistischen Werkbundgedanken eine gestalterisch-soziale Bewältigung der Herausforderungen anstrebte. Der Nationalsozialismus versuchte noch einmal, die sich verselbständigende Technik in ein allerdings zwiespältig bleibendes Sinngefüge zu bringen; die Energie und Eigendynamik der natur- und ingenieurwissenschaftlichen und der industriellen Entwicklung aber hatten unter den Bedingungen des Zweiten Weltkrieges erneut schreckliche Folgen.

Technik und Industrie erfuhren so in der ersten Hälfte des 20. Jahrhunderts eine weitreichende Neubewertung, die sich in weiten Teilen bis in das heutige Technikverständnis fortsetzt und damit auch die Wahrnehmung, Definition und Bewertung des industriekulturellen Erbes wesentlich mitbestimmt.

Reform und Industriekultur

Während die deutsche Industrie in den beiden Jahrzehnten vor dem Ausbruch des Ersten Weltkriegs eine anhaltende Blütezeit erlebte, die auch das politische System des Kaiserreichs und dessen militärische Ziele stützte, bemühte sich ein immer größerer Teil der künstlerischen und intellektuellen Elite um eine Überwindung der historistisch-eklektizistischen Stilkunst. Man sah eine tiefe Diskrepanz zwischen moderner, industrieller Herstellungsweise und 'dekorativer' Gestaltung vieler Produkte und Bauten. In der Architektur wurde besonders die Unangemessenheit und

1. Zeche Zollverein, Essen, Schacht XII, Fritz Schupp und Martin Kremmer, 1929–1932 (Foto Anton Meinholz, Essen, um 1932)

[1] Zusammengefaßt bei: Friedrich Rapp: Fortschritt. Entwicklung und Sinngehalt einer philosophischen Idee. Darmstadt 1992; ders.: Die Dynamik der modernen Welt. Eine Einführung in die Technikphilosophie. Hamburg 1994

MACHT, TRIUMPH UND ZERSTÖRUNG

Unsinnigkeit der Übertragung historischer Vorbilder auf neue Bauaufgaben wie Verkehrs- und Fabrikbau und Konstruktionsmethoden wie Stahl- und Eisenbetonbau herausgestellt. Als Ausweg erschien die radikale Erneuerung des künstlerischen Schaffens aus den technischen und konstruktiven Grundformen und aus der Funktion. Schon 1902 schrieb der Kulturjournalist und liberale Politiker Friedrich Naumann (1860-1919): „Weil aber in der Kunstarchitektur die Freiheit von der Tradition noch nicht gefunden worden ist, wirken bis jetzt gerade solche Bauten, die gar nicht beabsichtigen, Stil zu produzieren, am meisten künstlerisch. Je reiner die Konstruktion zutage liegt, desto höher ist der Wert für unsere ästhetische Erziehung."[2] Ähnlich äußerte sich auch Hermann Muthesius, einer der führenden Architekturschriftsteller.[3] In den anonymen Objekten der Volkskunst, die schon die Arts-and-Crafts-Bewegung inspiriert hatten, aber auch den rein technisch-konstruktiven Industrieerzeugnissen wie den von Naumann angesprochenen eisernen Hallen- und Brückenbauten fand man neue technisch-gestalterische Anregungen. Die künstlerische Form, die Baukunst aus und mit der Industrie zu erneuern, wurde eine der grundlegenden Forderungen des 1907 von Naumann, Muthesius, Behrens und anderen gegründeten Deutschen Werkbundes.[4]

Diesen Anstoß gaben klassisch ausgebildete Architekten gemeinsam mit Künstlern, die ursprünglich Malerei und Kunsthandwerk betrieben hatten und sich der Architektur zugewandt hatten, um ihren Anspruch auf umfassende künstlerische Erneuerung zu verwirklichen. Vor allem die junge Elektroindustrie, die sich um ein eigenes, werbewirksames gestalterisches Profil bemühte, griff diese Ansätze für ihre Produkte auf: Die Berliner AEG etwa verpflichtete den ursprünglich als Maler tätigen Architekten Peter Behrens zwischen 1907 und 1914 als „künstlerischen Beirat" für die Gestaltung von Bauten, Produkten und Werbung der Firma.[5] Hier konnte er u.a. 1908/09 mit der Turbinenfabrik an der Huttenstraße einen Fabrikbau (Abb. 2) errichten, der seine Auffassung von der modernen Industriearchitektur zum Ausdruck brachte (Text 19). 1920 schrieb Behrens: „Die Leistungen des Ingenieurs sind die imposantesten Merkmale unseres heutigen öffentlichen Lebens. Durch ihn ist die Zivilisation mechanistischen Geistes entstanden. Diese aus einseitig mathematisch gerichtetem Denken entstandenen Werte haben nichts mit Kultur zu tun, die ihr Wesen durch die Kunst auswirkt. Darum ist es ein Problem unserer kulturellen Entwicklung, ob es gelingen wird, die großen technischen Errungenschaften unserer Zeit selbst zum Ausdruck einer reifen und hohen Kunst werden zu lassen". 1922 hoffte er, „daß es der Technik gelingt, sich von ihrem Selbstzweck zu befreien, um dagegen zum Mittel und Ausdruck einer Kultur zu werden".[6] Otto Wagner in Wien faßte seine vergleichbare Haltung schon 1914 in der Forderung zusammen: „Der Architekt hat immer aus der Konstruktion die Kunstform zu entwickeln".[7]

Der Grundgedanke, den Industriebauten als den eigentlichen Orten industrieller Potenz und technischer Höchstleistungen auch eine eigenständige, künstlerisch überhöhte Form zu geben, dominierte im Unterschied zu den früheren Äußerungen Naumanns die Haltung des Werkbunds. Die von Behrens und dem Werkbund propagierte „Industriekultur" meinte keine eigendynamische oder gar anonyme Entwicklung, sondern gerade die künstlerische Durchdringung der industriellen Sphäre und ihrer Produkte nach ihren eigenen Gesetzen und als Ausdruck ihrer Stellung und Bedeutung. Das „Deutsche Museum für Kunst in Handel und Gewerbe", das Karl Ernst Osthaus 1909 in Hagen und mit Unterstützung des Werkbundes gründete, hatte die Verbreitung dieser Ideen der „Industriekultur" zum Ziel. Das Museum, eher eine Art „Ausstellungsbüro und Mustersammlung", konnte nach Osthaus' Tod 1920 nicht fortgeführt werden.[8]

Der Gedanke von der „Veredelung" der Industrie und Technik durch die Kunst traf sich mit den Überlegungen Walter Rathenaus (1867-1922) (Text 16).[9] Der Industrielle und produktive „Bekenntnisschriftsteller" (Harden) sah die Werke der

---

[2] Friedrich Naumann: „Neue Schönheiten" In: Wiener Zeit 1902; zit. nach: Heinz Ladendorf (Hg.): Friedrich Naumann. Werke, Bd.6: Ästhetische Schriften. Köln 1964, S. 215.
[3] Hermann Muthesius: „Das Formproblem im Ingenieurbau." In: JDWB 1913, S. 23-31.
[4] Sebastian Müller: Kunst und Industrie. Ideologie und Organisation des Funktionalismus in der Architektur (Kunstwissenschaftliche Untersuchungen des Ulmer Vereins für Kunstwissenschaft 2). München 1974; Wend Fischer: Zwischen Kunst und Industrie. Der Deutsche Werkbund (Ausst.-Kat. Neue Sammlung). München 1975; Joan Campbell: Der Deutsche Werkbund 1907-1934. München 1989; Matthew Jefferies: Politics and Culture in Wilhelmine Germany. The Case of Industrial Architecture. Oxford/Washington D.C. 1995.
[5] Tilmann Buddensieg, Henning Rogge u.a.: Industriekultur. Peter Behrens und die AEG 1907-1914. Berlin 1979; Hans-Georg Pfeifer (Hg.): Peter Behrens, „Wer aber will sagen, was Schönheit sei?" (Ausst.-Kat.). Düsseldorf 1990.
[6] Peter Behrens: „Das Ethos und die Umlagerung der künstlerischen Probleme." In: Die Leuchter. Zeitschrift für Wissenschaft ... (Hg. Hermann Graf von Keyserling, Darmstadt) 1920, S. 315-338; zit. nach: Hartmann 1994, S. 66.
[7] Otto Wagner: Die Baukunst unserer Zeit. Wien ⁴1914, S. 62.
[8] Sebastian Müller: „Deutsches Museum für Kunst in Handel und Gewerbe." In: Herta Hesse-Frielinghaus u.a.: Karl Ernst Osthaus. Leben und Werk. Recklinghausen 1971, S. 259-342.
[9] Thomas P. Hughes u.a.: Ein Mann vieler Eigenschaften. Walther Rathenau und die Kultur der Moderne. Berlin 1990; Hans Wilderotter (Hg.): Die Extreme berühren sich. Walter Rathenau 1867-1922 (Ausst.-Kat. Dt. Hist. Mus.). Berlin 1994.

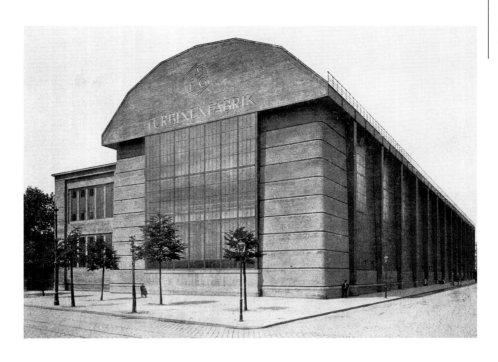

2. Peter Behrens, AEG-Turbinenfabrik in der Huttenstraße, Berlin-Moabit, von 1908/09

[10] Peter Behrens: „Zum Problem der technischen und tektonischen Beziehungen" (Festvortrag auf dem Schinkelfest des AIV zu Berlin am 13. 3. 1927). In: Deutsches Bauwesen 3, 1927, H. 4, S. 73-77; abgedr. in: Hartmann 1994, S. 403-406, Begr. S. 405.
[11] Hans Erlwein: Einfache städtische Nutzbauten in Dresden (107. Flugschrift des Dürerbundes). Berlin o.J.; vgl: Robert Bruck: „Zu den Bauten Hans Erlweins." In: Der Profanbau 5, 1909, Nr. 1, S. 1-16; Anka Boethia: „Johann Jakob Erlwein. Stadtbaurat Dresdens von 1905 bis 1914." In: Heidrun Laudel, Ronald Franke (Hgg.): Bauen in Dresen im 19. und 20. Jahrhundert. Dresden 1991, S. 74-85.
[12] German Bestelmeyer: „Industriebauten und Heimatschutz." In: 2. Gemeinsame Tagung für Denkmalpflege und Heimatschutz. Dresden 1913, S. 94-105.
[13] Wilhelm Franz: „Wie kommen wir zu schönen Industriebauten?" In: IB 4, 1913, S. 179-184 (bezogen auf die Architektenausbildung); ders.: „Die Schönheit der Nutzbauten." In: Werkstatttechnik 7, 1913, S. 33-36; weitgeh. ident. mit: ders.: „Einheit im Bauschaffen." In: BW 7, 1916, H. 11, S. 11-18; am umfangreichsten: ders.: Industriebauten (Städtebauliche Vorträge aus dem Seminar für Städtebau an der Kgl. Techn. Hochschule zu Berlin, VII. Zyklus). Berlin 1914 und: ders.: Werke der Technik im Landschaftsbild (Technische Abende im Zentralinstitut für Erziehung und Unterricht, H. 6). Berlin 1917; der von Wilhelm Franz verfaßte Teil „Fabrikbauten" im Handbuch der Architektur, Tl. VI, 2. Halbbd., H. 2, erschien 1923 in Leipzig.
[14] Karl Schmidt: „Der Sächs. Heimatschutz u. der Industrie-Bau." In: MLSH 1, 1908, H. 1, S. 1-18.

Kunst und Kultur, der „Seele", als ewig und wahr gegenüber den funktions- und gegenwartsbezogenen 'Errungenschaften' der Technik an. Sein Beharren auf der geistigen, dauerhaften Grundsubstanz der Kultur zeigt die Furcht, in dem unkontrollierten Strudel der industriellen Entwicklung mitgerissen zu werden. Diese Position gestand der industriellen Welt und ihren ureigenen Erzeugnissen nur eine Schönheit zu, „die der Ästhet affektiert und überschätzt" (Rathenau), eine „Pseudo-Ästhetik" (Behrens).[10]

Das Verhältnis des Heimatschutzes zur modernen Technik und Industrie hatte sich von einer weitgehenden Ablehnung, wie sie noch der Gründer Ernst Rudorff geprägt hatte, zu einer gegenüber der tatsächlichen industriellen Entwicklung realistischen Mitgestaltungs- und Beeinflussungsstrategie gewandelt. Parallel zu den Aktivitäten des Werkbundes setzte sich der Heimatschutz für eine einfache, landschaftsbezogene Architektur ein und wurde so Teil der künstlerischen Reformbewegung, die vom nationalistisch geprägten „Dürerbund" mitgetragen wurde. Es entstanden privat oder halböffentlich organisierte „Bauberatungsbüros", die versuchten, die gestalterische Praxis der etwa im Industriebau oft noch ohne Architekten arbeitenden Bauwirtschaft in ihrem Sinne zu verbessern. Besonders in Dresden (Erlwein, Kreis, Schumacher) und München (Fischer, Bestelmeyer, Riemerschmid) bemühte man sich auf dieser Grundlage um eine Erneuerung auch des Industriebaus. Theoretische und publizistische Beiträge dazu lieferten etwa Hans Erlwein,[11] German Bestelmeyer[12] und insbesondere Wilhelm Franz,[13] Professor der Technischen Hochschule Charlottenburg.

Außer vielfachen personellen Kontakten läßt sich die Zusammenarbeit zwischen Heimatschutz und Deutschem Werkbund auch inhaltlich nachweisen: Der 1906 gegründete „Rheinische Verein für Denkmalpflege und Heimatschutz" übernahm auf Initiative von F. W. Bredt (siehe Kap. II) im Jahre 1910 die vom Deutschen Werkbund organisierte Wanderausstellung über modernen Industriebau und stellte sie historischen Beispielen gegenüber. Auch der Landesverein Sächsischer Heimatschutz war in dieser Richtung aktiv.[14] Damit standen mit dem Rheinland und Sachsen zwei führende und besonders traditionsreiche Industriegebiete des Reichs an der Spitze dieser Reformbewegung.

Zwischen der im Werkbund vor allem durch Behrens artikulierten Haltung und den Zielen des Heimatschutzes bestand allerdings ein wesentlicher Unterschied: Behrens strebte eine künstlerisch eigenständige, ausdrucksstarke und städtisch gedachte Industriearchitektur an, während der Heimatschutz sich für einen von der

MACHT, TRIUMPH
UND ZERSTÖRUNG

Landschaft ausgehenden, regional verpflichteten, maßstäblichen und sich eher unterordnenden Industriebau einsetzte, der in der Realität oft noch historistische Züge trug. Während es dem Werkbund also um Individualität und Ausdruck ging, betonte der Heimatbund das Verhältnis zur Umgebung, zur Landschaft. Dies führte zu sehr unterschiedlichen Meinungen über ausgeführte Bauten wie etwa die „Hellerauer Werkstätten" von Richard Riemerschmid (Abb. 3), die den Reformvorstellungen des Heimatschutzes entsprachen und der Schlichtheit ihrer gartenstädtischen Umgebung angepaßt waren; sie galten dem Werkbund dagegen als „ländliche Maskerade" eines Fabrikbaus.[15] Die Tendenz der Heimatschutz-Reformarchitektur, sich an traditionellen Baumassengliederungen zu orientieren, stieß spätestens bei neuartigen Riesenvolumen wie etwa den großen Hafen-Lagerhäusern in Köln (Rehorst/Verbeek 1907-09) und Dresden (Erlwein 1913, Abb. 4) an seine Grenzen. Zudem widersprach die vielfach gewünschte demonstrative Selbstdarstellung und Individualität den integrativen Zielen des Heimatschutzes. Daß aber auch führende Vertreter der Heimatschutzbewegung die eigenständigen kulturellen Werte des Industriebaus anerkannten, zeigen viele Äußerungen Paul Schultze-Naumburgs (Text 17).

Neben diesem Maler-Architekten, dessen populäre erzieherische Schriften und Manifeste („Kulturarbeiten") die Heimatschutzbewegung begleiteten,[16] beschäftigte sich in den 20er Jahren insbesondere der Heimatbund-Geschäftsführer Werner Lindner mit dem Thema „Historische Industriebauten". 1921/22 kam es erstmals zu einem gemeinsamen Aufruf des Deutschen Heimatbundes und des Werkbundes, unterstützt durch den VDI und die Deutsche Gesellschaft für Bauingenieurwesen, zur Zusammenstellung von „vorbildlichen Ingenieurbauten aller Zeiten". Dies war ein

3. Richard Riemerschmid, Vereinigte Werkstätten für Kunst und Handwerk in Dresden-Hellerau (Foto 1910)
4. Großspeicher von Hans Erlwein am Elbufer in Dresden, 1912/13

[15] Winfried Nerdinger (Hg.): Richard Riemerschmid. Vom Jugendstil zum Werkbund. Werke und Dokumente (Ausst.-Kat.). München 1982, S. 25 u. S. 400-406.
[16] Norbert Borrmann: Paul Schultze-Naumburg 1869-1949. Maler – Publizist – Architekt. Vom Kulturreformer der Jahrhundertwende zum Kulturpolitiker im Dritten Reich. Essen 1989.

1. JAHRGANG · 1910

2. JAHRGANG · 1911

5a und b: Erstes und zweites Signet der Zeitschrift „Der Industriebau"; das erste von 1910 zeigt fiktive Bauten, das zweite die Rösterei der Kaffee-Handels-AG in Bremen von Hugo Wagner (err. 1906/07) und den Gasbehälter von Hans Erlwein in Dresden-Reick (1909)

---

[17] Lindner/Steinmetz 1923, S. 11.
[18] Ulrich Linse: „Von ewiger Grundform. Die Typenlehre Werner Lindners." In: arch+ Nr. 85, 1986, H. 6, S. 53-59.
[19] Georg Steinmetz: Grundlagen für das Bauen in Stadt und Land, Bd. 1: Raum und Körper, Bd. 2: Besondere Beispiele, Bd. 3: Praktische Anwendung. München 1916-1928; vgl. allg.: Birgitta Ringbeck: „Architektur und Städtebau unter dem Einfluß der Heimatschutzbewegung." In: Edeltraud Klueting (Hg.): Antimodernismus und Reform. Beiträge zur Geschichte der deutschen Heimatbewegung. Darmstadt 1991, S. 216-287.
[20] Hans Väth: Zechenbauten über Tage (Diss. Braunschweig 1928). Dortmund 1929.
[21] Rolf Fuhlrott: Deutschsprachige Architekturzeitschriften. Entstehung und Entwicklung der Fachzeitschriften für Architektur in der Zeit von 1789-1918. München 1975, S. 212; Axel Föhl 1984, S. 30, 32.
[22] Thieme-Becker, Bd. 3, Leipzig 1909, S. 555; zum Industriebau: Emil Beutinger: Die künstlerische Gestaltung der Industriebauten (154. Flugschrift des Dürerbundes). München o. J. (um 1914).

---

deutliches Zeichen dafür, daß sich der Werkbund mit seinem damaligen Vorsitzenden Richard Riemerschmid wieder einer traditionalistischeren Haltung zugewandt hatte. Aus der Aktion ging 1923 das Buch „Die Ingenieurbauten in ihrer guten Gestaltung" hervor, in deren Einführung Werner Lindner schrieb: „Bei der gegenwärtigen allgemeinen Notlage kann nun überhaupt, ganz besonders aber bei allen Nutzbauten, nur eine schlichte sachliche Schönheit in Frage kommen. Sie muß sich daraus ergeben, daß bei Wahl des Bauplatzes und der Werkstoffe, bei deren sachlichem Verarbeiten und beim einheitlichen, zweckentsprechenden Durchführen des Baugedankens ... alle berechtigten Anforderungen ... in einer unser natürliches Schönheitsempfinden befriedigenden Weise erfüllt werden. Dazu bedarf es keiner schmückenden Zutaten ... . Vielmehr bildet eben die strikte Erfüllung des wirtschaftlich und technisch Notwendigen die verläßlichste Grundlage für gute Gestalt und Wirkung. ... Den schlagenden Beweis dafür ... bilden die gut gestalteten alten Bauten, die ganz sicher in der Reihe der zeitgemäßen Entwicklung stehen ... . Darin, also nicht im Stilistischen und in allmählich entstandenen 'romantischen' Wirkungen liegt ihr unvergänglicher Wert als ... Vorbilder."[17] Letztlich versuchte Lindner, gleichbleibende Gestaltungsprinzipien für Nutzbauten aufzuzeigen, und zog dazu anonyme historische wie moderne ingenieurtechnische Anlagen heran. Diese Methode, typologische Grundmuster historischer und industrieller Bauten zu isolieren, war an Lindners hauskundliche Studien zum Bauernhaus angelehnt.[18] Nun wurde sie zur Anregung für die Gestaltung von Neubauten weiterentwickelt. In gleicher Weise hatte auch der Mitautor Georg Steinmetz sein dreibändiges Lehrbuch „Grundlagen für das Bauen in Stadt und Land mit besonderer Rücksicht auf den Wiederaufbau in Ostpreußen" gegliedert; es wurde eines der wichtigsten Musterbücher des „Heimatstils".[19] Der Band „Raum und Körper" mit den typologischen Studien erschien allerdings als letzter erst 1928 in München. Weder Steinmetz noch Lindner arbeiteten dagegen wie Schultze-Naumburg mit plakativen Gegenüberstellungen. Lindners Formstudien regten etwa im Bergbau historisch-typologische Analysen an, die als Gestaltungsgrundlage dienen sollten.[20] Während die beteiligten Institutionen vor allem die Bedeutung als Anreger für zukünftige Gestaltung und eine Verbesserung der Baukultur sahen, bereitete die Betrachtung der Industriebauten auch deren neue Bewertung als Denkmale vor.

Der Industriebau nahm in der Reformbewegung vor dem Ersten Weltkrieg (neben dem gehobenen Wohnhaus- und dem Siedlungsbau) eine Schlüsselfunktion ein, weil sich in ihm eine mehrfach neuartige Bauaufgabe bot; dadurch versprach man sich entscheidende künstlerisch-gestalterische Impulse. Die Gründung der Zeitschrift „Industriebau" in Leipzig im Jahre 1910,[21] betreut von dem Behrens seit dessen Darmstädter Zeit nahestehenden Architekten Emil Beutinger,[22] unterstrich diese Absicht und Erwartung (Abb. 5). Eine wichtige Rolle spielte dabei sicher auch, daß die aus der Kunstgewerbereform hervorgegangenen zahlreichen freien Architekten in der prosperierenden Industrie ein noch unerschlossenes Auftragspotential sahen.

Die Zeitschrift „Industriebau" verband die Anregungen der Heimatschutzbewegung und des Werkbundes. Sie zeigte in einer eigenen Serie regelmäßig frühe Industriebauten und -anlagen als Vorbilder. Dem Einfluß der Heimatschutzvereine und des von ihnen aufgebauten öffentlichen Bewußtseins für diese Fragen war es auch zuzuschreiben, daß die Gestaltung der Industrie- und Verkehrsbauten im Sinne des Heimatschutzes diskutiert wurde. Die Gedanken des Heimatschutzes gewannen gegenüber dem Werkbund einen erheblich breiteren Einfluß.

Die im Werkbund vertretene künstlerische Richtung wurde aber auch von einer Seite in Frage gestellt, der die kulturelle Umsetzung industrieller Phänomene nicht weit genug ging. Als Walter Gropius 1913 im Werkbund-Jahrbuch „Die Entwicklung moderner Industriebaukunst" beschrieb, relativierte er eine durchaus wohlwollende

MACHT, TRIUMPH
UND ZERSTÖRUNG

Darstellung der Werkbund-Industriebauten mit dem Hinweis auf die „monumentale Gewalt des Eindrucks" der amerikanischen Industrie-Großbauten. Darauf forderte er, „den historischen Sehnsüchten und den anderen Bedenken intellektueller Art, die unser modernes europäisches Kunstschaffen trüben und künstlerscher Naivität im Wege sind, für immer die Achtung zu versagen".[23]

Ausgangspunkt für diese Sichtweise war die ästhetische Neubewertung und Interpretation konstruktiver Ingenieurbauten. Spätestens seit der Jahrhundertwende, in Deutschland seit Naumann (s.o.) und Muthesius, war immer wieder auf die Schönheit konstruktiver Ingenieurbauten gezielt hingewiesen worden. Darin hatte sich ein entstehendes neues Bewußtsein für abstrakte ästhetische Reize gezeigt. Die Deutungen und Schlußfolgerungen aus dieser Entdeckung blieben allerdings lange unklar. Das neue Interesse am Eisenbau, das sich auch in entwicklungsgeschichtlichen Darstellungen, etwa in Alfred Gotthold Meyers materialreicher Zusammenstellung „Eisenbauten. Ihre Geschichte und Ästhetik" (Esslingen 1907)[24] zeigte, ließ den Verband deutscher Architekten- und Ingenieurvereine (DAI) 1907/08 die Preisaufgabe stellen: „Welche Wege sind einzuschlagen, damit bei Ingenieurbauten ästhetische Rücksichten in höherem Maße als bisher zur Geltung kommen?"[25] Hier wurde allerdings, ähnlich wie beim Werkbund, davon ausgegangen, daß die Ingenieurbauten nicht an sich schön seien, sondern deren Schönheit gezielt herbeigeführt werden müsse. Die Absicht des Wettbewerbs mag wie beim Projekt „Geschichte der Dampfmaschine" des VDI eine Hebung der Anerkennung der Ingenieure im Sinne traditioneller Gestaltung gewesen sein. Zumindest scheint auch dem DAI bewußt geworden zu sein, daß es nicht um applizierte, sondern nur um immanente, strukturbezogene Gestaltung gehen konnte. Diese von einem allgemeinen Gestaltungsbedarf ausgehende Betrachtungsweise entsprach aber weder den Kräften, die eine eigenständige Industriearchitektur im Werkbund-Sinne anstrebten, noch jenen Künstlern, die gerade in der strengen Verfolgung konstruktiv-technischer Regeln und der Negierung gestalterischer Aspekte die Voraussetzung für die wahre, „anonyme" Schönheit sahen. Sie kamen eher der Haltung des Heimatbundes und seiner typologisch-formalistischen Sichtweise nahe. Die Schönheit der Konstruktion, der Ausdruck der anonymen industriellen Nutzbauten sei eben, wie Walter Gropius 1913 betonte, keineswegs zufällig, sondern beruhe auf dem Gesetz der bestmöglichen Funktionserfüllung.[26] Damit verließ Gropius den Rahmen traditioneller Baukunst und setzte einen neuen Maßstab für die Architektur der Moderne.

Von Krieg zu Krieg

6. Materialschlacht im Ersten Weltkrieg. Die Front bei Arras: eine Batterie von 21 cm-Mörsern im Kampfgebiet (Foto von 1916)

Durch den Ersten Weltkrieg gewann die Einstellung zu Technik und Industrie endgültig eine neue, ernstere Dimension. Technik- und Fortschrittsgläubigkeit waren nicht mehr so unerschütterlich wie im 19. Jahrhundert. Am deutlichsten hatte der Untergang der Titanic im Jahre 1912 die Wende markiert, indem er die Verletzbarkeit der neuen Technik offenbarte. Als „Maschinerie des Todes" wurde die industrielle Technik nun im Kampf zur zerstörerischen und unmenschlichen Kraft. Die „Industrialisierung des Krieges" zeigte sich in Materialschlachten und Massenvernichtung des Ersten Weltkrieges (Abb. 6). Die folgenden 20er Jahre waren deshalb auch eine Zeit der düsteren Zivilisationsszenarien, der erschreckenden Visionen einer technikbeherrschten, aber entseelten und geistig toten Welt. Der „Untergang des Abendlandes" (Oswald Spengler, 1922) schien erstmals möglich. Deshalb gewannen die Kontrolle und Steuerung der industriellen Entwicklung und der Ausgleich ihrer Auswirkungen durch den Staat eine zunehmende Bedeutung.

Zugleich hatte der Krieg die wirtschaftliche Struktur tief beeinflußt. Walter Rathenau schrieb hier, diesmal aus der Sicht des Industriemanagers: „Fünf Jahre lang

[23] Walter Gropius: „Die Entwicklung moderner Industriebaukunst." In: JDWB 1913, Die Kunst in Industrie und Handel. Jena 1913, S. 17–22, Zitat S. 22.
[24] Vgl. auch: Frank Werner, Joachim Seidel: Der Eisenbau. Vom Werdegang einer Bauweise. Berlin/München 1992, bes. S. 11/12.
[25] Werner Lindner, Georg Steinmetz: Die Ingenieurbauten in ihrer guten Gestaltung. Berlin 1923, S. 9; Hermann Jordan, Eugen Michel: Die künstlerische Gestaltung von Eisenkonstruktionen (2 Bde., hg. im Auftr. d. Kgl. Akad. d. Bauwesens Berlin). Berlin 1913.
[26] Gropius (wie Anm. 23).

hat die Welt Produzenten getötet, Produktionsmittel mißbraucht und abgewirtschaftet, ausgeraubt und zerstört. Die Produktion von fünf Jahren ist negativ gewesen, sie schuf nicht Erzeugungsmittel und Erzeugung, sondern Zerstörungsmittel und Zerstörung. Alles ist im Rückstand. Um ein Menschenalter zurückgeworfen. Boden verarmt, Bergwerke ausgeraubt, Schiffe versenkt, Landstriche verwüstet, Lager geräumt, Fabriken verwahrlost, Bahnen verludert. Ganze Länder wirtschaftlich abgebrannt, Rußland, Polen, Ungarn, Österreich Trümmerhaufen."[27] In der durch den Krieg verursachten Zuspitzung wird hier auch die immense Belastung und Ausbeutung der Ressourcen durch die Industrie ausdrücklich genannt. In Deutschland beeinträchtigten nach dem Krieg neben der weitgehenden Entmilitarisierung der Produktion die finanziellen und materiellen Reparationsleistungen die Wirtschaft so schwer, daß es zu Krisen und einer beschleunigten Rationalisierungs- und Konzentrationswelle kam. Die damit verbundenen umfangreichen Stillegungen älterer und kleinerer Anlagen etwa im Bergbau führten zum nun stärker bewußten Verlust historisch bedeutender Objekte, d.h. potentieller Denkmale.

Reparationen, dauernde politische Unruhen, die Ermordung Rathenaus als Aussenminister 1922, die Ruhrbesetzung, Inflation und Währungsschnitt 1923 und vor allem die Weltwirtschaftskrise seit Ende 1929 mit ihrer Arbeitslosigkeit in ungekanntem Ausmaß ließen eine Normalisierung der Wirtschaftsentwicklung nicht zu. Folge des Ersten Weltkrieges war aber auch ein verstärkter Einfluß der USA, die Lebensstil und Konsumverhalten zu prägen begannen, neue Produkte und Medien verbreiteten. Der amerikanische Maßstab, beruhend auf scheinbar unerschöpflichen Ressourcen an Energie und Raum, prägte zunehmend auch in Europa das Denken.

Im Zusammenhang mit dem Ersten Weltkrieg setzte sich auch die kommunistische Gesellschafts- und Herrschaftsidee in einem Land erstmals dauerhaft durch, in Rußland. Der dialektischen Geschichtstheorie von Marx folgend, die in der Industrialisierung eine Voraussetzung für den Sieg des Kommunismus sah, setzte man in

MACHT, TRIUMPH
UND ZERSTÖRUNG

der neuen Sowjetunion eine zwanghafte Industrialisierung in Gang, die zur industriellen Erschließung neuer Regionen, aber auch zum Zusammenbruch der traditionellen Landwirtschaft und zu riesigen Hungersnöten führte. Die forcierte Industrialisierung war später die Grundlage für das Überleben der Sowjetunion im Zweiten Weltkrieg und ihre anschließende Expansion und Hegemonie über den 'Ostblock'. Die Weltausstellung von 1937 in Paris wurde zur Demonstration der künstlerischen und technischen Dynamik und Leistungsfähigkeit des kommunistischen Rußland wie des faschistischen Deutschland.

Technik und die Kultur der Moderne

Die 20er Jahre waren eine Zeit der intensiven künstlerischen Auseinandersetzung mit der modernen Technik und Industrie. Sie erstreckte sich über die klassischen Gattungen hinaus auch auf neue Medien wie Film und Funk, die sich in dieser Zeit schnell entwickelten und große Bedeutung erlangten. In der Architektur erlebte die schon vor dem Ersten Weltkrieg begonnene Reformdiskussion und -praxis durch das Kriegserlebnis und die neuen Verhältnisse eine Verstärkung und Radikalisierung.

Für die von unterschiedlichen Seiten erstrebte Reform des künstlerischen Ausdrucks spielten Einfluß und Neubewertung von Industrie und Technik eine grundlegende Rolle. Dabei bildeten sich der Städte- und der Industriebau als wichtige Arbeitsfelder heraus. Die Suche nach Grundwerten und neuen Ausdrucksformen, aber auch die Einbeziehung neuer politischer und sozialer Vorstellungen führte vor allem auch in diesen Bereichen zu neuen Konzepten und Gestaltungsweisen. Dabei gaben technische und industrielle Formen und Arbeitsmethoden wichtige Anregungen. Aus dem Blickwinkel rationeller und funktionaler Gestaltung erschienen die Bauten der Industrie in neuem Licht: Sie konnten nun auch als Form und Ausdruck gelesen werden.

Andererseits griff gerade das 'art deco' der 20er Jahre die 'industriellen' Themen Geschwindigkeit, Perfektion, metallische Reinheit und konstruktive Erneuerung in seiner Gestaltung auf, aber vor allem, um sie in traditionell kunsthandwerklicher Form und Umgebung zu verwenden. Auch hier läßt sich der Gegensatz zwischen bewußt 'kunstloser', 'funktionaler' Gebrauchsform und intensiver künstlerischer Gestaltung beobachten.

Parallel zur Architektur bereiteten etwa in der Malerei und Skulptur Kubismus und Futurismus eine neue, bereits von Fotografie und Film beeinflußte Sehweise vor (Abb. 7); in der Literatur waren es vor allem die journalistischen Autoren, die durch eine emotional-subjektive, aber auch kritische Schilderung der Realität die Wahrnehmung der sozialen Umwelt belebten und sich dabei industrieller und sozialer Themen der Zeit bedienten.

Als vor dem Krieg und unter maßgeblichem Einfluß des Werkbunds noch der Gedanke vorherrschend gewesen war, die industrielle Form und die Architektur der Ingenieur- und „Werk"-bauten müsse eigenständig entwickelt und ausdrucksvoll umgesetzt werden, waren Eigenständigkeit und Monumentalität Schlüsselbegriffe für die Beschreibung von Industriebauten gewesen. Die immer stärker werdende Abstraktion der Formen ließ auch in nicht bewußt künstlerisch gestalteten Ingenieurbauten und Industrieanlagen die Werte der gestalterischen Unabhängigkeit, Monumentalität und Rationalität erkennbar werden. Die Grundlagen eines neuen Verständnisses der angewandten Künste und der Architektur fand man in erster Linie in den zweckdominierten, industriell-ingenieurtechnischen Bauzeugnissen des 19. Jahrhunderts. Zu der entwicklungsgeschichtlich-technischen Rückschau bzw. Ableitung, die hier immer existiert hatte, kam nun auch eine Neubewertung auf künstlerisch-ästhetischer Ebene (siehe Kap. II). Diese Sichtweise lag noch in den 50er und 60er Jahren auch der ersten denkmalpflegerischen Annäherung an diese Zeit zugrunde.

Die Entwicklung der industriellen Bautechnik und ihre Übertragung auf kleinere Bauaufgaben beeinflußte auch den Umgang mit älteren Bauten wesentlich. Sie ermöglichte die Anwendung neuartiger technischer Sicherungen in historischen Bauten, etwa bei der Sanierung der Frauenkirche in Dresden in den Jahren 1938-43.[28] Neue Materialien, insbesondere der Stahlbeton als Fundament- und Ankermaterial boten sich verstärkt auch für denkmalpflegerische Aufgaben an. Die neuen Bautechniken und -materialien verdrängten wie im Handwerk eine Vielzahl traditioneller Techniken; dadurch verschwanden die oft jahrhundertealten Traditionen des Bauunterhalts und der Substanzpflege zugunsten unerprobter Materialien und Arbeitsweisen.

Schon 1913 hatte Walter Gropius seine neuartigen Überlegungen zum Industriebau und zur Formfindung im Jahrbuch des Deutschen Werkbundes publiziert (s.o.). Basierend auf der Osthaus'schen, von ihm umgestalteten Fotoausstellung des Werkbunds zeigte er darin unter anderem amerikanische Siloanlagen als Beispiele absolut funktionaler Form (Abb. 8).[29] Fabriken und andere Industriebauten, so konstatierte er, drückten unter allen Bauwerken am besten den Geist ihrer Zeit aus. Erst nach dem Ersten Weltkrieg zeigte dieser Ansatz seine ganze Wirkung.[30] Le Corbusier, der Gropius schon 1911 in Peter Behrens' Berliner Atelier kennengelernt hatte,

---

7. Max Schulze-Sölde: „Zeit der Technik", um 1925, Städt. Kunsthalle Recklinghausen

[27] Walter Rathenau: Was wird werden? Berlin 1920, S. 21.
[28] Magirius (wie Kap. II, Anm. 22), S. 220-224.
[29] Gropius 1913 (wie Anm. 23).
[30] Grundlegend: Reyner Banham: A Concrete Atlantis. Cambridge (Mass.) 1986; ders.: Die Revolution der Architektur. Theorie und Gestaltung im Ersten Maschinenzeitalter. Reinbek 1964; Repr. als: Bauwelt Fundamente, Bd. 89, Braunschweig 1990; vgl. etwa: W. Benedict: „Die Schönheit maschinentechnischer Bauwerke." In: Die Form, April 1922.

MACHT, TRIUMPH
UND ZERSTÖRUNG

verwandte einige Abbildungen in dem 1922 erstmals erschienenen Manifest „Vers une Architecture". Darin plädierte Le Corbusier für eine Erneuerung der Architektur aus den Gesetzen der Technik und Konstruktion: „Ingenieur-Ästhetik, Baukunst: beide im tiefsten Grunde dasselbe, eins aus dem anderen folgend, das eine in voller Entfaltung, das andere in peinlicher Rückentwicklung. Der Ingenieur, beraten durch das Gesetz der Sparsamkeit und geleitet durch Berechnungen, versetzt uns in Einklang mit den Gesetzen des Universums. Er erreicht die Harmonie. ... Ohne groß an Architektur zu denken, sondern ganz einfach geleitet durch die Ergebnisse der (aus den Gesetzen des Universums abgeleiteten) Berechnungen und durch die schöpferische Idee von einem lebensfähigen Organismus, wenden die Ingenieure von heute die baulichen Grundformen an; sie fügen sie den Regeln entsprechend zusammen und rufen so Architektur-Empfindungen in uns hervor; sie bringen das Menschenwerk mit der Weltordnung in Einklang. Man sehe sich die Silos und Fabriken aus Amerika an, prachtvolle Erstgeburten der neuen Zeit. Die amerikanischen Ingenieure zermalmen mit ihren Berechnungen die sterbende Architektur unter sich."[31] 1926 erschien eine deutsche Übersetzung; im gleichen Jahr veröffentlichte Erich Mendelsohn „Amerika: Bilderbuch eines Architekten", das auf Reiseerfahrungen von 1924 beruhte und ebenfalls die den europäischen Maßstab sprengenden Großstadtbauten und Industrieanlagen vorstellte (Abb. 9).

Die Bemühungen, die „peinliche Rückentwicklung" (Le Corbusier) aufzuhalten und auf der Grundlage der Analyse eigener Gestaltungs- und Konstruktionsgesetze dem konstruktiv-industriellen Bauen angemessene neue Formen und Herstellungsweisen zu finden, erstreckten sich aber weit über den ästhetisch-formalen Ansatz hinaus. Die seit der Gründerzeit vor allem an Großbauten wie Theatern, Hotels und Warenhäusern entwickelte straffe und hochtechnisierte Organisation eines Gebäudes[32] übertrug Le Corbusier unter dem Begriff „Wohnmaschine" insbesondere auf die Organisation des Wohnens. Ozeandampfer, Flugzeuge und Autos stellte er als traditionsungebundene und daher funktionsgerecht geformte Beispiele moderner Technik dar: „Vergißt man einen Augenblick, daß ein Ozeandampfer ein Transportmittel ist, und betrachtet man ihn mit neuen Augen, dann begreift man ihn als eine bedeutende Offenbarung von Kühnheit, Zucht und Harmonie und von einer Schönheit, die zugleich ruhig, nervig und stark ist."[33]

Noch weitaus umfangreicher analysierte Franz Kollmann in seinem Buch „Schönheit der Technik" aus dem Jahr 1927 die technische Form als Grundlage einer eigenständigen Ästhetik (Abb. 10).[34] Daran schloß sich 1928 Sigfried Giedions „Bauen in Frankreich. Eisen. Eisenbeton" an, das mit den programmatischen Sätzen schließt: „Konstruktion ist Form. Konstruktion ist Schönheit."

8. Getreidesilo in Fort William, Ontario (Kanada), Foto um 1910, zuerst vorgestellt von Walter Gropius im Jahrbuch des Deutschen Werkbundes 1913

[31] Le Corbusier: Ausblick auf eine Architektur; Repr. als: Bauwelt Fundamente, Bd. 2, Gütersloh/Berlin 1969, S. 21, 40 (frz. Orig. ersch. 1922).
[32] Julius Hirsch: Das Warenhaus in Westdeutschland. Seine Organisation und Wirkung. Leipzig 1910; Alfred Wiener: Das Warenhaus, Kauf-, Geschäfts- und Bürohaus.
[33] Le Corbusier 1922 (wie Anm. 31), S. 86.; vgl.: Schiffe in der Architektur (Ausst.-Kat. Hamburg). Köln 1989.
[34] Franz Kollmann: Schönheit der Technik. München 1927.

9. Otto Rudolf Salvisberg, Fernheizkraftwerk der ETH Zürich, 1930–35

[35] Kenneth Frampton: Die Architektur der Moderne. Eine kritische Baugeschichte. Stuttgart ³1989 (zuerst London 1980); Ulrich Conrads, Magdalena Droste, Winfried Nerdinger, Hilde Strohl (Hgg.): Bauhaus-Debatte 1953. Dokumente einer verdrängten Kontroverse (Bauwelt Fundamente, Bd. 100). Braunschweig 1994.
[36] Vittorio Magnago Lampugnani, R. Schneider (Hgg.): Moderne Architektur in Deutschland 1900 bis 1950, Reform und Tradition (Ausst.-Kat. Dt. Architektur-Museum). Frankfurt 1992; John Zukowsky (Hg.): Architektur in Deutschland 1919–1939, Die Vielfalt der Moderne. München 1994.
[37] Angelika Reiff: „Architektur ohne Architekten. Die gläsernen Bauten der Spielwarenfabrik Steiff." In: DiBW 21, 1992, H. 3, S. 83–87.
[38] Tilmann Buddensieg (Hg.): Die Villa Hügel in Essen. Essen 1985.

Anregende, interpretierende und historisch einordnende Darstellungen folgen im Schrifttum zur Moderne nahtlos aufeinander. Aus Inspiration und Anregung wird die Apologie, die Bewegung schreibt sich ihre eigene Geschichte: 1923 verfaßte Adolf Behne „Der moderne Zweckbau", veröffentlicht 1926, 1932 erschien H. R. Hitchcock und Philip Johnsons „The International Style, Architecture since 1922"; 1936 entstand Pevsners „Pioneers of the Modern Movement". Erst in den frühen 60er Jahren gelang es Architekturhistorikern wie Reyner Banham, Gerd Hatje und Wolfgang Pehnt, diese einseitige Überlieferung und Polarisierung aufzubrechen und die komplizierten politisch-ideologischen, sozialen und ästhetischen Wechselbeziehungen offenzulegen.[35] Die krassen ideologischen Auseinandersetzungen, die in diesen Jahren auch auf baukünstlerischer Ebene ausgetragen wurden, verhinderten eine kritische Würdigung und bestimmten einen apologetisch-polemischen Ton der Veröffentlichungen; sie polarisierten und verabsolutierten ihren Gegenstand. Zudem verhinderte die Dominanz einer vulgarisierten und verwässerten Moderne nach dem Zweiten Weltkrieg eine differenzierte Wahrnehmung und Würdigung anderer Strömungen,[36] insbesondere auch im Industriebau als der vermeintlich natürlichen Domäne des Funktionalismus. Andererseits mußte man feststellen, daß manche spektakulären Ideen der Moderne schon viel früher unbemerkt im Umkreis der Industrie verwirklicht worden waren. Zu den wichtigsten Beispielen gehören der „Curtain Wall" in der Steiff-Fabrik im schwäbischen Giengen an der Brenz[37] (Abb. 11) und die „Wohnmaschine" Villa Hügel von Alfred Krupp.[38]

MACHT, TRIUMPH
UND ZERSTÖRUNG

Ein unmittelbarer Schutzimpuls für die Ingenieurbauten des 19. Jahrhunderts ergab sich aus der Heranziehung als Vorbild nicht; eher durch ihre Haltbarkeit, Dominanz und Popularität eroberten sich Bauten wie der Eiffelturm ein dauerhaftes Bleiberecht. Ihre Bedeutung erhielten große Ingenieurbauten wie die Müngstener Brücke als technisch-gigantische Sehenswürdigkeiten und aus ihrer Wahrzeichenfunktion. Als „Bau- und Kunstdenkmale" konnte sie weder ehrwürdiges Alter noch historisch-politische Bedeutung qualifizieren. Wenn überhaupt konservatorisch oder gestalterisch wirksame Maßnahmen über den Bauerhalt hinaus durchgeführt wurden, dann betrafen sie, wie anläßlich der Weltausstellung 1937 am Eiffelturm, die Entdekorierung, dienten also aus ästhetischen wie wohl auch ökonomischen Gründen der Bloßlegung des konstruktiven Kerns.[39] Diese Haltung, die künstlerischen Ahnherren von störendem Beiwerk freizulegen, wurde besonders auch nach dem Zweiten Weltkrieg spürbar, als etwa bei Brücken oder Bahnhöfen zerstörte Konstruktionsteile in alter Form, wenn auch oft modernerer Ausführung ersetzt, dagegen die 'architektonischen' Zutaten der Gründerzeit bewußt entfernt oder reduziert wurden. Ein gutes Beispiel dafür sind das Ensemble von Hohenzollernbrücke und Hauptbahnhof in Köln, wo Ende der 50er Jahren die steinernen Brückentürme von Franz Schwechten (1913) und das Empfangsgebäude von Georg Frentzen (1894) abgetragen wurden, während die Bogenbrücke und die Bahnsteighalle aus gleicher Zeit erhalten bzw. vereinfacht wiederhergestellt wurden.[40] Ein Verständnis für die gestalterische Gesamtheit und den vielfältigen künstlerisch-dokumentarischen Wert der technischen Bauten der Gründerzeit fehlte also völlig. Man sah mit äußerst eingeschränkter Sichtweise nur das als erhaltenswert an, was entweder praktisch nutzbar oder ästhetisch-historisch wegweisend schien.

Aus heutiger Perspektive, d. h. unter Einbeziehung der gewollten Kunstlosigkeit als bewußter Gestaltungsentscheidung, wird der ausschließlich didaktisch-ästhetische Ansatz des Funktionalismus bei der Isolierung der 'funktionalen' Form früherer Zeiten deutlich. Die Vielschichtigkeit und Bedeutung der formalen Differenzierung und Einbindung wurde zugunsten der Rechtfertigung einer ästhetischen Doktrin verlassen, die trotz allgemeinem Gestaltungsanspruch schließlich wieder zu einer Spaltung in Alltags- und Luxuskultur unter dem Begriff des Designs führen mußte.

In der Fotografie läßt sich die bildliche Erforschung abstrakter und organischer Formen, die Beschäftigung mit Naturformen als Parallele zu technisch-konstruktiven Naturgesetzen über den Jugendstil und die Wiederentdeckung spätgotischer

Ornamentik zurückverfolgen. Die geistigen Grundlagen dafür lieferte das Natur- und Formenstudium in Klassizismus und Romantik (Goethe, Humboldt).[41] Beeinflußt durch die abstrakten und konstruktivistischen Kunsttheorien spielten fotografische Bemühungen für die Suche nach inneren Formgesetzen in den 20er Jahren eine wesentliche Rolle.

Le Corbusier verband seine Umwertungsaufforderungen von Architektur und Technik mit dem Hinweis auf die immanenten Naturgesetze, deren Einhaltung und geschickte Berücksichtigung auch zur ästhetischen Befriedigung führe. Damit kehrte er letztlich zum Fundament europäischer Gestaltungslehre, den Maß- und Proportionssystemen, zurück. Er lieferte so aber auch die theoretische Rechtfertigung für eine absolut autonome, „internationale" Gestaltung. Vor allem aber rechtfertigte er, indem er auf die ideal verwirklichten kosmischen Gesetze verwies, den Verzicht auf jede weitere Rücksichtnahme und Anpassung an die Umgebung, also die vor allem für den Reformansatz des Heimatschutzes wesentliche Forderung. Diese radikale Neuorientierung, verbunden mit bautechnischen Neuerungen, bedingte eine möglichst perfekte Beherrschung und Optimierung technischer Regeln. Daß freilich aus den Prinzipien möglichst effektiver Produktions- und Funktionsweise gestalterische Schönheit zwangsläufig zu erwarten sei, war eine der großen Selbsttäuschungen der Debatte in der Tradition des Fordismus.

Der neue Blick für die reine, technisch-funktionale plastische Form schuf auch in der bildenden Kunst eine neue Grundlage für die Beschreibung und Darstellung der industriellen Anlagen. Dabei wurde zunächst das industrielle Pathos der späten Kaiserzeit, wie es etwa Artur Fürst schon 1912 in „Das Reich der Kraft"[42] präsentierte, weiterentwickelt. Vom Werkbund ausgehend, war unter dem Begriff des „Monumentalen" von den Bauten und Anlagen der Großindustrie häufig als den „wahren Denkmalen dieser Zeit" die Rede (Abb. 12). Gleiches läßt sich auch in der Architekturkritik verfolgen: Paul Clemen, der erste Provinzialkonservator des Rheinlandes, besaß, wie seine Darstellung belegt, einen guten Überblick über die Bauten der Ruhrindustrie (Text 20). Ähnlich äußerte sich auch schon 1924 der saarländische Denkmalpfleger und Architekt Keuth: „Türme aus Stahl und Eisen, nach den Gesetzen des Ingenieurs errichtet, reinste Zweckbauten, formen sich zu überwältigenden Kunstwerken der Architektur. Unsere Augen fangen langsam an, die großartige Schönheit dieser Schöpfungen zu sehen, Empfindung für sie zu bekommen. Wenn Kunst Zeitausdruck sein kann, sind unsere Industriebauten die stärksten Zeugen heutiger Kunst."[43] Richard Klapheck, der wichtigste rheinische Architekturkritiker

< 10. Blick ins Innere eines Zeppelins. Aus: Karl Kollmann: Schönheit der Technik, 1927
11. Fabrikgebäude (Ostbau) der Firma Steiff, Giengen an der Brenz, 1900 (Foto um 1990)

[39] Wolfgang Friebe: Die Architektur der Weltausstellungen 1850-1970. Bauten der Weltausstellungen. Stuttgart 1983.
[40] Ulrich Krings: Der Kölner Hauptbahnhof (Landeskonservator Rheinland, Arbeitsheft 22). Köln 1977, S. 36-41.
[41] Karl Blossfeld (Ausst.-Kat.). Bonn 1994.
[42] Artur Fürst: Das Reich der Kraft. Berlin 1912; in gleicher Tradition: Paul Brandt: Schaffende Arbeit und bildende Kunst (2 Bde.). Leipzig 1927/28.
[43] Zitat nach: Föhl 1994, S. 29; vgl.: Georg Skalecki: „Denkmalgeschützte Zeugnisse der Montanindustrie im Saarland." In: Zeitschrift für die Geschichte der Saargegend 40, 1992, S. 121-153.

der 20er Jahre, schrieb 1929: „Unsere Industriebauten wurden uns stolze Burgen, aufragende Kathedralen. Eine schlichte Kühlturmreihe wurde uns zu gigantischen, eindringlich redenden Denkmälern, uralte Kulte in unsere Erinnerung zurückrufend; und doch nur industrielle Zweckbauten."[44]

Diese Äußerungen sind nicht zuletzt im Zusammenhang mit den Drohungen Frankreichs zu sehen, sich das westdeutsche Gebiet bis zum Rhein und möglicherweise das gesamte Ruhrgebiet einzuverleiben. Das Saargebiet, für Frankreich als Ergänzung zur Lothringer Schwerindustrie von großem Interesse, war nach den Bestimmungen des Versailler Vertrages sogar bis 1935 internationale Zone; erst dann entschied man sich für weitere Zugehörigkeit zu Deutschland. Vor diesem Hintergrund bekam die Feier der tausendjährigen Zugehörigkeit des Rheinlandes zum Deutschen Reich im Jahre 1925, in deren Rahmen Clemen sich äußerte, eine sehr aktuelle politische Bedeutung.[45] Die Ruhrbesetzung durch die Franzosen im Jahre 1923 zwecks Sicherung der Reparationslieferungen hatte den Verlust dieser zentralen deutschen Industrieregion möglich erscheinen lassen.

Vor allem aufgrund dieser Konstellation stand der „Ruhrkohlenbezirk" über die gesamten 20er Jahre im besonderen Interesse der deutschen Öffentlichkeit.[46] Mit dem Erscheinungsbild der Region beschäftigte sich schon 1922 Werner Lindner als Mitherausgeber eines Bildbandes über das Ruhrgebiet.[47] 1928 erschien „Der Gigant an der Ruhr" von M.P. Block.[48] Im Auftrag des Bergbauvereins zu Essen verfaßte Hans Spethmann eine umfassende, mehrteilige Darstellung der wirtschaftlichen und topographischen Entwicklung des Ruhrgebiets.[49]

Aber nicht nur die Industrielandschaft, sondern auch der praktische Städtebau erlangte in den 20er Jahren einen neuen Stellenwert. Mit der Gründung des „Siedlungsverbandes Ruhrkohlenbezirk" (heute „Kommunalverband Ruhrgebiet"), auf den Max Barthel anspielt (Text 21), erhielt das Ruhrgebiet 1920 (gleichzeitig mit der Bildung von „Groß-Berlin") erstmals ein regionales Planungs- und Entscheidungsgremium, das sich um eine Koordination der städtebaulichen und verkehrstechnischen Entwicklung bemühte.[50] Diese Entwicklung ging auf die Initiative des Essener Stadtplaners Robert Schmidt zurück; ähnliche Vorschläge hatte auch schon Karl Ernst Osthaus gemacht. In diesem Zusammenhang wurde auch die neue Luftbild-

[44] Richard Klapheck: Neue Baukunst in den Rheinlanden. Eine Übersicht unserer baulichen Entwicklung seit der Jahrhundertwende (Hg. Rh. Verein für Denkmalpflege und Heimatschutz). Düsseldorf 1928, S. 170/71.
[45] Der Clemen-Text zuerst zitiert bei: Udo Mainzer: „Denkmalpflege im Rheinland heute, Chancen und Grenzen." In: Erhalten und Gestalten. 75 Jahre Rh. Verein f. Denkmalpflege u. Landschaftsschutz. Neuss 1981, S. 185–224, Zitat S. 201; vgl. Föhl 1994, S. 8.
[46] z.B.: Bernhard Luther: Wanderungen durch den Rheinisch-Westfälischen Industriebezirk (Sammlung belehrender Unterrichts-Schriften f. d. dt. Jugend). Neu-Funkenkrug ²1925; Paul Schneider: Ruhrland. Ein Heimatbuch für das Rheinisch-Westfälische Industriegebiet. Leipzig 1925; als Überblick: Erhard Schütz (Hg.): Die Ruhrprovinz. Das Land der Städte, Ansichten und Einsichten in den grünen Kohlenpott. Reportagen und Berichte von den zwanziger Jahren bis heute. Köln 1987.
[47] Werner Lindner (Hg.): Das Land an der Ruhr (Dt. Bund Heimatschutz, Westfäl. Heimatbund u. Rh. Verein f. Denkmalpflege und Heimatschutz). Berlin 1923.
[48] M.P. Block (= Max Paul) (Hg.): Der Gigant an der Ruhr. Das Gesicht der Städte. Berlin 1928, ²1929.
[49] Spethmann (wie Kap. II, Anm. 42).

< 12. Aus: Die Schöne Heimat. Bilder aus Deutschland (Die Blauen Bücher, 276.– 290. Tausend, Königstein im Taunus 1935)
13. Fritz Schupp, Martin Kremmer, Verwaltungsgebäude der Zentralkokerei Nordstern, Gelsenkirchen (Foto 1927), heute einziger erhaltener Teil der Kokerei

[50] Robert Schmidt: „Der Ruhrsiedlungsverband und die Weiterentwicklung des rheinisch-westfälischen Industriegebietes." In: ZRVDH 21, 1928, H. 1, S. 140-143; Heiner Radzio: Leben können an der Ruhr. 50 Jahre Kleinkrieg für das Revier. Düsseldorf/Wien 1970; Kommunalverband Ruhrgebiet. Wege, Spuren. Festschrift zum 75jährigen Bestehen des Kommunalverbandes Ruhrgebiet. Essen 1995.
[51] Zeitgenöss.: Luftbild und Luftbildmessung, 8. Entwicklung der photogrammetrischen Geländeaufnahmen im Rheinisch-Westfälischen Industriegebiet. Berlin 1933; vgl. Wolfgang Schulze, Richard Günter: Historische Luftbilder des Ruhrgebietes 1924-1938. Essen 1991.
[52] Uwe Westfehling: Köln um die Jahrhundertwende in Bildern von Jakob und Wilhelm Scheiner. Köln 1979.
[53] Lars U. Scholl: Der Industriemaler Otto Bollhagen 1861-1924. Herford 1992.
[54] Walter Müller-Wulckow: Bauten der Arbeit und des Verkehrs aus deutscher Gegenwart. Königstein im Taunus/Leipzig 1925; ²1929 erw.; Repr. 1975; vgl.: Wilhelm Busch: Fritz Schupp, Martin Kremmer, Bergbauarchitektur 1919-1974 (Arbeitshefte des Landeskonservators Rheinland, Nr. 13). Köln 1980.
[55] Fritz Schupp, Martin Kremmer, Ernst Völter (Hg.): Architekt gegen oder und Ingenieur. Berlin 1929, S. 68.
[56] Allg.: Helmut Friedel: Kunst und Technik in den 20er Jahren. Neue Sachlichkeit und Gegenständlicher Konstruktivismus (Ausst.-Kat. Neue Sammlung München). München 1980.
[57] Rainer Graefe (Hg.); Klaus Bahr u. a.: Vladimir G. Šuchov 1853-1939. Die Kunst der sparsamen Konstruktion (Hg. Inst. f. Auslandsbez.). Stuttgart 1990.

fotografie als Dokumentationsmittel für großflächige bauliche Strukturen systematisch entwickelt und angewandt.[51] Sie setzte eine weit in das 19. Jahrhundert und in die Geschichte der Panoramen zurückreichende darstellerische Tradition der Architektur- und Industriemalerei, etwa von Malern wie Wilhelm Scheiner[52] und Otto Bollhagen,[53] fort. Wie kaum ein anderes Medium dokumentierte sie eindrucksvoll die neuen industriellen Strukturen. Ihre Anwendung etwa zur Planung und Dokumentation technischer Großanlagen und zu denkmalpflegerischen Dokumentationszwecken wurde üblich.

Die Industriearchitektur der 20er Jahre weist große Vielfalt auf und ist eng mit der Vorkriegsentwicklung verbunden. Sie ist bis heute kaum ausreichend erforscht und dargestellt.[54] Hatte der Deutsche Werkbund den Industriebau als einen Schlüssel zur Entwicklung einer neuen Baukunst angesehen, so entstand in den 20er Jahren bei der Elektrifizierung und der Rationalisierung vor allem der Montanindustrie ein großer Bedarf an Neubauten (Abb. 13). Der Industriebau entwickelte eine künstlerisch und technisch variantenreiche, eigenständige Sprache. Der „Triumph der Industrie" als Demonstration des wirtschaftlichen Überlebenswillens Deutschlands sollte sich in der Monumentalität der neuen Bauten spiegeln. Industriebauten erhalten, etwa nach Aussage Fritz Schupps, den Rang öffentlicher Monumente: „Wir müssen erkennen, daß die Industrie mit ihren gewaltigen Bauten nicht mehr ein störendes Glied in unserem Stadtbild und in der Landschaft ist, sondern ein Symbol der Arbeit, ein Denkmal der Stadt, das jeder Bürger mit ebenso großem Stolz dem Fremden zeigen soll wie seine öffentlichen Gebäude."[55] Die neuen Dimensionen der Bauten zeugten aber auch von der durch Fusionen, Konzentration und Rationalisierung geprägten Entwicklung der Industrie.

Russische Künstler wie Tatlin machten im Konstruktivismus Technik, Konstruktion und Industriearbeit zum Thema ihrer Arbeit und spielten mit den scheinbar so festen Grundlagen der kapitalistischen Welt.[56] Die Überwindung des Kapitalismus sollte sich in der Überwindung der einengenden Naturgesetze und künstlerischen Ordnungen wiederholen. Aber auch andere ältere konstruktive Entwicklungen wie die leichten Netztragstrukturen Šuchovs konnten sich in der Sowjetunion nicht durchsetzen.[57] Sie sind mit den „konstruktivistischen" Überlegungen der 20er Jahre und einer „Revolutionierung des statischen Denkens" eng verwandt. Durch den Stalinismus der 30er Jahre wurde diese Bewegung unterdrückt. Im 'Westen' waren der Antimilitarismus und der Kampf gegen soziale und politische Unterdrückung und Ungleichheit die wichtigsten Themen der zivilisations- und technikkritischen 'politischen' Kunst. Bertolt Brecht verhöhnte die fortschrittsgläubigen, die Schönheit

MACHT, TRIUMPH
UND ZERSTÖRUNG

der Technik verehrenden, aber orientierungslosen Intellektuellen und Künstler seiner Zeit 1928 in dem satirischen Gedicht „700 Intellektuelle beten einen Öltank an":

...
Eilet herbei, alle!
Die ihr absägt den Ast,
auf dem ihr sitzt
Werktätige!
Gott ist wiedergekommen
in Gestalt eines Öltanks! ...

Tue uns Gewalt an
Du Sachlicher!
Lösche aus unser Ich!
Mache uns kollektiv! ...
Und erlöse uns
von dem Übel des Geistes.
...[58]

Dieser bitter-ironische Hinweis auf die 'Ersatzreligion Technik' erscheint weniger übertrieben, wenn man die entsprechenden Bestrebungen der Zeit berücksichtigt. So formierte sich Ende der 20er Jahre die Gruppe der „Technokraten".[59] Sie forderte die konsequente Leitung des Staates ausschließlich durch die Ingenieure.

Daß sich der Faschismus als Verbindung retrospektiver und nationalistisch-modernistischer Tendenzen ganz unterschiedlich gegenüber der Moderne verhalten konnte, zeigt die Entwicklung in Italien, wo der neue Stil anfangs durchaus programmatisch für öffentliche Bauten Anwendung fand.[60] In England, das in dieser Zeit bereits den beginnenden Zerfall seines Kolonialreichs und industriellen Abschwung erlebte, ließ der international geschätzte Lebensstil der Vorkriegszeit nur wenige Reformbemühungen durchdringen. Frankreich gelangen in der Praxis neben der Architektur Le Corbusiers kaum noch prägende künstlerische Impulse. Der bautechnische Vorsprung Frankreichs und der USA im Eisenbetonbau war schnell eingeholt. Das Interesse der Welt richtete sich auf Architektur und Städtebau der in den USA entstehenden Metropolen neuen Maßstabs, denen gegenüber Paris und London in einen Dornröschenschlaf verfielen.[61] Mit Beginn des Faschismus und der schrittweisen Emigration führender deutscher Avantgardearchitekten (Gropius und Breuer über London 1937 nach Harvard (Mass.); Mendelsohn 1934 nach Israel und 1941 in die USA, Mies van der Rohe über Zürich 1938 nach Chicago) wurde der englisch-französisch dominierte Geschmack in den USA durch den Funktionalismus abgelöst, der sich mit neuen Bauformen und Techniken und eigenständigeren Richtungen wie der Architektur Frank Lloyd Wrights verband. Damit gewann Nordamerika wieder Anschluß an eine Entwicklung, die von hier aus über zwei Jahrzehnte zuvor mit angeregt worden war.

Die funktionalistische Theorie und die vorgebliche Ablehnung jedes künstlerischen Gestalteingriffs stieß auf Widerstand bei verschiedenen Architekten, vor allem solchen, die sich mit traditionelleren Bauaufgaben wie dem Kirchenbau befaßten. Die moderne Auffassung biete zwar ein System, hieß es allgemein, aber kein Leben; sie erfasse das Wesen der Dinge nicht. Rudolf Schwarz schrieb 1927 in seiner Streitschrift „Wegweisung der Technik": „Der technische Gedanke, kühn und fast unübersehbar geworden, nähert sich einer höchsten Anspannung. Wenn wir heute von Technik sprechen, so begleitet uns das Gefühl, daß dieses Werk gefährdet ist, und dieses Gefühl scheint uns etwas Neues zu sein. Das Unternehmen enthüllt seine Grenzen und verliert damit sein Ansehen als wirkliche Sicherung und seine Gläubigen".[62] Diese Kritik an rein materiell-funktionalistischen Doktrinen, das Beharren auf dem persönlich-künstlerischen, überrationalen Anteil allen Gestaltens gewann in der jüngeren Auseinandersetzung mit der Moderne neues Gewicht. Schon Fritz Schumacher hatte über die ingenieurkünstlerischen Versuche der Vorkriegszeit geäußert, sie seien „nicht nur Erzeugnisse des rechnenden Verstandes, sie sind ebensosehr Erzeugnisse des wägenden Gefühls".[63] Der Verweis auf das „Unplanbare" (Schwarz) im künstlerischen Schaffen blieb eine Konstante der Baumeistergeneration des Werkbundes und seines Umfeldes in Absetzung vom reinen Funktionalismus. Sie bildete eine der Brücken zwischen den Architekturdiskussionen der

---

[58] Zit. nach: Literatur im Industriezeitalter (Ausst.-Kat. Dt. Literatur-Archiv). Marbach am Neckar ²1987, Bd. 2, S. 684-686 (Auszug).
[59] Stefan Willeke: Die Technokratie-Bewegung in Nordamerika und Deutschland zwischen den Weltkriegen. Frankfurt 1994.
[60] Vgl.: Bruno Zevi (Hg.): Giuseppe Terragni. Bologna 1980.
[61] Vgl.: Karl Fritz Stöhr: Die Amerikanischen Turmbauten. Die Gründe ihrer Entstehung, ihre Finanzierung, Konstruktion und Rentabilität. München 1921; Dietrich Neumann: „Die Wolkenkratzer kommen!" Deutsche Hochhäuser der zwanziger Jahre. Debatten - Projekte - Bauten. Braunschweig/Wiesbaden 1995.
[62] Rudolf Schwarz: Wegweisung der Technik. Potsdam 1929; Repr. als: Bauwelt Fundamente, Bd. 51. Braunschweig 1979, S. 90.
[63] Fritz Schumacher: „Schöpferwille und Mechanisierung." In: Zentralblatt der Bauverwaltung 53, 1933, H. 18, S. 205-210; zit. nach: Hartmann 1994, S. 395.

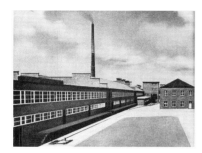

20er Jahre und der in den 50er Jahren wieder aufgenommenen konkurrierenden Vielfalt der Architekturpraxis. Letztlich spiegelt sich darin auch das Schwanken des Selbstbildes der Architekten.

Industrie und Technik im Nationalsozialismus

Das Verhältnis des Nationalsozialismus zu Industrie und Technik und die industriellen Vorgänge und Veränderungen in dieser Zeit, insbesondere während des Zweiten Weltkrieges, spielen eine wichtige Rolle für die Entstehung, Überlieferung und Bewertung von Zeugen der Technik und Industrie. Dahinter steht ein teilweise sehr ambivalentes, aber immer politisch motiviertes Industrie- und Technikverständnis, das bisher nur teilweise erforscht und dargestellt worden ist.

Es war nicht zuletzt die ausweglos erscheinende Wirtschaftskrise seit 1929, die Hitler und die Nationalsozialisten an die Macht brachte. So gespalten und ambivalent wie die Ideologie der Partei, so unterschiedlich waren auch die Gruppen, aus denen der Nationalsozialismus seine stärkste Unterstützung erhielt: Arbeitslose, Mittelstand, Angestellte, Großindustrie. Ihr gemeinsames Interesse waren neuer Wohlstand durch wirtschaftliche Gesundung und die internationale Anerkennung Deutschlands. Zur Bekämpfung der Arbeitslosigkeit und zur Aufrüstung setzten die neuen Herrscher sowohl auf die Großindustrie und die bald einsetzende Aufrüstung als auch auf den Reichsarbeitsdienst (Abb. 15) und seine als völkisch-soziales Heilmittel vorgeführte demonstrative Handarbeit. Die Zurückdrängung der Maschine durch Handarbeit aus sozialpolitischen und psychologischen Gründen beruhte auf der Vorstellung von der Selbstverwirklichung in der Arbeit.[64] So existierte von Anfang an eine Haltung der Ambivalenz gegenüber der Technik: auf der einen Seite Technik-Feindlichkeit oder zumindest -Skepsis, auf der anderen Seite der forcierte Ausbau der gesamten Infrastruktur und der Industrie zur Vorbereitung des Krieges. Hier war nicht Handarbeit, sondern (militärisch nutzbare) Spitzentechnologie gefragt, und die Autarkievorbereitungen förderten den Ausbau ganzer neuer Industriezweige wie der Kohleverflüssigung und die Reaktivierung längst stillgelegter Produktionsstätten etwa im Bergbau. Dabei wurden alte Betriebseinrichtungen wieder in Betrieb genommen oder, wie etwa beim Bergwerk Rammelsberg im Harz,[65] durch Neubauten ersetzt.

In die soziale Struktur der Industrie griff man mit einem „Sozial"-Projekt ein, dem der Deutschen Arbeitsfront unterstellten Amt „Schönheit der Arbeit".[66] Dessen

14a und b. Beispiel der Aktion „Schönheit der Arbeit": vorher – nachher
15. Demonstrativer Einsatz von Muskelkraft beim Reichsarbeitsdienst

[64] Karl-Heinz Ludwig: Technik und Ingenieure im Dritten Reich. Düsseldorf 1974, bes. S. 96–102; vgl. Taschenbuch „Schönheit der Arbeit". Berlin 1937 u.ö.
[65] Rainer Roseneck: Der Rammelsberg (Arbeitshefte zur Denkmalpflege in Niedersachsen, Nr. 9). Hameln 1992, S. 10.
[66] Anson G. Rabinbach: „Die Ästhetik der Produktion im Dritten Reich." In: Ralf Schnell (Hg.): Kunst und Kultur im Deutschen Faschismus; Roswitha Mattausch, Brigitte Wiederspahn: „Das Bauprogramm der Deutschen Arbeitsfront. Die Umwelt der Arbeiter." In: Georg Bussmann (Bearb.): Kunst im Dritten Reich. Dokumente der Unterwerfung. Frankfurt am Main 1979, S. 183–216; Chup Friemert: Schönheit der Arbeit, Produktionsästhetik im Faschismus. Das Amt „Schönheit der Arbeit" von 1933–1939. München 1980; Joan Campbell: Joy in Work, German Work. The National Debate, 1800–1945. Princeton 1989.

16. Gemälde von Carl Theodor Protzen „Baustelle Brücke in der Holledau, Reichsautobahnbau", gezeigt auf der Großen Deutschen Kunstausstellung 1940

[67] Robert Ley im Vorwort zu: Eugen Kurrer (Bearb.), Martin Kremmer, Hans Väth u.a.: Schönheit der Arbeit im Bergbau. Berlin 1941.
[68] Joan Campbell: Der Deutsche Werkbund 1907–1934. München 1989, S. 347/48.
[69] Rainer Stommer, Claudia Gabriele Philipp (Hgg.): Reichsautobahn, Pyramiden des Dritten Reichs. Analysen zur Ästhetik eines unbewältigten Mythos. Marburg 1982; ³1995; Erhard Schütz, Eckhard Gruber: Mythos Reichsautobahn. Bau und Inszenierung der Straßen des Führers 1933–1941. Berlin 1996.

Leiter Robert Ley bezeichnete es als „größtes sozialpolitisches Reformwerk aller Zeiten".[67] Entsprechend den sozialen und völkischen Ideen des Nationalsozialismus wurden hier mit dem einen Ziel einer inneren Stärkung des Fabrikarbeiters und der Verwirklichung des Führer- und Gefolgschaftsprinzips ältere Arbeitsschutz- und Sozialvorstellungen unter staatlichem Druck verwirklicht, darunter die ansprechende, großzügige und funktionsgerechte Gestaltung der Industriebauten (Abb. 15a und b). Ähnliche Ziele finden sich schon in der Werkbundtheorie und bei Karl Ernst Osthaus. Die Nationalsozialisten förderten sowohl die Verschönerung und Umgestaltung älterer Anlagen wie die Schaffung von Gemeinschaftsräumen oder Freizeiteinrichtungen. Nicht gerade zufällig beschäftigte sich die letzte Ausgabe der „Form", der Zeitschrift des gleichgeschalteten Werkbundes, mit dem Thema „Schönheit der Arbeit" und erklärte damit das Amt zum legitimen Erben und Sachwalter der „Industriekultur".[68] Das Ideal der „Werksgemeinschaft", das man in früheren Zeiten zu sehen glaubte und etwa bei Firmenjubiläen betonte (vgl. „Kupferhammer Grünthal", Kap. II), sollte so auf neuzeitliche Betriebe übertragen werden; ein Gegenbild zum ideologischen Bild vom Klassenkampf und der Unterdrückung der Arbeiter durch die Besitzenden.

Zwischen funktionaler Sachlichkeit, schlichter Regionalität und demonstrativer Selbstdarstellung schwankte die Gestaltung der technischen und industriellen Bauten der Zeit. Die wohl größte technische und gestalterische Aufgabe der Zeit boten die Reichsautobahnen (Abb. 16).[69] Bis 1939 wurden 2100 km Strecke und Hunderte von Brücken jeder Form und Größe fertiggestellt. Die „Kathedralen des Führers" waren das für jeden sichtbare technische Großprojekt der Zeit; ihm hatten sich letztlich alle baulichen und landschaftsplanerischen Bemühungen unterzuordnen. Architekten wie Paul Bonatz und Paul Schmitthenner entwarfen Brücken und andere Zweckbauten; Werner Lindner veröffentlichte für den Deutschen Heimatbund gemeinsam mit Friedrich Tamms auch im Hinblick auf den Autobahnbau eine praktische Übersicht über Formen klassischen Mauerwerks.[70] Die Reichsautobahnen boten ein Experimentierfeld etwa für eine große Vielfalt traditioneller Brückenkonstruktionen wie für solche aus Beton und Stahl. Regional-landschaftliche, später verstärkt auch ökonomische Gesichtspunkte wie Arbeitskräftemangel oder Rationierung bestimmter Baumaterialien wie Stahl spielten bei der Wahl der Konstruktionen und Gestaltungen eine Rolle. 1942 hob Rudolf Wolters, Mitarbeiter von Generalbauinspektor Albert Speer in Berlin, die neue Zusammenarbeit zwischen Ingenieuren und Architekten hervor: Die Autobahnbrücken seien zu verstehen „als Kulturdenkmal einer großen Zeit in deutscher Landschaft".[71] Ein dergestalt in die Zukunft projizierter Denkmalgedanke, den man insbesondere von den Ruinen der Antike ableitete, stand vor allem hinter repräsentativen Bauten des Dritten Reichs und beeinflußte ihre meist klassizistisch-konservative Gestaltung; hier wie im Autobahnbau umfaßte er aber traditionelle wie hochmoderne Konstruktionen.

In der Fabrikarchitektur wurde die in den 20er Jahren entwickelte funktionalistische Gestaltung als Zeichen von Sauberkeit, Sparsamkeit und Rationalität in die Architekturhierarchie und die Aktion „Schönheit der Arbeit" eingegliedert.[72] Der Funktionalismus war, besonders auch unter Einbeziehung seiner 'monumentalen' Wirkungen, mit Sicherheit keine unpolitische Nische, sondern wurde gerade für die 'Zukunfts'-Industrien wie den Flugzeug- und Automobilbau, aber auch für temporäre Aufgaben (Messehallen) als angemessene, fortschrittliche Bauform eingesetzt. Im Krieg kam dazu das Gebot äußerster Sparsamkeit, für das man auf die Überlegungen und Erfahrungen der 20er Jahre zurückgreifen konnte. Nach anfänglicher politisch-ideologisch begründeter Ablehnung des für die 'bolschewistische' Avantgarde stehenden Bauhauses wurden dessen Formen in den Kanon nationalsozialistischen Bauens eingebunden. Das zeigt sich in der 'monumentalen' Komponente der Bauten, ihrer vermehrten Symmetrie, Akzentuierung, Großdimensionierung. Am Bauhaus ausgebildete oder dieser Richtung zuzurechnende Architekten waren auf fast allen Planungsebenen vertreten, ob in Herbert Rimpls Baubüro der Reichswerke Hermann Göring (Abb. 17), im Berliner Planungsbüro Speer oder in den verschiedenen Wiederaufbaustäben während des Krieges.[73]

Über das Verhalten und Schicksal der künstlerischen Avantgarde im Nationalsozialismus herrschte lange ein sehr unklares Bild. Nachdem der Hamburger Architekt Rudolf Lodders schon 1946 in einem Vortrag die Konsequenz moderner Entwicklung im Industriebau betont hatte,[74] versuchte er 1948, das Überleben der Moderne im Nationalsozialismus als „Zuflucht im Industriebau", in einen vermeintlich politisch neutralen Bereich, darzustellen: „... angeekelt und verzweifelt zugleich, sannen wir auf einen Ausweg ... und schließlich tauchten wir dort unter, wo Hitler ein Ventil gelassen hatte: im Industriebau. ... Es ist schon erstaunlich, was außerhalb allen Klimbims von 'Blut und Boden' und machtbetonender Repräsentation, abseits, ohne jeden falschen Geltungstrieb, zunächst unbeachtet, für das eigentliche Bauen geschah und erreicht wurde. Im Industriebau wurde trotz allem, abseits vom Lärm

17. Herbert Rimpl, Heinkel-Flugzeugwerke in Oranienburg (Foto um 1938)

[70] Werner Lindner, Friedrich Tamms: Mauerwerk (Hg. Dt. Heimatbund). Berlin 1937.
[71] Rudolf Wolters: Vom Beruf des Baumeisters. Berlin/Prag/Amsterdam 1944, S. 66; Werner Durth: Deutsche Architekten. Biographische Verflechtungen 1900–1970. München 1992, S. 517.
[72] Gerhard Fehl: „Die Moderne unterm Hakenkreuz." In: Hartmut Frank: Faschistische Architekturen. Hamburg 1985, S. 88–122; Lothar Suhling: „Deutsche Baukunst. Technologie und Ideologie im Industriebau des 'Dritten Reiches'." In: Herbert Mehrtes, Steffen Richter (Hgg.): Naturwissenschaft, Technik und NS-Ideologie. Beiträge zur Wissenschaftsgeschichte des Dritten Reichs. Frankfurt am Main 1980, S. 243–281.
[73] Winfried Nerdinger (Hg.): Bauhaus-Moderne im Nationalsozialismus. Zwischen Anbiederung und Verfolgung. München 1993; Ulrich Conrads (Hg.): Die Bauhaus-Debatte 1953. Dokumentation einer verdrängten Kontroverse (Bauwelt Fundamente, Bd. 100). Braunschweig 1994.
[74] Rudolf Lodders: Industriebau und Architekt und ihre gegenseitige Beeinflussung. Hamburg 1946.

MACHT, TRIUMPH
UND ZERSTÖRUNG

der 'Kunst im Dritten Reich', der eigentliche Ausdruck unserer Zeit gefunden als erste sinnvolle Gestaltwerdung dessen, was sich wirtschaftlich und politisch noch immer nicht formen will."[75] Dieser Versuch der Ehrenrettung und der Hoffnung auf gesellschaftliche Reform durch Architektur wirkt vor dem Hintergrund der wahren Abhängigkeiten und Zwänge zugleich hilflos und entlarvend in dem Glauben, den Nationalsozialismus überlistet und ihm künstlerische Wahrheit entgegengestellt zu haben. Die Entscheidung über die Wertung auf dem schmalen Grat zwischen künstlerischer Glaubwürdigkeit und beruflichem Opportunismus bleibt dem Einzelfall überlassen.

Bei aller Betonung des Arbeitsethos und der Reform der industriellen Arbeitswelt blieb die Einstellung des Nationalsozialismus zur Technik und Industrie zwiespältig.[76] Stimmen der Zeit, wie die des gemäßigt linientreuen, populären Technikschriftstellers Eugen Diesel (Text 22),[77] sahen die weiter drohende zerstörerische Kraft der Technik und ihre weltumspannende Verflechtung und riefen dringend zu einer Entschärfung und Anpassung der politischen und gesellschaftlichen Systeme auf. Seine These, die technische Entwicklung begünstige politischen Totalitarismus, ist nicht zuletzt auch Deutung der eigenen Zeit.

Von der Propaganda wurde dagegen gerade die Schwerindustrie als Kernsektor der Wirtschaft massiv gefördert und hochstilisiert; es heißt hier etwa 1941 in einer populären „Geschichte des Eisens": „Es darf heute keinen Deutschen mehr geben, der vom Eisen nicht wüßte, wie es geschaffen wird, wie es dient, und was man ihm innerhalb der Grenzen von Schwert und Pflug verdankt. ... Der Wert eines Metalls kann nur nach der Größe seines Beitrages zur Sicherung und Förderung des völkischen Lebens bemessen werden."[78] Daß die wirtschaftliche Kraft und Ausdauer und nicht die Überzeugungskraft der Ideen auf dem Weg zum Großreich entscheidend sein würden, war klar. Deshalb wurde die Industrie fest in das Herrschaftsgefüge eingebunden und in jeder Weise gefördert. Die Kriegswirtschaft mit ihren Zwangsarbeitern und KZ-Arbeitskommandos führte an der „Heimatfront" einen zweiten, grausamen Krieg; wieder wurde die Industrie für die Durchsetzung machtpolitischer

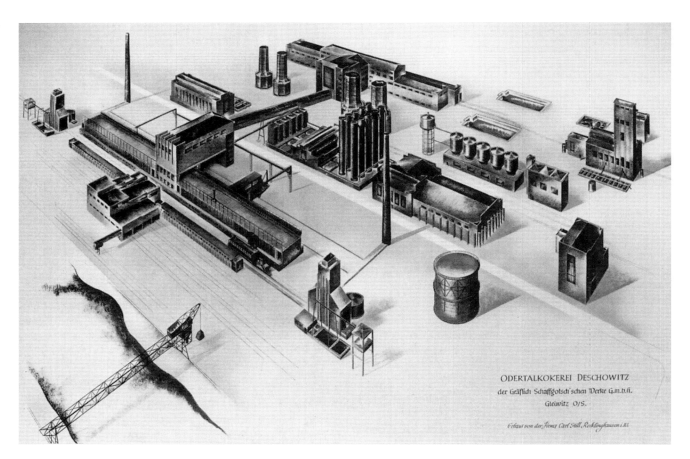

ODERTALKOKEREI DESCHOWITZ
der Gräflich Schaffgotsch'schen Werke G.m.b.H.
Gleiwitz O/S.

Erbaut von der Firma Carl Still, Recklinghausen i.W.

Ziele zur gnadenlosen Ausbeutung aller inneren und äußeren Ressourcen gebracht. Gleichzeitig forcierte der Krieg die technologische Entwicklung, und während die eine Seite vergeblich auf eine Wende und den Endsieg durch die „Wunderwaffe" V 2 hoffte, eröffnete die Gegenseite mit der Atombombe ein neues Zeitalter der Kriegsführung und setzte einen vorläufigen Schlußpunkt. Zukünftige Verfügung über die Technik und Industrie wurde zum wichtigen Streit- und Verhandlungsobjekt zwischen Siegern und Besiegten. Dabei kam dem Schicksal der Industrieanlagen eine zentrale Rolle zu.

Auch nach mehreren Jahren Krieg in Europa produzierte die deutsche Industrie mit kaum verminderter Kraft; die Bombenangriffe richteten sich nur teilweise gegen die Industrie- und Infrastrukturanlagen; andere Ziele waren die Wohngebiete zwecks Einschüchterung der Bevölkerung. Nur bestimmte Unternehmen wurden ausdauernd bombardiert, wie die Krupp-Werke in Essen; andere Industriekomplexe blieben fast unbeschädigt. Angst vor Luftangriffen veranlaßte den Bau von ausgedehnten unterirdischen Produktionsstätten, vor allem mit Hilfe von Kriegsgefangenen, Zwangsarbeitern und KZ-Insassen, die auch massiv in der Kriegsproduktion eingesetzt wurden. Für die Herstellung von Ersatzstoffen wurden gigantische neue Industrieanlagen aus dem Boden gestampft.[79] Seit Kriegsbeginn unter Albert Speer mit Hilfe der beteiligten Unternehmer straff organisiert, bildete die Industrie die Grundlage der Kriegsführung. Waren etwa während der Kämpfe im westlichen Rußland die dortigen Industrieanlagen völlig zerstört worden, so fielen mit dem Vorrücken der Alliierten zunächst in den besetzten Ländern benutzbare Produktions- und Verkehrseinrichtungen in deren Hände. Hitler befahl, beim Rückzug alle Anlagen zu zerstören oder unbrauchbar zu machen.

Ende 1944 begannen die Truppen von allen Seiten in deutsches Gebiet einzudringen, sowjetische Truppen nach Ostpreußen; am 16. Oktober fiel Aachen als erste deutsche Großstadt in amerikanische Hände, und die Amerikaner setzten an, das Ruhrgebiet einzuschließen. Seit dieser Zeit bemühte sich Albert Speer als Rüstungsminister Hitlers nach eigenem Zeugnis, die Taktik der „Verbrannten Erde" zu unterlaufen: „Meine Tätigkeit gegen Ende des Krieges, vor allem nach dem aufgegebenen Attentatsplan, richtete sich fast ausschließlich darauf, ohne ideologische oder nationale Voreingenommenheit, allen Schwierigkeiten zum Trotz, industrielle Substanz zu retten. Das geschah nicht ohne Widerstand und führte mich weiter auf dem Weg von Lüge, Täuschung, Schizophrenie, den ich beschritten hatte."[80] Unterstützt von Offizieren wie Guderian und Henrici, aber auch dem im April 1945 im 'Ruhrkessel' eingeschlossenen Feldmarschall Model, verhinderte Speer die Ausführung von Hitlers Zerstörungsbefehl; dies galt auch für zahlreiche mit wichtigen Versorgungsleitungen versehene Brücken. Insbesondere im Ballungsraum Ruhrgebiet waren nicht nur die Unternehmen, sondern auch die Gemeinden zur Versorgung der Bevölkerung auf dieses Leitungsnetz angewiesen.

Im März 1945 versuchte Speer nach eigener Darstellung, seine Haltung Hitler in einer Denkschrift zu erläutern. Sie endet mit dem Satz: „Wir haben kein Recht dazu, in diesem Stadium des Krieges von uns aus Zerstörungen vorzunehmen, die das Leben des Volkes treffen könnten". Hitler habe darauf geantwortet: „Wenn der Krieg verlorengeht, wird auch das Volk verloren sein. Es ist nicht notwendig, auf die Grundlagen, die das deutsche Volk zu seinem primitivsten Weiterleben braucht, Rücksicht zu nehmen. Im Gegenteil ist es besser, selbst diese Dinge zu zerstören. Denn das Volk hat sich als das Schwächere erwiesen, und dem stärkeren Ostvolk gehört ausschließlich die Zukunft. Was nach diesem Kampf übrigbleibt, sind ohnehin nur die Minderwertigen, denn die Guten sind gefallen!"[81]

Speer hat diese Aktivitäten in seinen Erinnerungen sicher überbetont, um damit eine Entlastung und positive Auslegung seiner Verantwortung im Zweiten Weltkrieg zu erreichen. Indem man aber erreichte, daß die Strategie der „Verbrannten Erde"

<18. Schupp & Kremmer, Odertal-Kokerei, Deschowitz (Schlesien), 1931
19. Köln, Blick über die zerstörte Hohenzollernbrücke auf den Dom (Foto um 1946)

[75] Rudolf Lodders: „Zuflucht im Industriebau." In: Baukunst und Werkform 1, 1948, H. 1, S. 37–44; Zitat S. 39.
[76] Karl-Heinz Ludwig: Technik und Ingenieure im Dritten Reich. Düsseldorf 1974.
[77] Wer ist Wer, Ausg. 1960, S. 246, Stichwort „Eugen Diesel".
[78] F. L. Neher: Eisen. Vom Steinwerkzeug zur Dampfmaschine. Stuttgart 1941, S. 9.
[79] Als Beispiel: Hydrierwerk Gelsenberg-Benzin von Schupp und Kremmer, 1938. In: Busch 1980 (wie Anm. 54), S. 124–130.
[80] Albert Speer: Erinnerungen. Frankfurt/Berlin 1969, S. 440; vgl. etwa: Adelbert Reif (Hg.): Albert Speer. Technik und Macht. München 1979; Edward R. Zilbert: Albert Speer and the Nazi Ministry of Arms. Economic Institution and Industrial Production in the German War Economy. Cranbury 1981.
[81] Speer (wie vor.), S. 446.

20. Anti-Demontage-Plakat

nicht umgesetzt wurde, hat man faktisch die Zerstörung vieler Industrieanlagen verhindert und damit zum schnelleren Nachkriegsaufbau beigetragen.

Hatte Hitler seine Expansionspolitik mit dem Bodenbedarf des deutschen „Volkes ohne Raum" begründet, so wurden mit dem Morgenthau-Plan von 1944 von Seiten der Alliierten Pläne für eine De-Industrialisierung „Kerndeutschlands" und die Rückstufung zu einem Agrarland diskutiert. In Deutschland propagandistisch ausgewertet, stellte dieser Plan die Parallele zur Politik der „Verbrannten Erde" dar.

Nicht nur die wirtschaftliche Notwendigkeit zur Versorgung der Bevölkerung, d.h. ihr die Chance zu geben, ihren Unterhalt selbst zu erwirtschaften, sondern auch die Entstehung des „Eisernen Vorhangs" und des Warschauer Pakts machte einen schnellen Wiederaufbau der deutschen Industrie immer sinnvoller. Er wurde ab 1951 mit dem Marshallplan unterstützt. Schon nach dem Petersberger Abkommen im Jahre 1948 stellte man die im April 1946 begonnene Demontage von Industrieanlagen als Reparationen wieder ein (Abb. 20); sie wurde nur in der sowjetisch besetzten Zone länger fortgesetzt. Die Demontage betraf hauptsächlich jüngere Großanlagen und damit kaum aus damaliger Sicht historisch bedeutsame Objekte. Die Demontage förderte letztlich die Modernisierung der Wirtschaft, belastete aber die Sieger, deren Industrie ebenfalls unter den Auswirkungen der verzerrten wirtschaftlichen Verhältnisse während des Krieges zu leiden hatte.

Umgang mit historischer industrieller Bausubstanz

Die Entdeckung der „Technischen Kulturdenkmale" begleitete die schnelle Entwicklung von Technik und Industrie in der ersten Hälfte des 20. Jahrhunderts. Nach der vergleichsweise ruhigen Industrialisierungsphase im 19. Jahrhundert und bis zum Ersten Weltkrieg kam es in der darauffolgenden Zeit zu umfassenden, die ganze Weltwirtschaft und die technische Entwicklung verändernden ökonomischen und politischen Krisen und Turbulenzen, die auch auf das Industrie- und Technikverständnis großen Einfluß hatten. Ohne die Beschäftigung mit diesen Entwicklungen und die Analyse der neuen Perspektiven sind weder die sich wandelnde Einstellung zu Industrie und Technik noch der sich unter den Bedingungen von Bevölkerungs- und Städtewachstum, Wirtschaftskrisen, Zerstörung und Mangel verändernde Umgang mit Industriebauten in dieser Zeit zu verstehen. Insgesamt spielt zudem der Industrie- und Ingenieurbau seit der Jahrhundertwende bis in die Wiederaufbauzeit nach dem Zweiten Weltkrieg eine wichtige Rolle im Gesamtbaugeschehen und in der Architekturentwicklung. Wer den Stellenwert der oft ideologisch-pragmatisch gemeinten Industriearchitektur nicht kennt, dem ist auch ihre zeitgenössische wie moderne Rezeptionsgeschichte nicht verständlich. Hier liegen bewußt geschaffene Wurzeln für das architektonisch geprägte Bild vom Industriedenkmal.

Das Denkmal-Verständnis im weiteren Sinne spielte bei der Wahrnehmung und auch Gestaltung von industriellen Anlagen schon im 19. Jahrhundert eine wichtige Rolle. Die Kategorien des „Monumentalen" und des „Funktionalen" als kultureller Ausdruck industrieller Zivilisation waren seit Behrens, Wagner und Gropius auch Schlüsselbegriffe der architekturtheoretischen Diskussion. Daß auch die historischen Industriebauten und „Technischen Kulturdenkmale" als gestalterische Vorbilder für die Gegenwart herangezogen wurden, belegt der Versuch, Denkmale für die kulturelle Weiterentwicklung nutzbar zu machen. Hier begriff man, daß für moderne architektonische Bemühungen auch von den Industrieanlagen eine formale Anregung ausgehen konnte. Zugleich erkannte man technische Bauten und Anlagen angesichts politisch-zwischenstaatlicher Auseinandersetzungen als Verkörperungen wirtschaftlicher Macht und Dynamik. Die architektonische Bedeutung und Dominanz der Industriearchitektur bis in die 50er Jahre bestimmt noch heute die Wahrnehmung von Industriedenkmalen unter überwiegend architekturgeschichtlichen und ästhetischen Gesichtspunkten. Erst die Kenntnis dieser Sachverhalte erleichtert es, etwa die monumentale Wirkung von Industriebauten als nur einen unter mehreren Aspekten historisch-künstlerischer Bedeutung zu sehen. Die Bedeutung von Industrie- und Ingenieurarchitektur für die Architekturvorstellungen der Moderne hat zu einer ästhetisch-idealistischen Sichtweise auf Industriebauten geführt, die wesentliche historische Fakten und Zusammenhänge nicht erfassen konnte. Eine solche, rein baugeschichtliche Betrachtungsweise verstellte letztlich auch den Weg dazu, die Industrie- und Ingenieurbauten als Teil der Kulturentwicklung zu sehen. Obwohl die Industrie- und insbesondere die Ingenieurbauten nicht als Bau- und Kunstdenkmale im traditionellen Sinne verstanden wurden, hat die Bedeutung des Ingenieurbaus des 19. Jahrhunderts für die moderne Architekturentwicklung den Respekt für die entsprechenden Bauten zumindest in Architektenkreisen wachgehalten. Von den Architekten der Moderne wurden etwa Eisenkonstruktionen als veritable Vorläufer betrachtet, die nur von dekorativem Ballast zu befreien seien. Der Dokument- und Symbolcharakter ihrer 'dekorativen' Teile und die gestalterische Einheit wurden dagegen negiert. Während Groß- und Verkehrsbauten einfach durch ihre Bekanntheit, Nutzung und Einbindung in funktionale Netze Erhalt und Wartung beanspruchen konnten, ließ die der Industrie innewohnende Entwicklungsdynamik und Kurzfristigkeit angeblich den historisch motivierten Erhalt von weniger spektakulären oder eingebundenen Industriebauten nicht zu. Am Kontrast von schonungsloser Ressourcenausbeutung und rationellem Umgang mit knappen Mitteln im Ersten und Zweiten Weltkrieg lassen sich die Existenzbedingungen von Industriebauten und -anlagen, die Arbeitsbedingungen und sozialen Hintergründe studieren. Im Nationalsozialismus kam dazu eine besondere Einstellung zu Arbeit und Technik, die teilweise als Konkurrenten begriffen wurden. Hier liegt wiederum einer der direkten Berührungspunkte mit der Geschichte der „Technischen Kulturdenkmale", die in diesem Fall ein vorindustriell-soziales Gegenbild lieferten. Nur angesichts der Rationalisierung und Modernisierung der Industrie in den 20er Jahren und vor allem im Dritten Reich wird deutlich, wie rückwärtsgewandt und realitätsfern die mit diesen Denkmalen verbundenen völkisch-sozialen Vorstellungen im Nationalsozialismus waren. Gerade diese Ambivalenz, der innere Widerspruch, könnte nach dem Zweiten Weltkrieg zur weitgehenden Negierung und Ablehnung der historischen Zeugen industriell-technischer Vergangenheit geführt haben. Die Warnung vor Technokratie und Selbstzerstörung fand nach Ansätzen vor dem Ersten Weltkrieg, etwa dem Protest des Heimatschutzes gegen die Landschaftszerstörung, lange nur noch wenig Gehör. Der Schutz der Natur und der Lebensgrundlagen wurde machtpolitischen und wirtschaftlichen Gesichtpunkten untergeordnet. Vielleicht als Gegenreaktion aktivierte sich erst jetzt, in den 20er Jahren, die Wahrnehmung der Industrielandschaft, die Synonym wirtschaftlicher Potenz und Bewegung, aber auch menschenfeindlicher Umwelt war. Nach dem Zweiten Weltkrieg machten Zerstörung und Erhalt, das Schicksal der Industrie als Lebensgrundlage der Industriegesellschaft aus sozial-, macht- und wirtschaftspolitischen Erwägungen den Erhalt, Weiterbetrieb und schnellen Wiederaufbau der Industrie unter weitgehender Zurückstellung kultureller und historischer Aspekte zu fundamentalen Aufgaben. Der Wiederaufbau und die Übernahme amerikanischer Wirtschafts- und Konsumgewohnheiten belasteten jedoch materielle wie personelle Ressourcen immer mehr. Es kam zu einem sich bis heute beschleunigenden Austausch und Ersatz der Bausubstanz (siehe Kap. VIII).

Angesichts der im Industriebau dominierenden Nutzungs- und Rentabilitätsaspekte, der zweckgerichteten Verwendung von Industriebauten, scheint es sinnvoll,

MACHT, TRIUMPH
UND ZERSTÖRUNG

neben der Geschichte der Industriearchitektur oder des Industriebaus auch von einer Geschichte des Umgangs mit industrieller Bausubstanz zu sprechen, wobei technische Anlagen mit einbezogen werden sollten. Mit dem „Umgang" wird es möglich, Aspekte wie Nutzung, Pflege, Anpassung, Eliminierung der materiellen Bausubstanz mit in die historische Betrachtung einzubeziehen. Unabhängig von der Kategorie des „Technischen Denkmals", der in der Zwischenkriegszeit erst für vor- und wenige frühindustrielle Anlagen angewandt wurde, gab es einen beständigen erhaltenden und ersetzenden Umgang mit historischen Bauten der Industrie und Technik. Er bestimmt den heute überlieferten Bestand. Diese Betrachtungsweise entspricht auch dem funktions- und zweckbezogenen Charakter der Industriearchitektur. Es zeigt sich dabei, daß es der Umgang mit nutzbarem Volumen ist, der sowohl gestalterische Entscheidungen als auch solche über den Erhalt und die Weiternutzung von Bauten mitbestimmt. Anhand solcher letztlich ökonomischer Faktoren kann man die Traditionen des Umgangs mit industrieller oder technischer Bausubstanz neu aufschlüsseln. Daß dabei künstlerisch-ästhetische und politische Gründe ebenfalls eine Rolle spielen, wird dadurch nicht ausgeschlossen. Die Traditionen des „Umgangs mit der industriellen Bausubstanz", die normalen Mechanismen der Entstehung, Entwicklung, Fortschreibung und Auflösung von Bauten und ihre kritische Durchleuchtung ergeben ein neues Verständnis und systematisch ausbaubares Erklärungsmuster; sie machen deutlich, auf welchen unterschiedlichen Faktoren das Schicksal eines Baues beruht.

Während die technischen Kulturdenkmale als Relikte vorindustrieller Zeit noch eine überschaubare Größe besaßen, nahmen die Verkehrs- und Industrieanlagen wie die Städte seit der Industriellen Revolution ungekannte Dimensionen an. Damit einher gingen Landschaftsveränderungen riesigen Ausmaßes. Diese neuartigen, überall sichtbaren Dimensionen der Industriellen Welt, ihrer Technik und Wirtschaft erschienen zum einen ästhetisch bedrohlich, zum anderen als Natur- und Kulturfrevel. Sie als historische Fakten und unumkehrbare Entwicklungen zu begreifen, ja ihre charakteristischen Bauten als Denkmale dieser Entwicklung zu schützen, war nach dem Zweiten Weltkrieg zunächst weder mit dem traditionellen Kultur- noch dem Denkmalbegriff vereinbar.

16.

Walther Rathenau
Zur Mechanik des Geistes oder: Vom Reich der Seele, 1913

aus: Schulin (Hg.): Walther Rathenau. Hauptwerke und Gespräche, 1977, S. 185/86

Zur Person:
Geboren 1867 in Berlin. Sohn des AEG-Gründers Emil Rathenau. Industrieller. Studium der Philosophie, Physik und Chemie in Berlin und Straßburg; Promotion über Lichtabsorption der Metalle; Dr.-Ing., Dr. phil.; Pionier der Elektrochemie, Gründer der Bitterfelder Chemieindustrie. Philosophische Werke. Im Ersten Weltkrieg Organisator der Kriegswirtschaft, danach Reichsaußenminister; als solcher 1922 ermordet

... Mechanik und Technik bleiben in stetigem Fluß, denn sie bedeuten das momentane Wehrverhältnis der mit der Natur kämpfenden Menschheit. Zu keinem Zeitpunkt sind technische Werke absolut und vollendet; sie können Schönheit haben, die der Techniker empfindet und die der Ästhet affektiert und überschätzt, aber diese Schönheit ist zur Hälfte Verstandessache und daher ephemer. Ist eine Maschine recht gründlich veraltet, so mag sie noch etwas malerische Qualität behalten nach der romantischen Art verfallener Hütten und Mühlen, aber dem unbefangenen Auge wird sie zum Gerümpel, bestenfalls von der würdigen und ungefügen Art alter Postkutschen und Tschakos. Ein Gerät ist um so edler, je unbedingter es ist; je mehr ihm Generationen liebevoller Schöpfer die Willkür abgestreift und die Prägung einfacher Handlichkeit, selbstverständlicher Notwendigkeit verliehen haben, je mehr es zum scheinbar beseelten Genossen menschlicher Gemeinschaft geworden ist. Was sind uns die Transportmaschinen der Ägypter, die Gießöfen der Chinesen, die Ballisten und Retorten des Mittelalters? Was sind uns Bumerangs, Negerpfeile, Morgensterne und Chassepots? (Gewehre) Die Wasserleitungen der Campagna ziehen uns an, weil sie aus Unvollkommenheit der Technik auf gewaltigen Unterbauten verlegt wurden, die der Schönheit freier Architekturwerke sich nähern.

Sind nun die technischen Mittel der Vergangenheit, an denen die halbe irdische Intelligenz jahrtausendlang sich abmühte, für unser Dasein nichts anderes mehr als abgestorbene Glieder einer wissenschaftlich interessanten Entwicklung, überwundene Aushilfsmittel überstandener Nöte, und somit keines bleibenden Wertes gewürdigt: so erkennen wir von neuem die unveränderliche Größe, die Unbedingtheit der Werke der Seele.

Welche paradoxen Opfer bringen wir ihnen! Ein zehnjähriger Junge lernt unter Tränen auswendig, wie der Mann hieß, der gewisse Bildverzierungen einer Heidenkirche zur Zeit des peloponnesischen Krieges angebracht hat. (Phidias [am Parthenontempel auf der Athener Akropolis]). Die Lebenshoffnung eines sächsischen Buchhalters, der zwanzig Jahre lang auf seinem Drehschemel Zahlen addiert hat, besteht darin, zu seiner silbernen Hochzeit das Forum (in Rom) zu sehen. Ein junger Patrizier, der Rennställe und fürstliche Jagdgebiete halten könnte, zieht es vor, griechische Töpferscherben zu sortieren oder aus ägyptischen Gräberschnitzeln eine Stelle des Euripides zu ergänzen. Es mag in den Extremen Mode und Übertreibung stecken: im Grunde ist es tiefe Wahrheit. Diese Dinge gehen uns an. Daß ein deutsches Minnelied oder ein griechisches Frühbild gefunden werde, ist wichtiger, als daß eine Grenzfestung an Rumänien fällt oder eine neue Gerbmethode entdeckt wird. Amerika bleibt ein Kinderland, solange es den Käsetrust oder das Seifenmonopol ernster nimmt als eine Musikschule oder eine Horazausgabe. Würden uns alle technischen Bequemlichkeiten der letzten anderthalb Jahrhunderte genommen, so wäre außer der guten Gewöhnung an viel Wasser und verbesserte Beförderungsmittel so gut wie nichts zu vermissen; müßten wir aber die Musik und Philosophie dieser Epoche entbehren, so wären wir unaussprechlich verarmt. Immer wird die Bedeutung der Zivilisation eine quantitative sein, indem sie den zur Gemeinschaftsarbeit aufgerufenen Kreis der Menschen erweitert; und insofern bleibt sie Mittel und Baugerüst. Kultur aber bedeutet eine Erfüllung, somit ein Absolutes, das unabhängig von räumlicher und zeitlicher Ausdehnung auf eignem Recht beruht.

Wir empfinden es gleichsam mit Sinnen, wenn wir ein Land betreten, das die Ernte der Kultur noch nicht getragen hat; der Boden, der nichts birgt als Mineralien, die Berge und Buchten, die kein Lied bekränzt und kein Mythos weiht, scheinen uns fremd und leblos wie unbewohnte Gestirne. Wir verstehen

17.

Paul Schultze-Naumburg
Die Gestaltung der Landschaft durch den Menschen, 1917

aus: Kulturarbeiten, Bd. I: Die Gestaltung der Landschaft durch den Menschen. München 1917, S. 323–329

Zur Person:
Geboren 1869 in Almrich bei Naumburg. Architekt. Malerausbildung an der Kunstakademie in Karlsruhe. Geht über München und Berlin nach Saaleck. 1904 erster Bauauftrag, 1907–17 „Kulturarbeiten" als kulturpolitische Mahnschrift und eines der Hauptwerke der Heimatschutzbewegung. Propagator konservativer Werte, später auch rassistischer Ideologie mit wirkungsvoller Kontinuität im Dritten Reich. Gestorben 1949 in Weimar

die Menschen, die im Kapland, in Argentinien und Mexiko forschen, werben und bauen; aber wenn Sehnsucht uns in diese Fernen zieht, so flieht sie das Lebendige und haftet an Weiten und Höhen. Unsere Heimat bleibt das Land heimatlicher Menschen, alten Gedenkens und verwandter Seelen.

Man ist leicht geneigt, den Begriff der technischen Anlage als einen ganz modernen zu fassen, der erst mit dem 19. Jahrhundert aufgekommen wäre. Wenn es auch zweifelsohne wahr ist, daß die eigentliche Großindustrie erst mit dem Zeitalter der vervollkommneten Maschine entstehen konnte, so darf man sich das doch nicht so vorstellen, als ob in früheren Jahrhunderten die technische Anlage überhaupt nicht dagewesen oder nicht in Erscheinung getreten wäre. Nach Beschreibungen, Darstellungen unseres Landes und nach den geringen erhaltenen Resten zu urteilen, muß das Bild unseres Landes doch schon ganz erheblich von diesen Vorläufern unserer heutigen Fabriken bestimmt worden sein. Man denke an all die Windmühlen, die Mahlmühlen mit Wasserkraft, die Ölmühlen, Säge- und Schneidemühlen, Walkmühlen, Papiermühlen, Pochmühlen, alles Werke, die mit den einzigen bekannten maschinellen Kräften des Windes und des Wassers arbeiteten. Dazu die Schächte, Gruben, Bergwerke, Eisen- und Kupferhämmer, Sudwerke und Salinen, die alle für die doch immerhin schon mannigfaltig vorhandenen Bedürfnisse der Menschheit sorgten.

Auch hier kann nicht die Rede davon sein, daß all diese Werke häßlich seien. Sie passen sich vortrefflich der Landschaft an und verleihen ihr oft etwas von dem Zauber des Geheimnisvollen, Seltsamen, oft des Düsteren, das doch auch seine hohen ästhetischen Werte hat.

Läßt man das Bild dieser Anlagen vorübergleiten, so wird man erstaunt sein, welche Fülle ausdrucksvoller, plastischer Gestaltung in ihnen niedergelegt war. Was für charaktervolle Gesellen sind heute noch die hie und da erhaltenen Windmühlen, die in Holland sogar zu den Wahrzeichen des Landes gehören! Auch bei uns gibt es mannigfaltige Arten in Holz und in Stein; alle ein Beweis dafür, daß auch die technische Anlage sich mit hoher charaktervoller Schönheit verbinden läßt. Aber auch die anderen Bilder von älteren Industrieanlagen, die mit angeführt sind, dürften zeigen, daß gestaltungsfrohe Zeiten es verstanden, jeder Aufgabe die knappeste, charakteristische und zugleich

21. Eisenbahntrasse beeinträchtigt Landschaft und Baudenkmale bei Melk an der Donau, aus: Schultze-Naumburg, „Kulturarbeiten"

schöne Form zu verleihen. Die Aufgaben waren mit dem 19. Jahrhundert andere geworden, andere nach Umfang, Zweck und Mittel.

Während früher in einem im wesentlichen dem Forst- und Ackerbau dienenden Lande einzelne Industrieanlagen gleichsam eingesprengt lagen und sie interessant belebten, gab es nun weite Gebiete, die nur der Industrie dienten, hinter der alles andere zurück trat.

Schlossen sich früher die Gehäuse der technischen Anlage an Größe und Stil im wesentlichen den anderen Häusern an, so fielen die neuen Industriebauten vollkommen aus diesem Rahmen heraus und bildeten eine Bauklasse für sich, die mit bürgerlicher Baukunst nichts mehr gemeinsam hatte. Belebten in alten Zeiten die „Kunstbauten", wie die Betriebe häufig in alten Büchern genannt wurden, die Landschaft, die in gewohnter Weise aus Wald und Wiese, Acker und Busch bestand, so überzog nun die Industrieanlage ihre gesamte Umgebung mit ihren Ausströmungen und verbrannte und versengte alles, was in Reichweite kam. Auf die Idee, den Grundgedanken der Industrie, Wohlstand und Segen zu spenden, auch in der eigenen Umgebung zum Ausdruck zu bringen, kam niemand. Raschen Gewinn mit Hintansetzen aller Bedenken zu erringen, war die einzige Triebfeder. Auch die ringsherum liegenden Wohnstätten der Arbeiter, die gemäß ihrer Millionenziffer die Ausdehnung von umfangreichen Städten annehmen mußten, wuchsen im gleichen Sinne rasch auf und tragen nun die Züge der Lieblosigkeit, des Hastigen und Provisorischen an ihrer Stirne. Wurde irgendwo einmal die Forderung gestellt, der Betrieb solle ausnahmsweise auch einmal schön ausgeführt werden, so verfiel man der Methode, die dem Stande der damaligen Architektur entsprach, d.h. man überklebte die schlecht abgewogenen, ohne Verhältnisse zueinander gestellten und vom Zufall bestimmten Baukörper mit jenen gänzlich mißverstandenen Attributen angeblicher Stile. [Dies] … zeigen solche Bauten, wie sie von 1880 bis 1905 gebaut wurden und wie sie nun allerorten unsere Landschaft entstellen.

Es ist das große Verdienst einiger führender Firmen gewesen, rechtzeitig auf diese Verwilderung und Verhäßlichung aufmerksam geworden zu sein und Maßnahmen im großen Stile getroffen zu haben. Besonders bekannt sind die umfassenden Wohlfahrtseinrichtungen von Krupp geworden, die die Wüste zum Garten umgestaltet haben. In erster Linie gilt das natürlich den Siedelungen; bei den Hochöfen, Schmiedepressen und Gießereien muß eine andere Art von Schönheit gelten. Und wir beobachten hier einen merkwürdigen Umwandlungsprozeß. Die Stätten der Arbeit im Innern der Gebäude waren meist nicht eigentlich häßlich, sondern im Gegenteil oft von einer hohen und anziehenden Charakteristik. Man denke nur z.B. an die Hochöfen, die mit ihren ehernen Türmen, Kaminen, Gerüsten, Rauch und Dampf ein unheimlich anziehendes Bild geben. Als ihr erster künstlerischer Entdecker wird wohl mit Recht Adolf Menzel genannt, der mit seinem berühmten Bilde, dem „Eisenwalzwerk", die Schönheit dieser modernen Zyklopenwelt sichtbar machte. Seit der Zeit sind die Stätten der Arbeit viel von der bildenden Kunst aufgesucht worden, um ihre malerischen Seiten herauszufinden, ja es war in der Malerei eine Zeitlang eine wahre Manie geworden, den Arbeiter darzustellen. Aber man stellte sie meist vom Standpunkt der alten Romantik dar. Man sah düstere Hallen mit Halbdunkel, glühendes Kesselfeuer, malerisches Durcheinander, Dampf, Rauch, Ruß, Schmutz, Enge und häßliche Gestalten. Inzwischen war die Industrie selbst auf andere Wege gekommen. Man betrachtete die düsteren, schmutzigen Hallen, das Durcheinander der Häßlichkeit durchaus nicht mehr als das Ideal eines industriellen Betriebes, und bald sah man Arbeitsstätten emporwachsen, die ungefähr das Gegenteil von dem waren, was bisher die Künstler als das Malerische gereizt hatte. Die Hallen wurden hoch, klar und hell, die Unordnung und das Durcheinander verschwanden, der Schmutz wurde verpönt und das Unklare, oft wie Provisorisches Anmutende der alten Wirtschaft wich dem gut vorher durchgedachten Entwurf und solider Bauausführung. Die Industrie hatte sich erst selbst die Mittel erzeugen müssen, um nun den Weiterausbau der eigenen Behausung decken zu können. Nun, wo man großzügiger und freier vorgehen konnte, erkannte man auch bald die wirtschaftlichen Vorteile eines solchen Verfahrens. – Nicht zuletzt für das Wichtigste des Betriebes, die Arbeiterschaft, deren Tüchtigkeit, Gesundheit, Arbeitsfreudigkeit, gute Laune und Zufriedenheit durch solche Reformen nur wuchs. Man vergleiche die düstere Werkstätte des Vulkan, den Dampfmaschinenraum einer Fabrik aus der Mitte des 19. Jahrhunderts mit der Kraftzentrale des modernen Betriebes, die an spiegelnder Sauberkeit, Helligkeit und Eleganz mit jedem gut gehaltenen Salon wetteifern kann. Alles blitzt und blinkt, helle Fliesen bekleiden Wände und Fußböden und helles Licht breitet sich in verschwenderisch weiten Räumen aus. Diese Auffassung des modernen Betriebes fängt allmählich an, unsere gesamte Industrie zu durchdringen, die Arbeitsstätten, die Lager, die Höfe, die Umgebung. Man erkennt in der Unordnung, Schmutz, Düsterkeit nur Kraftverluste und sieht im letzten Grunde in all den Reformen Wirtschaftlichkeit. Anlagen anderer Art gelten heute schon als veraltet und müssen bei guter Verwaltung bald ersetzt werden.

18.

Peter Behrens
Über die Beziehungen der künstlerischen und technischen Probleme, 1917

Technische Abende im Zentralinstitut für Erziehung und Unterricht, Fünftes Heft. Berlin 1917; Zitate S. 3–5, 15, 21/22

Zur Person:
Geboren 1868 in Starnberg. Studierte Malerei unter anderem in Düsseldorf und Karlsruhe; als Architekt Autodidakt. Ab 1907 künstlerischer Beirat der AEG; sein Architekturbüro in Berlin wird zum Treffpunkt zukünftig führender Architekten wie Walter Gropius und Le Corbusier. 1909 Mitbegründer des Deutschen Werkbundes, 1922 Professor in Wien. Gestorben 1940

Selbst beim Rückblick auf die hervorleuchtenden Zeitabschnitte der Geschichte müssen die Ergebnisse des menschlichen Gestaltungsdranges auch der Gegenwart standhalten. Es darf anerkannt werden, daß sie nicht hinter denen anderer Zeiten zurückstehen, wenn auch ihre Eigenschaften von anderer Art sind. Die eindrucksvollsten Leistungen unserer Zeit sind die Erzeugnisse der modernen Technik. Die Fortschritte der Technik haben eine Höhe des materiellen Lebens geschaffen, wie sie so hoch in der Geschichte bisher nicht erreicht war. … Trotzdem trägt es nicht die Zeichen einer gereiften Kultur, weil die beiden Gebiete der Technik und der Kunst sich kaum berühren, und zwar da am wenigsten, wo die es am meisten sollten, nämlich im Hochbau und in den Erzeugnissen der Großindustrie.

Der Architekt sucht vielfach noch den ästhetischen Inhalt aus dem Formenschatz der vergangenen Jahrhunderte, während der Ingenieur bei seinen Bauten in Eisen nur das Interesse an der Konstruktion findet und in diesem durch rechnerische Tätigkeit gewonnenen Ergebnis sein Ziel erreicht zu haben glaubt. Ebensowenig wird bei den Erzeugnissen der Großindustrie, die doch in immer größerem Maße zu Teilen unserer Umgebung werden, die Form anders als nach dem Gesichtspunkt der Billigkeit der Herstellung und durch den Geschmack des Werkmeisters bestimmt. So fallen unsere Blicke, in der engeren wie weiteren Umgebung, überall auf Disharmonie, die sich in dem widerspruchsvollen Durcheinander Romantik suchender Formengebung einerseits und andererseits von der realen, unseren heutigen Bedürfnissen angepaßten, aber ohne Rücksicht auf ästhetische Form durchgeführten Zweckerfüllung zu erkennen gibt. …

Der Ingenieur dagegen hat sich seit seinen ersten großen Erfolgen immer mehr von den künstlerischen Rücksichten abgewandt. Dieses ist begreiflich und war berechtigt; denn die letzten 50 Jahre, in denen sich die hohe Entwicklung der Technik und des Verkehrs vollzogen hat, stellen so große Aufgaben an ihn, daß seine Erfindungskraft vollkommen und allein beansprucht wurde und ein Gedanke an die ästhetische Gestaltung der erfundenen Gegenstände nicht aufkommen durfte.

Trotz der Richtigkeit dieser Tatsache wird die Erscheinung wahrgenommen, daß auch die Werke des Ingenieurs einer bestimmten Schönheit nicht entbehren. Es sei nur der großen eisernen Hallen gedacht, die durch ihre weitgespannten Überdachungen gewiß den Eindruck der Großartigkeit geben. Wir können uns auch bei den vom Ingenieur errichteten einfachen Zweckbauten, vor allem aber bei den Maschinen selbst, eines gewissen ästhetischen Eindruckes, den sie durch ihre oft kühne und folgerichtige Konstruktion ausüben, nicht entziehen, obgleich keine Konzeption nach künstlerischen Grundsätzen dabei vorwaltete und also der ästhetische Erfolg ein zufälliger ist. Die Erscheinung erklärt sich dadurch, daß diese Werke eine Pseudoästhetik in sich tragen, indem sie eine Gesetzmäßigkeit, nämlich die der mechanischen Konstruktion, verkörpern. Es ist die Gesetzmäßigkeit des organischen Werdens, die auch die Natur in allen ihren Werken offenbart. Aber wie die Natur nicht Kultur ist, so kann auch die menschliche Erfüllung nur zwecklicher und allein materieller Absichten keine kulturellen Werke schaffen. Und nichts ist natürlicher, als daß bei aller und wahrhaft begeisterten Anerkennung der Errungenschaften der Technik und des Verkehrs die Sehnsucht nach dem ideell Schönen dennoch in uns wach wird, und wir nicht daran glauben wollen, daß von nun ab nur mehr die Befriedigung, die durch die Exaktheit und äußerste Zweckmäßigkeit hervorgerufen wird, an die Stelle der Werke tritt, die uns seelische beglücken und erheben könnten. ...

Der Allgemeinheit, dem Volke, ist das Bauwerk noch nicht wieder der Inbegriff des Künstlerischen geworden, obgleich Baukunst die Kunst ist, die der Wirklichkeit, aller Verwirklichung am nächsten steht. Es scheint, als ob nur aus historischer Bildung, aus abstraktem Denken heraus für sie ein Interesse gewonnen werden kann. ...

So kann man auch heute noch sehen, wie eine Fabrik aus öden, verrußten Schuppen besteht und das Wohnhaus des Fabrikdirektors sich in den graziösen Formen des Rokoko davorstellt. Eine gleichmäßig abgeklärte Einheitlichkeit ist noch nicht vorhanden. Die Industrie und das Verkehrswesen werden bei ihrer Bedeutung für unsere Zeit die ihrem Ansehen entsprechenden Formen in künstlerischer Vollendung aller ihrer Teile selbst annehmen müssen. Ihre eigenen Daseinsbedingungen werden sie dahin zwingend führen. Aber sie werden auch unser ganzes ästhetisches Empfinden beeinflussen und in dem von ihnen angeschlagenen Rhythmus die ganze Formensprache unserer Zeit in Mitleidenschaft ziehen. ...

21. Köln, Deutzer Brücke, 1911–13
nach Wettbewerb unter Beteiligung
von Peter Behrens, zerstört 1944

19.

Paul Clemen

Künstlerische Strömungen im 19. und 20. Jahrhundert, 1925

aus: Aloys Schulte (Hg.): Tausend Jahre deutscher Geschichte und deutscher Kultur am Rhein. Düsseldorf, 1925, S. 451/52

Zur Person:
Geboren 1866 in Leipzig. Studierte Kunstgeschichte und Germanistik in Leipzig, Bonn, Straßburg; Promotion dort 1889. 1893 Habilitation in Bonn und Provinzialkonservator der Rheinprovinz; Gründer des Kunsthistorischen Instituts der Uni Bonn; Inventarisator. Gestorben 1947

… Vielleicht aber werden für den Kultur- und Kunsthistoriker, der nach einem Menschenalter dies erste Viertel des 20. Jahrhunderts übersieht, nicht die repräsentativen Hochbauten im alten Sinne, sondern die monumentalen Werkbauten als die eigentlich charakteristischen Denkmäler erscheinen. Wir haben erst langsam gelernt, die absolute Schönheit zu verstehen, die in der restlosen Bejahung der Nutzform und der Konstruktion liegt. Neben den großen, machtvollen Leistungen der Ingenieurbaukunst, den Maschinenhallen, Fabrikanlagen, den Kraftwerken, Hochöfen, Kranen, Stauwerken und vor allem den Brücken erscheint alles, was die Architektur und das Kunsthandwerk daneben zu geben imstande waren, als kleinlich und dünn. Die Industrieanlagen der Firma Friedrich Krupp in Essen und Rheinhausen sind auch als Gebilde der Raumkunst Leistungen allerersten Ranges, die so ungeheure Maschinenhalle IX in Essen, die aus neun Schiffen besteht, früher zur Herstellung schwerer Schiffsarmierungen diente, in Rheinhausen das Siemens-Martin-Stahlwerk, die ausgedehnten Werkanlagen der Rheinischen Stahlwerke in Duisburg-Meiderich, die Walzwerkhallen der Firma Thyssen in Mülheim a.d. Ruhr, die verschiedenen Werke von Hugo Stinnes, die Anlagen der Gutehoffnungshütte in Oberhausen, der Rheinischen Metallwaren- und Maschinenfabrik in Düsseldorf. Bei der Fülle der großen Werke und dem dadurch gegebenen Wettbewerb ist das rheinische wie das westfälische Industriegebiet auch eine neuzeitliche Versuchsstätte für die Gestaltung von Einzelbauten in mustergültiger Form innerhalb großer Fabrikanlagen geworden. Kühltürme, Fördergerüste, Kohlenbunker, Hochöfen, Wasserbehälter suchen auch nach der ästhetischen Seite durch Klarheit der Formen eine vorbildliche Wirkung. Immer mehr tritt in den Konstruktionsbureaus der großen Werke ein wachsendes Gefühl für die Notwendigkeit einer befriedigenden äußeren Erscheinung im Wetteifer mit dem Ausland zutage. Das beste Paradigma für die Entwicklung dieser Empfindung bietet der Brückenbau, der nach einer Periode unglücklicher, burgenartiger Kopfbauten jetzt versucht, mit geringstem Materialaufwand durch sorgfältig überlegte Linienführung und überzeugende Sachlichkeit eine hohe ästhetische Wirkung zu erzielen. Die vollendetste Leistung in dieser langen Reihe ist die neue Hängebrücke zu Köln als Werk reiner Eisenkonstruktion eine Schöpfung von hoher und strenger Schönheit der Form. Die endgültige künstlerische Gestalt ist hier auf dem modernen Wege des Wettbewerbs entstanden, das Ganze ein Beispiel für die Möglichkeit, ein solches technisch kühnes neuzeitliches Bauwerk, wenn es sich nur ehrlich zu sich selbst und seinen Bedingtheiten bekennt, mit einem alten Stadtbilde harmonisch in Verbindung zu bringen. …

20.

Max Barthel

Kohle und Eisen, 1929

aus: Deutschland. Lichtbilder und Schattenrisse einer Reise. Berlin 1929; zitiert nach: Erhard Schütz (Hg.): Die Ruhrprovinz. Das Land der Städte. Köln 1987, S. 75/76 u. 79–81

… In der Gegend zwischen Hamm und Düsseldorf drehen sich die Förderseile, rauchen die Eisenhütten, qualmen die Kühltürme und Schlote, sausen die Dampfhämmer, knallen die hydraulischen Pressen, rattern die feurigen Blöcke über die Walzen, und die Funkenströme weißfließenden Gusses schießen dahin. Der Himmel ist angerußt und durchlöchert vom fressenden Feuer. Zwischen bäuerlichen Feldern liegen Städte und Dörfer. Die Dörfer sind keine Dörfer mehr, sondern moderne Großstadtstraßen, Häuserblocks und Bahnknotenpunkte. Unvermittelt heben sie sich aus der Flut reifenden Getreides. Sie sind unharmonisch und nicht erfüllt von jener geheimen Schönheit, die noch die schmutzigste Zeche umleuchtet. Dortmund und Essen waren auch im Mittelalter Kulturzentren, aber aus dem Nichts verlassener Provinzeinsamkeit stiegen auf die neuen Städte Bochum und Hamborn, Gladbeck und Herne, Wanne-Eickel und Mülheim an der Ruhr. Diese geschichtslosen Städte stehen

Zur Person:
Geboren 1893 in Loschwitz bei Dresden. Fabrikarbeiter, Wanderarbeiter, sozialistischer Arbeiterdichter, Journalist. Seit 1948 im Rheinland. Gestorben 1975

wie barbarische Steinhaufen neben den Schutthalden der Zechen und Hütten. Sie sind wie auseinandergesprengt und planlos. Aber jetzt greift die ordnende Faust neuer Stadtbaumeister in die Anarchie großer Menschenansammlung und versucht, klare, übersichtliche Stadtbilder zu schaffen. Das ganze Ruhrgebiet ist beinahe eine einzige Riesenstadt, in der viele Millionen Menschen wohnen. Das fieberhafte Tempo der Industrieentwicklung hat eine neue Wohnkultur noch nicht aufkommen lassen. Nur die schüchternen Ansätze sind da: die Grünstreifen erster Parks und Spielwiesen, die kühle und schöne Gestalt neuer Bahnhöfe, die klassischen Würfel einiger Turmbauten, das Massiv neuer Warenhäuser und Verwaltungsgebäude. Die ersten Linien einer Schönheit werden sichtbar, die sich in der Bewegung der Arbeit und im Tempo der Anstrengung schon ausgebildet hat. ...

Der Bochumer Verein ist eine dunkle, feurige und rußige Stadt für sich. Eine rauchende, krachende Arbeitsstadt, in der neuntausend Menschen schwitzen und schuften. Der Bochumer Verein ist eine Stadt mit eignen Bergwerken, riesigen Erzbunkern, Schrägaufzügen, Gleisanlagen, Kühltürmen, Winderhitzern, Hallen und Halden. An dem Dampfhammerwerk vorüber, dessen harte Musik in den Ohren dröhnte, brachte der Führer den Journalisten zuerst nach einem Hochofen. Das war ein runder Kessel, um den sich stählerne Gerüste, Treppen, Röhren und Aufzüge dreißig Meter hoch aufbauten. Der erste Guß und Abstich war schon vorbei. Das Wasser strömte in rieselnden Bächen um den Bauch des Ofens. Flammen loderten. Das heulende Gebrüll der Seilbahnen zerschnitt die Luft. Die Schrägaufzüge brummten und schleppten Kohle und Erz heran. Der Masselkran fuhr an seiner beweglichen Brücke über die Gießfelder und ließ den Masselhammer tanzen. Auf und ab tanzte er, und der Tanz war ein trocknes, dunkles Klopfen auf den fertigen Guß, ein Stampfen und zorniges Hämmern. Als die Gießfelder zerschlagen waren, kam der Magnetkran, riß das zerstampfte Eisen nach den wartenden Waggons, die es nach den Martinsöfen schleppten. Dort verwandelte sich das Eisen in Stahl.

Vom Hochofen sah Sommerschuh in das schöne wilde Land der Ruhr. Er sah Bergwerke, Schrägaufzüge, Kühltürme, rußige Feuer und die Schienenstränge der Eisenbahn. Das stahlharte Wunder der Technik und die kühle Ordnung all der Röhren, Pfeiler, Treppen, Aufzüge, Geländer und Brücken berauschten ihn. Auch für die runden, hohen Türme der Winderhitzer und für die Schrägaufzüge mit den Erzglocken begeisterte er sich. Von seinem eisernen Turm sah er in den versteinerten Wald der Schornsteine, aus dem gelber, schwarzer, grauer, weißer und giftgelber Rauch aufstieg. Erzbunker lagen unter ihm mit den großen Halden des Erzes, das silbergrau, mattblau, rostbraun und weißgrau schimmerte. Die an hohen Kranen aufgehängten Kipper rissen ganze Waggons von den Schienen und schütteten das Erz in die Bunker. Der Rauch der Arbeit, der alabasterweiße und schwarzblaue Rauch, wehte und wogte wie ein Nebelmeer. Wohl flammte das Feuer in den Hochöfen, Walzwerken und Gießereien, aber sein Schein sprang in die Landschaft, zuckte durch die Rauchwolken und Hallen und donnerte im Lärm der Arbeit. Von hier aus, aus den Flammen, erhob sich der Mensch bewußt und herrisch. Der erste Schmied, das erste Eisen, der erste Pflug, das erste Schwert, die erste Kanone und die erste Mähmaschine. ...

Der Hochofen schmilzt das Erz und macht Eisen. Das Martinswerk macht aus Eisen den wertvollen Stahl. In einer Reihe flammen die Martinsöfen den flüchtigen Besucher an. Das Eisen wird mit Manganerz und andern Zutaten gemischt, schmilzt im weißglühenden Feuer und wandert in fahrbaren Kübeln zum Guß. Die Formen stehen schon bereit. Das Eisen ist nicht mehr Eisen, sondern Stahl und liegt in Blöcken, Stangen, Säulen und Würfeln in der Halle.

MACHT, TRIUMPH UND ZERSTÖRUNG

Dann kommt das Martyrium der Walzwerke. Die Walzwerke sind große Hallen mit fahrbaren Kränen. Jeder Kran wird von einem Arbeiter gelenkt. Er schickt die Greifzange nach dem Feuerofen und wirft dann einen Block oder eine Stange auf blitzende Rollwalzen und sieht gelassen dem Spiel zu, das jetzt beginnt: nämlich der feurigen Jagd des Stahls durch die großen Pressen, dem klirrenden Auf und Ab der Hebeböden, dem heftigen Stoß gewalzter Schienen über blanke Rollen. Dann ist nichts mehr sichtbar als das Rasen glühend roter Stahlschlangen durch eine hohe Halle. Die rotglühenden Schlangen erstarren langsam und werden unzerbrechliche Schienenbänder, über die im nächsten Monat schon die Eisenbahnen donnern. Neunundachtzig Hochöfen brennen im Ruhrgebiet und zwingen über achttausend Arbeiter in ihren Flammenkreis. ... Der Himmel verfinstert oder rötet sich, die Flammen fressen sich durch die Nacht. Die Stahlkonzerne haben sich zu einem gewaltigen Stahltrust zusammengeschlossen. Französisches Kapital und deutsches Kapital arbeiten mit belgischem und amerikanischem Geld gemeinsam, aber alles Kapital auf der Welt kann keinen einzigen Hochofen in Gang setzen, wenn die Kohle fehlt, die das Erz schmilzt. In Westfalen war zuerst das Erz da, und dann kam die Kohle, doch erst im Zusammenklang von Erz und Kohle ist hier jene Industrie entstanden, die man die Schwerindustrie nennt.

21.

Eugen Diesel
Das Phänomen der Technik, 1939
Auszug S. 236–38 u. 240

Zur Person:
Geboren 1889 in Paris. Sohn des Motorenentwicklers Rudolf Diesel (1858–1913). Kaufmann, ab 1925 freier Schriftsteller. Biograph seines Vaters, weitere Schriften „besonders über das Verhältnis von Mensch und Technik". Gestorben 1970

Nichts, aber auch nichts, keine Tat, kein Urteil, kein Gefühl wird uns davor bewahren, in den völlig neuen Zuständen einer technisierten Welt existieren, arbeiten, wirken, gestalten zu müssen, in ihnen unser neues Schicksal zu erleben. Es ist wohl zum Teil die Überzeugung von diesem unentrinnbaren Schicksal, welche manche der früheren Meinungskämpfe zur Erledigung brachte. Es hat ja keinen Sinn, mit Klagen über die versinkende alte Kultur dem Rad in die Speichen zu fallen. Es ist besser, sich ans Steuer zu setzen. Aber auch die Einsicht, daß vieles gestaltet und gelenkt werden kann, was sich früher der Gestaltung entzog, hat uns aufhorchen lassen. Wir stehen dem Gang der Dinge nicht machtlos gegenüber. Der Nationalsozialismus hat z.B. die Arbeitslosigkeit beseitigt, die sozialen Zustände völlig verschoben, unser seelisches Verhältnis zur Maschine gewandelt. Darum also versinkt, zu einem großen Teil wenigstens, die Problematik des 19. und beginnenden 20. Jahrhunderts, welche wir haben aufleuchten lassen. Politische Probleme planetarischer Art treten in den Vordergrund.

Der Prozeß, in den die Menschheit hineingeraten ist, kann durch Begriffe „Kapitalismus", „Technisierung", „Vergewaltigung der Natur", „Entseelung", „Mechanisierung" oder „Vermassung" nur noch tastend und kümmerlich angedeutet und kritisiert werden. Das große Schicksal der modernen Menschheit, in denen Millionen von Erscheinungen und Kräften ineinander verwoben sind, geht darüber hinweg. Es geziemt sich vor allem, diese Wandlung anzuerkennen und bereit zu sein, das Große und Tüchtige zu wollen. ...

Schwäche und Untergang ist in alledem gewiß nicht zu spüren. So qualvoll und anspruchsvoll die Epoche ist, die alten Tugenden des Menschen sind nicht erloschen. Wir halten es für unwahrscheinlich, daß er von nun an bis in fernere Zeiten ein mechanisierter und organisierter Sklave zwangvoll-notwendiger Organisationen und ein nach den Notwendigkeiten des technischen Apparates psychologisch abgestimmtes, gefügiges Instrument, eine knechtische, seelenlose Larve sein wird und nichts weiter. Er will anders sein, und darum wird er es während eines unruhevollen Jahrhunderts werden, aber freilich nicht in der Art, wie es die Bildung des 19. Jahrhunderts forderte.

Die Technik ist weder aus Gutem noch Bösem hervorgegangen, sondern eben aus dem Menschenwesen schlechthin. Die von den Philosophen und Dichtern ewig erörterte Schönheit und Häßlichkeit, Bosheit und Güte, Harmonie und Disharmonie des irdischen Daseins spiegelt sich auch in der Technik. Im Grunde ist sie – ursprünglich wenigstens – ein schuldloseres Gebiet als andere. Denn Arbeit technischer Art ist Lebensnotwendigkeit. Darum ist die notwendige und lebensnotwendige Arbeit der Vormaschinenzeit, wie wir früher beschrieben haben ..., gar nicht besonders ins Bewußtsein getreten. Über dem fast problemlosen Unterbau der menschlichen Arbeit entwickelte sich der geistige, politische, kulturelle Überbau, und andere als technische Mächte und Gesichtspunkte bestimmen das Weltbild jahrtausendelang viel eher als neue Erfindungen. Nun hat freilich die außerordentlich schnelle Verwandlung der Methoden unserer Arbeit und unseres Schaffens zur Folge gehabt, daß unsere Zeit gleichsam ihres Atems beraubt wurde. Technik erscheint plötzlich nicht nur als gewaltiger Überbau, der sich über die ganze Kultur breitet. Das hat Verwirrung und Schrecken hervorgerufen. Einige sagten, die wissenschaftliche Technik, die Maschine, die Kraft, die chemische Zauberei – das alles sei der große Sündenfall der Menschheit.

Man wird aufhören, über Gut und Böse, Vorteil und Nachteil, Wünschbarkeit und Verdammungswürdigkeit der Technik zu streiten. Zuweilen möchte man glauben, als bedeute das Anstürmen gegen eine Gewalt, die nicht zu hemmen ist, ungefähr das gleiche, als wolle man gegen die Tatsache der Weltgeschichte, der Politik, der Religion, des sozialen Zusammenlebens wenden, weil sich auf diesen Gebieten auch zu allen Zeiten sehr viel entsetzliche Dinge ereignet haben. ... Wir werden auch das in seiner Großartigkeit wie in seiner Schrecklichkeit ewig menschlich begründete und nicht zu beseitigende Phänomen der Technik hinnehmen, lieben und fördern, wie es willigen und freudigen Menschen zusteht, die in dieser Zeit geboren sind und in ihr zu wirken haben. Die Welt der Zukunft wird freilich, eben als Folge der Technik, eine sehr andere Welt sein als die Welt unserer Vorfahren. Es ist sehr schwer, sich die Farbe, die Luft, den seelischen und praktischen Zustand dieser zukünftigen Welt auszumalen. Aber wir müssen uns dagegen verwahren, daß diese sehr merkwürdige Welt, daß diese schon halb gegenwärtige Zukunft die Folge einer bösen Verirrung des Menschengeschlechtes sein soll, daß sie einer kranken Absicht entstamme. Man hat schon die Erfindung der Dampfmaschine verurteilt, weil es Kesselexplosionen gegeben hat, und das Auto, weil es schlechte Schalldämpfer und schlechte Fahrer gibt.

Die Technik stellt Totalitätsansprüche gewisser Art an die Menschen der ganzen Erde. Daher steht nicht das soziale oder wirtschaftliche oder seelische Problem im Vordergrund, sondern, alles überschattend, das politische. Daß hierbei der Gedanke des totalen, des Totalitären in den Vordergrund rückt, ist zu verstehen. Denn die Verwandlung ist total. Und die Auffangvorrichtungen gegen die Krise nehmen totalen Charakter an. ...

Die Weltgeschichte hat bisher so vieles improvisiert, und nur mit halber Aufrichtigkeit und mit halbem Ernst geleistet. Die technische Erde verträgt diesen halben Ernst nicht mehr. Das Leben wird immer gefährlicher, es wird nicht sicherer. Am höheren Punkt jener Spirale wird nun in der Tat seelische, politische, religiöse Arbeit einer Art geleistet werden müssen, die über die Improvisierung hinausführt. Das Problem ist Ordnung, Zusammenarbeit, Zusammenspiel aller Menschen auf der ganzen Erde nach den neuen Gesetzen einer Menschenwelt, die unvorstellbar viel kann, die sich aber wiederum auf den Grund der ewig menschlichen Tatsachen stellen wird, welche die gleichen sind wie am Anfang der Kultur. ...

IV. Die Entdeckung des industriellen Erbes: Industriearchäologie als Forschungsidee

Seit den 50er Jahren entwickelte sich in Großbritannien unter dem neuen Begriff „Industriearchäologie" eine breite und intensive Beschäftigung mit dem technischen und industriegeschichtlichen Erbe.[1] Wesentlicher nationaler Anreger war dabei die dominierende historische Rolle Englands in der Industriellen Revolution. Die sichtbaren Relikte und Symbole dieses Prozesses wie der erste Kokshochofen in Coalbrookdale, die Iron Bridge über den Severn und die ältesten Kanäle und Eisenbahnlinien, gehörten zu den ersten Objekten, die von der Industriearchäologie erschlossen und gewürdigt wurden.

Wenn man sich mit der Definition und Eingrenzung der heute international verwendeten Neuprägung „industrial archaeology" beschäftigt, werden nicht nur die verschiedenen Wurzeln sichtbar, sondern auch die unterschiedlichen damit verbundenen Interessen. Zudem spiegelt die früher oft heiß geführte Diskussion um Form, Inhalt und Anspruch der Bezeichnung ideologische Hintergründe und breitere Reformbemühungen in der Organisation der akademischen Welt. Die Betrachtung der Entstehungsumstände und die Analyse der Entwicklungen ermöglichten die Übersicht über die heutigen Zweige und Methoden der Forschung in diesem Bereich.

Neil Cossons, einer der wichtigsten Industriearchäologen, umschrieb und grenzte den Begriff 1993 so ein: „Industrial archaeology is a cultural archaeology, the study of the culture in which industry has been dominant and in particular its physical manifestations and the light they shed upon our understanding of industrial society."[2]

Die Verbindung der Industriearchäologie mit dem Begriff der Industriellen Revolution und der Industrialisierung sollte gegenüber der im wesentlichen vorindustriell, gestalterisch und konstruktionsgeschichtlich festgelegten Beschäftigung mit Denkmalen historischer Technik, wie er in Deutschland unter dem Begriff der „Technischen Kulturdenkmale" am weitesten fortgeschritten war, eine grundlegende Neuorientierung ermöglichen. Nicht „die Technikgeschichte" oder „die Architekturgeschichte" sollte die neue Sichtweise bestimmen, sondern der Versuch, die komplizierten Entwicklungsschritte und Abhängigkeiten, die wirtschaftlichen, sozialen und geistigen Hintergründe, welche die Industrielle Revolution ermöglichten und den Auslöser einer neuen Phase der Menschheitsgeschichte bildeten, mit Bezug auf die erhaltenen Artefakte bzw. Denkmale zu verstehen (Text 26).

Vielleicht war gerade ein so irritierender, auf den ersten Blick so nicht zusammensetzbarer Begriff wie „industrial archaeology" besonders geeignet, diesen universalen Anspruch der Betrachtung und Deutung einer Epoche aus ihren materiellen Zeugen zu umschreiben.[3] Er läßt zugleich akribische Feldforschung, reales Aufdecken und die nur schwer faßbare Megastruktur moderner industrieller Zivilisation assoziieren: die Beschäftigung mit etwas Verschüttetem, Versunkenem auf der einen und einem grundlegenden, umfassenden Phänomen der modernen Welt auf der anderen Seite. Seine Übertragung in andere Sprachen bereitete durch Definitions- und Umfeldunterschiede Probleme, denn sowohl „industry" als auch „archaeology" weisen im Englischen eine weitere Bedeutungsspanne auf als in den meisten anderen europäischen Sprachen. „Industry" kann im Sinne aller „gewerblichen Tätigkeit", „archaeology" entsprechend den griechischen Wortstämmen als „Beschäftigung mit

1. Maschinenhalle der Zeche Zollern II/VI in Dortmund-Bövinghausen, errichtet 1904 nach Plänen von Bruno Möhring, Berlin. 1969 als Industriedenkmal gerettet

---

[1] Ákos Paulinyi: Industriearchäologie. Neue Aspekte der Wirtschafts- und Technikgeschichte (Vortragsreihe der Ges. f. Westf. Wirtsch.-Gesch. e.V., H. 19). Dortmund 1975; BEIA, Stichwort „Industrial Archaeology", S. 349–351; Cossons 1993, bes. S. 12–15.
[2] Cossons 1993, S. 10.
[3] Wilfried Krings: „Industriearchäologie und Wirtschaftsgeographie. Zur Erforschung der Industrielandschaft." In: Erdkunde 35, 1981, S. 167–174; Slotta 1982, S. 1.

INDUSTRIE-
ARCHÄOLOGIE ALS
FORSCHUNGSIDEE

dem Alten" verstanden werden. Zudem wurde „industrial archaeology" in England nicht nur für die Beschäftigung, sondern manchmal auch für den Forschungsgegenstand bzw. seine Darstellung selbst benutzt, etwa in Buchtiteln wie „The Industrial Archaeology of the Bristol Region".

Der Begriff der Industriearchäologie hat, auch in nationalsprachlicher Ableitung, bis in die Gegenwart unterschiedlichste Versuche der Eingrenzung und Definition erfahren. An dieser Stelle können nur einige wesentliche Positionen in dieser Diskussion näher erläutert werden. Dabei soll einerseits das Verhältnis zur Denkmalpflege und den technischen Denkmalen im Vordergrund stehen, andererseits nach eigenständigen methodischen Ansätzen gefragt werden. Bezeichnungen wie die in Deutschland ersatzweise verwendete „Industriekultur" und die in Osteuropa verbreitete „materielle Kultur", die sich ebenfalls mit der industriellen Welt als Gesamtphänomen befassen, müssen mit dem Begriff Industriearchäologie verglichen werden.[4]

Die unklare Abgrenzung dieser Bezeichnungen und ihre mitunter freizügige Verwendung erschweren auch bis heute etwa die schnelle Zuordnung von Veröffentlichungen innerhalb des sich ausdehnenden Forschungsgebietes. Zudem hat sich der Begriff gerade in Deutschland kaum durchgesetzt, während er in Ländern wie den USA, Schweden, Belgien, der Schweiz, Frankreich oder Italien, von Großbritannien ganz abgesehen, heute weit verbreitet und meist auch allgemein akzeptiert ist. Es ist deshalb sinnvoll, bei der Beschäftigung mit diesem Thema nicht von der begrenzten, heute fast verschwundenen deutschen Verwendung,[5] sondern von dem in England geprägten und international üblichen Verständnis auszugehen.

Eine wesentliche, wiederholt mit anderen Aspekten neu aufgeworfene und aufgrund weit auseinanderliegender Ziele kontrovers diskutierte Frage betrifft den Charakter der Industriearchäologie als Wissenschaft.[6] Die industriearchäologischen Aktivitäten bauen auf den Informationen, Methoden und Erkenntnissen verschiedenster, meist historisch orientierter, anerkannter Disziplinen auf, etwa der Geschichtswissenschaft und ihrer Zweige oder der Geographie, um dieses Wissen zu einem Gesamtbild zu vereinen. Damit handelt es sich prinzipiell um ein interdisziplinäres Forschungsfach, das sich weniger aus abstrakten Fragestellungen als aus einer vorgegebenen Situation und deren Analyse definiert. Losgelöst von den Mutterfächern fehlen ihr allerdings wesentliche Grundlagen der Einordnung und Wertung. Das Verhältnis der Industriearchäologie zu diesen Einzelfächern bedarf einer Klärung und Festlegung. Es stellt sich damit die Frage, ob der interdisziplinäre Charakter durch eine Anhäufung von Fachwissen unterschiedlichster Herkunft bei einem einzelnen Forscher entstehen soll – die in der Praxis gängige Denkweise – oder ob eine Intensivierung der Zusammenarbeit verschiedener Disziplinen nicht nur in der Ausbildung, sondern gerade in der Forschungstätigkeit gefordert ist.

Letztlich stellt sich damit die Frage, ob es überhaupt sinnvoll ist, von der Industriearchäologie als einem zusammenhängenden Fach oder lieber von einer Arbeitsgemeinschaft, einer Forschungsidee oder einem Überbau zu sprechen. Deshalb ist von großer Bedeutung, in welchem Zusammenhang und mit welcher Absicht von „Industriearchäologie" die Rede ist. Selbstverständnis, Sichtweise und Fragestellung der einzelnen Disziplinen wirken sich ständig auf die Erwartungen an die und die Definition der Industriearchäologie aus. Dabei sind die zeitliche und thematische Festlegung die wesentlichen Eckpunkte.

Der aus wissenschaftlicher Sicht unzweifelhaft interdisziplinäre Charakter der Industriearchäologie hat die theoretische Frage aufgeworfen, ob sie eigene Methoden entwickeln und anwenden könne und solle und ob sie als eigenes Fach lehrbar sei. Diese Fragestellung ist immer auch im Zusammenhang mit den beruflichen und politischen Absichten der Handelnden zu sehen, mit dem Bemühen, ihrem Forschungsinteresse dauerhaften finanziellen und prestigefördernden akademischen

---

[4] Siehe etwa: Jan Pazdur: „Geschichte der materiellen Kultur." In: Polnische Perspektiven 5, 1975, H. 10, S. 22–31.
[5] Wolfhard Weber: „Von der ‚Industriearchäologie' über das ‚Industrielle Erbe' zur ‚Industriekultur'." In: Troitzsch/Wohlauf 1980, S. 420–457; Roland Günter: „Industrie-Archäologie – Materielle Kultur – Historische Industrie-Architektur. Übersicht über Aktivitäten in einem neuen Wissenschaftsbereich. Kommentierte Bibliographie." In: Hephaistos 2, 1980, S. 194–203; Eberhard G. Neumann: Gedanken zur Industriearchäologie. Vorträge – Schriften – Kritiken. Hildesheim u.a. 1986.
[6] Kenneth Hudson: „Who owns Industrial Archaeology?" In: SICCIM 1975, S. 28–37.
[7] Kenneth Hudson: World Industrial Archaeology. Cambridge 1979.
[8] Siehe insbes.: SICCIM 1975, Komm. Buchanan, S. 354/55.
[9] Michael Rix: „Industrial Archaeology." In: Amateur Historian 2, 1955, S. 225–229; vgl. ders.: Industrial Archaeology. London 1967; zur Biographie Rix' siehe: BEIA S. 630.
[10] z.B.: Hudson (wie Anm. 7), S. 1.
[11] Slotta 1982, S. 151–153.

Rückhalt zu geben; mit der Einbindung in das traditionelle Wissenschafts- und Bildungssystem verband sich zudem oft der Wunsch nach dessen Reform und Weiterentwicklung.

Da die industriearchäologischen Aktivitäten in England im nicht- und halbakademischen Bereich ihren Ausgang nahmen und pragmatisch geprägt waren, setzte die theoretische Diskussion hier erst nachträglich ein; die Akademisierung des Fachs insbesondere auch in anderen Ländern wurde hier nicht nur als problematisch empfunden, sondern die Industriearchäologie als Chance einer neuen bildungspolitischen Bürgerbewegung und eines neuen historischen Bewußtseins begriffen.

Entscheidend für die weitere Entwicklung der Industriearchäologie war, wie gesagt, deren Verbreitung und Ausweitung auf die anderen industrialisierten Länder und die Auseinandersetzung mit den dortigen Traditionen der einzelnen Spezialdisziplinen und mit der individuellen Zusammensetzung und der Situation des Denkmalbestandes.[7] Dabei wirkte sich die Einbeziehung aktueller sozial- und wirtschaftspolitischer Ziele auch auf die Fragestellungen und Zielsetzungen der Industriearchäologie aus; die Zulässigkeit und Gefahren solcher Instrumentalisierung wurden eindringlich diskutiert.[8]

Die Diskussion um den Ort der Industriearchäologie bzw. um die historisch-kulturelle Deutung der Industriegesellschaft hat verschiedene Fachgebiete wie die Kunstgeschichte, die Wirtschafts- und Sozialgeschichte, die Technikgeschichte und die Historische Geographie in ihrer Entwicklung nicht unerheblich beeinflußt; zu einer Verschmelzung mit einem dieser Fächer konnte es aber nicht kommen. Es ist dabei im einzelnen Fall wesentlich, ob und wann der Begriff Industriearchäologie als neuer Referenzrahmen für bestehende Fragestellungen einbezogen und verwendet wurde und ob damit wirklich eine weitreichende Neuorientierung der Interessen und Betrachtungsweisen verbunden war. Eine genauere Betrachtung der Situationen und Bedürfnisse in den einzelnen Ländern ergibt hier ein ganz unterschiedliches Bild. Auch die Möglichkeiten der organisatorischen Einbindung und der Forschung und die sich daraus ergebenden personellen Zusammensetzungen stellten für die Richtung industriearchäologischer Aktivitäten wichtige Voraussetzungen dar.

Industriearchäologie in England

Die Fachtradition bezeichnet das Jahr 1955 als das Geburtsjahr der modernen Industriearchäologie. In diesem Jahr veröffentlichte der Philologe Michael Rix in der Zeitschrift „Amateur Historian" einen Aufruf unter dem Titel „Industrial Archaeology", in dem er zur Erforschung der materiellen Zeugen der Industriellen Revolution aufrief.[9] Rix verwendete damit erstmals schriftlich bewußt und im heutigen Sinne einen Begriff, der nach Aussage Kenneth Hudsons von Donald Dudley, einem Altphilologen an der Universität von Birmingham, geprägt worden war, dort hatte sich Rix als Mitarbeiter der Erwachsenenbildung engagiert.[10]

Der Aufruf von Rix betonte die Schlüsselfunktion Großbritanniens als Auslöser der Industriellen Revolution und appelliert damit deutlich an das Nationalgefühl seiner Landsleute. An diese überragende industrielle Stellung und das Nationalgefühl erinnerte man sich, so die gängige Erklärung, angesichts des politischen und wirtschaftlichen Bedeutungsverlustes und der ökonomischen Auszehrung Englands, die nach dem Zweiten Weltkrieg vollends deutlich geworden war. Das Bewußtsein der vergangenen Größe und des aktuellen Niedergangs bildete den Hintergrund für die Propagierung und Durchsetzung eines neuen Interessengebietes.[11] Die Tätigkeit der Erforschung von technischen Denkmalen und ihres Umfelds erhielt damit erstmals eine eigene Bezeichnung.

INDUSTRIE-ARCHÄOLOGIE ALS FORSCHUNGSIDEE

Ohne günstige Bedingungen und Voraussetzungen, die wiederum die Industriearchäologie lange prägen sollten, wäre allerdings dieser Aufbruch in Großbritannien nicht möglich gewesen. Unter der neuen Bezeichnung ließen sich vielfältige, oft schon Jahrzehnte währende Aktivitäten auf dem Gebiet der Technikgeschichte, der Denkmalpflege und Landschaftsgeschichte zusammenfassen. Eine mit den Universitäten eng verbundene Erwachsenenbildung bezog diese Gebiete mit ein und bot eine gute Grundlage erweiterter Tätigkeit auf ehrenamtlicher Ebene. Als äußere Faktoren begünstigten zudem die sich schnell verbessernden individuellen Verkehrs- und Kommunikationsmöglichkeiten und die zunehmende Freizeit das Interesse an der Industriearchäologie. Durch den Journalisten Kenneth Hudson und die BBC erreichte die Industriearchäologie über das Fernsehen eine schnell anwachsende, interessierte Öffentlichkeit und erlangte so breite Popularität. Der besondere „kommunikative Charakter" historischer Technik im Medium der Bewegten Bilder spielte dabei sicher auch eine Rolle.

Die wirtschaftliche und politische Situation nach dem Zweiten Weltkrieg in England muß allerdings erheblich differenzierter betrachtet werden, als dies oft pauschal mit „Misere" umschrieben wird. Mit dem Zweiten Weltkrieg war Englands Handelsimperium endgültig zusammengebrochen; der bisher verdeckte wirtschaftliche Niedergang bzw. Stillstand der inländischen Industrie wurde damit verstärkt sichtbar. Der Wiederaufbau Europas nach dem Zweiten Weltkrieg erfaßte mit seiner planerischen und ökonomischen Dynamik auch Großbritannien, wo umfassende städtebauliche und industrielle Umstrukturierungen und Erneuerungen in Gang gesetzt wurden.[12] Anders als beim Wiederaufbau in den kontinentaleuropäischen Ländern mußten den Neubauprojekten in England allerdings mangels Kriegszerstörungen weiträumige Flächenabrisse von historischen Wohn- und Industriegebieten vorausgehen. Bei diesen Sanierungsvorhaben erkannte man, daß sich so ein Zerstörungsdruck auf die historisch wertvollen industriellen Strukturen entwickelte und verstärkte. Dieser machte schnelles Handeln notwendig, wenn die frühen Zeugen der Industriellen Revolution erhalten bleiben oder zumindest dokumentiert werden sollten. Die Situation des verstärkten Umbaus und der Rationalisierung läßt sich mit den ökonomischen Verhältnissen im Deutschland der 20er Jahre vergleichen, die das erste breite Interesse für die „Technischen Kulturdenkmale" begleiteten (vgl. Kap. II).

Eine der auffallendsten Parallelen ist dabei die Verbindung mit dem Tourismus, die schon von Oskar von Miller gefordert worden war. Unter Hinweis auf industriearchäologische Interessen konnte eine große Zahl landschaftlich schöner Regionen

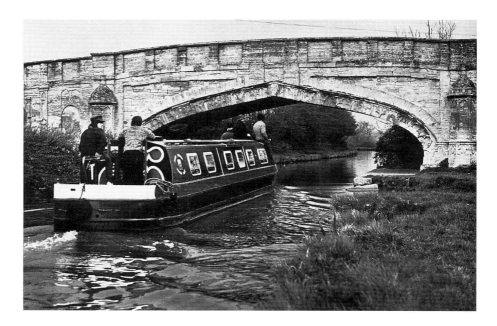

wie Wales, Cornwall, das Severntal und die Pennines neu erschlossen werden. So kam es auch schnell zu einer engen Verbindung mir der sich ausweitenden Freizeit- und Urlaubskultur. Beispiel dafür ist die Wiederherstellung des gering dimensionierten, aber ausgedehnten frühen Kanalsystems und seine Nutzung für die Urlaubs- und Freizeitschiffahrt (Abb. 2).

Da das Schwergewicht der industriearchäologischen Aktivitäten zuerst auf den Bauten und Anlagen des 18. und frühen 19. Jahrhunderts lag, überschnitten sie sich auch zeitlich weitgehend mit den vor- und frühindustriellen „Technischen Kulturdenkmalen" nach deutschem Verständnis. In diesem Bereich war in England vor dem Zweiten Weltkrieg noch wenig Interesse und Aktivität zu verzeichnen gewesen; die ländlich-vorindustriellen Objekte waren in das Wirken der Denkmalpflege selbstverständlich integriert, während wirtschaftlich und sozial keine großen Umwälzungen stattfanden, die das Interesse auf die sich wandelnde traditionelle gewerbliche und kleinindustrielle Wirtschaft gelenkt hätten. Deshalb waren in England bei der Propagierung der Industriearchäologie anders als später in Deutschland noch kaum ältere, zeitlich und typologisch fixierte Vorstellungen von technischen Denkmalen zu überwinden.

Im Bereich der Technikgeschichte konnte man sich dagegen auf eine rege und ebenfalls durch den nationalen Stolz auf Maschinenbauer wie Watt und Stephenson und Ingenieure wie Brunel und Thomas Telford geförderte ausgedehnte Forschung stützen.[13] Neben das schon 1857 als Teil des South Kensington Museums gegründete Science Museum trat 1919 die Newcomen Society als Sammelbecken technik- und industriegeschichtlicher Interessen. Aus Anlaß der Jahrhundertfeier der ersten Eisenbahnlinie 1925 entstanden 1928 das Eisenbahnmuseum in York; 1934 das Museum of Science and Engineering in Newcastle-upon-Tyne und einige private Gründungen.[14] Eisenbahnliebhaber und Freunde historischer Dampfmaschinen wie George Watkins (1904–1989, Abb. 3)[15] schlossen sich zusammen; ihre Aktivitäten flossen in die Industriearchäologie ein. Mit der Erforschung und Reaktivierung des historischen Wasserstraßennetzes befaßte sich seit 1946 die „Inland Waterways Ass." mit LTC Rolt (1910–1974),[16] dessen Memoiren einen guten Einblick in seine vielfältigen Aktivitäten und die zeitlichen Umstände geben.[17] Als einer der wenigen Aktivisten für Technische Kulturdenkmale im 'kontinentalen' Verständnis fand Rex Wailes (1901–1986)[18] aus der Mühlensektion der „Society for the Protection of Ancient Buildings" (SPAB) zur Industriearchäologie.

In der Architekturgeschichte läßt sich schon seit den 20er Jahren ein neben Frankreich besonders auch auf England fixiertes ästhetisches Interesse an histo-

< 2. Kanalurlauber mit einem „Narrow Boat", einem zum Wohnschiff umgebauten Lastkahn
3. The Long Mill, Ebley Mill, Ebley bei Stroud, Wasserräder teilweise entfernt (dokumentarische Aufnahme von George Watkins, 1935)

[12] Siehe etwa: Ingeborg Leister: Wachstum und Erneuerung britischer Industriegroßstädte. Wien/Köln 1970; vgl. auch: J. R. Harris: „Industrial Archaeology and its Future." In: Business History 10, 1969, S. 128–134, bes. S. 128.
[13] Siehe: LTC (Lionel Thomas Caswell) Rolt: „The History of the History of Engineering" (The Nineth Dickinson Memorial Lecture). In: TNS 42, 1969/70, S. 1–10.
[14] Frühe Eisenbahnmuseen: BEIA, Stichwort „railway museum", S. 615; Cossons 1993, S. 14.
[15] BEIA S. 833.
[16] BEIA S. 634.
[17] Landscape with Machines: Landscape with Canals; Landscape with Figures. London 1994; Rez. in: IAR XII, 1994, Nr. 1, S. 89.
[18] BEIA S. 820.

INDUSTRIE-ARCHÄOLOGIE ALS FORSCHUNGSIDEE

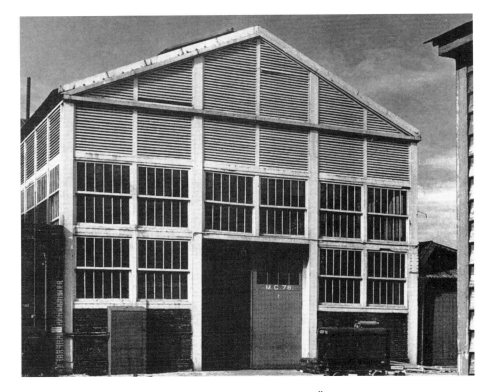

rischen Industrie- und Ingenieurbauten nachweisen. Über seine Rezeption in den 20er Jahren geht dieses Interesse auch in die Entwicklungsgeschichte der modernen Architektur ein.[19] Zwar wurde der Londoner Kristallpalast von 1851 nach seiner Zerstörung am zweiten Standort in Sydenham durch Feuer im Jahre 1932 nicht wieder aufgebaut; die spektakulären Brückenbauten und Bahnhofshallen des 19. Jahrhunderts blieben aber präsent und in Gebrauch. Unter dem Stichwort (und Buchtitel) „The Functional Tradition" schloß sich, durch die Suche nach schlichtem architektonischen Ausdruck nach dem Zweiten Weltkrieg angeregt, die Beschäftigung mit den historischen Industriebauten an; besonders der Fotograf Eric de Maré wurde zusammen mit dem Architekturhistoriker J. M. Richards aktiv (Abb. 4).[20] Hier findet sich eine weitere Parallele zu den Aktivitäten der deutschen Heimatschutzbewegung in den Jahren nach dem Ersten Weltkrieg. Mit beeindruckenden Bilddokumenten zur Industrialisierung illustrierte auch der als Soziologe in der gewerkschaftlichen Erwachsenenbildung tätige Francis D. Klingender sein bereits 1947 erschienenes Buch „Art and the Industrial Revolution".[21] In dieser glänzend geschriebenen kulturhistorischen Darstellung präsentierte der Deutsch-Engländer die Industrialisierung im geistigen und künstlerischen Rahmen ihrer Zeit, d.h. des späten 18. und des 19. Jahrhunderts, und betonte gleichzeitig den dominierenden englischen Anteil an dieser Entwicklung.

Die so gelegten Grundlagen ermöglichten es den noch wenigen Aktiven, in den 50er Jahren unter dem neuen Begriff der „industrial archaeology" einen gegenüber der Zwischenkriegszeit wesentlich erweiterten Begriff vom technischen Denkmal und seinem Umfeld zu entwickeln und zu etablieren.[22] Für die verblüffend rasche Popularität dieses Themas war ein weiterer Umstand verantwortlich: die lokalen Geschichtsvereine und vor allem die Erwachsenenbildung, traditionell ein wesentlicher Teil der sozialen Emanzipationsbewegung der unteren Schichten, griffen die „industrial archaeology" als inhaltlich naheliegendes, praktisch-anschauliches und zugleich national spezifisches Thema auf. Dabei kam die überwiegende Kleinteiligkeit und dichte Vernetzung der englischen Industrie insgesamt der Tendenz zugute, sich nicht auf einzelne Objekte zu beschränken, sondern die Industrie und die Infrastruktur als Teile eines komplexen Systems zu verstehen. Dies war auch bereits durch die Protagonisten der Eisenbahn- und Kanalgeschichtsforschung vorgegeben.

< 4. „The Functional tradition as shown in early industrial buildings" (Foto von Eric de Maré um 1955). Schmiede der Marinewerft von Sheerness, errichtet 1835 als Eisenfachwerkkonstruktion
5. Ironbridge am Severn, eiserne Brücke, errichtet 1777–1781 von Thomas Farnolls Pritchard und Abraham Darby III

---

[19] Sigfried Giedion: Space, Time and Architecture. The Growth of a New Tradition. Cambridge (Mass.) 1941; vgl.: Nikolaus Pevsner: A History of Building Types. Princeton 1976.
[20] J. M. Richards, Eric de Maré (Fotograf): The Functional Tradition in Early Industrial Buildings. London 1958; zuerst erschienen in: AR, 1957, Juliheft, S. 5–73; vgl: Brian H. Harvey: „Early Industrial Architecture." In: JRIBA, Juli 1959, S. 316–322; früher: W. H. Pierson. „Notes on Early Industrial Architecture in England." In: The Journal of the Archit. Hist. (Illinois) 8, 1949, S. 1–33.
[21] Klingender (wie Kap. I, Anm. 39) Dt. Ausgabe mit biogr. Vorwort.
[22] Vgl.: „Industrial Archaeology Today." In: AR 149, 1966, Nr. 832, S. 421–424; Kenneth Hudson: „The Popularization of Industrial Archaeology in Britain." In: Denkmalpflege im Rheinischen Ballungsraum. Dok. d. Jahrestagung der Vereinigung der Landesdenkmalpfleger ... (Landeskonservator Rheinland, Arbeitshefte Nr. 7). Bonn 1974, S. 117–119.
[23] Neil Cossons, Barrie Trinder: The Iron Bridge. Symbol of the Industrial Revolution. Bradford 1979.
[24] BEIA S. 617.
[25] Rex Wailes: „The Industrial Monuments Survey." In: TNS 38, 1965/66, S. 127–138.
[26] Cossons 1993, S. 14/16.

Symbol der Industriellen Revolution war schon bei Michael Rix die Iron Bridge von 1779 im Severntal, die als spektakulärer Gußeisenbau für die Produkte der Darby'schen Hütte werben sollte (Abb. 5).[23] Wichtiger Initiator der Wiederentdeckung und Erhaltung von Ironbridge mit seiner besonderen Konzentration wichtiger industriegeschichtlicher Stätten war der Ingenieur und Geologe Arthur Raistrick (1896–1991).[24] 1959 wurde die Brücke von Ironbridge in die Denkmalliste aufgenommen; im gleichen Jahr bildete der „Council of English Archaeology" ein „Research Committee for Industrial Archaeology" und damit eine wichtige landesweite Kontakt- und Koordinationsstelle. Erstmals wurden auch an einigen Universitäten Mitarbeiter ausschließlich für das Thema Industriearchäologie angestellt: die ersten professionellen „Industriearchäologen".

Um 1960 waren aus den einzelnen „enthusiasts" verschiedenster Herkunft zahlreiche regionale Gruppen geworden; mit Hilfe dieser lokalen Amateure begann das damals für den Denkmalschutz zuständige „Ministry für Public Buildings and Works" eine Erfassungsaktion, den „Industrial Monuments Survey" (Abb. 6), für den Rex Wailes ab 1963 tätig war;[25] 1971 übernahm Keith Falconer diese Aufgabe, die über mehrere Zwischenschritte schließlich der 1983 neu organisierten zentralen Denkmalinventarisation zugeordnet wurde.[26] Die Aktion litt zu Beginn unter der

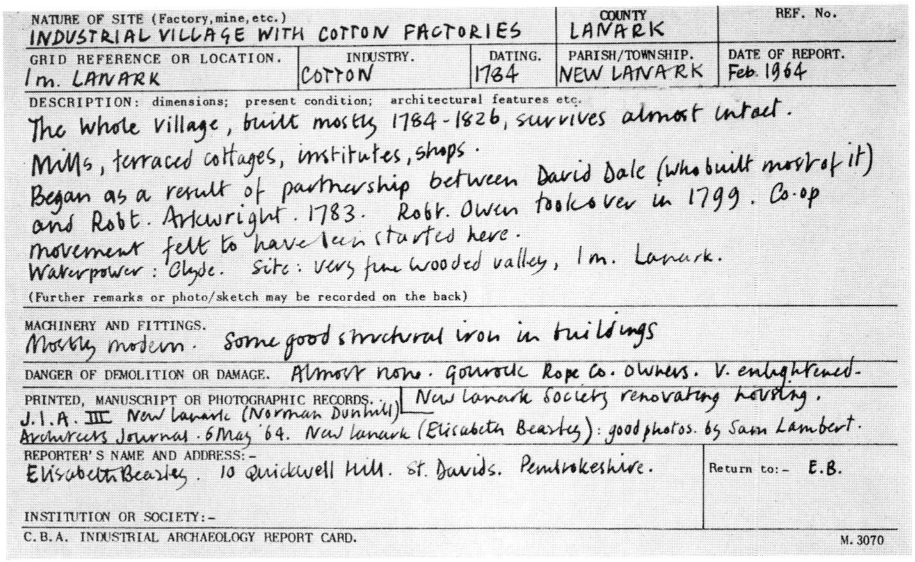

NATURE OF SITE (Factory, mine, etc.) INDUSTRIAL VILLAGE WITH COTTON FACTORIES | COUNTY LANARK | REF. No.

GRID REFERENCE OR LOCATION. 1m. LANARK | INDUSTRY. COTTON | DATING. 1784 | PARISH/TOWNSHIP. NEW LANARK | DATE OF REPORT. Feb. 1964

DESCRIPTION: dimensions; present condition; architectural features etc.
The whole village, built mostly 1784-1826, survives almost intact.
Mills, terraced cottages, institutes, shops.
Began as a result of partnership between David Dale (who built most of it)
and Robt. Arkwright. 1783. Robt. Owen took over in 1799. Co-op
movement felt to have been started here.
Waterpower: Clyde. Site: very fine wooded valley, 1m. Lanark.
(Further remarks or photo/sketch may be recorded on the back)

MACHINERY AND FITTINGS.
Mostly modern. Some good structural iron in buildings

DANGER OF DEMOLITION OR DAMAGE. Almost none. Gourock Rope Co. owners. V. enlightened. New Lanark Society renovating housing.

PRINTED, MANUSCRIPT OR PHOTOGRAPHIC RECORDS.
J.I.A. III New Lanark (Norman Dunhill)
Architects Journal. 6 May '64. New Lanark (Elisabeth Beazley): good photos. by Sam Lambert.

REPORTER'S NAME AND ADDRESS: –
Elisabeth Beazley. 10 Quickwell Hill. St. Davids. Pembrokeshire. | Return to: – E.B.

INSTITUTION OR SOCIETY: –

C.B.A. INDUSTRIAL ARCHAEOLOGY REPORT CARD. M. 3070

qualitativ uneinheitlichen und unsystematischen Erfassung; die gesammelten Materialien wurden deshalb 1965 zur Bearbeitung an das „Centre for the Study of the History of Technology" unter seinem Direktor R. A. Buchanan übergeben, womit die neugegründete Universität von Bath für einige Zeit den Mittelpunkt industriearchäologischer Forschung bildete. Hier wurde schon seit 1963 das „Journal of Industrial Archaeology" herausgegeben, das ein Jahrzehnt existierte. Es wurde 1975 durch die halbjährliche „Industrial Archaeology Review" und ein Bulletin, herausgegeben von der 1974 gegründeten „Association for Industrial Archaeology", abgelöst.

Forschung und Inventarisation

Das Bestreben, die Industriearchäologie als ordentliches wissenschaftliches Fach zu etablieren, hat deren forschend-dokumentarische, analytische Komponenten gegenüber didaktischen und konservatorisch-praktischen Fragen zeitweise zurückgedrängt; Kern-Arbeitsbereiche der Industriearchäologie wie Inventarisation und Bewertung von Denkmalen wurden von der Denkmalpflege übernommen.

Eine der wesentlichen Fragen der Industriearchäologie ist, wie bereits erwähnt, der wissenschaftliche Charakter ihrer Tätigkeit. Schon in in den 60er Jahren bemüht sich in England eine junge Forschergeneration darum, die Industriearchäologie als historisches und archäologisches Lehr- und Forschungsfach im universitären Bereich zu etablieren. Gleiches gilt seit den 70er Jahren, nun unter stärker sozialgeschichtlichen Vorzeichen, auch für die USA, Schweden, Deutschland, Österreich und die Schweiz. In größerem Maßstab ist dies allerdings nur in England gelungen, wo ein besonderer Nachholbedarf bestand. In Deutschland haben dagegen erst später Architekturgeschichte, Technikgeschichte, Wirtschafts- und Sozialgeschichte und Historische Geographie und Landeskunde Anregungen und Themen der Industriearchäologie aufgenommen. Auch das Verhältnis zwischen Amateuren und Profis spielt im Streben nach akademischer Einbindung eine wesentliche Rolle und hat sich in den einzelnen Ländern sehr unterschiedlich entwickelt. Während in Großbritannien wie insbesondere auch in Belgien und Schweden auf breiter, ehrenamtlicher Basis objektbezogen-praktisch gearbeitet wird, hat sich etwa in Deutschland und Schweden mehr die Richtung der demokratischen Geschichtswerkstätten durchgesetzt, die dem Stichwort „Industriekultur" zuzurechnen ist, da sie sich um eine auch gegenwartsbezogene Revision und Popularisierung der Erforschung historischer Lebensverhältnisse mit sozialen und politischen Schwerpunkten bemüht.

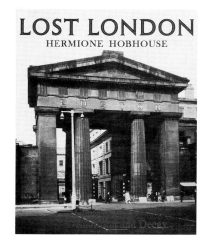

Nur wenige Jahre nach der ersten systematischen Erfassung der Industriedenkmale begann man 1968 den „Victorian Technology Survey";[27] dies macht noch einmal deutlich, daß man bis dahin die zeitliche Grenze tatsächlich meist im frühen 19. Jahrhundert, also zwischen Industrieller Revolution und dem Beginn der viktorianischen Zeit, gezogen hatte. Das erwachende Interesse für das ganze 19. Jahrhundert, dessen gigantische Ingenieurbauten schon lange als entscheidender Beitrag auf dem Gebiet des Bauwesens gegolten hatten, zeigte sich bei den Bahnhöfen. Mit dem vergeblichen Kampf gegen den Abbruch des „Euston Arch" (Abb. 7), des 1853 errichteten Portals zur Euston Station in London, der 1961 vollzogen wurde, und ähnlichen Aktionen etwa zur Rettung des Coal Exchange überschritt man die 'Wasserscheide' einer ausdrücklichen Stellungnahme auch für jüngere industrielle Denkmale und gewann breites öffentliches Interesse und Unterstützung.[28] (Inzwischen, seit den späten 1990er Jahren, denkt man ernsthaft daran, den als Verfüllung wiederentdeckten Schutt des Euston Arch wieder zusammenzusetzen.) Die durch die zunehmende Motorisierung weniger genutzten Großbahnhöfe und Bahnlinien gehörten nicht nur in England zu den ersten als erhaltenswerte charakteristische Ingenieurleistungen im öffentlichen Bewußtsein verankerten industriellen Großbauten.[29]

Michael Rix' Aufruf trug den Titel „Industriearchäologie"; dieser neue, anregende und vor allem bildlich gemeinte Begriff schloß zwar die Ausgrabung, etwa bei verschütteten Hochofenanlagen, Turbinen und Schleusen durchaus mit ein (Abb. 8); ernsthaft wissenschaftliche archäologische Arbeitsweisen setzten sich aber zumindest in Großbritannien, wie etwa Neil Cossons betont, erst in jüngerer Zeit verstärkt durch.[30]

Das Verhältnis der Industriearchäologie zu den schon vorhandenen archäologischen Fachgebieten konzentrierte sich vor allem auf zwei Aspekte: zum einen wollte man die hauptsächlich archäologisch mögliche Untersuchung von 'industrieller' Tätigkeit im weitesten Sinne, d.h. vor allem auch aus der Zeit vor der Industriellen Revolution, einbeziehen – ein zum Teil zumindest von der traditionellen Ur- und Frühgeschichte und Archäologie bereits abgedecktes Feld. Hier ergaben sich insbesondere Beziehungen zur Montanarchäologie und historischen Metallurgie; ein Bereich, in dem schon im 19. Jahrhundert im Zusammenhang mit Prospektionen in historischen Bergbaugebieten von „Bergbauarchäologie" die Rede war.[31] Die Konsequenz der zeitlichen Ausweitung wäre, worauf Wilfried Krings hingewiesen hat,

< 6. Inventarkarte des Industrial Monuments Survey (IMS) für die Arbeiterstadt New Lanark, Feb. 1964
7. Der 1961 abgebrochene Euston Arch auf dem Umschlag eines Buches über zerstörte Baudenkmale in London, erschienen 1971, Untertitel: A Century of Demolition and Decay
8. Hobby-Industriearchäologen (Volunteers) bei der Freilegung der Reste der Chart Gunpowder Mills, Home Works, Faversham. Foto: Kenneth Hudson

[27] Vgl.: Roger Symonds: „Preservation and Perspectives in Industrial Archaeology." In: History 57, 1972, S. 82-88; vgl: Norman A. F. Smith: Victorian Technology and its Preservation in Modern Britain. Leicester 1970.
[28] Hermione Hobhouse: Lost London. A Century of Demolition and Decay. London 1971, bes. 178-181 (Coal Exchange), 234-237 (Euston Arch); Alison Smithson: The Euston Arch and the Growth of the London, Midland and Scottish Railway. London 1968. Es ist bekannt, daß die Trümmer neben dem Gelände des Gaswerks Bromley-by-Bow aufgeschüttet wurden.
[29] Siehe: Carol Meeks: The Railroad Station. An Architectural History. New Haven/London 1956; ²1966; ³1975; Le Temps des Gares/Die Welt der Bahnhöfe (Ausst.-Kat.). Berlin/Paris 1978/81; Ulrich Krings: Bahnhofsarchitektur. Deutsche Großstadtbahnhöfe des Historismus (Studien zur Kunst des 19. Jhs., Bd. 46). München 1985 (urspgl. Diss., München 1979).
[30] BEIA, Stichwort „Excavation" von David Crossley; Cossons 1993, S. 12.
[31] Slotta 1982, S. 152.

INDUSTRIE-
ARCHÄOLOGIE ALS
FORSCHUNGSIDEE

eine unnötige Ausklammerung „industrieller" und „technischer" Elemente aus dem Untersuchungsbereich der Ur- und Frühgeschichte und die Zerstörung dort längst vorhandener Zusammenhänge und integrierter Betrachtungsweisen.[32] Die übergreifende Betrachtung konnte sich in England zu Beginn kaum durchsetzen; sie spielte aber später sowohl für die internationale Entwicklung als auch für eine neuerliche Theoriediskussion noch eine wichtige Rolle.

Die andere Möglichkeit betrifft die Anwendung archäologischer Methoden auch auf Objekte des Industriezeitalters und schließt an die periodische Einteilung der allgemeinen Archäologie an. In jüngster Zeit ist mit der Entwicklung und Anerkennung der mittelalterlichen und neuzeitlichen Archäologie diese Zuordnung nochmals diskutiert und als grundsätzlich richtig festgestellt worden. Die außerhalb Europas verbreitete Bezeichnung „Historical Archaeology" für die Beschäftigung mit den letzten Jahrhunderten folgt der gleichen eher weitläufigen Definition von Archäologie.

Die Verfechter einer nicht ausschließlichen, aber überwiegenden Beschäftigung mit der Epoche der Industrialisierung wie Kenneth Hudson, der 1963 die erste theoretische Darstellung der Tätigkeit und des Objektfeldes der Industriearchäologie veröffentlichte,[33] bestimmten die pragmatische, d.h. durch den Denkmalbestand und die akuten, vor allem denkmalpflegerischen Bedingungen und Erfordernisse geprägte Richtung. Hudson und später Buchanan waren es auch, die gegenüber den Technik- und Architekturgeschichtlern immer wieder die Notwendigkeit der Betrachtung der sozialen und kulturellen Zusammenhänge, des Kontextes, betonten. Sozialgeschichtliche Arbeiten wie die Untersuchung Hudsons über die Fabrikdisziplin[34] zeigten einen jener Aspekte, in denen die Industriearchäologie in ihren Themen weit über die Beschreibung und Interpretation einzelner Industriedenkmale hinausgehen und das Umfeld ihrer Entstehung wie ihre spezifischen Strukturen beleuchten will. Dieser kulturgeschichtliche Ansatz klärt die funktionalen Zusammenhänge und Besonderheiten industrieller Arbeitswelt und Organisation gegenüber früheren Zeiten und zeigt zugleich deren Vorläufer auf.

Um 1972 hatte sich die Industriearchäologie in Großbritannien, wie Buchanans Zusammenschau (Text 26) zeigt, als relativ fest umrissenes, ausgedehntes Fachgebiet etabliert. Buchanans Darstellung aus akademischer Sicht, eine von mehreren ähnlichen der frühen 70er Jahre,[35] zeigt nicht nur die zeitgenössische Arbeits- und Sichtweise, sondern geht auch auf einige der in den 60er Jahren hauptsächlich diskutierten Einzelfragen im Umgang mit technischen Denkmalen ein. Dazu gehören der Vorwurf des „antiquarianism", d.h. des ziellosen Sammelns von Fakten, die Notwendigkeit und Problematik der Einbeziehung unterschiedlichster Quellengattungen, die Entwicklung von Bewertungskriterien und die Frage der Ausbildung. Die Klarstellung und Beantwortung dieser Punkte ist Buchanans primäres Anliegen. Er verweist hier aber auch auf damals noch wenig beachtete, heute immer wichtigere Themen: die Altlastenproblematik, den Zwang zur Auswahl besonders erhaltenswerter Objekte, die Bewältigung der Masse der vielfältigen Sekundärüberlieferung, darunter vor allem des Archivmaterials, und das Problem der Dokumentation.

Buchanan zeigt besonders eindringlich, daß, ausgehend vom Begriff der Industriellen Revolution als historischem Gesamtphänomen, die Industriearchäologie in einem besonders breiten Spektrum von unterschiedlichen Spezialgebieten arbeitet, die eine intensive interdisziplinäre Zusammenarbeit und Darstellung verlangen. Seine Definition der Industriearchäologie als „field of study concerned with investigating, surveying, recording and, in some cases, ... preserving industrial monuments" legt das Schwergewicht noch eindeutig auf die Erkundung und Dokumentation gegenüber der Erhaltung. Diese Gewichtung entspricht damit noch eher der Haltung und den Schwerpunkten der Technik- und Kunstgeschichte als denen der Denkmalpflege.

Immer wieder betonte die Industriearchäologie, im Unterschied etwa zur Technikgeschichte, die grundlegende Bedeutung der „physical remains", der materiellen Objekte ihrer Arbeit, der substantiellen Überreste als authentischer Geschichtszeugen und Quellen. Deshalb ist es erstaunlich, daß im Umgang mit diesen Quellen ästhetische und didaktische Überlegungen eine weit wichtigere Rolle spielten als die Denkmalsubstanz an sich. Der Umgang mit der Substanz als dem materiellen Träger der Denkmaleigenschaften wurde häufig auf ästhetisch-assoziative Qualitäten reduziert; die Originalsubstanz durch Nutzung oder Wiederherstellung eines betriebsfähigen Zustands belastet, wenn nicht vernichtet. Vordringlicher Erhalt und Konservierung der materiellen Substanz als der eigentlichen historischen Quelle wurde bei den industriellen Denkmalen ebenso wie in der gesamten Denkmalpflege bis in die 80er Jahre selten thematisiert und vertiefend diskutiert (vgl. Kap. VII).

Zu Beginn der 70er Jahre kam es in der englischen Industriearchäologie auch zu einem ersten Generationswechsel.[36] Die meist noch der Vorkriegsgeneration entstammenden Gründer wurden von einer nach dem Zweiten Weltkrieg ausgebildeten Generation abgelöst. Unter deren Einfluß verschob sich die Gewichtung der industriearchäologischen Arbeitsfelder weg von der weitgehend geleisteten Ersterfassung hin zur Entwicklung längerfristiger Lösungen für den Erhalt industrieller Denkmale, deren Erforschung im größeren, insbesondere sozialgeschichtlichen Zusammenhang (unter schwedischem und deutschem Einfluß, siehe Kap. V) und ihrer 'didaktisch-touristischen', oft musealen Erschließung und Präsentation; eine Abfolge, die sich auch in der Biographie Kenneth Hudsons als späterem Museumsspezialisten widerspiegelt.

Seit Mitte der 60er Jahre entstanden auch zahlreiche neue technische Museen: schon 1963 das Inland Waterways Museum in Stoke Bruerne/North.; 1964 das Glasgow Transport Museum, bald darauf auch technische Museen in Birmingham und in Manchester und das Freilichtmuseum „Abbeydale industrial hamlet" bei Sheffield. Wichtige Neugründungen der letzten Jahre sind das Freilichtmuseum der Black Country in Dudley (Abb. 9) und das Industriemuseum von Bradford.[37]

9. Black Country Museum in Dudley bei Birmingham, rekonstruiertes Fördergerüst der Racecource Colliery mit Museumsmitarbeiter, aus dem Museumsführer

[32] Wilfried Krings: „Industriearchäologie nach Art des Hauses." In: Siedlungsforschung. Archäologie – Geschichte – Geographie 1, 1983, S. 213–223, S. 216.
[33] Kenneth Hudson: Industrial Archaeology. An Introduction. London 1963.
[34] Kenneth Hudson: Working to Rule. Railway Workshop Rules. A Study of Industrial Discipline. Bath 1970; vgl.: Hubert Treiber, Heinz Steinert: Die Fabrikation des zuverlässigen Menschen. Über die „Wahlverwandtschaft" von Kloster- und Fabrikdisziplin. München 1980.
[35] Siehe etwa: Michael Rix: Industrial Archaeology (Historical Ass. Pamphlet, Gen. Series 65). London 1967.
[36] BEIA Einführung.
[37] Kenneth Hudson: Museums for the 80s. A Survey of World Trends. London 1977.

INDUSTRIE-
ARCHÄOLOGIE ALS
FORSCHUNGSIDEE

Das bekannteste und einflußreichste Vorhaben dieser Art wurde jedoch das Ironbridge Museum.[38] Im Zusammenhang mit der Bildung der Neuen Stadt Telford wurde man auf die einmalige Bedeutung und die Potentiale des Severntales um Ironbridge, insbesondere Coalbrookdales, aufmerksam. Die Eröffnung des ersten Museums in Ironbridge 1959 mit Unterstützung der „Allied Ironfounders", die Gründung des Ironbridge Gorge Museum Trusts im Jahre 1969 und die Eröffnung des neuen Ironbridge Museum im Jahre 1987 sind wesentliche zeitliche Stationen dieser Bestrebungen. Betrachtet man nicht nur das Severntal isoliert, sondern auch die umgebenden Strukturen, so wird aus heutiger Perspektive besonders deutlich, daß Ironbridge nicht zuletzt als 'historisches Reservat' der neuen Großstadt Telford verstanden wurde; mit der Hervorhebung dieses unbestritten hochbedeutenden Gebiets entschuldigte man nicht zuletzt den um so gröberen Umgang mit Geschichte in den übrigen Bereichen. Zugleich schuf man damit, wie heute vielfach kritisch angemerkt wird, eine „Sonderzone", ein „Freilichtmuseum", das die Geschichte und ihre baulichen Zeugen isolierte und in gefährliche Nähe zum Vergnügungspark brachte. Für die Integration industriegeschichtlicher Monumente in funktionierende moderne Landschaften wird Ironbridge deshalb heute nicht als Modell gesehen.

Zu den führenden Persönlichkeiten der neuen Generation von Industriearchäologen gehören Neil Cossons, 1971-1983 Direktor des Ironbridge Museums, dann Leiter des National Maritime Museums in Greenwich und des Science Museums in London, Barrie Trinder und Tim Putnam, Wissenschaftler am Ironbridge Institute. Mit der Gründung dieses Tochterinstituts der Universität Birmingham, das eine „postgraduate"-Ausbildung in „industrial archaology" anbietet, entwickelte sich eine dritte Generation von Industriearchäologen, die inzwischen zahlreiche Aktivitäten entfalten.

Erste industriearchäologische Aktivitäten in Deutschland

Von der herausragenden Stellung, die Deutschland bei der Erfassung und Pflege der „Technischen Kulturdenkmale" vor dem Zweiten Weltkrieg einnahm, war zumindest in der neuen Bundesrepublik in der Nachkriegszeit nur noch wenig zu spüren. In der DDR führten insbesondere Sachsen bzw. die ihm nachfolgenden DDR-Bezirke die Beschäftigung mit den technischen Denkmalen intensiver fort.

Von den bereits geschützten technischen Denkmalen waren im Zweiten Weltkrieg vor allem historische Verkehrsanlagen, besonders Brücken, zerstört worden. Sie wurden zumindest teilweise nach historischen Vorbildern wieder aufgebaut.[39] Auch sonst versuchte man, die Vorkriegstradition in der Pflege technischer Denkmale fortzusetzen. Angesichts der Aufsplitterung des Denkmalschutzes in der Bundesrepublik in unabhängige Denkmalbehörden auf der Ebene der Bundesländer fehlte eine verbindende institutionelle Klammer. Neue, auf die veränderte Situation bezogene Überlegungen zum Erhalt technischer Denkmale oder andere theoretische Ansätze sind überhaupt nicht überliefert; erst als mit der Zeitschrift „Technische Kulturdenkmale" des Fördervereins des Hagener Freilichtmuseums ab 1966 ein eigenes Organ zur Verfügung stand, kam es wieder zu einer Verstärkung des Interesses. Der VDI, dessen Hauptgruppe Technikgeschichte noch immer über eine eigene Arbeitsgruppe für technische Denkmale verfügte, unternahm 1965 noch einmal den Versuch, mit dem Deutschen Museum ein bundesweites Inventar technischer Denkmale aufzubauen; aus personellen Gründen wurde dieses Vorhaben jedoch bald wieder eingestellt.[40]

Nur im Bereich der Architekturgeschichte entstanden einige Untersuchungen über Fabrikarchitektur, die jedoch dem Bautyp als solchem galten und sich nicht

10. Die Baumwollspinnerei der Gebr. Bernhard in Chemnitz-Hartau ging 1802 in Betrieb. Das um 1810 (?) errichtete Kontor- und Wohngebäude der Spinnerei besitzt auf der Südseite einen dreigeschossigen Risaliten mit vier Kolossal-Halbsäulen, die die Fassade des Gebäudes monumental übersteigern

---

[38] Vgl. Neil Cossons: Ironbridge. Landscape of Industry. London 1977.
[39] Erh. u. Gestalten 1965, S. 100.
[40] DM, Reg. 0972.
[41] W. Fischer: Die Aachener Werkbauten des 18. und 19. Jahrhunderts (Diss., MS). Aachen 1946; vgl: René v. Schöfer: „Zu den alten Aachener Werkbauten." In: JRD 13, 1936, S. 371–375.
[42] Walter Hentschel: „Aus den Anfängen des Fabrikbaus in Sachsen." In: WZD 3, 1953/54, S. 345–359; W. Rees: „Zur Geschichte des Industriebaus im Bergischen." In: Romerike Berge 7, 1957/58, S. 97–109.
[43] Hans Gerd Evers: „Industriebau und Kunstgeschichte." In: Der Architekt 2, 1953, S. 165–170.
[44] Wolfgang Müller-Wiener: Die Entwicklung des Industriebaues im 19. Jahrhundert in Baden (Diss.-Manuskipt). Karlsruhe 1955 (vorh. in Bochum, Dortmund).
[45] Walter Haas: „Wolfgang Müller-Wiener 17. Mai 1923 – 25. März 1991." In: Almanach 90/92, Hg. Fachbereich Architektur der Techn. Hochschule Darmstadt. Darmstadt 1992, S. 148/49; RDK 6, 1973, Sp. 847–880.
[46] Rudolf Müller: „Malakow-Türme auf den Schachtanlagen des Ruhrgebiets. Ein Überblick über ihre Entwicklung und den Stand ihrer Erhaltung." In: Burgen und Schlösser 1, 1962, S. 27–33.

weiter mit der industriellen Funktion oder den technischen, sozialen und wirtschaftlichen Hintergründen beschäftigten. Eine in Aachen schon 1946 vorgelegte unveröffentlichte Dissertation zu den Textilfabriken ist noch Ergebnis der dortigen Vorkriegsstudien unter René von Schöfer;[41] ähnliches gilt auch für die 1953/54 von Walter Hentschel veröffentlichte Übersicht über den Fabrikbau in Sachsen (Abb. 10) und die von W. Rees zusammengefaßte Geschichte des Industriebaus im Bergischen Land.[42] 1953 fand auch eine gerühmte Wanderausstellung des Kulturkreises im BDI „Industriebau – Entwicklung und Gestalt" statt[43]. Die seinerzeit nicht veröffentlichte Karlsruher Dissertation von Wolfgang Müller-Wiener über die Industriearchitektur in Baden[44] von 1955 entstand im Umkreis des Architekten Egon Eiermann. Sie enthält zwar genaue typologische Studien, wieder in der Tradition des Heimatschutzes, konnte aber ohne ausreichende Kenntnis der englischen Vorbilder letztlich die baugeschichtlichen Zusammenhänge nicht völlig klären. Wie wenig die Zeit für dieses Thema reif war, zeigt sich im weiteren Lebensweg Müller-Wieners, der als Architekt und klassischer Bauforscher Mitarbeiter des Deutschen Archäologischen Instituts wurde und erst 1973, als Baugeschichtsprofessor der TH Darmstadt, mit einem Artikel im Reallexikon der Deutschen Kunstgeschichte noch einmal zum Thema Fabrikarchitektur zurückkehrte.[45] Bis in die 70er Jahre bleibt ein rein bau- bzw. architekturgeschichtlich orientiertes Interesse am Fabrikbau bestehen. Der einzige schon früh in wenigen Beispielen als Baudenkmal geschützte wirklich industrielle Bautyp ist der burgartige Malakowturm (Abb. 11), eine vermutlich noch auf die Publikationen der 20er und 30er Jahre zurückgehende Entscheidung.[46]

In Deutschland kam es erst im Anschluß an den Wiederaufbau zu den städtebaulichen Maßnahmen, die schon für England zu den Auslösern der Industriear-

INDUSTRIE-
ARCHÄOLOGIE ALS
FORSCHUNGSIDEE

chäologie gezählt wurden. Im Gefolge der Stadtsanierung und der Trennung von Wohn- und Gewerbegebieten wurden vor allem die gründerzeitlichen, die Innenstädte oft ringförmig einschließenden Industrieareale niedergelegt; sie boten sich als ideale Flächen für Innenstadterweiterungen und für großzügige Ring- und Umgehungsstraßen an. Dazu kam nach dem Wiederaufbau der Wirtschaft ein erster deutlicher Strukturwandel, ausgelöst vor allem durch die Verlagerung der Textilindustrie und die Umstellung der Energiewirtschaft auf Erdöl, Gas und später auch Atomenergie. So wurden etwa nach einem letzten Boom in den 50er Jahren und der Mobilisierung aller Reserven für den Wiederaufbau auch die großindustriellen Sparten Bergbau und Schwerindustrie im Ruhrgebiet zu Rationalisierung und Kapazitätsabbau gezwungen; in kurzer Zeit gingen Zehntausende von Zechenarbeitsplätzen verloren, und zahlreiche alte und unrentable Betriebe wurden geschlossen.[47] In dieser Situation etwa Mitte der 60er Jahre, die mit der Stillegung und dem folgenden Abbruch zahlreicher historischer Industrieanlagen verbunden war, regte sich auch in Deutschland das Forschungs- und Erhaltungsinteresse für technische Denkmale und die Industriearchitektur wieder.

Eine neue Sichtweise auf die Formen und Strukturen industrieller Anlagen entwickelten in dieser Zeit, d.h. in den 60er Jahren, die Düsseldorfer Fotografen Bernd und Hilla Becher, ausgehend von Aufträgen zur Dokumentation von Industrien-

< 11. Malakowturm des Schachtes Hannover 1 in Bochum-Hordel, 1857; Aufnahme 1972 von Klaus Michael Lehmann, jetzt Standort des Westfälischen Industriemuseums
12. Fördergerüst bei Merthyr-Tidfil, England, 1864; Aufnahme von Bernd und Hilla Becher, veröffentlicht im Ausstellungskatalog „Die verborgene Vernunft" der Neuen Sammlung München, 1967

[47] Anton Zischka: Die Ruhr im Wandel. Ruinenfeld oder Retter von morgen? Essen 1966 (vgl. Kap. V, Anm. 15).
[48] Grundlegend: Susanne Lange: Bernd und Hilla Becher. Häuser und Hallen (Schriften zur Smlg. d. Museums f. Moderne Kunst Frankfurt am Main). Frankfurt am Main 1992; Monika Steinhauser, Kai-Uwe Hemken (Hgg.): Bernd und Hilla Becher - Industriephotographie. Im Spiegel der Tradition. Düsseldorf 1994.
[49] Vgl: Tenfelde/Matz 1994.

lagen.[48] An die sachliche und qualitative Präzision der frühen Werks- und Industriefotografie der 20er Jahre anknüpfend, vor allem aber in scharfem Gegensatz zur zeitgleichen kommerziellen Industriefotografie,[49] begannen sie in den frühen 60er Jahren, systematisch und unter immer gleichen Bedingungen Industriebauten in der ganzen Welt aufzunehmen (Abb. 12). Die von ihnen isoliert abgebildeten Bau- und Anlagetypen wie Wassertürme, Fördergerüste, Hochöfen und Gasbehälter gehörten zwar seit langem zu den auch als Symbole wahrgenommenen Industriebauten. Ihre Zusammenstellung zu „Typologien" öffnete aber einen neuen, objektivierten, wenn auch eingeschränkten Blick auf die Funktionalität und Variation der Form industrieller Zweckbauten. Unter dem Stichwort „Anonyme Architektur" wurde hier ein lange verdeckter Aspekt der „Ingenieur-Kunst" des 19. und frühen 20. Jahrhunderts aufgezeigt, der ein Gegenbild zur dekorativ-pompösen Architektur des Historismus, aber auch zur zeitgenössischen Heroisierung des Ingenieurbaus bot. Die Fotografen erschlossen damit eine neue künstlerische Ästhetik der industriellen Welt und Form. Gemäß ihrem eigenen Existenzgesetz mußte diese Welt verschwinden, wenn sie ihren Zweck erfüllt hatte; die Fotografen verstanden sich also auch als Dokumentatoren einer untergehenden Kultur. Geschichte, Menschen sind hier nur als Erinnerung, als Assoziation, enthalten, optisch reduziert auf das ephemere, realiter abrißbedrohte Monument. Ein Erhalt mit Hilfe des Denkmalschutzes

INDUSTRIE-
ARCHÄOLOGIE ALS
FORSCHUNGSIDEE

13. Bahnhof Rolandseck bei Remagen, errichtet 1856-58, stillgelegt 1959 (Foto um 1975)

[50] Bernd und Hilla Becher: „Industriearchitektur des 19. Jahrhunderts". Die Architektur der Förder- und Wassertürme; Heinrich Schönberg, Jan Werth: Die technische Entwicklung (Studien zur Kunst des 19. Jahrhunderts, Bd. 13). München 1971.
[51] Bew. u. Gest. 1965, S. 99.
[52] Siehe Kap. VI, Anm. 33.
[53] Zusammenfassend: Helmut Maier: Berlin Anhalter Bahnhof (Diss. TU Berlin). Berlin 1984.
[54] Franz Mühlen: „Technische Kulturdenkmale des Wasser-, Straßen- und Brückenbaus in Westfalen." In: DKD 27, 1969, S. 26-30; Karl-Heinz Schreyl: Der Ludwigs-Donau-Mainkanal. Ausstellung im Stadtmuseum Fembohaus anläßlich der Eröffnung des Nürnberger Stadthafens (Ausst.-Kat.). Nürnberg 1972.
[55] Torsten Gebhard: „Technische Kulturdenkmäler in Bayern." In: Berichte des Bayerischen Landesamtes für Denkmalpflege, München 1966, S. 55-68.
[56] Vgl. Anm. 1 u. 5.

schien noch in den 60er Jahren unmöglich, ja widersinnig, wie Wend Fischer impliziert (Text 24). Die Kombination der Aufnahmen mit konstruktionsgeschichtlichen Arbeiten über die Entwicklung der Förder- und Wassertürme im Jahre 1971 schuf einen ersten Zusammenhang mit der bau- und technikgeschichtlichen Forschung und damit eine erweiterte Grundlage denkmalpflegerischer Bewertung.[50] Das umfangreiche Material ermöglicht auch die in Zukunft beabsichtigte Darstellung von Gesamtanlagen.

Einige Anregungen durch die englische Entwicklung werden in den 60er Jahren spürbar, besonders im Bereich der allgegenwärtigen industriellen Strukturen, der Verkehrsnetze. Die repräsentativen Bahnhofsbauten von Braunschweig[51] und Remagen (Bahnhof Rolandseck Abb. 13)[52] wurden, zum Teil nach jahrelangen Auseinandersetzungen, in sehr unterschiedlicher Weise erhalten und umgenutzt. Andere Anlagen, wie die Ruine des Anhalter Bahnhofs in Berlin, dessen baugeschichtliche Bedeutung keineswegs unbekannt war, wurden zur gleichen Zeit ohne Not geschleift.[53] Man begann auch, sich mit den älteren Kanalsystemen an der Ruhr, in Westfalen und in Bayern zu beschäftigen.[54] 1966 gab der bayerische Generalkonservator Torsten Gebhard einen Überblick über die traditionell verstandenen „Technischen Kulturdenkmale" seines Bereichs;[55] er führt zwar Veröffentlichungen englischer Industriearchäologen auf und verweist auf die zunehmende Beschäftigung mit der Industrialisierungsepoche, auf welche die Denkmalpflege reagieren müsse. Sein Text, der vermutlich mit dem Inventarisationsprojekt des Deutschen Museums zusammenhängt, verrät allerdings völliges Unverständnis für die Anliegen der Industriearchäologie und enthält keinerlei Vorschläge in diese Richtung. Statt dessen propagierte Gebhard die Neuauflage der Erfassung im Sinne der 20er Jahre.

Der Wiederaufbau zahlloser kriegsbeschädigter oder gar zerstörter Kunstdenkmale und die beginnende Stadtsanierung hatten allerdings einen Großteil der Kräfte der Denkmalpflege absorbiert. Der Wiederaufbau der Stadtzentren in neuen Formen und die makellose Wiederherstellung der Kunstdenkmale ließen die erhaltenen oder schnell reparierten Bauten, darunter vor allem die Industrie- und Verkehrsanlagen, um so älter und schäbiger, störender und veralteter erscheinen. Den Versuchen, die Verkehrsanlagen und Industriebauten dem neuen, jungen Stadtbild anzupassen, fielen erst einmal jene beschädigten, verhaßten Gründerzeitbauten zum Opfer, die 'stilgerecht' wiederherzustellen man sich lange scheute. Industrielle Anlagen verdankten ihre Weiterexistenz nur ihrem praktischen Nutzwert. Der Stolz auf technische und industrielle Leistungen, in zwei Kriegen unterminiert und pervertiert und nicht wie etwa in England ungebrochen, war verloren, man konzentrierte sich auf den Wiederaufbau und neue, eigene industrielle Vorhaben.

Auch an eine vergleichbare industriegeschichtliche Bürgerbewegung wie in England war in den konservativen 50er und 60er Jahren noch nicht zu denken; dazu fehlten die regionalen und organisatorischen Traditionen wie die Möglichkeit, an das Nationalgefühl zu appellieren. Nur auf bildungspolitischem, universitärem Gebiet zeigten sich Ansätze eines langsamen Wandels der Einstellung: An der 1960 gegründeten und 1965 eröffneten Ruhr-Universität Bochum wurde 1966 der erste reguläre deutsche Lehrstuhl für Technikgeschichte (im Bereich Geschichtswissenschaft) eingerichtet.[56] Damit waren es ähnlich wie in England die jungen, mit dem Ziel einer Demokratisierung der Bildung entstandenen Hochschulen, die sich den bisher akademisch vernachlässigten Themen widmen sollten.

Ákos Paulinyi, Professor für Technikgeschichte in Darmstadt, macht diese unbefriedigende deutsche Situation in seiner frühen Darstellung und Analyse industriearchäologischer Aktivitäten deutlich (Text 28). Vor allem verwies er auch auf die fehlenden Traditionen der Laienforschung und der Zusammenarbeit von universitären, erwachsenenbildenden und musealen Einrichtungen und der einzelnen Fächer, in deren Bereich die Beschäftigung mit der industriellen Vergangenheit fiele.

Internationaler Aufbruch der 70er Jahre

Nachdem sich auch in einigen anderen Ländern um 1970 erste Anfänge eines neuen Verständnisses für Denkmale der Industrialisierung gezeigt hatten, wurde ein organisierter Austausch möglich und nötig. Im Sommer 1973 traf sich bei Ironbridge, das sich inzwischen zu einem Zentrum der industriearchäologischen Forschung in Großbritannien entwickelt hatte, die „First International Conference for the Conservation of the Industrial Heritage", kurz FICCIM.[57] Eingeladen hatte hierzu der Ironbridge Gorge Museum Trust unter der Führung von Neil Cossons. Im Titel 'beschränkte' sich dieser Kongress auf die Frage der Konservierung. Das sollte einerseits die Verbindung zur Denkmalpflege als einer anerkannten öffentlichen Aufgabe schaffen, war aber auch als Hinweis auf den gewünschten Schwerpunkt internationalen Austauschs gemeint. Auf kollegial-privaten Kontakten aufbauend, stellten hier im weiteren Sinne industriearchäologisch tätige Forscher und Denkmalpfleger aus zahlreichen (westlichen und östlichen) Ländern die eigene Situation und Arbeitsweise vor. Daneben nahmen aber auch fachtheoretische Fragen einen großen Raum ein. Der durchschlagende kommunikative Erfolg des Kongresses, der einen wesentlichen Beitrag zur internationalen Verbreitung der Industriearchäologie leistete, führte zur Institutionalisierung dieser Zusammenarbeit durch die Gründung des TICCIH-Verbandes (The Int. Conf. for the Conserv. of the Ind. Heritage) im Jahre 1978 und dessen Anbindung an die Unesco im Jahr 1980.

Zu dieser Zeit waren es neben England vor allem Polen, Schweden (Abb. 14), die DDR und die USA, die bereits auf eigene Erfahrung im institutionellen Aufbau bzw. in einer Erneuerung und Ausweitung dieses Forschungsgebietes verweisen konnten;[58] außer den USA, deren Anregung direkt von England ausging, waren dies die Länder mit den stärksten eigenständigen Traditionen im Umgang mit technischen Denkmalen. Allen Ländern gemeinsam war der Wille zur Einbeziehung bildungspolitischer und ideologischer Aspekte in die industriearchäologische Arbeit und Zielsetzung. In den USA spielte zudem auch eine Rolle, daß industrielle Denkmale sich hier nicht wie in Europa gegenüber erheblich älteren, insbesondere den mittelalterlichen Geschichts- und Kunstdenkmalen durchsetzen mußten, sondern schon aus historischer Sicht einen wesentlich stärkeren Anteil am kulturellen Selbstverständnis beanspruchen konnten.

14. Hammerhof Berslagen in Schweden, Blick auf Herrenhaus und Hammergebäude (Foto um 1975)

[57] Siehe etwa: Eberhard G. Neumann: „Bericht über den ‚First International Congress on the Conservation of Industrial Monuments' (FICCIM), Ironbridge, 29.5.–5.6. 1973", MS Juli 1973; abgedruckt in: Neumann (wie Anm. 5), S. 12–18.
[58] Vgl.: Otfried Wagenbreth: „Zur Pflege der technischen Kulturdenkmale in der CSSR und in der VR Polen." In: WZW 20, 1973, S. 191–202.

INDUSTRIE-ARCHÄOLOGIE ALS FORSCHUNGSIDEE

1975 war das Deutsche Bergbaumuseum in Bochum Gastgeber der zweiten Konferenz, genannt SICCIM.[59] Das Einleitungsreferat von Kenneth Hudson: „Who owns industrial archaeology?" verwies symptomatisch auf das noch immer unklare Selbstverständnis und die Zuordnung des Faches. Hudson betonte in seinem Referat den Anspruch der Industriearchäologie auf fachliche Eigenständigkeit, warnte aber auch vor einer Ausgrenzung von Amateuren durch zunehmende Verwissenschaftlichung und Theoretisierung. Auch sonst bot der Begriff der „Industriearchäologie" sowohl in seinem unterschiedlichen nationalen Verständnis als Lehnwort als auch in seiner Definition Grund für ausgedehnte Debatten. Kritik wurde schon hier an der zu stark technikgeschichtlichen und bergbauorientierten Grundhaltung des Bergbaumuseums geübt, die sich insbesondere auch auf die Auswahl der eingeladenen Forscher ausgewirkt hatte; die Einbeziehung soziologischer Analysen und sozialpolitischer Folgerungen und Forderungen in die Industriearchäologie, wie sie zu dieser Zeit von deutschen Gruppen vehement gefordert wurde, lehnten allerdings auch die Engländer als unwissenschaftlich und als Versuch einer einseitigen Politisierung ab. Die auch mit dieser Konferenz verbundene Hoffnung auf die Gründung einer unabhängigen industriearchäologischen Vereinigung in Deutschland hat sich nicht realisieren lassen. Mögicherweise wächst die 1987 von Wolfgang Ebert für den Erhalt des Meidericher Hüttenwerks als „Gesellschaft für Industriegeschichte" gegründete „Deutsche Gesellschaft für Industriekultur e.V." mit Sitz in Duisburg in diese Rolle hinein.

Weitere Konferenzen fanden ab 1978 im 2–3-Jahres-Rhythmus statt.[60] Sie konzentrierten sich im wesentlichen auf die Schilderung der jeweiligen nationalen Situation, den Besuch herausragender Objekte und die Diskussion methodischer und organisatorischer Fragen. Es gelang der Industriearchäologie aber insbesondere in Deutschland nicht, sich als akademisches Fach zu etablieren: Zu vielfältig erschienen ihre Teilgebiete und Unteraspekte. Statt dessen bildete sich wie auch in der Denkmalpflege und Archäologie eine enge interdisziplinäre Zusammenarbeit heraus. Faktisch werden die Themen und Objekte dem Bereich der Denkmalpflege und der Museen zugeordnet. Schweden, das eine eigene, über die Volkskunde und Firmengeschichte weit zurückreichende Tradition der Industriedenkmalpflege hat, richtete einen Lehrstuhl für Industriearchäologie an der Universität Uppsala ein, den Marie Nisser, führende Repräsentantin des Fachgebiets, übernahm.[61]

Mit der internationalen Verbreitung der Industriearchäologie waren die Definition 'industrieller' Aktivitäten und der spezifische Arbeitsbereich noch einmal vor allem unter dem Einfluß der deutschen und österreichischen historischen Bergbauforschung vertiefend diskutiert worden, ohne daß es zu einer verbindlichen Festlegung hätte kommen können. Das aus archäologischer Sicht konsequente andere Extrem der zeitlichen Eingrenzung bildet hier der Vorschlag des Österreichers Richard Pittioni, die Industriearchäologie mit dem Beginn der Industriellen Revolution enden zu lassen.[62] Selbst die Vertreter einer weitgehenden Beschränkung auf die Epoche moderner industrieller Entwicklung betonen wie Neil Cossons die Notwendigkeit, frühere Entwicklungsstufen nicht aus der Betrachtung auszuschließen.[63] Die damit notwendige thematische Eingrenzung würde, wie in der englischen jüngeren Diskussion nochmals betont wurde, gerade die Untersuchung und Darstellung der materiellen Relikte jener gesamtkulturellen Phänomene und Zusammenhänge verhindern, die einmal besonderes Ziel und Leistung der Industriearchäologie waren.[64] Die überwiegende Auffassung von der Industriearchäologie als „periodic discipline", als denkmalfundierte Betrachtung des Industriellen Zeitalters wird etwa von Neil Cossons herausgestellt.[65] In diesem Fall ordnet sie sich in die Reihe historisch-objektorientierter Fachgebiete wie Ur- und Frühgeschichte, Klassische und Mittelalterliche Archäologie ein. Damit ergibt sich aber die Frage, wo denn diese Entwicklung zur Gegenwart hin abzugrenzen sei. Hier hat sich zwangsläufig eine Öffnung

[59] SICCIM 1978; Roland Günter: „Chance vertan. 2. Internationaler Kongreß für die Erhaltung technischer Denkmäler. Bochum, Ende September 1975." In: KB 4, 1976, H. 1, S. 20-22.
[60] Stockholm 1978; Le Creusot (Frankreich) 1981; Lowell (USA) 1984; Wien 1987; 1990; Madrid 1992; Ottawa/Montreal 1995; Athen/Thessaloniki 1997.
[61] Hult/Nyström 1992.
[62] Richard Pittioni: „Studien zur Industrie-Archäologie. 1. Wesen und Methode der Industriearchäologie." In: Anzeiger der phil.-hist. Klasse der Österr. Akad. d. Wiss., 1968, H. 7, S. 223-243; vgl. Slotta 1982, S. 164.
[63] Cossons 1993, S. 11.
[64] Marylin Palmer: „Industrial Archaeology. A Thematic or a Period Discipline?" In: Antiquity 64, 1990, S. 27-285.
[65] Cossons 1993, S. 11.

von dem ursprünglich eng auf die Zeit der (englischen) Industriellen Revolution, d.h. das 18. und frühe 19. Jahrhundert, konzentrierten Interesse hin zu einer Einbeziehung immer jüngerer Zeugen vollzogen. Dies war eine Voraussetzung der Übertragung der Industriearchäologie auf die geschichtlichen Verhältnisse anderer Länder. Parallel zur Einbeziehung immer jüngerer Phasen auch der baulichen Entwicklung in das Interesse der Denkmalpflege wurden auch die Industriearchäologie und das Interesse für mögliche technische Denkmale auf diese Zeiträume ausgedehnt. Dabei spielte nicht zuletzt der Wunsch eine Rolle, eine anschauliche Entwicklung zu schildern und so eine direkte historische Brücke zur Gegenwart zu schlagen, die sich auch für zukünftige Planungen und die Durchsetzung politisch-sozialer Vorstellungen nutzen ließ. Die Anwendung des Begriffs „Industriearchäologie", der die Beschäftigung mit bereits verschütteten und von der Gegenwart deutlich getrennten Zusammenhängen impliziert, hat so auch bei immer jüngeren Denkmalen und Entwicklungen zu einem verstärkten Ausweichen auf die Bezeichnungen „Industriekultur" und „Industriearchitektur" geführt.

Mit der Reihe „Technische Denkmäler", deren erster Band anläßlich der Bochumer Konferenz von 1975 vorgelegt wurde, hat Rainer Slotta am Deutschen Bergbaumuseum in Bochum den bis dahin umfangreichsten und detailliertesten Überblick über einen Ausschnitt des Bestandes an historischen Industrieanlagen im Gebiet der damaligen Bundesrepublik Deutschland vorgelegt.[66] Die umfangreichen Informationsmengen sind als Aufzählung von Quellen und Fakten in Textform verarbeitet. Slottas Arbeiten zeigen aber auch, daß auf der Grundlage der firmenbezogenen Technik- und Wirtschaftsgeschichte eine Darstellung und Interpretation industriegeschichtlicher, sozialer oder räumlicher Zusammenhänge kaum leistbar ist. Trotz der zunehmenden Einbeziehung kultur- und sozialgeschichtlicher Aspekte im Laufe der Bearbeitung bleibt die Reihe ein technikgeschichtlich orientiertes Inventar.

Nach Großbritannien entwickelten sich die breitesten und selbständigsten industriearchäologischen Aktivitäten in Belgien unter Georges van den Abeelen, M. Bruwiers und Adrian Linters.[67] Hier konzentrierte sich die Beschäftigung gerade auf die hochindustriellen Strukturen der ehemaligen Bergbaulandschaften um Lüttich und vor allem in der Borinage. Nach der Einstellung des Bergbaus zu Beginn der 70er Jahre hatte man hier eine radikale Beseitigung aller Spuren dieser Industrie beabsichtigt; der Einsatz von „Liebhabern" für einzelne historische Objekte verhinderte diese historische Totalbereinigung. Der Kauf der klassizistischen Fabrikanlage von Le Grand-Hornu (Abb. 15) durch den Architekten Henri Guchez im Jahre 1971 war hier das Schlüsselereignis. Der Übergang des ökonomischen Schwerpunkts Belgiens vom wallonischen auf den flämischen Landesteil beeinflußte auch die Aktivitäten und Ziele der belgischen Industriearchäologie; sie kann jeweils als deutlicher Verweis auf historische Bedeutung und technisch-künstlerisches Potential gesehen werden. Obwohl dieser Aspekt nicht überwiegt, sind in beiden Landesteilen getrennte industriearchäologische Vereinigungen mit regelmäßigen Publikationen entstanden. In ihren theoretischen Ansätzen tendiert die belgische Industriearchäologie zu bau- und technikgeschichtlichen Argumentationen.[68]

Das Interesse für die Themen der Industriearchäologie vermehrte sich in den 70er Jahren parallel zu einer sich langsam verändernden Einstellung zu Industrie und Technik.[69] Gleichzeitig dehnten sich die Verlagerung des Bergbaus und der Rückgang von Schwer- und Textilindustrie auf eine zunehmende Zahl von Ländern aus. Die überkommenen hochindustriellen Strukturen und ihre Elemente verschwanden zusehends. Die letztlich von England ausgehende Verbreitung des industriearchäologischen Forschungsansatzes konnte sich erst in dieser Situation auch in anderen Ländern durchsetzen. Denkmalpfleger, seltener auch Historiker begannen, sich unter dieser neuen Perspektive mit den historischen Bauten und Anlagen

---

[66] Die Reihe „Technische Denkmäler in der Bundesrepublik Deutschland", bearb. von Rainer Slotta und herausgegeben vom Deutschen Bergbaumuseum Bochum, umfaßt bisher: Bd.1 (allg. Beispiele), 1975; Bd.2: Elektrizitäts-, Gas- und Wasserversorgung, Entsorgung, 1977; Bd.3: Die Kali- und Steinsalzindustrie, 1980; Bd.4,1 und 4,2: Der Metallerzbergbau, Bochum 1983; Bd.5,3: Der Eisenerzbergbau. Bochum 1988; Rezensionen von Hartwig Suhrbier in: KB 4, 1976, H. 1, S. 33/34.
[67] Siehe etwa: René De Herdt: „Industriele Archeologie. Een Wetenschap." In: Industriele Archeologie in België. Gent 1986, S. 3–12.
[68] Wie vor.
[69] Siehe etwa: Roland Günter: „Industrie-Archäologie – Materielle Kultur – Historische Industrie-Architektur. Übersicht über Aktivitäten in einem neuen Wissenschaftsbereich. Kommentierte Bibliographie." In: Hephaistos 2, 1980, S. 194–203.

15. Fabriksiedlung Le Grand-Hornu bei Charleroi (Belgien), Blick auf die teilweise ruinöse Fabrikanlage mit Ehrenhof und die umgebenden Straßen mit Arbeiterhäusern (Foto um 1975)

ihrer Länder zu beschäftigen. Im Rahmen einer allgemeinen Beschäftigung mit gründerzeitlicher Architektur und Kultur fanden die Industriedenkmale, wenn auch spät, ihren Platz. Am Ende der 70er Jahre hatten sich in vielen Ländern überschaubare, aber feste und international verknüpfte Gruppen von 'Industriearchäologen' im weitesten Sinne etabliert. In die Denkmalpflege, die sich zum überwiegenden Betreuer historischer Denkmale der Technik und Industrie entwickelte, haben die neuen Vorstellungen erst in Ansätzen Eingang gefunden. Weitergehende Ansätze im musealen Bereich, eine spezifische Bewertungs-, Nutzungs-, Erhaltungs- und Konservierungsdiskussion setzte aber erst gegen Ende des Jahrzehnts ein; auf sie wird in den folgenden Kapiteln eingegangen.

Industriearchäologie in den 80er Jahren

Im Jahre 1982 erschien von Rainer Slotta, Mitarbeiter und heutigem Direktor des Deutschen Bergbaumuseums in Bochum, die „Einführung in die Industriearchäologie". Diese Publikation ist bisher der einzige Versuch einer umfangreicheren fachtheoretischen Darstellung dieses Themas in Deutschland geblieben. Sie unterscheidet sich wesentlich von ihren englischen Vorgängern[70] und hat sich den Vorwurf gefallen lassen müssen, sie versuche, die Haltung einer Minderheit innerhalb des Forschungsgebietes als allgemein darzustellen.

Slotta definiert die Industriearchäologie als „systematische Erforschung aller dinglichen Quellen jeglicher industriellen Vergangenheit von der Prähistorie bis zur Gegenwart". Dies belegt er unter Verweis auf deren Beispielhaftigkeit weitgehend mit bergbaulichen Objekten und Forschungen (Text 30). Damit bezieht er deutlich und programmatisch Position gegen die Verbindung und überwiegende Einschränkung der Forschung auf den Zeitraum der industrialisierten Wirtschaft. Andererseits geht Slotta von einzelnen Industriedenkmalen aus und orientiert sich bei der Beschreibung der verschiedenen inhaltlichen Dokumentwerte eng an der Denkmalpflege.

Die „Einführung" Slottas stieß bei verschiedenen Seiten auf erhebliche Kritik. Der Geograph Wilfried Krings etwa verwies in seiner Rezension nicht nur auf die ansonsten dominierende Eingrenzung der Industriearchäologie auf die Epoche der Industrialisierung, sondern konstatierte vor allem, daß die von Slotta zugrundegelegte Situation im Bergbau gerade nicht repräsentativ oder übertragbar auf die gesamte Objektfülle und Fragestellung der Industriearchäologie sei.[71] Dagegen vermißte er eine Beschäftigung mit den Möglichkeiten eigenständiger Arbeitsweisen und Blickwinkel außerhalb des montanarchäologischen Forschungsbereichs, wie sie etwa in kulturgeographischem Zusammenhang vorstellbar seien.

Aus der Perspektive historischer Forschung und Bildungsarbeit wurde kritisiert, daß Slottas Einführung trotz ihres Titels wenig mehr bot als den Versuch, durch die Kombination denkmalpflegerischer und archäologischer Methoden und Fragestellungen eine dennoch eigenständige akademische Forschungsrichtung zu etablieren. Slottas eigene Inventare wie auch die internationale Ausgrabungstätigkeit des Bergbaumuseums[72] würden wesentliche Elemente der Industriearchäologie im englischen Verständnis wie die sozialen Komponenten und die Verbindung von haupt- und ehrenamtlicher Tätigkeit nicht umfassen. Vielmehr verstehe Slotta die Industriearchäologie ausdrücklich als Spezialistenaufgabe. Slottas Inventarwerken als den Ergebnissen seiner industriearchäologischen Forschung fehle auch, so wurde aus Sicht der Denkmalpflege bemängelt, gerade der wesentliche Ansatz, die Denkmale als Geschichtszeugen zu analysieren; statt dessen würden sie als Illustration historisch-ökonomischer und technischer Beschreibungen und Funktionen benutzt. Damit fehle gerade jene Kombinationsfähigkeit, die die Denkmale nicht nur als Beleg, sondern als unabhängige Quelle nutze. Slotta weise zwar wiederholt auf den Quellenwert der Denkmale hin, scheine darunter aber eigentlich ihre Belegfunktion für die an sie herangetragenen historischen und sonstigen Informationen zu verstehen. Gerade die so wichtige neue Kombination und Deutung der durch die Industriearchäologie zusammengetragenen Einzelergebnisse ermögliche er nicht und beschäftige sich auch nicht mit den Möglichkeiten einer interdisziplinären Zusammenarbeit; vielmehr tendiere er zum Bild des allwissenden „Industriearchäologen".

Ursprünglich sollte die Schrift als „Einführung in die technischen Denkmale" von Günther Borchers verfaßt werden, der sich als Landeskonservator im Rheinland zwischen 1970 und 1979 bahnbrechend für die Etablierung dieser Denkmalgattung eingesetzt hatte (siehe Kap. V). Die übergreifende Tendenz Slottas setzt ihn etwa in Gegensatz zu den denkmalpflegerisch tätigen Spezialisten und den freischaffenden Industriearchäologen, die die bewußte Ausschnitthaftigkeit ihres Wissens und ihrer Erkenntnisse durch Kombination und Zusammenarbeit auszugleichen suchen. Bei Slotta überwiegt faktisch die illustrativ-assoziative Funktion der Denkmale gegenüber ihrem wissenschaftlichen Quellenwert, einer sachlichen Befragung, Untersuchung und eigenständigen Interpretation. Hier zeigt sich eine Problematik, die in der gesamten Denkmalpflege nur unzureichend thematisiert wird. Industrie-„archäologisch" wird Slottas Methode tatsächlich erst bei Ausgrabungen, die aber im Bereich der Industriedenkmale so gut wie nicht, zumindest nicht aus reinem Erkenntnisdrang, vorkommt. Die Tendenz Slottas, Industriedenkmale weniger als Forschungs- denn als illustrative Objekte zu sehen, die weniger befragt als eingebunden werden müssen, scheint ihn zu hindern, eigenständige oder zumindest geeignete Methoden für die Befragung der Denkmale selbst vorzustellen und zu diskutieren. Er sieht zudem, anders als die überwiegende Zahl der englischen Theoretiker, die Industriearchäologie vorrangig in der Rolle einer Grundlagenforschung für die Denkmalpflege; dementsprechend nehmen die wesentlich 'denkmalpflegerischen' Aufgaben wie die Inventarisation, Dokumentation und die Konservierung nur einen geringen Raum ein. Dies steht jedoch in genauem Gegensatz zur Entwicklung der Arbeitsschwerpunkte der gesamten Industriearchäologie und einer auf die existentielle Bedrohung der Denkmale bezogenen sinnvollen Abfolge der Bedeutung der einzelnen Arbeitsschritte.

Während sich in der staatlichen Denkmalpflege ausgehend von Nordrhein-Westfalen (siehe Kap. V) eine Sparte für Industriedenkmale aufbaute und Erhalt und

---

[70] Hudson, Rix, Raistrick, Buchanan, Cossons.
[71] Krings (wie Anm. 32).
[72] Vgl. die Zeitschrift „Der Anschnitt" und seit 1994 auch „Metalla – Forschungsberichte des Deutschen Bergbaumuseums".

INDUSTRIE-
ARCHÄOLOGIE ALS
FORSCHUNGSIDEE

Umnutzung auch größerer und neuerer Anlagen häufiger wurden, betonte die Industriearchäologie den umfassenden Ansatz ihrer Forschungen und gleichzeitig einen über die akademische Einbindung weit hinausgehenden Anspruch auf Breitenwirkung und Zusammenarbeit.[73]

Zur Festigung des Begriffes der technischen Denkmale wird von Slotta noch einmal die Parallele zu den Kunstdenkmalen gezogen, mit denen er sich wie schon Oskar von Miller, Matschoß und Lindner unter dem umfassenden Dachbegriff der historischen Kulturzeugnisse trifft (Text 43). In der Denkmalpflege war diese Unterscheidung dagegen spätestens in den 70er Jahren obsolet geworden, und die verschiedenen historischen Aspekte wurden unter dem Begriff des „Geschichtsdenkmals" zusammengefaßt. Andere Bereiche der Industriearchäologie, vor allem sozial- und kulturgeschichtliche Phänomene, bearbeitet die Volkskunde.[74]

Auch in Deutschland haben sich auf unterschiedlicher Grundlage Spezialisten für diesen Bereich herausgebildet; sie profitieren etwa von der Neugründung und dem Ausbau wirtschaftshistorischer Archive (Köln, Dortmund, Bochum), Firmenarchive oder fotografischer Sammlungen (Essen, Köln) auf regionaler oder privater Basis. Sie sind zur Mehrzahl als Denkmalpfleger oder in Museen tätig; es läßt sich deshalb kaum leugnen, daß die Industriearchäologie in Deutschland heute de facto überwiegend eine Domäne der Denkmalpflege und des Museums ist; die Verbindung zur Denkmalpflege verstärkt sich noch durch die Anregung und Nutzung von Forschungen.

Die Verbreitung der Industriearchäologie hat in Deutschland zu einer Neu- und Umorientierung vieler, beileibe aber nicht aller eigentlich angezielten, schon bestehenden Fächer und Einrichtungen geführt; sie hat ebenso hemmend auf die Präsenz und 'Verankerung' des neuen Begriffs gewirkt wie die schwache Auswirkung auf die historische Laienarbeit. Diese Umorientierung bewirkte aber, daß, während die Begriffe „Industriekultur" und „Industriedenkmal" weit verbreitet sind, der „Industriearchäologie" in Deutschland von der Öffentlichkeit kaum eigene Inhalte, Aufgaben oder Arbeitsbereiche zugeordnet wurden.

Wesentliche im internationalen Verständnis „industriearchäologische", d.h. interdisziplinäre Aktivitäten zur Klärung und Einordnung des industriellen Erbes finden sich deshalb in Deutschland unter anderer Bezeichnung. Zu nennen wären hier etwa die „Industriegeschichten" Axel Föhls, die Aktivitäten Walter Buschmanns im Ruhrgebiet und von ICOMOS im Bereich der Eisenbahn.[75] Hinter dem schlichten Publikationstitel „Eisenbahn und Denkmalpflege" verbirgt sich hier etwa eine historisch und geographisch fundierte Sammlung von Beiträgen zu den Hintergründen und den Problemen der Erforschung und des Erhalts der baulichen Strukturen und der beweglichen Objekte der Eisenbahnsysteme, die der Titel kaum vermuten lassen würde.

Industriearchäologische Gutachten als Bewertungsgrundlage für die Denkmalpflege liegen zwar inzwischen in größerer Anzahl vor, wurden aber meist nicht veröffentlicht; Ausnahmen bilden die Arbeiten Slottas zu Kraftwerken in Hamburg.[76]

Auch einige unabhängige Forscher wie Hans-Peter Bärtschi in Zürich haben sich etabliert. Zudem bilden die großen technischen Museen und die Lehrstühle für Technikgeschichte eine Forschungs- und Referenzebene für industriearchäologische Fragestellungen. Die Nähe zum Denkmalschutz blieb jedoch unbestritten; dabei ist die genaue begriffliche Abgrenzung oft schwierig; und die Vermeidung der etwas farblosen Bezeichnung „Denkmalpflege" und nicht ein grundsätzlich verschiedener Ansatz scheint Hauptgrund für die Verwendung der neuen Bezeichnung zu sein.

Die Industriearchäologie existiert also heute in Deutschland als eher informelles Forschungsfach mit einem kleinen Stamm ständiger Bearbeiter und einem großen Kreis peripherer und zeitstellengebundener Mitarbeitenden.[77]

---

[73] C. M. Clarke: „Trouble at t'Mill. Industrial Archaeology in the 1980s." In: Antiquity 61, 1987, S. 169-179; als Reaktion: Marilyn Palmer, Peter Neaverson: „Industrial Archaeology. The Reality." In: Antiquity 61, 1987, H. 233, S. 459-461; Cossons 1993, S. 10-25: Einf.: „On the Nature of Industrial Archaeology".
[74] Siehe etwa: Michael Dauskardt, Helge Gerndt (Hgg.): Der industrialisierte Mensch. Vorträge des 28. Dt. Volkskunde-Kongresses in Hagen vom 7.-11.Okt. 1991. Münster 1993.
[75] Eisenbahn und Denkmalpflege (ICOMOS-Hefte des Deutschen Nationalkomitees IV u. IX). München 1991, 1993, Heft 3 folgt 1997.
[76] Rainer Slotta: Kraftwerk Hamburg-Neuhof. Ein Großinventar (ADH 12). Hamburg 1992; ders.: Kraftwerk Tiefstack. Eine Dokumentation (ADH 14). Hamburg 1994.
[77] Vgl. die Einf. zu BEIA.
[78] Cossons 1993, S. 11.
[79] Cossons 1993, S. 16.
[80] Krings (wie Anm. 32).

Industriearchäologie und Industrielandschaft 129

Unter den methodischen Entwicklungen, wie sie vor allem in England ausgebaut werden, bildet die systematisierte Betrachtung der Entwicklung von Industrielandschaften ein wichtiges Element: „The industrial archaeologist, if he is to have any real understanding of the sites and artefacts of the Industrial Revolution, must look at the landscape in its entirety. Industrial archaeology is in part a landscape study and cannot be restricted to a wholly thematic approach" (Cossons).[78]

Schon als Ordnungskriterium hat der landschaftliche Ansatz in der Industriearchäologie große Verbreitung gefunden; er entspricht der schnellen visuellen Erfassung der Objekte und Strukturen.

Die in diesem Zusammenhang vor allem von Neil Cossons vorgetragene Begründung des industriearchäologischen Interesses aus dem Landschafts- und Naturschutz[79] läßt sich als direkte Anregung kaum mit der Industriearchäologie verbinden. Ein generell wachsendes Interesse an der Landschaft angesichts des zunehmenden Flächenverbrauchs durch die Industrie in neuen Dimensionen ist aber kaum zu leugnen.

Natur und Landschaft als Ausgangsbasis für die Beschreibung der industriellen Eingriffe und Veränderungen zu nehmen, spiegelt eine Haltung wider, die sich sowohl auf den Heimatschutz als auch auf moderne ökologische Vorstellungen beziehen läßt. Zumindest gelingt ihr jedoch, einer Isolierung der historischen Entwicklung entgegenzuwirken und die Entstehung der jetzigen Verhältnisse als Ergebnis zahlreicher verschiedener und voneinander abhängiger Vorgänge darzustellen, die sich in der Umwelt im weitesten Sinne wiederfinden. Ältere wissenschaftliche Betrachtungs- und Analysemethoden von Landschaft wie die der Historischen Geographie, der Wirtschaftsgeographie und der Kulturlandschaftsforschung fließen darin mit ein, ihnen fehlt jedoch weitgehend die Einbindung und Auswertung der Bauten als Quellen.[80]

16. Blaenavon iron works in Wales, Blick vom Maschinenhaus auf die Arbeiterhäuser (Foto von Clive Coote um 1970 aus Anthony Burtons „Remains of a Revolution")

INDUSTRIEARCHÄOLOGIE ALS FORSCHUNGSIDEE

Die Bestandsaufnahme von Industrielandschaften hat sich zu einer der wesentlichen, über die Aufgaben, Ziele und Möglichkeiten des Denkmalschutzes und der Denkmalpflege hinausgehenden bzw. weiterführenden Betrachtungsweise der Industriearchäologie entwickelt. Dabei sind erheblich voneinander abweichende methodische Ansätze möglich, wie etwa die systematische 'archäologische' Inventarisation nach historisch-juristischen Einheiten wie Parzellen, repräsentiert etwa durch den vom Ironbridge Trust organisierten Nuffield Survey des Ironbridge Gorge.[81] Einen mehr historisch-funktionalen, wirtschafts- und sozialgeschichtlichen Ansatz vertreten die Analysen der Industrielandschaft, wie sie Palmer und Neaverson auf archäologisch-prospektiver Grundlage verstehen (Text 31). Sie gehen nicht von räumlichen Schichtungen, sondern von funktionalen und kausalen Zusammenhängen und Notwendigkeiten, einem Netz von räumlichen und zeitlichen Beziehungen aus. Die von ihnen vorgeschlagenen Grundbedingungen wirtschaftlicher Aktivitäten bilden ein Raster fundamentaler wirtschaftlicher und sozialer Fragen, deren jeweilige Beantwortung oder individuelle Lösung im spezifischen Kontext stattfindet und von landschaftlichen und baulichen Phänomenen dokumentiert wird.

Schon um 1980 ist zumindest in Deutschland von Wilfried Krings nachdrücklich darauf hingewiesen worden, daß sich diese Vorgehensweise mit den Fragestellungen der Historischen Geographie als dem topographisch arbeitenden Zweig der Landeskunde verbindet.[82] Letztlich lassen sich die Auswertung kartografischer, fotografischer und gedruckter/archivalischer Materialien in der historisch-geographischen Forschung von der Erfassung und Dokumentation industrieller Ensembles durch die Denkmalpflege kaum unterscheiden; nur architektur- und technikgeschichtliche Fragen wie auch konservatorische Überlegungen spielen dabei keine Rolle. Fest steht jedoch, daß die Historische Topographie eine der wesentlichen Teildisziplinen der Industriearchäologie bilden und sogar wesentliche Basis für deren übergeordneten Charakter sein könnte.

Ein neuer, unerwarteter Wissenschaftstyp?

Die Industriearchäologie hat sich aus verschiedenen Wurzeln gebildet, um die komplexe Zusammensetzung hochindustrieller Strukturen zu beschreiben und zu erklären. Sie vertritt weit umfassendere, aber auch allgemeinere Ansprüche und Ziele als die Industriedenkmalpflege. Die Etablierung der Industriearchäologie vollzog sich, aus deutscher Sicht, in drei großen Schritten: Von den 50er Jahren bis Anfang der 70er verlief die englische Entwicklung fast unbeeinflußt. Anfang der 70er Jahre wurden dann, vor allem über Schweden, Belgien und Deutschland, internationale Kontakte aufgebaut, die Vergleiche und Anregungen ermöglichten. Seit etwa 1980, nach einer stürmischen Entwicklung der Industriedenkmalpflege im Zusammenhang mit einer Neuorientierung in Städtebau und Verkehrsplanung, hat sich die Industriearchäologie als kleines Spezialfach zur Erforschung und Bewertung historischer Strukturen gefestigt, ohne offiziellen institutionellen Rückhalt zu genießen. Auch der Amateurcharakter blieb teilweise erhalten.

Neben der Interpretation des industriellen Denkmals als realem historischen Dokument und Artefakt steht immer die Ebene seiner künstlerischen Interpretation, seiner besonderen Eignung zur künstlerisch-assoziativen Auseinandersetzung mit dem Phänomen der Industrie und Technik. Besonders hier findet auch die Öffentlichkeit breiteren Zugang, buchstäblich wie geistig, zu den industriellen Relikten. Künstler vieler Richtungen nutzen und interpretieren historische Industriebauten als Sinnbilder industrieller Welt, als verfremdende und artifizielle Hintergründe.

Der Begriff „Industriearchäologie" hat sich trotz oder gerade wegen seiner auffälligen Sperrigkeit und seiner zugleich suggestiv-assoziativen Kraft in den meisten

---

[81] Catherine Clarke, Judith Alfrey: The Landscape of Industry. Patterns of Change in the Ironbridge Gorge. London 1993; Rez.: IAR 16, 1994, H. 1, S. 218/19 (M. Palmer).
[82] Vgl. etwa: Daniel Clark: Post-Industrial America. A Geographical Perspective. New York/London 1985.
[83] Sebastião Salgado: Arbeiter. Zur Archäologie des Industriezeitalters. Frankfurt am Main 1993.

westlichen Sprachen eingebürgert. In seiner optischen Monumentalität hat er sogar zu neuen Assoziationen Anlaß gegeben, etwa als Buch(unter)titel für Arbeiten des Fotografen Sebastião Salgado: „Eine Archäologie des Industriezeitalters", die ebenso mit dem zeitlichen Antagonismus spielt.[83] Als verbindende Bezeichnung für die Objekte der Industriearchäologie, die „Bauten und Anlagen der Industrie, Technik und Geschichte der Arbeit" hat sich „Industriedenkmale" eingebürgert, in England entsprechend „industrial monument/industrial heritage".

Eigentlich archäologische Praxis oder baugeschichtliche Forschung am Objekt im industriegeschichtlichen Bereich ist noch immer selten und wird weniger zur eigenständigen Forschung als im Rahmen von Bauuntersuchungen zur Klärung der Ursache von Bauschäden und zur Vorbereitung von Baumaßnahmen betrieben; die nötige Technik liefert die allgemeine Bauforschung der Denkmalpflege, in einigen Fälle auch die Bodendenkmalpflege.

Klassische Gebiete denkmalpflegerischer Tätigkeit wie Inventarisation, Dokumentation und Konservierung wurden als Teilbereiche in die Industriearchäologie einbezogen; aber auch Bauforschung und „Denkmalkunde" finden ihre Parallele in industriearchäologischen Aufgabenfeldern. In diesem Fall bezieht sich die Denkmalpflege auf allgemeine Erkenntnisse der Industriearchäologie wie der Technik- oder der Sozialgeschichte zur Einordnung und Bewertung ihrer Objekte.

„Industriearchäologie" ist ein schwer definierbarer, mitunter mißbrauchter und oft sichtbar mißverstandener Begriff geblieben. Er steht für ein Interessen- und Arbeitsgebiet, das als interdisziplinäres Fach teilweise eine neue wissenschaliche Arbeitsweise charakterisiert und diese erzwingen mußte, die Verbindung und Anwendung von Spezialwissen in neuen Zusammenhängen. Ist die Industriearchäologie ein utopisches Ideal, eine Unmöglichkeit, liegt die Lösung im Ausbau der interdisziplinären Kontakte zwischen der Vielzahl sich oft eng einander annähernden Wissenschaftszweige statt in der Proklamation einer neuen Wissenschaft?

Die Industriearchäologie als Wahrnehmungs- und Erklärungsmodell materieller industrieller Strukturen lebt aus der Wechselwirkung und freien Kombination verschiedener Aspekte und Methoden; ihre Flexibilität ist zugleich ihre Stärke wie ihre Schwäche (Cossons). Dies legt nahe, sie als Thema und Interessengebiet neuer Form, als 'Brückenfach' zwischen sich immer weiter spezialisierenden Einzeldisziplinen zu verstehen; als Klammer ermöglicht sie durch ihren Bezug auf das industrielle Denkmal die Verknüpfung von Einzelinformationen und Erkenntnissen; sie hat als Idee eine wichtige verbindende Funktion, die in der Entwicklungstendenz der wissenschaftlichen Landschaft immer dringender erforderlich wird.

Das Streben der Industriearchäologie nach organisatorisch-akademischer Eigenständigkeit ist zwar wissenschaftsgeschichtlich und berufspolitisch verständlich, scheint aber weder ihrer Arbeitsweise noch ihren Zielen und Möglichkeiten gerecht zu werden. Es scheint hilfreicher, sich die Industriearchäologie als 'Superstruktur' verschiedener Spezialfächer vorzustellen, deren Fragestellungen und Methoden nach Bedarf neu kombiniert werden und damit den Objekten und Fragen erst gerecht werden können. In der Methodik dieser Kombinationen und Verknüpfungen, im Erkennen der Reibungsverluste und möglicher Mißverständnisse könnte dann die spezifische Arbeitsweise und der theoretisch-methodische Eigenanteil einer Industriearchäologie liegen.

22.

Michael Rix
Industrial Archaeology, 1955

aus: The Amateur Historian, Bd. II, 1955, S. 225–229; zit. nach: Barrie Trinder (Hg.): The Most Extraordinary District in the World. Ironbridge and Coalbrookdale. Chichester ²1988, S. 129–131

Zur Person:
Geboren 1913. Dozent in Anthropologie an der Universität Birmingham; leitete seit 1957 auch Sommerkurse für Industriearchäologie. Gestorben 1981

Great Britain as the birthplace of the Industrial Revolution is full of monuments left by this remarkable series of events. Any other country would have set up machinery for the scheduling and preservation of these memorials that symbolise the movement which is changing the face of the globe, but we are so oblivious of our national heritage that apart from a few museum pieces, the majority of these landmarks are neglected or unwittingly destroyed. ...

... the cradle of this movement which is still thickly sown with monuments is the small valley, Coalbrookdale, on the edge of the Severn Gorge in Eastern Shropshire. Here in Queen Anne's reign a Quaker – Abraham Darby – first smelted iron with coke, and part of the furnace that he bought, dated 1657, can still be seen. The pioneer work in Coalbrookdale in the 18th century makes impressive reading. The first cast iron holloware, the first iron railway, the first hot blast furnace, the first Iron Bridge (which gives its name to the nearby Ironbridge), the first commercial locomotive head the list, which includes the manufacture of cylinders for James Watt's improved steam engine and the elimination of locks from canals by the use of inclined planes. The iron bridge erected in 1779 ... still spans the Severn although it is now closed to traffic. The furnace in which the mammoth ribs were cast can still be seen and is to be preserved. ...

... there are still many monuments to be scheduled, many books to be written and much field work to be done before industrial archaeology can begin to take its rightful place among the studies of these islands.

23.

Wend Fischer
Fotografische Dokumentation von Hilla und Bernd Becher, 1967

aus: Anonyme Industriebauten (Ausstellungskatalog). München 1967, Einleitung; zitiert nach: Deutsche Bauzeitung, Bd. 101, Nov. 1967, S. 868

Zur Person:
Geboren 1916 in Berlin. Studierte Philosophie, Psychologie und Kunstgeschichte in Berlin. Kunstkritiker und Redakteur. Direktor der Neuen Sammlung/Staatliches Museum für angewandte Kunst in München

... Die Bilder sind fotografische Dokumente aus einem Grenzgebiet der Architektur. Sie zeigen Bauten, die nicht, wie die strenge Bestimmung des Begriffs Architektur es verlangt, als räumliche Gebilde, sondern als gerätehafte Konstruktionen konzipiert sind. Ein Fördergerüst ist das gewaltig vergrößerte Gestell der einst mit der Hand bedienten Seilwinde, Wassertürme und Gasbehälter sind riesige Töpfe oder Fässer, ein Feinkohlenturm ist eine haushohe Kohlenkiste, und auch der so räumlich wirkende Kühlturm ist, genau genommen, kein Gebäude, sondern eine Apparatur. Erst ihre Größe und ihre Gebundenheit an einen festen Standort rücken diese Großgeräte an die Grenze der Architektur heran; man kann sie nicht, wie sonst Geräte, in Werkstätten oder Fabriken produzieren, sondern muß sie an Ort und Stelle erbauen.

Wie alle Geräte unterliegen auch diese gebauten Großgeräte der Industrie dem Verschleiß und dem Veralten: was nicht tauglich ist, was durch technisch Vollkommeneres ersetzt werden muß, das wird abgerissen. Während räumliche Bauten, also architektonische Gebäude im eigentlichen Sinne, in der Regel auch dann erhalten bleiben, wenn sie ihrem ursprünglichen Zweck nicht mehr dienen, da ihre Räume auch für andere Zwecke genutzt werden können, ist die Lebensdauer einer industriellen Anlage zwingend an die Funktion gebunden, für die sie geschaffen wurde; erfüllt sie diese Funktion nicht mehr, oder erfüllt sie sie nur noch mangelhaft, muß sie einer neuen Anlage weichen. In diesem Felde entscheidet allein die Rentabilität.

Ungezählte Industriebauten des 19. und des beginnenden 20. Jahrhunderts sind bereits abgerissen worden; was übrig ist, wird bald ebenfalls verschwunden sein. Damit aber verlieren wir die gebauten Zeugnisse einer Epoche, in der nicht nur das wirtschaftliche, sondern weitgehend auch das soziale und kulturelle Leben unserer Zeit gründet. Der Satz von Choisy, dem französischen Architektur-Theoretiker des 19. Jahrhunderts, daß „Bauwerke als unbestechliche Zeugen die Lebensweise und Moralauffassung der Menschheit Jahrhundert für Jahrhundert fixieren", gilt für diese frühen Zeugnisse der industriellen

Revolution in besonderem Maße: unbestechlich und unmittelbar fixiert diese anonyme Architektur Auffassungen und Haltungen des 19. Jahrhunderts, die dem auf die Oberfläche gerichteten Blick noch immer von den stilvoll drapierten Faltenwürfen der historischen Architekten-Architektur jener Zeit verhüllt werden. ...

Die Qualitäten dieser gebauten Großgeräte erschließen sich nicht leicht dem Blick und dem Verständnis; und oft genug ist das von sich schon schwer Erkennbare obendrein noch versteckt unter der Kruste der Verwahrlosung – die Aufnahmen zeigen die Objekte meistens in der Endphase ihrer Existenz. Man muß diese Dinge sehen lernen, um sie recht sehen zu können. Man wird ihnen auch zugestehen müssen, daß ihre Tugenden etwas ungewöhnlich sind: Direktheit, Härte, Unbedingtheit, Kargheit, Kälte, Trockenheit, Sprödigkeit, Stummheit zeichnen sie aus – alles Kontrasttugenden zu den offiziellen Tugenden der offiziellen Architektur ihrer Zeit.

Bernd und Hilla Becher haben in der völligen Konzentration auf den Gegenstand ihres Interesses, im Verzicht auf jede subjektive Sicht, im Verzicht auch auf jegliche künstlerische Ausdeutung, Dokumente geschaffen, deren fotografische Qualität der dokumentarischen Bedeutung gleichkommt. Die reine, präzise Wiedergabe des Objekts wird durch nichts verunklart: keine Wolken am Himmel, kein Schattenwurf der Sonne, kein Qualm aus den Schloten, kein Mensch, kein Fahrzeug, nichts, was die absolute Fixierung des Gegenstandes auch nur durch den Ansatz zu einer Bewegung stören könnte. Das ganze Stimmungsinstrumentarium landläufiger Industriefotografie enthüllt sich als sentimental und pathetisch, wenn man diese exakten fotografischen Aufzeichnungen von Tatbeständen betrachtet. ...

24.

R. A. Buchanan

Industrial Archaeology in Britain, 1972

Auszug S. 20–27

Zur Person:
Robert Angus Buchanan, geboren 1930. Gründer und seit 1964 Direktor des „Centre for the History of Technology, Science and Society" an der Universität von Bath. Seit 1990 Professor für Technikgeschichte

... Before tackling this historical outline, however, there are some preliminary points of definition and technique which will be dealt with ... The inchoate quality of the subject is reflected in the lack of any generally agreed definition of industrial archaeology. The most satisfactory definition which I have managed to devise is that industrial archaeology is a field of study concerned with investigating, surveying, recording and, in some cases, with preserving industrial monuments. It aims, moreover, at assessing the significance of these monuments in the context of social and technological history. For the purposes of this definition, an 'industrial monument' is any relic of an obsolete phase of an industry or transport system, ranging from a Neolithic flint mine to a newly obsolete aircraft or electronic computer. In practice, however, it is useful to confine attention to monuments of the last two hundred years or so, both because earlier periods are dealt with by more conventional archaeological or historical techniques, and because of the sheer mass of material dating from the beginning of the Industrial Revolution. The study is "archaeological" in so far as it deals with physical objects and requires field-work, even if the excavatory techniques of the classical archaeologist are not often applicable. Professor Hoskins, borrowing a phrase from R. H. Tawney, has said that the primary article of equipment of the local historian is a strong pair of walking shoes, and Michael Rix has capped this with the observation that the industrial archaeologist requires gum boots. Such remarks justly emphasize the practical aspects of industrial archaeology, rooted as it is in an examination of the tangible relics of industrialisation, and it is by the success and validity of its practical techniques that the claim of industrial archaeology to academic attention must, in the last resort, be judged.

INDUSTRIE-ARCHÄOLOGIE ALS FORSCHUNGSIDEE

The functions of investigating, surveying, recording and preserving industrial monuments are all part of the subject. 'Investigating' implies a systematic search and appraisal, either following clues in search of new evidence, or re-examining material already known: it is surprising how frequently an industrial monument can be found almost literally at the bottom of the garden, in the form of an abandoned railway, a spoil heap, or a piece of machinery, once a search is undertaken. 'Surveying' involves using whatever techniques are available to measure, photograph, and date a monument. "Recording" is the process of ensuring that there is a permanent notification of the monument in an appropriate national and local repository. "Preserving" only arises in certain cases, where a monument is judged to be of outstanding value. Few of us would wish to live in a museum, but it is of great importance that a representative selection of industrial monuments should be preserved for posterity, and the criteria by which such monuments are selected is a matter to which we must return. At this point it is only necessary to indicate that a discriminating regard for preservation is one of the essential functions included within our definition of industrial archaeology.

However important these practical functions of industrial archaeology, they can only achieve scholarly significance as part of a general interpretation of industrialization. Hence the second part of our definition, which recognizes the need to assess the significance of industrial monuments in the context of social and technological history. At this level the skills required of the industrial archaeologist are those of the historian and the social scientist, and particularly the techniques of documentary research and analysis. An enormous amount of useful information about industrial monuments can be culled from business archives, the files of local newspapers, and regional topographical studies, to mention only a few of the more obvious documentary sources. Even more important, however, in a subject which is always in danger of lapsing into the quaint antiquarianism of so much parish-pump literature and the 'I-spy' approach to locomotive or canal spotting, is the need to relate industrial archaeological evidence to existing interpretations of economic growth and social transformation and, indeed, to use such evidence to modify the interpretations. The need to formulate a working definition of industrial archaeology indicates the novelty of the subject, although it is not an entirely brand-new field of study. Enthusiasts for engineering history have long been taking a constructive interest in industrial monuments through such organizations as the Newcomen Society, and economic historians have done much to elucidate the development of machines and processes. But there is also an important element of novelty in the subject, in so far as the great interest aroused by it in the last decade has been caused by a sense of urgency. All over Britain – and elsewhere – traces of past phases of industrialization are being rapidly wiped out by the pressing forces of industrial modernization, urban renewal, and motorway construction. It should be said that industrial archaeologists are rarely opposed to such processes themselves, but only so far as they may lead to the loss of significant artefacts without even an opportunity to record them adequately for posterity. It may almost be said that industrial archaeology was born out of the battle to preserve the Doric Portico at Euston Station, which was finally pulled down by British Railways in 1962 despite strong protests from amenity bodies and other organizations. The last decade has seen many similar confrontations and some successes, such as the preservation of Telford's suspension bridge at Conway. The mounting efficiency with which the case for preservation of significant industrial monuments has been presented in these years reflects the vigorous development of local industrial archaeological societies throughout the country.

Apart from the response to such urgent practical problems as those posed by the high wastage rate of industrial monuments, and apart also from the fact, not to be disregarded or minimized, that many people get great pleasure from it as a recreational activity, there have been two complementary incentives to the study of industrial archaeology. On the one hand, there is the cultural incentive to preserve that which is valuable from the past, and there is now a widening recognition that obsolete industrial artefacts deserve consideration in this respect. Old churches and old castles have long been given such attention, and it is a well justified if belated acknowledgement of the importance of the British industrial heritage which is bringing the same sort of attention to industrial monuments. On the other hand, there is the historical incentive, which is motivated by the need to preserve as much information as possible about the physical remains of the industrial past. To the historian, all information is good information. Every generation of historians makes its selection from the surviving body of information about the past, and the larger the base of such factual material the better the analysis and interpretation derived from it. Historians are now realizing that there is an abundance of potentially valuable information to be gleaned from industrial artefacts, so that the surveying and recording of such material has assumed a new significance.

We will have more to say about the cultural incentive and the policy for preservation which it implies in a later chapter, but it will be convenient to pursue a little further here the nature of the historical incentive. There are four distinct ways in which industrial archaeological information can provide useful evidence for the social, economic, and technological historian. In the first place, it is capable of giving a practical dimension to historical studies which so easily become second-hand and devoid of imaginative depth. How many authors of the standard text-books, one wonders, know how a set of fulling stocks works? Or a spinning jenny, or Watt's separate condenser? Even when the authors have mastered such elementary technical detail, they rarely manage to convey it to their students. Economic historians often seem to lack a geographical consciousness, using such terms as 'Flanders', for example, with bewildering diversity of meaning. Even the Cambridge Economic History of Europe, for all its monumental and urbane scholarship, could be improved with some more maps. To add to this weakness a lack of technical consciousness is to remove the subject one stage further from reality and to make it so much the less significant and understandable. This is not to say, of course, that all economic historians suffer from such blind-spots, but only to maintain that the identification of such blind-spots is an admission of the importance of the practical dimension to the subject. At this level, therefore, industrial archaeology is capable of opening the imaginative eye of the student of history to new perspectives, in much the same way as a knowledge of architecture enables a person to see and appreciate more about the landscape of a town than he could hope to see without it.

Secondly, there is the potential value of possessing a comprehensive archive of industrial monuments such as has not hitherto been available. The utility of this to economic historians, human geographers, and even to city planners, should be clear enough.

It promises to put at their disposal information about the siting, distribution, and size of industries to supplement and correct the picture available from other sources. The lack of such evidence can occasionally have a serious practical result, as when the desirable properties erected by suburban developers in ancient coal-mining areas like that of Kingswood to the east of Bristol subside into old mine workings. Of more consequence to the economic historian,

INDUSTRIE-ARCHÄOLOGIE ALS FORSCHUNGSIDEE

perhaps, the example of the lead industry on the Mendips may be mentioned. This was the subject of an excellent study in 1930 by Dr. J. W. Gough, then Lecturer in History at Bristol University. The work was compiled largely from the papers of the Waldegrave family, however, and gave little attention to the technical details or to the precise location of particular workings. The important point about this case is that subsequent field-work by industrial archaeologists is bringing to light much new evidence about the location of the industry and about the techniques employed in it. This is the sort of evidence which will eventually find its way into local and national archives, providing future historians with richer sources of material than those which have previously been at their disposal.

A third source of value of industrial archaeological evidence is an extension of this point regarding archival records. It is the provision of technical information on specific aspects of now obsolete processes which would be virtually unobtainable from other sources.

The diligence with which some industrial archaeologists have taped the reminiscences of elderly workers who were once engaged in industries which have since disappeared has proved worth-while. In some cases, the details of processes have been recovered and recorded, while in others problems of specialized terminology, inexplicable by any other method, have been resolved. Although the distorting qualities of old men's recollections must be taken into account, there is thus a useful source of information available here.

A similar service is provided by old films, although the task of assembling collections of industrial film has hardly been begun and the wastage of old film is disturbingly high. Another source of technical information which has been exploited by industrial archaeologists is that of photographs. An example of this medium being skilfully used is the collection of Mr George Watkins's photographs of stationary steam engines. His book The Stationary Steam Engine covers all the main types of reciprocating steam engine used in industry and illustrates them with a wealth of technical detail. As most of the engines illustrated have now been scrapped, the photographs are the best remaining source of information about them. A final source that should be mentioned here is that of written material in the form of ephemeral semi-technical literature which does not normally find its way into library collections. Such are the voluminous trade catalogues put out by firms, which are often valuable sources of information about equipment and about commodities on the market, but which can often only be used to advantage by somebody already familiar with the type of physical material they describe. Such, also, are pamphlets like The Mine Under the Sea, in which the pseudonymous author Jack Penhale describes the monstrous 'man engine' which lowered its human load into the depths of the Levant Mine in Cornwall until a disastrous accident in 1919 led to its prohibition.

The fourth contribution of industrial archaeology to historical evidence is that it can supply a useful measuring-rod of economic growth and social change. Classical archaeology has long made use of pottery shards for fixing dates, and there is an interesting extension of this technique into modern times in the utilization of fragments of clay tobacco pipes for dating sites, particularly in North America, where there is often a dearth of documentary evidence about early settlements. Admittedly, there is little opportunity to exercise this technique in Europe, but in other ways industrial archaeological material may reflect the successive stages of industrial development. The evolution of a port, for example, can frequently be interpreted from the physical remains of docks, wharves, cranes, locks, bridges, warehouses, and workshops. Similarly, the changes which have overtaken the metallurgical industries in Britain can be unravelled by a careful study of the mass of industrial monuments which they have left, and an investigation of the transport relics of a region can show how one means of transport has been superseded by another. Such remains contribute to the "palimpsest" quality of the British landscape, whereby successive generations have modified the environment without completely destroying the artefacts of their predecessors, so that a discerning eye can read the current face of a city and reconstruct the significant phases of its development. While economic growth can be assessed by the nature and distribution of the industries of a region over a period of time, social change can be judged from the ancillary features of the industrial landscape – the homes of the workers, their public houses, parks, and chapels, all of which deserve and receive the passing attention of industrial archaeologists. It is fashionable now to look for psychological changes in response to the early stages of rapid industrialization in Britain, but it may also be relevant to look for physiological changes, and the surviving evidence of workers' houses in a model community like Robert Owen's New Lanark, where all the doorways seem less than the modern standard in height, does suggest a marked change in this respect.

There is, then, a definite subject matter to industrial archaeology: a field of study to be explored, a work of selective preservation to be undertaken, and a scholarly task of relating physical remains of obsolete industries to a general interpretation of the processes of industrialization to be performed. The techniques which help the industrial archaeologist in performing these functions are many and varied. ...

25.

Ákos Paulinyi

Industriearchäologie – Neue Aspekte der Wirtschafts- und Technikgeschichte, 1975

Gesellschaft für westfälische Wirtschaftsgeschichte: Vortragsreihe, Heft 15. Dortmund 1975, S. 22/23

Zur Person:
Geboren 1929 in Budapest. In Bratislava (ČSSR) Studium; 1959 Promotion (Dr. phil.) über frühes Eisenhüttenwesen. Professor in Marburg, seit 1977 für Wirtschafts-, Sozial- und Technikgeschichte in Darmstadt

... Anhand der vorliegenden Informationen kann man, ohne zu übertreiben, den Schutz industrieller Denkmäler in der Bundesrepublik als höchst unbefriedigend bezeichnen. Zwar wissen Berichte der Denkmalpfleger von Erfolgen zu berichten, alarmierende Beispiele von Machtlosigkeit oder Desinteresse scheinen aber auch dort zu überwiegen, wo es um industrielle Denkmäler mit kunstgeschichtlichem Wert geht. Für solche Fälle von Versagen oder Mißerfolg, wie z. B. der Verlust der Saline von Rottweil, des Palmenhauses in Tübingen, des Anhalter Bahnhofes in Berlin, der Berliner Mosaikfabrik Puhl & Wagner (1971 von der Stadt Berlin für 475 000 erworben, dann der Plünderung überlassen und im Mai 1972 abgerissen!), nur die Denkmalpfleger verantwortlich zu machen, wäre jedoch nicht zutreffend. Auch jene Denkmalpflegeämter, die sich diesem Aufgabenbereich nicht entziehen, sind personell und finanziell schon bei „Rettungsmaßnahmen" überfordert, von einer systematischen Erfassung und Dokumentation ganz zu schweigen. Dennoch bleiben die Denkmalämter – bis auf einige Ausnahmen – die einzigen Institutionen, die sich mit dieser Aufgabe auseinandersetzen. In den Reihen ihrer Mitglieder sind nicht wenige, die sich um eine Änderung der traditionellen, von der Kunstgeschichte geprägten Auffassungen von Denkmal und Denkmalpflege bemühen, sie haben aber bislang nur sehr wenig oder gar keine Unterstützung von anderen Fachgebieten, wie z. B. auch der Geisteswissenschaft, erhalten. Schon vor rund zehn Jahren gehegte Hoffnungen, durch die Schwerpunktaufgabe der DFG „Frühe Industrialisierung" würden „auch für die Erhaltung technischer Denkmäler und ihrer Inventarisation günstige Voraussetzungen geschaffen", erwiesen sich leider als ungerechtfertigt. Die ebenfalls seit 1965 kursierenden Meldungen, das Deutsche Museum in München werde die zentrale Aufnahme der technischen Denkmäler übernehmen, haben sich bis heute nicht bewahrheitet, ein kaum angefangenes und gleich abgebro-

INDUSTRIE-
ARCHÄOLOGIE ALS
FORSCHUNGSIDEE

chenes Vorhaben, das wegen Mangels an Personal und Mitteln nicht durchgeführt werden kann. Von den in der akademischen Lehre vertretenen Fächern, die an der Quellengattung der materiellen Überreste der Industrie interessiert sein sollten, ist bislang nur die Technikgeschichte tätig geworden, die Wirtschaftsgeschichte scheint das Problem noch gar nicht zur Kenntnis genommen zu haben. Entsprechend dem minimalen Einfluß, den diese Fächer, worauf unlängst A. Timm verwiesen hat, auf die Landesgeschichte ausüben, ist auch auf dieser Ebene – wenn wir von der Archäologie absehen – nicht viel geschehen.

26.

Hans Martin Gubler
Industriearchäologie – Versuch einer Begriffsbestimmung, 1980

aus: archithese 5, 1980, S. 5/6

Zur Person:
Geboren 1939. Studium der Kunstgeschichte in Basel und Zürich; Inventarisator im Kanton Zürich

... Das Wort selber ist eine Übersetzung aus dem Englischen (industrial archaeology). Selbst im Mutterland der Industriearchäologie kam dieser Begriff erst in den fünfziger Jahren dieses Jahrhunderts auf, schriftlich scheint er erstmals in einem Aufsatz von 1955 fixiert worden zu sein. So unglücklich der Begriff – vor allem im deutschen Sprachbereich – erscheinen mag, so umfassend charakterisiert er das Anliegen des Forschungsgebietes: Man meint damit nicht weniger als eine umfassende Erforschung der industriellen Vergangenheit der Menschheit. Die Betonung liegt dabei auf umfassend. Der Forschungsansatz bezieht jede wirtschaftliche Tätigkeit ein und beschäftigt sich mit ihrer Verbreitung wie mit ihren Auswirkungen in den verschiedensten Lebensbereichen. Die Industriearchäologie besitzt keine eigentliche Theorie, ihre Anliegen haben sich in den letzten Jahrzehnten empirisch aus den Gegebenheiten entwickelt. Grundsätzlich bestehen Abgrenzungsprobleme gegenüber der Technikgeschichte und der Denkmalpflege. Ein verdienter Altmeister der Industriearchäologie, Richard Pittioni, möchte die Industriearchäologie als Forschungsaufgabe definiert sehen, die sich vor allem mit der industriellen Tätigkeit beschäftigt, welche arbeitsorganisatorisch von der bäuerlichen Selbstversorgung abgesetzt ist und demnach eine bestimmte „arbeitsstrukturelle Orientierung und Ordnung mit entsprechender berufsorganisatorischer Gliederung" umfasst. Er sieht die Aufgabe der Industriearchäologie mit dem Beginn des Maschinenzeitalters (um die Mitte des 18. Jahrhunderts) enden.

Die führenden englischen Industriearchäologen wie Buchanan, Hudson oder Gossons fassen das Gebiet bedeutend weiter. „Industrial archaeology is a field of study concerned with investigating, surveying, recording and, in some cases, with preserving industrial monuments", definiert Buchanan ganz kurz. Untersucht werden die Produktion materieller Güter, die Organisation ihres Vertriebes und der dazugehörigen Mittel. Es zeigt sich, daß hier wesentliche Forschungsgebiete „belegt" sind, wie Technikgeschichte, Bau- und Architekturgeschichte, vor allem aber auch Wirtschafts- und Sozialgeschichte und nicht zuletzt die Geschichte der Produkte, moderner: der Produktgestaltung, des Designs.

Versteht man die Industriearchäologie als Summe verschiedenster Forschungszweige, als eigentliches Forschungsfeld, mit dem generellen Bezugspunkt der Klärung industrieller Vergangenheit, so erhellt sich erneut die lange Forschungstradition einzelner Aspekte: Entwicklungsgeschichten einzelner Industriezweige, wirtschafts- und sozialhistorische Arbeiten, technikgeschichtliche Untersuchungen bestehen seit langer Zeit. Es ist deshalb nicht verwunderlich, daß interessierte Techniker, Ingenieure, Wirtschafts- und Sozialwissenschaftler über den Forschungsgegenstand weit besser im Bilde waren als etwa die jüngst hinzugestossenen Architektur- und Kunsthistoriker, obwohl diesen vor allem für die letzten zweihundert Jahre der Entwicklung eine nicht unwesentliche Aufgabe zukommen müsste.

Gerade solche spezialisierten Arbeiten lassen aber immer wieder wesentliche Gesichtspunkte der Industriearchäologie vermissen. Was diese als Fach erreichen will, ist die Integration aller relevanten Aspekte. Dafür bietet sich die fachspezifische Fragestellung weniger an. Was bisher überhaupt nur in Ansätzen zu finden war, ist die Sicherung des Quellenmaterials auf allen seinen Stufen. Es kann von der Dokumentation einer umfangreichen Industrielandschaft bis zum Produkt einer Firma gehen; kann in Plänen und realen Gegenständen bestehen. Man will das Material mindestens festhalten, es museal hüten oder – im besten Falle – auch an Ort und Stelle erhalten.

Die englische Forschung, die noch heute in diesem Bereich als führend angesehen werden kann, basiert auf dem bereits erwähnten System, das vom Material ausgeht, seine Bearbeitung einbezieht – dies ohne jede Trennung in Gebrauchs- und Kunstgegenstände – dann die zur Bearbeitung notwendigen Werkzeuge und ihre Funktion, aber auch ihr Funktionieren untersucht, die Kraftquellen aller Stufen des Herstellungsprozesses, das Transportsystem und die Verteilerorganisation einschließlich der von ihr abhängigen Strukturen erforscht und sie in ihrem Zusammenhang zu erfassen versucht. Neben dem Material ist der durch die Industrie geprägte Mensch Objekt der Forschung: seine Abhängigkeiten und Verstrickungen. Wesentlich erscheint an diesem Arbeitsmodell, daß die Erforschung nach gesamtheitlichen Aspekten erfolgt. Die Gruppierung der Forschung nach Rohstoffen und ihrer Verarbeitung erlaubt eine umfassende Würdigung, da sich die Einzelgebiete immer wieder überschneiden. ...

27.

Rainer Slotta
Einführung in die Industriearchäologie, 1982

Auszug: Vorwort S. VII u. S. 1/2

Zur Person:
Geboren 1946. Studierte Kunstgeschichte in Saarbrücken und Braunschweig; Promotion über romanische Architektur in Lothringen. 1974 Leiter der Fachgruppe Technische Denkmäler im Deutschen Bergbaumuseum Bochum; seit 1987 dessen Direktor

In den letzten Jahren ist in der Bundesrepublik Deutschland das Interesse an Zeugnissen und Denkmälern der Technischen Entwicklung sprunghaft gestiegen; die Forschung hat sich in einem bis dahin kaum gekannten Ausmaß mit diesem Problemkreis beschäftigt. Wichtige Beiträge lieferte auch die Industriearchäologie – eine Wissenschaftsdisziplin, hinter deren neuer Bezeichnung sich grundsätzlich ein seit langem bekannter „Kern" verbirgt. Wie bei vielen Bezeichnungen ist der Terminus „Industriearchäologie" nicht gerade glücklich gewählt – zumindest in der deutschen Übersetzung des englischen Begriffs. Was es nun mit dieser Wissenschaftsdisziplin auf sich hat, wie sie arbeitet und welche Objekte das Feld der Bearbeitung sind, soll im Folgenden andeutungsweise aufzuzeigen versucht werden.

Das Verständnis, was denn nun Industriearchäologie eigentlich ist und welche Problemkreise diese interdisziplinär arbeitende Disziplin abdecken kann, ist innerhalb der Industriearchäologen durchaus unterschiedlich und kontrovers. ...

Industriearchäologie und technische Denkmäler

Industriearchäologie ist die systematische Erforschung aller dinglichen Quellen jeglicher industriellen Vergangenheit von der Prähistorie bis zur Gegenwart: Mit dieser Definition ist das Wesen und der Inhalt dieser Wissenschaftsdisziplin am kürzesten und prägnantesten ausgedrückt. Damit ist auch zugleich ausgesagt, daß Industriearchäologie eine historische Disziplin ist, die sich um dingliche Quellen – das sind die „Technischen Denkmäler" – und ihre Erklärung bemüht. Ähnlich der Kunstwissenschaft, die von den Kunstdenkmälern ausgehend eine Kunstgeschichte geschrieben hat, versucht die Industriearchäologie anhand der technischen Denkmäler eine Geschichte der industriellen Entwicklung zu schreiben. Wichtig dabei ist, daß die Industriear-

INDUSTRIEARCHÄOLOGIE ALS FORSCHUNGSIDEE

chäologie das technische Denkmal als Informationsträger betrachtet und braucht, da in der Auffassung der Industriearchäologie das technische Denkmal Ergebnis und Summe der Kultur- und Umwelteinflüsse verkörpert. Damit eröffnet sich für die Industriearchäologie die Arbeitsweise, deduktiv anhand der technischen Denkmäler nach einer Vielzahl von Gründen zu fragen und zu forschen, die zum Entstehen des technischen Denkmals geführt haben. Das technische Denkmal ist demnach als Spiegelbild unterschiedlichster Einflüsse ein aussagefähiger Informationsträger: Die industriearchäologische Forschung muß diesen Informationsträger nach verschiedenen Seiten hin abfragen. Die erhaltenen Antworten erklären nicht nur das Denkmal an sich, sondern geben auch Informationen über die „Hintergründe", die zum Entstehen und zur Ausbildung des Objektes geführt haben.

So kann das technische Denkmal als Informationsträger und Ergebnis und Summe der Kultureinflüsse wesentliche Aufschlüsse über Wirtschaft und Ökonomie, Technik, Geschichte, Kunst, Religion, naturwissenschaftliche Verhältnisse, über Ökologie, Klima und Botanik, über Geologie und schließlich über soziale Verhältnisse vermitteln, wobei gleich zugestanden werden muß, daß die hier aufgezählten Kulturkomponenten nur ganz selten in „reiner", unvermischter Form „herausseziert", vielmehr fast immer in Abhängigkeit von- und zueinander auftreten und erkannt werden können.

28.

Marilyn Palmer, Peter Neaverson

Industry in the Landscape, 1994

Auszug: S. 13–17: Analysing the landscape

Zu den Personen:
Marilyn Palmer: Dozentin für Geschichte und Archäologie an der Universität Leicester.
Peter Neaverson: Historiker, Wissenschaftlicher Mitarbeiter an der Universität Leicester

... A particular industry generates its own infrastructure of suppliers, markets, skilled labour, secondary finishing industries, transport facilities and housing for the workforce which often results in continuity. For this reason, present-day industrial landscapes need to be taken apart by landscape historians and the different layers of development determined. A stratigraphical approach of this kind gives meaning to the term industrial archaeology for, undoubtedly, no surviving industrial monument should be studied in isolation from its physical environment or its historical function. The complexity of present-day industrial areas makes the task of the industrial archaeologist a difficult one, particularly when so much of the superstructure of industrial sites is swept away with little trace. However, the fact that there is so much documentary evidence for this kind of archaeology perhaps outweighs the disadvantages of the ephemeral nature of much of the industrial landscape: maps, plans, paintings, engravings and even photographs, as well as the written word, enable these landscapes to be recreated.

The adoption of a six-point plan may well be useful in attempting to understand the historic industrial landscape. Each of the six factors considered below may have played a part in the establishment of industry in a particular location, either in its origins or subsequent development. They cannot, in practice, be treated independently of each other: a negative answer to one of the questions prompts a closer look at the others and the sequence of events may thus be determined.

Source of raw materials
When industry was first established on a particular site, were minerals or the products of agriculture responsible for its presence? If the raw materials were

non-local, or imported like silk or cotton, other factors were clearly of more importance. In general, the specific location of extractive industry is governed by the presence of raw materials, but these have proved to be less vital in determining that of manufacturing industry, particularly textiles.

Processing plant
What buildings and other structures were necessary to process the raw materials? In this category come the industrial monuments which so often prompt studies of sites in the first place – the furnaces of the iron industry, kilns for bricks, pottery and glass, dressing floors for mineral working, mills and factories for textile and leather manufacture. Most early industrial structures were built in the functional tradition, that is in a style determined by the function they were to carry out: warehouses have large spaces for the storage of goods, loading doors, small and often barred windows to prevent theft; mills built before the introduction of gas or electric lighting were rarely more than 30 feet wide with numerous windows to admit light, and were multi-storey to permit the transmission of power from a central source. Careful and informed study of surviving structures can, then, determine the type of industry first carried out on a particular site even in the absence of documentary evidence. But some industrial buildings can be reused for other purposes and their subsequent functions also need careful study.

Power sources
In the eighteenth century, power sources and fuel were often the prime factor in industrial location. All over Britain, rivers and small streams were harnessed time and again to provide power for forges and mills. Steam power did not govern the location of industry in this way, since coal, unlike water-power, could be transported, but local availability of coal often determined whether steam could be used or not. Oil and gas engines could also be taken where they were needed but were not as powerful as large steam engines and by no means replaced steam as a power source in the second half of the nineteenth century. Only when electricity became widely used did availability of power cease to be a prime locational factor for industry, and even then some industries have been situated where it was most economic to make use of hydroelectric power, as in the case of the aluminium-smelting works at Kinlochleven. The generation of power often led to the creation of major landscape features such as leats, reservoirs and engine houses which have remained long after the power source has ceased to be utilised.

Secondary industry
The presence of a particular industry generated others either concurrently or subsequently. In the case of extractive industries, this could be because other minerals were discovered in shafts sunk to reach the one previously sought. Mining for coal often brought up clay and even iron ore out of the Coal Measures, and so brick and pottery industries and iron furnaces shared the pit-head sites. In manufacturing industry, the primary industry created a need for ancillary processes. In the hosiery industry, for example, bleaching and dyeing were necessary adjuncts and premises for them were established in riverside locations. Packaging was also important, and boxmaking and printing developed, now often surviving as separate industries in their own right. An experienced labour force might also attract different industries needing similar skills. When the East Midlands hosiery industry became largely mechanised from the 1870s and the workforce needed was female rather than male, the skills learned by the

framework knitters in setting up and repairing their frames was put to good use in the new engineering industries attracted to the area, which superimposed a new layer on the industrial landscape.

Accommodation
Where industry was carried on as a by-employment to agriculture, changes had to be made to the home to accommodate loom or knitting frame. Light was of supreme importance, and additional windows were often installed. Separate workshops were also built on to existing houses. Alterations like these can he still seen in the East Midland and Pennine textile areas. In other cases, the workforce had to be attracted to the industrial sites and suitably housed. This happened in the extractive industries, where barracks for miners and quarrymen were often built in very isolated spots in the eighteenth century and entire villages on nineteenth-century coalfields. Water-powered mills and forges, too, often had to occupy previously deserted valleys and whole new communities were created. The construction of canals and railways both generated new settlements and altered the structure of existing ones through which they passed. Canal settlements often grew up where the canal passed under a turnpike road or where transshipment was necessary. Terraces of railway housing form a distinctive feature of the landscape alongside many railway lines, even the isolated ones which are now disused. If canals or railways passed close to rather than through a town or village, the pattern of housing often shifted towards them, abandoning the original centre of settlement. Finally, the transformation of industry into a full-time occupation, freed from its dependence on parttime agricultural labour or water-power, resulted in the spectacular growth of industrial towns during the nineteenth century. The pattern of accommodation for the workforce is, then, a good indicator of the stage of development of a particular industry and an essential factor in the study of the industrial landscape.

Transport
Was a particular industrial site chosen because of its proximity to means of transport or did new transport systems have to be built to move the products to the consumer? The relationship of transport networks to the location of industry is a very complex one. The scattered nature of industrial activity in the early eighteenth century resulted in an immense network of packhorse tracks and carrier routes, many of which are still detectable in the landscape of areas such as the Pennines and Wales. Contemporary travellers provide evidence about the deeply rutted roads resulting from heavy industrial traffic. Primitive railway systems along which horses drew waggons on rails were established to bring coal, stone and other bulky materials down from the mines and quarries. The first major canals provided cross-country routes from coast to coast, but the Bridgewater Canal and later canals were built specifically to transport heavy goods from their source to the main network, and waggonways were also constructed to the canal head. Railways followed a similar pattern. Once built, however, they encouraged the development of industry alongside.

In general, extractive industries generated their own transport systems because their location had to be a very specific one. Manufacturing industry, dependent on water-power, was also responsible for the direction taken by packhorse tracks and early canals. During the late eighteenth and nineteenth centuries, the establishment of a national transport system began to dictate the location of industry rather than itself be created by it. There are, of course, many exceptions to this general rule and every historic industrial landscape needs careful examination to determine the relationship between its location and the means of delivering finished goods to the consumer.

These six factors, when working together, create an industrial landscape which may be likened to a palimpsest in which one layer of development is superimposed on another.

... Students of historic landscapes are interested in the origins and subsequent development of the changes man has wrought on the face of the earth. In the last two centuries, industrial activity has probably been the major force for change and is therefore worthy of study, unattractive as that change may often be.

V. Ein neues Geschichtsbild: Industriekultur, Alltag und demokratische Identität

Denkmalpflege an Zeugen des Industriezeitalters benötigt zur Festlegung, Bewertung, Deutung und Fortschreibung ihrer Objekte einen Bezugsrahmen, eine Vorstellung von der historischen Entwicklung und Bedeutung der Industrialisierung und der Industriegesellschaft. Ohne Klarheit über ihre Rolle im kulturellen Prozeß kann sie die Ziele ihrer Arbeit nicht definieren.

Seit Ende der 60er Jahre wird der Umgang mit den Zeugnissen der jüngeren und jüngsten Vergangenheit und der Industrialisierung vor dem Hintergrund der politischen, wirtschaftlichen, sozialen und kulturellen Strömungen der Nachkriegszeit neu gesehen.[1]

Die Entwicklung des kulturellen Wertesystems ist seitdem verknüpft mit einem Wandel in der Wahrnehmung und Deutung der Industrialisierung und ihrer kulturellen und sozialen Erscheinungen. Dieses neue, ernsthafte und andauernde Interesse für die Entwicklungen und Zusammenhänge industrieller Zivilisation war Grundlage für das Verständnis, die Erforschung und den Erhalt der baulichen Zeugen dieser Epoche. Die Rolle, welche die Bauten und Anlagen selbst dabei als Quellen, Belege und präsente Objekte spielten, hat den Begriff und die Definition des Industriedenkmals wesentlich mitgeprägt. Anders als in der „industrial archaeology" bildeten in Deutschland die historischen baulich-technischen Objekte jedoch nicht die Grundlage, sondern nur ein Element innerhalb der sich intensivierenden Beschäftigung mit der Geschichte der industriellen Gesellschaft.

Hinter dem Begriff „Industriekultur" steht seit den späten 60er Jahren der Versuch einer neuartigen Interpretation und Betrachtung der Geschichte des „industriellen" Zeitalters, einer noch andauernden Epoche, nicht wie in den Anfängen der Industriearchäologie die Geschichte der Industriellen Revolution, eines Umbruchs.[2]

Die Deutung und Neubewertung der politischen und kulturellen Phänomene industrieller Gesellschaften vollzog (und vollzieht) sich nicht in einer festen Ordnung, sondern im Spannungsfeld vielfältiger Interessen. Die Öffnung der Denkmalpflege für diese Überlegungen hat deren Arbeitsbereich stark erweitert und zugleich neue Kriterien und Probleme gebracht. Aber auch andere Institutionen, deren Aufgabe die Überlieferung und Deutung historischer Quellen ist, wie z.B. Museen und Archive, wurden von den neuen Aspekten industrieller Geschichte beeinflußt; ihre Veröffentlichungen und Ausstellungen belegen dies.

Das Konzept der industriekulturellen Forschungen umfaßt, im Unterschied zur Industriearchäologie, die gesamte industrielle Epoche bis heute und bezieht auch das evolutionäre Weiterdenken auf der Basis der bisherigen Entwicklung mit ein. Letztlich zielt der Industriekultur-Gedanke auf ein besseres Verständnis der Gegenwart und die Steuerung wünschenswerter neuer Entwicklungen. Die Denkmale werden dabei als Dokumente einer noch nicht abgeschlossenen und noch nicht insgesamt bewertbaren Entwicklung gesehen.

Mit der Popularisierung der Industriekulturforschung wandte man sich einer nicht stilgeschichtlich, sondern kulturhistorisch definierten Epoche zu, die zudem nicht als abgeschlossen und somit insgesamt überschaubar gelten konnte. In der älteren geistesgeschichtlichen Forschung waren die „kulturellen" Bemühungen der zweiten Hälfte des 19. Jahrhunderts größtenteils noch suspekt und wurden als

1. Industrielandschaft der Nachkriegszeit in einer Aufnahme von Carl Andreas Abel: Dicke Luft über Arbeiterviertel (Duisburg-Ruhrort), 50er Jahre

[1] Hermann Glaser: Kulturgeschichte der BRD, Bd.1: Zwischen Kapitulation und Währungsreform, 1945-48, Bd.2: Zwischen Grundgesetz und großer Koalition, 1949-1967. München, Wien 1985, 1986.
[2] Glaser 1981; Detlef Hoffmann, Karl Ermert (Hgg.): Industriekultur. Von der Musealisierung der Arbeitsgesellschaft (Ev. Akad. Loccum). Loccum 1990; Wolfgang Ruppert: „Zur Geschichte der industriellen Massenkultur." In: ders. (Hg.), Chiffren des Alltags – Erkundungen zur Geschichte der industriellen Massenkultur. Marburg 1993, S. 89-122.

INDUSTRIEKULTUR UND DEMOKRATISCHE IDENTITÄT

„bürgerlich" abgelehnt, als moralisch belastet, in ihrer politischen Konstellation verhängnisvoll. Selbst für universale Kulturhistoriker wie Egon Friedell verkörperten sie die reine Schizophrenie.[3]

Vor allem seit Ende der 60er Jahre erschien das gestörte Verhältnis zur eigenen Geschichte, das Ausklammern wesentlicher Teile der eigenen Vergangenheit nicht mehr hinnehmbar. Ein Wandel im historischen Bewußtsein sollte nun wichtigste Voraussetzung für die Klärung der eigenen Positionen und Ziele sein. Ohne Verständnis für die historischen Zusammenhänge schien eine Neuorientierung nicht erreichbar. Die Einbeziehung der Epoche der Industrialisierung als kulturelle Erscheinung (nicht Leistung!) in das Geschichtsbild setzte eine Erweiterung des Kulturbegriffs vom engen Verständnis der Hoch- zur Alltagskultur mit dem Ziel der Einbeziehung zivilisatorischer Elemente wie der sozialen, historischen und politischen Dimension voraus. Ihre zumindest teilweise frühe Einbindung und die daraus erwachsenden internen wie allgemeinen Auseinandersetzungen machten die für jeden sichtbaren Aktivitäten der Denkmalpflege zu einem prägenden und weiterwirkenden Bestandteil dieser Bemühungen.

Die erste Zeit nach dem Zweiten Weltkrieg war in der Industrie wie im öffentlichen Bewußtsein geprägt vom schnellen Wiederaufbau (Abb. 2). Deutschland mußte aus politischen wie sozialen Gründen ein hochindustrialisiertes Land bleiben. Dafür waren die Verantwortlichen auch bereit und gezwungen, schlechte Arbeitsbedingungen und eine substanzangreifende Produktion hinzunehmen. Der industrielle Wiederaufbau und der zunehmende allgemeine Wohlstand entwickelten jedoch eine Eigendynamik, die etwa in der Bau- und Verkehrsplanung schnell über die Vorkriegsaktivität hinauswuchs und Stadt und Land in ungeahnter Geschwindigkeit zu verändern begann. Vielfach sah man angesichts der Kriegszerstörungen die einmalige Chance, Städte nach neuesten planerischen Erkenntnissen zu verbessern und umzugestalten; wo dies nicht direkt im Anschluß an den Krieg, auch unter Preisgabe durchaus noch vorhandener wertvoller baulicher und auch anderer historischer Spuren, möglich war, versuchte man die Modernisierung später trotzdem durchzuführen, die erwünschte tabula rasa also künstlich herzustellen. Auch wenn die Möglichkeiten einer grundlegenden Erneuerung anfangs noch eingeschränkt wurden durch die geringen Mittel und die Vielzahl der Aufgaben, war jetzt trotzdem erstmals die Realisierung vieler in den 20er und 30er Jahren entwickelter Projekte und Ideen möglich.

Die Denkmalpflege hatte sich angesichts der geschilderten Neuorientierung im Städtebau und der zahllosen zerstörten Baudenkmale mit den Varianten des Umgangs mit den Resten, von der Ruine über die interpretierende Neufassung bis zur Totalrekonstruktion, auseinanderzusetzen. Diese Situationen hatten vorher absolute Ausnahmen dargestellt und waren theoretisch kaum geklärt.[4] In dem Bestreben, im Stadtbild wenigstens „Traditionsinseln" und „Eckpfeiler" historischer Bebauung und Strukturen zu erhalten, setzte sich hier oft die Teilrekonstruktion durch. Wenn man verändert wiederherstellte, dann meist in Form einer vereinheitlichenden und vereinfachenden Wiederholung früherer Zustände. Darin zeigte sich unter anderem die ungebrochene Ablehnung der Gründerzeit, von der auch ein großer Teil der industriellen und technischen Bauten betroffen war.

In den 60er Jahren wurde unübersehbar, daß das Wirtschaftswunder überwiegend auf konservativen Ideen und Mechanismen aufbaute, die noch Bedingungen der Vorkriegszeit folgten. Die soziale Schichtung war, zumindest vom Bürgertum abwärts, fast unverändert, ebenso etwa die Struktur des Bildungs- und Kultursektors. Das Wirtschaftswachstum führte zu immer größerem Druck auf die Umwelt und erzeugte zugleich weitreichende politische und wirtschaftliche Abhängigkeiten. Die wachsende Dominanz der amerikanischen Massenkultur ließ Intellektuelle aller Richtungen um kulturelle und geistige Eigenständigkeit fürchten.

2. Trümmerfrauen in der Dortmunder Innenstadt, um 1946. Im Hintergrund erhaltener Schornstein-Treppenturm der Druckerei der Westfälischen Rundschau

[3] Egon Friedell: Kulturgeschichte der Neuzeit. München 1927–31, 5. Buch, 1. Kap.
[4] Werner Durth, Nils Gutschow: Träume in Trümmern. Planungen zum Wiederaufbau zerstörter Städte im Westen Deutschlands 1940–1950, Bd. 1: Konzepte, Bd. 2: Planungen (Schriften des Deutschen Architektur-Museums zur Architekturgeschichte und Architekturtheorie). Braunschweig/Wiesbaden 1988; Werner Durth, Hermann Glaser, Lutz von Pufendorf, Michael Schöneich (Hgg.): So viel Anfang war nie. Deutsche Städte 1945–1949. Berlin 1989; Klaus v. Beyme, Werner Durth, Nils Gutschow, Winfried Nerdinger, Thomas Topfstedt (Hgg.): Neue Städte aus Ruinen. Deutscher Städtebau der Nachkriegszeit. München 1991; vgl. etwa: Rudolf Schwarz: Das neue Köln. Köln 1951.
[5] Vgl.: Gerd Hortleder: Das Gesellschaftsbild des Ingenieurs. Zum politischen Verhalten der technischen Intelligenz in Deutschland (edition Suhrkamp 394). Frankfurt am Main 1970.

Vor diesem Hintergrund begann in Europa eine neue breitere Reflexion über die Eigenheiten und Strukturen industrieller Gesellschaften, die neben den politisch-sozialen Grundlagen, die weitgehend im Vordergrund standen, auch die kulturellen Aspekte einschloß. Erstmals ergab sich für zahlreiche Beteiligte der Eindruck, die industrielle Moderne und die Konsumgesellschaft hätten ihre Grenzen erreicht; sie wurden als in ihrer bisherigen Entwicklung überschaubar und als Ganzes analysierbar erkannt.[5]

Anders als nach dem Ersten Weltkrieg war es nach 1945 durch die Besetzung nicht zu heftigen politischen und sozialen Auseinandersetzungen in Deutschland gekommen. Die Zerstörung großer Teile der Wohnungen, der Industrie und der Verkehrswege und der Flüchtlingszustrom führten dazu, daß man alle Energien auf den Wiederaufbau konzentrierte. Die Entwicklungen der politischen Verhältnisse wurde von den Vorgaben der jeweiligen Besatzungsmächte und den weltpolitischen Konstellationen bestimmt. Soziale Gegensätze und ideologischer Radikalismus waren zumindest in Westdeutschland in der Phase des Wiederaufbaus kein Thema; dies begünstigte das Anknüpfen an wesentlich ältere, konservative kulturelle und bildungspolitische Vorstellungen. Die systematische (und sehr wirkungsvolle) propagandistische Einbindung von Kunst und Medien in die Verbreitung der staatlichen Ideologie im Dritten Reich erzeugte als Gegenreaktion eine Leugnung dieser Phänomene, statt zu einer offenen Auseinandersetzung mit ihnen zu führen.

In den ersten Jahren der Nachkriegszeit Deutschlands spielte die Beschäftigung mit der jüngeren und jüngsten Geschichte zwischen Kaiserreich und Nationalsozialismus nur eine untergeordnete Rolle. Politische Zwänge und weltpolitische Ent-

3. Industrielandschaft der Nachkriegszeit in einer Aufnahme von Chargesheimer, aus: Böll/Chargesheimer, Im Ruhrgebiet, 1958

INDUSTRIEKULTUR
UND DEMOKRATISCHE
IDENTITÄT

wicklung schufen einen engen Handlungsrahmen, der die Auseinandersetzung mit der jüngeren Geschichte als nicht notwendig und sogar gefährlich für das langsam sich erholende internationale Ansehen erscheinen ließ.

Auch die in den 20er Jahren durchaus starke und im Dritten Reich ideologisch eingebundene Technik- und Zivilisationskritik fand in der Nachkriegszeit wenig Beachtung und Nachfolge; vielmehr förderte der schnelle Aufbau den Fortschrittsglauben und die Gewöhnung an ein ständiges Wachstum.[6] Die wenigen kritischen Stimmen etwa in der Wirtschaftswissenschaft wurden kaum wahrgenommen (vgl. Kap. VIII). Erst die späten 60er Jahre und die politisch-gesellschaftliche Aufbruchstimmung der „68er" führten auch im kulturellen und geschichtswissenschaftlichen Bereich zu einer Wende.

Unter dem Oberbegriff „Industriekultur", der „Bestandsaufnahme der Lebens- und Arbeitsformen im Zeitalter der Industrialisierung" (Glaser),[7] lassen sich auch die Reform und Neuorientierung der Kulturpolitik in den frühen 70er Jahren und die Beschäftigung mit der „Geschichte von Unten" fassen (Text 36).[8] Sie haben in allen historischen Disziplinen den Blick auf neue Zusammenhänge, Zeiträume und Phänomene gelenkt. Die großen historischen Ausstellungen zur Epoche der Industrialisierung und die Neugestaltung und Neukonzeption von industrie- und sozialgeschichtlichen Museen waren eine wichtige Folge. In der Kunstgeschichte und der Denkmalpflege ließ sich eine bewußt propagierte und heftig diskutierte Verlagerung und Ausweitung der Interessensschwerpunkte auf jüngere Bereiche, gegenwartsbezogene Fragen und Interpretationsmöglichkeiten beobachten, allerdings nicht ohne Widerstände traditioneller Institutionen.

Für die Einstellung zur Geschichte als einer der Grundlagen denkmalpflegerischer Bemühungen hat das Konzept der „Industriekultur" und der Alltagsgeschichte den Sprung ins industrielle Zeitalter und aus der schöngeistigen Nische in die breite Öffentlichkeit ermöglicht.

Diese weltanschaulich und geistesgeschichtlich begründete Erneuerungsbewegung, der Wandel des Geschichtsverständnisses hat alle betroffenen Bereiche zur Reaktion und Stellungnahme gezwungen. Diese Entwicklung ist weder abgeschlossen noch wissenschaftsgeschichtlich aufgearbeitet und kann deshalb nur in einigen, zur Zeit für den Umgang mit Industriedenkmalen wichtigen Zügen nachgezeichnet werden.

Die Literatur der Arbeitswelt: Geschichte und industrielle Realität

[6] Vgl: Peter Menniken: Die Technik im Werden der Kultur. Wolfenbüttel/Hannover 1947.
[7] Glaser 1981, Einleitung.
[8] Glaser 1981; vgl: Dietrich Mühlberg: Proletariat. Kultur und Lebensweise im 19. Jahrhundert. Wien/Köln/Graz 1986.
[9] Siehe etwa: W. Emmerich (Hg.): Proletarische Lebensläufe. Autobiogr. Dokumente zur Entstehung der Zweiten Kultur in Deutschland (2 Bde.). Reinbek 1974.
[10] Heinrich Böll: „Im Ruhrgebiet." In: Chargesheimer (Fotos), Heinrich Böll (Einl.-Essay): Im Ruhrgebiet. Köln/Berlin 1958.
[11] Heinrich Vormweg: „Ein Land mit Literatur. Von der literarischen Ödnis zur Nobelpreis-Region." In: Romain/Suhrbier 1984, S. 15-27.
[12] Literatur im Industriezeitalter (Ausst.-Kat. Dt. Literaturarchiv im Schiller-Nationalmuseum, Bd. 2). Marbach am Neckar ²1987, S. 921-949.

In Literatur und Journalistik hatten sich sozial- und industriekritische Traditionen und Themen der Vorkriegszeit, speziell der Weimarer Zeit teilweise erhalten, obwohl auch hier die Jahre des Nationalsozialismus, die Emigration und das Kriegserlebnis zu tiefen Eindrücken und zu bleibenden Veränderungen im Menschenbild und in der Wirklichkeitsauffassung geführt hatten; die Literatur als Seismograph gesellschaftlicher und politischer Verdrängung wandte sich einer neuen Wahrnehmungsebene zu.[9] Im Westen sucht die „Gruppe 47" um Günter Grass und Heinrich Böll in ihrer Arbeit einen persönlichen Vergangenheitsbezug. Über die authentische Biographie als historische und die subjektiv-empfindsame Reportage als Gegenwartsform verknüpft sie sich mit der realen Gegenwart, etwa in Bölls einleitendem Essay über das Ruhrgebiet aus dem Jahre 1958, der einen Bildband von Chargesheimer (Abb. 3) ergänzte.[10]

Die für jeden persönlich spürbaren Umwälzungen und psychischen Belastungen der Diktatur, Kriegs- und Nachkriegszeit erzeugten in der Nachkriegsliteratur insgesamt eine Stärkung des autobiographischen Zuges; viele 'innere Emigranten' versuchten so, das Erleben der vergangenen Jahrzehnte, einschließlich der Wiederaufbaujahre, am eigenen Beispiel oder in ihrem engsten Umfeld nachzuvollziehen und aufzuarbeiten; der Alltag des Einzelnen, die Subjektivität sozialer und psychischer Wahrnehmung rückte in den Mittelpunkt gegenüber den älteren Formen der sozialen Parabel (Brecht), des Exaltierten (Döblin) oder des Vergeistigten (Musil). Damit ergab sich auch ein anderes Verhältnis zur eigenen Umgebung als dem prägenden, dem Weltgeschichte spiegelnden Umfeld: ein verstärktes Interesse an den Bedingungen und der Bedeutung sozialer Kontakte. Ergebnis war letztlich auch eine neue Wahrnehmung vor allem der gebauten Umwelt und damit die Sensibilität und historische Perspektive für die Verbindung sozialer Verhältnisse mit Bauten und deren gestalterische Beeinflussung und Manipulation (Abb. 4). Ähnliches gilt für die Arbeitsplätze: nachdem die Produktion aufgebaut und gesichert war und nicht mehr jede Arbeit willig getan wurde, regte sich wieder das Interesse für den Menschen am Arbeitsplatz, für die Entwicklung der Arbeitsbedingungen und die mentale Situation der Arbeitenden.[11] Das alte technikgeschichtliche und volkskundliche Interesse an den Arbeitstechniken und sozialen und organisatorischen Gewohnheiten verlagerte sich auf die psychologischen und sozialen Effekte der Industriearbeit. Für das Verständnis vom technischen Denkmal als authentischem Schauplatz einer „Geschichte der Arbeit" war diese Sichtweise eine wichtige Grundlage.

Die anklagende Darstellung solcher Situationen und Verhältnisse, in literarisch-fiktionaler Form, aber auch als authentische Darstellung, zielte auf politische Wirkung und Bewußtseinsbildung; sie nutzte dazu reale Objekte der Zeitgeschichte.

Engen Kontakt zur industriellen Realität suchte die Dortmunder Gruppe 61 mit Schriftstellern wie Josef Reding und Max von der Grün, die selbst Arbeiter gewesen waren oder sich stark mit dieser Schicht identifizierten.[12] Sie erklärten das persönliche Erleben zur Voraussetzung wirklicher Betroffenheit und bemühten sich, schreibende Laien in die literarische Arbeit zu integrieren. Im Vordergrund stand bei den Amateuren die Darstellung und literarische Verarbeitung der eigenen Lebens-

4. Hoesch-Stahlwerk Westfalenhütte in Dortmund mit alter Kokerei Kaiserstuhl, 1961

INDUSTRIEKULTUR
UND DEMOKRATISCHE
IDENTITÄT

geschichte und Erfahrungswelt. Dieses Aufschreiben der eigenen Geschichte als Akt der Festlegung und Bewußtwerdung wurde eine der wichtigsten Wurzeln der „Geschichte von Unten", als Quelle wie als Haltung.

Auf der Suche nach den Traditionen des schreibenden Arbeiters und seiner historischen Perspektive wurden die Anfänge der Sozialwissenschaft und der sozialkritischen Publizistik der späten Kaiserzeit und der Weimarer Republik wiederentdeckt und weiterentwickelt zur sozial- und kulturpolitischen Aussagefähigkeit.[13]

Während die Fabrikreportagen der 20er Jahre allerdings die Lage der Arbeiter noch mit Blick von außen und direkter Wertung schilderten, ging Günter Wallraff einen Schritt weiter und benutzte in seinen Industriereportagen einen neuen Blickwinkel (Text 29): nicht den des Zuschauers, aber auch nicht den des wirklichen Arbeiters; er vollzog die Arbeit unter Beobachtung seines eigenen Bewußtseins (Abb. 5).[14] Damit wählte er eine Perspektive, die zwischen Beobachter und Betroffenem steht, eine Perspektive, die das Leben „ganz unten" mit dem Bewußtsein eines intellektuellen, politisch engagierten und sprachlich geschulten Menschen verbindet. Wallraff konstruierte einen künstlichen Arbeiter, der zugleich die Tätigkeit und deren Beurteilung reflektiert. Nicht das authentische Erleben des Arbeiters, sondern die stellvertretend 'erlittenen' Verhältnisse als Hintergrund der Mentalität sind das eigentliche Zentrum der Darstellung. Wallraff ging damit einen anderen Weg als die zwischen Chronik und Collage agierenden Vertreter der „oral history", aber auch als die schreibenden Arbeiter, die ihre Wirkung durch Direktheit und freimütige Subjektivität erzeugten. Wallraff erlebte die Arbeit und Tätigkeit nicht aus Sicht seiner Kollegen, sondern aus Sicht des Fremden; er nahm dadurch in gewisser Weise auch die Perspektive der späteren Museumsbesucher und Besucher eines technischen Denkmals vorweg.

Zugleich erscheint bei Wallraff die Industrie in bewußter Ablehnung der Einsicht in sinnvolle übergeordnete Strukturen und Mechanismen nicht mehr als großartiger Schauplatz modernen Heldentums, sozialen Kampfes und nationaler Machtentfaltung, sondern nur noch als unübersichtliche, sinnlose und menschenfeindliche Gigantomanie. Wallraff klagt so gleichermaßen die Übermacht des industriellen Komplexes wie die körperliche und geistige Unmenschlichkeit der Industriearbeit an. Nicht der Triumph der Technik und die Leistung des Arbeiters, sondern das soziale und mentale Schicksal der betroffenen Menschen steht im Mittelpunkt.

Die Kehrseite der Überdimensionierung der Technik und der wirtschaftlichen Strukturen wurde überdeutlich, als in den schwerindustriellen Regionen der Aufschwung des Wirtschaftswunders nachließ und die sozialen und strukturellen Mißstände verstärkt sichtbar wurden. Die erste Kohlenkrise, das Zechensterben der 60er Jahre im Ruhrgebiet ließen die Härten wirtschaftlicher und sozialer Umbrüche, industrieller Zwänge wieder fühlbar werden.[15] Vor diesem Hintergrund begannen sich Autoren wie Erika Runge in den Bottroper Protokollen[16] zu fragen, wie die Mentalität der „Kleinen Leute" zustandekommt, worauf ihre oft positive Lebenseinstellung beruht und wie sie Krisen psychologisch bewältigen. Die vorhandenen industriellen Macht- und Besitzverhältnisse wurden wieder verstärkt in Frage gestellt.

Die „Neue Linke" von 1968 artikulierte den Unmut über festgefahrene Strukturen, die zur Selbsterkenntnis und -erneuerung unfähigen Denkmuster; eine Negierung sozialer Fragen und Bedürfnisse, eine zunehmende Entmenschlichung und Zerstörung von Gesellschaft und Umwelt; sie legte endgültig in der Nachkriegszeit entstandene, alle politischen Lager und Weltanschauungen umfassende Verknöcherungen und Rückständigkeiten bloß. Vor allem aber erzeugte die Wiederentdeckung der sozial Benachteiligten in der konservativen Gesellschaftsstruktur insgesamt ein neues Nachdenken über Art, Aufbau und Werte sozialer Strukturen und ihre Beeinflussung durch die Umwelt. Hier wurden besonders städtebauliche Überlegungen, etwa durch Jane Jacobs' „The Death and Life of Great American Cities"

5. Umschlagseite der Taschenbuchausgabe der „Industriereportagen" Günther Wallraffs, erschienen zuerst 1966, TB 1970, 410. Tausend Dez. 1980

(1961) und Alexander Mitscherlichs „Die Unwirtlichkeit der Städte" (1965) auf eine neue soziologische Basis gestellt.[17]

Aber nicht nur die Welt der Arbeiter, der Unter- und unteren Mittelschicht, die von außen über sie gemachten Aussagen, sondern auch ihre eigenen Zeugnisse und Hervorbringungen, die „Arbeiterkultur", wurden zum wesentlichen Teil des Phänomens der industriellen Kultur erklärt. Daß es dabei zu rigorosen Verallgemeinerungen zeitlicher, sozialer wie regionaler Natur kommt, ist Problem, muß aber nicht Nachteil solcher Betrachtungen sein.

Die „Geschichte von Unten" strebte eine Sicht auf die industrielle Welt an, die von der Mentalität, dem Wahrnehmungsvermögen und Bewußtsein der einfachen Bevölkerung ausgehend den Menschen, seine Bedürfnisse und sein Umfeld in den Mittelpunkt stellte. Sie wurde von der autobiographisch-sachlich orientierten Arbeitergeschichtsschreibung wesentlich mit befruchtet und angeregt. Neue Medien wie Tonband und später Video erleichterten die Umsetzung der „oral history" als neue Gattung authentischer Quellen zur Sozial- und Mentalitätsgeschichte. Sie bedurfte trotzdem eines Überbaus, eines Ordnungs- und Erklärungsschemas, das die Verknüpfung und Deutung persönlicher Zeugnisse im gesamt-kulturellen Zusammenhang der Epoche ermöglichte.

Eine wichtige Rolle für die Entwicklung eines neuen Verständnisses für industriekulturelle Zusammenhänge spielt die Sozialgeschichte. Sie war noch in der Nachkriegszeit als statistische und Sach-Wissenschaft von der Struktur der Gesellschaft, von der Bevölkerungsentwicklung und dem Verhältnis der Schichten zueinander aufgefaßt worden.[18] Mit der politischen und wirtschaftlichen Entwicklung erschien sie zwar verkoppelt, aber als abhängige Größe. Versuche, die Geschichte aus anderer Perspektive darzustellen, scheiterten meist an der vergleichsweise geringen (und sekundären) Quellenlage. Eine Verbindung mit der Soziologie, mit der Erforschung aktueller sozialer Phänomene und ihrer treibenden Kräfte und Strukturen, die nicht wertfrei und unbeteiligt bleiben konnte, entstand erst auf äußeren Druck; sie ermöglichte aber das umfassendere Verständnis für Hintergründe und Zusammenhänge früherer Entwicklungen.

Das Nachdenken über den traditionellen Blickwinkel der „Herrschaftsgeschichte", die Erkenntnis über ihre ebenso unvermeidliche Tendenz ermöglichte es, lange als antibürgerlich und ideologisch verzerrt abgelehnte Quellen in ihrer Subjektivität einschätzbar zu machen und durch den Vergleich mit ebenso bewerteten „bürgerlichen" Zeugnissen ein „ausgeglichenes" Kulturbild herzustellen.

Ein zunehmendes Interesse an der Zeitgeschichte, an der historischen Aufarbeitung von Weimarer Republik und Nationalsozialismus und ihren Vorgeschichten folgten in gebührendem Abstand auf das Kriegsende. In der DDR, besonders unter Jürgen Kuczynski,[19] und in Frankreich in der älteren „Annales"-Schule[20] entwickelte sich als „Historische Anthropologie" eine Methode, aus einer Vielzahl von Quellen, bis hin zur mündlichen Überlieferung, eine Geschichte des einfachen Lebens, der allgemeinen Lebensbedingungen und -weisen zu erschließen und sie mit der 'großen' Geschichte in Verbindung zu bringen. Die Vorstellung, daß die Lebensumstände als Kern aller historischen Erfahrung auch Grundlage der kulturellen Entwicklungen bilden, regte an, die „Geschichte als Sozialwissenschaft" aufzufassen.

Aufbruch um 1970: „Geschichte als Aufklärung"

Es fällt leicht, die These aufzustellen, daß mit dem Zweiten Weltkrieg in Deutschland die Geschichte und ihre Deutung so sehr in Mißkredit geraten war, daß sich erst nach Jahrzehnten und in mühsamen Schritten eine kritische Auseinandersetzung auch mit jüngerer Geschichte entwickeln konnte. Es handelte sich jedoch

---

[13] Erhard Schütz (Hg.): Die Ruhrprovinz – das Land der Städte – Ansichten und Einsichten in den grünen Kohlenpott. Reportagen und Berichte von den 20er Jahren bis heute. Köln 1987.
[14] Günter Wallraff: Industriereportagen. Als Arbeiter in deutschen Großbetrieben. Köln 1970, 1991 (mit rezensionsgeschichtlichem Nachwort von Prof. Leo Kreutzer, S. 137–144).
[15] Zischka (wie Kap. IV, Anm. 47).
[16] Bottroper Protokolle. Aufgezeichnet von Erika Runge. Vorwort von Martin Walser (edition Suhrkamp 271). Frankfurt am Main 1968.
[17] Jane Jacobs: The Death and Life of Great American Cities. New York 1961; Alexander Mitscherlich: Die Unwirtlichkeit unserer Städte. Anstiftung zum Unfrieden. Frankfurt am Main 1965; vgl.: Wolf Jobst Siedler, Elisabeth Niggemeyer: Die gemordete Stadt. Abgesang auf Putte und Straße, Platz und Baum. München/Berlin 1964, 1978.
[18] Vgl.: H. Aubin, W. Zorn (Hgg.): Handbuch der Deutschen Wirtschafts- und Sozialgeschichte (2 Bde.). Stuttgart 1971–76.
[19] Jürgen Kuczynski: Geschichte des Alltags des deutschen Volkes. Köln 1981/82. Mehrere Bde.
[20] Vgl.: Henri Lefebvre: Kritik des Alltagslebens (3 Bde.). München 1975; Fernand Braudel: Die Sozialgeschichte des 15.–18. Jahrhunderts. München 1985 ff. (frz. Orig. 1967); Ulrich Raulff (Hg.): Lucien Febvre. Das Gewissen des Historikers. Berlin 1988 (frz. Paris 1953); Lutz Raphael: Die Erben von Bloch und Febvre. „Annales"-Geschichtsschreibung und „nouvelle histoire." In: Frankreich 1945–1980. Stuttgart 1994.

INDUSTRIEKULTUR UND DEMOKRATISCHE IDENTITÄT

wohl nicht nur um ein Generationenproblem (Emigration), sondern um eine auch durch die akademische Struktur begünstigte Perspektivenfrage. Dabei war Konsens der Neuerer, daß der Versuch einer objektiv-unpolitischen Geschichtsschreibung, wie sie nach dem Zweiten Weltkrieg propagiert wurde, nicht nur illusorisch, sondern geradezu fortschrittshemmend sei, da er alte Sichtweisen und Themenschwerpunkte tradierte, statt einer gegenwartsbezogenen gesellschaftlichen Funktion gerecht zu werden. Die Kernfragen der Reform lauteten: Wer erforscht wessen Geschichte; mit welchem Ziel wird historische Forschung und Deutung betrieben; warum muß jede engagierte Geschichtsdeutung unbedingt als ideologisch eingefärbt und mißbrauchbar vermieden werden; wirkt vermeintlich objektive Geschichte konservativ und systemstabilisierend statt entscheidungs- und reformfördernd?[21]

In Auseinandersetzung mit diesen Fragen und auf den Wurzeln der Sozial- wie der sozialistischen Geschichtsschreibung entwickelte sich eine Geschichtstheorie, welche die traditionellen Kategorien und Blickweisen in Frage stellte und andere Betrachtungsweisen und Schwerpunkte setzte – mit dem erklärten Ziel, Geschichte auf neue Weise und für breitere Schichten zur Klärung und Fortschreibung der Gegenwart nutzbar zu machen.

Unter dem Leitwort „Geschichte als Aufklärung"[22] entdeckte man in Teilen der seit 1966 (mit-)regierenden SPD und in den linken Bewegungen die Anknüpfung an historische Entwicklungen und deren neue Deutung als Mittel der Untermauerung, Begründung und Fortschreibung der eigenen Ziele. Eine der Kernforderungen war dabei die Öffnung des Kulturbegriffes für die Lebensweisen und die Organisationsformen der 'benachteiligten' Schichten der Industriegesellschaft; es entwickelte sich erst im Laufe der 70er Jahre und unter maßgeblichem theoretischen und publizistischen Einfluß des Nürnberger Kulturdezernenten Hermann Glaser der neue Gebrauch des Begriffs „Industriekultur". An ihr haben alle Gruppen der Industriegesellschaft teil; ihre Lebensweise und Lebenseinstellung ist Teil eines kulturellen Ganzen; eine Trennung und Hierarchiebildung zwischen Hochkultur und Allgemeinkultur findet nicht statt. In der Praxis förderte man neue Einrichtungen, die Soziokultur und Industriekultur als Grundlagen sozialdemokratischer Kulturpolitik gegen die etablierten bürgerlichen Kulturinstitutionen durchsetzen sollten.

Zur Überwindung akademischer, konservativer Geschichtsschreibung wurde die Demokratisierung der Geschichtsarbeit zur Festigung der eigenen Identität proklamiert, wobei das Ziel der Beschäftigung des Einzelnen mit der Geschichte (für die auch die Baudenkmale stehen) so formuliert wurde: „Es geht darum, daß, aus der Fülle der Details, die Anschauung der Geschichte in ein Nachdenken über sie und in ein vorausschauendes Bedenken der Zukunft verwandelt wird" (Glaser).[23] Dabei spielte Glaser auf geschickte Weise mit konservativen Werten und Begriffen einerseits und revolutionären Forderungen andererseits, etwa wenn er unter dem Begriff „Stolzarbeit" auf die persönlichen Schicksale innerhalb einer kritisch und negativ bewerteten Gesamtsituation verwies: „Es ist für unsere Identität jedoch notwendig, Ehrfurcht vor denjenigen zu empfinden, die 'fortschrittlich' im Sinne persönlich-subjektiver wie dinglich-objektiver Leistung, das Maschinenzeitalter bewältigten. ... Die ehrfürchtige Zuwendung zu denjenigen, die als Individuen, Gruppen, Gesellschaftsschichten in der schwierigen Zeit der Industrialisierung ihr Leben 'mit Anstand' lebten, in oft aussichtsloser Lage mit Tapferkeit durchstanden oder, meist namenlos, den 'Verhältnissen' zum Opfer fielen, sollte auch kulturpolitische Folgen haben: Die Kultur der 'Leute' muß als Kultur mehr gewürdigt, besser erhalten, eindrucksvoller vermittelt werden (etwa in Ausstellungen und Museen). Die Kultur der Leute ist wichtiger als die der Herrscher und Dynastien."[24]

Aus der gleichen Intention der Anregung und Belebung breiter sozialer und kultureller Aktivitäten und der Stärkung örtlicher und sozialer Bindungen, insbeson-

6. „Fabrik" in Hamburg-Ottensen
7. „Zeche Carl", Essen, um 1860 errichteter Malakowturm. In dem jüngeren Verwaltungs- und Kauengebäude richtete ab 1977 die Initiative „Zeche Carl" ein Bürger- und Kulturzentrum ein (Foto um 1980)

[21] Vgl: Ina-Maria Greverus (Hg.): Kultur und Alltagswelt. Eine Einführung in Fragen der Kulturanthropologie. München 1978; H. Berding: „Wege der neuen Sozial- und Wirtschaftsgeschichte." In: Geschichte und Gesellschaft 5, 1980, H. 1; Wolfgang Ruppert (Hg.): Erinnerungsarbeit. Geschichte und demokratische Identität in Deutschland. Opladen 1982.
[22] „Bilanz: Geschichte als Aufklärung": Schlußkapitel in: Glaser 1981; vgl: Thomas Nipperdey: „Geschichte als Aufklärung." In: Die Zeit vom 22. Feb. 1980.
[23] Glaser, wie vor.
[24] Glaser, wie vor.
[25] H. Bodenschatz, V. Heise, J. Korfmacher: Schluß mit der Zerstörung? Stadterneuerung und städtische Opposition in West-Berlin, Amsterdam und London. Gießen 1983; Ludger Claßen, Heinz-Hermann Krüger, Werner Thole (Hgg.): In Zechen, Bahnhöfen und Lagerhallen – Zwischen Politik und Kommerz. Soziokulturelle Zentren in Nordrhein-Westfalen. Essen 1989.
[26] Vgl.: Romain/Suhrbier 1984.
[27] Vgl.: Richard Grübling u.a.: Kultur aktiv in alten Gebäuden. Berlin 1979; Wolfgang Niess: „Alte Fassaden – neue Inhalte. Über die Umnutzung alter Gebäude zu soziokulturellen Zentren." In: archithese 1987, H. 5, S. 44–48; Beispiele auch bei: Föhl 1994, Katalog.

dere in Problemgebieten wie verslumten Stadtvierteln und Neubausiedlungen, entstanden die Soziokulturellen und Bürger-Zentren.[25] Sie entdeckten, ähnlich wie die Erwachsenenbildung in England in den 50er Jahren, die lokale Geschichte, insbesondere die jüngere soziale, industrielle und politische Vergangenheit, als Anknüpfungspunkt für Bewußtseinsbildung und Identifikation; so schufen sie auch ein besseres Verständnis für die geschichtlichen und industriellen Strukturen der jeweiligen Viertel. Aus finanziellen wie atmosphärischen Gründen boten sich die Soziokulturellen Zentren als Nutzer innerstädtisch eingebundener wie isoliert gelegener und somit weniger störend nutzbarer historischer Industriebauten an. Daraus ergaben sich zahlreiche, oft 'spontane' Umnutzungen wie die „Zeche Carl" in Essen (Abb. 7), die „Fabrik" in Hamburg (Abb. 6) oder (vorübergehend) das „Stollwerck" in Köln. Dabei spielte sicher auch der Aspekt der gesellschaftlichen „Aneignung" zuvor mißachteter und privat-abgeschlossener baulicher Ressourcen und ihre kollektiv-produktive Umnutzung eine Rolle. Um Trägerschaft und politischen Einfluß (kommunal oder frei und selbstverwaltet) gab es teilweise erbitterte Auseinandersetzungen, als die Bürgerzentren nun nicht nur fester Bestandteil des unabhängigen, gemeinschaftlichen Kulturbetriebs wurden, sondern sich auch zum offiziellen Aushängeschild kommunaler, kulturpolitischer Reformvorhaben entwickelten. Ohne Zweifel aber sind die Soziokulturellen Zentren unterschiedlichster Art und Trägerschaft heute Teil einer „industriekulturell" motivierten Kulturarbeit.[26]

Die Nutzung als Kulturzentren bot für die Denkmalpflege oft eine Chance, kommerziell nicht mehr verwertbare oder äußerlich nicht als künstlerisch oder historisch wertvoll erkennbare Bauten zu erhalten.[27] Die Flexibilität dieser Einrichtungen, ihre meist knappen und für gravierende Umbauten nicht reichenden Mittel, die oft in Eigenleistung durchgeführten Reparaturen und die Bereitschaft der Nutzer, auch den ästhetischen Reiz des Verfalls und die Unbequemlichkeiten eines historischen und funktionsumgewidmeten Gebäudes zu akzeptieren, kamen im Prinzip denkmalpflegerischen Zielen wie dem Substanzerhalt durch Reparatur und Baupflege sehr entgegen. Schwerwiegende Probleme ergaben sich dagegen aus dem Vandalismus im Umkreis solcher Bauten, aus fehlendem Verständnis für historische und künstlerische Werte, aus unglücklichen, weil dilettantischen und substanzschädigenden Renovierungs- und Reparaturmaßnahmen und fehlender technischer Betreuung; dazu kamen die Zwänge der sich aus der öffentlichen Nutzung ergebenden Sicherheitsauflagen. Bis heute sind die potentiellen Vorteile solcher Nutzungen (wie etwa: Arbeitskraft, besondere Atmosphäre, großzügiges Raumangebot) selten in bewußt formulierte und konsequent verfolgte Erhaltungs- und Entwicklungskonzepte eingegangen.

INDUSTRIEKULTUR
UND DEMOKRATISCHE
IDENTITÄT

Die als Alternative zur traditionellen kommunalen Kulturpolitik gedachten Soziokulturellen Zentren entwickelten sich oft schnell zur absichtsvoll geförderten Ergänzung zum sozialen und kulturellen Angebot der Kommunen, zum wiederum institutionalisierten Teil der Sozialarbeit und des Bildungs- und Kulturbetriebs.

Kunstgeschichte und Massenkultur

Die Öffnung der historischen Disziplinen für Reformansätze der Gegenwart, für die Analyse existenter kultureller Erscheinungen war eine weitere logische Forderung und Notwendigkeit der Reformbewegung der historischen Wissenschaften.[28]

Die Einbindung der 'elitären' Kunstgeschichte in das Konzept der Industriekultur setzte schon um 1970 ein, dokumentiert durch den 12. Kunsthistorikerkongress in Köln 1970 unter dem Titel „Das Kunstwerk zwischen Wissenschaft und Weltanschauung",[29] gut zu verfolgen auch in der seit 1973 erscheinenden Gießener Zeitschrift „kritische berichte". Kunst und Architektur wurden nun verstärkt als Zeugnis sozialer und politischer Absichten erforscht und gedeutet. Obwohl davon prinzipiell alle Bereiche betroffen waren, war damit eine verstärkte Zuwendung zu jüngeren Epochen, Vorläufern der Gegenwart, und zu „kunstwissenschaftlichen", also auf allgemeine künstlerische Phänomene bezogene Fragen, verbunden. Der Historismus, die klassische Moderne und die Staatskunst des Dritten Reichs wurden Schwerpunkte der neuen Interpretationen.[30] Gerade für die Gründerzeit bot das industriekulturelle Konzept ein neues Erklärungsmuster, das Stile und Themen aus weltanschaulicher und geistesgeschichtlicher Perspektive neu zu sehen erleichterte und auch für das Verständnis der neuen Erscheinungen wie der industriellen Massenkultur Analyse- und Erklärungsmöglichkeiten bot.

Die Verbindung sozialer und ideologischer Aspekte mit der Kunstgeschichte machte es möglich, Kunst als kulturelles Phänomen besser einzuordnen und ihre Rolle und Funktion zu bestimmen. Die Schönheit als Wert wurde durch die ästhetische Wirkung ersetzt, auch das Häßliche oder Bedrohliche, das Unbequeme und Abstoßende konnte überzeugender Teil der Gestaltung sein; eine Auffassung, die, obwohl in der freien Kunst schon lange verbreitet, für die Architektur nur langsam Geltung gewann und auf das Verständnis von Baudenkmalen übertragen werden konnte.[31]

In der Kunst- und Kulturgeschichte ist das „Industriekultur"-Konzept untrennbar verbunden mit der Wiederentdeckung des späten 19. Jahrhunderts und der damit verbundenen Erforschung und Auswertung der Kunst und Kultur dieser Zeit. Nach der bereits in den frühen 60er Jahren in England aufgekommenen Beschäftigung mit dem „Viktorianischen" Zeitalter kam es um 1965 unter Führung der Thyssen-Stiftung und später der Stiftung Volkswagenwerk zu einer wissenschaftlich soliden und gut publizierten Grundlagenarbeit mit den „Studien zur Geschichte des 19. Jahrhunderts". Von dieser Reihe erschienen zwischen 1970 und 1983 über dreißig Bände, die bis in die heutige Zeit ein wesentliches Fundament für die Beschäftigung mit dieser Zeit bilden. Andere „Monumental-Publikationen", wie „Die Kunst des 19. Jahrhunderts im Rheinland"[32] und letztlich auch die von Hermann Glaser herausgegebene Reihe „Industriekultur Deutscher Städte und Regionen"[33] schlossen sich an. Der Industriekultur-Reihe folgten weitere Publikationen zur Industriegeschichte in sehr unterschiedlicher Qualität.[34] Auf Initiative Julius Poseners und Tilmann Buddensiegs konzentrierte sich in Berlin seit Anfang der 70er Jahre ein verstärktes kunstgeschichtliches Interesse auf die für die Entstehung der Moderne und als Quelle möglicher neuerlicher Anregungen und Alternativen als grundlegend erkannte Phase der Reformbewegungen vor dem Ausbruch des Ersten Weltkriegs.[35] Das Werk von Architekten wie Hermann Muthesius und Peter Behrens und die

8. Werkbund-Archiv, Plakat zur Ausstellung „Vorkriegsgeschmack. Werkbund und Waren 1907–1914". Die Fotomontage zeigt die 1911/12 von Peter Behrens errichtete Großmaschinenhalle der AEG in der Berliner Huttenstraße
> 9. Ausstellung „Die Nützlichen Künste", Berlin 1981, Alltagsgerät der Jahrhundertwende

---

[28] Vgl: Andreas Berndt, Peter Kaiser, Angela Rosenberg, Diana Trinkner (Hgg.): Frankfurter Schule und Kunstgeschichte. Berlin 1992.
[29] Martin Warnke (Hg.): Das Kunstwerk zwischen Wissenschaft und Weltanschauung. Gütersloh 1970; vgl.: kb 1990, H. 3.
[30] Jost Hermand, Richard Hamann: Dt. Kunst und Kultur v. d. Gründerzeit bis zum Expressionismus. Berlin 1965–1967, Bd. 1: Gründerzeit (1965), Stilkunst um 1900 (1967); Ludwig Grote (Hg.): Die deutsche Stadt im 19. Jahrhundert (Studien zur Kunst des 19. Jahrhunderts, Bd. 24). München 1974.
[31] Vgl.: Theodor W. Adorno: Ästhetische Theorie (Gesammelte Werke, Bd. VII). Frankfurt am Main 1970.
[32] Willi Weyres, Eduard Trier (Hgg.): Die Kunst des 19. Jahrhunderts im Rheinland (5 Bde.). Düsseldorf 1979–1981.

Werkbund-Diskussionen boten auch aus konservativ-traditionalistischer Sicht Gegenmodelle einer menschlichen Wohnkultur und einer bewußten Gestaltung der industriellen Umwelt.[36] Hier findet sich der direkte Anknüpfungspunkt an den mit Peter Behrens verbundenen Industriekultur-Begriff des Werkbunds, der auch weiterhin im engeren gestalterischen Bereich benutzt wird.

Das neue Interesse für Alltags- und Massenkultur traf sich mit kulturtheoretischen und -geschichtlichen Überlegungen der 20er und 30er Jahre, die mit Walter Benjamins Essay „Das Kunstwerk im Zeitalter seiner technischen Reproduzierbarkeit" einen ersten Höhepunkt gefunden hatten.[37] Die beispiellose Entwicklung einer Massenkultur (später teilweise auch als „Unterhaltungskultur" bezeichnet) in Literatur, Film und Musik, verbreitet durch die neuen Medien und Kommunikationsmittel, ließ noch intensiver die Frage nach theoretischen Erklärungen und strukturellen Mechanismen dieser Entwicklung stellen.

Neben der eher designgeschichtlich orientierten Neuen Sammlung in München unter Wend Fischer[38] verfolgte das 1974 in Berlin gegründete Werkbund-Archiv[39] (Abb. 8) programmatisch einen „industriekulturellen" Ansatz; auch das Centrum

[33] Erschienen: Hermann Glaser, Wolfgang Ruppert, Norbert Neudecker (Hgg.): Industriekultur in Nürnberg. Eine deutsche Stadt im Maschinenzeitalter. München 1980; ²1983; Volker Plagemann (Hg.): Industriekultur in Hamburg. Des Deutschen Reichs Tor zur Welt. München 1984; Jochen Boberg, Tilman Fichter, Eckhart Gillen: Exerzierfeld der Moderne. Industriekultur in Berlin im 19. Jahrhundert (Bd. 1), Die Metropole. Industriekultur in Berlin im 20. Jahrhundert (Bd. 2). München 1984–1986; Richard v. Dülmen: Industriekultur an der Saar. Leben und Arbeit in einer Industrieregion 1840–1914. München 1989.

[34] Etwa: Günter Huhndorf: Wurzeln des Wohlstands. Bilder und Dokumente südwestdeutscher Wirtschaftsgeschichte. Stuttgart 1984; Alfred Heggen, Klaus Tidow: Industrie-Kultur in Neumünster. Das „Manchester Holsteins" im 19. Jahrhundert. Neumünster 1989; Urs-J. Diederichs: Schleswig-Holsteins Weg ins Industriezeitalter. Hamburg 1986; Harald Sterck: Industriekultur in Österreich. Der Wandel in Architektur, Kunst und Gesellschaft im Industriezeitalter, Bd. 1: 1750–1873, Bd. 2: 1873–1918. Wien 1984, 1985; Eugenie Berg u. a.: Moderne Zeiten. Industrie- und Arbeiterkultur in Oldenburg 1845–1945. Oldenburg 1989.

[35] Vgl.: Julius Posener: Fast so alt wie das Jahrhundert. Berlin ¹1990; ²1994 überarb.; Andreas Bayer u. a. (Hg.): Hülle und Fülle. Festschrift für Tilmann Buddensieg. Alfter 1993.

[36] Julius Posener: Hermann Muthesius 1861–1927 (Ausst.-Kat. Akad. d. Künste). Berlin 1977; Tilmann Buddensieg, Henning Rogge: Industriekultur. Peter Behrens und die AEG 1907–1914. Berlin 1979.

[37] Walter Benjamin: Das Kunstwerk im Zeitalter seiner technischen Reproduzierbarkeit. Frankfurt am Main 1963; vgl.: Rolf Tiedemann, Hermann Schweppenhäuser (Hgg.): Walter Benjamin. Ges. Schriften, Bd. I/2, Frankfurt am Main 1974, S. 431–508; eine erste frz. Fassung erschien 1936; dt. erst 1955 in der Zeitschrift für Sozialforschung.

[38] Die verborgene Vernunft. Funktionale Gestaltung im 19. Jahrhundert (Ausst.-Kat. Neue Samml. München). München 1971; Gerd Selle: Die Geschichte des Design in Deutschland von 1870 bis heute. Entwicklung einer industriellen Produktkultur. Köln 1978; Buddensieg/Rogge 1981; Bernd Meurer, Hartmut Vincon: Industrielle Ästhetik. Zur Geschichte und Theorie der Gestaltung (Werkbund-Archiv, Bd. 9). Berlin 1983; Joachim Petsch: Eigenheim und gute Stube. Zur Geschichte des bürgerlichen Wohnens. Städtebau – Architektur – Einrichtungs-Stile. Köln 1989.

[39] Eckhard Siepmann: Alchimie des Alltags. Das Werkbund-Archiv – Museum der Alltagskultur des 20. Jahrhunderts. Gießen 1987; vgl. allg.: Kristina Zerges (Hg.): Sammlungen zur Alltags- und Industriekultur. Ein Standortverzeichnis. Berlin ²1983 (1. Aufl. u. d. Titel: „Archäologie der Pop-Kultur").

INDUSTRIEKULTUR
UND DEMOKRATISCHE
IDENTITÄT

Industriekultur in Nürnberg widmete sich seit 1979 mit einem Schwerpunkt der Sach- und Alltagskultur der Industrialisierung (Text 35).[40] Die Anonymität und Masse der industriell hergestellten Gebrauchsgegenstände (Abb. 9) und volkstümlicher propagandistischer und kommerzieller Mittel erleichterte dabei ihre Verwendung zum übergreifenden Vergleich, ihre Einbindung in eine Darstellung übergeordneter Strukturen, Mechanismen und Regeln der Massenkultur. Das schloß die politischen und geistesgeschichtlichen Hintergründe damit keinesfalls aus.

Die Ablehnung der vulgarisierten Moderne, die in Gigantomanie, mechanische Lieblosigkeit und unmenschliche Geistlosigkeit ausartete, ließ aber auch die nostalgische Identifikation mit den scheinbar individuellen, sprechenden und anregenden Objekten der Gründerzeit zur Alternative der Vermassung und Versachlichung werden.[41] Dabei geriet schließlich auch der Reiz des durch Alterung vereinzelten Massenprodukts in Konflikt mit den Traditionen des Kitsches und dem normativen Individualitätsanspruch einer neuen Designwelle. Die Grenzen zwischen dem historischen Original mit seinen individuellen Geschichtsspuren und dem historistisch-nachahmenden Konstrukt begannen sich aufzulösen. Die Ablehnung aller Stilnachahmung und der Kult des Zeitlosen und des Originals, der als Reaktion auf den Historismus entstanden war, sich aber nie völlig hatte durchsetzen können, schlug nun ins Gegenteil um: die Kopien und Nachahmungen, „Rekonstruktionen" wurden oft leichtgläubig und aus oberflächlich-gestalterischer und vor allem „symbolischer" Perspektive als vollwertiger Ersatz des historischen Originals empfunden und akzeptiert.

Im Rahmen der Industrie- und Alltagskulturforschung begann die Kunstgeschichte bzw. Kunstwissenschaft, sich mit der Auswertung neuer Quellengattungen, etwa der Werbung oder der Trivialkunst, zu beschäftigen und als „visuelle Sozialgeschichte" die Wahrnehmung und Funktion von Kultur in der Gesellschaft zu untersuchen.[42]

Starke Bestrebungen zur Erweiterung des Interessengebiets der Kunst- und Architekturgeschichte gingen von Roland Günter aus (vgl. Kap. VI). Aufgrund seiner Arbeit als Denkmalinventarisator im Ruhrgebiet erhob er für historische Arbeitersiedlungen (Kap. VI, Abb. 4) die Forderung nach „Sozialschutz" als Ergänzung und Überhöhung des Denkmalschutzes.[43] Diese Forderung kam zwar der Feststellung des Denkmalschutzes entgegen, daß Nutzungskontinuität eine der wichtigsten Formen des Umgangs mit einem Baudenkmal sei[44] (Huse); sie beruhte aber auf einer Definition sozialer Werte, die von den Betroffenen selbst oft erst auf Anregung von außen geäußert wurde. Das läßt vermuten, daß der Einfluß ideologisch begründeter Wunschvorstellungen und die Projektion sozialer Utopien einer 'heilen Arbeiterwelt' und eines lebendigen sozialen Lebens hier eine Rolle spielten.

Denkmalpflege als Sozialpolitik zielte zwar nicht auf ein „lebendes Museum", aber auf die Tradierung und Weiterentwicklung als wertvoll erkannter sozialer und städtebaulicher Strukturen, die zwar geschichtsabhängig waren, die Möglichkeit der Sichtbarmachung früherer Zustände und Abhängigkeiten aber kaum erleichterten. Schon vielen Zeitgenossen erklärte sich der Versuch, mit dem Erhalt der Arbeitersiedlungen auch optisch wahrnehmbare und positiv gesehene soziale Strukturen zu erhalten und fortzuschreiben, als Teil sozialpolitisch motivierter Gegensteuerung und Neuorientierung der ersten allgemeinen Krisen der industriellen Gesellschaft zu Beginn der 70er Jahre. Daß sie eine Ablehnung nicht nur gegen die wirtschaftlichen und organisatorischen Interessen der Industrie, sondern auch gegen die der etablierten kommunalen Vertreter enthielten, war nicht zu übersehen. Den Erhalt von Arbeitersiedlungen konnte man vergleichsweise schnell, mit oder ohne Unterstützung der Denkmalpflege, als populäre kommunale Maßnahme in Städtebau und Sozialpolitik integrieren; zur besseren Flächennutzung erschien allerdings eine „Verdichtung" oft unvermeidlich.[45]

---

[40] Nürnberg kulturell, H. 3: Industriekultur. Nürnberg 1982; vgl.: Wolfgang Ruppert: „Industriekultur in Deutschland. Das Beispiel der Region Nürnberg." In: ders. (Hg.): Erinnerungsarbeit. Geschichte und demokratische Identität in Deutschland. Opladen 1982, S. 135-155; Klaus-Jürgen Sembach: „Museum Industriekultur Nürnberg." In: Michael Fehr, Stefan Grohé (Hgg.): Geschichte – Bild – Museum. Zur Darstellung von Geschichte im Museum (Museum der Museen 1). Köln 1989, S. 20-24.
[41] Vgl.: Volker Fischer: Nostalgie. Geschichte und Kultur als Trödelmarkt. Luzern/Frankfurt am Main 1980.
[42] Thomas Schleper: Kunstwissenschaft und Fabrikbau. Über den Beitrag der „Visuellen Sozialgeschichte" zur Industriekulturforschung. Mit einer exemplarischen Besprechung von hundert Bildwerken zur Industriearchitektur in Osnabrück und Umgebung (Diss.). Osnabrück 1987; Wolfgang Ruppert (Hg.): Chiffren des Alltags. Erkundungen zur Geschichte der industriellen Massenkultur. Marburg 1993.
[43] Vgl: Hartwig Suhrbier: „Fabrikschloß und Zechenkolonie. Zur Entdeckung einer verdrängten Wirklichkeit." In: Romain/Suhrbier 1984, S. 199-219; vgl: Janne und Roland Günter „Architekturelemente und Verhaltensweisen der Bewohner. Denkmalschutz als Sozialschutz." In: Ina-Maria Greverus (Hg.): Denkmalräume – Lebensräume. Gießen 1976, S. 7-56.
[44] Norbert Huse (Hg.): Denkmalpflege. Deutsche Texte aus drei Jahrhunderten. München 1984, S. 213.
[45] Arb.-Siedl. und Städtebau: Recklinghsn.

10. Umschlag des Heftes: Projektgruppe Eisenheim, Design Grundlagen, Fachhochschule Bielefeld (Hg.): Eisenheim 1844-1972. Gegen die Zerstörung der ältesten Arbeitersiedlung des Ruhrgebiets, 4. Auflage
11. Stadtmuseum Rüsselsheim: bewegliche Großfotos mit Belegschaftsfotos der Firma Opel

[46] Vgl.: Denkmalpflege in der Bundesrepulik Deutschland. Geschichte. Organisation – Aufgaben – Beispiele. Ein Beitrag zum europäischen Denkmalschutzjahr 1975. München 1974, bes. S. 64-67.
[47] Roland Günter: „Krupp und Essen." In: Martin Warnke (Hg.): Das Kunstwerk zwischen Wissenschaft und Weltanschauung. Gütersloh 1970, S. 128-174; Reinhard Bentmann, Michael Müller: Die Villa als Herrschaftsarchitektur. Versuch einer kunst- und sozialgeschichtlichen Analyse. Frankfurt am Main 1970; ³1981, jüngere Auflagen mit Nachwort zur Rezensionsgeschichte; Hermann Sturm: Fabrikarchitektur, Villa, Arbeitersiedlung. München 1977; Tilmann Buddensieg (Hg.): Die Villa Hügel. Berlin 1984.
[48] Vgl: I. Gauldie: Cruel Habitations. A History of Working Class Housing 1780-1918. London 1974; J. B. Lowe: Welsh Industrial Workers Housing 1775-1875. Cardiff 1977.
[49] Projektgruppe Eisenheim, Design Grundlagen, Fachhochschule Bielefeld (Hg.): Eisenheim 1844-1972. Gegen die Zerstörung der ältesten Arbeitersiedlung des Ruhrgebiets.1. Aufl. Bielefeld 1973; 2.-4. Aufl. Berlin 1973, 1975, 1977; vgl.: Dorit Grollmann: ... für tüchtige Meister und Arbeiter rechter Art. Eisenheim – die älteste Arbeitersiedlung im Ruhrgebiet (Schriften des Rhein. Industriemuseums 12). Pulheim 1996.
[50] Siehe: SICCIM 1978.
[51] Peter Schirmbeck u. a. (Bearb.): Vom Beginn der Industrialisierung bis 1945. Katalog der Abt. I – Museum der Stadt Rüsselsheim. Rüsselsheim ³1988, Zit. S. 4; vgl. die erste Fassung des Kat. von 1976: Peter Schirmbeck u. a. (Bearb.): Fabrikzeitalter. Dokumente zur Geschichte der Industrialisierung am Beispiel von Rüsselsheim. Gießen 1976.

Über den Verweis auf die sozialen Qualitäten der Arbeitersiedlungen wurde, ausgehend vom Ruhrgebiet, ein städtebauliches Umdenken eingeleitet; es wurde durch die 1974-1976 an der Universität Dortmund von Franziska Bollerey und Kristiana Hartmann als Forschungsprojekt durchgeführte Bestandsaufnahme der Dortmunder Arbeitersiedlungen[46] zum ersten Mal beispielhaft vertieft und hat innerhalb weniger Jahre zu einer breiten Anerkennung solcher Siedlungen als erhaltenswert „aus sozialen und sozialgeschichtlichen Gründen" geführt (siehe Kap. VI).[47] Ob die Denkmalpflege dabei sozialpolitisch-ideologisch instrumentalisiert bzw. ausgenutzt wurde, kann je nach Standpunkt unterschiedlich beurteilt werden. Die Argumente der klassischen „historischen" Denkmalpflege hätten für ein solches Vorgehen sicher keine Grundlage geboten; erst die Reklamierung einer sozial- und kulturpolitischen Verantwortung auch der Denkmalpflege konnte dies begründen. Ein solcher Gedankengang läßt sich selbst in England, wo man sehr wohl um die sozialhistorische Bedeutung und Entwicklung des Arbeitersiedlungsbaus wußte, bis dahin nicht nachweisen; die Slums von gestern galten als nicht sanierbar.[48]

Die Siedlung Eisenheim in Oberhausen,[49] an der im Ruhrgebiet die Einbeziehung sozialgeschichtlicher und städtebaulich-sozialer Aspekte in die Denkmalpflege durchgesetzt wurde (Abb. 10), kann heute auch als Denkmal der Geschichte der Denkmalpflege und speziell der Industriedenkmalpflege gelten. Ihr Einfluß reicht bis nach England, ins Mutterland der Industriearchäologie.[50]

Alltagskultur und Museum

Im Bereich der Museen wurden neue Konzepte zur Veranschaulichung sozial- und industriegeschichtlicher Themen entwickelt. Sie bezogen einerseits die materiellen, bisher kaum als „museumswert" betrachteten Zeugen dieser Prozesse in ihre Konzeption ein, wollten aber auch durch Inszenierung, Konfrontation und Gegenwartsbezug die Einbindung und Deutung, „Aufkärung" im neuen Sinne der Alltagsgeschichte ermöglichen. Die Abteilung Industrialisierung im Rüsselsheimer Stadtmuseum bildete den unbestrittenen Prototyp dieser Präsentationsform (Abb. 11). Im dazugehörigen Katalog hieß es 1979: „Generell kann man sagen, daß gerade einfache Geräte des täglichen Gebrauchs, der Arbeit, des Wohnens, Alltagsdokumente aus den politischen und religiösen Bereichen soziale Dimensionen großen

INDUSTRIEKULTUR UND DEMOKRATISCHE IDENTITÄT

Ausmaßes in sich bergen".[51] Die Aura des traditionellen Museumsstückes mußte seiner handgreiflichen Anschaulichkeit weichen. Verbindungen lassen sich hier zur Archäologie herstellen, die ebenfalls zumindest als Grabungsergebnis eine große Menge 'alltäglichen' Gutes darzustellen und zu interpretieren hat. So entwickelte sich auch in den Museen eine an gewerblich-kommerziellen Methoden orientierte Präsentation. Dadurch sollte, ähnlich wie durch bauliche Neugestaltung der Museen, die Schwellenangst für breitere Bevölkerungsschichten gesenkt werden.[52]

Ausgehend vom Stadtmuseum in Rüsselsheim, dessen vor allem auf das hier ansässige Opel-Werk eingehende Abteilung zur Industrialisierung 1979 mit dem Museumspreis des Europarats ausgezeichnet wurde, gestaltete man viele (regionale) historische Sammlungen neu, etwa das Ruhrland-Museum in Essen. Eine wichtige Rolle spielten dabei neben einer aktivierten Museumspädagogik auch die modernen Medien wie Projektionen und Tondokumente, später ergänzt durch elektronische Informationssysteme; auf diese Weise vollzog man auch die geleitete Interpretation der Werke der „Hochkultur" in das kulturgeschichtliche Gesamtbild.[53]

Für die historischen Museen ergab sich so ein starker Neuerungsdruck, der sich in den zahllosen Neugestaltungen dieser Zeit spiegelt, ganz abgesehen von gänzlich neu konzipierten und zusammengestellten Sammlungen, die durch den Wohlstand der öffentlichen Kassen in dieser Zeit begünstigt wurden.[54] Die Ende der 70er Jahre neugegründeten Spezialmuseen für diesen Bereich verwenden neben „Industrie" und „Technik" Begriffe wie „Arbeit" und „Sozialgeschichte" im Titel und verwiesen damit auf ihr breiteres Darstellungs- und Arbeitsfeld.[55] Sie sind so von der Technik- und Branchengeschichte zur Sozialgeschichte übergewechselt, mit allen Konsequenzen für Inhalte und Präsentationsformen. Trotz ihrer häufigen Einrichtung in realen Fabriken und Industrieanlagen bedeutet dies, daß ein wichtiger Teil der Themen zusätzlich aufbereitet und dargestellt werden muß, kann man nicht auf authentische historische Situationen zurückgreifen.[56] Hier ergibt sich das Problem vor allem lokaler Differenzierung der Sozialgeschichte, die wiederum mit Hilfe alltäglicher und damit meist anonymer Massenware kaum darzustellen ist.

Grundsätzlich kommen dem einzelnen Museumsobjekt damit eine typologische und eine Einzelobjekt-orientierte Sicht, eine abstrakt-formale und eine dokumentarisch-individuelle Sicht zu. Diese Bezüge wirken sich auch auf den konservatorischen Umgang mit dem einzelnen Objekt aus (siehe Kap. VII) und finden sich natürlich auch bei den industriellen Denkmalen. Für die museale Konzeption steht oft der assoziative Wert eines einzelnen Objekts im Vordergrund, seine direkte Aussagekraft; es verdinglicht, komprimiert einen Kontext. Der abstrakte, „wissenschaftliche" Wert als Träger einer speziellen, individuellen Aussage oder einer verborgenen, durch eine historische Verbindung erzeugten Kraft („Berührungsreliquie") spielt dagegen für die museale Verdeutlichung eine geringere Rolle. Wissenschaftliches Interesse und didaktische Konzeption gehen deshalb oft getrennte Wege.

Objekte der Alltagskultur und das Sammeln von solchen wird auch in der Objektkunst und im künstlerischen Ausstellungswesen thematisiert, etwa im „Musée sentimentale" von Daniel Spoerri[57] und den Assemblagen und Zufallsstilleben des französischen Künstlers Arman.[58] Sie verweisen auch auf die Phänomene der Alltagskultur, der kollektiven Erinnerung und Verarbeitung von Geschichte.

Das Konzept der Industriekultur insgesamt bot auch eine Klammer für kulturhistorische Ausstellungen zur Industrialisierung und zur jüngeren regionalen Geschichte. Sonderausstellungen wie in Bayern (Nürnberg, Eisenbahn)[59], Dortmund (Hafeneinweihung)[60] und Berlin (Preußen)[61] oder in jüngster Zeit „Feuer und Flamme" der IBA im Gasometer von Oberhausen[62] beziehen sich auf das erweiterte Blickfeld der Industriekultur. Auch in Österreich und der Schweiz haben sich Forschungen und Ausstellungen zur „Industriekultur" etabliert, ebenso „Museen der Arbeit" mit Industrie- und sozialgeschichtlichem Schwerpunkt.[63]

---

[52] Etwa: Hugo Borger: Das Römisch-Germanische Museum Köln. München 1977.
[53] Ellen Spickernagel, Brigitte Walbe: Das Museum. Lernort contra Musentempel. Gießen 1979; Korff/Roth 1990; vgl. Hochreiter 1994.
[54] 100 Jahre Histor. Mus. Frankfurt am Main 1878–1978. Drei Ausstellungen zum Jubiläum. Frankfurt am Main 1978; Ruhrlandmuseum Essen (Ausst.-Kat., Reihe „Museum"). Braunschweig 1986.
[55] Bernd Faulenbach, Franz-Josef Jelich (Hgg.): Geschichte der Arbeit im Museum. Recklinghausen 1987.
[56] Etwa: Thomas Parent: „Das Industriedenkmal als Museum der Arbeit. Anmerkungen zu einer aktuellen Spielart des Historischen Museums." In: Achim Preiß u.a. (Hgg.): Das Museum. Festschrift für Hugo Borger zum 65. Geburtstag. München 1990, S. 245–260; vgl: Das Museum der Arbeit in Hamburg. Denkanstöße, Themen, Aufgaben. Hamburg 1993.
[57] Etwa: Entwurf zu einem Lexikon eines Musée Sentimental de Cologne. Reliquien und Relikte aus zwei Jahrtausenden „Köln Incognito". Nach einer Idee von Daniel Spoerri (Ausst.-Kat. Köln. Kunstverein). Köln 1979.
[58] H. Martin: Arman. New York 1973.
[59] Leben und Arbeiten im Industriezeitalter. Eine Ausstellung zur Wirtschafts- und Sozialgeschichte Bayerns seit 1850 (Ausst.-Kat. Germ. Nat.-Mus./Centrum Industriekultur Nürnberg). Stuttgart 1985; vgl.: Gottfried Korff u.a. (Hgg.): Museen als soziales Gedächtnis? Kritische Betrachtungen zu Museumswissenschaft und Museumspädagogik (Klagenfurter Beiträge zur bildungswissenschaftlichen Forschung 19). Klagenfurt 1988; ders., Hans U. Roller: Alltagskultur passé? Positionen und Perspektiven volkskundlicher Museumsarbeit (Stud. u. Mat. d. Ludw.-Uhland-Inst. d. Univ. Tüb. 11). Tübingen 1993.
[60] Dortmund 11.8. 1899. Der Kaiser kommt zur Hafeneinweihung (Ausst.-Kat. Museum für Kunst- u. Kulturgesch. der Stadt Dortmund; Museumshandbuch, Teil 3). Dortmund 1984.
[61] Gottfried Korff: Preußen – Versuch einer Bilanz (5 Bde.). Berlin 1981.
[62] Feuer und Flamme. 200 Jahre Ruhrgebiet. Eine Ausstellung im Gasometer Oberhausen. Essen 1994.
[63] Severin Heinisch: „Inszenierte Geschichte. Das Museum industrielle Arbeitswelt in Steyr, Oberösterreich." In: Fehr/Grohé 1989 (wie Anm. 40), S. 74–79.

Als Standort für industriegeschichtliche Museen boten sich historische Industrieanlagen geradezu an. Andererseits führte auch der Wunsch zum Erhalt existierender denkmalwerter Anlagen seit Ende der 70er Jahre oft dazu, die Einrichtung eines solchen Museums vorzuschlagen. Die dadurch entstandene gedankliche Verbindung Museum – Industriedenkmal ist für die Denkmalpflege und die Entwicklung anderer Erhaltungskonzepte nicht in jedem Fall günstig gewesen (s. Kap. VII).

Die industriegeschichtlich interessierten Museen und Archive bemühten sich auch um die Förderung und Einbeziehung der lokalhistorischen Geschichtsforschung und um aktive Unterstützung aus der Bevölkerung bei der Erweiterung der Sammlungen und Dokumentationen.[64] Hier lassen sich auch international Traditionen und Aktivitäten sozial- und alltagshistorischer Forschung zurückverfolgen, die in einen breiteren Zusammenhang gestellt werden müssen.

Mit der Einbindung einer historischen Perspektive in das neue, reformiert-demokratische Bewußtsein war nach dem Zweiten Weltkrieg zwar auch eine Rückversicherung und Anbindung an die „Arbeiterkultur" der Gründerzeit und Weimarer Republik verbunden; ihr Hauptziel bestand allerdings in einer Wiederentdeckung verschütteter Werte und Ziele im sozialpolitischen Widerstand gegen die Verlockungen der kommerziellen Massenkultur und der Konsumwelt, die als traditionelles Element der Unterdrückung und Beschwichtigung verstanden wurde, etwa durch Forschungen zur genossenschaftlichen Organisationsform. Hier werden auch Vorstellungen tradiert, die für eine postindustriell-ökologische Denkweise wichtig werden können (vgl. Kap. VIII).

Die „Geschichte als Aufklärung", wie sie Hermann Glaser noch etwas philosophisch verstand, wurde „basisdemokratisch" umgesetzt in den Geschichtswerkstätten, die auf lokaler und regionaler Ebene die eigene Vergangenheit erschlossen, orientiert an Reiz- und Tabuthemen wie Arbeitergeschichte, Nationalsozialismus, Zwangsarbeit und Frauengeschichte.[65] Nach England entstand wohl zuerst in Schweden eine derartige Bewegung, gefördert durch Publikationen wie das schwedische „Grabe wo du stehst" (Abb. 12), 1978 von Sven Lindqvist (1989 deutsch).[66] Der Titel geht letztlich auf Nietzsche zurück. Auch Lindqvist wies wiederholt auf die einseitige wissenschaftlich-elitäre Orientierung und Sichtweise der Technik- und Wirtschaftsgeschichtsschreibung hin. In den späten 70er Jahren etablierte sich auch in Deutschland eine neue Generation von Historikern, die wie Lutz Niethammer[67] und Ulrich Borsdorf die Alltagsgeschichtsforschung mit ihren neuen Methoden auch wissenschaftlich verankerten.

Wichtige Anregungen erhielt die Reform der musealen Geschichtsarbeit von der Tätigkeit einiger französischer Ecomusées.[68] Das von dem französischen Ethnologen Henri Rivière in den 60er Jahre entwickelte Konzept der ECO-Museen entstand ursprünglich als Versuch, auf volkskundlicher Basis regionale Freilichtmuseen einzurichten. Damit verband sich ein Ansatz des Naturschutzes und der ganzheitlichen Entwicklung von Naturräumen mit dem Bemühen, die ländlichen Regionen in ihrer kulturellen und wirtschaftlichen Eigenständigkeit zu fördern und aufzuwerten. Die Einbeziehung der persönlichen Erinnerungen, die Inventarisation regionaler, oft privater Kulturgüter, das Studium von Landschaft und topographischer Entwicklung weitete das Museumskonzept aus. Das Ecomusée fußte auf der Mitarbeit der Bevölkerung und beabsichtigte, in bewußter Ablehnung der zentralistischen Tendenzen Frankreichs, die Stärkung der regionalen Identität. „Die Identität einer Bevölkerung gilt dem Ecomusée als zu bewahrendes Erbe. Diese Identität findet in bestimmten Fertigkeiten ebensogut ihren Ausdruck wie in Gegenständen oder Arten und Weisen, mit den räumlichen Gegebenheiten umzugehen. Auch bezieht das Ecomusée in seine konservatorische Tätigkeit sämtliche 'signifikanten' Güter ein. Da jene Identität sich andererseits in der Geschichte niederschlägt, wird diese untersucht und von den Anfängen bis in unsere Zeit präsentiert. Und da Identität etwas

12. Umschlagseite der schwedischen Originalausgabe von „Grabe wo du stehst", Stockholm 1978, gestaltet von Cecilia Lindqvist und Bo Berling

---

[64] Museum der Arbeit, Hamburg (Hg.): Europa im Zeitalter des Industrialismus. Zur „Geschichte von Unten" im europäischen Vergleich. Hamburg 1993.
[65] Lutz Niethammer, Bodo Hombach, Tilman Fichter, Ulrich Borsdorf (Hgg.): „Die Menschen machen ihre Geschichte nicht aus freien Stücken, aber sie machen sie selbst". Einladung zu einer Geschichte des Volkes in NRW. Bonn ³1988.
[66] Sven Lindqvist: Gräv där du står. Hur man utforskar ett jobb. Stockholm 1978; Manfred Dammeyer (Hg.): Sven Lindqvist: Grabe wo du stehst. Handbuch zur Erforschung der eigenen Geschichte. Bonn 1989 (mit ausf. Nachwort).
[67] Lutz Niethammer (Hg.): Lebenserfahrung und kollektives Gedächtnis. Die Praxis der „Oral History". Frankfurt am Main 1980; beispielhaft etwa: Inge Litschke: Im Schatten der Fördertürme – Kindheit und Jugend im Revier. Die Bergarbeiterkolonie Lohberg 1900-1980. Duisburg 1993, ³1994.
[68] Wassilia v. Hinten: „Zur Konzeption des Ecomusée in Frankreich." In: Helmut Ottenjann (Hg.): Kulturgeschichte und Sozialgeschichte im Freilichtmuseum. Cloppenburg 1985, 88-101; François Hubert: „Das Konzept Ecomusée." In: Korff/Roth 1990, S. 199-214.

INDUSTRIEKULTUR
UND DEMOKRATISCHE
IDENTITÄT

13. Schloß von Le Creusot in Burgund, errichtet um 1788, ursprünglich Kristallglashütte, dann Residenz der Familie Schneider, der Eigentümer eines der größten französischen Maschinenbauunternehmen. Seit 1971/73 Zentrale des Ecomusée Le Creusot – Monceau-les Mines

[69] Hubert (wie vor), S. 205; vgl: Louis Bergeron: „Ecomusées, musées techniques, musées industriels. Une nouvelle génération." In: Brigitte Schroeder-Gudehus (Hg.): La Société industrielle et ses musées. Demande sociale et choix politiques 1890–1990. Paris 1992, S. 271–280.
[70] Patrimoine industriel et société contemporaine. Sites – monuments – musées. Le Creusot 1976.
[71] Etwa: Ulrich Troitzsch, Wolfhard Weber: „Methodologische Überlegungen für eine künftige Technikgeschichte." In: Wilhelm Treue (Hg.): Deutsche Technikgeschichte. Vorträge am 31. Historikertag am 24. 9. 1976 in Mannheim. Göttingen 1977, S. 99–122; Radkau 1989; mit einer zurückhaltenden Position: Ákos Paulinyi: „Stand und Möglichkeiten der Technikgeschichte." In: Loccumer Protokolle, H. 19, 1980, S. 82–102
[72] Lewis Mumford: Mythos der Maschine. Kultur, Technik. Frankfurt am Main 1977 (zuerst: London 1967).
[73] David Saul Landes: The Unbound Prometheus. Technological Change and Industrial Development in Western Europe from 1750 to the Present. Cambridge 1969 (dt.: Köln 1973).

Dynamisches ist, muß das Ecomusée mit der Vergangenheit zugleich auch die Gegenwart erfassen und für die Zukunft offen sein."[69]

In Folge übernahmen auch viele traditionell heimatkundlich ausgerichtete Museen in Frankreich diese offensichtlich prestigeträchtige Bezeichnung. Die Übertragung vom ländlich-bäuerlichen auf den industriell-städtischen Rahmen vollzog man in Le Creusot (Abb. 13), einem historischen Schwerpunkt des französischen Maschinenbaus.[70] Ergebnis war hier die Einrichtung eines „musealen Netzwerks" aus Zentrale, Nebenstellen und markierten Objekten. In diesem Rahmen entstand 1971 das Historische Zentrum von Le Creusot, das die historische Struktur dieser Industrielandschaft sichtbar machen will, indem sie Geschichtsarbeit, industriearchäologische Relikte, Sammlung und Präsentation der sichtbaren Zeugnisse in einem dezentralen Museum zusammenfaßte. Mit dem Begriff des Ecomusée verbanden sich sowohl die industrielle Kultur als auch eine besonders auf Aktivierung und Einbeziehung der Bevölkerung ausgerichtete Öffentlichkeitsarbeit.

Die Alltagskultur der vor- und hochindustriellen europäischen Gesellschaft wurde also Gegenstand ethnographischer Beschreibung und Erforschung, deren Methode man an anderen Kulturen entwickelt hatte.

Mit den ersten Zweifeln an den Grundlagen des technischen und sozialen Fortschritts um 1970 wurde auch eine kritische Sichtung der Technikgeschichte möglich, die das Bild der prinzipiell positiven und autonomen, d.h. über ethischen und ideologischen Fragen stehenden, linearen Technikentwicklung der Einbindung der Technik in die sozialen, politischen und wirtschaftlichen Verhältnisse gegenüberstellte[71]. Wesentliche Anreger und Marksteine der Beschäftigung mit den Entwicklungsprozessen, Zwängen und Konsequenzen der Industrialisierung bildete neben Lewis Mumfords „Maschine" von 1947[72] David Landes' 1969 erstmals erschienenes Werk „The Unbound Prometheus" (dt. „Der entfesselte Prometheus", 1973),[73] das mit dem Bild aus der griechischer Mythologie die expansive ungehemmte Energie der Industriellen Revolution charakterisiert. Eine jüngere Generation von Technikhistorikern griff diese Perspektive auf und entwickelte daraus neue Fragestellungen. Die neue „kritische Technikgeschichte" analysierte Abhängigkeiten und Richtungsentscheidungen, Alternativen und Folgen auf dieser neuen Grundlage und relativierte auf neuer, wissenschaftlicher Basis insgesamt die bis dahin überwiegend unkritisch positive Einstellung gegenüber der Technikentwicklung.

Auch technische Denkmale können und müssen damit nicht mehr nur als Belege technischer Leistungen und Segnungen, sondern auch als sichtbare Zeugen von Fehlentwicklungen und Irrwegen, von ideologisch und politisch einseitigen Zielsetzungen und Betrachtungsweisen verstanden werden. Die Einbindung der Technik- und Wirtschaftsgeschichte und der umweltgeschichtlichen Zusammenhänge in das Blickfeld der Industriekultur ermöglichte einen erweiterten Deutungs- und Verständnisrahmen technischer Denkmale und eine neue wirtschaftliche und politische Dimension von Industriekultur.

Industriekultur und Denkmalpflege

Um 1980 setzte sich die Tendenz durch, die historische Lebenswelt der industriellen Gesellschaft, das Selbstverständnis und die Lebensweise ihrer Schichten mit dem gegenüber dem Werkbund (siehe Kap. III) stark erweiterten Begriff der „Industriekultur" zu bezeichnen.[74]

War die Behrenssche Industriekultur noch als Unternehmenskultur und künstlerisch sublimierte industrielle Form begriffen worden, so wird „Industriekultur" nun zum Schlagwort historisch-plastisch erfaßter kultureller Entwicklung des Industriezeitalters. Ein Epochensprung, der über die Erfassung und Annahme der kulturellen Bedingungen der industriellen Welt zu einem neuen, bewußt die inneren Mechanismen dieser Welt reflektierenden Umgang führen sollte. In diesem Zusammenhang wurde von Kulturhistorikern wie Selle und Sembach die „hohe" Designgeschichte, die vom Werkbund über Bauhaus und Amerika und Skandinavien bis zum industriellen Design der pop-art führte, relativiert und der tatsächlichen Geschmacksentwicklung in der Alltagskultur gegenübergestellt.[75] Aus dieser Tendenz ließ sich eine auch politisch-ideologisch deutbare Entwicklung ablesen. Die Zeugnisse der Industriekultur wurden so in einem allgemeineren Sinne zum Reden gebracht. Parallel dazu kam es zur Ablehnung der funktionalistischen Doktrin, die in der breiten, als Nostalgiewelle bezeichneten Neigung zu Jugendstil und Historismus ein Verlangen nach gestalterischer Freiheit, vor allem aber auch nach Kodierung und (altersbedingter) Individualität sah. Der Neuerungs- und Konsumzwang wurde so erstmals gebrochen.

Auch auf der Ebene der gebauten Umwelt, des Wohnens und der Denkmalpflege führt die Neueinschätzung individueller historischer und sozialer Werte gegenüber rein künstlerischen zu einer Wende. Sowohl in der Stadt- und Verkehrsplanung als auch in der Stadtsanierung wurden soziale und zunehmend auch ökologische Werte (Landschaft, Freiräume) entscheidend für die Zurückdrängung eigendynamischer industriell-ökonomischer Prozesse und sich beschleunigender, immer radikalerer Veränderung; eine Entwicklung, die für die Handlungsbedingungen heutiger Industriedenkmalpflege ganz wesentlich werden sollte.

Als spezifische bauliche Dokumente der Industriekultur wurden Industrie- und Verkehrsanlagen sowie Arbeitersiedlungen begriffen; in weiterem Sinne die gesamte Stadtstruktur der industriellen Epoche. Wohl aus praktischen, städtebaulichen und sozialen Erwägungen (Abrißdruck und öffentliche Akzeptanz) gerieten zuerst die Arbeitersiedlungen mit der Oberhausener Siedlung Eisenheim an der Spitze ins breite Blickfeld auch des Denkmalschutzes. Günther Borchers, Landeskonservator im Rheinland und damit auch für den westlichen Teil des Ruhrgebiets zuständig, förderte diese Haltung durch eine neue Publikationsreihe zu den Denkmalen des industriellen Zeitalters, die 1973 mit Heften über Arbeitersiedlungen (Abb. 14) begonnen wurde.[76] Die Landesregierung NRW griff schon 1970 in einem Fünfjahresprogramm (vgl. Kap. VI) u.a. den Gedanken des industrie- und sozialgeschichtlichen Erbes auf und leitete die entsprechende denkmalpflegerische „Durchmusterung" des Ruhrgebiets ein.[77] Sozialgeschichtliche Gründe sind seither wichtiger, wenn auch teilweise umstrittener Teil der Begründung für den Erhalt von Siedlungen und historischen Industrieanlagen.

Ob der vielfach erreichte Erhalt der alten Siedlungen wirklich die soziale Entfremdung und Konsumorientierung der unteren Bevölkerungsschichten hat aufhalten können, ist fraglich. Auch, daß es sich bei den Siedlungen nicht um 'selbstbe-

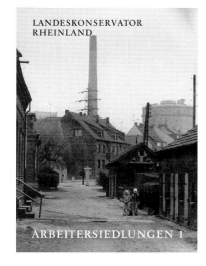

14. Erstes Arbeitsheft des Landeskonservators Rheinland: Technische Denkmäler – Arbeitersiedlungen 1. (Auflage Köln 1975; zuerst 1971). Das Umschlagbild zeigt die Siedlung Eisenheim in Oberhausen

---

[74] Glaser 1981.
[75] Siehe etwa: Gerd Selle: Die Geschichte des Designs in Deutschland von 1870 bis heute. Entwicklung der industriellen Produktkultur (DuMont Dokumente). Köln 1978.
[76] Heft 1 u. 3: Arbeitersiedlungen 1 und 2, wurden 1971 bzw. 1972 erstmals herausgegeben und erschienen 1975 in der zweiten Auflage; noch 1971 erschien auch Heft 2: Technische Denkmäler – Denkmäler der Stolberger Messingindustrie, bearb. v. Wolfgang Zahl und Winfried Hansmann.
[77] Landesregierung NRW (Hg.): Nordrhein-Westfalen-Programm 1975. Düsseldorf 1970.

INDUSTRIEKULTUR
UND DEMOKRATISCHE
IDENTITÄT

stimmten', sondern um letztlich patriarchalisch, aus so unterschiedlichen Gründen wie etwa der Disziplinierung, Bindung, Versorgung und Betreuung der Arbeiterschaft errichteten und gestalteten, oft isolierten Lebensraum handelte, blieb meist unberücksichtigt. Das Schicksal vieler Siedlungen nach der Privatisierung zeigt die wirklichen heutigen Ideale und sozialen Bedürfnisse der Bewohner. Die einheitlich sanierten Siedlungen folgen dagegen einem ästhetisch bestimmten, künstlichen Ideal der Harmonie, das der Realität letztlich nie entsprach. War die Bewegung zum Erhalt der Arbeitersiedlungen doch letztlich nur Mittel, das kleinere Übel gegenüber dem größeren und spekulativ interessanten der Hochhaussiedlungen und Trabantenstädte durchzusetzen?

Die zwanzig Jahre nach Eisenheim erreichte Position im Umgang mit industriegeschichtlichen Denkmalen belegt als Grundsatzdokument das Positionspapier zur Denkmalpflege und Geschichtskultur des Forums Geschichtskultur der IBA Emscher Park von 1992 (Text 34).[78] Die IBA setzt, nicht zuletzt zur lokalen Verankerung ihrer Projekte, auf die Mitarbeit aller geschichtskulturell aktiven Gruppen. Hier formulieren die aktiven und verantwortlichen Fachleute ihre Vorstellung einer integrierten Geschichtskultur. Sie drückt die Erkenntnis aus, daß bei den Eigentumsverhältnissen eine örtliche Akzeptanz etwa für ein Industriedenkmal zwar nicht entscheidend ist, aber zumindest das weitverbreitete Argument entkräftet, daß es in der Bevölkerung gerade gegenüber den eigenen historischen und obsoleten Industrieanlagen eine fundamentale Ablehnung gäbe. Das zweite wichtige Argument schließt an die Siedlungsdiskussion an: Industrielle Strukturen sind ein Stück prägende Heimat, oft ausschlaggebender ökonomischer und baulicher Bezugspunkt; die Industrielandschaft ist Heimat; ihr Erhalt dient der Identitätssicherung. Die psychologische und im weiteren Sinne soziale Funktion von Industriebauten wird damit in den Mittelpunkt gestellt und zum industriellen Wandel in ein klares Verhältnis gebracht. Das IBA-Papier läßt aber auch noch einmal die noch heute aktuellen Probleme der „Geschichte von Unten-Bewegung" anklingen: ihre mangelnde Zusammenarbeit bzw. „Vernetzung" und geringe Anerkennung in der professionellen Geschichtsschreibung, nicht zuletzt wegen Zweifeln an Methoden und Qualität.

Im Geschichtskultur-Manifest der IBA Emscher Park wird zwar die industriekulturelle Einbindung der Denkmale breit erläutert, aber der daraus resultierende Umgang mit ihnen als materiellen Dokumenten und die daraus entstehenden Probleme und Abwägungsfragen ausgeklammert – der assoziative Kontext überlagert das Lesen und Bewahren der Spuren.

Der ausdrückliche Bezug der IBA auf die Industriekultur als Konzept der historischen Identifikation bezieht sich nicht zuletzt auf den nach vorne gerichteten Anspruch einer bewußten Fortsetzung der Entwicklung der Industriegesellschaft. Dazu ist nochmals ein Blick auf die Hintergründe und sprachlich-inhaltlichen Wurzeln des Begriffs notwendig.

Die Industriekultur wird wesentlich aus dem großstädtischen Rahmen definiert; sie bezieht sich auf die Bewältigung urbaner sozialer und mentaler Probleme; damit ist sie Teil einer Auseinandersetzung mit der Stadt als Lebensraum. Die sozialen, wirtschaftlichen und ökologischen Folgen der Stadtflucht zwangen zu einem verstärkten Nachdenken über die Werte und Defizite urbaner und suburbaner Strukturen, die letztlich zu einer völligen Umkehr raumplanerischer und städtebaulicher Vorstellungen führte; Industriekultur wurde Teil eines neuen Verständnismodells für urbane Strukturen und hat damit wichtigen Anteil an einer nur noch teilweise ästhetisch-kulturell, vor allem aber sozial und ökonomisch begründeten Stadterneuerung.

Industriekultur im Sinne von Behrens und AEG ist sicher nicht mit heutiger „Corporate Identity" gleichzusetzen, obwohl sich beide Begriffe gerade und ausdrücklich auch auf die Werbung bzw. „Reklame" bezogen.

[78] Der Minister für Stadtentwicklung, Wohnen und Verkehr des Landes NRW (Hg.): Internationale Bauausstellung EmscherPark. Werkstatt für die Zukunft alter Industriegebiete. Memorandum zu Inhalt und Organisation. Düsseldorf 1988; Sebastian Müller, Klaus M. Schmals (Hgg.): Die Moderne im Park? Ein Streitbuch zur Int. Bauausstellung im Emscherraum. Dortmund 1993; Initiativkreis Emscherregion/IBA von Unten (Hg.): IBA-Inspektion von Unten. Strukturwandel im Ruhrgebiet – IBA EmscherPark. Eine Strategie? (Kongreßdok.). Essen 1994; Rolf Kreibich u.a. (Hgg.): Bauplatz Zukunft. Dispute über die Entwicklung von Industrieregionen. Essen 1994.

Die Werkbund-Tradition des Industriekulturbegriffs setzt sich auch in die Gegenwart fort in Gestaltungsansprüchen und baulichen Konzepten, welche die Einbindung der Industrie und Technik in die Stadt und die Landschaft neu thematisieren. Das „Berlinmodell Industriekultur" in Nachfolge der Berliner IBA von 1987 bezog sich dabei zum Beispiel auf das alte städtische Konzept der Etagenfabrik (Abb. 15).[79] Dadurch öffneten sich auch für die Um- bzw. Weiternutzung historischer Industriebauten durch Gewerbe und Industrie neue Perspektiven; die neue Beschäftigung mit platz- und kostensparenden Bauformen, mit der Nutzbarkeit baulicher Ressourcen, mit Umnutzung für Gewerbe gehört hierher; auch die Akzeptanz historischer Fabrikarchitektur hat sich durch die Neubewertung, das mögliche Prestige und einmalige Ambiente zugunsten des Erhalts von Altbauten erheblich verbessert. Die „Unternehmenskultur" kann unter Verweis auf die „Industriekultur" von einst ihre kulturelle Verpflichtung betonen. Ihr Verständnis dieses Industriekulturbegriffes umschreiben die Berliner Nikolaus Kuhnert und Wolfgang Wagener so:

„Für den Begriff Industriekultur spricht sein Realitätsbezug. Er verweist auf den Prozeß der Industrialisierung, der sich spätestens seit den Studien des Club of Rome in doppeltem Sinne zuspitzt: zum einen als weltweite Strukturkrise mit ökologischem Raubbau, hoher Arbeitslosigkeit und sozialen Konflikten, zum anderen als gewaltige High-Tech-Innovation. In den nächsten Jahren wird, über herkömmliche Dienstleistungen hinaus, die Herstellung von immateriellen Produkten zunehmen, also von Wissen und Können. Der Ort der Produktion löst sich auf in eine Vielzahl von Fabrikationsstätten, von der 'Roboterfabrik', einer Art computerisierter Anstalt, wo produziert wird, bis zur 'Denkfabrik', wo entwickelt und geforscht wird.

Hier ist der zentrale Ort zukünftiger Industriekultur: eine interdisziplinäre Forschungsstätte, wo die bis heute voneinander getrennten Arbeitsbereiche in einer Mischform aus Entwicklung, Gestaltung, Fertigung und Verwaltung zusammengefaßt sind. Dort werden Ideen geschmiedet, Prototypen entwickelt und Kleinserien hergestellt. Die an einem solchen Ort zu leistende Arbeit wird die neue Industriekultur ausmachen.

Sie zielt nicht auf Verpackung oder Verkleidung, sondern meint die Kunstfertigkeit, im Umgang mit intelligenten Maschinen immaterielle Güter zu erzeugen: nicht greifbare, doch konkrete Dienste. Dieses immaterielle Gut vereint in sich sowohl das Produkt als auch den Service. ... Das kulturelle Element einer so definierten Neuen Industriekultur läge in der Beziehung von intelligenter Maschine, immateriellem Gut und sinnlicher Wahrnehmung. So zu denken wäre in der Tat neu: die humanen Chancen nicht an technischer Innovation zu messen, also im Dualismus von Mensch und Technik zu verbleiben, sondern umgekehrt von dem auszugehen, was zwischen Mensch und Technik tritt, mithin von den immateriellen Gütern, die am Maßstab des technischen und am Maß des sinnlichen Urteils gemessen werden müssen."[80]

Die Diskussion um die Re-Integration der Industrie oder zumindest der Arbeitsplätze in die Stadt, wie sie in Berlin aufgrund spezieller Flächennot besonders aktuell wurde, hat auch den Erhalt und die gewerbliche Umnutzung historischer Industriebauten gefördert. Die Ausweitung des Dienstleistungssektors hat die Zahl der Arbeitsplätze und Unternehmen mit geringer Umweltbeeinträchtigung und flexiblem Raumbedarf gesteigert; zum Teil wurden die historischen Industriebauten, etwa die mehrstöckigen Fabrikbauten, wieder als Vorbilder neuer, variabler und wirtschaftlicher Gewerbebauten anerkannt. Der landschaftsvernichtende industrielle Flachbau, die allein auf automobile Erschließung angelegte Gewerbegebietsplanung erhielten damit eine grundlegende Alternative, die auf die gesellschaftliche Verantwortung der Industrie deutlich Bezug nahm.

Die Verbindung des Industriekulturkonzepts mit der dritten industriellen Revolution, der Ausdehnung von Kommunikation und Dienstleistung, erzeugte neue Hoffnungen für eine Wiedereinbindung von kulturellen Werten in die technologi-

15. Umnutzung der Optischen Werke C. P. Goertz (1897–1919) zu Büros 1985; spektakuläres Beispiel für die aufwendige Umnutzung von industriellen Stockwerksbauten für mehrere Nutzer

[79] Nikolaus Kuhnert, Volker Martin, Karl Pächter, Heinrich Suhr (Hgg.): Berlinmodell Industriekultur. Entwürfe für die städtische Arbeitswelt. Architektur- und Städtebauforum Berlin. Basel/Boston/Berlin 1989; Kurt Ackermann: Geschoßbauten für Gewerbe und Industrie. Stuttgart 1993, bes. S. 44/45; Andreas Beaugrand, Jörg Boström, Theodor Helmert-Corvey (Hgg.): Der steinerne Prometheus. Industriebau und Stadtkultur. Plädoyer für eine neue Urbanität. Berlin 1989; vgl.: Karl-Heinz Fiebig, Dieter Hoffmann-Axthelm, Eberhard Knödler-Bunte (Hgg.): Kreuzberger Mischung. Die innerstädtische Verflechtung von Architektur, Kultur und Gewerbe. Berlin 1984; Marie Louise Bodmann, Franz Herbert Rieger: Stadterneuerung und Gewerbe. Berlin 1988; Peter Schubert, Janina Schreiber (Hgg.): Die Hackeschen Höfe. Geschichte und Geschichten einer Lebenswelt in der Mitte Berlins. Berlin 1993.
[80] Nikolaus Kuhnert, Wolfgang Wagener, Def. „Neue Industriekultur", zit. nach: Berlinmodell Industriekultur (wie Anm. 79), S. 157 u. 159.

INDUSTRIEKULTUR
UND DEMOKRATISCHE
IDENTITÄT

sche Entwicklung; aber auch die technologischen Kontrollmechanismen wie in Orwells „1984" und die Megastrukturen Mumfords schienen in der Informationsgesellschaft auf neuer Ebene machbar und zwangsläufig.

Industriekultur als Zukunftsentwurf?

Mit den Begriffen „Alltagsgeschichte" und „Industriekultur" wurde und wird versucht, den Lebensweisen in der industriellen Welt auf angemessenen Betrachtungsebenen zu begegnen. Obwohl ihre Ansätze mit der Arbeiterbewegung teilweise bis ins 19. Jahrhundert, in jedem Fall aber zur Kulturkritik der 20er Jahre zurückreichen, konnten sie erst nach der Wiederaufbauzeit eine neue breite Reflexion über die Kultur der industriellen Welt in Gang setzen. Für die Geschichtsschreibung, die historischen Museen und die Denkmalpflege hat sich damit die Umgangsweise mit Objekten der industriellen Welt grundlegend geändert. Die Betonung sozialgeschichtlicher Kriterien und die von ästhetischen Kriterien unabhängige Betrachtung von Gestaltung, Form und Inhalt hat ein neues Verständnis der Eigenarten industrieller Welt erzeugt. Lag dies daran, daß in den späten 60er Jahren der industrielle Fortschrittsglaube erneut in Frage gestellt wurde, und diesmal nicht nur aus geistigen, sondern aus materiell-ökonomischen Gründen? Eine Rückbesinnung, anders gesagt, eine in die Vergangenheit projizierte Utopie von der sozialen Identität wurde zum einzig sinngebenden Leitbild der Reform. Eine erneute, die dritte, elektronische industrielle Revolution veränderte zugleich die traditionelle Industrie und stellte vor dem Hintergrund einer enormen Einsparung menschlicher Arbeitskraft die Sinnfrage neu. Sie wurde mit der Ausdehnung kultureller Aktivitäten, der Bildungsbestrebungen und Unterhaltungsbedürfnisse beantwortet. Zugleich wurden damit die (in der Öffentlichkeit verdrängten) sozialen Probleme verstärkt und sichtbarer und deren Ursachen und Begegnungsmöglichkeiten ausgelotet. Die erweiterte soziale Dimension von Architektur, die Entdeckung neuer Bedürfnisse und Werte stellte neben der Bildungs- vor allem die bisherige Städtebaupolitik in Frage.

Es mag gewagt erscheinen, unter dem schillernden Begriff der Industriekultur Kunst- und Baugeschichte, Alltags- und Sozialgeschichtsforschung und die Bewegung der Geschichtswerkstätten auf diese Weise zu verknüpfen; aber dieses Vorgehen rechtfertigt sich aus der Existenz einer Vielzahl von Gemeinsamkeiten, die wesentlichen Einfluß auf die Denkmalpflege und den Denkmalbegriff ausüben. Alle sehen die jüngere Vergangenheit als hauptsächliches Arbeitsgebiet an, aus praktisch-organisatorischen wie aus Gründen der Verknüpfung und Übertragbarkeit auf die Gegenwart, denn stärker als in der traditionellen Geschichtsforschung steht bei ihnen die Schlußfolgerung für die Gegenwart und die Zukunft als Ziel historischer Forschung, als Analogie, als Weiterführen von Entwicklungslinien und als Bewußtmachung von Grundlagen und Tendenzen im Vordergrund. Sie wollen das Überstülpen fremder Interpretationen und Sichtweisen in einem Akt sozialer Emanzipation ersetzen durch eine eigene Sicht und Interpretation der Geschichte. Dies beruht auf der Grundüberlegung, daß Geschichte ein fundamentales Mittel der individuellen wie der sozialen Identifikation und Rechtfertigung ist; als Mittel der Untermauerung von Machtansprüchen war sie ein sich zwar rückwärts versicherndes, aber vorwärts zielendes Instrument politischen Handelns, das sich zur Abwehr 'traditionsloser', plump-gewalttätiger Ansprüche einsetzen ließ. Im Gegensatz zur dialektischen Geschichtsauffassung des Kommunismus, die bloß auf der sozial-ständischen Ebene agierte und letztlich die Auflösung von Geschichte anstrebte, vertritt die Geschichtsbewegung der Spätmoderne zwar auch ein Bewußtwerden der eigenen Situation und deren Hintergründe, zielt aber auf eine aufklärend-reformierende

Wirkung und auf die Wege der Vernunft (Glaser) innerhalb der Gesellschaft und der politischen und wirtschaftlichen Entwicklung.

Ohne die Neubewertung der Alltagsgeschichte und ein neues Verstehen der kulturellen Eigenarten der industrialisierten Welt, ohne eine Regionalisierung und Identifikationsbewegung mit eigener Geschichte in einem umfassenden, nicht selektiven und willkürlichen Sinne wären weder der Begriff des industriegeschichtlichen Denkmals im heutigen Sinne noch die notwendige Akzeptanz für Industriedenkmale denkbar. Daß die Ablehnung und Verdrängung von oft schmerzhafter Geschichte umgewandelt wurde in eine Haltung der Bewußtwerdung, der Aufklärung und Weitergabe, auch der Vorhaltung von Verständnis- und Identifikationsmöglichkeiten, an Orientierungspunkten für die Zukunft, schafft insbesondere den Industriedenkmalen eine neue, breit fundierte gesellschaftlich-kulturelle Basis und Daseinsberechtigung. Die Bildung und Förderung von Geschichtsbewußtsein und „kollektiver Identität" als kulturpolitische Strategie und Zukunftsinvestition wird zu einer wesentlichen Aufgabe gerade für jene Regionen, in denen traditionelle Monumente nicht unmittelbar an die lokale Geschichte angeschlossen werden können.

Als noch nicht abgeschlossener Prozeß kultureller Orientierung unter den Bedingungen industrieller Gesellschaft versteht Hermann Glaser die Industriekultur auch als standhaftes Mit- und Weiterdenken statt der bequemen Überlassung an eine wachsende Expertokratie, die statt Ganzheitlichkeit einen Kult der Zersplitterung und Unübersichtlichkeit treibe.[81] Die Hoffnung auf die Vernunft und Selbstreformkraft der Moderne, auf den sozialökologischen Umbau der Gesellschaft sieht Glaser als mögliche nächste Schritte industrieller Kultur. Bisherige „Industriekultur" so konstatiert er, „hat sich, wegen Mangels an integralen Denk- und Handlungsmustern, in negative Regelkreise aufgelöst". Wie viele andere warnt er jedoch vor einer rückwärtsgewandten Utopie; nicht der Konsum- und Wachstumszwang, sondern die sozialen und humanen Errungenschaften der Industrialisierung seien schützenswert: „Die Segnungen der Modernität dürfen nicht durch leichtfertige Regressionen, durch Romantisierung des 'einfachen Lebens' auf's Spiel gesetzt werden", aber auch die Gefahr der „Telekratie und konsumptiven Idyllik" müsse durch eine erneute Emanzipation überwunden werden. Noch immer sieht Glaser in der Demokratisierung des Ästhetischen, dem Bürgerrecht Kultur, das einzige Mittel der Erziehung gegen die Antiquiertheit des Menschen; für ihn ermöglicht nur die Ästhetik jene Vision von Ganzheit, die das immer wieder geschilderte Auseinanderdriften der geistigen und der technischen Kultur umkehren kann und wieder zu einer ganzheitlichen Steuerung technologischer Prozesse kommt. Seine Vision künftiger Industriekultur betont die Notwendigkeit der Integration kultureller Subsysteme, die Wiederbelebung der Regenerationsfähigkeit, letzlich die schöpferische Antizipation zukünftigen Lebens.

Aus den sozialen Utopien der „68er" ist die Forderung nach einer generellen Veränderung des traditionellen Wohlstandsmodells geworden. In den kultur- und sozialpolitischen Initiativen der ersten globalen Sinnkrise der Industrie finden sich wichtige Ansätze einer Neubewertung sozialer und kultureller Beziehungen und Leistungen, aber auch für einen neuen Umgang mit Technik, die Bestandteil eines neuen Wohlstandsmodells werden könnten. Die Vorstellungen dieses Modells, wie es etwa Ernst Ulrich von Weizsäcker zeichnet,[82] sprechen von einer Verlagerung auf geistige, kulturelle und nicht zuletzt soziale Komponenten der Lebensqualität, von Glaser als „Gleichgewichtsgesellschaft" bezeichnet.

Die „Geschichte von Unten" und die Soziokultur bedeuteten historisch gesehen einen Schritt zur lokalen Einbindung kultureller und historischer Aktivitäten, eine neue Verankerung und Konzentration auf regionale Strukturen und ihre komplexen Entwicklungszusammenhänge. Diese Neuorientierung läßt sich fortsetzen in der ökologischen Sichtweise der regionalen Schwerpunkte, der klimatisch-geogra-

---

[81] Hermann Glaser: „Industriekultur." In: Wolfgang König, Marlene Landsch (Hgg.): Kultur und Technik. Zu ihrer Theorie und Praxis in der modernen Lebenswelt. Frankfurt 1993, S. 189–209.
[82] Ernst Ulrich von Weizsäcker: Erdpolitik. Ökologische Realpolitik an der Schwelle zum Jahrhundert der Umwelt. Darmstadt ⁴1994, S. 261–270.

INDUSTRIEKULTUR
UND DEMOKRATISCHE
IDENTITÄT

phisch-natürlichen Einheiten, die lange auch die historische Entwicklung grundlegend prägten und die als Modell und Analogie für oft grenzüberschreitende Einheiten der ökologisch-organisatorischen Vernetzung dienen können.

Ohne die verstärkte Diskussion der „Industriekultur" sowohl als Erklärungsmodell für die Gesamtheit kultureller Phänomene der Industrialisierung als auch als Zukunftsvision eines kulturell und sozial verantwortlichen Entwicklungsmodells von Gesellschaft und Technik vor allem auch in städtebaulichen Bezügen wäre die Begriffsbildung und Integration von Industriedenkmalen in politische und ökologische Zukunftsaufgaben wohl nicht denkbar.

Die Bedeutung Hermann Glasers als Initiator und Förderer einer neuen Geschichtskultur und optimistischen Geschichtsdeutung ist unbestritten. Immer wieder ist vor einer Flucht in die Vergangenheit gewarnt worden: „In einer Zeit, die zunehmend von Technikfeindlichkeit und dem Rückzug in vormoderne Scheinidyllen geprägt ist, stellt eine Bilanz des Industriezeitalters ein lebenswichtiges Anliegen dar." Der Argumentationsweise Glasers wurde der Vorwurf der Heile-Welt-Ideologie und der „spezialdemokratischen" Kulturideologie gemacht; sie erzeuge, ebenso wie die Soziologie, falsche Versprechungen zur Behebung der Lebens- und Sinnkrise der modernen Menschen durch die Überschätzung soziokultureller Institutionen. Die pessimistischeren Sichtweisen sehen im Sinne der Megamaschine Mumfords die „industriellen" Großstrukturen ohne absolute Vernunft, allgemeine Übersicht und externe Korrekturmöglichkeiten.

16. Zeche Scharnhorst in Dortmund vor dem Abbruch (Klaus Michael Lehmann, 1972)

29.

Günter Wallraff

„Sinter zwo" im Stahlwerk Thyssen, Duisburg-Hamborn, 1966

aus: Industriereportagen. Als Arbeiter in deutschen Großbetrieben. Reinbek 1966 u.ö., S. 74, 77–79, 106/07

Zur Person:
Geboren 1942 in Burscheid. Buchhändlerlehre; später Redakteur, Journalist, Schriftsteller. Zahlreiche Sozialreportagen ab 1966

Eine Stadt aus Rauch und Ruß, und der graue Belag auf den Backsteinfassaden ist wirklicher als die Steine darunter. Die Äste der Bäume sind kahl und nebelhaft weiß, als wären sie mit Milben bedeckt. Farblos sind die Gesichter der Menschen.

Hier gibt es keinen richtigen Himmel, nur nachts das rötliche Zucken der Wolken.

Die Fabrik ist größer als die Stadt. Ein unersättlicher Polyp, der mit seinen Fangarmen in alle Straßen greift und sich zwischen Wohnblocks und Geschäftshäuser drängt.

Die Ankunft in einem düsteren Land.

Die Fabrikanlage, in der ich mich melden soll, besteht aus kilometerlangen fensterlosen Gebäuden, kastenförmig ohne Lücke aneinandergekoppelt und ineinander verschachtelt, mehrfach überragt von Schornsteinen, die wie stumme Wächter darüberstehen. Keine Fabrik, wie sie mir von früher her bekannt ist, keine hin und her laufenden Arbeiter, keine Höfe und Innenflächen, überhaupt keine Menschen. Nicht der übliche Arbeitslärm, wie er durch Menschenhand entsteht. Die Fabrik liegt gleichmütig summend da. Es klingt, als verschmelze die Arbeit dort drinnen zu einem einzigen gleichartigen Vorgang, der eigentlich kein Lärm ist, sondern eher ein Keuchen, ein lautes Stöhnen.

Ferngesteuert werden auf Gleisanlagen Waggons bewegt. Staubmassen ergießen sich hinein, dann ruckt die Reihe ein Stück weiter. Keine Lokomotive ist zu sehen, seitlich neben den Schienen laufen Drähte. ...

5.30 Uhr, ein gespenstischer Zug bewegt sich durch die Straßen der Stadt. Milchige und gelbliche Lichter von Autos durchdringen kaum die graue, trübe, nieselnde Brühe. Ketten von Fahrrädern, schwankend, gekrümmte Gestalten, die sich gegen den böigen Wind anstemmen, und Fußgänger mit hochgeschlagenen Kragen, die Hände in den Hosen- oder Jackentaschen vergraben, unter den Arm die verschossene Aktentasche geklemmt oder auch nur eine Tüte mit Broten. Alte Männer, abgehärmt, mit seltsam schnellen Schritten schlurfend wie aufgedreht, deren letzte Schicht nicht mehr fern ist. Und junge, mit weit ausholenden Schritten, dazwischen ein kurzes Stück im Lauf, die Schultern hochgezogen, die Gesichter oft schon zeitlos alt. Über der Straße ein Licht, das die Blätter der Hecken blau, die Gesichter der Menschen schwärzlich färbt und ihre Lippen violett – Negative eines schlecht belichteten Farbfilms.

In der Fabrik gibt es keinen Morgen, keinen Mittag und keinen Abend. Hier ist immer Nacht. Eine Nacht, auf die kein Tag folgt, neonerhellt.

In den Ziegelsteinmauern fehlen die Fenster. Gitterförmige Luftlöcher sind an einigen Stellen eingelassen. Dahinter schimmert ein Stück Himmel, wenn es draußen hell ist, und es glitzert und flimmert, wenn die Sonne dahinter steht.

Das ist der pulvrige Metallstaub – Sinter genannt –, der hier überall ist. Er wabert unter jedem Schritt, klebt auf der Haut, dringt in Nasenlöcher und Augen ein.

In der Staubschicht auf dem Boden verlaufen Fußstapfen. Da steht mit ungelenker Schrift in den Staub gekritzelt: „Alles Scheiße". Darüber, auf dem Staubbelag eines Stahlträgers, hat jemand eine pornographische Darstellung versucht. Keine Rundungen, sondern kantige Formen.

Klobige eiserne Telefone hängen an den Wänden. In den langen Gängen haben die Treppen überdimensionale Stufen, wie für Riesen erbaut. Reptilienhaft langsam bewegen sich Schwenkarme an den Kesseln über dem Förderband. Hin und wieder öffnet sich eine Klappe, und ein orkanartiges Tosen füllt die Halle. Das ist „Rü II", die Fabrikhalle, die ab heute mein Revier ist. Der Meister hat mir Besen und Schaufel in die Hand gegeben und gesagt: „Alles in

INDUSTRIEKULTUR
UND DEMOKRATISCHE
IDENTITÄT

kleine Häufchen fegen, dann in die Schubkarre schaufeln und raus in den Kübel fahren. Zügig, zügig alles. Wenn ich meinen Rundgang mache, will ich sehen, es ist Bewegung drin!" ...

Es gibt Gänge in Sinter zwo, die monatelang kein Arbeiter betritt. Der Staub liegt dort so hoch, daß man annehmen könnte, seit Bestehen der Anlage habe noch kein menschlicher Fuß diese Staubschichten in Bewegung gebracht. Die Geländer sind zentimeterhoch mit Staub bedeckt, und sogar auf der dünnen Reißleine hat sich ein winziger Staubsteg gebildet. In diesen schmalen Gängen sickert das Neonlicht schwärzlich. Wer gezwungen ist, durch diese Staubkanäle zu waten, hat bereits nach kurzer Zeit keine saubere Stelle mehr an seiner Arbeitskleidung. Wenn er sich die staubigen Hände am Drillichanzug oder am Arbeitshemd darunter abwischen will, werden seine Hände nur noch schmutziger. Er atmet den Sinter ein, schwitzt und spuckt ihn aus, saugt mit jedem Atemzug neuen Sinter ein, pumpt sich die Lungen damit voll. Nach der Schicht spült kein Bier es weg. Der Kranführer an den Halden, der sechs Jahre in der alten Sinteranlage gearbeitet hat, wo es auch nicht schlimmer als bei uns staubt, ist bekannt für seine schwarze Spucke. Seit einem halben Jahr sitzt er in frischer Luft in seinem Krankasten und gleitet über die Halden. Seine Spucke hat immer noch die graue Farbe des Sinters. Er erhielt seinen luftigen Posten zugeteilt, weil er sich ein Lungenleiden zugezogen hat. „Schwarzrotzer" wurde er von einigen genannt, aber dieser Spitzname will sich nicht so recht durchsetzen. Denn die Spucke der anderen Sinterarbeiter ist nach Feierabend genauso, aber sie haben die Hoffnung, daß es sich gibt, wenn sie erst mal für immer aus dem Dreck heraus sind.

In die Gänge, wo uns der Staub bis an die Knie reicht, schickt uns Meister Z. in Abständen hinein. Bei jedem Schritt rieselt der Staub von Wänden und Decke. Hier sind wir mit unseren Schubkarren und Schippen machtlos. Wir schieben den Staub mit Brettern vor uns her und lassen ihn von Etage zu Etage hinunterstürzen. Parterre schippen wir ihn dann in die Karren und fahren ihn in den Kübel. Bei jedem Staubsturz rennen wir die Stahltreppe hinauf zur obersten Etage und klettern von dort durch den Notausstieg aufs Dach. Denn der aufgewirbelte Staub füllt die Halle so dicht, daß man puren Staub einzuatmen glaubt. Obwohl das Betreten des Dachs verboten ist, tun wir es doch. Anschließend gönnen wir uns eine Pause. Wir sitzen mit dem Rücken an den Kamin gelehnt; zuerst ist die Hitze angenehm, aber bald verbrennt man sich. Unter uns liegt die Rußstadt ausgebreitet. Die Fabrikhallen mit ihren kalten Lichtern. Und nachts der grelle Schein der Kohlenfeuer über dem Fabrikhallenmeer.

Von hier oben sieht alles geordnet aus, ein erhabener Anblick, von hier aus betrachtet, ist der Arbeiter Herr über die ganze Stadt, spielerisch und eins auf das andere eingerichtet sieht es von oben aus. Die Autos, Radfahrer, Fußgänger da unten auf den Zufahrtsstraßen zu den einzelnen Toren verkörpern trotz des Gewimmels eine beinah magische Ordnung, wie Mikroben unterm Mikroskop. ...

30.

Roland Günter u. a.
Schloß und Schlot, 1975

Untertitel: „Warum sollen nur Schlösser, Kirchen und Bürgerhäuser erhalten werden?" Aus: Werk und Zeit 24, 1975, H. 7/8, S. 2

Zur Person:
Geboren 1936 in Herford. Studierte Kunstgeschichte, Philosophie und Geschichte in Münster, München, Istanbul und Rom; Promotion über frühchristliche Raumform. Ab 1965 Inventarisator am Rheinischen Amt für Denkmalpflege. Einsatz für den Erhalt der Bonner Südstadt, ab 1971 für die Siedlung Eisenheim in Oberhausen. Seit 1971 Professor an der Universität Bielefeld

… Ist Geschichte nur Ballast?
Karl Marx spricht von der Notwendigkeit, sich „den ganzen Reichtum der bisherigen Entwicklung" und des „vergegenständlichten menschlichen Wesens" anzueignen. Geschichte wird hier als eine bewußte Aneignung von Vorhandenem verstanden, das sonst ungenutzt oder nur unzulänglich genutzt bliebe. Es gibt auch bürgerliche Autoren, die in ähnlicher Weise formulieren.

Dagegen wird häufig eingewandt, Geschichte sei „Ballast". Die Abwendung von der Geschichte versprach Entlastung durch Vereinfachung. Das Ergebnis war jedoch: die Vereinfachung führte zur Reduzierung von Erfahrungen. Der Einwand gegen Geschichte kann sich nicht gegen die Geschichte überhaupt richten, sondern nur gegen die Weise, wie Geschichte verarbeitet wird.

Richtig ist: Geschichte ist keine bare Münze, die einfach übernehmbar ist. Geschichte muß in spezifischer Weise verarbeitet werden. Dialektisch verstandene Geschichte rettet Wegsinkendes – durch die Erinnerung werden vergessene Dinge wieder zu Selbstverständlichkeiten. Durch die Erinnerung begründet sich Selbstverständnis. Der Wegfall der Erinnerung und des Erinnerungsvermögens bedeutet den Wegfall des Selbstverständnisses und damit der Verlust der personellen und gesellschaftlichen Identität.

Bewahren, um zu lernen
Historische Architektur ist in der Lage, Wünsche zu zeigen und damit die Aktivierung zur Verbesserung unserer Lebensverhältnisse anzuregen.

An Eisenheim kann der Stadtplaner lernen, was soziale Qualitäten sind.

Das Fabrikschloß erweist sich nicht mehr nur als Herrschaftsarchitektur, sondern gibt Hinweise auf Emanzipationsrichtung und Emanzipationsschritte des aufsteigenden Bürgertums sowie auf die Leistungen der produzierenden Arbeiter. …

Wertung und Abwertung
Neben der Geschichte der Handelnden entdecken wir die Geschichte der Leidenden bzw. der leidend Handelnden.

Das Unvermögen, Geschichte dialektisch zu verarbeiten und differenzieren zu können, unterstützt erfahrungsgemäß materielle Gewalttätigkeit.

„Söldnertruppen" (Gerhard Fehl) von gutachtenden Soziologen in Sanierungsgebieten denunzieren die „Unterschichten" als „rückständig". Sie schaffen die pseudowissenschaftliche Rechtfertigung für die sogenannte Sanierung, welche die historischen Handwerker- und Arbeiterviertel zerstört.

Im Lichte eines dialektischen Geschichtsbegriffs erweisen sich Schlagworte wie „Rückständigkeit", „Romantik", „unmodern" u. a. als Denunziationen ohne reale Begründungen – als rhetorisches Verdummungsarsenal.

Es gibt zu denken, daß sich der Denkmalschutz auf Schlösser und Kirchen und neuerdings auch auf bürgerliche Wohnviertel erstreckt, während alte Fabrikationsanlagen und Arbeitersiedlungen in der Regel nicht für schützenswert gehalten werden. Ist das nur ein Zufall?

Erhaltung – was?
Die gängige Ideologie des „Besonderen" läßt die Frage nach dem Was stellen, das erhaltenswert ist. Diese Frage wird selten gestellt: Das Auslassen des scheinbar Überflüssigen signalisiert die Werthaltungen derer, die auswählen.

Als Attraktionen werden nur jene kunstvollen Bauwerke vorgestellt, die sich aufgrund ihres formalen Aufwandes als „wertvoll" legitimiert haben; nur: legitimiert von wem und in wessen Interesse. … Während die Zeugnisse des Klerus und des Adels unter der immer noch vorherrschenden bildungsbürgerli-

INDUSTRIEKULTUR UND DEMOKRATISCHE IDENTITÄT

chen Sicht als einzige und hohe Kultur behandelt, bewahrt und vermittelt werden ..., vollzieht sich bereits die vollständige Zerstörung der Profanbauten des 18. und 19. Jahrhunderts.

Von diesen Profanbauten sind im stärksten Maße die Industriearchitekturen betroffen. Konkret: Alte Fabrikationshallen, Wasser- und Fördertürme, Hochofenanlagen, Mühlen, Schleifkotten und Wohnsiedlungen der Arbeiter.

Erhaltung – wie?
Um das historische Objekt als das zu bewahren und wirken zu lassen, was es ist, nämlich als Quellenbruchstück für politische und soziale Realität, aus der heraus es entstanden ist und auf die es verweist, muß zugleich auch der Zusammenhang erhalten bzw. rekonstruiert werden, in dem dieses Objekt seine Funktionszuweisung erhielt.

Produktionsmittel aus dem funktionalen Gesamtzusammenhang herauszunehmen und das historische Interesse an ihnen auf besonders gestaltete Maschinen oder Maschinenteile zu beschränken, hat die gleiche Fetischisierung von Objekten zur Folge wie die Vorstellung reiner Technik ohne jeden politischen und sozialen Bezug.

Der „musealen" Form von Geschichtsbetrachtung und Geschichtsvermittlung steht die Forderung nach der Integration von Industriearchitekturen in den bestehenden Lebenszusammenhang gegenüber. Statt die Ingenieurbauten des 19. und frühen 20. Jahrhunderts abzureißen, könnten sie als Kommunikations- und Bürgerzentren genutzt werden. Ihre herausragende und besondere Gestalt erweist sich dabei als Vorteil. Bei manchen Bauten ist auch an den Ausbau zu Wohnbereichen oder an die Einrichtung von Künstlerateliers zu denken.

Die Frage nach der Zielgruppe, für die historische Produktionsanlagen erhalten werden sollen, kann dabei in doppelter Weise beantwortet werden.

Erhaltung – für wen?
Einmal können stillgelegte Produktionsanlagen eine unmittelbare Nutzung durch die Öffentlichkeit erfahren. Im Falle der Arbeitersiedlungen, die im Zuge der Industrialisierung entstanden, ist die Benutzergruppe sogar unmittelbar vorhanden. Umso unverständlicher ist es, wenn man die Wohnwerte, die solche Arbeitersiedlungen bieten, nicht erhalten will.

Die Forderung nach der Erhaltung von Arbeitersiedlungen stützt sich auf die Erfahrung konkreter Wohnwerte: Die spezifischen Architekturformen bieten besonders hohe Nutzungs- und Identifikationswerte.

Unabhängig von dem unmittelbaren Nutzen und der unmittelbaren Benutzbarkeit können Industrieanlagen, die erhalten werden, als Übermittler von Geschichte eine außerordentliche Bedeutung erhalten. Da alle durch menschliche Arbeit geschaffenen Objekte geschichtliche Entwicklungen belegen, da es sich hier zudem nicht nur um die Ergebnisse menschlicher Arbeit, sondern um die Entwicklung der Arbeitsformen und -bedingungen selbst handelt, sind sie Bestandteil des geschichtlich begründeten Selbstverständnisses einer Gesellschaft. Das Erhaltenswerte am „Besonderen" zu messen, erweist sich als äußerst fragwürdig. ...

31.
Wolfgang Ruppert
Einrichtung eines Industriekulturfonds, 1981

Zitiert nach: Hermann Glaser, „Industriekultur und demokratische Identität." In: Aus Politik und Zeitgeschichte (Beilage zu „Das Parlament") vom 10.10. 1981, S. 3–47; Zitat S. 45/46

Zur Person:
Geboren 1946 in Hof an der Saale. Studium in München. Diverse Publikationen zum Thema Industriekultur. Seit 1988 Professor für Kulturgeschichte an der Hochschule der Künste, Berlin

… Da insgesamt die Erhaltung und Erforschung sowie die Präsentation der Industriekultur einen wichtigen Beitrag zu republikanisch-demokratischer Identität leisten kann, wäre es notwendig, daß der Bund seine kulturpolitischen Bemühungen um „nationale Repräsentanz" gerade auch diesen Projekten zuteil werden ließe. Ein gewichtiger Teil der für die bislang gescheiterte Nationalstiftung zur Verfügung stehenden Mittel sollte den Arbeiten und Projekten zum Thema „Industriekultur" in den verschiedenen Regionen und Städten in diesem Sinne zugeführt werden. Aus diesem Grund hat die Stadt Nürnberg die „Einrichtung eines Industriekulturfonds" angeregt und in einer Denkschrift begründet:

„Wir befinden uns gegenwärtig in einer Phase beschleunigter Modernisierung. Die Sanierungsproblematik in unseren Städten ist unübersehbar geworden. Bausubstanz aus den durch die Industrialisierung bedingten Urbanisierungsschüben der zweiten Hälfte des 19. Jahrhunderts ist heute überaltert und muß den veränderten kulturellen Standards angepaßt werden. Stadtviertel und Häuser aus der zweiten Industrialisierungswelle nach 1880 sind sanierungsbedürftig und müssen entweder erneuert oder abgerissen werden. Vertraute Lebensumwelt und vielfältig gestaltete Formen der Alltagskultur verschwinden gleichzeitig damit. Die Automatisierung und Rationalisierung der Arbeitstechnik sowie der Maschinenparks sind vor allem durch die dadurch verursachten sozialen Fragen in unserem Bewußtsein. …

Dieser Wandlungsvorgang ist jedoch keineswegs nur unter dem – zweifellos entscheidenden – wirtschaftlichen Aspekt zu sehen oder auf diesen zu reduzieren. Vielmehr liegt darin auch in sehr hohem Maße eine kulturelle Dimension, die wir verstärkt beachten müssen. Wir haben in den letzten Jahren wieder stärker begonnen, unsere individuelle wie kollektive Erinnerung ernst zu nehmen, sie bewußt zu machen und uns selbst zu vergewissern. Das Interesse in der Gesellschaft für Geschichte ist enorm gestiegen. Wir erfahren, daß mit kollektiver Erinnerung ein wesentliches Stück kollektiver Identität verknüpft ist. Wenn wir darauf verzichten, erfahren wir dies als Verlust: kulturelle Verarmung in der kommunalen Lebenswelt wird dann empfunden und zu Recht beklagt. Verzicht auf das Verständnis des Wandels unserer Lebenswelt ist die Konsequenz. Verlust von Orientierungsfähigkeit in den sich verändernden gesellschaftlichen Lebensbedingungen, aber auch des Verständnisses der Erfahrungen von Menschen, mit denen wir zusammenleben, die jedoch anderen Generationen angehören und daher von anderen epochentypischen Erfahrungen geprägt wurden, müßten dann hingenommen werden.

Am augenfälligsten erleben wir den sozialen und kulturellen Wandel daran, daß die dinglichen Formen der Gebrauchskultur beschleunigt altern. Die Welle der Entrümpelung seit den sechziger Jahren hat einen großen Teil der seit Jahrzehnten bewahrten Gegenstände des Alltags und der häuslichen Lebenswelt vernichtet. Sie sind selten und daher verstärkt Gegenstand eines schwunghaft aufblühenden spekulativen Handels geworden, der sich das nostalgische Grundgefühl der letzten Jahre zu eigen macht. Die Modernisierungswelle der siebziger Jahre hat in vielen Sektoren der Arbeit die Maschinen der zwanziger Jahre und die – soweit sie noch existieren – aus den industriellen Phasen davor durch mikroelektronisch gesteuerte Automaten ersetzt. …

Die Darstellung des historischen Wandels unserer industriellen Gesellschaft ist eine dringliche Gegenwartsaufgabe geworden. Die Sicherung und Sammlung der Zeugnisse der Arbeit und des Lebens der Menschen der verschiedenen gesellschaftlichen Schichten muß mit Konsequenz angegangen werden, bevor dies unmöglich geworden ist. Die Bearbeitung von Themen der technischen Kultur, durch die wir Abstand zur unmittelbaren Gegenwart be-

INDUSTRIEKULTUR UND DEMOKRATISCHE IDENTITÄT

kommen und Gelegenheit erhalten, die Wirkungskräfte der instrumentellen und der dinglichen Formen unserer Industriekultur zu betrachten und zu reflektieren, muß institutionelle Formen finden. ...

Dies ist gegenüber den regionalen Sonderformen der Kultur in der traditional agrarischen Gesellschaft eine bedeutsame Veränderung .... Die Sammlung dieser dinglichen Güter und ihre Interpretation im Rahmen einer gesellschafts- und kulturgeschichtlichen Darstellung muß daher im nationalen Zusammenhang betrieben werden, aber in den konkreten kommunalen und regionalen Sonderformen erfolgen. So ist diese Aneignung von geschichtlicher und kultureller Tradition vom Arbeitsprogramm her wesentlich eine kommunale Aufgabe, die jedoch in der Bedeutung „nationaler Repräsentanz" gesehen werden muß.

Um die Kultur- und Lebensformen der industriellen Gesellschaft bezeichnen und erfassen zu können, hat sich der Begriff „Industriekultur" als tragfähig erwiesen. Im Zeichen eines neuen demokratisierten Kulturbegriffs kann dieser jedoch nicht nur auf eine an den Kategorien und Normen des Bildungsbürgertums gemessenen Ästhetik begrenzt werden, sondern die materielle und immaterielle Gebrauchskultur der Fabrikanten wie der Arbeiter, der Angestellten wie der Dienstboten, der Handwerker wie der Beamten – der Menschen also, die insgesamt in den industriell geprägten Lebensbereichen zusammenleben und lebten – müssen erfaßt, gesammelt und dargestellt werden.

Dieser pluralistische Kulturbegriff bietet den Angehörigen der verschiedenen gesellschaftlichen Schichten die Möglichkeit, ihre eigene Lebenswelt, ihre Arbeit, ihre Erfahrungen einzubringen und in bekannten Gegenständen der eigenen Lebensumwelt wiederzufinden. Dies gilt aber insbesondere auch für diejenigen gesellschaftlichen Gruppen, die bisher zu den Aktivitäten des Ausstellungswesens oder den Weihen des Museums in Distanz standen. Somit stiften die Bemühungen um Bewahrung von Zeugnissen der Industriekultur und der lebensgeschichtlichen Erfahrungen in hohem Maße kollektive Identität und stärken ein demokratisches Geschichtsbewußtsein, das vom Wandel der gesellschaftlichen Strukturen und politischen Verhältnisse ausgeht. ...

Um diese neue Form kulturell-geschichtlicher Arbeit zu etablieren, sind Anstöße und gezielte Initiativen lokaler, aber auch nationaler Art notwendig. Es wird daher vorgeschlagen, einen Industriekulturfonds einzurichten, aus dem Initiativen und Modellprojekte zur Erschließung, Sammlung und Darstellung der Industriekultur mitfinanziert werden können. Ziel dieser Maßnahme ist es, Pilotprojekte zu fördern, in denen kulturelle Feldarbeit geleistet wird. Solche Anstöße müssen vor allem im kommunalen Bereich aufgenommen werden, da in der Überschaubarkeit der Stadtgemeinde, des Stadtteils und der Nachbarschaft am direktesten der Zugang zu exemplarischen Objekten und Dokumenten der Alltags- und Industriekultur aus der unmittelbaren Lebenswelt möglich ist. ...

Im Interesse der vergleichenden Erforschung nationaler Bedingungen ist es unbedingt sinnvoll, die Einzelprojekte zu koordinieren und von übergreifenden strukturellen Prozessen aus anzulegen. Es muß zur Koordinierung neben einem wissenschaftlichen Fachausschuß auch eine impulsgebende und kooperationsstiftende Arbeitsstelle mit ausreichend ausgestattetem Haushalt eingerichtet werden, um zentrale Maßnahmen und Koordinierungen realisieren zu können. ..."

32.

Hermann Glaser

Maschinenwelt und Alltagsleben, 1981

Auszug: Vorwort, S. 7

Zur Person:
Geboren 1928. Kulturhistoriker und Philosoph. Studium der Germanistik, Anglistik, Geschichte und Philosophie. 1964 Schul- und Kulturdezernent der Stadt Nürnberg; Mitinitiator des Forums Industriekultur. Neben Hilmar Hoffmann Exponent sozialdemokratischer Kulturpolitik. Honorarprofessor am Institut für Angewandte Kulturwissenschaft, Universität (TH) Karlsruhe

Die Spuren der Völker, die diese in den Zeiten hinterlassen haben, sind aus unserer Geschichtsschreibung gut ablesbar. An Herrschaftsgeschichte ist kein Mangel; wollen wir aber Historie im umfassenden Sinne begreifen, müssen wir einer anderen Fährte folgen: uns der Geschichte und den „Geschichten" der Leute zuwenden. Wenn Geschichte, wie Peter Wapnewski es einmal formulierte, nicht verwechselt wird mit bloß Gewesenem; wenn Geschichte aktiviertes Gedächtnis, eingeholte Vergangenheit ist, wenn Geschichte betreiben heißt, eine Sache aus ihren Voraussetzungen heraus und in ihren Folgen zu verstehen, als Chance, aus Vergangenem das Gegenwärtige zu begreifen und das Künftige zu vermuten, dann kann im besonderen Maße die Beschäftigung mit Industriekultur demokratischer Identität dienen. ...

Es geht um Manifestationen des arbeitenden und feiernden, leidenden und erfolgreichen Menschen des 19. und anfänglichen 20. Jahrhunderts. Der Versuch der Spurensuche und Spurensicherung handelt von den Lebensformen im Zeitalter der Industrialisierung, von den Vorgängen und Ereignissen der Mechanisierung und von ihren „Örtlichkeiten". Das bedeutet, daß der dingliche Bereich eine wesentliche Rolle spielt; vor allem aber sind wichtig die Wechselbeziehungen zwischen Dingen und Bewußtsein, Empfinden und Handeln, Denken und Umwelt, die Einwirkung der Dinge aufs Bewußtsein und die umweltprägende Kraft des Bewußtseins. Zu fragen ist, wie Bewußtsein dinglich in Erscheinung tritt, und wie Bedingtheiten Bewußtsein formen. Wie aufschlußreich ist z.B. der Blick in die Wohnung eines Fabrikanten, der mit pompösem Aufwand das Erbe der Fürsten anzutreten sucht, oder in die Wohnung eines Arbeiters, der notdürftig, ohne große finanzielle Möglichkeiten, sich die Nische der Wohnküche gemütlich zu gestalten sucht. Welche Dinge und Zeugnisse wir auch angehen, sie sind komplex und bedürfen der vieldimensionalen Aufschlüsselung. ...

Industriekultur bedeutet kein Dorado, in das wir uns vor den Problemen unserer Zeit flüchten könnten. Die Maschinenzeit war voller Widersprüche, Gegensätze, sozialer Probleme. Ihr Fortschrittsglaube war vielfach fatal, da er des Denkhorizonts entbehrte. Auf der anderen Seite zeigt aber gerade diese Zeit, was es heißt, Modernität erfahren und erleiden, gestalten und auch an ihr scheitern zu müssen. Indem wir uns einer Welt zuwenden, die den unmittelbaren Ursprung unserer Gesellschaft darstellt, indem wir uns die Menschen, von denen wir abstammen, deren Probleme sowie die politischen und sozialen Auseinandersetzungen, die sie um ihre Existenz austrugen, vergegenwärtigen, werden wir unserer selbst besser bewußt, erfahren wir, warum wir so sind, wie wir sind. Realistische Vorstellungen von der sinnvollen Verbesserung der Lebensformen in unserer Zeit sind erst möglich, wenn wir wissen, wie die Menschen vor uns ihr Leben bewältigten. In einer auf Selbstbestimmung beruhenden demokratischen Gesellschaft kommt solchem aufklärenden Zugang zur Geschichte eine grundlegende kulturpolitische Bedeutung zu. „Falsche", das heißt Tagträume sowie eine vermarktete Nostalgie sollten vermieden werden; „richtige" Nostalgie, also Sehnsucht nach Heimat, fühlt sich dem Hegelschen Aufheben verpflichtet: Die Erbschaft der Zeit soll aufgehoben, das heißt „vernichtet", aufgehoben, das heißt bewahrt, aufgehoben, das heißt „erhöht" (sublimiert) werden. „Vernichten" ist im Sinne der psychoanalytischen Bewältigung zu verstehen; im 19. Jahrhundert liegen wichtige Wurzeln der deutschen Fehlentwicklung; sie zu erkennen, bedeutet ein Stück Trauerarbeit.

33.

Richard van Dülmen

Industriekultur an der Saar, 1989

Auszug: Einleitung, S. 11

Zur Person:
Geboren 1937. Professor für Geschichte der Neuzeit an der Universität Saarbrücken

… Unter Industriekultur verstehen wir hier nicht die Kultur der Industrie im Sinne der Industriearchäologie, sondern die Kultur und Lebensformen, die durch die Industrialisierung direkt oder indirekt hervorgebracht wurden oder entscheidend von ihnen geprägt sind. Die Industrialisierung hatte ja in kurzer Zeit viele Menschen aus ihrer Umwelt gerissen, zu neuen Klassenbildungen geführt, eine rasche Verstädterung in Gang gesetzt, gigantische Industrieanlagen aufgebaut, neue Waren auf den Markt geworfen und danach auch eine grundlegende Änderung der Lebensformen in Arbeit, Alltag, Haushalt, Freizeit und Familie eingeleitet. Zur Industriekultur zählen nicht nur technische Leistungen, moralische Werte, wertvolle Denkmäler und Sachgüter, sondern alle materiellen und geistigen Lebensäußerungen der Menschen, die in diesen Industrieregionen lebten und zur Schaffung einer neuen Lebenswelt beigetragen haben. Hierzu gehören allgemein soziale Institutionen wie Verhaltensweisen, ökonomische Überlebensstrategien wie der materielle Ausbau einer Infrastruktur, die Gestaltung der Umwelt, wie die Entstehung neuer sozialer Schichten, die Sozialpolitik wie der Ausbau eines Bildungssystems. Neben diesen „objektiven" Produkten und Leistungen der Industrialisierung thematisiert die Industriekultur als Forschungsprogramm allerdings auch die „subjektiven" Erfahrungen und Werte, die sich in der Auseinandersetzung mit der Industrialisierung entwickelten. …

34.

Positionspapier Industriedenkmalpflege und Geschichtskultur, 1992

Hg. Gesellschaft Internationale Bauausstellung Emscher Park, (gekürzt)

Die Internationale Bauausstellung EmscherPark hat den Auftrag, die ökologische, ökonomische und kulturelle Erneuerung einer alten Industrieregion voranzutreiben. Verfahren und Ergebnisse sollen präsentiert und in den internationalen Erfahrungsaustausch eingebracht werden. Daher lautet der Untertitel dieser Bauausstellung „Werkstatt für die Zukunft alter Industriegebiete".

Trotz des ganzheitlichen Ansatzes dieser Erneuerungsstrategie besteht die Gefahr, daß die geschichtlichen, kulturellen und sozialen Bezüge als nachrangig betrachtet werden. Starke Kräfte betreiben die Modernisierung der Region in einem engen Verständnis von Wirtschaftsförderung. Sie betrachten die Auseinandersetzung mit der Geschichte und kulturelle Durchdringung des Modernisierungsprozesses eher als Hindernis auf dem Weg zum schnellen Erfolg.

Die „Bauplätze" der Internationalen Bauausstellung Emscher Park befinden sich fast ausschließlich auf den Flächen stillgelegter Industrien. Die forcierte Rekultivierung dieser Flächen kann den Verlust der Geschichtlichkeit dieser Orte beschleunigen oder die Neugestaltung in Verantwortung für die Geschichte zu einem besonderen kulturellen Ereignis machen.

Um den Weg für die Modernisierung der Region in geschichtskultureller Gebundenheit zu weisen, ist die nachstehende Position formuliert.

Vorurteile
Die Modernisierung der alten Industriestandorte in einer geschichtlich kulturellen Perspektive begegnet ausgeprägten Vorurteilen:

1. Die Gebäude und technischen Anlagen der großmaßstäblichen Industrialisierung gelten als „kulturlos", da sie wenig gemeinsam mit dem im wesentlichen vorindustriell geprägten Verständnis von Baukultur haben.
2. Die Erinnerungen an die Montanindustrie werden als fortschrittshemmend und imageschädigend gewertet. Die sichtbaren baulichen Zeugen dieser Epoche gelten somit als Signale des Niedergangs.
3. Die finanziellen Aufwendungen für den Erhalt von Industriebauwerken erscheinen unkalkulierbar hoch und im Ergebnis unproduktiv.

Diese drei Motivbündel zusammengenommen erklären die gängige Forderung, nach einer Stillegung von Industrieanlagen müßten diese möglichst rasch und spurlos beseitigt werden. Die Sicherung einiger weniger Urkunden und deren museale Präsentation reichten für eine Befassung mit der Geschichte aus.

Diese weitverbreitete Auffassung steht im Gegensatz zum nordrhein-westfälischen Denkmalschutzgesetz, sie steht auch im Gegensatz zu einer modernen Geschichtsauffassung.

Denkmalpflege und Geschichte
Die Industriedenkmalpflege konzentriert sich auf die „Sachkultur".
Der denkmalpflegerische Zugang muß verstärkt eingebunden werden in eine umfassende Geschichtskultur, in ein „historisches Gedicht" der Region, das alle Facetten umfaßt, die Arbeits-, Lebens- und Umweltbedingungen, die hinter den überlieferten Gebäuden und Produktionsanlagen stehen.

Damit wird die Gefahr vermieden, daß ein reduziertes und unkritisches Geschichtsverständnis entsteht. Authentizität wird nicht mit historischer Wahrheit verwechselt, wenn sichtbare und unsichtbare historische Phänomene mit beachtet werden.

Demokratisierung von Geschichtsforschung
Die Arbeitsbedingungen in der Hochzeit der Industrialisierung waren durch eine extrem arbeitsteilige Produktion gekennzeichnet, die die kulturellen Fähigkeiten der Menschen unterdrückten und die sozialen Bedürfnisse mißachteten. Bei der Aufarbeitung der Geschichte müssen diese Verhältnisse dokumentiert und diskutiert werden. ...

Um künftigen Generationen möglichst vielfältige Zugänge zur Industriegeschichte zu erhalten, sind die verschiedenen Kategorien von Dokumenten zu sichern. Dazu gehört in erster Linie das unmittelbare Erlebnis der Gebäude und Anlagen an Ort und Stelle und in den städtebaulichen Bezügen.

Viele bauliche Zeugen wurden nur erhalten, weil Bürgerinitiativen sich unter großem persönlichen Einsatz aus einer Position der Minderheit, gelegentlich der Diskriminierung, auf jeden Fall aber die herrschende öffentliche Meinung dafür eingesetzt haben. Die erhalten gebliebenen Anlagen sind daher auch ein Zeugnis der politisch-kulturellen Auseinandersetzung.

„Arbeit" in der Industriegeschichte
In der professionellen Befassung mit Industriegeschichte dominieren die Faktoren „Kapital" und „Arbeit" und die Dokumentation der Baugeschichte. Wie kann in der Denkmalpflege und Geschichtsschreibung auch der Alltag in den Produkten, den Produktionsanlagen, den Gebäuden und in den Wohnverhältnissen sichtbar gemacht werden?

...

Industriedenkmäler als Merkzeichen
Identität und historisches Bewußtsein sind untrennbar mit der räumlich gebundenen Überlieferung, den Bauten und der Industrielandschaft verbunden.

Ein großer Teil der heute noch erhaltenen Anlagen – Zechen, Hüttenwerke, Halden, Leitungen, Verkehrsanlagen, Speicherbauwerke – entzieht sich einem gewöhnlichen Umbau für neue Nutzungen. In Fördergerüsten, Kohlenwäschen oder Gasometern kann man nicht ohne weiteres Wohnungen, Gewerberäume oder Kultureinrichtungen unterbringen. Ihr Erhalt ist aber dennoch

INDUSTRIEKULTUR UND DEMOKRATISCHE IDENTITÄT

für die räumliche und städtebauliche Identitätsbildung besonders wichtig, denn in dieser Industrielandschaft gibt es keine anderen Merkzeichen, die Orientierung vermitteln und die Geschichte der Region erklären.

Es ist eine Region, in der das bauliche Erbe durch die rasche Industrialisierung, durch Kriegszerstörung und durch die Abrißtätigkeit der heutigen Zeit besonders verarmt ist. Andrerseits ist der Anteil der zugewanderten Bevölkerung besonders groß, so daß keine über Generationen geprägte räumliche Erinnerung ausgebildet ist. Die prägende Erinnerung beschränkt sich auf die vergleichsweise kurze Phase der Industrialisierung.

Reifen ohne Ausreifungszeiten

Was als Denkmal erhalten wird, muß gesellschaftlich ausgehandelt werden, bedarf einer gesellschaftlichen Übereinkunft. Man braucht eine gewisse Wegstrecke, bis ein Gebäude, ein Bauwerk als schutzwürdig und erhaltenswert anerkannt wird. In der Völkerkunde ist der Begriff des „sinkenden Kulturgutes" dafür die zutreffende Beschreibung. Die am Erhalt Interessierten müssen sich also mit dem „kollektiven Geschichtsbewußtsein" auseinandersetzen und danach fragen, welcher Erhaltungszustand zu einem gegebenen Zeitpunkt überhaupt durchsetzbar ist. Dies ist in den gewohnten Kulturlandschaften kein so dramatisches Problem, da die Bauwerke über einen langen Zeitraum stehenbleiben und somit genügend Ausreifungszeit gewährleistet ist.

In Industrielandschaften sorgt die Dynamik des wirtschaftlichen Strukturwandels viel zu oft für eine schnelle Abfolge von Errichtung, Stillegung, Abriß oder Verfall. Konstruktionsprinzipien und Werkstoffe entsprechen dieser kurzweiligen Charakteristik mit der Folge, daß Verfallsprozesse wesentlich schneller ablaufen. Für das Ausreifen der Gedanken über das Erhaltenswerte ist daher zu wenig Zeit.

Die Gesellschaft steht damit vor der Herausforderung, mit rationalen Kriterien und politischen Entscheidungen abzuwägen zwischen „Vergehenlassen" und „Erhalten". Die Maßstäbe dafür müssen in kurzer Zeit konstruiert werden, sie können nicht in einem langsamen gesellschaftlichen Dialog heranwachsen.

Und trotzdem darf es nicht legitim sein, im Namen des Fortschritts Zeugnisse der Industriegeschichte zu zerstören und so Reflektion über Geschichte zu verhindern. Sie ist eine Rahmenbedingung unserer Freiheit, sie aufzugeben, würde die Existenz des Menschen verkürzen.

Deshalb ist die Bewahrung der Zeugnisse der Industriegeschichte auch dann sinnvoll, sollte derzeitigen Generationen nicht gleich eine Interpretation der Geschichte anhand dieser Relikte gelingen. Vielleicht ist es späteren Generationen möglich, diese Interpretation vorzunehmen und es fällt diesen eine heute nicht vorstellbare Nutzung ein.

Geschichtskultur und Modernisierung

… Der traditionelle Umgang mit den Begriffen Geschichte und Denkmalpflege täuscht möglicherweise ein allzu sicheres Verstehen von „Erinnerung" vor, nämlich erhalten, pflegen, neu nutzen.

Erinnern kann aber auch heißen, Vergänglichkeit zuzulassen, nicht den Eindruck erwecken, alles sei handhabbar, alles sei zu bewältigen. Erinnern ist Teil der Vernunft, vielleicht der Weisheit, nicht des Wissens. Erinnern ist eine ästhetische Handlung und der Umgang mit Bildern. Erinnerungen lebendig werden zu lassen, bedarf weniger der pädagogischen Anleitung, braucht vielmehr Anlässe. Wichtige Anlässe sind die Bauwerke selbst. Sie stehen als großartige oder auch stille Relikte da, als eine Art Kunstwerk auf Zeit zum Thema Zeit. Weshalb sollte man sie nicht einfach so stehenlassen?

Ein Votum für das „In-Ruhe-lassen", das Verfallenlassen, heißt in der Konsequenz: Nicht zu erhalten. Dies widerspricht der Aufgabe der Denkmalpflege, deren Pflicht es ist, jenseits der Ästhetik Urkunden zu bewahren, um diese als Dokumente befragen zu können.

Es müßte aber gelingen, die Balance zu finden zwischen den Wegebestimmungen, die an Pflege und Verwertbarkeit einerseits und an der Ästhetik des Vergehens und des Wandels andererseits orientiert sind.

Versteht man den Architekten als den Professionellen für Pflege und neue Verwertung, dann sollte man den Künstler hinzuziehen, um für die Ästhetik des Vergehens, des Wandels und der Zukunftsvision zu sensibilisieren. ...

Praktische Forderungen
Aus den hier formulierten Positionen des Umgangs mit Industriegeschichte und Bauten der Industrie werden die nachstehenden vordringlichen Forderungen abgeleitet:

1. Forum Geschichtskultur
Die gesellschaftliche Auseinandersetzung mit der Geschichte der Industrialisierung zwischen Professionellen und Laien, in lokaler Arbeit und im internationalen Austausch, zwischen Denkmalpflege, Geschichtsforschung, Museumsarbeit, Architektur und Kunst, braucht ein öffentliches Forum, das eine Grundlage für die Stetigkeit und die Kultur der Auseinandersetzung ist. ...

2. Stiftung Industriedenkmalpflege
Die Dynamik des wirtschaftlichen Strukturwandels einerseits und die konstruktiven Merkmale der Bauten und Industrieanlagen andererseits führen zu einem raschen Verlust der Zeugnisse der Industriegeschichte. Es fehlen die notwendigen Ausreifungszeiten, um das Erhaltenswerte zu definieren, neue Nutzungen und neue Träger zu finden. Geschichtlich wertvolle Bauten und Anlagen der Industrie, die ihre früheren Eigentümer abwerfen, sollen daher in einer Stiftung aufgefangen werden, um sie zu sichern und über die Zeit auch zu bewahren, die zur Ausbildung eines sicheren Urteils benötigt wird.

Die Alteigentümer von denkmalwerten Bauten und Industrieanlagen bringen diese in eine Stiftung ein, deren Kapital sich aus den ersparten Abrißkosten und ersparten Instandhaltungen einerseits sowie öffentlichen Mitteln, ergänzt um privates Mäzenatentum, aufbaut.

Stiftungszweck ist der Erhalt der Bauten und die Förderung der Entwicklung neuer Nutzungsmöglichkeiten.

3. Museale Präsentation
Die museale Präsentation der Industriegeschichte soll durch eine verstärkte Kooperation ... sowie durch die Zusammenarbeit von Künstlern und Historikern in der Wirkung gesteigert werden.

4. Galerie der Industriearchitektur
Die historisch orientierte Auseinandersetzung mit der Industriearchitektur bedarf der Ergänzung durch den Bezug zur Gegenwart und zur Zukunft. ...

5. Offene Räume
Neben den zweckbesetzten Arealen und Architekturen des Landschaftsparks sollen Räume und Objekte ohne Veränderung des vorgefundenen Zustands als Terrain der Fantasiefähigkeit und ästhetischen Aktivität freigehalten werden. ...

VI. Die langsame Annäherung an das Industriedenkmal

Der Weg von den „Technischen Kulturdenkmalen" über die Industriearchäologie zur Industriedenkmalpflege begann in den 60er Jahren als Teil eines generellen Definitions- und Funktionswandels der Denkmalpflege. Die traditionelle „Bau- und Kunstdenkmalpflege" löste sich aus der wissenschaftlichen und politischen Randlage der Nachkriegszeit und wurde vor allem im Rahmen der Stadtplanung zu einem wichtigen Faktor der Umweltgestaltung. In der „Charta von Venedig" von 1964 und der „Resolution von Brüssel" von 1969 proklamierte die Denkmalpflege ihr verstärktes Interesse für den Stadterhalt und ihre Integrationsbereitschaft in die Stadtentwicklungsplanung. Dies war nur möglich durch einen generellen Wandel der öffentlichen Einstellung zur bisherigen Architektur, Stadtplanung und Denkmalpflege. Die enge Einbindung der Bauten von Technik und Industrie in den Baubestand der Städte und ihre Dominanz im Landschaftsbild machten es notwendig, diese Entwicklungen im Ganzen zu betrachten und nach ihren jeweiligen Aspekten und Auswirkungen für die Industriedenkmalpflege zu befragen.

Die Diskussion über die sozialen und wirtschaftspolitischen Aspekte des Städtebaus und die Integration der Denkmalpflege in ein infrastrukturelles, wirtschaftliches und sozialpolitisches Erneuerungsprogramm wurde in Deutschland besonders in Nordrhein-Westfalen politisch vorangetrieben; in England und den USA gab es in dieser Zeit schon vergleichbare Bemühungen zur „Revitalisierung" von alten Wohn- und Industriegebieten. Diese Bewegung bezog nicht nur zunehmend den Erhalt von Industriedenkmalen als historischen Zeugnissen ein, sondern legte dabei auch neue juristische und administrative Grundlagen in der Stadtentwicklungsplanung, die für die Industriedenkmalpflege später weit über die ursprünglichen Vorstellungen hinaus wirksam werden sollten.

Stadtsanierung und Denkmalschutz

Dem beginnenden Umdenken in Städtebau und Raumplanung ging eine generelle Unzufriedenheit mit der seit dem Wiederaufbau in zwanzig Jahren ungehemmten Wachstums praktizierten Stadt- und Verkehrsplanung voraus. In der Architektur bemühte man sich immer stärker um eine an den vorhandenen Strukturen und an sozialen Aspekten orientierte Planung.[1] Unter dem Druck wachsender Wohnansprüche und den Bedürfnissen einer neuen Generation von Nachkriegsfamilien richtete sich das Reforminteresse aber zunächst vor allem auf den Siedlungsbau, während in den innerstädtischen Wohngebieten, die noch im Wiederaufbau, etwa in Frankfurt am Main, teilweise mit neuen Wohnanlagen bebaut worden waren, die Ausbreitung des Handels wie der Verwaltung und anderer Dienstleistungsbetriebe dominierten. Sie verdrängten die eingesessene Bevölkerung und eng vernetzte Strukturen und verstärkten die schon im Wiederaufbau der Städte nach dem Zweiten Weltkrieg angelegte Veränderung des Stadtbildes als dem lokalen Identitätsträger, und zwar zugunsten der Selbstdarstellung neuer, nicht durchweg begrüßter wirtschaftlicher Machtfaktoren.[2] Letztlich verstärkte sich der Eindruck, daß die dadurch für die Stadt als Lebensraum und soziale Struktur verlorengehenden Werte und Möglichkeiten nicht mehr ausgeglichen würden. Eine sich als urban definierende Kultur entdeckte den tödlichen Raubbau an ihrer geschichtlichen

1. Die „Jahrhunderthalle" ging aus einer Ausstellungshalle hervor, die der 1842 gegründete „Bochumer Verein für Gußstahlproduktion" auf der Düsseldorfer Industrieausstellung von 1902 errichten (und aufwendig architektonisch verkleiden) ließ. Sie wurde später auf dem Firmengelände wieder aufgebaut und mehrfach erweitert. Im Jahre 1988 – zwanzig Jahre nach Stillegung der Hochöfen – wurde das Areal aus der industriellen Nutzung entlassen. Die 150 m lange Halle wurde 1991 in die Denkmalliste eingetragen und seither für Veranstaltungen genutzt

[1] Zusammengefaßt etwa in: Leonardo Benevolo: Geschichte der Architektur des 19. und 20. Jahrhunderts, Bd. 3. München 1988, S. 135–159.
[2] Siehe etwa: Peter Faecke, Gerd Haag, Rolf Stefaniak: Gemeinsam gegen den Abriß. Ein Lesebuch aus Arbeitersiedlungen und ihren Initiativen. Wuppertal 1977.

DAS INDUSTRIE-
DENKMAL

2. „Cityfunktionen in historischen Zentren?" Lübeck, Beckergrube und Marienkirche, aus der Wanderausstellung „Eine Zukunft für unsere Vergangenheit" im Europäischen Denkmalschutzjahr 1975 (Foto: Michael Brix)

[3] Günther Borchers in: Landschaftsverband Rheinland (Hg.): Eine Zukunft für unsere Vergangenheit. Köln 1975, S. 12.
[4] Zus.fassend: Wend Fischer: Zwischen Kunst und Industrie. Der Deutsche Werkbund (Aust.-Kat. Neue Sammlung). München 1975, bes. S. 445–461.
[5] Vgl. etwa: Diether Wildemann: „Rettung und Wiederbelebung historischer Stadtkerne in Frankreich." In: DKD 29, 1971, S. 17–34; Sanierung historischer Stadtkerne im Ausland (Schriftenreihe „Stadtentwicklung" des Bundesmin. f. Raumordnung, Bauwesen und Städtebau). Bonn 1975.
[6] Hiltrud Kier: „Glanz und Elend der Denkmalpflege in Köln 1906–1981." In: Erhalten und Gestalten (wie Kap. III, Anm. 45), S. 241–264, bes. S. 249–255.
[7] Siehe: Michael Brix (Hg.): Lübeck. Die Altstadt als Denkmal. Zerstörung – Wiederaufbau – Gefahren – Sanierung. München 1975; Richard Strobel (Hg.): Regensburg. Die Altstadt als Denkmal. Altstadtsanierung – Stadtgestaltung – Denkmalpflege. München 1978
[8] Siehe etwa: Friedrich Mielke: Die Zukunft der Vergangenheit. Grundsätze, Probleme und Möglichkeiten der Denkmalpflege. Stuttgart 1975; Eine Zukunft für unsere Vergangenheit. Denkmalschutz und Denkmalpflege in der Bundesrepublik Deutschland (Ausst.-Kat.). München 1975; Heinrich Klotz, Roland Günter, Gottfried Kiesow: Keine Zukunft für unsere Vergangenheit? Denkmalschutz und Stadtzerstörung. Gießen 1975; Landschaftsverband Rheinland (Hg.): Eine Zukunft für unsere Vergangenheit. Köln 1975; Denkmalpflege in der Bundesrepublik Deutschland. o.O. 1974; im europäischen Vergleich: Sherban Cantacuzino (Hg.): Architectural Conservation in Europe. London 1975.

Substanz, aber auch an natürlichen Lebensgrundlagen wie Boden, Wasser und Luft. Allerdings wurde der erst am Anfang der 70er Jahre aufgekommene Begriff der „Umwelt" nicht nur (wörtlich-)anthropozentrisch, sondern auch sozial und mental verstanden: Die „humane Umwelt" war Mittelpunkt des Interesses der Planer.[3]

In dieser Situation wurde die „Städtebauliche Denkmalpflege" als Instrument zur Erhaltung und Fortschreibung urbaner Strukturen, aber auch zur Abwehr von Fehlplanungen ausgerufen. Das von der Architektur und Soziologie angestoßene neue Nachdenken über das Wesen der Stadt veränderte den Blick auf die bauliche Überlieferung der vergangenen Epochen, aber auch auf den Städtebau der Gegenwart. Der Landschafts- und damit Naturverbrauch durch Industrie, Siedlung und Verkehr wurde schon seit Ende der 50er Jahre etwa vom Deutschen Werkbund immer wieder beklagt.[4]

Eine Bestandsaufnahme des bisherigen Vorgehens bei der Erneuerung historischer Altstädte zu Beginn der 70er Jahre ergab eine technisch, organisatorisch und finanziell unzulängliche Situation, die zudem nur teilweise auf denkmalwerte Strukturen Rücksicht nahm.[5] Die etwa in Holland, Frankreich und England praktizierte Vorgehensweise und rechtliche Grundlage existierte in Deutschland kaum. Statt dessen waren Baurecht und Förderpolitik seit der Nachkriegszeit auf den Neubau ausgerichtet. Die etwa in Köln und Nürnberg während des Nationalsozialismus von Denkmalpflege und Stadtplanung betriebene Altstadterneuerung konnte aus politischen Gründen nicht direkt als Vorbild herangezogen werden; sie war aber für bestimmte planerische Leitbilder noch bis in die 80er Jahre bestimmend, obwohl sie in ihrem verfälschend-umstrukturierenden Grundansatz längst überholt war.[6] Trotzdem gelang es durch große öffentliche Zustimmung vergleichsweise schnell, die denkmalpflegerisch getragene Erneuerung überwiegend vorindustrieller Altstädte in die gesetzlichen Initiativen und förderpolitischen Maßnahmen der Länderregierungen zu integrieren. Beispielhaft sind hier Lübeck (Abb. 2) und Regensburg zu nennen.[7] Auch neue Begriffe wie die des „Denkmalbereichs" und der „städtebaulichen Denkmalpflege" wurden so verankert.

Als das Jahr 1975 vom Europarat zum Europäischen Jahr des Denkmalschutzes ausgerufen wurde, hatte sich dieser erste Bewußtseinswandel im Umgang mit gebauter Umwelt theoretisch bereits weitgehend vollzogen.[8] Dabei wurde aus dem ursprünglich strukturell-sozialen Blickwinkel in der Öffentlichkeit oft eine mehr von Nostalgie und ästhetischen Vorstellungen getragene Restaurierungsbewegung. Nur selten gelang es der Denkmalpflege, in die „Stadtbildpflege" ein Bewußtsein für das einzelne historische Original hinüberzuretten; der Erhalt der mit den historischen Bauten verbundenen und in ihnen dokumentierten, oft unzeitgemäßen Wohnverhältnisse konnte als Leitbild ja auch kaum wünschenswert sein.

Diese Verhältnisse existierten allerdings nicht nur in den vor Beginn einer neuzeitlichen Stadtplanung im 18. bzw. frühen 19. Jahrhundert angelegten Stadtteilen, sondern auch in den riesigen Arealen der Industrievorstädte, den kleinbürgerlichen Vierteln des 19. Jahrhunderts und den verstädternden Dörfern. Den angeblich „überalterten" und „grauen" Vierteln glaubte man nur durch „Flächensanierung", d.h. Umsiedlung der Bewohner, Zerstörung, radikale bauliche Auflockerung und „Durchgrünung" Herr werden zu können; dabei spielten auch kommerziell-spekulative Interessen eine wichtige Rolle.[9] Mit Hinweis auf den durch vergleichsweise einfache Renovierung erzielbaren hohen Wohnwert dieser Viertel, ihre mit der Neubewertung der Gründerzeitarchitektur wieder geschätzte städtebaulich-gestalterische Einheit und die niedrigen Mieten als sozialen Faktor forderte man nun auch den Erhalt dieser Quartiere. Die Initiative ging dabei weniger von der Denkmalpflege oder der Stadtplanung als von Bewohnern und einzelnen Planern aus, in Deutschland etwa in Berlin, Lübeck oder Köln.[10]

In der Tat waren für die meisten Stadtbilder Bauten der Gründerzeit und der 20er Jahre, vor allem in den Kernstadterweiterungen, den Neustadt- und Villenvierteln, prägender als die kleinen und vereinzelten vorindustriellen Bauten und Strukturen. Von diesen Vierteln, etwa dem Bahnhofsviertel in Frankfurt, ließen sich aber die entsprechenden Industrie- und Verkehrsbauten kaum trennen.[11] Das gesetzliche Instrumentarium der Stadterhaltung auf diese Gebiete zu übertragen und Industriedenkmale in die Betrachtung einzubeziehen, war so ein konsequenter Schritt.

Parallel dazu entwickelte sich zwischen Städtebau und Denkmalpflege eine Zusammenarbeit beim zuerst sozialpolitisch begründeten Erhalt von Arbeitersiedlungen (Abb. 3 und 4a u. b), die z.B. im Ruhrgebiet einen großen Anteil am gesamten Baubestand ausmachen.[12] Die Vorschläge der Stadtplaner zur ergänzenden Bebauung unter dem Leitbegriff „städtebauliche Verdichtung" stießen dabei wiederholt auf Widerstand.

3. Traditionelle Arbeitersiedlung contra „Sozialer" Massenwohnungsbau. Broschüre des Landschaftsverbandes Rheinland/Amt des Landeskonservators zur Sanierung von Arbeitersiedlungen anläßlich des Europäischen Denkmalschutzjahres 1975
4 a u. b. Sanierte Arbeitersiedlungen in Oberhausen

[9] Siehe etwa: Veränderung der Städte. Urbanistik und Denkmalpflege (Vortragsreihe, veranstaltet vom Zentralinstitut f. Kunstgesch. in München 6. Dez. 1972–21. März 1973). München 1974; Günther Kokkelink, Heinz-Detlef Theen (Bearb.): Bewertungsfragen der Denkmalpflege im städtischen Raum. Hannover 1976.
[10] Siehe etwa: Arbeitskreis städtebauliche Denkmalpflege der Fritz-Thyssen-Stiftung (Hg.), Hiltrud Kier (Bearb.): Die Kunst unsere Städte zu erhalten. Stuttgart 1976; Albert Knoepfli: Altstadt und Denkmalpflege. Ein Mahn- und Notizbuch. Sigmaringen 1975.
[11] Heinz Schomann: Der Frankfurter Hauptbahnhof. Stuttgart 1983.
[12] Siehe etwa: Franziska Bollerey, Kristiana Hartmann: Wohnen im Revier – 99 Beispiele aus Dortmund. Siedlungen vom Beginn der Industrialisierung bis 1933. Ein Architekturführer mit Strukturdaten. München 1975; Johannes Biecker: Entw., Bedeutung u. akt. Erhaltungsint. Bochum 1985; vgl.: Günther Borchers: „Zum Problem der Arbeitersiedlungen aus der Sicht der Denkmalpflege." In: Hans Hollein u.a.: Planungsbeispiel Reitwinkelkolonie Recklinghausen (Dortmunder Architekturhefte, Nr. 14). Dortmund 1978; Roland Günter: „Bauten der Industrie- und Sozialgeschichte in der Bundesrepublik Deutschland 1975 bis 1978. Länderbericht." In: Marie Nisser (Hg.): The Industrial Heritage. The Third International Conference on the Conservation of Industrial Monuments (Bd.1). National Reports. Stockholm 1978, S. 152–166.

DAS INDUSTRIE-
DENKMAL

Der Anteil der Denkmalpflege an dieser Entwicklung war noch gering. Die in den 60er Jahren begonnene Beschäftigung der Kunstgeschichte mit der Architektur des 19. Jahrhunderts wurde erst langsam auch in den Inventaren und den Erhaltungsbemühungen deutlich. Mit der Bonner Südstadt und dem Nordstadt-Viertel in Wuppertal-Elberfeld war das Rheinische Amt für Denkmalpflege wichtiger Vorreiter einer Einbeziehung der Denkmalpflege in die Stadterneuerung und für die Entwicklung von Methoden und Kriterien für den Umgang mit Bausubstanz und Ensembles des 19. Jahrhunderts.

Der rheinische Landeskonservator Günther Borchers[13] distanzierte sich schon 1971 in seinem programmatischen Aufsatz „Denkmalpflege in Ballungsgebieten" in der Fachzeitschrift „Deutsche Kunst und Denkmalpflege" von einer musealen und ästhetischen Sichtweise auf historische Stadtbilder und propagierte die konsequente Einbindung der Denkmalpflege in den städtebaulichen Erneuerungsprozeß.[14] Er verwies dabei auf den umfassenden Ansatz des „Nordrhein-Westfalen-Programms 1975". Dieses Programm war 1970 von der Landesregierung zur Förderung und Begleitung des Strukturwandels in hochindustrialisierten Gebieten aufgestellt worden: den durch den Rückgang von Kohleförderung und Stahlproduktion und den Niedergang der Textilindustrie betroffenen Regionen im Ruhrgebiet, am Niederrhein und im Bergischen Land. In der Einleitung des Programms heißt es: „Das Entwicklungsprogramm hat als realistische Planung des Notwendigen und des Möglichen einerseits den in langen Zeiträumen entstandenen Zustand der städtebaulichen Substanz und Struktur zu berücksichtigen, andererseits den Entwicklungen des Gesamtlebensraumes im wirtschaftlichen und gesellschaftspolitischen Bereich Rechnung zu tragen."[15] Zugleich forderte man die konsequente Einbindung der technischen Denkmale in Denkmalpflege und Stadtplanung. Die Erfassung und Bewertung der potentiellen neuen Denkmal„gattungen" stellten die Ämter vor neue Fragen. Es mußten neue Kriterien gefunden werden, aus der Menge der vorhandenen Bauten und Anlagen die besonders erhaltenswerten auszuwählen.[16] Die hier notwendig im Vordergrund stehende deutsche Entwicklung findet in vielen industrialisierten Staaten ihre Entsprechung. Rechtliche, organisatorische und personelle Unterschiede vor allem, etwa die oft zentralistische Organisation des Denkmalschutzes, bedingten jedoch im einzelnen oft unterschiedliche Entwicklungen. Die enge Zusammenarbeit der Fachleute etwa auf Grundlage der Konferenzen von ICCIM (Internationale Vereinigung für Industriedenkmalpflege) sorgte jedoch für eine weite Verbreitung von Ideen und für regelmäßigen Abgleich der Definitionen und Methoden. Neben der Eingrenzung des Arbeitsbereichs an sich stellten Inventarisations-, Dokumentations- und Bewertungsmethoden die Kernfragen dar. Die Entwicklung und Beeinflussung der öffentlichen Akzeptanz und der Reaktionen der Betroffenen läßt sich gut verfolgen.

Die Industriedenkmalpflege befaßte sich zunehmend mit Objekten, die auch volkswirtschaftlich große Bedeutung hatten; sie muß sich daher besonders auch mit rein ökonomischen Interessen auseinandersetzen. In den 70er Jahren bemühten sich die Medien, insbesondere von einer Reihe engagierter Journalisten unterstützt, verstärkt um Anliegen der Denkmalpflege, wobei nicht immer die Idee besserer Substanzerhaltung im Vordergrund des Interesses stand, sondern oft eine neue Vorliebe für 'geschichtliche' Formen.

Definitionen und Begründungen

Als Bezeichnung der spezifischen Denkmale der Industrialisierung hat sich in Deutschland der Begriff „Industriedenkmal" analog zum englischen „industrial monument" und zum französischen „monument industriel" allgemein durchge-

5. „Denkmalpflege im Rheinischen Ballungsraum", Dokumentation der Jahrestagung der Vereinigung der Landesdenkmalpfleger in der Bundesrepublik Deutschland 1973.
Umschlagfoto: Historische Windmühle vor den Solvaywerken am Niederrhein

[13] Sylvia Brecko, Claudia Euskirchen, Christina van Haaren, Stefan Kösler: „Günther Borchers (1924–1979) Landeskonservator Rheinland." In: RHP, N. F. 29, 1992, H. 4, S. 241–250; vgl. auch: Nachruf von Axel Föhl in: JRDP 29, 1983, S. 1–4; Nachruf von Georg Mörsch in: DKD 38, 1980, S. 174/75.
[14] Günther Borchers: „Denkmalpflege in Ballungsgebieten." In: DKD 29, 1971, S. 133–149; vgl. die Dokum. d. Jahrestag. d. Landesdenkmalpfleger 1973: Landeskonservator Rheinland (Hg.): Denkmalpflege im Rheinischen Ballungsraum (Arbeitshefte 7). Bonn 1974.
[15] Landesregierung NRW (Hg.): Nordrhein-Westfalen-Programm 1975. Düsseldorf 1970.
[16] Siehe etwa Wolfgang Brönner: „Geschichte als Grundlage des heutigen Denkmalbegriffs." In: DiR 4, 1987, H. 1, S. 1–8; Tilmann Breuer: „Die theoretische und wissenschaftliche Frage des ‚Historischen Denkmals' heute." In: JBDP 40, 1986, S. 346–349; Eberhard Grunsky: „Kunstgeschichte und die Wertung von Denkmälern." In: DKD 49, 1991, S. 107–117.

setzt, weil er im Gegensatz zu dem reinen „technischen Denkmal" nicht bloß die technische Anlage, sondern jeden Bestandteil der Industrie bzw. einer technischen oder industriell-gewerblichen Anlage impliziert.[17] Man ging allerdings nicht so weit, sämtliche Bauten dieser Epoche auch zu Industriedenkmalen zu erklären, wie es das Industriekultur-Konzept erlaubt hätte. Entsprechend dem Selbstverständnis der Industriearchäologie gehört dazu allerdings die Infrastruktur, also die Verkehrs- und Versorgungseinrichtungen. Diese Bereiche bilden heute den Kernbestand der technischen Denkmale.

Wilfried Krings hat zu Beginn der 80er Jahre in einer Übersicht gezeigt,[18] daß in Großbritannien insbesondere das Arbeiterwohnen entweder völlig unbeachtet blieb oder nur in städtebaulichem Zusammenhang betrachtet wurde. In Deutschland dagegen verzichtete man auf die Einbeziehung von Bauten des Einzelhandels-/Dienstleistungsgewerbes und den gesamten, etwa in England und den USA nicht unwichtigen Bereich der industrialisierten Agrarwirtschaft.

Heute werden Bauten des Einzelhandels und der Dienstleistungen wie Banken und Versicherungen, aber auch solche der Landwirtschaft, obwohl auch sie natürlich wichtige Teile der modernen Wirtschaft sind, meist nicht zum industriellen Bereich gezählt. Der pragmatische Grund dafür liegt in der baulichen Normalität dieser Anlagen, die ein technikgeschichtliches oder konservatorisches Spezialwissen nicht erforderlich machen.

Eine Sonderkategorie unter den Industriedenkmalen bilden bewegliche Denkmale der Technik, unter denen man sowohl mobile Objekte, so historische Fahrzeuge (Abb. 6), als auch einzelne technische Einrichtungen in Gebäuden, so auch Aufzüge, verstehen kann.[19] Diese etwa im nordrhein-westfälischen Denkmalschutzgesetz explizit genannte Gattung findet allerdings wenig Anwendung, da sich hier Grenzen und Kriterien noch schlechter finden lassen und man davon ausgeht, daß derartige Objekte eher von Museen und Sammlungen beobachtet und betreut werden. Aus historischer Argumentation steht für die Denkmalpflege natürlich der Erhalt am ursprünglichen Standort, „in situ", und damit auch im alten Zusammenhang im Vordergrund; dieser Ortsbezug ist neben dem hohen dokumentarischen Wert wesentlicher Aspekt des Denkmalwerts. Daß auch aus juristischer Sicht mit der Aufnahme eines technischen Kulturguts in ein Museum die Verantwortung der Denkmalpflege auf dieses übertragen wird, entspricht der damit meist einhergehenden Konzentration auf die technikgeschichtliche Komponente.[20] Hier zeigen sich deutlich die unterschiedlichen konservatorischen und didaktischen Ziele.

6. Ein bewegliches technisches Denkmal: Der Schleppdampfer Oskar Huber in Duisburg-Ruhrort aus dem Jahre 1922, von der Stadt Duisburg erworben und als Außenstelle des Binnenschifffahrtsmuseums in Ruhrort betrieben

[17] Vgl. Ian Donnachie: „Aids to Recording: The Classification of Industrial Monuments: A Guideline." In: IA 6, 1969, H. 1, S. 52–59; Föhl 1976, S. 137–139; vgl. auch die detaillierte Gliederung in: BEWIA S. 861–872.
[18] Wilfried Krings: „Industriearchäologie und Wirtschaftsgeographie." In: Erdkunde – Archiv für Wissenschaftliche Geographie 35, 1981, S. 167–174.
[19] Siehe etwa: Föhl 1994, S. 126/27.
[20] Vgl.: Paul Artur Memmesheimer, Dieter Upmeier, Horst D. Schönstein: Denkmalrecht NRW, Kommentar. Kommentierte Schriften f. NRW, Bd. 46, ²Köln 1989.

DAS INDUSTRIE-DENKMAL

Verbindet man das Industriedenkmal mit dem Begriff der Industriellen Revolution und Wirtschaft, dann waren strenggenommen auch alle vorindustriellen Anlagen keine Industriedenkmale; sie werden jedoch als Vorstufen dazugerechnet. Die traditionelle Bezeichnung „Technische Kulturdenkmale" erscheint vor allem im Zusammenhang mit solchen vor- und frühindustriellen Objekten sinnvoll, die man auch schlicht als technisch-gewerbliche Denkmale bezeichnen könnte. In seiner zeitgebunden-einseitigen Definition erscheint der Begriff des „Technischen Kulturdenkmals" aber auf die Objekte der Hochindustrialisierung, die heute das Schwergewicht der Industriedenkmalpflege bilden, nicht mehr generell anwendbar.

Die Einbeziehung vor allem der Arbeitersiedlungen unter die Industriedenkmale war zwar aus historischen Gründen, und insbesondere durch Eisenheim als einem der Ausgangspunkte der Denkmalpflege an Objekten der Industriekultur in Deutschland, verständlich. Diese Zuordnung wurde aber, weil die Objekte konstruktiv wie organisatorisch mit den übrigen Wohnbauten fast identisch sind und die Art denkmalpflegerischer Betreuung anderen Denkmalensembles entspricht, meist wieder aufgegeben. Davon ist die Einordnung in den Bereich der „Industriekultur" aber nicht betroffen.

Die juristische Definition des Industriedenkmals stützt sich in den meisten zwischen 1971 (Baden-Württemberg) und 1980 (Nordrhein-Westfalen) von den zuständigen (west-)deutschen Bundesländern erlassenen Denkmalschutzgesetzen auf die vielfältige historische Bedeutung.[21] Im Prinzip läßt sich diese Kategorie bis in die Anfänge der Denkmalschutzgesetzgebung zurückverfolgen: Schon Schinkels preussischer Runderlaß von 1823 spricht neben den Kunstdenkmalen von den „geschichtlichen Merkwürdigkeiten".[22] Die Einbeziehung von technischen und Industriebauten und die Festlegung zeitlicher Grenzen ist damit Sache konventioneller Festlegung nach dem Verständnis der jeweiligen Zeit. Die „technischen Denkmale" wurden zuerst 1934 in Sachsen im Text eines deutschen Denkmalschutzgesetzes genannt.[23] Die westdeutschen Landesdenkmalgesetze nach 1970 umfassen meist auch einen deutlichen Hinweis auf die technischen Denkmale, wobei die Art der Formulierung der Entstehungszeit, den individuellen politischen Situationen und der sehr unterschiedlichen Einstellung zu dem neuen Thema entsprach. Das nordrhein-westfälische Denkmalschutzgesetz von 1980 nennt die Denkmale „bedeutend für die Geschichte des Menschen, für Städte und Siedlungen oder für die Entwicklung der Arbeits- und Produktionsverhältnisse" und fordert das „wissenschaftliche, volkskundliche und städtebauliche" Interesse. In dieser ausführlichsten Nennung spiegelt sich besonders auffällig die sozialgeschichtliche und politisch links einzuordnende Orientierung der Betrachtungsweise dieser Zeit, die sich in ähnlicher Formulierung etwa in DDR-Publikationen findet (Text 35).[24]

Letztlich entscheidet also die zeitgenössische Gewichtung und Definition „historischer Werte", die Gesetzesauslegung über die Einbeziehung von industriell-technischen Objekten in den Bereich der Denkmalpflege. Neben den historischen Bezügen spielen besonders auch für die technischen Baudenkmale eine Reihe anderer Überlegungen eine Rolle, wobei der Symbolwert und der Material- und Gebrauchswert im Mittelpunkt stehen.

Die noch weitergehenden Forderungen nach Ergänzung des Denkmalschutzes um einen „Sozialschutz", wie sie etwa von Roland Günter vorgetragen wurden, konnten sich dagegen nicht durchsetzen (Abb. 7).[25] Gerade Günther Borchers vertrat im Gegensatz dazu ausdrücklich den Standpunkt, daß diese Interessen zwar legitim und sinnvoll seien, ihre Vertretung aber nicht zu den Aufgaben der Denkmalpflege gehöre: „Wir können weder Verkehrsplanung noch Sozialplanung, noch Wirtschaftsplanung von seiten der Denkmalpflege aus beurteilen. Wir haben im Zuge eines klaren, wissenschaftlichen Auftrags die Baudenkmäler zu dokumentieren und zu erhalten. Und aus dieser Sicht heraus tritt die Denkmalpflege an. Nicht etwa des-

7. Straßenszene in der „ältesten Arbeitersiedlung des Ruhrgebiets" Oberhausen-Eisenheim um 1975; illustriert wird die Nutzung des Straßenraums als Spielplatz und Kommunikationsort

---

[21] Wolfgang Brönner (Bearb.): Deutsche Denkmalschutzgesetze (Schriftenreihe des Dt. Nationalkomitees für Denkmalschutz 18). Bonn 1982; vgl. Föhl 1994, S. 23.
[22] Siehe etwa die Zusammenstellung früher Texte bei: J. Reimers (Bearb.): Handbuch für die Denkmalpflege. Hannover ³1913, S. 432–493.
[23] J. Jungmann: Gesetz zum Schutz von Kunst-, Kultur- und Naturdenkmalen (Heimatschutzgesetz). Radebeul 1934.
[24] Siehe etwa: Eberhard Wächtler, Otfried Wagenbreth: „Soziale Revolution und Industriearchäologie." In: SICCIM II. Internationaler Kongress f. die Erhaltung technischer Denkmäler. Verhandlungen. Bochum 1978, S. 160–176.
[25] Siehe: Günter (wie Kap. V, Anm. 43).

8. Fortschreibung einer historisch einmaligen Verkehrsanlage: Die Schwebebahnstrecke in Wuppertal, errichtet 1898–1903, überquert mit Hilfe einer Schrägseilkonstruktion von 1967 die Straßenkreuzung am Bahnhof Alter Markt. Obwohl allgemein als Denkmal anerkannt, wurde die Schwebebahn sehr lange nicht eingetragen; nun betreiben die Stadtwerke Wuppertal mit Landesmitteln einen Totalaustausch in veränderter Form, dem auch fast alle historischen Bahnhöfe zum Opfer fallen sollen. Statt intensiver Wartung und punktueller Reparatur soll durch eine radikale Erneuerungsmaßnahme eine optisch ähnliche Totalkopie erstellt werden. Ein besonderer Konfliktfall durch zu hohe Nutzungsansprüche an ein einmaliges, weltbekanntes Verkehrsmittel

[26] Denkmalpflege 1975. Tagung der Landesdenkmalpfleger in Goslar 15.–20. 6. 1975. Hannover 1976, S. 163; vgl. auch: Günther Borchers: „Zum Problem der Arbeitersiedlungen aus der Sicht der Denkmalpflege" (wie Anm. 12).
[27] SICCIM II. Internationaler Kongress für die Erhaltung technischer Denkmäler. Verhandlungen. Bochum 1978, Disk.-Beitrag Buchanan zum Beitrag Roland Günter, S. 354/55.
[28] Siehe etwa: Ernst-Rainer Hönes: Die Unterschutzstellung von Kulturdenkmalen (Schriften zur öffentlichen Verwaltung, Bd. 27). Köln 1989, S. 95–97.
[29] DM Registratur, Akte VDI/Denkmalspflege.
[30] Burkhard Meier: „Der Bahnhof in Braunschweig." In: DKD 1935, S. 225–228; zum Umbau als Bankgebäude nach 1960: Bew. u. Gest. 1965, S. 99.
[31] Müller (wie Kap. IV, Anm. 46).

halb, weil wir Sozialstrukturen erhalten wollen".[26] Statt dessen plädierte er für die konstruktive Zusammenarbeit mit den jeweiligen Fachleuten. Auch auf internationalen Tagungen stießen, wie bereits erwähnt, die sozialpolitischen Vorstöße etwa bei Engländern auf Unverständnis und wurden mit dem Hinweis auf ideologische Neutralität der Denkmalpflege abgelehnt.[27]

Die traditionelle Fixierung auf den Alters- und den Kunstwert und damit allgemein anerkannte Qualitätskriterien, eine starre Zeitgrenze und der Begriff des Kunstdenkmals haben die Aufnahme historischer Industrieanlagen in die Obhut der Denkmalpflege erschwert. Daneben hat die gerade bei Industriebauten oft immanent begrenzte Lebensdauer den Sinn einer juristisch-begrifflichen Unterscheidung zwischen Denkmalwert und -eigenschaft und Schutz- und Erhaltungsfähigkeit besonders deutlich gemacht.[28]

Inventarisation und Auswahl

Während etwa in England Ende der 60er Jahre bereits eine relativ gute Übersicht über das industriegeschichtliche Erbe vorlag, waren in Deutschland zuletzt Mitte der 60er Jahre Bemühungen gescheitert, am Deutschen Museum ein Zentralregister für technische Denkmale anzulegen.[29] Die schon erkennbare Vielzahl der nach modernen Kriterien zu untersuchenden Anlagen erstickte die Versuche im Keim. Auch bildete sich in Deutschland keine Industriearchäologie-Bewegung unter Einbeziehung von Laien, und die Organisation der Denkmalpflege auf Länderebene erschwerte ein einheitliches Vorgehen. Die stark unterschiedliche Haltung der einzelnen Landeskonservatoren ließ ein abgestimmtes einheitliches Vorgehen nicht zu. In den fortgeführten Inventaren der Denkmalämter fanden sich zwar zahlreiche Objekte der Gattung „Technische Kulturdenkmale", aber nur wenige Bauten, die mit der industriellen Entwicklung direkt in Verbindung standen, und diese meist schon seit der Zeit zwischen den Weltkriegen. Dazu gehörten, überwiegend aus architekturgeschichtlichen Gründen, neben einzelnen Bahnhöfen wie dem ehemaligen Braunschweiger Hauptbahnhof von 1843–45[30] (Abb. 9) vor allem einige Malakowtürme im Ruhrgebiet. Daß auf sie 1962 ausgerechnet in der Zeitschrift „Burgen und Schlösser" noch einmal hingewiesen wurde, kennzeichnet die primär architekturgeschichtliche, in diesem Fall an der Verwandtschaft zum Burgenbau festgemachte Betrachtung und Einordnung.[31] Die Übernahme des Malakowturms Julius Philipp in Bochum-Wiemelhausen durch die Ruhr-Universität

9. Der schloßartige Kopfbau des 1843–45 von Karl Theodor Ottmer errichteten Bahnhofs in Braunschweig. Schon in den 30er Jahren als Denkmal erkannt, wurde die Hauptfront des Baus nach teilweiser Kriegszerstörung ab 1960 als Fassade für den Verwaltungsbau der Norddeutschen Landesbank umgebaut. Die großflächige Verglasung des ursprünglich feingliedrig befensterten Baus ist als bewußte moderne Überformung zu verstehen

[32] Aufruf von Ulrich Conrads: BW 59, 1968, S. 170/71; Staatshochbauamt Bochum (Hg.): Der Malakowturm Julius Philipp in Bochum Wiemelhausen. Restaurierung und Ausbau des Industriedenkmals für die Medizinhistorische Sammlung und das Institut für Geschichte der Medizin der Ruhr-Universität Bochum. Essen 1990.
[33] Denkmalpflege in der Bundesrepublik Deutschland. München 1974, S. 54/55; Paul-Georg Custodis: Technische Denkmäler in Rheinland-Pfalz. Koblenz 1990, S. 114/15.
[34] Siehe: Roland Günter: „Glanz und Elend der Inventarisation." In: DKD 28, 1970, H. 1/2, S. 109–117.
[35] Siehe etwa: Rainer Slotta: „Zur Situation der Pflege Technischer Denkmäler und der Industriearchäologie in der Bundesrepublik Deutschland. Versuch einer Bestandsaufnahme." In: Matschoß/Lindner 1932; Repr. Düsseldorf 1984, S. V–XIII; Hartwig Suhrbier: „Fabrikschloß und Zechenkolonie. Zur Entdeckung einer verdrängten Wirklichkeit." In: Romain/Suhrbier 1984, S. 199–219.
[36] Zit. bei: Romain/Suhrbier 1984, S. 200/01.
[37] Ulrich Conrads: „Die Entdeckung des Jahres: Maschinenhalle der Schachtanlage Zollern II in Dortmund-Bövinghausen." In: BW 60, 1969, S. 735–738.
[38] Der Arbeitsgruppe gehörten an: Dipl.-Ing. Hans-Friedrich Schierk, Universität Wuppertal; Dr. Ulrich Troitzsch, Hattingen; Dr. Gertrud Milkereit, Thyssen-Archiv, Duisburg; Dr. Koenen, Thyssen-Stiftung; Prof. Dr. Willy Weyres und Dr. E. Schild, RWTH Aachen; Dr. G. Simons, Bonn; Dr. Conrads und Dr. Werner Kroker, Dt. Bergbaumuseum Bochum; Dr.-Ing. F. H. Sonnenschein,

Bochum im Jahre 1973, dem schon 1969 ein Aufruf in der Zeitschrift „Bauwelt" vorausgegangen war, gehörte zu den ersten Rettungsmaßnahmen von Industriedenkmalen; erst 1989/90 wurde er für die medizinhistorische Sammlung der Universität umgebaut.[32] Nur wenige Objekte jüngerer Zeit, wie der Bahnhof Rolandseck bei Remagen,[33] wurden (hier aus überwiegend kultur- und architekturgeschichtlichen Gründen), nach langem Streit und auf private Anregung, vor 1970 zusätzlich aufgenommen.

Auf englische Einflüsse reagierend, aber teilweise auch politisch motiviert, und unter großem persönlichen Einsatz waren es in Deutschland Roland Günter, mit der Erstellung des Denkmalinventars für Oberhausen und Mülheim an der Ruhr betraut,[34] und Hans P. Koellmann, Architekt und Direktor der Dortmunder Fachhochschule, die sich in der zweiten Hälfte der 60er Jahre systematischer mit den industriegeschichtlichen Relikten zu beschäftigen begannen; Günter ging dabei vom städtebaulich-sozialgeschichtlichen Aspekt aus, Koellmann vom kunsthistorisch-ästhetischen, nämlich der Industriearchitektur von Gründerzeit und Jugendstil.[35]

Der vor allem von Koellmann initiierte Einsatz von Künstlern und Intellektuellen für den Erhalt der Maschinenhalle der Zeche Zollern II/IV in Dortmund-Bövinghausen im Jahre 1969 (Abb. 11) war die erste große Initiative zur Rettung eines Industriebaus ind Deutschland; sie führte schließlich bis in den Düsseldorfer Landtag.[36] In der an Ministerpräsident Heinz Kühn gerichteten Petition, die neben Koellmann und Günter von den Fotografen Bernd und Hilla Becher, dem Kunsthallenleiter Karl Ruhrberg und seinem Vertreter Jürgen Harten, dem Bildhauer Günter Uecker, den Malern Gotthard Graubner und Thomas Grochowiak und dem Architekten Wolfgang Döring unterzeichnet war, hieß es: „Wir erlauben uns, Sie auf den möglichen Verlust eines bedeutenden Industriebauwerks des Ruhrgebiets hinzuweisen und Ihnen die Bitte vorzutragen, daß Sie sich für dessen Erhaltung einsetzen möchten". Das Schreiben schließt mit dem Hinweis, es handle sich um einen frühen Versuch, „eine menschliche Gestaltung der industriellen Umwelt" zu erreichen und damit eine Antwort auf eine bis heute aktuelle Herausforderung zu geben. Nachdem auch die „Bauwelt" bereits im Mai 1969 auf die Eisenfachwerkhalle mit von Bruno Möhring, dem Gestalter der Berliner Hochbahn, entworfenen Jugendstildetails hingewiesen hatte,[37] ließ sich der Abbruch zugunsten einer Erschließungsstraße nicht mehr durchsetzen (Abb. 10). Anders als im Fall der Sayner Gießhalle konzentrierte man sich diesmal aber nicht nur auf einen einzigen Bau, sondern verwies auf die erhaltenswerte Gesamtanlage von Zechensiedlung und Werksanlage, in der die Ma-

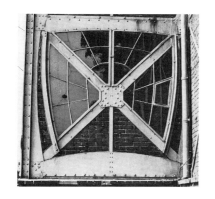

10. Detail vom Eingangsbau der Maschinenhalle der Zeche Zollern II/IV. Das 1969 in der „Bauwelt" erschienene Foto belegt das besondere Interesse der Zeit an den von Bruno Möhring künstlerisch gestalteten Details der Halle, das heißt an den architektonisch-künstlerischen Aspekten des Industriedenkmals
11. Maschinenhalle der Zeche Zollern II/IV kurz nach ihrer 'Entdeckung' um 1970, noch vor der Erneuerung der Dacheindeckung

schinenhalle den spektakulären Übergang von solider Backsteingotik zu industriellem Eisenfachwerk markierte. Erste Erhaltungs- und Pflegemaßnahmen wie etwa die Erneuerung des Dachs und des Innenanstrichs wurden noch vom Land und der Ruhrkohle AG als Eigentümer finanziert; das Bochumer Bergbaumuseum übernahm schließlich 1973 als Träger die Anlagen und eröffnete dort seine naturwissenschaftliche Forschungsabteilung, das „Zollern-Institut". 1979 wurde die Zeche, nun im Besitz des Landschaftsverbandes Westfalen-Lippe, Zentrale des Westfälischen Industriemuseums.

Auf Initiative des Kulturausschusses des nordrhein-westfälischen Landtages unter Hans-Joachim Bargmann verankerte die Landesregierung im März 1970 in ihrem bereits erwähnten Fünfjahresprogramm zur Steuerung und Begleitung des wirtschaftlichen Strukturwandels die „Sicherung der bedeutenden baulichen Zeugnisse der Ruhrindustrie" als historische Denkmale und stellte für ihren Erhalt Sondermittel zur Verfügung. Durch eine beigefügte Liste wurde eindeutig bestimmt, daß damit neben vorindustriellen technischen Denkmalen auch solche der Hochindustrialisierung gemeint waren; unter anderem wurden die Zechen Adolph von Hansemann und Westhausen in Dortmund und das Dortmunder Hafenamt erwähnt. Gleichzeitig beauftragte die Landesregierung das Amt des Landeskonservators im Rheinland mit der Inventarisation der Industriedenkmale in Nordrhein-Westfalen. Am 21. 7. 1970 traf sich erstmals eine Arbeitsgruppe aus Historikern und Ingenieuren,[38] die, nach Branchen aufgeteilt, Fragebögen erstellen sollten.[39] Eine „Meldebogenaktion" war zu dieser Zeit bereits von Roland Günter und Wilfried Hansmann am Rheinischen Amt für Denkmalpflege begonnen worden (Abb. 12a u. b). Mit den Ergebnissen war man allerdings nicht zufrieden, da nur 30% der Bögen zurückgesandt wurden und sich im Vergleich zu eigenen Erkenntnissen gravierende Fehlinformationen herausstellten. Man rückte also vom Verfahren der freiwilligen „Selbstanzeige" wieder ab. Daraufhin wurden in den Denkmalämtern in Bonn und Münster Referenten für technische Denkmale eingesetzt, und zwar Ende 1973 in Münster der Architekt Helmut Bönnighausen und Anfang 1974 im Rheinland der Historiker Axel Föhl.

[38] Freilichtmuseum Techn. Kulturdenkmale, Hagen; Prof. Dr. H. Kellenbenz, Univ. Köln, Dr.-Ing. E. Neumann, Westf. Amt f. Denkmalpflege, Münster; Dr. Günther Borchers; Dr. Wilfried Hansmann und Dr. Roland Günter, Landeskonservator Rheinland Bonn; später nahmen u.a. auch Prof. Wesenberg, Landesregierung Düsseldorf und Dr. Otfried Dascher, Westf. Wirtschaftsarchiv, Dortmund, teil.
[39] Siehe: Axel Föhl: „Zehn Jahre Erfassung technischer Denkmäler im Rheinland. Dokumentieren und Erhalten 1970–1980." In: JRD 29, 1983, S. 349/50.

DAS INDUSTRIE-
DENKMAL

ARBEITSGEMEINSCHAFT ZUR DOKUMANTATION INDUSTRIELLER ARCHITEKTUR
UND TECHNISCHER ANLAGEN IN NORDRHEIN-WESTFALEN

2. September 1970

Sehr geehrte Damen und Herren!

Raumnot, der Zwang zur Modernisierung und Rationalisierung sind
vielfach Gründe, die dazu beitragen, daß Fabrikgebäude, Betriebs-
anlagen, Maschinen und handwerkliche Einrichtungen abgerissen werden und unwiederbringlich verschwinden. Es besteht Gefahr, daß in

Mitteilungsbogen zur Dokumentation industrieller Architektur
und technischer Anlagen

1. Besitzer (Private oder Behörde):

   Name:

   Adresse: Tel.:

2. Absender

   Name:

1975 stellte Rainer Slotta am Bochumer Bergbaumuseum anläßlich der zweiten ICCIM-Tagung eine erste Übersicht über ausgewählte industrielle Denkmale in der Bundesrepublik vor,[40] nachdem schon 1973 in der DDR eine vergleichbare Zusammenstellung erschienen war.[41] Die erste Sammlung Slottas stützte sich noch in Teilen auf die „Technischen Kulturdenkmale" von 1932.

Axel Föhl gab 1976 einen ersten (und bis heute einzigen) Überblick über die Industriedenkmale seines Arbeitsbereichs, des Rheinlandes.[42] Daran schlossen sich vor allem ab 1980 in fast allen deutschen Industrieschwerpunkten spezielle Übersichten an; als besonders vorbildlich gelten die beiden Bände Volker Rödels über Frankfurt, in „Ingenieurbaukunst" und „Fabrikarchitektur" gegliedert.[43] Weitere beson-

12a und b. Zweiter Anlauf der Erfassung technischer Denkmale: Ausschnitte aus dem 1970 erarbeiteten Meldebogen des Landeskonservators Rheinland
13. Innenansicht der Tuchfabrik in Euskirchen-Kuchenheim, stillgelegt im Zustand der Jahrhundertwende erhalten. Das Rheinische Industriemuseum ließ eine umfangreiche Dokumentation anfertigen. Die Fabrik wird weitgehend unverändert als Museumsstandort erhalten
> 14. Werkstatt der Silberschmiede Ott-Pauser in Schwäbisch Gmünd, dokumentiert und als Museum erhalten.

ders fundierte Zusammenstellungen erschienen 1991 über Hamburg[44] und 1992 über Berlin.[45] Andere wichtige alte Industriestandorte, etwa München, Nürnberg oder Augsburg, sind dagegen noch nicht oder nur in Kurzpublikationen vertreten. Fast alle jüngeren Veröffentlichungen zum Industriedenkmälerbestand einzelner (Flächen-)Bundesländer sind privat initiiert und konnten nur selektiv eine Vorstellung über die Vielfalt und die regionalen Schwerpunkte industriegeschichtlicher Zeugnisse bieten.[46] Inventare auf Landesebene liegen bisher nur für kleine Teilbereiche des Bestandes vor: Westfalen, Lauf/Oberfranken. und das Erzgebirge in Sachsen.[47]

Beispielhaft lassen sich Aufbau, Organisation und Entwicklung des Aufgabenbereiches eines Referats für „Denkmale der Technik und Industrie" im Denkmalamt des Rheinlandes seit 1974 verfolgen.[48] Dabei wurde eine völlig eigenständige Denkmalkartei dieses Bereiches aufgebaut, in die zwar die Erkenntnisse der allgemeinen Inventarisation eingehen, die aber wegen der langsameren Arbeitsweise der Gesamtinventarisation gesondert angelegt werden mußte. Die Referenten wurden dabei vor Ort von lokalen Denkmalpflegern oder anderen Kennern der örtlichen Verhältnisse begleitet und beraten. Für die Einordnung der Denkmale wurde eine detaillierte Systematik entworfen, die von den drei Kategorien Produktion, Verkehr und Versorgung ausgeht. Die Denkmalkartei ist dementsprechend nicht nach Orten, sondern nach Branchengruppen gegliedert; dies läßt einen schnellen Zugriff auf Vergleichsobjekte zu. In Konsequenz hat das zu einer Umstellung der Inventarisation und Grundlagenforschung auf Branchen und Infrastruktursysteme geführt, was eine bessere Vergleichbarkeit während der Inventarisation sicherstellt und zugleich der Struktur der vielen überörtlich und zusammenhängend vertretenen Branchen entgegenkommt. Als wichtige, wenn auch kritisch zu beurteilende Quelle bilden Firmenbriefköpfe eine der zusätzlichen Materialsammlungen.

Walter Buschmann hat besonders auf drei Probleme bei der Inventarisation von Industriedenkmalen innerhalb der allgemeinen Schnellinventarisation hingewiesen:[49] Noch weniger als in anderen Gattungen kann von der äußeren Erscheinung des Gebäudes auf dessen Inhalt und die Gesamtbedeutung geschlossen werden, ein

[40] Slotta 1975.
[41] Kulturbund der DDR (Hg.): Technische Denkmale in der DDR. 1973; ²1977.
[42] Föhl 1976.
[43] Volker Rödel: Ingenieurbaukunst in Frankfurt am Main 1806–1914. Frankfurt am Main 1983; ders.: Fabrikarchitektur in Frankfurt am Main 1774–1924. Die Geschichte der Industrialisierung im 19. Jahrhundert. Frankfurt am Main 1986.
[44] Anne Frühauf: Fabrikarchitektur in Hamburg (Arbeitshefte zur Denkmalpflege in Hamburg Nr. 10). Hamburg 1991.
[45] Werner Hildebrandt, Peter Lemburg, Jörg Wewel: Historische Bauwerke der Berliner Industrie (Beiträge zur Denkmalpflege in Berlin, H. 1). Berlin 1988.
[46] Wolfram Heitzenröder u.a.: Hessen. Denkmäler der Industrie und Technik. Berlin 1986; Armin Schmitt: Denkmäler saarländischer Industriekultur. Wegweiser zur Industriestraße Saar-Lor-Lux. Saarbrücken 1989, ²1995; Paul-Georg Custodis: Technische Denkmäler in Rheinland-Pfalz (Hg. Landesbildstelle Rhld.-Pfalz). Koblenz 1990; Michael Mende: Niedersachsen und Bremen. Denkmale der Industrie und Technik. Berlin 1990; Hubert Krins u.a.: Brücke, Mühle und Fabrik. Technische Kulturdenkmale in Baden-Württemberg (Industriearchäologie in Baden-Württemberg, hg. v. Landesmus. f. Technik und Arbeit in Mannheim, Bd. 2). Stuttgart 1991.
[47] Industrie Museum Lauf. Spuren der Industriekultur im Landkreis Nürnberger Land. Eine Festschrift zur Eröffnung des Museums in Lauf a. d. Pegnitz (Bayerisches Landesamt für Denkmalpflege, Arbeitsheft 57). München 1992; Hermann Ketteler: Technische Denkmäler im Kreis Steinfurt. Zeugen der Technikgeschichte. Steinfurt ²1989; Christian Hoebel: Wind- u. Wasserkraftanlagen im Westmünsterland. Dokumentation des Bestandes. Überlegungen zur Erhaltung u. Nutzung. Steinfurt 1989; vgl.: Otfried Wagenbreth, Eberhard Wächtler (Hgg.): Der Bergbau im Erzgebirge. Technische Denkmale und Geschichte. Leipzig 1990.
[48] Axel Föhl: „Zehn Jahre Erfassung technischer Denkmale im Rheinland. Dokumentieren und Erhalten 1970–1980." In: JRD 29, 1983, S. 347–366; Wolfgang Brönner: „Technische Denkmäler und andere Spezialgebiete." In: DiR 7, 1990, H. 4, S. 10/11; Walter Buschmann: „Inventarisation der Technik- und Industriedenkmale." In: JRD 36, 1993 (Festschrift z. 100 jähr. Best. d. Rh. Amtes f. Denkmalpflege).
[49] Buschmann (wie vor.), S. 144.

DAS INDUSTRIE-
DENKMAL

Problem, das allerdings auch bei privaten Wohnbauten oft existiert; die etwa im Vergleich zur Kunstgeschichte unsystematische und noch immer kaum aufgearbeitete Geschichte der Industriebautypen erschwert das Auffinden und die schnelle Einordnung von denkmalverdächtigen Anlagen, und schließlich ist im Verhältnis zur Größe der Anlagen oft nur eine kursorische Auflistung und Dokumentation denkmalwerter Elemente möglich. Von den gleichen Problemen haben natürlich auch die Fachleute bei der Inventarisation von Industriedenkmalen auszugehen.

Die Erfassung, Erforschung und Dokumentation von historisch bedeutenden Großbetrieben ist nur im Rahmen von speziellen Einzelgutachten möglich, die bisher meist nicht von der Denkmalpflege finanziert und durchgeführt werden. In Deutschland sind hier etwa die nicht veröffentlichten Dokumentationen zu den Hüttenwerken von Duisburg-Meiderich, Völklingen, Sulzbach-Rosenberg und zur Zeche Zollverein in Essen zu nennen, die jeweils auch der Vorbereitung erhaltender Maßnahmen dienten.[50] Außerhalb der Schwerindustrie wurden ähnlich detaillierte Inventare angefertigt, z.B. im Rahmen des Rheinischen Industriemuseums für die im Betrieb übernommene Gesenkschmiede Henrichs in Solingen und die Tuchfabrik in Euskirchen-Kuchenheim (Abb. 13) oder auch bei der Silberwarenfabrik Ott-Pauser (Abb. 14) in Schwäbisch-Gmünd;[51] diese detaillierten, fotografisch-beschreibenden Inventare können methodisch teilweise auch dem Bereich museal-volkskundlicher Dokumentation zugeordnet werden.

Weitere fremdfinanzierte Inventarisationsprojekte waren die Aufnahme der Industriebauten im Rhein-Main-Gebiet durch die Stiftung Volkswagenwerk,[52] die Inventarisation des Goslarer Bergbaureviers durch das Deutsche Museum und das am Deutschen Schiffahrtsmuseum Bremerhaven angesiedelte Forschungsprojekt „Denkmale der Seeschiffahrtsgeschichte an der deutschen Nordseeküste" der Deutschen Forschungsgemeinschaft.[53] Die Deutsche Stiftung Denkmalschutz finanziert eine weitere Inventarisation der Bergbaulandschaft Oberharz.[54]

[50] Vgl.: Wolfgang Ebert: Landschaftspark Duisburg-Nord. Industriegeschichtlicher Führer. Duisburg ³1992.
[51] Wolfgang Mayer: „Fabrik' – ,Verbotener Eingang'. Ott-Pausersche Silberwaren- und Bijouteriefabrik in Schwäbisch Gmünd." In: DiBW 22, 1993, S. 111-115; vgl: Papierherstellung in Westfalen-Lippe. Die Papiermühle Plöger, Schieder-Schwalenberg, Kreis Lippe. Münster 1991.
[52] Rolf Höhmann: Frühe Industriebauten im Rhein-Main-Gebiet. Forschungsprojekt am Fachgebiet Entwerfen und Baugestaltung, Prof. Günter Behnisch, Technische Hochschule Darmstadt (MS, 2 Bde.). Darmstadt 1987.
[53] Siehe: Dirk J. Peters: „Zum Stand der Inventarisation und Dokumentation der schiffahrtsbezogenen Bauten an der deutschen Nordseeküste. Eine Zwischenbilanz." In: DKD 45, 1987, S. 75-85.
[54] Lt. Mitt. d. Dt. Stiftung Denkmalschutz.

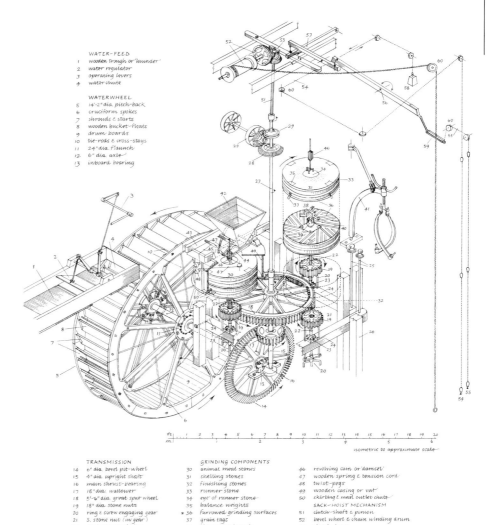

< 15. Karte des HAER (Historic American Engineering Record)-Inventars; Beispiel: die Tower Hill High Pressure Stand Pipe (Hochdruck-Wasserreservoir) von 1898 in Lawrence (Mass.). Die Karte enthält eine genaue Beschreibung, Literaturangaben, Ort und Eigentümer, Angaben zur Gefährdung und zum Inventarisator. Ein Lochkartensystem ermöglicht die mehrfache systematische Eingliederung

16. Isometrische Darstellung eines Wasserrades mit Getriebe, Mahlwerk und Steuerungselementen von Geoffrey D. Hay (Getreidemühle von Machrimore, Kintyre, Argyll). Beispiel für die hohe Kunst zeichnerischer Erfassung komplexer technischer Anlagen auf der Grundlage verfeinerter Maschinenbaudarstellungen. Die 60 (!) Kennzahlen verweisen auf Angaben zu Namen, Größe und Material

---

[55] Donald M. Sackheim (Bearb.): Historic American Engineering Record Catalog. Washington 1976; vgl.: Harley J. McKee: Recording Historic Buildings. The Historic American Buildings Survey. Washington 1970; Douglas L. Griffin: „The Historic American Engineering Record. Programme and Projects." In: FICCIM, S. 5–12.
[56] John Coolidge: Mill and Mansion. A Study of Architecture and Society in Lowell, Massachusetts 1820–1865. New York 1942; Repr. 1967.
[57] Siehe etwa: Martha & Murray Zimiles: Early American Mills. New York o.J. (ca. 1980).
[58] BEIA S. 450.
[59] Banham 1990, S. 72–115; vgl. auch: Lisa Mahar-Keplinger: Grain Elevators. Princeton 1993.
[60] Cossons 1993, S. 15/16.

Eine systematische zeichnerische Dokumentationstechnik für historische Bauten wurde in den USA im Rahmen des Historic American Building Survey (HABS) seit den 30er Jahren teilweise erheblich weiterentwickelt; diese orientiert sich u.a. an Darstellungstechniken des Maschinenbaus (Explosionszeichnung) und wurde auf den 1969 geschaffenen Historic American Engineering Record (HAER)[55] übertragen (Abb. 15). Der HAER wurde durch einen Kooperationsvertrag der American Society of Civil Engineers (ASCE), der Library of Congress (als Archiv) und dem National Park Service geschaffen und letzterem organisatorisch angeschlossen. Der HAER hat sich sowohl den frühindustriellen Relikten als auch Ingenieurbauten und jüngeren Anlagen gewidmet. Nach einem ersten, einmalig gebliebenen, bau- und kulturgeschichtlichen Werk über die Textilstadt Lowell von John Coolidge aus dem Jahre 1942[56] entstand 1967/68 noch unter dem HABS das Spezialinventar „New England Textile Mills Survey".[57] Auf dieser Grundlage wurde auch das frühe Textilzentrum in Lowell (Massachusetts) baulich erfaßt und erhalten (Abb. 17).[58] Die auch architekturgeschichtlich bedeutenden Industriedenkmale des 20. Jahrhunderts wie die gigantischen Siloanlagen der im „Midwest" konzentrierten Mühlen wurden dagegen erst später erfaßt. Gleiches gilt für die mehrstöckigen Eisenbeton-Fabrikbauten.[59]

In Großbritannien wird die Inventarisation und Dokumentation von Industriedenkmalen, wie bereits erwähnt, als eine Aufgabe der Industriearchäologie begriffen. Der schon 1963 begonnene „Industrial Monuments Survey" ist über mehrere Zwischenstufen heute „English Heritage" unterstellt.[60] Nach überwiegend privat betriebenen, unzähligen Übersichten über die industriellen Denkmale ist erst seit den späten 70er Jahren von der ersten Generation systematisch ausgebildeter Industriearchäologen eine neue Stufe von Inventaren begonnen worden. Methodisch prägend war hier z.B. die seit 1969 bzw. 1977 zusammengestellte und 1986 erschienene Übersicht über die Industriedenkmale Schottlands.[61] Sie enthält hervorragende gezeichnete Bau- und Maschinenaufnahmen von Geoffrey D. Hay (Abb. 16). Als Spezialinventare sind neben einzelnen Arbeiten über Hafengebiete[62] drei Bände über die Textilindustrie in Mittelengland erschienen.[63] Als bisher bedeutendste Ergebnisse dieser Arbeit wollen sie eine neue, systematische und verläßliche Übersicht über den Denkmalbestand als Forschungsgrundlage schaffen.

In Frankreich stand zuerst die Konstruktions- und Technikgeschichte im Mittelpunkt des Interesses; am „Centre de documentation d'histoire des techniques" erschien schon 1978 eine erste Übersicht über die Industriearchitektur des 18. und 19. Jahrhunderts.[64] Erst 1983 wurde allerdings mit der Einrichtung der „Cellule du Patrimoine industriel" an der „Direction du Patrimoine", der zentralen Denkmalbehörde, ein Spezialreferat für Industriedenkmale geschaffen.[65] Bei der Inventarisation und Erforschung werden hier charakteristische regionale Branchen und einzelne Bautypen untersucht, wobei auch vorindustrielle Themen eine wichtige Rolle spielen.[66] Auf industriegeschichtlich so gravierende Veränderungen wie die Einstellung des Bergbaus im „Bassin houillière du Nord" reagierte man dagegen erst sehr spät. Ein Gesamtinventar der Zechenanlagen wurde erst im September 1990 begonnen – nur drei Monate später wurde die letzte Anlage stillgelegt.[67] Als 1992 eine Zusammenstellung denkmalwerter Anlagen vorlag, war keine mehr vollständig erhalten. Vor allem jüngere Betriebe hat man meist bis auf das Fördergerüst als Erinnerungsmal abgeräumt (Abb. 18). Noch radikaler wurden die Großanlagen der Stahlindustrie in Lothringen beseitigt.[68] Dem Bergbau bleibt dort noch eine Frist bis zum Jahre 2005.

In den Niederlanden und Belgien folgten auf die von privaten Vereinen und einzelnen Forschern initiierten Zusammenstellungen[69] die Berücksichtigung der Industriedenkmale in den Großinventaren, etwa den „Monuments Belgiques" mit den Bänden Gent und Lüttich. In den Niederlanden wurden die Industriedenkmale als

[61] Geoffrey D. Hay, Geoffrey P. Stell: Monuments of Industry, An Illustrated Historical Record (Hg.: The Royal Comm. on the Anc. and Hist. Mon. of Scotland). Edinburgh 1986; Rez.: J. Jenkins in: The Antiquaries Journal 67, 1987, H. 1, S. 211/12.
[62] Richard Foster (Hg.); Linda Moss, Michael Stammers: Liverpool's South Docks. An Archaeological and Historical Survey. Pt. 1: Mann Island - Wapping Basin. Liverpool o.J. (um 1980).
[63] Colum Giles, Ian H. Goodall: Yorkshire Textile Mills 1770-1930. Swindon 1992; Mike Williams, D. A. Farie: Cotton Mills in Greater Manchester. Swindon 1992; Anthony Calladine, Jean Fricker: East Cheshire Textile Mills. Swindon 1993.
[64] Centre de Documentation d'histoire des techniques (Hg.): Les Batiments à usage industriel (Verf.: Maurice Daumas u.a.). Paris 1978; vgl.: Maurice Daumas: L'archéologie industrielle en France. Paris 1980.
[65] Vgl.: Françoise Hamon: „L'architecture industrielle, travaux et publications. Un bilan international. La découverte du patrimoine industriel." In: Revue de l'art 79, 1988, S. 52-62; BEIA, S. 275-277; Jean-Yves Audrieux: Le patrimoine industriel (Reihe „Que sais-je"). Paris 1992.
[66] Etwa: Isabelle Balsamo, Jean-François Belhoste, Patrice Bertrand: La Manufacture de Dijonval et la draperie sedanaise 1650-1850 (Cahiers de l'inventaire 2). Châlons-sur Marne 1984; Architectures d'usines en Val-de-Marne (1822-1939) (Cahiers de l'inventaire 12). Paris 1988; Louis André, Jean-François Belhoste, Patrice Bertrand: La métallurgie du fer dans les Ardennes (XVIe-XIXe) (Cahiers de l'inventaire 11). Châlons-sur-Marne o.J. (ca. 1988); Jean-François Belhoste, Yannick Lecherbonnier, Mathieu Arnoux u.a.: La métallurgie normande, XIIe-XVIIe siècles. La révolution du haut fourneau (Cahiers de l'inventaire 14). Caen 1991.
[67] Claudine Cartier, Etienne Poncelet: „Le patrimoine industriel", S. 6-14; Odile Tétu: „Le patrimoine minier du Nord - Pas-de-Calais", S. 31-33; Michel Pioilevé: „Comprendre la mine et ses métiers", S. 34-43; Etienne Poncelet: „L'architecture charbonnière. Restauration des puits de la fosse d'Arenberg à Wallers", S. 44-55, alle in: Monumental. Revue scientifique et technique de la sous-direction des monuments historiques, direction du patrimoine, Nr. 6, Juni 1994; vgl. zum ehemaligen Bestand auch: Guy Dubois, Jean-Marie Minot: Histoire des Mines du Nord et du Pas-de-Calais (Bd. 1: des origines à 1954, Bd. 2: de 1946 à 1992). o.O. 1992.
[68] Michel Goutal: „Les haut-fourneaux d'Uckange." In: Monumental (wie vor.), S. 56-59.
[69] Dubois/Minot 1992 (wie Anm. 67).

< 17. „National Historic Site" Textilfabrikstadt Lowell (Mass.), Industrielandschaft als amerikanischer Nationalpark; Fest im Innenhof der erneuerten „Lowell Mills"
18. Frankreich, Pas de Calais bei Lille: Zechenbrache mit Fördergerüst

[70] Vgl.: J.J. Havelaar: De Laakhaven. Een beeld van en Haags industrielandschap (VOM-reeks 1991, Nr. 5). Den Haag 1991; Havenarchitectuur. Een inventarisatie van industriele gebouwen in het Rotterdamse havengebied. Rotterdam 1982.
[71] Gesellschaft für Schweizerische Kunstgeschichte (Hg.): INSA Inventar der neueren Schweizer Architektur 1850–1920, Bd.1–6: ab 1982, Bd.7 (Winterthur, Zürich, Zug): Zürich 1992; (zur Gesch. d. Inventarisations-Projekts siehe bes. das Vorwort von Bd.1, 1984).
[72] Slotta 1975 u. Kap. IV, Anm. 66.
[73] Tilmann Breuer: „Ensemble. Ein Begriff gegenwärtiger Denkmalkunde und die Hypotheken seines Ursprungs." In: Georg Mörsch, Richard Strobel (Hg.): Die Denkmalpflege als Plage und Frage. Festgabe für August Gebeßler. München 1989, S. 38–52; vgl.: Peter Swittalek: „Ensembleschutz bei technischen Denkmälern." In: Aus Österr. Wissenschaft, 1979, S. 80–82.
[74] S. K. Al Naib: European Docklands. Past, Present and Future. An illustrated guide to glorious history, splendid heritage and dramatic regeneration in European Ports. London 1991; Aufgaben und Perspektiven der Hafendenkmalpflege (Schriften des Dt. Nationalkomitees für Denkmalschutz 40). Bonn 1989; Brian Edwards: London Docklands. Urban Design in an Age of Deregulation. London 1992; vgl. die Aufs. in: DBZ 1994, H. 11, S. 29–109; Industriekultur und Arbeitswelt an der Wasserkante. Zum Umgang mit Zeugnissen der Hafen- und Schiffahrtsgeschichte (ADH 11). Hamburg 1992; vgl.: Manfred F. Fischer: „Der Hamburger Hafen als Ort technischer Kulturdenkmale. Probleme und Möglichkeiten der Denkmalpflege." In: ders.: Phoenix und Jahresringe. Beiträge zur Baugeschichte und Denkmalpflege in Hamburg. Hamburg 1989, S. 199–332.
[75] Ausschnitt aus solcher Arbeit etwa: Industrie und Architektur in Westfalen. Zeugen der Technikgeschichte. Fotos von Klaus Michael Lehmann (Ausst.-Kat.). Münster 1975; Berthold Socha: Bestandsaufnahme. Stillgelegte Anlagen aus Industrie und Verkehr in Westfalen (Westf. Industriemuseum, Schriften, Bd.2). Hagen 1985.

Teil der Gesamtübersicht über das bauliche Erbe seit 1840 erfaßt. Daneben entstanden in den Niederlanden einzelne, städtebaulich motivierte Untersuchungen wie über den Laakhaven in Rotterdam.[70] Analog dazu geht die auf einem eigenen Forschungsprojekt beruhende Reihe „Inventar der neueren Schweizer Architektur 1850–1920" (INSA) vor.[71]

Die von Rainer Slotta am Deutschen Bergbaumuseum erarbeiteten Brancheninventare (vgl. Kap. IV),[72] die sich als Teil industriearchäologischer Dokumentation verstehen, unterscheiden sich durch das Fehlen von systematischen Baudokumentationen wie typologischen Schlüssen vom baugeschichtlichen Ansatz der meisten anderen Inventare. Ihr Schwergewicht liegt auf der Technik- und Firmengeschichte.

Der vor allem an dörflichen und älteren städtebaulichen Strukturen entwickelte Begriff des Denkmalensembles und des Denkmalbereichs, der ins Denkmalrecht eingebunden wurde,[73] konnte auch auf industrielle Großstrukturen übertragen werden. Dabei kommt vor allem den Hafenarealen eine große Bedeutung zu. Nach England und den USA wurde man hier besonders auch in Holland und Deutschland aktiv.[74] Dabei spielte die Integration der geschichtlichen Strukturen in die städtebaulichen und wirtschaftlichen Erneuerungsvorhaben eine wesentliche Rolle; die hier entwickelten einheitlichen Dokumentationsverfahren und die Bemühungen um die sichtbare Tradierung der räumlichen wie der komplizierten organisatorischen Zusammenhänge lassen sich in vielen Nuancen und in ihrer oft schnellen Entwicklung verfolgen.

Bisher hat sich die Fotografie als das Medium erwiesen, das sich, weil preiswert und schnell, am besten für die Dokumentation von Industrieanlagen einsetzen läßt.[75] Eine Variante dazu bildet die Luftbildfotografie, die etwa von Walter Sölter, dem zweiten, bis 1989 tätigen Technikreferenten am Rheinischen Denkmalamt, systematisch für die Dokumentation eingesetzt wurde (Abb. 19). Die Entwicklung von Film- bzw. Video-Dokumentationssystemen, wie sie etwa in der Volkskunde für das Festhalten von Arbeitsvorgängen bis auf die 20er Jahre zurückreichen, hat sich dagegen bisher kaum durchgesetzt. Zwar sprechen die komplexe Raumdarstellung und die Möglichkeit, Anlagen in Bewegung und Produktion festzuhalten, für diese Technik; ihre technisch eingeschränkte Präsenz und Nutzbarkeit läßt sie jedoch nur

DAS INDUSTRIE-
DENKMAL

als Ergänzung sinnvoll erscheinen. Für die wünschenswerte Verknüpfung verschiedener Dokumentationsformen bieten EDV-gestützte Geo-Informationssysteme neue Möglichkeiten; hier lassen sich Film- und Fotoaufnahmen mit Karten und Plänen vergleichen, verknüpfen und bearbeiten.[76]

Dabei könnte durch Verbindung mit ebenfalls schon vorhandenen EDV-Systemen zur Erfassung und Beobachtung des Bauzustandes eine verbesserte Grundlage für die Beurteilung des Zustandes und von Bauten und Anlagenteilen geschaffen werden, die genauere Vorgaben zur Beurteilung der wirtschaftlichen Nutzungsmöglichkeiten liefern könnte, als dies bisher der Fall war. Durch Vernetzung dieser Gebäudeinformationen und ihre Prüfung auf Nutzungsmöglichkeiten könnten künftig vielleicht auch schneller geeignete Nachnutzungen gefunden werden.

Bewertungskriterien

Neben den gesetzlichen Definitionen benötigt die Industriedenkmalpflege auch interne Kriterien, um die Vielzahl der möglichen Denkmale zu gliedern und besonders wichtige auszuwählen.[77]

Dabei spielt eine wesentliche Rolle, welche der denkbaren Kriterien einbezogen und wie sie zueinander gewichtet werden. Die Kriterien hängen von der persönlichen Perspektive, den Absichten und dem Wissensstand ab; sie verschieben sich zudem ständig gegeneinander, werden ergänzt oder verringert. Deshalb muß das prinzipielle Problem berücksichtigt werden, daß man eigentlich schon wissen muß, was man aufgrund der zu erhaltenden Denkmale erst erforschen will. Wie in der allgemeinen Denkmalpflege haben Paradigmenwechsel, etwa die Neubewertung städtebaulicher Zusammenhänge unter sozialen und ökologischen Aspekten oder die veränderte Einschätzung der Nutzbarkeit und des Wertes gründerzeitlicher Bauten durch Aufgabe der Ablehnung des Historismus und durch ein 'postmodernes" Verständnis ornamentierter Architekturstile, zur Neubewertung historischer Bauten und Strukturen geführt. Es muß zwar, kann aber nie definitiv im voraus eingeschätzt werden, welche Fragen in Zukunft bei der Bewertung alter Bausubstanz im Vordergrund stehen werden; z.B. lassen ökologische Überlegungen ein erneutes Umdenken erwarten (siehe Kap. VIII). Eine möglichst ungeschmälerte Überlieferung erhält die Objekte als materielle Ressource wie auch als Forschungsobjekte der Zukunft.

19. Luftbild der Zeche Zollverein, Schacht XII, aus den 60er Jahren von Walter Sölter, Rheinisches Amt für Denkmalpflege

Die breite kunsthistorische Untermauerung der traditionellen Denkmalpflege fand in der noch schwachen Industriearchäologie und der verhältnismäßig schwach besetzten Technikgeschichte keine ausreichende Parallele. Die so entstandene Unsicherheit führte mitunter zu Fehleinschätzungen und entsprechender Verunsicherung bei den Betroffenen.[78] Als junge Institution glaubte die Industriedenkmalpflege auch, wie es etwa Wächtler und Wagenbreth ausführlich darlegen (Text 35), auf den besonderen „gesellschaftlichen Nutzen" ihrer Aktivitäten hinweisen zu müssen; dazu gehört (in Tradition der technischen Museen) ab und an die Demonstration der Funktionsweise und die originalgetreue Wiederherstellung. Da die Bewertungskriterien ganz unterschiedlichen wissenschaftlichen und allgemeinen Betrachtungsweisen und Interessen gerecht werden müssen, orientiert man sich sowohl an den Extremen der technikgeschichtlichen Entwicklung als auch an den typischen und sich wiederholenden Zügen, man bezieht aber auch Kriterien ein, die allgemein für die Bewertung jüngerer Bauten entwickelt wurden, nämlich ihren Bestand an Originalsubstanz, ihre Eigentümergeschichte und städtebauliche Situation. Ein „psychohistorisches" Kriterium in der Tradition der demokratischen Identität ist das des räumlichen und historischen Merkzeichens (in den USA „historical landmark"). Aufbauend auf diesem Argument wurde auch im Ruhrgebiet erfolgreich für den syste-

[76] Allg.: Ralf Bill, Dieter Fritsch: Grundlagen der Geo-Info-Systeme, Bd. 1 u. 2. Heidelberg ²1994; über ein Filmprojekt: Itinerari di archeologia industriale a Venezia. Materiali di documentazione. Venedig 1979.
[77] Vgl. Krings 1981.
[78] Etwa: Kleine: „Denkmalschutz im Industriebau." In: IB 32, 1986, H. 1, S. 30–34.
[79] Imme Matzanke: Fördertürme im Ruhrgebiet. Überlegungen zur Erhaltung eines ruhrgebietstypischen Wahrzeichens. Münster 1984.
[80] Föhl 1994, S. 26–28; vgl.: Hubert Krins: „Haben Denkmäler der Industrie- und Technikgeschichte eine Zukunft?" In: DiBW 20, 1991, H. 1, S. 69–79; Wolfgang Neu: „Technische Bauten und Industrieanlagen." In: Hans Herbert Möller: Was ist ein Kulturdenkmal? (Arbeits-Hefte zur Denkmalpflege in Niedersachsen, Bd. 2). Hameln ²1984, S. 55–60.

matischen Erhalt industriegeschichtlich-städtebaulicher Elemente als regionaltypischer Wahrzeichen plädiert.[79]

Die Verzahnung der Kriterien spielt eine wichtige Rolle; in der Regel lassen sich unter mehreren Aspekten bemerkenswerte Elemente finden. Axel Föhl etwa schlägt fünf generelle Kriterien vor: 1. Historisch typische Objekte; 2. Historisch einzigartige Objekte; 3. Anfangs- oder Endglieder einer technischen Entwicklungsreihe; 4. Sozialgeschichtliche Strukturen aufzeigende Objekte; 5. Für geistes- und kulturgeschichtliche Sachverhalte repräsentative Objekte.[80] Dabei fällt auf, daß alle diese Kriterien als „historisch" einzuordnen sind. Die drei ersten Kriterien beziehen sich auf die technische Entwicklung im weitesten Sinne, wobei sich auch „typisch" und „einzigartig" nur darauf beziehen; in weiterem Verständnis kann jedes Objekt für historisch einzigartig wie sein mehrfaches Vorhandensein als eigenes, typisches Verbreitungsmuster für wichtig erklärt werden. Das Kriterium der Anfangs- und Endglieder ruht angesichts der Schwierigkeit, solche technikgeschichtlich überhaupt zu definieren, auf schwachen Füßen; die Natur technologischer Entwicklung, Gründe der Geheimhaltung und nationale Interessen machen hier genaue Fixierungen schwierig; man betrachte etwa die traditionell national definierten Zeitpunkte der „Erfindung" der Dampfmaschine, der Eisenbahn, des Automobils und des Flugzeuges.[81]

Schon Buchanan hat in den 70er Jahren darauf hingewiesen, daß die Konsequenz einer Festlegung auf solche „Firsts" darin liegt, daß mit der Entdeckung eines älteren Objekts dieser Art die Einschätzung des bisherigen „Favoriten", obwohl dieser materiell völlig unverändert bleibt, schlagartig abfällt;[82] ein angeblicher „Wertverlust", der die alleinige Anwendung dieses gewiß spektakulären Kriteriums fragwürdig macht. Gleiches gilt für das „älteste erhaltene" Objekt; diese Bezeichnung macht nur relativen Sinn, weil sie im Augenblick eines Abbruchs einfach weitergegeben wird.

Die Reihe der widerlegten bzw. relativierenden „Firsts", unter denen die berühmte „Iron Bridge" nur die Spitze bildet,[83] macht deutlich, daß ein evolutionäres Technikverständnis sich noch immer nicht durchgesetzt hat. Dabei ist längst klar, daß technische (wie künstlerische) Innovationen in meist kleinteiligen und oft parallelen Entwicklungssträngen ablaufen. Die besondere Bedeutung eines Einzelobjekts läßt sich vielmehr durch seinen besonderen Bekanntheitsgrad und die nachweislich von ihm ausgehenden Einflüsse belegen.

Auch die im Ruhrgebiet spektakulär herausgestellten Objekte haben ihre Extremata nur eingeschränkt halten können: die Siedlung Eisenheim läßt sich in eine mindestens bis ins 17. Jahrhundert zurückverfolgbare Geschichte des Baus von Arbeiterwohnungen einordnen;[84] die Maschinenhalle von Zollern II/IV ist eine von mehreren Stahlfachwerkbauten gleichen Alters: Zur gleichen Gruppe gehören etwa die Glockengießerei der Maschinenfabrik L. Nagel in Karlsruhe (um 1900, Abb. 20),[85] die Kokerei-Maschinenhalle der Grube Heinitz in Neunkirchen (Saarland) (um 1905) und eine ganze Gruppe von ähnlichen Bauten im mährischen Industrierevier.[86] Vor diesem Hintergrund können nur für wenige, lückenlos erfaßte Bautypen, etwa frühe Fördergerüste, überhaupt einigermaßen verläßliche Aussagen gemacht werden.[87]

So muß zwar der medienwirksame und touristisch griffige Reiz solcher Extreme zugegeben, aber auf die vielfältige Relativierungsnotwendigkeit verwiesen werden. Wünschenswerter wäre es sicher, auf Dauer statt solcher Vereinfachungen die engagierte, differenzierte und öffentliche Einordnung in komplexe technologische und wirtschaftsgeschichtliche Zusammenhänge zu fördern.

Die auch schon von Slotta herausgestellten sozial-, geistes- und kulturgeschichtlichen Aspekte lassen wieder nach der genauen Abgrenzung und Grundlage dieser Begriffe fragen;[88] Kulturgeschichte ist hier offensichtlich im engeren Rahmen der Kunst- und Baugeschichte gemeint; die Sozialgeschichte ist kaum aus der

20. Maschinenhalle und Glockengießerei der Firma L. Nagel in Karlsruhe von 1899; Beispiel frühen Eisenfachwerks

[81] Vgl. etwa die Beiträge in: Rodrigo Jokisch (Hg.): Techniksoziologie. Frankfurt am Main 1982.
[82] Robert Angus Buchanan: The Progress of Industrial Archaeology. Bath 1977.
[83] Siehe: BEWIA, S. 362/63.
[84] Siehe etwa: Rödel 1992, S. 339, der als erste Siedlung Hagen-Eilpe von 1661 nennt.
[85] Rainer Beck u.a.: Industriearchitektur in Karlsruhe. Beiträge zur Industrie- und Baugeschichte der ehem. bad. Residenzstadt bis zum Ausbruch d. Ersten Weltkrieges (Veröffentlichungen des Karlsruher Stadtarchivs Bd. 6). Karlsruhe 1987; ²1993, S. 136/37; Neunkirchen: Rainer Slotta: „Technische Denkmäler im Saarland. Versuch einer Inventarisierung." In: Saarbrücker Hefte/24. Bericht d. staatl. Denkmalpflege im Saarland, 1977, S. 25-62, bes. S. 32 u. Tf. 24; zur aktuellen baugesch. Einordnung der Zollern-Halle: Theo Horstmann, Manfred Fischer: „Demonstratives Statussymbol oder ökonomisch fundierter Nützlichkeitsbau? Ein Disk.-Beitr. ..." In: TG 55, 1988, H. 4, S. 263-300.
[86] Eva Dvořáková: A Record of the Power Stations of Bohemia and Moravia. Prag 1993, S. 24/25.
[87] Siehe: Industriearchitektur des 19. Jahrhunderts: Bernd u. Hilla Becher: Die Architektur der Förder- und Wassertürme; Heinrich Schönberg u. Jan Werth: Die technische Entwicklung (Studien zur Kunst des 19. Jahrhunderts, Bd. 13). München 1971; vgl. die chronologischen Listen in: Rödel 1992.
[88] Slotta 1982; vgl: Hans Peter Münzenmayer: „Erfassung und Bewertung von Objekten der Technikgeschichte. Wege zu einer technikhistorischen Quellenkunde." In: DiBW 19, 1990, H. 4, S. 156-161.

DAS INDUSTRIE-
DENKMAL

Betrachtung auszuschließen, da Grundrisse und Funktionsgliederungen, ja auch bewußte Unterlassungen sozialgeschichtliche Schlüsse ermöglichen. Diese deshalb auf augenfällige Details zu konzentrieren, verengt die Quellenbasis und Sichtweise auf die Sozialgeschichte. Alle Kriterien sind schließlich vom aktuellen Wissensstand um die Ausprägung dieser Phänomene und von der Fragestellung abhängig.

Die Quintessenz dieser sehr flexibel auslegbaren Aspekte, die dennoch die berechtigten Forderungen der Verantwortlichen nach überschaubaren Kriterien zu erfüllen versucht, besteht in einer auf Grundlage bestehenden oder erwünschten Wissens erfolgten Feststellung der „repräsentativen", das heißt in besonders augenscheinlicher Weise überlieferten Werte. Soziologische Gründe, wie sie Günter zu Beginn der 70er Jahre eingefordert hatte, wurden dagegen in die sozialpolitischen Zielsetzungen und in die allgemeine Stadtplanung übernommen.[89]

In dem Bemühen, die einmal festgestellte besondere Bedeutung technischer Denkmale auch zu verankern, sind Industriedenkmale in die seit 1972 geführte Liste des Weltkulturerbes der Unesco eingetragen worden.[90] Die Tendenz, dabei weniger Einzelbauten als Flächendenkmäler oder ausgedehnte Ensembles wie Altstädte, Kirchen- und Tempelbezirke und Befestigungsanlagen zu wählen, kam dabei der Einbindung industrieller Strukturen sehr entgegen. 1986 war dies das Ironbridge Gorge, es folgten die Saline Arc-et-Senans, die Engelsberg-Eisenhütte in Schweden, der Hafen von Bergen, die Zinnminen in Potosi (Bolivien) und das Salzbergwerk Wielicka in Polen. In Deutschland wurden 1992 Goslar mit dem Rammelsberg und 1994 das Völklinger Hochofenwerk (Abb. 21) eingetragen.[91] Die ebenfalls angestrebte Anerkennung des Ensembles Zollverein in Essen erstreckt sich nicht nur auf die Bergwerksanlage der Jahre 1929 bis 1932, sondern auch die zugehörige Kokerei der späten 50er Jahre. Zunehmend steht dabei auch die internationale institutionelle Absicherung und Stützung der Erhaltungsbemühungen gegenüber den lokalen und regionalen Interessen im Vordergrund.

Die Etablierung der Industriedenkmalpflege seit 1973 kam in Deutschland nur langsam voran. 1983 gab es erst sechs Fachreferenten in den Denkmalämtern. 1983/84 wurde auf Initiative des Berliner Landeskonservators Engel am Rande der Jahrestagungen der Landesdenkmalpfleger die „Arbeitsgruppe Industriedenkmalpflege" gegründet.[92] Sie umfaßte 1994 genau 12 hauptamtliche und 13 „teilzuständige" Konservatoren für technische Denkmale. Seitdem ist diese Zahl eher wieder rückläufig. Im Zuge einer Organisationsreform sollte 1996 selbst das traditionsreiche Technikreferat des Rheinischen Amtes für Denkmalpflege umstrukturiert und seine Mitarbeiter und Aufgaben auf die Bezirksreferate verteilt werden. In der DDR war die Betreuung der Industriedenkmale aufgeteilt zwischen dem Institut für Denkmalpflege in Berlin (Theile) mit den entsprechenden Regionalstellen, den Hochschulen in Weimar und Freiberg (Wagenbreth und Wächtler) und dem Kulturbund mit dem Arbeitskreis für Technische Denkmale.[93] Beim Kulturbund erschien eine seit 1973 mehrfach erweiterte Übersicht über die Technischen Denkmale der DDR;[94] sie wurde 1989/91 ergänzt durch das zweibändige Werk „Denkmale der Produktions- und Verkehrsgeschichte" von Wilfried Theile.[95] Ein vorhandenes unveröffentlichtes Gesamtinventar wird kaum genutzt.

Die 1992 von Volker Rödel vorgelegte, ortsalphabetisch gegliederte erste Gesamtübersicht über die technischen Denkmale in der alten Bundesrepublik Deutschland läßt sich damit nur bedingt vergleichen, da sie mehr als Bestandsüberblick und Reisehandbuch gedacht ist.[96]

Insgesamt haben sich die Grundlagen der Auswahl nur relativ gebessert; es liegen zwar inzwischen zahlreiche örtliche Inventare, aber kaum branchenspezifische objektgenaue Zusammenstellungen als Vergleichsbasis vor.[97]

Der kleine Kreis der „Industriearchäologen" in Deutschland setzt sich wie in den meisten anderen Ländern aus den klassischen Denkmalpfleger-Grundberufen Archi-

---

[89] Siehe etwa: Ina-Maria Greverus (Hg.): Denkmalräume - Lebensräume (Hess. Blätter für Volks- und Kulturforschung, Bd. 2/3). Gießen 1976; Bazon Brock (Hg.): Lucius Burckhardt. Die Kinder fressen ihre Revolution. Wohnen - Planen - Bauen - Grünen. Köln 1985 (Lucius-Burckhardt-Anthologie).
[90] Siehe: Weltkulturdenkmäler in Deutschland (ICOMOS-Hefte des dt. Nationalkomitees III). München 1991; ²1994 (mit einer Gesamtliste); BEWIA, S. 788.
[91] Wolfgang Ebert in: NICCIM - Ninth International Conference for the Conservation of Industrial Monuments. National Reports. o.O. 1995.
[92] Siehe etwa die Berichte in: DKD 45, 1987, H. 2, S. 220-222.
[93] Siehe etwa: Wagenbreth/Wächtler 1983, S. 31-35.
[94] Wagenbreth/Wächtler 1983; vgl. als Vorläufer: Otfried Wagenbreth: „Die Pflege technischer Kulturdenkmale. Eine gesellschaftliche Aufgabe unserer Zeit ..." In: WZW 16, 1969, S. 465-484.
[95] Schmidt/Theile 1989.
[96] Rödel 1992; Band für das Gebiet der ehemaligen DDR in Vorbereitung.
[97] Weitere kommunale Inventare existieren etwa für Stuttgart, Karlsruhe, Köln.
[98] Siehe etwa: Landschaftsverband Rheinland (Hg.): Eine Zukunft für unsere Vergangenheit. Köln 1975; vgl. später als Ergebnis eines Fotowettbewerbs: Klaus Cepok: Das darf nicht weg. Historische Industrieobjekte in NRW (Wanderausst. d. Rh. Museumsamtes). Köln 1983.
[99] Siehe Anm. 8.
[100] Sherban Cantacuzino (Hg.): Architectural Conservation in Europe. London 1975, bes. S. 17-25, 61-70, 83-86.

21. Völklinger Hütte im Saarland, gegründet 1873, die Hochöfen zuletzt erneuert 1970-80, stillgelegt 1986, mit umfangreichem Maschinenpark aus dem ersten Viertel des 20. Jahrhunderts; seit 1994 anerkannt als Weltkulturerbe (siehe auch Umschlag)

tekten und Kunsthistoriker sowie Sozial-, Wirtschafts- und Technikhistorikern und Geographen zusammen; allein das umfangreiche notwendige Spezialwissen zur Erfassung und Einordnung, das dem der Industriearchäologie entspricht, verlangt den Zugriff auf mehrere Disziplinen.

Öffentliche Akzeptanz und Konflikte

Die Öffnung der Denkmalpflege und ihre Integration in die Kultur-, die Sozial- und die Städtebaupolitik war begleitet von einem neuen Verhältnis zu den Medien. Aber auch auf Seiten der Medien zeigte sich ein verändertes Interesse an diesem nun auch sozial- und kulturpolitischen Thema. Seit Ende der 60er Jahre hatte sich eine neue Protestkultur entwickelt, die in zahllosen Bürgerinitiativen einen Weg demokratischer Auseinandersetzung und Meinungsfindung beschritt. Sie fand in einer verstärkt kritischen Haltung und Berichterstattung der Medien ihre Parallele. Man entdeckte den Denkmalschutz als Verbündeten beim Kampf gegen die Zerstörung historischer Stadtstrukturen und sozialer und ökologischer Biotope. Die Denkmalpflege sah darin eine Chance und setzte ihrerseits zu einer Offensive an, um den erweiterten Denkmalbegriff, der auch die Industriedenkmalpflege erst ermöglichte, in das Bewußtsein der Öffentlichkeit zu tragen und ihre Anliegen besser verständlich zu machen.

Die Initiatoren des Europäischen Denkmalschutzjahres 1975 verstärkten das Interesse, indem sie zu zahllosen Veröffentlichungen, Veranstaltungen und Presseberichten anregten.[98] Nostalgiewelle und der Einbruch des Fortschrittsglaubens schienen die Chance zu bieten, der Denkmalpflege mit dem öffentlichen Zuspruch eine breitere Basis und Mitwirkung in Politik, Gesellschaft und bei den staatlichen Maßnahmen zu verschaffen. An den Publikationen dieser Zeit läßt sich ein ungeheurer Aufbruchwille feststellen; auf die Industriedenkmalpflege bezogen, zeigen sie aber auch den noch sehr unterschiedlichen Stand der einzelnen Staaten. Während deutsche Publikationen einzelne Beispiele vorführen und besonders die sozialgeschichtlichen und städtebaulichen Aspekte betonten,[99] wurden aus England die ersten Beispiele gezielter Umnutzungen gezeigt.[100]

Das Denkmalschutzjahr bot auch die Chance, endlich eine Koordinationsinstitution auf Bundesebene zu schaffen. 1973 wurde zur Vorbereitung des Denkmaljah-

DAS INDUSTRIE-
DENKMAL

res und für die Pressearbeit das dem Bundesinnenministerium zugeordnete „Deutsche Nationalkomitee für Denkmalschutz" gegründet.[101] Es wurde nach 1975 beibehalten und vor allem für die gemeinsame Presse- und Öffentlichkeitsarbeit der Landesdenkmalämter eingesetzt. So war es möglich, vor bundesweitem Hintergrund auf die Anliegen des Denkmalschutzes aufmerksam zu machen und die Aktivitäten zu koordinieren.

Während die Denkmalpflege in ihren klassischen Bereichen wie auch in der seit den 70er Jahren dazugekommenen Stadterhaltung meist große öffentliche Zustimmung erfährt, verband die Bevölkerung mit den technischen Denkmalen noch lange die „Technischen Kulturdenkmale" wie Mühlen und Wasserhämmer (Abb. 22). Die Welle neuer Freilichtmuseen in den 60er und 70er Jahren verstärkte diese Festlegung vermutlich noch.[102] Die Verbindung der Industriearchäologie mit alternativen Gruppen erzeugte eine breite öffentliche Diskussion und Akzeptanz. Eher indirekt, oft über künstlerische und kulturelle Aktivitäten, begann die Öffentlichkeit, umgenutzte Industriebauten als positiv kennenzulernen. Erst die Inventarisations- und Umnutzungswelle der 80er Jahre erzeugte eine breitere Zustimmung, verbunden mit einem gewissen Lokalstolz. Daß dabei nun gerade die in den frühen 70er Jahren auf Landesebene so progressiven sozialdemokratischen Regierungen in den Kommunen sich schwerer als die 'Konservativen' mit dem industriellen Erbe taten, läßt vermuten, daß die „Industriekultur" zum Schlagwort gehobener Kreise geworden war (Text 39).

22. „Der Kupferhammer im [Westfälischen] Freilichtmuseum [Hagen/Landesmuseum für Handwerk und Technik] ist eine Konstruktion, die sich am Gebäude des Kupferhammers in Osterode (Harz) von 1868 und an Plänen des 1861 erbauten Kupferhammers in Werdohl-Eveking orientiert. Die Einrichtung wurde aus zwei Betrieben übernommen: 1969 die Wasserradwelle und ein Hammer aus dem 1679 gegründeten Messinghof in Kassel-Bettenhausen und 1980 das Hammergerüst und zwei Hämmer aus dem 1682 gegründeten Jorns'schen Kupferhammer in Osterode. Schmelzofen, Glühesse, Blasebälge und Schlackenstampfe wurden rekonstruiert" (Zitat Museumsführer von 1990)

Der Wandel der Einstellung der Bauherren ist sicherlich für die Durchführung konservatorischer Konzepte ein schwieriger Aspekt. Ein geringes Interesse am Industriebau als Bauaufgabe sowohl seitens der Architekten als auch der potentiellen Bauherren führte nach einer letzten Blüte in den 50er Jahren (Neufert, Lodders, Kraemer, Eiermann, P. F. Schneider, Schupp)[103] zur weitgehenden Negierung einer Verbindung von Architektur und Industrie bzw. der architektonischen Ansprüche an Industriebauten. Dadurch wurde auch dem Verständnis für den historischen Industriebau als kultureller Leistung der Boden entzogen. Die Ablehnung der „industria triumphans"-Haltung der 20er und 30er Jahre kam dazu. Selbst Architekten wie Fritz Schupp, der in den 20er Jahren „Denkmale der Industrie" hatte schaffen wollen, sahen auf einmal nur noch den Nutzwert; 1959 schrieb Schupp zum Abriß des gerade 30 Jahre alten Kaufhauses Schocken von Erich Mendelsohn in Stuttgart: „Ich bin überzeugt, daß Erich Mendelsohn, wenn er noch lebte und ihm von Horten die Gelegenheit geboten würde, sein Schocken-Haus wieder abzubrechen und neu aufzubauen, er hell begeistert zugreifen würde. Es würde ihm eine große Befriedigung bedeuten, mit den heutigen Mitteln einen heiter aufgelockerten Bau an die Stelle des etwas schweren, fast düsteren Betonklinkerbaus aus jenen Anfangsjahren der Moderne setzen zu dürfen. Er wäre auch sicherlich der erste, der sich verbitten würde, daß jemand seinen Bau unter Denkmalschutz stellte, wenn die Nutzungsmöglichkeit nach Meinung des fachkundigen Bauherrn nicht mehr restlos gewährleistet ist. ... Ich bin – von der Warte meines Arbeitsgebietes aus gesehen – überzeugt, daß man in jedem Falle und ganz bedenkenlos ein veraltetes Industriewerk abbrechen würde, auch wenn es im Rahmen der Epoche eine hervorragende architektonische Leitung darstellt ... ."[104]

[101] Etwa: Zur Lage des Denkmalschutzes. Memorandum (Schriftenreihe des Deutschen Nationalkomitees für Denkmalschutz 20). Bonn 1984, bes. S. 34-36.
[102] Vgl.: Adelhard Zippelius: Handbuch der europäischen Freilichtmuseen. Köln 1974.
[103] Etwa: Walter Henn: Bauten der Industrie, Bd. 2: Ein internationaler Querschnitt. München 1955; Friedrich Wilhelm Kraemer: „Bauten der Wirtschaft und Verwaltung." In: Handbuch moderner Architektur. Berlin 1957; Joachim P. Heymann-Berg, Renate und Helmut Netter: Ernst Neufert – Industriebauten. Wiesbaden/Berlin/Hannover 1973.
[104] Leserbrief in: Bauen + Wohnen 1959, H. XI, S. 12.
[105] Prominent etwa durch die Nachkriegsfotografien von Alfred Renger-Patzsch.

Unter den Bauten Fritz Schupps bietet der Fall der Dortmunder Zeche Germania selbst ein Beispiel dieser Haltung; in den frühen 40er Jahren begonnen und in den 50ern als eine der Musterzechen des Wiederaufbaus häufig abgebildet, kennzeichnete sie die Überwindung der 'monumentalen' Architektur von Zollverein Schacht XII bei gleichen konstruktiven Mitteln.[105] 1972 wurde die Förderung eingestellt und die Anlage fast vollständig abgebrochen. Die Neuaufstellung des Fördergerüstes von 1944 über dem Deutschen Bergbaumuseum in Bochum im Jahre 1973 gehört mit in die Reihe der frühen Erhaltungsbemühungen im Ruhrgebiet (Abb. 23a und

23b). Durch die Translozierung erhielt das für die Maßstäbe der Zeit außerordentlich 'junge' Objekt eine neue Funktion als Wahrzeichen des Museums, als Aussichtspunkt und Zugang zum Schaubergwerk. Nur die technikgeschichtliche Sichtweise und die enge biographische Verbindung zum 1938 ebenfalls von Schupp und Kremmer errichteten Museumsgebäude konnten damals die aufwendige Umsetzung und Sanierung rechtfertigen. Die Aufrichtung des Fördergerüstes war sichtbarer Höhepunkt einer baulichen Modernisierung und Erweiterung des Museums. Beide Maßnahmen wurden erst möglich durch den Abbruch der letzten auf dem Museumsgelände erhaltenen und als Ausstellungsraum genutzten gewölbten Halle eines ehemaligen Schlachthofs aus dem späten 19. Jahrhundert, die heute wohl auch denkmalwürdig wäre. Dies zeigt die noch engen Grenzen des Verständnisses für Industriedenkmale in dieser Zeit.[106]

Bei den Eigentümern historischer Industriebauten und -anlagen standen architektonisch aufwendige und leicht nutzbare Bauten im Vordergrund von Erhaltungsüberlegungen, während die Notwendigkeit einer baulichen Anpassung an neue Nutzungen oft bereits zum Abriß führte. – Eine gespaltene Einstellung, die auf der weiterhin bestehenden Dominanz ästhetischer Kriterien und schneller ökonomischer Erfolge beruhte. Industriedenkmale führten auch häufig auf kommunalpolitischer Ebene zu Auseinandersetzungen, die für Außenstehende nicht immer leicht verständlich waren. Die 'tabula-rasa'-Strategie der Gemeinden im wirtschaftspolitischen Wettlauf und vieler Unternehmen zwecks Vorbeugung staatlicher oder bürgerschaftlicher Interventionen verhinderte oft die öffentliche Aneignung und Umnutzung historischer Industriearchitektur.

Industriedenkmale der Zukunft

Die zunehmende Geschwindigkeit der technischen und industriellen Entwicklung hat auch die Zeit des Veraltens immer kürzer werden lassen; in den technischen Museen, die als aktuelle Sammlungen begannen und durch die Zeit zu historischen Museen wurden, ist dies noch deutlicher als bei den investitionsaufwendigen und deshalb dauerhafter geplanten Großanlagen der Industrie selbst. Kurze Erneuerungszyklen, etwa bei Hochöfen, ermöglichten aber auch hier die schnellere Einführung technischer Neuerungen.[107] Je besser mit zunehmender Kenntnis der Materialeigenschaften und Konservierungsmöglichkeiten die Lebensdauer von Bauten zu steuern war, desto mehr konnte man sich auch auf kurzfristige Planungen der Industrie einstellen. Zwischen der konstruktiv und materiell begrenzten Lebensdauer von Objekten und dem Wunsch nach Erhalt und denkmalpflegerischer Konservierung mußte es deshalb zu inneren Widersprüchen kommen, die genaue Aufwandsabwägungen erforderten. Kurze Lebensdauer und schnelle Veraltung als Merkmale jüngerer industrieller Bauten und Objekte müssen aber auch den Zeitpunkt denkmalpflegerischen Eingreifens beeinflussen, wenn ein Erhalt in möglichst originaler Form erreicht werden soll. Wenn überhaupt, müssen historisch wichtige Anlagen deshalb heute schon früh geschützt und konserviert werden.

In den Technikmuseen ist die Darstellung aller wesentlichen technischen Vorstufen der Gegenwart selbstverständlich. Die Übertragung dieser auf klaren technischen Entwicklungslinien beruhenden Sichtweise auf die Industriedenkmalpflege stieß jedoch auf Schwierigkeiten. Der Leiter des Westfälischen Amtes für Denkmalpflege, Eberhard Grunsky, argumentierte dazu: „Nach einer weit verbreiteten Auffassung läßt sich die geschichtliche Bedeutung von Werken der Vergangenheit um so sicherer beurteilen, je älter sie sind, weil ihre Wirkungsgeschichte immer klarer überblickt werden kann, und weil die Beschäftigung mit ihnen nicht mehr in Sehweisen, Wertmaßstäben und gegebenenfalls Auseinandersetzungen der

23a und b. Das Fördergerüst der Zeche Germania in Dortmund-Marten, aufgestellt 1944, Zeche von Fritz Schupp vollendet 1953-56; nach der Stillegung 1972 wurde das Gerüst über dem 1938 ebenfalls von Fritz Schupp und Martin Kremmer gebauten Bergbaumuseum in Bochum aufgestellt, im Bild noch ohne den zentralen Aufzugschacht

[106] Evelyn Kroker (Bearb.): 50 Jahre Deutsches Bergbaumuseum Bochum. Fotodokumentation. Bochum 1980, S. 9, 57-59, 153/54; dort zum Wiederaufbau des Germania-Gerüstes: S. 157-159.
[107] Vgl.: Walter Buschmann (Hg.): Eisen und Stahl. Texte und Bilder zu einem Leitsektor menschlicher Arbeit und dessen Überlieferung. Essen 1989.

DAS INDUSTRIE-
DENKMAL

24. Der Prototyp als Denkmal? Seilnetzkühlturm des Kraftwerks Hamm-Uentrop, errichtet 1973/74 nach Plänen von Jörg Schlaich und Günter Mayr, neben einem konventionellen Betonschalenkühlturm. Ein an einem Mittelpfosten aufgehängtes Seilnetz ist mit Aluminiumplatten bedeckt. Am 10. 9. 1991 wurde die Leichtbaukonstruktion gesprengt

Entstehungszeit befangen ist. Diese Einschätzung ist zumindest zu relativieren. Warum sollten uns Werke einer weiter zurückliegenden Vergangenheit, deren politische Weltanschauung, gesellschaftliche, künstlerische oder technische Voraussetzungen dem aktuellen Bewußtsein fremd geworden sind, besser zugänglich sein als solche aus jüngster Vergangenheit, deren kultureller Hintergrund uns vertraut ist? Was an älteren Werken heute allen als selbstverständlich gilt, ist nur allzu oft das unverständlich gewordene; vertraut erscheinen sie in der Regel nur durch die Konzeption".[108]

Diese Überlegungen Grunskys sind Teil der Diskussion um den Seilnetzkühlturm des Kernkraftwerks Hamm-Uentrop (Abb. 24).[109] 1973/74 von dem Stuttgarter Ingenieur Jörg Schlaich als Prototyp eines neuartigen, bewußt temporär gedachten, auf dem Prinzip netzartiger Tragwerke beruhenden Kühlturms entwickelt und gebaut, sollte der Turm die armierten Betonkonstruktionen ablösen. Er konnte sich jedoch nicht durchsetzen und wurde 1991, nach Aufgabe des Kraftwerksbetriebes, nicht wie konstruktiv vorgesehen demontiert, sondern gesprengt. Die konstruktionsgeschichtlich herausragende Stellung und Einmaligkeit des Kühlturms veranlaßten das Westfälische Amt für Denkmalpflege, sich für eine Eintragung in die Denkmalliste einzusetzen; vor allem mit dem Hinweis auf die Schwierigkeiten, insbesondere die Kosten des Erhalts dieser Leichtbaukonstruktion und auf die mögliche Wiederholbarkeit wurde dies abgelehnt. Damit bezog man sich im wesentlichen nicht auf seine kaum bezweifelte baugeschichtliche Bedeutung, sondern führte pragmatische Gründe gegen einen Erhalt an.

Meist ohne explizit genannt zu werden, spielte bei dem Kühlturm von Hamm und ähnlichen Objekten ein weiterer, vor allem psychologischer Faktor eine wichtige Rolle: die politische Auseinandersetzung um die Kernenergienutzung, die hier mit einer Rücknahme der ursprünglichen Pläne endete.[110] Die Kraftwerke selbst, ab und an wie der „Schnelle Brüter" bei Kalkar nie in Betrieb genommen, erinnern damit an eine energiepolitische 'Sackgasse' und Niederlage. Für die beteiligten Regierungen und Unternehmen sind damit imagebelastende Erinnerungen verbunden. Einer ähnlichen Überlegung fiel auch das ebenfalls in Hamm in den frühen 80er Jahren geplante 'Energiemuseum' zum Opfer.[111] In Kalkar besteht die Absicht, die Anlage in ein Veranstaltungszentrum mit 'Gruseleffekt' umzuwandeln.

Es ist eine Frage historischen Selbstbewußtseins, ob und wie man mit den Zeugen jüngerer ungeliebter Vergangenheit, mit Denkmalen offenbar falscher Entwicklung umgehen und leben kann; ihre historische Einordnung scheint hier schon nach kurzer Zeit möglich. In anderen Zusammenhängen, etwa beim Hüttenwerk in Duisburg-Meiderich, sind die aus den 60er und 70er Jahren stammenden Teile der Anlage aufgrund ihres funktionalen Zusammenhangs selbstverständlich Bestandteil des Industriedenkmals. Auch aus Gründen nationaler Selbstdarstellung wurden 'junge' technische Denkmale geprägt. Beispiele dafür finden sich in der DDR, wo etwa ein Exemplar des ersten „volkseigenen" Seehandelsschiff-Typs von 1957 schon 1969 als „Traditionsschiff", Typ IV „Frieden" geschützt wurde.[112] Weitere Beispiele aus allen Bereichen, wie der Thomas-Müntzer-Schacht in Sangerhausen (angelegt 1944-51), das Pumpspeicherwerk Hohewarte II (1949-63), das Segelschulschiff „Wilhelm Pieck" (1951), der Fischkutter „Wismar" (1949) und die Funktürme am Alexanderplatz in Berlin (1965-69) und Dequede (Brandenburg) (1956-59) zeigen, daß man gerade in den eigenen technischen Leistungen wichtige denkmalwürdige Identitätsstifter sah.[113]

Angesichts der Auflösung der DDR ist es natürlich auch aus weiterer historischer Perspektive gerechtfertigt, Denkmale dieser „abgeschlossenen Geschichtsepoche" frühzeitig zu definieren. Zweifellos müssen dabei gerade industriegeschichtliche Zeugen entsprechend den politischen und wirtschaftlichen Zielen und der Organisationsweise der DDR einen wesentlichen Anteil haben. Die Übertragbarkeit der schon zu DDR-Zeiten als „Denkmale des sozialistischen Aufbaus" fixierten Objekte auf ein breiter fundiertes Verständnis muß dabei jedoch sorgfältig geprüft werden.

Auch die weitgehend ungeliebten Zeugnisse der Militärtechnik und der Kriege gehören zum Randbereich der Industriedenkmalpflege. Waren vorindustrielle Anlagen wie Stadtmauern und Burgen noch als historische und stadtbildprägende Objekte eingebunden, werden die Hinterlassenschaften jüngerer Kriege, etwa Bunker, eher als Mahnmale verstanden. Zwar schreitet bei vielen Anlagen aufgrund ihrer massiven Bauweise der Verfall noch kaum voran, ihren Fortbestand verdanken sie aber entweder den hohen Beseitigungskosten oder ihrer weiteren Nutzbarkeit. Eigentliche Militärtechnik, in Museen oder privaten Sammlungen konserviert, unterliegt meist der gleichen rekonstruierenden Behandlungsweise wie der Großteil des beweglichen technischen Kulturguts. Schon diese Bereiche militärischer Technik werden im Bewußtsein der breiten Bevölkerung als gefährlich und gewaltverherrlichend abgelehnt und nicht in den positiv besetzten „Kulturgut"-Begriff einbezogen. Dies gilt noch stärker für die jüngeren Generationen der militärischen Technik, etwa seit dem Ersten Weltkrieg. In der Bundesrepublik Deutschland stehen dabei die militärischen Entwicklungszentren wie das als „Wiege der Raumfahrt" bewertete Raketenversuchsgelände in Kummerow bei Berlin[114] oder die U-Boot-Bunker in Bremen und Kiel[115] im Vordergrund; sie gehören in den Bereich der Diskussion über den bewußten Umgang mit der deutschen Geschichte. Auch hier war es Günter Borchers im Rheinland, der um 1975 eine der ersten Untersuchungen über den Westwall anregte.[116]

In den USA begann man sich seit der Auflösung des Warschauer Paktes und der Sowjetunion verstärkt um die Zeugen des Atomrüstungs- und Weltraumwettlaufs zu kümmern. Als „Denkmale des Kalten Krieges" sind sie inzwischen von der weltpolitischen Situation und der Verlagerung der Auseinandersetzung auf konventionelle „Nebenkriegsschauplätze" überholt worden. Für die Ellsworth Air Force Base in South Dakota wurde die Eignung und Konservierung als „Cold War Memorial" untersucht.[117]

Schon 1981 hatten der Fotograf Manfred Hamm und Rolf Steinberg in ihrem Buch „Tote Technik – ein Wegweiser zu den antiken Stätten von Morgen" in Anlehnung an die Industriearchäologie von der Maginot-Linie (Abb. 25) und dem Atlantikwall bis zu Eisenbahn-, Schiffs- und Autoschrottplätze auch stillgelegte Raumfahrtanlagen der Nasa (Abb. 26) und Atomkraftwerke als technische Mahn- und Erinnerungsmale unserer Zeit vorgestellt.[118] In seinem einleitenden Essay konsta-

---

[108] Eberhard Grunsky: „Der Seilnetzkühlturm in Hamm-Uentrop. Zu jung, um Denkmal zu sein." In: DKD 51, 1993, S. 69-85; vgl: ders.: „Kühltürme als Kulturgut?" In: Petzet/Hassler 1996, S. 115-125.
[109] Wie vor.
[110] Siehe etwa: Radkau 1989, S. 338-356.
[111] Energiemuseum Hamm. Broschüre von 1980.
[112] Wagenbreth/Wächtler 1973, S. 97-101; Schmidt/Theile 1989, Bd. 2, S. 120/21.
[113] Siehe: Gerhard Thiele: „Die Denkmale des sozialistischen Aufbaus." In: Denkmalpflege in der DDR 7, 1980, S. 15-25; zu den Objekten: Thiele 1989/91, Bd. 1, S. 34/35 (Sangerhausen), S. 108-111 (Hohewarte); Bd. 2, S. 106/07 (Wilhelm Pieck), S. 120/21 (Kutter Wismar), S. 132-134 (Fernsehturm am Alexanderplatz, err. 1965-69), S. 135-138 (Funkturm Dequede); vgl. auch: Christian Schädlich: „Die Baumwollspinnerei in Leinefelde. Heute schon Geschichte." In: Architektur der DDR 38, 1989, Nr. 6, S. 40.
[114] Siehe: FAZ vom 12. 6. 1995.
[115] Peters 1987 (wie Anm. 53), bes. S. 76 u. 82; Gert Kaster: „Die Ruinen des ehemaligen U-Boot-Bunkers 'Kilian' in Kiel." In: DKD 47, 1989, H. 1, S. 66-69; Bremen-Farge.
[116] vgl.: Manfred Gross, Rainer Pommerin: Der Westwall zwischen Niederrhein u. Schnee-Eifel. Pulheim ²1989; Wir bauen des Reiches Sicherheit. Mythos und Realität des Westwalls 1938-1945 (Ausst.-Kat.). Berlin 1992; ein dazu geplantes Arbeitsheft des Rheinischen Amtes für Denkmalpflege kam nicht zustande.
[117] Siehe: Department of the Interior, National Park Service; Department of Defense, US Air Force (Hgg.): Minuteman Missile Sites. Ellsworth Air Force Base South Dakota. Management Alternatives – Environmental Assessment (Special Resource Study). Denver 1995.
[118] Manfred Hamm (Fotos), Rolf Steineberg: Tote Technik. Ein Wegweiser zu den antiken Stätten von morgen. Berlin 1981.

DAS INDUSTRIE-
DENKMAL

25. Reste der Maginotlinie aus den 30er Jahren, Artillerieblock bei Rochonvillers (Foto Manfred Hamm, „Tote Technik")

tierte Robert Jungk, daß sich hier das Ende eines „Technikstils" der Gesellschaft abzeichne; die Möglichkeit der Selbstzerstörung, ob im Krieg oder durch ungebremstes industrielles Wachstum, ließe die historischen Relikte als „Kadaver vergangener Untat" erscheinen. Eine ähnliche Richtung schlägt Karl Ganser ein, wenn er die Industriedenkmale als „Denkmäler eines historischen Irrwegs" bezeichnet.[119] Die Konsequenzen für die Denkmalpflege bleiben noch auszuloten.

Aber auch ohne Verweis auf industrielle Fehlentwicklungen bleibt die allgemein geistesgeschichtliche Beobachtung, daß offensichtlich eine immer größere Entfremdung zwischen wissenschaftlicher und technischer Entwicklung und deren geistiger Verarbeitung und moderner theoretischer Untermauerung entsteht. Hermann Lübbe führt eben darauf ein zunehmendes Bedürfnis nach musealer Fixierung historischer Werte und eine Zuwendung zur Vergangenheit zurück.[120] In dieser neuen Aufmerksamkeit sieht er jedoch nicht nur Nostalgie und Gegenwartsflucht, sondern auch die neue Bereitschaft, die Vergangenheit als Erfahrungsschatz und Verständnishilfe in ein verantwortungsvolles zukünftiges Handeln miteinzubeziehen: „Herkunftstreue läßt uns in bezug auf die Folgelasten von Modernisierungsprozessen besser standhalten".[121] Übertragen auf die Denkmalpflege würde damit die Beschäftigung mit jüngeren Bauepochen weniger einer allgemeinen Beurteilung zwecks Festlegung der Denkmalwürdigkeit als vielmehr dem Brückenschlag zwischen Vergangenheit und Gegenwart dienen, sie würde sich unmittelbar auf die Zukunftsplanung umsetzen lassen.

Der Denkmalbegriff in einer sich technisch immer schneller entwickelnden Gesellschaft kann deshalb nur ein vorläufiger sein; die schon (bisher) immer kürzeren Wiederholungszyklen der notwendigen Beschäftigung mit wenig zurückliegenden Entwicklungen können sich nur auf eine flexiblere Denkmaltheorie stützen, die Wandel von Interpretationen und Revision von Bewertung nicht als Ausnahme, sondern als notwendige und wahrscheinliche Entwicklung in ihr Verständnis und Handlungskonzept integriert.[122] Grundlegend für eine auch den Wandel von Kriterien besser berücksichtigende Erhaltung von historischen Bauten wäre es, möglichst viele Anlagen zu erhalten; hier wäre zu prüfen, ob neben dem denkmalpflegerischen Interesse noch andere Gründe für einen verstärkten Erhalt und die Umnutzung historischer Bausubstanz sprechen (siehe Kap. VIII).

Die Anwendung der Denkmaldefinition auf immer jüngere Objektgattungen, begründet durch die beschleunigte städtebauliche und technische Entwicklung und die Vielzahl von historisch relevanten Gründen hat den Eindruck vermittelt, Denk-

---

[119] Karl Ganser: „Industriegeschichte als historischer Irrweg?" In: Petzet/Hassler 1996, S. 20-22.
[120] Siehe: Hermann Lübbe: Die Gegenwart der Vergangenheit. Kulturelle und politische Funktionen des historischen Bewußtseins (Vortrag, geh. v. d. 16. Landschaftsversammlung am 16. März 1985 in Oldenburg). Oldenburg 1985 (S. 24); ähnlich zuvor: ders.: Der Fortschritt und das Museum. Über den Grund unseres Vergnügens an historischen Gegenständen (The 1981 Bithell Memorial Lecture). London 1982 (S. 22).
[121] Zitat: Lübbe 1985 (wie vor.), S. 22.
[122] Michael Petzet (Hg.): Vom modernen zum postmodernen Denkmalkultus? Denkmalpflege am Ende des 20. Jahrhunderts (Arbeitshefte des Bayerischen Landesamtes für Denkmalpflege 69). München 1995.

26. Complex 34, Cape Canaveral, Florida: Reste des Startgerüsts für die Saturn-Raketen des Apollo-Mondflugprogramms (Foto Manfred Hamm, „Tote Technik")

malpflege strebe, gestützt durch eine fortschrittsfeindliche Gesamtstimmung, eine Musealisierung der Welt an. Die wohl wahrscheinlichere Interpretation besagt, daß es sich um eine Gegenreaktion auf den Umbruch der Industriellen Revolution und die Wiederherstellung eines engeren bewußten, engagierten und persönlichen Verhältnisses zur Geschichte handelt. Konservatorische Aktivitäten müßten in dieser Situation damit rechnen, für alle Initiativen herangezogen zu werden, welche die Veränderung und 'Modernisierung' aller Bereiche verlangsamen möchten. Die Grenzen solchen Bewahren-Wollens müssen daher definiert werden – ebenso wie die Grenzen schnellen Austauschs. Der „technischen" Denkmalpflege und dem Umgang mit historischen Industriebauten überhaupt könnten dabei, weil sie sich mit den baulichen Zeugen dieser Entwicklung beschäftigen, eine Schlüsselfunktion für deren Bewältigung zukommen.

35.

Eberhard Wächtler, Otfried Wagenbreth

Ziel und Methoden der Pflege technischer Denkmale in der Deutschen Demokratischen Republik, 1973

aus: Beiträge zur Geschichte der Produktivkräfte (Freiberger Forschungshefte D 90). Leipzig 1975, S. 7–17; vgl. auch FICCIM 1975

Zu den Personen:
Eberhard Wächtler: Professor für Wirtschaftsgeschichte und Geschichte der Produktivkräfte an der Sektion Ingenieurökonomie der Bergakademie Freiberg.
Otfried Wagenbreth: Geboren 1927. Studierte in Freiberg Bergbau; Promotion in Geologie, Habilitation in Technikgeschichte. Professor für Wissenschafts- und Technikgeschichte an der Bergakademie Freiberg; Spezialgebiet sächsische Montangeschichte

In England begann vor mehr als 200 Jahren ein Prozeß, der alles bis dahin auf dem Gebiet der Technik Geschaffene mit seinen Resultaten übertreffen sollte. England wurde zum Geburtsland der industriellen Revolution.

Der große Denker und Revolutionär FRIEDRICH ENGELS, der bekanntlich viele Jahre seines Lebens in England verbrachte, schrieb einmal: „Während in Frankreich der Orkan der Revolution das Land ausfegte, ging in England eine stillere, aber darum nicht minder gewaltige Umwälzung vor sich. Der Dampf und die neue Werkzeugmaschinerie verwandelten die Manufaktur in die moderne große Industrie und revolutionierten damit die ganze Grundlage der bürgerlichen Gesellschaft. Der schläfrige Entwicklungsgang der Manufakturzeit verwandelte sich in eine wahre Sturm- und Drangperiode der Produktion."

Als Wahrer der Tradition des Ursprungslandes der modernen Industrie handeln unsere britischen Kollegen deshalb wirklich wie gute und pflichtbewußte Denkmalspfleger, wenn sie uns ... gebeten haben, um gemeinsam das Anliegen und die Methoden unserer Arbeit als Bekenntnis zum Humanismus, als Bekenntnis zur Schöpferkraft der Menschen und als Bekenntnis zur Notwendigkeit des Ringens um den historischen Fortschritt zu manifestieren.

Die Technik wird vom Menschen geschaffen und von ihm weiterentwickelt. Es gibt keine Technik außerhalb der menschlichen Gesellschaft. Einfache Geräte, Maschinen und große Aggregate sind, wenn sie ihre Funktion im gesellschaftlichen Reproduktionsprozeß verloren haben, eigentlich keine Technik mehr – sie waren Technik. Die große Masse dieser alten Technik wird sicher zu Recht liquidiert werden, doch muß die Gesellschaft darauf sehen, daß charakteristische Repräsentanten der historischen Technik erhalten bleiben.

Zum festen Bestandteil des Geschichtsdenkens der Völker muß das Bewußtsein werden, daß die Menschen in vielen Jahrtausenden in der Vorbereitung, Durchführung und Auswertung des Arbeitsprozesses hervorragende Schöpfungen vollbracht haben und beherrschen lernten. Erfinder und Träger der Technik im Arbeitsprozeß hatten dabei ihr spezifisches Verdienst. Erfahrung der Produzenten und später zunehmend wissenschaftliche Erkenntnis prägten die evolutionär-quantitativen und die revolutionär-qualitativen Elemente der Technik als gesellschaftlichen Prozeß.

Zwei Gesichtspunkte stehen für uns also bei der Bewertung, Auswahl und Erhaltung technischer Denkmale Pate, bestimmen Wesen, Ziel und Taktik unseres programmatischen Denkens und Handelns. Für uns existieren nicht technische Denkmale a priori, sie sind vielmehr Denkmale der Reife der Gesellschaft, Zeugnisse historischer Schöpferkraft der Menschen.

In logischer Konsequenz gelten demnach für die Auswahl der technischen Denkmale als die dominierenden Gesichtspunkte:
1. Die Aussagekraft des Objektes für die Geschichte der Produktivkräfte, insbesondere für die Entwicklung der Produktionsinstrumente, d.h. das Verhältnis Produzent – Technik.
2. Die Aussagekraft des Objektes für die Geschichte der Produktionsverhältnisse, d.h. für die Wechselwirkungen zwischen Technik und gesellschaftlicher Entwicklung, und zwar im weitesten Sinne des Wortes.

Darüber hinaus sollten für die Auswahl technischer Denkmale noch beachtet werden:
3. Die proportionale Verteilung auf die einzelnen Industriezweige. (Das heißt: In der Zahl der Denkmale darf kein Industriezweig überbetont oder vernachlässigt werden.)
4. Die proportionale Verteilung auf die Etappen der historischen Entwicklung.

(Dabei liegen die schwierigen Aufgaben der Denkmalpflege bei den längeren Entwicklungsetappen der Technik und Industrie, weil für diese Etappen die kompliziertere Technik und die größeren Anlagen historisch typisch sind.)

Diese beiden Gesichtspunkte bringen bei richtiger Bewertung sowohl die historische industrielle Strukturentwicklung eines Landes als auch dessen Anteil an der Industrieentwicklung im Weltmaßstab zum Ausdruck. Hier erscheinen in Zukunft auch internationale Kooperationen in der Programmierung und der Ausarbeitung von Konzeptionen möglich.

5. Die Bedeutung der technischen Denkmale für die regionale Geschichte.
6. Die städtebauliche oder landschaftsgestaltende Bedeutung der technischen Denkmale (z.B. Windmühlen in sonst eintöniger Landschaft, Schornsteine oder Fördertürme als Akzente einer Stadtsilhouette) und schließlich
7. die Möglichkeit, die technischen Denkmale für Besucher als Schauanlagen zu erschließen.

Die Herrichtung eines technischen Denkmals als Schauanlage, d.h. als Museum, ist jedoch nicht die einzige Möglichkeit der gesellschaftlichen Nutzung. Man wird diese Möglichkeit sogar bei den wenigsten Denkmalen anwenden, weil sie die teuerste und quasi unrationellste Variante ist. Wir sehen folgende Varianten (von der teuersten bis zu derjenigen, die die wenigsten Finanzmittel erfordert):

1. Herrichtung eines technischen Denkmals als dauernd geöffnete Schauanlage (also technisches Museum) mit Personal und Führungen für Touristen und andere Besucher.
2. Herrichtung eines technischen Denkmals als Schauanlage zur Besichtigung durch Interessenten je nach Bedarf. Das Objekt hat kein eigenes Personal. Ein Mann in der Nachbarschaft oder ein benachbartes Museum hat Schlüsselgewalt und öffnet Gruppen von Besuchern nach entsprechender Anmeldung. Diese Nutzungsvarianten zeigen mitunter Werksmuseen der Industrie, wenn sie mit technischen Denkmalen verbunden sind.
3. Erhaltung eines technischen Denkmals als unbenutzter Baukörper oder in Form einer denkmalartig im Freien aufgestellten Maschine. Eine denkmalartig im Freien aufgestellte Maschine erfordert periodische Pflegemaßnahmen (Rostschutzanstrich), wird aber von vielen Leuten täglich gesehen und beachtet. Ein technisches Denkmal, das als unbenutzter Baukörper (auch als Ruine) stehen bleibt, ist den Burgruinen, Stadtmauern oder Stadttürmen des Mittelalters vergleichbar. In wenigen Jahrzehnten wird die Bevölkerung Ruinen von Industriebauten ebenso beachten, wie sie heute Burgruinen als Ziele der Touristik besucht.
4. Nutzung eines technischen Denkmals für Zwecke der gegenwärtigen Technik unter Beibehaltung der historischen Maschinerie oder Architektur. Beispiele für diese Variante sind:
– historische Eisenbahnbrücken oder Straßenbrücken, die noch heute von der Eisenbahn oder dem Straßenverkehr benutzt werden
– Wind- und Wassermühlen, die noch zum Mahlen von Schrotfutter benutzt werden, und
– Gebäude, die beliebig benutzt, aber in ihrer Industriearchitektur erhalten werden, z.B. alte Textilmanufakturen.

Wenn die Denkmale ausgewählt sind und die Erhaltungsvariante bestimmt ist, muß die eigentliche Denkmalpflege beginnen. Ähnlich, wie es bei den Kunstdenkmalen schon seit langer Zeit üblich ist, sollten künftig auch bei technischen Denkmalen noch stärker alle Möglichkeiten der Pflege, Restauration und Rekonstruktion angewendet werden. Es genügt nicht, nur die vorhandene Substanz zu erhalten, sondern man muß

DAS INDUSTRIE-DENKMAL

– die Geschichte und den ursprünglichen Zustand des Objektes erforschen
– die ursprüngliche und die wertvolle spätere Substanz sichern
– evtl. störende Bauten und Maschinen späterer Zeit beseitigen
– fehlende Teile der ursprünglichen Anlage ergänzen und
– die Gesamtanlage gut in ihre Umgebung einpassen.

Für den letztgenannten Gesichtspunkt kann es notwendig werden, historische Maschinen oder Industriegebäude, die früher abgebrochen worden sind, völlig neu zu rekonstruieren, z. B. einen Pferdegöpel in der Bergbaulandschaft, wenn man dort die Technik des 16. Jahrhunderts zeigen will.

Überhaupt muß man gerade technische Denkmale im Komplex mit den Denkmalen der Volkskunde und des Städtebaus und mit der Landschaftsgestaltung sehen. Technische Denkmale eines Bergbaureviers zum Beispiel haben eine größere Aussagekraft, wenn dort zugleich auch die Bergwerkshalden, aber auch die Wohnhäuser der Grubenbesitzer und der Bergarbeiter mit unter Denkmalschutz gestellt werden. Nur auf diese komplexe Weise demonstrieren die technischen Denkmale die Geschichte der Produktivkräfte und der Produktionsverhältnisse. Unter Berücksichtigung der geschilderten Konzeption und Methodik der Erhaltung technischer Denkmale in der Deutschen Demokratischen Republik unterscheiden wir in der Praxis zunächst drei Kategorien:
1. technische Denkmale von internationaler Bedeutung, deren Erhaltung durch zentrale Institutionen zu sichern ist,
2. technische Denkmale, die spezifische Bedeutung für die Entwicklung des Territoriums der DDR haben und von besonderer Bedeutung für den betreffenden Bezirk sind,
3. technische Denkmale, die für die Entwicklung eines Kreises oder einiger Kreise von außerordentlichem Interesse sind.

Jeder historisch bedeutsame und vor allem gegenwärtig profilbestimmende Industriezweig der DDR soll ein technisches Denkmal der ersten Kategorie erhalten. Dazu wird das historisch wertvollste und touristisch am besten geeignete Objekt ausgesucht und zu einer musealen Schauanlage hergerichtet. Historisch wertvolle Maschinen aus anderen Betrieben sollen in diesen Schauanlagen konzentriert werden. Diese werden damit zu Traditionszentren der betreffenden Industriezweige.

Solche Traditionszentren sind zum Beispiel vorgesehen und bereits mehr oder weniger im Entstehen
– in Freiberg für den Erzbergbau
– in Lugau bei Zwickau für den Steinkohlenbergbau
– südlich von Leipzig für den Braunkohlenbergbau
– im Thüringer Wald für das Eisenhüttenwesen
– in Raum Halle-Erfurt für das Salinenwesen
– in der Oberlausitz (östlich von Dresden) für die Natursteinindustrie.

Neben diesen Denkmalen der ersten Kategorie entstehen zur Zeit auch schon technische Denkmale der zweiten und dritten Kategorie. Solche sind:
– für den Erzbergbau bei Mansfeld, bei Schneeberg/Sachsen und bei Saalfeld/Thüringen
– für das Salinenwesen bei Magdeburg
– für das Eisenhüttenwesen bei Cottbus
– vor allem aber im Verkehrswesen, z. B. zahlreiche alte Brücken und mehrere Bahnhöfe.

Es ist einerseits nicht möglich, in der ganzen Breite hier unsere Arbeit vorzutragen. Trotz aller Erfolge wissen wir jedoch andererseits, daß alles doch erst den Beginn darstellt. Es ist zu einem großen Teil Neuland, das wir beschreiten. Dabei sollten wir uns aber nicht nur auf vergangene Jahrhunderte orientieren, sondern uns schon heute mit der Zukunft auseinandersetzen. In Zusammenarbeit mit unserer sozialistischen Industrie, unserem Verkehrswesen und den Leitungsorganen der Landwirtschaft erarbeiten wir zur Zeit die Konzeption für die technischen Denkmale der Zukunft. Es geht uns nicht nur um das Stilliegende, sondern auch das heute noch Funktionierende.

36.

Eberhard G. Neumann

Industrie-Architektur und Denkmalpflege in Westfalen, 1975

Technische Kulturdenkmale, Hagen, Heft 8, 1975, S. 3–7; zitiert nach: Eberhard G. Neumann. Gedanken zur Industriearchäologie. Vorträge – Schriften – Kritiken. Hildesheim 1986; Zitat S. 20/21

Zur Person:
Geboren 1911 in Konitz (Westpreußen). Studium des Bauwesens in Chemnitz und Leipzig; 1959 Promotion zum Dr.-Ing. 1960–75 Referent für westliches Westfalen und Technische Kulturdenkmale im Westfälischen Amt für Denkmalpflege. Gestorben 1997

Gegen den Planungstod für die „Wegwerf-Architektur"
Als aber in den 60er Jahren im Ruhrgebiet nach der Stillegung der zahlreichen Bergwerke ein wesentlicher Strukturwandel eintrat, mußte der Denkmalpfleger als „Träger öffentlicher Belange" energisch gegen den „Planungstod" vorgehen, um zu verhindern, daß die typischen Gebäude der industriellen Entwicklung als Zeugen einer baulichen Kulturstufe in Deutschland vernichtet wurden; denn noch heute werden diese Bauwerke von Eigentümern und Planern als „Wegwerf-Architektur" betrachtet. Zwar ist den Bauherren und Architekten sowie den Stadtplanern diese Handlungsweise nicht zu verdenken, da von Seiten der Publizisten der Bau- und Kunstgeschichte die Werte dieser Anlagen kaum gewürdigt worden sind; denn in Deutschland waren seit etwa fünfzig Jahren nach den beiden grundlegenden Werken von Werner Lindner, „Bauten der Technik" (1927), und Walter Müller-Wulckow, „Bauten der Arbeit und des Verkehrs" (1929), keine ähnlichen Abhandlungen der breiten Öffentlichkeit mehr zugänglich gemacht worden sind. Nur verstreut finden wir einzelne Monografien von industriellen Anlagen und regionale Beschreibungen in den verschiedenen Zeitschriften wie „Der Anschnitt", „Technikgeschichte" und „Tradition" sowie einigen Handbüchern.

Es galt noch bis vor wenigen Jahren bei den Fachkollegen als unfein, sich mit dem Thema dieser Kulturstufe zu befassen. Nur ein mutiger Kunsthistoriker, Nikolaus Pevsner, wagte schon 1957 in seinem Werk „Europäische Architektur" besondere Bauten der Technik in den beiden Schlußkapiteln darzustellen. Noch 1966 wurde Nikolaus Pevsner belächelt, als er vor den Freunden des Kunstvereins in Münster über das Thema „Das dunkle Jahrhundert in Europa" (19. Jh.) sprach und unter anderen Bauwerken auch Industriebauten, sogar englische Bahnhöfe als besonders schöne Beiträge der Architekturgeschichte interpretierte.

Wachsendes Interesse der Eigentümer
Nicht allein dieser anregende Abend hat dem Verfasser geholfen, seine Ansicht zu bestärken, die einzelnen Beispiele der technischen Entwicklung unserer Industrielandschaft zu erhalten, sondern die tägliche Konfrontation einerseits gegenüber dem „Planungstod" und andererseits das wachsende Interesse zahlreicher Eigentümer, die überkommenen Bauten unserer „Industriellen Revolution" aus der Mitte des 19. Jahrhunderts möglichst in situ zu dokumentieren. Somit gelangten auch die Großbauten der Technik in das Blickfeld des Denkmalpflegers, wie die Malakowtürme in Bochum, die Zeche Zollern II/IV in Dortmund oder die Ravensberger Spinnerei in Bielefeld. Trotz erheblicher Widerstände der verschiedenen Eigentümer und der planenden Verwaltungen sowie mancher Politiker konnten diese Gebäude geschützt werden. Aufgrund des zunehmenden Interesses, die Zeugen der Technikgeschichte stehenzulassen, damit auch diese Vergangenheit sichtbar bleibt, hat sowohl der Landtag von Nordrhein-Westfalen als auch die Landesregierung in ihrem NRW-Programm der Jahre 1970–1975 die Erhaltung einzelner technischer Kulturdenkmale einbezogen und in dankenswerter Weise für die Restaurierung dieser Bauten erhebliche Sondermittel bereitgestellt. Leider wurde diese gute

DAS INDUSTRIE-
DENKMAL

37.

Georg Mörsch
Technische Denkmale –
Pflege und Erhaltung,
1976

aus: Landeskonservator Rheinland,
Technische Denkmale im Rheinland, Arbeitsheft 20. Köln 1976;
Zitat S. 11/12

Zur Person:
Geboren 1940. Studium der Kunstgeschichte und Geschichte in Bonn; Promotion. 1968–80 beim Landeskonservator Rheinland; seitdem Professor und Leiter des Instituts für Denkmalpflege an der ETH Zürich

Idee nicht mehr weiter in die Tat umgesetzt, da sie im Gestrüpp der Ministerialbürokratie hängenblieb. ...

Hand in Hand mit der Verlebendigung denkmalpflegerischer Bemühungen in den letzten Jahren geht eine Erweiterung des öffentlichen Bewußtseins über das, was erhaltenswert, ja erhaltensnotwendig ist. War z.B. die Forderung nach Erhaltung ganzer Ortsbilder bereits um die Jahrhundertwende von verantwortlicher Seite zu vernehmen, so ist die Erhaltung der gebauten, historisch gewachsenen und vertrauten Umwelt heute zu einer Hauptforderung einer durch Monotonie alarmierten Öffentlichkeit geworden.

Zu den auf eine neue, breitere Basis gestellten Forderungen der Denkmalpflege gehört auch die nach der Erhaltung technischer Denkmäler als wichtiger Zeugen unserer jüngsten Geschichte, die in der Lage sind, wichtige Bereiche unserer heutigen Welt in die Kontinuität von Vergangenheit und Zukunft einzuordnen und verständlich zu machen. Zur Erhaltung solcher Zeugen der Geschichte der Technik bekennen sich schon heute viele Stimmen. Was häufig zu fehlen scheint, ist ein Einblick in die besondere Problematik gerade dieses Denkmälerbereichs.

Die Probleme beginnen schon mit der Frage, was aus der unendlichen Fülle der Artefakte als technisches Denkmal, nämlich als für seine Entstehungszeit charakteristisches und aussagekräftiges Dokument, anzusehen ist. Nicht jedes Stück Gußeisen, nicht jedes Reagenzglas werden wir retten wollen oder können. Auf der anderen Seite gelten zur Zeit häufig noch Erhaltungsmotive und Auswahlkriterien, die mit Sicherheit diesem Objektbereich methodisch nicht angemessen sind. Allzuoft wird die Notwendigkeit zur Erhaltung dieser Objekte nämlich mit ihrer besonderen Schönheit begründet. So ist es typisch, wenn schon am Anfang dieses Jahrhunderts, das ein frühes Interesse für die vor- und frühindustriellen technischen Denkmäler zeigte, Prof. F. W. Bredt 1912 in den Mitteilungen des Rheinischen Vereins für Denkmalpflege und Heimatschutz (S. 203–220) mit dichterischen Visionen das Abenteuerliche, „fast Gespenstische" der Windmühlen beschwört, um sie ... als technische Denkmäler zu erhalten. Niemand wird leugnen, daß solche ästhetischen Eigenschaften manchem Denkmal der Technikgeschichte zu eigen sein können, jedoch ist die Schönheit dieser Anlagen als Auswahlkriterium sachfremd, subjektiv und fehlerträchtig.

Damit soll nicht übergangen oder gar bestritten werden, daß solche Auswahl bisher erfreuliche Früchte tragen konnte. So war z.B. die Rettung einer klassizistischen Tuchfabrik in Aachen, heute Institut für Kraftfahrzeugwesen der Technischen Universität Aachen, sicherlich ein Erfolg moderner Denkmalpflege, und auch die vor nicht allzulanger Zeit erreichte Erhaltung der großartigen Maschinenhalle der Zeche Zollern II in Dortmund ist ein solcher Erfolg.

Jedoch: beide Objekte sind auch für den Kunsthistoriker, den Architekten, den „gebildeten Durchschnittsbetrachter" erhaltenswert, weil erkennbar „schön" in der Strenge der völlig reduzierten klassizistischen Gliederung bzw. im Linienspiel des jugendstilig kurvierten Eisenwerks. Wer möchte aber solche ästhetischen Qualitäten etwa einem Objekt wie der ersten mechanischen Spinnerei des Kontinents in Ratingen-Cromford zusprechen, einer für die frühe Industrie- und Sozialgeschichte entscheidenden Anlage? Auch der gutgemeinte Appell, man müsse die Schönheit dieser Gebäude oder Dinge entdecken, versagt bei solchen Objekten und geht vor allem methodisch an der Sache vorbei, geht es doch um die Verdeutlichung historischer Dimensionen anhand greifbarer, unübersehbarer, ja häufig als Ärgernis begriffener Zeugen einer Zeit, die unseren heutigen Zustand entscheidend geprägt hat und die in der Mitverantwortung für unsere heutige Umwelt Antwort geben kann auf manche unserer Fragen an die Zukunft.

Durch diesen Zwang zu klarer Methodik, den uns der Versuch, technische Denkmäler zu erhalten, auferlegt, gewinnt vielleicht auch die übrige Denkmalpflege eine Chance, besser verstanden zu werden; nicht als Schönheitswettbewerb zwischen klassifizierten Monumenten, von denen schließlich die prämierten überleben, sondern als wesentlicher Mitgestalter einer verständlichen Umwelt.

In der Praxis sind gerade für die Erhaltung der technischen Denkmäler noch fast alle Fragen offen. Was hier erhalten werden muß, kann der Architekt, der Kunsthistoriker, aus denen sich bisher amtliche Denkmalpfleger rekrutieren, kaum schlüssig bestimmen. Auch der Historiker hat diesen Themenbereich, wenn er ihn überhaupt angegangen ist, noch kaum in Forderungen an die Öffentlichkeit übersetzt. Mit anderen Worten: Bisher fehlt es an denen, die die Dokumente der Technikgeschichte „lesen" können, noch bevor es an die Aufgabe des Erhaltens geht. Hier scheint der wirkungsvollste Anstoß von der Öffentlichkeit, aus den Einzelregionen selbst, zu erwarten zu sein, vorausgesetzt, die Grundforderungen, auch Monumente der Technikgeschichte zu erhalten, ist akzeptiert. Nur in Verbindung mit der Regionalplanung z.B. ist eine Antwort auf die bisher ungelöste Frage zu finden, was von den oft immense Flächen unseres zersiedelten Landes bedeckenden bedeutenden technischen Anlagen zumutbar erhalten bleiben kann, ohne daß dabei der Erhaltung äußerer Hüllen zuliebe eine neue Nutzung der Art verwirklicht wird, die das Dokument notwendigerweise von innen aushöhlt und vernichtet.

Die Problematik aller Denkmalpflege, zwischen Erhaltung der Substanz und den Ansprüchen neuer oder verbesserter Nutzung so abzuwägen, daß es zwischen beiden berechtigten Zielen zu einer echten Verträglichkeit kommt, stellt sich wohl nirgendwo als so schwierig zu lösen dar wie bei der Bewahrung technischer Denkmäler. Läßt sich für ein barockes Herrenhaus trotz heutiger Lebensgewohnheiten eine Wohnnutzung zwar mit Unbequemlichkeiten aber auch mit ganz ungewohnt gewordenen Reizen durchaus beibehalten, wie glücklicherweise auch in unserem Land Hunderte von Beispielen zeigen, so ist dieses Beibehalten der alten Nutzung oder auch nur Nutzungsart bei den Zeugen der Technikgeschichte ungleich schwerer. Dies zeigt sich schon bei manchem Durchbau von Wind- oder Wassermühlen, deren technische Einrichtungen häufig der Nutzung als Wohnung oder gastronomischem Betrieb weichen „müssen". Allzuselten sind auch heute noch Fälle wie der der Wassermühle in Leuth, Kreis Viersen, aus dem 18. Jahrhundert, bei deren Restaurierung die technische Einrichtung nicht nur geschont, sondern auf Kosten von Eigentümer und Denkmalpflege von einem der letzten handwerklichen Mühlenbauer technisch durchrepariert und funktionsfähig gemacht wurde. Solche Erfolge, die bei vorindustriellen Objekten doch hier und da vorkommen, sind im Bereich der industriellen Denkmäler wesentlich schwerer zu erzielen, man denke nur an die Erhaltung eines technisch überholten Stellwerks oder einer aufgegebenen Steinkohlenzeche. Hier aus den regionalen Gegebenheiten sachkundig praktikable und schwerpunktartige Vorschläge zu erarbeiten, ist eine Aufgabe, die der Denkmalpflege nur in Partnerschaft mit den Gebietskörperschaften gelingen kann.

Auf der gleichen Ebene gilt es hier außerdem, das oben geschilderte „öffentliche Belang" tatsächlich in einer Öffentlichkeit zu verankern, die für diese Fragen aufnahmebereit ist wie kaum je zuvor. Eine ermutigende Parallele stellt

DAS INDUSTRIE-DENKMAL

unser heutiges Verhältnis zur Architektur des späten 19. Jahrhunderts dar. Noch vor zehn Jahren erhob sich kaum eine Stimme, die amtliche Denkmalpflege nicht ausgenommen, wenn ganze intakte Viertel aus dieser Zeit im Planungs- und Bauboom der 60er Jahre verschwanden. Der Unterschied zur heutigen Situation ist krasser kaum möglich: Von Hamburg bis München, von Aachen bis Berlin werden diese Bauten und Viertel von ihrem Wohnwert, ihrer Maßstäblichkeit, ihrer historischen Bedeutung her als städtebauliche Kleinode erhalten und wiederbelebt. Ähnliches ist für den Bereich der technischen Denkmäler unerläßlich, nicht als Schaffung einer Lobby für die Interessen Weniger, sondern als Artikulierung eines Desiderates durch die Betroffenen, nein Begünstigten, denn ebenso wie es zum selbstverständlichen „Besitzerstolz" einer Region gehört, ein bedeutendes Museum, eine intakte Landschaft, historische Kunstdenkmäler mit einem Baedekersternchen oder ähnliches zu besitzen, so gehören die wichtigsten technischen Denkmäler zum geistigen Besitz aller. Die räumliche und historische Orientierungsfunktion stellt die wohl bedeutendste Leistung aller Denkmäler für die Identität einer Stadt oder Landschaft und ihrer Bewohner dar. Diese Orientierungsfunktion wird entscheidend mitgetragen von den Denkmälern der Technikgeschichte, die gleichzeitig Aufschluß geben über den wirtschaftsgeographischen siedlungsgeschichtlichen und sozialen Rahmen, in dem eine Region ihre heutige Form und ihre Gefährdung und Chancen für die Zukunft fand.

Solche Orientierungshilfen zur Verfügung zu halten, eben auch technische Denkmäler zu erhalten, ist unbestrittenes öffentliches Interesse. Denkmalpflege hat in diesem Zusammenhang die Verpflichtung, der Allgemeinheit das Verständnis dieser Schutzobjekte auf wissenschaftlicher Grundlage zu ermöglichen. Über die erfreuliche spontane Interessensbekundung durch die Bevölkerung an dem einen oder anderen Objekt hinaus, muß verantwortliche Denkmalpflege versuchen, ein gleichmäßiges Netz von gesicherten Informationen über den Denkmälerbestand zu legen, die das Denkmal als Geschichtsquelle erst erschließen und seine Erhaltungsmöglichkeiten vorbereiten. Diese Forderung gilt in besonderem Maße für alle Denkmalgruppen, die mit neuer Intensität in unser Blickfeld rücken.

In diesem Zusammenhang will dieses Arbeitsheft gesehen werden. Nach ersten Versuchen in dieser Reihe, Einzelobjekte oder eng begrenzbare Objektgruppen der Technikgeschichte verhältnismäßig intensiv zu untersuchen, folgt hier der Versuch, in Form einer Übersicht zu zeigen, daß mit den Denkmälern der Technik nicht einige fossile Überreste losgelöst aus allem historischen Zusammenhang übriggeblieben sind, sondern daß im Gegenteil von einer dichten Denkmallandschaft zu sprechen ist, deren kontinuierliche Entwicklung weitergeht.

Wenn dieses Arbeitsheft solches Bewußtsein einer zukunftsfähigen Kontinuität wecken oder unterstützen kann, wird es seinen Einfluß auf die Erhaltungspraxis an den beschriebenen Denkmälern der Technikgeschichte nicht verfehlen.

38.

Rainer Slotta

Technische Denkmäler und Kunstdenkmäler, 1982

Unterschiede und Gemeinsamkeiten, Fragen der Inventarisation, Dokumentation und der Erhaltung. Aus: Einführung in die Industriearchäologie. Darmstadt 1982, S. 174–178

Zur Person: siehe Text 27

Die Abgrenzung der „technischen Denkmäler" von den „Kunstdenkmälern" ist vielfach schwierig und nicht eindeutig zu erkennen.

..., wobei unter dem Epitheton „technisch" eine Zusammenschau der Begriffsbereiche Industrie, Handel, Verkehr und Versorgung in weitester Auslegung zu verstehen ist. Man wird daher in Analogie zu den „Kunstdenkmälern" ein „technisches Denkmal" definieren dürfen als einen beweglichen oder unbeweglichen Gegenstand, der als charakteristisches Wahrzeichen seiner Epoche das Verständnis für einen Arbeitsvorgang in der ganzen Vielschichtigkeit der Industrie, des Handels, des Verkehrs, der Versorgung und anderer technisch beeinflußter Bereiche wachzuhalten in der Lage ist. Damit ist in Analogie zu den Kunstdenkmälern klar ausgedrückt, daß als technisches Denkmal jede industrielle, „technische" Leistung anzusprechen ist, jede Dampfmaschine, jeder Wasserturm, jede Brücke, jeder Leuchtturm, jede Werkbank, kurz jedes Erzeugnis im oben genannten Sinne. Diese Definition mag im ersten Moment erschrecken, ist jedoch nur eine adäquate Anwendung des Denkmalbegriffs der Kunstdenkmalpflege auf die technischen Denkmäler: Zählen doch in den Denkmalinventaren der Kunstdenkmalpflege auch Geräte und Produkte der Kleinkunst durchaus zu den erhaltungs-, zumindest aber inventarisationswürdigen Objekten. Und letztlich belegt die Handlungsweise der Denkmalpflege, jede romanische und gotische Kirche zu erhalten, wobei auf Qualitätskriterien keine Rücksicht genommen wird, ein durchaus zu respektierendes Denkmalverständnis, das möglichst umfassend aufzufassen ist. ...

Um es noch einmal klar auszudrücken: Wir begreifen jede industrielle Leistung als „technisches Denkmal". Dadurch wird zwar der Begriff des „Denkmals" zugunsten eines Wortes wie „Gegenstand" oder „Objekt" umgedeutet und auch wohl entwertet, doch sagt dies letztenendes nichts über die objektive oder relative Bedeutung des „Denkmals" aus.

Diese Betrachtungsweise hat aber ihre Folgen für die Denkmalpflege, die an den Denkmälern der Kunst geschult worden ist. Sie verweist mit Recht darauf, daß es ja unmöglich sein kann, und auch nicht im Interesse aller liegen kann, nun jedwede architektonische oder maschinelle Leistung als „Denkmal" zu erhalten, da sich viele noch oft im Bereich laufender Produktion befinden. Wollte man dies, so würde man sich bald in einem „musealen" Bereich befinden, der jede Weiterentwicklung behindern und abtöten würde, der jedes Land zum wirtschaftlichen und ideellen Ruin führen müßte.

Infolgedessen muß im Bereich der technischen Denkmäler in verstärktem Maße eine Selektion vorgenommen werden, eine Auswahl, die typische, charakteristische Leistungen aus dem industriellen Bereich erhält und weniger typische oder vielfach vorhandene Exemplare ausscheidet. Es stellt sich also die Frage der Auswahl und der Auswahlkriterien.

In Ermangelung absolut eindeutiger Kriterien wird bei der Beschäftigung mit dem Themenbereich der technischen Denkmäler in nicht seltenen Fällen der individuellen Interpretation und Einordnung eine besondere Rolle zukommen. Diese Feststellung trifft auch für die praktische Bearbeitung konkreter Objekte im Sinne ihrer Erfassung und etwaigen späteren Erhaltung zu. Hier können Kriterien der interdisziplinär ausgerichteten industriearchäologischen Forschung helfen. Ohne den Definitionen und Ausführungen, wie sie zum Beispiel von Angus Buchanan oder Richard Pittioni konzipiert worden sind, jetzt erneut nachzugehen, seien lediglich einige Überlegungen geschildert, deren Berücksichtigung wichtig erscheint. ...

Die Auswahl eines typischen Denkmals und seine Erhaltung enthebt den Denkmalpfleger allerdings nicht der Sorgepflicht für die anderen, durch Umwelteinflüsse und die Klassifizierung bedrohten Objekte. Sie müssen sämtlich

DAS INDUSTRIE-
DENKMAL

– und diese Ausschließlichkeit ist wichtig – aufgemessen und zumindest ausreichend dokumentiert werden. Darüber hinaus sollte es zur Selbstverständlichkeit werden, besonders signifikante Teile in ein Museum bzw. in ein Lapidarium zu überführen bzw. zu sichern, wo man diese Stücke bei Bedarf einer Prüfung unterziehen kann. Wie oft kann bereits ein Fragment eines Monuments Aufschlüsse über die Gesamtheit geben! Wie oft haben sich schon die Fragestellungen geändert! Auf jeden Fall sollte versucht werden, die Denkmäler so lange wie möglich in situ, d.h. am Ort und in ihrer alten Umgebung zu erhalten oder – wenn es erforderlich bzw. günstiger ist – zu translozieren, an einen neuen Ort zu übertragen. Auch Abbrucharbeiten, das sollte nicht vergessen werden, verschlingen Geldmittel, die eventuell zur Erhaltung eines Denkmals ausreichen würden. Es genügt allerdings auch nicht, die einmal erhaltenen Denkmäler ohne Pflege einem langsamen Siechtum und Verfall anheimzugeben, um sie dann schließlich doch abreißen zu müssen – eine Politik, die aus kurzsichtigen ökonomischen Erwägungen naheliegt und leider immer noch allzuoft vordergründigen lokalpolitischen Prioritäten entspricht. Die Objekte müssen vielmehr sinnvollen Aufgaben, einer umweltrelevanten Funktion zugeführt werden.

39.

Günther Kühne

Zum Umgang mit Technischen Denkmälern, 1985

aus: Der Bär von Berlin, 1985, S. 69–88; Zitate S. 69, 72–74

Zur Person:
Geboren 1917 in Berlin. Journalist und Architekturkritiker, 1955–82 Bauwelt-Mitarbeiter; diverse Publikationen über Industriearchitektur

Der klassische Denkmalbegriff, wie er im Laufe des 19. Jahrhunderts entwickelt und formuliert worden ist, zeitlich parallel mit der Entstehung staatlicher Denkmalämter, hat in den letzten Jahren eine quantitative wie qualitative Erweiterung erfahren, die sich in wachsendem Maße der Öffentlichkeit mitgeteilt hat und auch von ihr aufgenommen worden ist. Nach heutigem Verständnis der Denkmalpflege gibt es kaum noch inhaltliche oder zeitliche Beschränkungen für die Definition eines Denkmals. ...

In § 2(2) des Berliner Denkmalschutzgesetzes vom 22. Dezember 1977 heißt es daher: „Ein Baudenkmal ist eine bauliche Anlage, ... deren Erhaltung wegen ihrer gesellschaftlichen, künstlerischen oder wissenschaftlichen Bedeutung oder wegen ihrer Bedeutung für das Stadtbild im Interesse der Allgemeinheit liegt ...". Die Reihenfolge der im Gesetz genannten Kriterien ist bedenkenswert. Technische Denkmäler sind zwar nicht ausdrücklich erwähnt, doch reicht die im Gesetz gegebene Definition aus, um ihnen gegebenenfalls den erforderlichen Schutz angedeihen zu lassen; wenn man überhaupt will.

Doch sollte die Bezeichnung Technische Denkmäler nicht allzu eng gesehen werden. Daß hier allgemein von Denkmälern gesprochen wird, nicht Baudenkmälern, deutet schon an, daß auch größere Anlagen, Maschinen und Großgeräte einzubeziehen sind: Mühlen, Gasbehälter, Generatoren, Wassertürme, Brücken und Viadukte, Schleusen und Kanalbauten und dergleichen. Deutlicher wird es noch, wenn man an die Denkmäler der Montan- und Schwerindustrie denkt; Fördertürme oder Hochöfen etwa sind gewiß keine Bauten in landläufigem Sinne, bestimmen aber eindrucksvoll Landschafts- und Stadtbilder. ...

Technische Denkmäler sind aber im Unterschied zu den Industriedenkmälern im engeren Sinne nicht nur Bauten und Anlagen, die der Produktion dienen, sondern ganz allgemein alle Dokumente der dinglichen Geschichte, also auch der Wirtschafts-, Verkehrs-, Arbeits- und Sozialgeschichte. Den letztgenannten ist bisher nur selten volle Aufmerksamkeit gewidmet worden; doch zeichnet sich seit einigen Jahren eine neue Tendenz ab, die durch die so bezeichnete Erweiterung dem alten Begriff Universalgeschichte einen erweiterten Inhalt gibt. Besonders an der Entwicklung technischer Museen läßt sich das ablesen. ...

Kann man alles erhalten?

Die Fülle der – besonders in jüngerer Zeit entstandenen – Technischen Denkmäler läßt die Forderung, sie durchweg als erhaltenswert einzustufen, als utopisch erscheinen. Auch aus vergangenen Zeiten ist stets nur ein Bruchteil des einstmals Vorhandenen auf unsere Tage gekommen: nicht durch systematische Auswahl, sondern zum größten Teil zufällig. Katastrophen wie Feuersbrünste oder Kriege – in anderen Landesteilen auch Erdbeben haben nicht wählerisch gewirkt. So sind manche Dinge nur deshalb zu Raritäten geworden, weil zufällig allein sie übriggeblieben sind, obwohl es statt ihrer vielleicht bessere Beispiele gegeben hätte, die aber von den Katastrophen vernichtet worden sind.

Die Zahl der Denkmäler dokumentarischen Charakters steigt stärker an, je näher wir der Gegenwart kommen. Die Denkmalpflege hat daher die Aufgabe, in Übereinstimmung mit den Eigentümern oder Nutzern möglichst typische Beispiele auszuwählen, die zu erhalten lohnt. Bei noch in Betrieb befindlichen Industrieanlagen gibt es Schwierigkeiten insofern, als – aus welchen Gründen auch immer – wechselnde Betriebsinteressen berücksichtigt werden müssen, da Standortverlagerungen wie einst bei den „Randwanderungen" der Berliner Industrie heute kaum noch möglich sind: Das Land ist „ausverkauft", noch vorhandene Freiflächen müssen erhalten werden. Die alte Unbefangenheit im Umgang mit Grund und Boden ist dahin, seit wir wissen, daß Bauen jeglicher Art zugleich Flächenverbrauch bedeutet und damit unsere natürliche Basis schmälert. Der Begriff wird in Industriekreisen weithin anders ausgelegt als in der Denkmalpflege oder gar in der Stadtökonomie. Das ist verständlich, daher sind hier die Ansprüche vernünftig auszugleichen, um zu einer Synthese zu gelangen, die den Interessen aller Beteiligten möglichst weitgehend gerecht wird, ohne mit dem Geruch eines „Kompromisses" behaftet zu sein. Gegenseitiges Respektieren der berechtigen Interessen ist dazu eine Grundvoraussetzung. Die Aufgabe kommt in vielen Fällen der Quadratur des Kreises gleich.

Grundzüge zu einer Systematik für die gebotene Auswahl der zu erhaltenden Technischen Denkmäler sind von den Beteiligten so zu erarbeiten, daß sie nicht zu einem Prokrustesbett werden, sondern eine variable Handhabung erlauben, um den jeweiligen, örtlichen wie inhaltlichen, Sonderbedingungen zu entsprechen. Dabei ist gleichzeitig die Last der Trägerschaft zu klären: Den Betrieben wird man sie in der Regel nicht allein aufbürden können; man kann ebensowenig alles der öffentlichen Hand zumuten, auch im Hinblick auf die steuerzahlenden Bürger. Man sollte viel öfter als hierzulande üblich den Gedanken an eine öffentliche Stiftung in die Erwägungen einbeziehen. In anderen Ländern mag das leichter gehen; doch ist bei solchen Vergleichen zu bedenken, daß dort steuerrechtlich meist andere Voraussetzungen gegeben sind, die es bei uns – noch – nicht gibt.

In der Öffentlichkeit ist ein Bewußtsein der vollen Bedeutung Technischer Denkmäler für die Pflege der sogenannten Alltagskultur erst in Ansätzen vorhanden. In der Regel führen konkrete Anlässe, denen man sich vielleicht emotional verbunden fühlt, zur Bildung örtlicher Initiativen, deren Wirksamkeit oft nur gering ist, weil sie meist zu spät auftreten: Die Weichen sind dann längst gestellt. Auch Presse, Funk und Fernsehen entdecken den Brunnen meist erst dann, wenn das Kind schon hineingefallen ist – wenn sie nicht überhaupt vorziehen, aus irgendwelchen Gründen zu schweigen. Frühzeitige Aufklärung allgemeiner Art kann dann auch zu konkreten Hinweisen führen, die der Denkmalpflege und ihrer öffentlichen Aufgabe nützlich sind.

Die Denkmalämter und ihre Vertrauensleute sollten sich so schnell wie möglich einen Überblick über die vorhandenen Technischen Denkmäler, auch ihre erhaltenswerten Reste, verschaffen. Die Inventarisation muß sich dabei

DAS INDUSTRIE-
DENKMAL

unkonventioneller Mittel bedienen, da nach anderen – gegenüber den bisherigen erweiterten – Kriterien zu verfahren ist. Zugunsten einer Übersicht durch Schnellinventarisation nach Art der angestrebten Denkmaltopographie sollten traditionelle Bedenken wegen womöglich fehlender oder nicht ausreichender wissenschaftlicher Sorgfalt überwunden werden. ...

Die Denkmalbehörde übernimmt mit der Suche nach neuen Nutzern und neuen Nutzungen für die zu erhaltenden Anlagen aus Liebe zur Sache eine zusätzliche Aufgabe, die ihr im Grunde nicht zukommt und für die ihre Mitarbeiter auch nicht ausgebildet sind: die Denkmalpflege als Maklerbüro, als Förderer kultureller Einrichtungen unterschiedlichster Art oder auch neuer, innovativer Handwerks- oder Industrieansiedlung. Vielleicht ist das als eine Art Notwehr anzusehen, weil die eigentlich dafür zuständigen Behörden oder Organisationen einem Technischen Denkmal oder einem Baudenkmal angesichts ihrer eigenen, anders gerichteten Ziele nicht den erforderlichen Respekt entgegenbringen (können?). ...

40.

Axel Föhl

Was ist ein Denkmal im Revier? 1987

aus: Tendenzen, 28, Nr. 154, 1987, S. 43–46

Zur Person:
Geboren 1947 in Coburg. Studium der Anglistik und Technikgeschichte in Saarbrücken, München, Bochum. Seit 1974 Referent für technische Denkmale beim Landeskonservator Rheinland; Vorsitzender der Arbeitsgruppe „Industriedenkmalpflege" der Vereinigung der Landesdenkmalpfleger.
Zahlreiche Veröffentlichungen

... hier zunächst erst einmal eine Definition dessen, was „technisches Denkmal" genannt werden soll: „Technisch" sind Objekte, die der Produktion, der Distribution oder dem Verkehr zuzuordnen sind, oder hiermit in Verbindung stehen. Mit dieser Funktionszuordnung ist der ungleich größere Bereich allgemeiner Bauten und Anlagen ausgegrenzt, die ja allesamt in irgendeiner Form „Technik" im Sinne von Bautechnik in sich bergen, was bis zum Uhrwerk im Rathausturm oder zum permanent installierten Lastenaufzug im Kirchendachstuhl reichen kann.

Nun kommt natürlich noch lange nicht jedem Objekt, das in eine der drei obengenannten Kategorien fällt, Denkmalwert zu, spezifische Kriterien müssen hier zusätzlich eingeführt werden. Eine Art Gegenraster vermögen die vier folgenden enger qualifizierenden Merkmale bilden: Technische Denkmale sind Objekte aus den Bereichen Produktion, Distribution und Verkehr, die zu beschreiben sind als:
1. historisch typische Objekte (z. B. ein Intze-Wasserturm, ein deutsches Strebengerüst),
2. historisch einzigartige Objekte (erste mechanische Baumwollspinnerei, letzte Dampfkolbenpumpe, Sonderform eines Techniktyps)
3. sozial- oder wirtschaftsgeschichtlich wichtige Objekte (Zechensiedlung, Bauten des Verlegersystems),
4. architekturhistorisch wichtige Objekte (Teppichfabrik im maurischen Stil, neogotische Maschinenhalle).
...

Vor vielen Jahren hat der Nestor der britischen Industriedenkmalpflege, der ehemalige BBC-Wirtschaftskorrespondent Kenneth Hudson, einmal in einem Vortrag festgestellt, daß seiner Erfahrung nach Industriemuseen finanziell gut bedacht würden, wenn eine konservative Regierung an der Macht sei, hingegen schlecht ausgestattet würden, wenn es sich um eine sozialistische Regierung handele. Er erklärte dieses Phänomen (das er als die Beobachtung eines skandinavischen Kollegen wiedergibt) damit, daß es für die Gruppe sozialistischer Mandatsträger und ihres sozialen Umfeldes zum snob-appeal gehöre, für Kunstmuseen zu sein, diese zu besuchen und zu finanzieren, während dieser Effekt umgekehrt bei den Konservativen darin liege, für die Zeugnisse von Industrie und Technik zu votieren. Dieser – nicht unbedingt satirisch zugespitzte – Sachverhalt findet seine Entsprechung in der Bemerkung eines westdeutschen Journalisten, der vor Jahren meinte, es sei einfacher, einen

Ruhrgebietsoberbürgermeister zum Ankauf eines Bildes von August Macke für das städtische Kunstmuseum zu bewegen, als die entsprechenden Hunderttausende von Mark für die Erhaltung eines Malakowturmes locker zu machen.

Hält man dieser Bemerkung einmal zugute, daß sie in Zeiten gemacht wurde, da weder Kohle noch Stahl sich in der Lage befanden, in der sie heute zu sein scheinen, so fixiert sie dennoch eine vor allem im Ruhrgebiet herrschende Attitüde, die man als kollektive Verdrängungsmentalität bezeichnen könnte. ...

Teil einer ruhrgebietsspezifischen Industriedenkmalpflege hat also demnach zu sein, im gleichen Abstand von außen und innen, von „grau und geblümt" der historischen Realität zum Überleben zu verhelfen, der geballten, aber austauschbaren Uniformität der Revierstadtzentren die nicht austauschbare und vor allem durch Lebenserfahrung beglaubigte Individualität des Malakowturms Carl in Altenessen oder die völlig anders gestaltete des Turms auf der Bodelschwingher Zeche Westhausen entgegenzusetzen. Identitätsangebote zu machen, die in der Verschiedenartigkeit einer Bergarbeitersiedlung mit Reihenhäusern in Mülheim-Heißen von der Gartenstadtanlage in Essen-Rellinghausen begründet sind. Unterschiedliches entsteht dabei: Von dem „Präparatcharakter" des anders nicht mehr verwendbaren Malakowturms – er steht als Monument seiner selbst und des Zechenortes – über die fürs zeitgemäße Wohnen oft stark veränderten Wohnkomplexe bis hin zu gewerblichen Neunutzungen unter Wahrung der ursprünglichen Baugestalt und Innenaufteilung von Industriebauten – alles Versuche, einer Region, die in bräutlicher Erwartung des allzuoft ausbleibenden „Bräutigams" Nachfolgeindustrie ihre ganze Wohnung ausräumt, d. h. vorauseilende Kahlschlagsanierung betreibt, um Quadrathektare freier Fläche zu schaffen, die dann oft keiner haben will. ...

Monumente, Weiternutzung, Neunutzung – in diesem Feld operiert eine Industriedenkmalpflege, eingeklemmt zwischen Hochkonjunkturen und Konjunkturkrisen – die jetzt zum Denkmal gemachte Schachtanlage Zollverein XII in Essen-Katernberg sollte binnen acht Jahren schließen, machte weiter und wurde dann erst geschlossen – operiert an dem Vorhaben, der von ihr betreuten Region ein Kulturprofil zu sichern, das auch die Bedeutungsschicht der Industriekultur umfassen muß – in manchen Ballungsräumen technisch-wirtschaftlicher Entwicklung sicher die prägende Schicht; operiert mit der Ambivalenz zwischen dem eigenen aufs Dokument bezogenen, Wertungen nicht treffenden Standpunkt und der gerade bei industriellen Objekten oft vehement ausgeprägten Wertung durch Betroffene, ja Geschädigte („hier hat sich Vater seine Silikose geholt") und operiert mit der Spannung zwischen dem gerade noch (oder schon nicht mehr) hinnehmbaren Grad von Veränderung des Dokuments einerseits und der Mumifizierung eines Industriedenkmals hinter Zierrasen und Blumenrabatten andererseits (die obligate halbe Seilscheibe vom abgebrochenen Fördergerüst auf dem Vorplatz des Verwaltungsgebäudes). ...

VII. Entstehung und Wandel der Erhaltungskonzepte

Zwar ist die Denkmaleigenschaft nach allgemeiner Übereinkunft nicht an den Zustand des betreffenden Gebäudes oder der Anlage gebunden, aber die damit verbundene Erhaltungsabsicht wird als Aufforderung verstanden, eine Nutzung sicherzustellen. Das nordrhein-westfälische Denkmalschutzgesetz etwa enthält bereits im ersten Absatz die Zielsetzung, Denkmale „sinnvoll zu nutzen".[1] Die mit dem Denkmalschutz verbundene Pflicht zum Erhalt wird durch die „Zumutbarkeit" für den Eigentümer eingeschränkt; gemeint ist das Verhältnis von Erhaltungsaufwendungen und Nutzungsmöglichkeiten oder Erträgen.[2] Zwar unterliegen Bauten, auch bei gleichbleibender Nutzung, einem ständigen Anpassungs- und Modernisierungsprozeß. Endet die ursprüngliche Nutzung aber, die, wie bei Industriedenkmalen häufig der Fall, die Pflege der baulichen und technischen Bestandteile einer Anlage begründete, so kommt es zu einem völligen Funktionsverlust oder -wechsel, und wesentliche Veränderungen scheinen oft unvermeidbar. Bei traditionellen Bau- und Kunstdenkmalen, also Bauten hohen und akzeptierten künstlerischen, städtebaulichen und symbolischen Anspruchs auch bei seit langem aufgegebener oder reduzierter Nutzung steht weniger das Ob als das Wie des Erhalts im Vordergrund. Bei Industrie- und Ingenieurbauten und bei technischen Anlagen ist das Gegenteil der Fall: Ein Abriß wird als Normalfall und der Erhalt und eine andere Nutzung als Sonderfall angesehen. Abgesehen von den irrationalen Kriterien liegt der sachliche Grund dafür teilweise im hohen Spezialisierungsgrad der Bauten, die sich in allen Arten ungewöhnlicher Grund- und Aufrißformen, Erschließungen, Materialien und Konstruktionen ausprägen können; diese haben Auswirkungen auf Lebensdauer, auf klimatische und akustische Verhältnisse. Schon die räumliche Ausgangssituation bzw. der bauliche Grundbestand kann sehr unterschiedlich sein; er reicht vom großvolumigen Hohlkörper über mehrgeschossige Bauten aller Art bis zur freistehenden technischen Anlage. Dies führt bei Industriedenkmalen zu einer besonderen, einer herausfordernden Situation der Weiternutzung und Konservierung.

Gerade die auf einer speziellen Funktion beruhende besondere Bauform gehört jedoch zu den besonderen Merkmalen von Industriebauten. Dazu kommt die spezialisierte Nutzung: Während andere Denkmalgattungen, etwa Kult- oder Wohnbauten, nur einem langsamen, durch flexible Lebensgewohnheiten oder kulturelle Rücksichten gebremsten Nutzungswandel unterliegen, stehen Industriebauten und technische Anlagen oft in einem sich beschleunigenden technologischen oder organisatorischen Veränderungsprozeß, in dem sie den steigenden und sich schnell wandelnden Anforderungen häufig bald nicht mehr gewachsen sind. Ihr Denkmalwert ergibt sich, unabhängig vom Alter, oft ja gerade aus ihrer Veraltetheit, d.h. letztlich aus dem Verlust ihrer ursprünglichen Funktion. Damit stellt sich aber oft gleichzeitig die Frage nach einer Zukunft der Denkmale.

Es bietet sich an, den Begriff „Nutzung" weiter als gewöhnlich zu fassen. Er wird zunächst bestimmt von den mehr oder weniger vorteilhaften und ausschöpfbaren Potentialen wie Standort, Nachbarschaft, Raumangebot, Zuordnung und Image. Auch eine Nutzung als Schauobjekt oder als Wahrzeichen muß durchaus als vollwertig und sinnvoll betrachtet werden, wenn sie in bestimmte sinngebende Zusammenhänge eingebunden ist. Im Amerikanischen ist dafür der Begriff „historical landmark" geprägt worden. Erfahrungsgemäß sind ältere Bauzustände immer dann

1. Hüttenwerk in Duisburg-Meiderich

[1] Gesetz zum Schutz und zur Pflege der Denkmäler im Lande Nordrhein-Westfalen (Denkmalschutzgesetz) vom 11. März 1980, § 1, Abs. 1, Satz 1.
[2] Siehe etwa: Ernst-Rainer Hönes: Die Unterschutzstellung von Kulturdenkmalen (Schriften zur öffentlichen Verwaltung, Bd. 27). Köln 1989; Manfred Mosel: „Fragen der Nutzung und der Veränderung von Baudenkmälern und Denkmalbereichen." In: August Gebeßler, Wolfgang Eberl (Hgg.): Schutz und Pflege von Baudenkmälern in der Bundesrepublik Deutschland. Ein Handbuch. Köln 1980, S. 257–287.

ERHALTUNGS-
KONZEPTE

besonders gut überliefert, wenn spätere Verwendungen weniger intensiv und spezialisiert waren oder ganz andere Ziele verfolgten, welche die historische Substanz kaum berührten.

An Industriedenkmalen läßt sich auch der gedankliche Umgang mit Verfall und struktureller Veränderung in der Industriegesellschaft thematisieren. Neben der denkmalpflegerischen Ebene, d.h. Erforschung und Erhalt, spielen ökonomische Gesichtspunkte einer wirtschaftlichen Nutzung und schließlich geistesgeschichtlich-rezeptive Überlegungen eine Rolle, ausgehend von der Symbolhaftigkeit des Verfalls, den treibenden Denkmustern und dem Selbstverständnis der industriellen Zivilisation.

Für die bewußte Umnutzung von Industriedenkmalen hat sich, der historischen Entwicklung folgend, zuerst im englisch-amerikanischen Bereich eine Terminologie gebildet. Gegenüber dem früh verwendeten „conversion" hat sich hier später „adaptive re-use" durchgesetzt. In Deutschland dominiert die weitgehende Neuprägung „Umnutzung", während sich erst in jüngster Zeit die eingedeutschte Bezeichnung „Konversion" als Spezialbegriff für die Sanierung militärischer Liegenschaften eingebürgert hat. In Frankreich werden „reconversion" und „transformation" benutzt, in den Niederlanden spricht man von „hergebruik".

Die Umnutzung ist eine Strategie im Umgang mit nutzbarem Bauvolumen (vgl. Kap. VIII). Dabei spielen neben historischen Bewertungen vor allem volkswirtschaftliche und städtebauliche Überlegungen eine Rolle. Als Planungs- und Gestaltungsaufgabe für Architekten und Ingenieure führt die Aufgabe der „Umnutzung" zu höheren Anforderungen an die Kenntnis historischer Materialien und Konstruktionsweisen, als sie die bisherige Ausbildung im Bauwesen vermittelt; auch Analyseinstrumente zur Beurteilung der Substanz müssen neu entwickelt und erlernt werden. Die jeweils neue Auseinandersetzung mit historischen Bautypen und -formen verlangt eine langfristige Zielsetzung, für die modische, postmodern-assoziative Konzepte nicht mehr als Grundlage ausreichend sein werden.

Zur Geschichte der Umnutzung

Bevor die Umnutzung ausdrücklich als Erhaltungskonzept entdeckt wurde, finden sich gerade im Zusammenhang mit der Industrie weit zurückreichende Traditionen der Umnutzung. Die Industrie selbst gehörte in ihrer Frühzeit zu den Umnutzern älterer Bauten; besonders die während der Französischen Revolution, der Säkularisation und den tiefgreifenden Veränderungen der Herrschaftsstrukturen um 1800 im Deutschen Reich freigewordenen Großbauten wie Schlösser und Klöster wurden

2. Waghäusel bei Bruchsal, Zuckerfabrik im Gelände der Eremitage. Als Jagdschloß mit umgebenden Kavaliershäusern ab 1723 für den Speyrer Fürstbischof und Kardinal Damian Hugo von Schönborn errichtet, wurde die Anlage 1837 von der „Badischen Gesellschaft für Zuckerfabrikation" erworben, die ausgehend vom Ökonomiehof eine Rübenzuckerfabrik aufbaute. 1859 wurde nach Plänen Heinrich Langs der baugeschichtlich bedeutende neue Raffineriebau (Mitte vorn) errichtet. Im Jahre 1895 hatten, wie die Ansicht zeigt, die Fabrikanlagen die für Verwaltung und Wohnungen genutzten Schloßgebäude bereits weitgehend eingeschlossen. 1996 wurde die Fabrik stillgelegt

nicht selten von Unternehmern aufgekauft und in Fabriken umgewandelt; berühmte, bis heute existierende Beispiele sind das barocke Kloster in Mettlach an der Saar (Villeroy & Boch) und das Schloß des Fürstbischofs von Lüttich in Seraing, das zur Keimzelle des Cockerillschen Stahlwerks wurde (Kap. I Abb. 5).[3] Viele solcher „Industriedenkmale" wie das frühere Kloster Altenberg bei Köln wurden später wieder von ihrer profan-industriellen Nutzung befreit. Grund für diese Umnutzungen war weniger Pietätlosigkeit als die Möglichkeit, solide Bauten und ungenutzten Raum schnell und billig nutzen zu können; zudem boten solche Anlagen oft außerhalb der Städte isolierte und deshalb für die Bevölkerung ungefährliche Produktionsstandorte, wie etwa die Harkortsche Maschinenfabrik auf der Burg Wetter an der Ruhr oder die Farbenfabrik im Kloster Altenberg, das tatsächlich durch einen Brand weitgehend zerstört wurde. Trotz solcher Fälle der Zerstörung bot die frühindustrielle Umnutzung nicht wenigen historischen Bauten eine ökonomisch-substantielle Überlebenschance, bis die entstehende Denkmalpflege sich ihrer annahm.

Ein zweiter Weg der Verbindung von Kulturbau und Fabrik führte über die Verselbständigung der Ökonomien, d.h. der Wirtschaftsgebäude. Nicht selten wuchsen sie zu meist landwirtschaftlich basierten Industrien wie Zuckerherstellung, Brauerei und Brennerei oder auch zu Großmühlen heran. Ein Beispiel dafür ist die Eremitage Waghäusel bei Mannheim, deren Ökonomie ab 1837 zur ersten Zuckerfabrik Süddeutschlands ausgebaut wurde und schließlich die Schloßgebäude teilweise verdrängte (Abb. 2).[4] Das alte Hauptgebäude diente als Wohn- und Verwaltungsbau der Fabrik. In ähnlicher Weise wurde etwa das Kloster Val-Saint-Lambert bei Lüttich durch die 1825 eingerichtete Kristallglashütte dominiert.[5]

Vor dem Einschreiten der Denkmalpflege blieben technische und industrielle Anlagen nach ihrer Stillegung in der Regel nur erhalten, wenn sie (als Ruine) aus dem Blickfeld der Beteiligten gerieten oder einem anderen Zweck nutzbar gemacht, also umgenutzt wurden.[6] Die zunehmende Spezialisierung der Nutzung, die Herausbildung eigener angepaßter Bautypen und ökonomische Zwänge führten bei der Umnutzung häufig zur Reduktion auf die bauliche Hülle unter Verlust aller überflüssigen, leicht zu entfernenden und noch verwertbaren Anlagenteile. Dies ist bis heute ein Merkmal „spontaner" Umnutzung geblieben, bei der man sich auf die am einfachsten umzuwidmenden Bauten konzentriert, während nutzlose oder materiell verwertbare Anlagenteile entfernt werden. Nur bei geringwertiger Nutzung (Lager etc.) und flexiblen räumlichen Bedingungen konnten auch Teile der technischen Anlagen erhalten bleiben. Viele „Technische Kulturdenkmale", zumal an abgelegenen Standorten, überlebten ihre Stillegung auch ohne Nutzung; selbst hölzerne Bauteile überdauerten manchmal erstaunlich lange (Abb. 3).

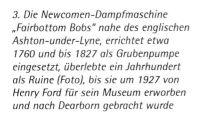

3. Die Newcomen-Dampfmaschine „Fairbottom Bobs" nahe des englischen Ashton-under-Lyne, errichtet etwa 1760 und bis 1827 als Grubenpumpe eingesetzt, überlebte ein Jahrhundert als Ruine (Foto), bis sie um 1927 von Henry Ford für sein Museum erworben und nach Dearborn gebracht wurde

[3] Vgl. Föhl 1994, S. 132.
[4] Uta Hassler: Die Eremitage Waghäusel. Jagdschloß, Silos und ausgestopfte Löwen (Hg. Denkmalstiftung Baden-Württemberg). Stuttgart 1994, bes. S. 20–27.
[5] Patrick Viaene: Industriearchäologie in Belgien. Ein Führer zu Museen und Denkmälern (Westfäl. Industriemuseum, Kleine Reihe 7). Dortmund 1991, S. 90.
[6] Zahlreiche Beispiele etwa in: Matschoß/Lindner 1932; Wagenbreth/Wächtler 1983 etc.

ERHALTUNGS-
KONZEPTE

Schon bei den frühen Überlegungen zur Umnutzung (Text 13) wurde, etwa beim Ausbau von Windmühlen zu Jugendherbergen, die Unvereinbarkeit einer intensiven anderen Nutzung und des Erhalts der technischen Ausstattung beklagt.[7] Andere historische Industriebauten blieben erhalten, wenn organisatorisch-rechtliche oder ökonomische Maßnahmen wie etwa Schachtabsicherung und Reserveschächte im Bergbau vorgeschrieben waren oder wenn der zunächst nicht zwingend erforderliche Abriß hohe Kosten verursacht hätte. Auch die schnellere Verfügbarkeit gegenüber erst noch zu erstellenden Neubauten und das großzügigere und preiswertere Raumangebot förderten Umnutzungen. Unter den planwirtschaftlichen Verhältnissen der DDR wurden alte und nicht mehr intensiv genutzte Industriebauten mangels privatwirtschaftlicher und spekulativer Bautätigkeit und mangels Abbruch- und Baukapazitäten meist mit anderen, oft einfachen Lagernutzungen belegt und bleiben so kaum verändert erhalten.

Selbst für den mitunter relativ aufwendigen Um- und Ausbau vor allem mehrstöckiger Fabrikbauten zu anderen Zwecken finden sich Beispiele, wenn auch selten unter Berücksichtigung historischer Aspekte. Die 1906 errichtete Textilfabrik Louis Gminder in Reutlingen wurde 1964 zur Scheinwerferfabrik umgebaut; das Architekturgebäude der Uni Hannover, eine ehemalige Druckerei, seit den 30er Jahren genutzt, wurde 1964-66 modern aufgestockt.[8] Bei in ihrer Organisation und räumlichen Aufteilung ausreichend flexiblen Fabrikbauten finden sich zahlreiche Fälle von wechselnder Nutzung und damit Umnutzung. Nicht nur Konkurs und Eigentümerwechsel, sondern etwa auch die Kriegsproduktion und die anschließende Entmilitarisierung in Deutschland nach dem Ersten und Zweiten Weltkrieg konnten solche Nutzungswechsel in kurzen Abständen notwendig machen, etwa bei der Kruppschen Kanonenherstellung oder im Flugzeugbau. Umnutzung, wechselnde Nutzung gerade innerhalb von Betrieben oder bei Hallen auch die Translozierung stellen also keine Besonderheit dar, sind aber nur selten und erst in jüngerer Zeit architektonisch behandelt oder denkmalpflegerisch erfaßt und dokumentiert worden. Vor allem nach dem Zweiten Weltkrieg wurden auch zahlreiche, vor allem kleinere ehemalige Zechen- und Industriegebäude mit einfachen Mitteln in Wohnungen umgewandelt (Abb. 4).

4. Das Spinnereigebäude der Textilfabrik Cromford bei Ratingen, errichtet 1784 als erstes Fabrikgebäude des Kontinents von Johann G. Brügelmann. Rechtwinklig hinter dem Wohn- und Verwaltungsbau gelegen, wurde es später in Wohnungen umgebaut (Aufnahme des Landeskonservators Rheinland aus den 70er Jahren). Für die Nutzung als Standort des Rheinischen Industriemuseums (eröffnet 1997) wurde der Fabrikbau wieder freigelegt und mit rekonstruierten Spinnmaschinen ausgestattet

Diese Beispiele traditioneller und „spontaner" Umnutzungen beziehen sich aber in der Regel auf Bausubstanz bzw. die Gebäudehülle; für technische Anlagen läßt sich zwar ein 'Wandern' durch den Gebrauchthandel, aber, wie zu erwarten, nur selten ein Erhalt durch Zweitverwendung feststellen. Objekte der Kategorie „bewegliche Denkmale" wie Schiffe, Eisenbahnwaggons wurden für Wohn- oder Lagerzwecke, Loks manchmal als stationäre Heizkraftwerke eingesetzt. Objekte dieser Art durchliefen häufig eine Karriere vom regulären Einsatz über reduzierte oder herabgestufte Verwendung bis zum Ersatz- und Notdienst; ihrer durch Veralten sich verringernden Betriebssicherheit und Nutzbarkeit wurde durch geringere Beanspruchung entsprochen. In der Überlieferung kommt es dadurch auch zur Dominanz bestimmter spezialisierter und kostspieliger, aber wenig und damit lange genutzter Objektgattungen wie Feuerwehrfahrzeuge und anderer Spezialgeräte, die zudem populäres Interesse besonders anzogen.[9] Gleiches gilt für privat betriebene Verkehrs- und Transportmittel wie Werks- und Kleinbahnen.

[7] „Windmühlen als Jugendherbergen." In: ZRVDH 20, 1928, H. 3, S. 95-98.
[8] Föhl 1994, S. 148 (Reutlingen); Paulhans Peters: „Not und Tugend. Das Architekturgebäude der Universität Hannover von Friedr. Spenglin und Horst Wunderlich, 1964-1966." (Reihe ... in die Jahre gekommen). In: DB 130, 1996, S. 100-105.
[9] Siehe etwa: Ingo Heidbrink: Schrott oder Kulturgut. Zur Bedeutung historischer Wasserfahrzeuge aus der Perspektive des Historikers. Bestandserfassung – Bewertung – quellengerechte Erhaltung. Lage an der Lippe 1994.

Natürlicher Platz des Nutzlosen, des Ausgedienten ist das Museum, doch gerade hier stößt der Erhalt technischer Denkmale wiederum an seine Grenzen: Die Objekte sind oft so eng mit den Strukturen modernen Lebens und Wirtschaftens auf allen Ebenen verknüpft, daß beide Seiten bei der Auflösung dieser Beziehungen Schaden nehmen würden. Die Frage, welche Behandlung und Funktion den Industriedenkmalen (wie allen historischen Spuren) ein sinnvolles Weiterexistieren in unserer Gesellschaft und Wirtschaft ermöglichen kann, ob es selbstverständliche, für den historischen Gehalt sensible Umgangsweisen mit materieller Überlieferung gibt, wurde bisher nur selten gestellt, geschweige denn ernsthaft und befriedigend beantwortet.

Die frühe Industriearchäologie-Bewegung in England sah, obwohl ihre Arbeit die wichtigste Grundlage für Bewertung und Verständnis der Industriedenkmale bot, im Erhalt häufig nur eine nachgeordnete Aufgabe. Dies hing zusammen mit der großen Zahl der Objekte, aber auch mit einem stärker „archäologisch-wissenschaftlichen" Selbstverständnis und der Arbeitsteilung mit der traditionellen Denkmalpflege. Allerdings stieß auch die Industriearchäologie etwa bei 'echten' archäologischen Untersuchungen, bei Verkehrssystemen oder bei technischen Großanlagen in Bereiche vor, die eine bewußte und aufwendige Konservierung, Erhaltung und Nutzung nach traditionellen Mustern der Bau- und Kunstdenkmalpflege nicht mehr zuließ. Es kam auch hier zur Entwicklung anderer Konzepte, die, letztlich ausgehend von den Gesetzen zufälligen Erhalts, eine Bandbreite zwischen 'gesteuertem' Verfall und intensiver, auch architektonischer Neuinterpretation und didaktischer Verwertung zeigen. Bei ausgegrabenen Anlagen ergeben sich Parallelen zur herkömmlichen Archäologie, die ebenfalls mit dem Problem des Erhalts nicht nutzbarer, fragmentierter Objekte konfrontiert ist.[10]

Die Anregung zum Erhalt und zur Ertüchtigung historischer städtebaulicher Strukturen mit ihrer alten Bausubstanz kam in den 70er und frühen 80er Jahren nicht in erster Linie aus der Denkmalpflege, sondern aus der Sozialpolitik, aus Architektur und Städtebau. Unter diesen Aspekten haben sich auch die verschiedenen staatlichen und kommunalen Gremien in der finanziellen und organisatorischen Förderung dieser Entwicklung engagiert, verbunden mit der Erwartung wirtschafts- und kulturpolitischer Vorteile. Es wurden seit Beginn der 70er Jahre verschiedene Finanzierungswege, Organisationsmodelle und -strukturen gebildet, die solche Entwicklungen fördern und regeln sollen; die Denkmalpflege ist als Partner und „Fachbehörde" nach dem Städtebau-Förderungsgesetz des Bundes in diese Strukturen eingebunden. Die Denkmalpflege war damit nicht mehr isolierte, elitär ausgerichtete Aktivität, sondern zumindest theoretisch Teil einer umfassenden, schonenden baulich-räumlichen Erneuerungspolitik. Der Wechsel der nordrhein-westfälischen Denkmalschutzaufsicht („Oberste Denkmalbehörde") vom Kultusministerium zum Städtebauministerium im Jahre 1989 kam dieser Umorientierung auch organisatorisch zugute.

Die Tradition der Umnutzung bzw. wechselnden Nutzung von Bauten und die sich darin abzeichnenden Erfahrungen gestalterischer und ökonomischer Art verdienen vor dem Hintergrund eines neuen Umgangs mit dem Baubestand stärkere Beachtung. In jüngerer Zeit standen allerdings oft architektonisch ehrgeizige Neufassungen und nicht die respektvolle Überlieferung von Baudenkmalen sowie zumindest das Argument wirtschaftlich gebotener Verwendung nutzbarer Bausubstanz im Vordergrund.[11] Die Umnutzung ist nicht mit Denkmalpflege gleichzusetzen. Vielmehr liegt das konservatorische Interesse bei Umnutzungen zuerst darin, die denkmalwerte Substanz zu erhalten wie auch wesentliche Zusammenhänge, Struktur- und Gestaltungsmerkmale sichtbar und erfahrbar zu bewahren.

Moderne Architektur, Städtebau und historische Industriebauten

Mit der Wende in der Stadtsanierung und einem neuen Begriff von (städtischer) „Industriekultur" in den 70er Jahren nahm man wieder wahr, daß Industrieanlagen, wie solche des Verkehrs, keine häßlichen Fremdkörper in der Stadt waren, sondern als Bestandteile mit zur Struktur besonders der im 19. Jahrhundert entstandenen Stadterweiterungen und Fabrikvororte gehörten.[12] Waren vor allem Fabrikanlagen

---

[10] Vgl.: Hartwig Schmidt: Schutzbauten (Denkmalpflege an historischen Stätten 1). Stuttgart 1988; ders.: Wiederaufbau (Denkmalpflege an historischen Stätten 2). Stuttgart 1993.
[11] Siehe etwa: Sherban Cantacuzino: Neue Nutzung alter Bauten. Die Zukunft historischer Industriesubstanz. Stuttgart 1989; Dieter Hoor, Holger Reiners: Alte Bauten – Neues Wohnen. Beispiele und Ideen für die Umnutzung. München 1990; Walter Meyer-Bohe: Umbauten. Alternativen zum Neubau. Stuttgart 1991; Alfred Fischer. Neue Architektur durch Umnutzung alter Gebäude und Anlagen – New Life in Old Buildings. Stuttgart/Zürich 1992; Helmut Lerch: Bausubstanz neu genutzt. Architektur individueller Arbeitsstätten. Leinfelden-Echterdingen 1993.
[12] Wie Kap. VI, Anm. 45.

ERHALTUNGS-
KONZEPTE

durch die Kriegswirren und Krisenzeiten noch häufig an ihrem innerstädtischen Standort verblieben, so zwangen interne (Logistik, Erweiterung) und äußere Gründe (Gewerbevorschriften, Verkehrsplanung) seit der Nachkriegszeit verstärkt zur Aufgabe oder Aussiedlung.

In den 60er Jahren hatte sich zuerst in den USA eine neue Art der bewußten Umnutzung historischer Bauten entwickelt; insbesondere Industriebauten, Fabrik- und Lageretagen in den sich langsam wieder belebenden Innenstädten wurden zu großräumigen, preiswerten Wohnungen, den „Lofts", ausgebaut. Man sprach von „conversion", „adaptive reuse" und „revitalization". Über zahlreiche Publikationen wurden auch umfangreiche Umnutzungen wie die der Chickering Piano Factory in Boston von 1974 (Abb. 6)[13] und anderer Bauten international bekannt; wichtigster Promotor war hier der englische Architekt und Architekturschriftsteller Sherban Cantacuzino.[14] Dabei stand zuerst weniger der architektonische Anspruch als das Prinzip, historischen Bauten durch neue, moderne Einbauten eine neue, sinnvolle Funktion zu geben, im Vordergrund.[15] Es folgte die städtebaulich-sozial motivierte „Revitalisierung" ehemaliger Industrie- und Hafengelände etwa in Boston und New York. In London gab man die ersten innenstadtnahen Hafenbecken wie die „St. Katharine's Docks" auf. Deren 1828 von Thomas Telford und Philip Hardwick errichteten bemerkenswerten Lagerhäuser wurden allerdings noch, soweit sie nicht schon im Zweiten Weltkrieg zerstört worden waren, zu Beginn der 70er Jahre teils abgebrochen und durch neue Wohnhäuser ersetzt, teils umgenutzt.[16] Bald darauf begannen auch die Niederlande und Skandinavien mit ersten Umnutzungen. Von großem Einfluß war etwa das zum Hotel „Admiral" umgebaute Lagerhaus im Zentrum Kopenhagens.[17] Diese Umnutzungen von Industriebauten des 19. Jahrhunderts zielten vor allem darauf ab, für das Stadtbild prägende Großbauten mit besonderem Charakter zu erhalten; tatsächlich veränderte man die Bauten etwa durch Entkernung, neue Fenster und modernen Innenausbau erheblich.

In Frankreich zeigte der Protest gegen den Abbruch der Pariser Markthallen von Baltard in den Jahren 1969–71 (Abb. 5) durch Künstler und Intellektuelle begleitet von zahlreichen Umnutzungsvorschlägen den wachsenden Widerstand gegen die Flächensanierung und massive Erneuerungspolitik im Zentrum von Paris. Die Proteste gaben Anstoß zu einem Umdenken und für die behutsame „Revitalisierung".[18] In den 70er Jahren entwickelten etwa die Architekten Bernard Reichen und Philippe Robert ihre Theorie der flexiblen Räume und sich wandelnden Nutzungen.[19] „The architecture of Reichen and Robert is transitional, in the sense that every building is one single unit, emanating rigidity and stability, yet can be flexibly adapted to a

5. Der Abbruch der Pariser Markthallen von Baltard im August 1971 zugunsten eines Einkaufszentrums stimulierte das industriekulturelle Interesse in Frankreich, zeigte die Diskrepanz zwischen staatlichen und bürgerschaftlichen Vorstellungen der Stadtentwicklung und bereitete durch zahlreiche Umnutzungsvorschläge einen neuen Umgang mit industrieller Bausubstanz vor (Foto Claude Caroly)

[13] Siehe etwa: Kenneth Hudson: The Archaeology of Industry (The Bodley Head Archaeologies). London/Sidney/Toronto 1976, S. 67–69; Cantacuzino/Brandt 1980, S. 98/99.
[14] Siehe etwa: Sherban Cantacuzino: New Uses for Old Buildings. London 1975; ders. (Hg.): Architectural Conservation in Europe. London 1975; Cantacuzino/Brandt 1980; ders, Re/Architecture. Old Buildings/New Uses. London 1989.
[15] Siehe auch: Thomas A. Markus: Building Conversion and Rehabilitation. Designing for Change in Building Use. London/Boston 1979; Raynor M. Warner u.a.: New Profits from Old Buildings. Private Enterprise Approaches to Making Preservation Pay. New York 1978.
[16] Übersicht bei: Cantacuzino 1975 (wie vor.), S. 240–243.
[17] Cantacuzino/Brandt 1980, S. 68.
[18] Claude Caroly (Fotos), Françoise Noël: Detruire les Halles. Paris 1975; siehe auch: Batiments anciens ... Usages nouveaux ... Images du possible (Ausst.-Kat. Centre Pompidou). Paris 1978.
[19] Alain Pélissier: Reichen & Robert. Transforming Space. Basel 1994.

multiplicity of uses. Out of this confrontation between a given space and its panoply of functions is born an architectural style sensitive to interactions between form and potential uses. ... The original function of space was that of usefulness. But in fact it goes much further than that. Reichen and Robert made this historical statement at a time when theories advocated by the modern movement on complete remodelling of constructions were coming up against the strong desire for eternal existence which moulds towns. The sacred protection surrounding the concept of existence in the name of preserving national heritage has been removed by Reichen and Robert. They look at the most ordinary, even trivial architectural constructions and ask themselves the following question: shouldn't we preserve those buildings whose space is a valuable asset, even if they do not claim to noble characteristics?" Diese Überlegungen beruhten auf dem Wunsch, die urbanen Strukturen durch gezielte Eingriffe unter Verwendung ihrer baulichen Substanz zu erneuern, zu „revitalisieren", wobei stärker als in den USA statt auf 'nostalgische' auf eigenständige zeitgenössische Architektur geachtet wurde. Dazu bediente man sich 1980 in Lille der ehemaligen Textilfabrik Le Blan (Abb. 7);[20] zwei Jahre später baute man die Fabrik Blin et Blin in Elbœf um. Ein ähnliches Projekt realisierte ab 1979 Renzo Piano in der Schlumberger-Fabrik im Pariser Vorort Montrouge.[21] Die Pläne Pianos für den riesigen „Lingotto" bei Turin werden schrittweise umgesetzt.[22] Neben die Umnutzung von Stockwerksbauten traten große Hallen: in den Jahren 1987/88 bearbeiteten Reichen und Robert die „Galerie du Arsenal" in Paris, 1985 bauten sie dort eine der Markthallen von La Villette zu einem variablen Ausstellungshaus, einem „Glaspalast", um, 1988 die Halle „Tony Garnier" in Lyon. Reichen und Robert verstehen sich als eigenständige Interpretatoren und Ergänzer der historischen Bauten, weil sie in ihrem Verständnis nur durch gestalterische Entwicklung wieder Teil der Gegenwart werden können. Die historische Substanz und Erscheinung ist dabei sichtbar bleibende, maßstabgebende Grundlage. Angeregt durch dieses selbstbewußte, als architektonische Aufgabe anerkannte Konzept der „Revitalisierung" hat sich weit über Frankreich hinaus eine Richtung des Umgangs mit historischen Bauten entwickelt; Bauen im historischen Kontext konnte nicht mehr nur als Kontrast oder Anbiederung, sondern als ernste Auseinandersetzung und strukturelles Weiterbauen in kompromißlos modernen Formen empfunden werden (Text 44). Die neue Beliebtheit etwa von eisernen Hallenkonstruktionen ermutigte nicht nur in Großbritannien zur Umwandlung alter Bahnhöfe und Markthallen (Covent Garden, London); auch der Umbau der Deichtorhallen in Hamburg durch Josef Paul Kleihues 1986-88 folgt dieser Richtung.[23] Die Beurteilung solcher Maßnahmen aus konser-

6. Die Chickering Piano Factory in Boston, errichtet um 1870, wurde bis 1974 von Bruner und Gelardin in 116 Wohnungen und Ateliers umgebaut und als Beispiel für erfolgreiche Umnutzung von Fabrikbauten häufig publiziert
7. Die ehemalige Textilfabrik Le Blan in Lille wurde 1980 von den Architekten Reichen & Robert in Wohnungen umgebaut. Sie war als schnell bekannt gewordenes Beispiel eines bewußten, gestalterisch neuen Umgangs mit vorhandenen baulichen Strukturen Vorbild für Architekten in vielen Ländern, insbesondere für den Umbau von Industriebauten

[20] Wie vor., S. 34-39.
[21] Siehe etwa: Kurt Ackermann: Geschoßbauten für Gewerbe und Industrie. Stuttgart 1993, S. 47.
[22] Mathias Frick: „Der gebaute Produktionsprozeß. Das Fiat-Werk 'Lingotto' in Turin." In: SBW Nr. 123, 1994, S. 1986-1989; Carlo Olmo (Hg.): Il Lingotto 1915-1939. L'architettura, l'immagine, il lavoro. Turin 1994; Clemens Kusch: „Edle Kostbarkeit. Umnutzung der Fiat-Fabrik 'Lingotto' in Turin." In: BDZ 44, 1996, S. 133-141.
[23] Körber-Stiftung Hamburg (Hg.): Eine Fotodokumentation der Restaurierungsarbeiten an den Hamburger Deichtorhallen. Hamburg 1989.

vatorischer Sicht mußte teilweise negativ ausfallen, denn sie beruht auf einer weitgehend ästhetisch geprägten Idee von Überlieferung, und auch die architektonische Qualität variiert. Die Wiederentdeckung der Passage als städtisch-kommerzieller Bauform löste eine Welle von neuen Passagen, historisierenden Geschäftsbauten und „malls" aus.[24]

Auch in Deutschland wurden, als die Belebung der Gründerzeitviertel und ihre behutsam-erhaltende Sanierung eingesetzt hatte (siehe Kap. V), Industriebauten zunehmend als preiswerte Raumreserven begriffen und für andere Zwecke nutzbar gemacht.[25] Dabei stand in der Tradition der Stadterneuerung die bürgernahe und selbstbestimmte 'Besitzergreifung' und Nutzung solcher Areale im Vordergrund; dies führte nicht selten zur Auseinandersetzung mit den kommunalen Planungsinstitutionen und kommerziellen Bauinteressenten. 1985 machte das Deutsche Nationalkomitee die während zehn Jahren in Nordrhein-Westfalen realisierten Objekte in der breiten Öffentlichkeit bekannt.[26] Ein frühes Beispiel des Umbaus für Kleinunternehmer aus dem Jahre 1976 ist die Goldzack-Fabrik in Wuppertal.[27] Besonders attraktiv wurden historische Industriebauten allerdings durch Lage, Raumangebot und geringe Kosten für kulturelle Zwecke, und zwar im erweiterten Sinne der neuen „Bürger-" und „Soziokulturellen Zentren". Prägende und vorbildgebende Beispiele dafür sind vor allem die „Fabrik" in Hamburg (seit 1971), die „Zeche Carl" in Essen (seit 1978); das „Stollwerck" in Köln (seit 1981) und als späteres Beispiel die „Zeisehallen" in Hamburg (1987–93) (Abb. 8), die beiden letzten auch in Kombination mit Wohnnutzung. Die Zahl der Umwidmungen von historischen Industriebauten für kulturelle Zwecke, auch auf kommerzieller Basis, ist kaum mehr überschaubar; wichtige Beispiele jüngerer Zeit sind das E-Werk in Köln-Mülheim, die Jahrhunderthalle in Bochum und die Kanis-Halle (Krupps VIII. Mechanische Werkstatt) in Essen.

Neben dem praktischen Gebrauchswert spielten bei der Entwicklung der Erhaltungs- und Umnutzungskonzepte für städtische Fabrikensembles weitere Faktoren eine wichtige Rolle: ihre optisch prägende und damit „identitätsstiftende" Funktion, auf politisch-städtebaulicher Ebene auch die Ablehnung und Verhinderung von an ihrer Stelle vorgesehener Verkehrs- oder anderer Großbauten. Mit ihrem Erhalt verknüpfte sich deshalb der Kampf und Widerstand gegen überzogene Verkehrsprojekte und soziostrukturell bedenkliche Bauvorhaben.

Das wohl bekannteste und einflußreichste Beispiel hierfür ist die Ravensberger Spinnerei in Bielefeld (Abb. 9).[28] Sie sollte nach der Stillegung 1970 für den Bau einer Straße abgebrochen werden. Ihre überragende architekturgeschichtliche Bedeutung als frühes „Fabrikschloß" englisch-mittelalterlicher Prägung von großen

8. Die Schiffschraubenfabrik Zeise in Hamburg-Ottensen wurde aus teilweise ruinösem Zustand durch zahlreiche selbständige Einbauten, aber unter Belassung der historischen Wandoberflächen 1992/93 von dem Büro me di um in die „Medienfabrik Zeisehallen" umgebaut

[24] Giselher Hartung: „Aktuelle Aspekte früher Eisenkonstruktionen." In: Buddensieg/Rogge 1981, S. 180–186; Klaus-Dieter Weiß: Urbane Handelswelten. Zeilgalerie les Facettes. Berlin 1994.
[25] Siehe etwa: Gerhard Müller-Menckens: Neues Leben für alte Bauten. Über den Continuo in der Architektur. Stuttgart 1977; Hans-Peter Bärtschi: „Unspektakuläre Umnutzungen als Chance für die Erhaltung von Fabrikanlagen." In: Unsere Kunstdenkmäler 34, 1983, S. 71–78.
[26] Probleme der Umnutzung von Denkmälern (Schriftenreihe des Dt. Nationalkomitees für Denkmalschutz, Bd. 29). Bonn o.J. (1985); Claus-Peter Echter (Hg.): Ingenieur- und Industriebauten des 19. u. frühen 20. Jahrhunderts. Nutzung und Denkmalpflege (Dt. Inst. f. Urbanistik). Berlin 1985; Susanne Habicht-Erenler (Hg.): Umnutzung von Industriebrachen. Initiativen entwickeln Konzepte (Loccumer Protokolle 3/1989). Loccum 1989; Bebauungen und Umnutzungen von Gewerbe- und Industriebrachen. „Architektur und Wettbewerbe", H. 140, 1989.
[27] Axel Föhl: „Wuppertal-Elberfeld, Gewerbehof Nordstadt/ehem. Bandweberei 'Goldzack'." In: Probleme der Umnutzung ... (wie Anm. 26), S. 40/41; vgl. auch: Marie-Louise Bodmann, Franz Herbert Rieger: Stadterneuerung und Gewerbe. Berlin 1989.
[28] Dirk Ukena, Hans J. Röver (Hg.): Die Ravensberger Spinnerei. Von der Fabrik zur Volkshochschule. Zur Umnutzung eines Industriedenkmals in Bielefeld (Westfälisches Industriemuseum, Schriften, Bd. 8). Hagen 1989.

Ausmaßen und ihre wirtschaftshistorische Bedeutung als Ausgangspunkt der modernen Bielefelder Textilindustrie führten 1972 zu einer der ersten Protestaktionen gegen den Abbruch einer historischen innerstädtischen Industrieanlage. Damit verband sich unmittelbar die Forderung nach gesellschaftlicher Nutzung.[29] Nach langem Ringen und Zwischennutzungen wurde der Bau 1986-89 für die Volkshochschule der Stadt ausgebaut, wobei die charakteristischen, aber aufgrund ihrer Tiefe schwer zu nutzenden Spinnsäle gesonderte Einbauten für Büro- und Klassenräume erhielten. Die spezifische Konstruktion der mehrstöckigen Textilfabrik verlangte hier einen flexiblen und kompromißbereiten Umbau. Während zahlreiche spätere Bauteile der Fabrik entfernt wurden, blieben von den umliegenden Gebäuden einige ältere mit verschiedenen Nutzungen erhalten.

Gerade die Umnutzung von Textilfabriken ist auch in Deutschland durch weitere wichtige Beispiele für die Fortentwicklung des Umgangs mit großen Industriebauten vertreten. Gesetzliche Möglichkeiten wie die Förderung des Umbaus denkmalwerter Altbauten nach dem 1971 verabschiedeten Städtebauförderungsgesetz boten dabei auch für historische Industriebauten große Hilfen; 1977 kam die neu geregelte steuerliche Abschreibung dazu.[30]

Die Anregung von Reichen und Roberts Fabrikumnutzung Le Blan in Lille fand, nachdem ein Projekt für das umfangreiche Areal der ehemalgen Stollwerck-Fabrik in der Kölner Innenstadt größtenteils gescheitert war (vgl. Kap. V), etwa bei Ermen & Engels im bergischen Engelskirchen (1986-88) durch das Kölner Büro „Baucoop" Nachfolger (Abb. 10).[31] Bei der Nordwolle in Delmenhorst hat diese Bemühung letztlich, indem die riesigen Sheddachhallen in Reihenhauszeilen aufgespalten und dadurch räumlich unkenntlich wurden, zu auch architektonisch unbefriedigenden Ergebnissen geführt.[32] Ähnliche Umnutzungen dieser Art existieren auch in Aachen (Deliusfabrik), Frankfurt (Mouson) etc.[33] Das Überstülpen neuer städtebaulicher Strukturen über Fabrikanlagen führte aber gerade bei Großanlagen wie der Nordwolle zu vielen als unerträglich empfundenen Zwangslösungen und Inkonsequenzen. Auch ein aufwendig ausgeführtes und publiziertes Beispiel der Kombination

< 9. Ravensberger Spinnerei in Bielefeld, errichtet 1855-62 im Tudorstil, stillgelegt 1972. Auf Initiative der Uni Bielefeld erhalten und 1986-89 zur Volkshochschule umgebaut
10. Textilfabrik Ermen & Engels in Engelskirchen, errichtet 1843 bzw. 1863, stillgelegt 1961-78. 1982-94 Umbau und Umnutzung zu Rathaus, Wohnungen, Industriemuseum nach Plänen des Büro Baucoop, Köln; ein Beispiel für die schnelle Aufnahme der von Reichen & Robert entwickelten Ansätze (vgl. Abb.7)

[29] Roland Günter, Klaus Weber: „Fabrikschloß als Kommunikationszentrum." In: BW 63, 1972, H. 36, S. 1400-1402.
[30] Siehe etwa: Ulrich Giebeler, Ernst Zinn: „Förderungsmöglichkeiten in NRW." In: BW 75, 1984, H. 10, S. 353-355.
[31] „Ehemalige Textilfabrik Ermen und Engels." In: BW 78, 1987, H. 11, S. 363-371; Ruhrgas AG, Jürgen Joedicke (Hgg.): Architektur in Deutschland '87. Deutscher Architekturpreis 1987, Stuttgart 1988, S. 38-45.
[32] Hans-Herbert Müller, Sid Auffahrt: Die Nordwolle in Delmenhost (Arbeitshefte z. Denkmalpflege in Niedersachsen, H. 3). Hannover 1984; „Die Nordwolle. Umwandlung eines Industriedenkmals in Delmenhorst." In: BW 85, 1994, S. 260-267.
[33] Siehe: Föhl 1994; vgl auch Anm. 26.

ERHALTUNGS-
KONZEPTE

11. Für den Umbau des Kesselhauses der Zeche Zollverein, Schacht XII, zum Design-Zentrum NRW durch Norman Foster bis 1996 wurden vier der fünf riesigen Dampfkessel entkernt, die Rückwände und Rauchkanäle entfernt und große Teile der Maschinerie verschrottet

[34] Helmut Engel (Hg.): Die Humboldtmühle. Mittelalterliche Wassermühle – Großmühle – Büro- und Hotel-Centrum. Berlin 1993.
[35] Axel Föhl: „Stadtbild mit Industrie." In: SBW 123, 1994, S. 1948/49, Zitat S. 1949.
[36] Siehe etwa: Udo Mainzer: „Vom Pumpenhaus der Stadt zur Herzkammer der Republik. Das ehemalige Wasserwerk der Stadt Bonn." In: ICOMOS-Deutsches Nationalkomitee (Hg.): Eisenarchitektur. Die Rolle des Eisens in der historischen Architektur der ersten Hälfte des 20. Jahrhunderts. Mainz 1985, S. 8–14.
[37] Winfried Knieriem, Hans Kania: Industriedenkmal Zollverein. Neue Nutzung. Essen o.J.; Walter Buschmann: Zeche Zollverein in Essen (Rheinische Kunststätten 319). Köln 1987; jüngste Publikation.
[38] Siehe etwa: Karin Maak: „Aspekte der Entwicklung der Speicher- und Lagerhausarchitektur im Industriezeitalter." In: Industriekultur und Arbeitswelt … (wie Anm. 39), S. 102–108; Ports into the Next Century. London 1991; siehe auch: Stephanie Williams: Docklands. London 1990; S. K. Al Naib (Hg.): European Docklands. Past, Present and Future. An illustrated guide to glorious history, splendid heritage and dramatic regeneration in European ports. London 1991; Dirk Schubert, H. Harms: Wohnen am Hafen. Leben und Arbeiten an der Wasserkante. Stadtgeschichte, Gegenwart, Zukunft. Hamburg 1992.

von Umnutzung und Neubau, die Humboldt-Mühle in Berlin-Tegel, zeigt die Attraktivität und Beliebtheit, aber auch die Gefahr solcher Maßnahmen, modische Züge anzunehmen.[34]

Es entstanden erhebliche Zweifel, ob die Analogie zur Stadtstruktur und wohnungsorientierte Nutzungen der Mehrzahl der Industriedenkmale gerecht werden. Mit Blick auf Beispiele wie die Nordwolle in Delmenhost, aber auch auf Hafenumwidmungen wie in den Londoner Docklands schreibt Axel Föhl eher resignierend: „… mit dem Planungsinstrument des 'Idealmodells Stadt' scheint das Potential industriehistorischer Bausubstanz, industriehistorischer Funktionsgefüge, industriehistorischer Großstrukturen eher kaputtgemacht zu werden."[35]

Eine weithin bekannt gewordene Umnutzung in Deutschland betraf den Deutschen Bundestag, der während des Neubaus des Bonner Plenarsaales in das benachbarte ehemalige Wasserwerk auswich.[36] Dieser typische gründerzeitliche Industriebau hatte zuvor als Notpumpwerk gedient, für das mit der neuen Nutzung wiederum ein Ersatzbau errichtet werden mußte. Für den Bundestag, der damit nach dem Naturkunde-Museum König und der ehemaligen Bonner Pädagogischen Akademie sein drittes durch Umnutzung entstandenes Parlamentsgebäude bezog, wurde der Bau einer aufwendigen und kostspieligen Baumaßnahme unterzogen, in deren Verlauf außer den qualitätvollen neoromanischen Fassaden nur wenig historische Substanz erhalten blieb.

Die Umnutzung stößt an ihre Grenzen, wenn ausreichender Freiraum innerhalb der Gebäude nicht vorhanden ist, d.h. Maschinen oder andere Ausstattungsteile nicht oder kaum mehr erwünscht sind. Dieses Problem wird etwa in der Entwicklung der Umnutzungskonzepte für den Schacht XII der Zeche Zollverein in Essen deutlich, die 1986 bis auf den noch bergbaulich genutzten Schacht stillgelegt wurde.[37] Für die zahlreichen, 1929–32 von Schupp und Kremmer errichteten Gebäude dieser durchgestalteten Gesamtanlage wurden verschiedene Nutzungen gefunden bzw. festgelegt, die sehr unterschiedliche Bedürfnisse an die entsprechenden Bauten stellen. Mehrere Bauteile wurden zu einfachen oder aufwendigen Veranstaltungs- und Ausstellungssälen ausgebaut. Dies machte ein thermisch neu konstruiertes System der Wandausbildung und Ausfachung des Stahlskelettbaus nötig. Das riesige ehemalige Kesselhaus, bis zum Rand angefüllt mit den Kesseln, Rauchkanälen, Bekohlungsanlagen und Kontrollstegen, wurde zwar nicht vollständig, aber weitgehend ausgeräumt, nach Plänen von Norman Foster durch Öffnung und Aushöhlung der Kesselinnenräume in ein Ausstellungs-, Büro- und Archivgebäude umgebaut (Abb. 11). Es bleibt die Frage, ob das Kesselhaus als eines der wesentlichen technischen Elemente dieser zum Weltkulturerbe vorgeschlagenen Anlage in seiner Monumentalität nicht eine Erhaltung 'an sich', als reines, begehbares Denkmal, nahegelegt hätte. Zumindest im zentralen Förderbereich der Zeche sollen die gangförmigen, kaum nutzbaren Wege des automatischen Kohlentransports als Teil eines industriegeschichtlichen Rundwegs unverändert erhalten bleiben.

Große Raumvolumina und geringer Anteil technischer Anlagen erlauben die vergleichsweise einfache Umnutzung von historischen Lager- und Hafengebäuden. Ältere Hafenareale, auf den Stückgut- und losen Massentransport eingerichtet, sind durch Veränderungen im Welthandel, die Größenzunahme der Schiffe und besonders durch die Einführung des Containersystems in vielen Städten obsolet geworden. Ihre Umgestaltung etwa in Liverpool, bei den Londoner Docklands oder in Skandinavien bezieht historische Bauten in verschiedener Weise mit ein.[38] Die oft zentrale Lage in Großstädten machte die Häfen für die Stadtentwicklung, aber auch als touristische Attraktion und für kommerzielle Investoren sehr attraktiv. Wieder waren es amerikanischen Beispiele vom Ende der 60er Jahre, die Piers von New York und der Quincey Market-Hafen in Boston, die, zuerst im Sinne europäischer „Altstädte", zum Vorbild für touristisch-freizeitbezogene Erneuerung wurden (Abb. 12).

12. Hafenrevitalisierung am Beispiel Rotterdams: der Alte Hafen mit historischen Schiffen, umgeben von neuen Wohnhäusern gehobenen Standards und Erholungszone, 1988

[39] Industriekultur und Arbeitswelt an der Wasserkante. Zum Umgang mit Zeugnissen der Hafen- und Schiffahrtsgeschichte. Internat. Hafendenkmalpflege-Symposion, 6.-9. Sept. 1989 (ADH 11). Hamburg 1989.
[40] Karin Maak: Die Speicherstadt im Hamburger Freihafen. Eine Stadt an Stelle der Stadt (ADH 7). Hamburg 1985;
[41] Cantacuzino, Re/Architecture (wie Anm. 14), S. 132-135.
[42] Siehe etwa: Hult/Nyström 1992, S. 201-205.
[43] Industrie Museum Lauf. Spuren der Industriekultur im Landkreis Nürnberger Land. Eine Festschrift zur Eröffnung des Museums in Lauf an der Pegnitz (Bayerisches Landesamt für Denkmalpflege, Arb.-Heft 57). München 1992.
[44] Cantacuzino/Brandt 1980, S. 35, 39, 42.
[45] Siehe etwa: Michel Vernes: „Orsay. Terminus et memorial." In: Architecture interieure. C.R.E.E., 1986, Nr. 215, S. 4-15, 26-29; Jean Jenger: Orsay. De la gare au musée. Histoire d'un grand projet. Milan/Paris 1987; Milovan Stanic: „Metamorphose eines Bahnhofs. Vom Gare d'Orsay zum Musée d'Orsay." In: BW 77, 1986, H. 30/31, S. 1128-1134; sehr kritisch: Peter Buchanan: „Gare d'Orsay. Museum of the Nineteenth Century. From toot-toot to Tutankhamun." In: AR 180, 1986, Nr. 1078, S. 47-53.
[46] Andreas Rossmann: „Ludwig-Forum für Kunst in Aachen." In: BW 82, 1991, Nr. 28, S. 1484-1491. „Eine gelungene Umnutzung. Schirmfabrik wird Kunstforum." In: DiR 9, H. 1, S. 25-28. Klaus-Dieter Weiss: „Schokolade für Kunst, Schirmfabrik als Museum, Ludwig-Forum für internationale Kunst Aachen." In: DBZ 39, 1991, H. 8, S. 1680-1683.
[47] Carl-Friedrich Schroer: „Das Bonnefantenmuseum in Maastricht." In: BW 86, 1995, H. 3, S. 118-125; Arthur Wortmann: „Bonnefantenmuseum in Maastricht." In: Baumeister 91, 1994, H. 9, S. 34-39.

Die Häfen bildeten als komplexe Systeme die ersten ganzheitlich erfaßten industriellen Ensembles; ihre Erfassung und Dokumentation wurde etwa in den Niederlanden systematisch entwickelt.[39] In ihrem System müssen gerade auch Bestandteile aus jüngerer Zeit aufgenommen und dokumentiert werden. Als die Hamburger Speicherstadt aufgrund ihrer zentralen Lage das Interesse von Planern und Investoren weckte, wurde an dieser herausragenden und bisher nur traditionell genutzten gründerzeitlichen Anlage die Struktur, die bauliche Entwicklung und die Organisation einer solchen Großanlage untersucht und neu bewertet.[40] Statt einer massiven vollständigen Umnutzung konnte schließlich eine ergänzende Bebauung und eine Ausweitung der Nutzungen erreicht werden; auf dem südlich anschließenden Hafengelände soll ein neues innerstädtisches Dienstleistungs- und Handelszentrum entstehen.

Auch die Anhäufungen von Industrieanlagen entlang besonderer Verkehrswege und in der Nähe von Energieproduzenten bilden ein entsprechendes Großensemble, eine „Industrielandschaft". Hier kann der ursprünglich für Städte und Dörfer zu Beginn der 70er Jahre entwickelte Begriff des Denkmalensembles angewandt werden; wichtige Beispiele dafür sind Lowell in den USA,[41] Nörrköping in Schweden,[42] in anderem Maßstab etwa Lauf a.d. Pegnitz.[43] Parallelen bilden die Baukomplexe und kompletten Stadtteile industrieller Großunternehmen wie die Siemensstadt oder das Kabelwerk Oberspree in Berlin und die Großbetriebe des Ruhrgebiets. Der Blick weitet sich vom isolierten Einzeldenkmal hin zur geschichtlich gewachsenen industriellen Struktur eines Standortes. Für den Erhalt entwickelte sich daraus die Vorstellung, daß trotz einzelner Umnutzungen und Neubebauungen besonders der ursprüngliche Zusammenhang gewahrt bleiben und der Stellenwert auch kleinerer und allein nicht besonders wertvoller Bauten innerhalb des Ensembles erkannt und neu eingeschätzt werden müsse.

Umnutzungen von Industriedenkmalen zu nicht industriebezogenen Museen und Bildungseinrichtungen stellen sich als Möglichkeit dar, die besonderen, oft für normale Nutzungen ungeeigneten Raumangebote flexibel und vorteilhaft zu nutzen.[44] Beispiele wie etwa das Museum im Gare d'Orsay in Paris von 1982 (Abb. 13),[45] die in den Jahren 1988-91 umgebaute Schirmfabrik Breuer in Aachen als Ludwig-Forum für moderne Kunst,[46] die Deichtorhallen in Hamburg oder der vermutlich älteste Eisenbetonbau der Niederlande, der in das bis 1995 von Aldo Rossi neu errichtete Bonnefantenmuseum in Maastricht einbezogen wurde,[47] sind Versuche, historische Industriebauten als Rahmen bildender und moderner Kunst zu nutzen. Bei sehr unterschiedlichen Ausgangssituationen und gestalterischen Absichten zeigen sie eine planerische Vielfalt der Bewältigung etwa des Einbringens 'neutraler' Hinter-

ERHALTUNGS-
KONZEPTE

gründe oder von Funktions- und Infrastrukturelementen. In nicht wenigen Fällen wurde jedoch auch Kritik laut, daß die historische Struktur und Atmosphäre, die originale Substanz und Erscheinung in zu großem Maße aufgegeben und bis zur Verfälschung überformt worden sei.

Angesichts der zunehmenden Popularität kommerzieller Umnutzungen und architektonischer Verfremdungen von historischen Bauten wurde zumindest aus Sicht der Denkmalpflege bald deutlich, daß dies meist keine Ideallösung für den Erhalt historischer Denkmale, sondern oft letztlich nur als Alternative zum völligen Abbruch akzeptabel sein dürfe. Die Grenze zwischen den für eine neue Funktion zwingend benötigten und auf 'kreativer' Übertreibung beruhenden, also letztlich für den Erhalt praktisch und funktional nicht notwendigen Um- und Zubauten scheint nicht selten überschritten. Neil Cossons formulierte dazu: „The question now to be asked is: can those industrial archaeological sites and monuments that survived the years of neglect now survive the period of rampant rehabilitation."[48] Als Alternative verweist Cossons auf jüngere Beispiele von öffentlichen Institutionen als Nutzern hochwertiger Industriedenkmale oder von Teilen, etwa beim Royal Albert Dock in Liverpool, das neben Wohn- und Büroflächen zu einem großen Teil von einem Schiffahrtsmuseum und einer Dependance der Tate Gallery genutzt wird.[49] Dergestalt kombinierte, von Cossons als „heritage-led" bezeichnete Nutzungen, wie sie auch in Deutschland im Zuge der Stadterneuerung verstärkt durchgesetzt wurden, scheinen einer rentablen – trotzdem wesentliche industrie- und sozialgeschichtlich wichtige Elemente enthaltenden – Umnutzung mehr entgegen zu kommen.[50] Beim Jagenberg-Gelände in Düsseldorf etwa, dessen Umnutzung von Bürgern gegen die

< 13. Der Gare d'Orsay in Paris, im prunkvollem Neobarock des Fin de Siècle errichteter zentraler Bahnhof in Paris, 1982 von Gae Aulenti zum Museum für die Kunst des 19. Jahrhunderts umgestaltet
14. Das Büro Taller de Arquitectura von Ricardo Bofill baute bis 1977 eine stillgelegte Zementfabrik bei Barcelona für sich um. Nur die Silos links und der Block im Zentrum wurden umgenutzt; der Rest blieb in 'ruinösem' Zustand

[48] Cossons 1993, S. 17, 19.
[49] Wie vor., S. 21.
[50] Wie vor., S. 20-25.
[51] Helene Kleine: „Leben in die Fabrik." In: Habicht-Erenler (wie Anm. 26), S. 112-128; Axel Föhl: „Vom Lollywood zum Kreativcenter. Fabrikumnutzung in Düsseldorf." In: BW 82, 1991, H. 9, S. 379-381.
[52] Siehe etwa: Reiner Kruse: „Der Kleine Einblick." In: arch+ Nr. 46, 1979, S. 20-22; Klaus-Peter Kloß: „Zur Erhaltungsproblematik von Denkmalen der Industrie und Technik." In: Norbert Huse (Hg.): verloren gefährdet geschützt. Baudenkmale in Berlin (Ausst.-Kat.). Berlin 1988, S. 125-135.
[53] Wie Anm. 31.
[54] Axel Föhl: „Ein Wassertum in Köln." In: BW 1980, S. 969; „Schöner Träumen. Hotel im Wasserturm in Köln." In: DB, 125, 1991, Nr. 4, S. 16-21; Hjalmar Heuser: „Das kölsche Kolosseum." In: DBZ 38, 1990, H. 9, S. 1255-1257; W. O. Geberzahn: „Eleganter Turm. Der Umbau eines alten Kölner Wasserturmes zu einem Luxushotel." In: AIT - Architektur, Innenarchitektur, technischer Ausbau 98, 1990, Nr. 6, S. 14-23.
[55] Horst Rellecke: Der Glaselefant. Pop und Postmoderne. Auf dem Weg zu einer spielerischen Architektur. Wiesbaden 1986.
[56] Cantacuzino/Brandt 1980, S. 63-65.
[57] Manfred Wehdorn: „Die bauliche Sanierung der Wiener Gasbehälter." In: ÖZKD 43, 1989, S. 65-74.
[58] Hans Stimmann: „Das Ende der Kathedralen der Technik." In: BW 76, 1985, H. 28, S. 1130-1133; R. Schlauer: „Geschichten aus der Geschichte der Gasometer." In: Technische Mitteilungen 82, 1989, H. 5, S. 313-319.
[59] „Der Identitätsbehälter. Umbau des Oberhausener Gasometers für die Ausstellung 'Feuer und Flamme!" In: DB 128, 1994, Nr. 10, S. 70-77.

Abriß- und Vermarktungsinteressen der Stadtverwaltung durchgesetzt wurde, bildete die landeseigene Entwicklungsgesellschaft den Träger für den Umbau zu einer Mischnutzung aus Wohnen, Büros, Gewerbe und Kultur.[51] Auch Berlin[52] und Engelskirchen[53] sind dafür Beispiele.

Inzwischen haben sich die Umnutzungsplaner auch Bautypen zugewandt, deren technische Eigenheiten oder Dimensionen eine wirtschaftlich vertretbare Umnutzung lange nicht möglich erscheinen ließen. Die frühesten, meist als Wohnungen genutzten Bautypen dieser Art waren Wasser- und Leuchttürme. Hatten Wassertürme in den Schaftgeschossen noch nutzbare Räume enthalten, so nahm man sich in ganz unterschiedlicher Weise der eigentlichen Behälter an; spektakulär etwa war der als Museum genutzte Turm in Mülheim an der Ruhr-Styrum, dem ein freistehendes Fluchttreppenhaus beigestellt werden mußte; oft blieben die Behälter jedoch auch ungenutzt. Einer der ältesten deutschen Wassertürme, der seit langem ungenutzte, im Krieg stark beschädigte Wasserturm am Griechenmarkt in Köln, wurde um 1985 mit großem Aufwand in ein Luxushotel umgebaut, wobei nicht nur die alten Rundbogenblenden als Fenster geöffnet wurden.[54] Die „assoziativ-symbolische" Umnutzung und Neuinterpretation eines funktionalen Zweckbaus führte schon 1977 Horst Rellecke mit dem „Glaselefanten" als Attraktion des Maximilianparks in Hamm vor.[55] An ein Kohlensilo aus Sichtbeton wurde hier ein gläserner Aufzug angestellt, der in einem als gläserner Elefantenkopf ausgebildeten Aussichtsraum endet. Mit einem weiteren, als Mehrzweckhalle umgenutzen Zechengebäude bildet der „Glaselefant" den Mittelpunkt des Parks. Die Umnutzung von Betonsilos, diesmal in ein Wohn- und Bürogebäude, führte 1977 auch Ricardo Bofill in Barcelona vor (Abb. 14).[56]

Besondere Probleme der Umnutzung ergeben sich bei industriellen Großanlagen wie den großen Gasbehältern bzw. ihren Hüllen, die riesige Volumen und wenig nutzbare Bodenfläche aufweisen oder ungünstig gelegen sind. Nach langen vergeblichen Bemühungen wurde 1989 in Wien der erste von zahlreichen erhaltenen gemauerten Gasbehältern für Ausstellungen umgebaut.[57] Kleinere Gasbehälter dieses massiven Typs wurden auch in Amsterdam („Westergasfabrik") und an anderen Orten neu genutzt. Mit ihren riesigen Flachkuppeln bieten die Gasbehälter eindrucksvolle Ingenieurkonstruktionen wie auch, oft zu mehreren wie in Leipzig, Dresden oder Wien, unübersehbare Denkmale großstädtischer Gasversorgung.[58]

Von 1993/94 wurde im Rahmen der IBA Emscher Park der Umbau des größten europäischen Scheibengasbehälters von 117 m Höhe in Oberhausen durchgeführt (Abb. 15).[59] Mit einem Aufwand von 16 Mio. DM wurde der Behälter u.a. von der Isolierschicht befreit. Nachdem zunächst eine spiralförmig ansteigende Ausstellungsfläche vorgesehen war, wurden Behälterboden und aufgeständerte Scheibe lediglich mit einer dritten Ausstellungsebene als zentrale „Arena" ergänzt. Ein innenliegender Aufzug führt durch den freigebliebenen riesigen Innenraum auf das mit Aussichtsplattformen versehene Dach. Der „Gasometer" wird für Ausstellungen und Veranstaltungen genutzt und ist Wahrzeichen des umgenutzten Geländes der ehemaligen Gutehoffnungshütte.

ERHALTUNGS-
KONZEPTE

15. Der 1928/29 errichtete größte Scheibengasbehälter Europas in Oberhausen mit einer Gesamthöhe von 117 m wurde zur Ausstellungshalle mit Aussichtsfunktion umgebaut

[60] Heinrich Klotz: Architektur des 20. Jahrhunderts. Zeichnungen – Modelle – Möbel aus der Sammlung des Deutschen Architektur-Museums Frankfurt am Main. Stuttgart 1989, S. 162–167.
[61] Hubert Watelet: Le Grand-Hornu. Joyeau de la Révolution Industrielle et du Borinage. Bossu 1989.
[62] Anna Brenken u.a.: Medien-Fabrik Zeisehallen. Hamburg 1993.
[63] Siehe etwa: Umnutzung von Fabriken. Übersicht und Beispiele (Inst. für Landes- und Stadtentwicklungsforschung NRW/Min. für Landes- und Stadtentwicklung). Dortmund 1984; Fischer (wie Anm. 11), S. 18–21.

Selbst bereits zur Ruine gewordene Gebäude können „Umnutzung", als Ausbau in jedweder Form, erfahren. Schon unter dem Eindruck der Kriegszerstörungen des Zweiten Weltkrieges hat sich im Wiederaufbau der frühen Nachkriegszeit eine Tendenz zum nicht rekonstruierenden, sondern gestalterisch bewußten und eigenständigen Umgang mit den Resten historischer Bauten entwickelt. Zu den Architekten, die diese Richtung vertraten, gehören Rudolf Schwarz und Hans Döllgast; am deutlichsten hat Emil Steffann auch theoretisch diese Haltung formuliert.[60] Sie ist als Versuch der Auseinandersetzung mit dem geistig-kulturellen Schock der Kriegszerstörung zu verstehen und verfolgt das Ziel einer historisch bewußten und ehrlichen Alternative zur bloßen Rekonstruktion älterer Zustände; zunächst war damit auch tatkräftige Purifizierung verbunden. Die Ergänzung der Reste in zeitgenössischen Architekturformen ist seitdem nie ganz aus der Diskussion verschwunden, von der Denkmalpflege zuerst auf ungeliebte historistische Bauten beschränkt, dann von Architekten wieder stärker aufgegriffen – eine Haltung, die an Purifizierungskonzepte oder auch „Modernisierungskonzepte" der 30er Jahre anknüpft. Unter den Industriedenkmalen bildet die von ihrem Retter und Eigentümer, dem Architekten Henri Guchez, ausgebaute Fabrik von Le Grand-Hornu das erste wichtige Beispiel für den modernen Umgang mit Ruinen, an dem sich verschiedene Maßnahmen der 70er Jahre bis heute studieren lassen (Kap. IV, Abb. 17);[61] aus jüngerer Zeit ist die (schrittweise) Neunutzung der Hamburger Schiffsschraubenfabrik Zeise in den Jahren 1987–93 zu nennen.[62] Bei beiden prominenten Beispielen spielt auch der Charme und assoziative Reiz der scheinbar unberührten Ruinen eine wichtige Rolle. Die auch in der bildenden Kunst immer stärker zu beobachtende Einbeziehung und Nutzung der Ästhetik des Alters und des Verfalls begünstigt diese Haltung.

Aus konservatorischer Sicht müssen sich alle Umnutzungen und Umbauten danach beurteilen lassen, ob sie notwendig und verträglich für den Erhalt des Denkmals und die Wahrung der Denkmaleigenschaften sind. Die zugrundeliegenden Maßstäbe fragen nach dem Verhältnis zwischen den als denkmalwert erkannten Strukturen und den für die neue Nutzung notwendigen Eingriffen. Oft läßt sich schon früh erkennen, daß eine ungeeignete Nutzungsvorstellung, etwa durch ihren Raum- und Infrastrukturbedarf, dem Bau nicht nur in seiner äußeren Erscheinung und seinem funktionalen Quellenwert, sondern auch in seiner materiellen Substanz mehr schaden als nutzen wird. Überhöhte Ausbaustandards und zu intensive Nutzungsvorstellungen bei Umnutzungen gefährden den Denkmalwert.

Jede Umnutzung, und sei sie noch so einfach, spontan und sensibel, bedeutet eine unumkehrbare Veränderung für das Objekt; massive Umbauten, die stark in die originale Substanz eingreifen, sind erst recht nicht mehr rückgängig zu machen. Eine Umnutzung ist daher zwar ein Schritt des Erhalts, aber immer auch eine Entfernung vom überkommenen Zustand. Der Rückbau auf einen Rohbauzustand oder die bewußte Fragmentierung aus ästhetischen und praktischen Gründen erscheint aber in den meisten Fällen zweifelhaft und überflüssig; unter „Bausubstanz" wird leider oft nur der Rohbau verstanden.

Die Organisation und Finanzierung von Umnutzungsmaßnahmen, die zunächst oft nur mit massiver Hilfe der öffentlichen Hand möglich schien, hat sich in ein durchaus auch kommerziell-spekulativ interessantes Gebiet gewandelt, das nur noch über gesetzlich festgelegte Förderung unterstützt wird. Die gegenüber Neubauten zu Beginn unkalkulierbar erscheinenden baulichen Risiken lassen sich oft mit Hilfe erfahrener Architekten und Ingenieure meistern. Dazu kommen die möglichen, vorteilhaften, baurechtlichen Zugeständnisse wie der Bestandsschutz. Zahlreiche Vergleichsuntersuchungen zu den notwendigen Kosten haben ergeben, daß eine Umnutzung in der Regel wesentlich günstiger als ein entsprechender Neubau ist; mit den steigenden Energie- und Entsorgungskosten im Bauwesen der Zukunft dürfte dieser Anteil noch steigen (siehe Kap. VIII).[63]

Denkmal und/oder Museum

Die Nutzung eines Industriedenkmals als Industriemuseum ist eine Sonderform der Umnutzung, auch wenn sie bis heute oft als Idealfall des Erhalts von denkmalwerten industriellen Objekten verstanden wird. Mit konservatorischen Maßnahmen verbindet sich oft eine denkmalpflegerisch nicht gebotene Rekonstruktion von Bauten und technischen Anlagen. Dies geschieht im Rahmen einer neuen Aufgabe und mit neuen infrastrukturellen Anforderungen, die meist auch größere Umbauten nötig machen.

Die Umwandlung von Industriedenkmalen in Museen bzw. technische Schauanlagen begleitete die Beschäftigung mit technischem Kulturgut von Beginn an. Dabei verbanden sich mit dem Begriff des Museums allgemein die Funktionen des Sammelns und Präsentierens bzw. Vermittelns. Nur in bestimmten Fällen, etwa bei historischen Schlössern oder Wohnungen prominenter Personen, lag der Schwerpunkt auf dem Erhalt und der Zugänglichkeit der gesamten historisch bedeutenden, gewachsenen und unverändert erhaltenen Ensembles; das Objekt und seine Ausstattung stellten sich selber aus, zur Befriedigung der Neugier und als Erinnerungs- und Gedenkstätte. Bei der Umwandlung historischer Industriebauten in Museen bildet der historische Bau- und Ausstattungsbestand meist ebenso die didaktische

ERHALTUNGS-
KONZEPTE

Grundlage. Parallel zu den zuerst oft als Ausflugsziele beliebten Anlagen wie den Hämmern des Erzgebirges und den Wind- und Wassermühlen, die oft als Heimatmuseen dienten, entwickelten sich die eigentlichen Technikmuseen, in denen sich der didaktische und der dokumentarische Aspekt verbanden, die aber in der Regel spezielle Gebäude erhielten (siehe Kap. II). Die besonderen infrastrukturellen Bedürfnisse und die systematische Darstellungsweise technisch-wissenschaftlicher Museen machten die intensive Nutzung eines Industriedenkmals wenig sinnvoll.

Die ersten im modernen Sinne industriegeschichtlichen Museen in Industriedenkmalen entstanden zu Beginn der 70er Jahre in England, als mehrere kleine Bahnhöfe zu Eisenbahnmuseen ausgebaut wurden.[64] Einen der wenigen Vorläufer dazu bildete das 1904–1944 existierende Verkehrs- und Baumuseum im Hamburger Bahnhof in Berlin. Entsprechende Vorschläge aus den frühen 70er Jahren für den Bayerischen Bahnhof in Leipzig (Abb. 16) wurden nicht realisiert.[65] Auch Museen in Birmingham (gegr. 1950) und Manchester nutzen historische Industriebauten als Standort. Die ersten Vorschläge zur branchenbezogenen musealen Nutzung ganzer Räume und Betriebe, letztlich angeregt von vorindustriellen Anlagen und Freilichtmuseen, kamen in Deutschland Mitte der 70er Jahre auf, als sich mit dem zunehmenden Interesse für größere und jüngere industrielle Anlagen erneut die Frage nach umfassenden Erhaltungsmöglichkeiten stellte.[66]

Als bisher größte Einrichtungen dieser Art wurden nach längerer Vorbereitungszeit in Nordrhein-Westfalen 1979 das „Westfälische Industriemuseum" und 1984 das „Rheinische Industriemuseum" gegründet. Beide Museen haben, wie es im „westfälischen" Gründungsaufruf heißt, zum Ziel, „die Geschichte der Industrie und der Arbeit in geeigneten Bauten darzustellen".[67] Sie werden getragen und finanziert von den Landschaftsverbänden Westfalen-Lippe und Rheinland und sind dezentral organisiert, d.h. auf sehr unterschiedliche Standorte aufgeteilt, deren Auswahl nicht zuletzt auch von politischen Entscheidungen bestimmt wurde. Die Vielfalt und der Zustand dieser Objekte zwischen ruinösen Kleinzechen und noch 'jungen' Hochöfen spiegelt die Situation der Industriedenkmale; mit der Auswahl verband sich oft auch die Hoffnung, besondere Problemfälle zu lösen.

Das Westfälische Industriemuseum erhielt als Zentrale die Zeche Zollern II/VI in Dortmund-Bövinghausen, die nach ihrer spektakulären Rettung 1969/70 im Jahre 1973 vom Deutschen Bergbaumuseum Bochum und dessen Träger, der Westfälischen Berggewerkschaftskasse, übernommen und genutzt worden war. Mit dem 1962 stillgelegten Schiffshebewerk Henrichenburg von 1898 am Dortmund-Ems-Kanal in Waltrop nahm sich das Museum eines besonderen, schon seit Jahren bekannten Problemfalles der Industriedenkmalpflege im Ruhrgebiet an.[68] Seit 1981

16. Der Bayerische Bahnhof, zwischen der Leipziger Altstadt und dem Gelände der Technischen Messe gelegen, wurde 1844 eröffnet. Ähnlich wie der vergleichbare Hamburger Bahnhof in Berlin entging er mehrfach der drohenden Zerstörung. Schon zu DDR-Zeiten wurden Umnutzungsvorschläge zum Eisenbahnmuseum gemacht, doch der bauliche Zustand verschlechterte sich immer mehr (Foto um 1980). Nach 1989 wurde der Hauptbau durchgreifend erneuert

[64] Cantacuzino/Brandt 1980, S. 128–130 (Darlington North Road, Yorkshire; Monkwearmouth, Tyne and Wear).
[65] Manfred Berger: „Ein Vorschlag zur Erhaltung und neuen gesellschaftlichen Nutzung des Bayerischen Bahnhofs in Leipzig." In: Denkmalpflege in der DDR 4, 1977, S. 37–43; siehe auch: Rolf Bayer, Gerd Sobek: Der Bayerische Bahnhof in Leipzig. Entstehung, Entwicklung und Zukunft des ältesten Kopfbahnhofs der Welt. Berlin 1985.
[66] Siehe etwa: Otfried Wagenbreth: „Technische Denkmale und die Möglichkeiten ihrer musealen Nutzung." In: Neue Museumskunde 20, 1977, S. 168–175.
[67] Landschaftsverband Westfalen-Lippe (Hg.): Ein westfälisches Industriemuseum (Texte aus dem Landeshaus 1). Münster 1979; ders.: Das Westfälische Industriemuseum (Texte aus dem Landeshaus 8). Münster 1984.
[68] Siehe etwa: Wilhelm Busch: „Schiffshebewerk Henrichenburg. Ein Trauerfall bundesdeutscher Denkmalpflege." In: BW 70, 1979, H. 29, S. 1213–1216.

wurde die Anlage schrittweise saniert und baulich teilrekonstruiert, allerdings nicht wieder betriebsfähig gemacht (Kap. I Abb. 1). Sie wurde 1992 einschließlich einer Sammlung historischer Wasserfahrzeuge als Museum eröffnet. Im Bereich Bergbau dokumentieren neben Zollern die bereits ruinöse Zeche Nachtigall bei Witten aus den 40er Jahren des 19. Jahrhunderts und der Malakowturm mit Fördermaschine der Zeche Hannover in Bochum-Hordel von 1872 frühere Entwicklungsstufen. Damit bildet der Bergbau den eigentlichen Museumsschwerpunkt in Westfalen. Drei weitere Standorte repräsentieren die „ländliche" Industrie: Die Ziegelei Sylbach in Lage bei Bielefeld wurde in stillgelegtem, aber weitgehend erhaltenem Zustand der Zeit um 1920 übernommen; die Bauten der Glashütte in Gernheim an der Weser, zu Beginn des 19. Jahrhunderts gegründet, war dagegen nur noch teilweise vorhanden. In Bocholt wurde, als Ausnahme und infolge einer politischen Standortentscheidung, die Idealrekonstruktion einer kleinen Textilfabrik errichtet, die originale Ausstattungsteile verschiedener Fabriken aufnahm.

Das Rheinische Industriemuseum, erst fünf Jahre später ins Leben gerufen und mit vollem Unter-Titel „Museum für Technik- und Sozialgeschichte", nahm seinen Sitz in der teilweise auch als Kulturzentrum genutzten Zinkfabrik Altenberg in Oberhausen.[69] Mit der baulichen Hülle der ersten kontinentalen Textilfabrik in Cromford bei Ratingen 1997 eröffnet, verfügt es über ein historisch besonders bedeutendes Objekt. Die Tuchfabrik Müller in Kuchenheim bei Euskirchen wurde nach einem Vierteljahrhundert 'Dornröschenschlaf' dagegen mitsamt ihrer Ausstattung als Standort sichergestellt. Dazu ist das Rheinische Industriemuseum Nutzer einer Fabriketage in der ehemaligen Textilfabrik „Ermen und Engels" in Engelskirchen. Im Rheinland steht damit die Textilindustrie in drei verschiedenen Beispielen im Vordergrund. Die Gesenkschmiede Henrichs in Solingen wurde 1987 unmittelbar aus der Produktion in den Status eines „arbeitenden Museums" überführt und soll nur schrittweise museal ausgebaut werden. Die Papiermühle Alte Dombach in Bergisch-Gladbach kam als Stiftung der Firma Zanders an das Museum und wird in einen früheren Zustand zurückversetzt. Die Übernahme der Haniel-Zeche Rheinpreußen in Duisburg konnte wegen gravierender Altlastenproblematik und baulicher Schwierigkeiten nicht realisiert werden; ebenso wurde auf die Hammeranlagen im Essener Deilbachtal verzichtet. Dafür übernahm man das 1923/24 von Peter Behrens errichtete Lagerhaus der Gutehoffnungshütte in Oberhausen als Hauptdepot. Mit der Ausstellung der Siedlung Eisenheim (vgl. Kap. IV) und der St.-Antony-Hütte, der Keimzelle der Gutehoffnungshütte in Oberhausen, wurden bereits existierende Präsentationen als Dependancen übernommen.

Weitere ebenfalls zu Beginn der 80er Jahre ins Leben gerufene Industriemuseen befinden sich u.a. in Hamburg (Museum der Arbeit, seit 1990 gesichert), Berlin (Museum für Verkehr und Technik, heute Deutsches Technikmus., seit 1979), Nürnberg (Centrum Industriekultur, seit 1979), Mannheim (Landesmus. für Technik und Arbeit, eröffnet 1990) und Osnabrück (Museum Industriekultur, eröffnet 1995).[70]

Die bisher aufwendigsten Neugründungen, die Museen in Berlin und Mannheim, repräsentieren die Gegenpole der 'musealen' Möglichkeiten: Das Berliner „Museum für Verkehr und Technik" wurde 1979 aus kommunaler Initiative auf dem Areal des ehemaligen Anhalter Güterbahnhofs eingerichtet und nutzt dort in einer ersten Ausbauphase erhaltene und wiederhergestellte Bauten; teilweise rekonstruierende Neubauten sollen folgen.[71] Das Schwergewicht liegt derzeit auf der Darstellung des Eisenbahnverkehrs. Das „Landesmuseum für Technik und Arbeit" in Mannheim wurde dagegen 1979/80 vom Land Baden-Württemberg gegründet und erhielt, da historische Industrieanlagen aus praktischen wie konzeptionellen und politischen Erwägungen abgelehnt bzw. verweigert wurden, einen ambitionierten Neubau, den umfangreichsten seiner Art nach dem Deutschen Museum in München.[72] Die didaktische Konzeption des Museums ist unbeeinträchtigt von authentischer „indu-

---

[69] Tatort Fabrik. Das Rheinische Industriemuseum im Aufbau (Landschaftsverband Rheinland, Rheinisches Industriemuseum, Schriften, Bd. IV). Köln 1989; Thomas Schleper: Ermen und Engels in Engelskirchen (Schriften des Rheinischen Industriemuseums, H. 3). Köln 1987.
[70] Michael Funk: „Piesberger Anthrazit und mehr. Das Museum Industriekultur Osnabrück." In: TKD Nr. 30, April 1995, S. 18-22; Bruno Switala: „Die Restaurierung des Haseschachtgebäudes auf dem Piesberg in Osnabrück – ein langer Weg." In: Berichte zur Denkmalpflege in Niedersachsen 15, 1995, H. 1, S. 17-20.
[71] Museum für Verkehr und Technik Berlin. Schätze und Perspektiven, Ein Wegweiser zu den Sammlungen (Schriftenreihe des Museums für Verkehr und Technik, Berlin, Bd. 1). Berlin 1983; K. Streckebach: „Pläne für das Museum für Verkehr und Technik a.d. Anhalter Güterbahnhof." In: BW 74, 1983, H. 45, S. 1791-1794; vgl. als neg. Kritik: „Museumsprojekt des Industriezeitalters." In: FAZ Nr. 262 v. 9.11.1979, S. 27.
[72] Stationen des Industriezeitalters im deutschen Südwesten. Ein Museumsrundgang (Schriften d. Landesmus. f. Technik und Arbeit in Mannheim, Reihe Technik u. Arbeit, Bd. 3). Stuttgart 1990; zum Gebäude: Thomas Schmid: Das Landesmuseum für Technik und Arbeit in Mannheim. Architekturhistorische Untersuchung. Egelsbach/Köln/New York 1992; zur Konzeption: Lothar Suhling: „Stationen im Industrialisierungsprozeß Südwestdeutschlands. Zur Geschichte und Konzeption des neueröffneten Landesmuseums für Technik und Arbeit in Mannheim." In: TKD Nr. 22, Okt. 1990, S. 7-10; vgl.: Robert Laube: „Mannheim von außen." In: TKD Nr. 23, Okt. 1991, S. 46/47; Wolfgang Welsch: „Arbeitswelt im Museum. Gestaltungsprinzipien des Landesmuseums für Technik und Arbeit in Mannheim." In: Museumskunde 55, 1990, H. 3, S. 199-203.

ERHALTUNGS-
KONZEPTE

strieller" Umgebung besonders auf Einzelobjekte und die szenische Inszenierung und Vermittlung eher abstrakter Inhalte konzentriert.

Letztlich auch zu den Technikmuseen zu rechnen ist der 1993 eröffnete Neubau der Deutschen Arbeitsschutzausstellung in Dortmund, das als Sammlung und Forschungsinstitut nach dem Weltkrieg aus Berlin dorthin übergesiedelt war.[73] Die erhalten gebliebene stählerne Museumshalle von 1904 in Berlin, wichtiges Denkmal der Technik- und Sozialgeschichte, war über viele Jahre Objekt von Erhaltungsdiskussionen, bis sie für die „Physikalisch-technische Bundesanstalt" saniert wurde.[74]

Viele Museen, insbesondere die lokalen und privaten Gründungen, besitzen nur eine schwache finanzielle Basis und drohen nicht selten unter der Flut der freiwerdenden und ihnen angetragenen Artefakte zu ersticken. Die vielleicht wichtigste und umfangreichste, im Januar 1997 teileröffnete Gründung ist das „Museum der Arbeit" in Hamburg.[75] Wohl endgültig gescheitert sind bisher Museumsprojekte in Frankfurt am Main, Neumünster, Braunschweig und Leipzig. In Köln und München wurden industriegeschichtliche Sammlungen bisher nur vage angedacht. In vielen Gemeinden (Bielefeld) hat entweder das historische Museum den Bereich Industriegeschichte übernommen, oder sie sind Standort eines überörtlich organisierten Museums. Industrie- und Sozialgeschichte spielen auch in den vor allem in den Großstädten entstehenden Stadtteil- und Lokalmuseen im Zusammenhang mit Geschichtswerkstätten oft eine grundlegende Rolle, etwa in Berlin, Hamburg und Lübeck (Herrenwyk). Oft geht hier, wie auch in England oder Belgien, Initiative und Engagement von den in Träger- und Fördervereinen organisierten 'Laien' und ehrenamtlichen Mitarbeitern aus.

Andere Vorhaben auf Bundesebene der späten 70er und der 80er Jahre wie das Energiemuseum Hamm[76] oder ein Museum der Eisen- und Stahlproduktion in Neunkirchen (Saarland)[77] kamen nicht zustande; seinen Platz wird möglicherweise die Völklinger Hütte einnehmen.

Bei der im Vergleich zur alten Bundesrepublik immensen Zahl historisch bedeutender und umfassend erhaltener Industriebauten in der ehemaligen DDR (wie im gesamten Ostblock) kam es auch hier zu zahlreichen Vorschlägen für Industriemuseen, etwa in Leipzig und Bitterfeld. Ältere Projekte und Museen wurden ausgeweitet, verfolgten ehrgeizige Ausbaupläne, wie das Industriemuseum in Chemnitz oder das nach altem Schema wieder aufgegriffene Braunkohlemuseum Zeitz als „Mitteldeutscher Umwelt- und Technologiepark (MUT)"[78] – ein Muster, das sich häufiger beobachten läßt. Dabei ließ der wirtschaftliche Umstrukturierungsprozeß mit seinen auch als „Arbeitsbeschaffung" forcierten Abbrüchen bisher kaum Zeit für das 'Reifen' von Projekten; zudem wurden die zu DDR-Zeiten entstandenen, recht umfangreichen Inventare nicht für eine Bewertung herangezogen. Viele der historischen Ausstattungen wurden unbesehen vernichtet oder gewinnbringend dem internationalen Technikantiquitätenhandel überlassen, der nicht zuletzt von Museen genutzt und dadurch gefördert wird.

Gemeinsam ist der Mehrzahl der Museumsgründungen ein erweitertes, die Perspektiven und Themenkreise der Alltags- und Sozial- sowie der Wirtschaftsgeschichte einbeziehendes Konzept. Gleiches gilt für die Präsentation und die didaktische Vermittlung, die sich an den Entwicklungen der Ausstellungsdidaktik seit Rüsselsheim und den historischen Großausstellungen der 80er Jahre orientiert, so etwa der Preußen-Ausstellung im Berliner Martin-Gropius-Bau 1981;[79] hier ist vor allem der Bereich „Industriekultur" neuer Schwerpunkt (siehe Kap. V).

In anderen Ländern sind neben den Technikmuseen „Science Center" wie das „Centre des Sciences et Techniques" am Parc de la Villette in Paris entstanden. In Zürich wurde das ursprünglich historisch ausgerichtete „Technorama" in dieser Weise umorientiert. Nicht selten handelt es sich dabei sogar um kommerziell organisierte und industriell gesponsorte Einrichtungen zur Vermittlung von technisch-

---

[73] Gerhard Kilger, Ulrich Zumdick (Hgg.): Mensch Technik Arbeit. Katalog zur Deutschen Arbeitsschutzausstellung. Köln 1993.
[74] Fritz Neumeyer: „Industriegeschichte im Abriß. Das Deutsche Arbeitsschutzmuseum in Berlin-Charlottenburg." In: Huse (wie Anm. 52), S. 330-367.
[75] Christina Bargholz u.a.: Das Museum der Arbeit in Hamburg. Denkanstöße, Themen, Aufgaben. Hamburg 1993; Museum der Arbeit (Hg.): Katalog. Hamburg 1997.
[76] Gesellschaft der Förderer des Energie-Museums Hamm e.V. (Hg.): Energie-Museum in Hamm. Hamm o.J. (um 1978).
[77] Rainer Slotta: Deutsches Industriemuseum in Neunkirchen? (Neunkircher Hefte 6). Neunkirchen ²1986; ders.: „Neunkirchen und sein Industriemuseum – Nein Danke?" In: Der Anschnitt 40, 1988, H. 1-2, S. 30-49.
[78] Paul Boué: MUT - Mitteldeutscher Umwelt- und Technikpark e.V. Dokumentation einer Realisierungsstudie. Zeitz o.J. (1994); vgl.: Otfried Wagenbreth: „Technische Kulturdenkmale des Braunkohlenbergbaus im Zeitzer Revier." In: Bergbautechnik, Bd. 17, 1967, S. 319-323; siehe auch: ders: „Aktuelle Probleme der Industrie-Denkmalpflege in den Neuen Bundesländern." In: TKD Nr. 24, 1992, S. 32-35.
[79] Gottfried Korff (Hg.): Preußen. Versuch einer Bilanz (5 Bde.). Berlin 1981.

naturwissenschaftlichen Grundlagen. Sie haben zwar ihre Vorläufer in den didaktischen Konzepten etwa des Deutschen Museums, sind jedoch vor allem zukunftsbezogen; ihnen liegt zudem noch immer ein unreflektiert-positives, isoliertes Technikverständnis zugrunde.[80]

Neben privaten Einzelsammlungen, besonders häufig etwa zum Bergbau oder Verkehr, entstanden auch größere Technikmuseen auf privater Basis, etwa in Speyer und Sinsheim, die, da sie sich wesentlich auf den zufälligen Leihgaben ihrer Mitglieder stützen, keine systematische Sammlung betreiben und didaktisch und konservatorisch laienhaft bis kommerziell arbeiten. Die historischen Firmensammlungen und Werksmuseen, etwa bei Daimler-Benz, BMW oder Siemens, folgen kommerziellen Präsentationsformen und firmenspezifischen Zielen wie Marketing und Repräsentation und setzen ebenfalls weiterhin auf Technikbegeisterung und Fortschrittsoptimismus.

Waren die Industriemuseen als Wiederhersteller und Nutzer historischer Industriebauten und -anlagen zu Beginn auch von Teilen der Denkmalpflege als Ideallösungen begrüßt worden, so zeigten sich schnell die aus den organisatorischen Erfordernissen und aus dem museal-didaktischen Ansatz entstehenden Schwierigkeiten für den Erhalt des Denkmals. Ästhetische Erwartung der Besucher und didaktische Überlegungen förderten Tendenzen zur Wiederherstellung und Ergänzung der Anlagen. Das originale Geschichtszeugnis in seinem meist fragmentarisch überlieferten Zustand drohte sich in nostalgisch-romantischer Verklärung mit Rekonstruktion und didaktischer Verfremdung zu vermischen. Vor diesem Hintergrund erscheint eine klare Trennung von (konserviertem) Denkmalobjekt und didaktischem wie baulichem Eingriff, wie sie etwa Reinhard Roseneck mit seinem „Zwei-Schichten-Konzept" für den Rammelsberg (Abb. 17) formuliert, dringend notwendig: „Sind aus Gründen des Museumsbetriebes architektonische Eingriffe in die Bausubstanz erforderlich oder sind aus museumsdidaktischen Gründen ergänzende Bauelemente nötig, so ist die denkmalpflegerische Leitlinie, die neuen Architekturelemente nicht mit den historischen zu vermischen, sondern sie bewußt von der historischen Umgebung abzusetzen. Der Besucher soll jederzeit, an jeder Stelle des Bergwerkes in der Lage sein, die authentische, substanziell erhaltene, historische 'Schicht' des Denkmales von der neu hinzuaddierten museums- oder nutzungsbedingten architektonischen 'Schicht' zu unterscheiden. ... Durch Anpassung an das Alte oder dessen Imitation würde dagegen die historische Substanz entwertet und der Betrachter getäuscht werden."[81] (Texte 47, 48).

Eine Möglichkeit der authentischen Überlieferung industriegeschichtlich wichtiger Objekte, der Weiterbetrieb, wurde besonders in England viel diskutiert: „The ideal, if utopian, solution is to keep industries of historic importance in operation, retaining the use of their buildings, processes and plant. ... – a course open only in limited cases, affecting small scale industrial endeavour. I am dismissing the option of widespread large scale subsidy to industries. We have in the past seen such subsidies indirectly contribute to the preservation of historic processes – in the shipyards, in British Rail, in the National Coal Board – but it is inconceivable that such policies could be advocated primarily for their effect on industrial archaeology. We are talking therefore of profitable operation in the private sector. There is, for example, a growing demand for traditional building materials, such as hand-made bricks, crown glass, and Welsh and Delabole slates, which has been generated in part by the conservation world statutory controls and which is ensuring the continuation of traditional processes in order to achieve an appropriate product. Changes in the structure of an industry can assist as well as hinder the preservation of the industrial heritage; the continued existence and encouragement of free mining in the Forest of Dean, for example, which is preserving mining techniques now rarely found elsewhere. Local forges, foundries and engineering shops are

17. Die schon im Mittelalter betriebene Silbergrube des Rammelsbergs bei Goslar erhielt 1935–40 durch Fritz Schupp und Martin Kremmer neue Bertriebsgebäude, darunter die große, unverändert erhaltene Waschkaue

[80] Siehe Schoeder-Gudehus.
[81] Der Rammelsberg (Arbeitshefte zur Denkmalpflege in Niedersachsen). Hameln 1993, S. 46.

ERHALTUNGS-
KONZEPTE

often able to meet demand for one-off or small orders which are increasingly difficult to accomodate economically in large corporate structures with high levels of investment in mass production. Changes in the focus of marketing effort may also generate new sales; for example, the use of the canal system by leisure rather than commercial traffic; the switch from utilitarian to art ceramics by small industrial potteries; the movement of hand-made paper up-market, generating profit levels sufficient to maintain the labour-intensive production process."[82] Die hier als Vorteile eines gewerblichen Weiterbetriebs genannten Aspekte wie etwa angepaßte Produktion, regionale Gewerbe, beschäftigungsintensive Produktion, traditionelle Baumaterialien werden auch wirtschafts- und sozialpolitisch wieder interessant im Rahmen ressourcenschonenden, regionalen Wirtschaftens (siehe Kap. VIII). Interessant ist auch der Vergleich mit den Erhaltungsstrategien der 30er Jahre in Deutschland, wie der „Windmühlenaktion" von Theodor Wildeman, als der Weiterbetrieb notfalls durch Instandsetzungs- und Ertüchtigunhilfen als Erhaltungsmaßnahme favorisiert wurde. Gemeinsames Ziel dieser Überlegungen war, nicht „tote Technik", sondern zusammen mit der Maschinerie und den Gebäuden auch die Produktionstechniken und Prozesse zu überliefern bzw. sichtbar zu machen. Der Produktionsprozeß als Ursache und als Zweckbestimmung industrieller Anlagen sollte erlebbar und nachvollziehbar bleiben. In diesem Zusammenhang werden auch Teilerneuerungen und Modernisierungen von Anlagen verständlich.

„Allied to continued economic operation and often indistinguishable from it is the operation of industrial processes and the use of their associated structures as working museums; selling the process as a product to tourists. This is an area which has seen an explosion in activity in the last twenty years, from the early days at Beamish, at Ironbridge, at Ryhope, at Crofton, at Abbeydale, at the Gladstone Pottery, at the Bluebell Railway, and the Welsh narrow gauge lines, to the vast number of industrial museums that we see around us today." (s.o.) Das „working" oder „operating museum" als nun museal organisierte, d.h. didaktisch aufbereitete, oft auch rekonstruierte Anlage wird aber schnell wieder zum Industriemuseum und gerät in die Nähe zur beliebigen Inszenierung von Geschichte. Der Vergleich simpler, veralteter Betriebe mit solchen Reanimationen macht deutlich, daß dem Konzept des Weiterbetriebs neben arbeitsrechtlichen Gründen durch den Alterungsprozeß der Beschäftigten wie der Anlagen enge, nicht zuletzt auch konservatorische Grenzen gesetzt sind; der Weiterbetrieb als museale Inszenierung ist also gegen die Zerstörung der materiellen Relikte durch Verschleiß abzuwägen.

Begehbares Denkmal und Ruine

Der Konflikt zwischen dem Wunsch nach Amortisation der gerade für den musealen Ausbau erforderlichen hohen Aufwendungen einerseits und der Belastung durch die Besucher andererseits, wie sie auch bei touristisch überlaufenen Denkmalen auftritt, bleibt bestehen. Aber nicht nur der hohe Anspruch der 'Kunden', sondern der Wunsch nach zeitgemäßer Vermittlung und die sicherheits- und versorgungstechnischen Notwendigkeiten und gesetzlichen Auflagen beeinträchtigen das Denkmal als Original. Hier versprechen Konzepte 'unterhalb' des kompletten Museums eine Alternative.[83]

Fehlende Nutzung muß nicht zwangsweise die sofortige Zerstörung herbeiführen; vielmehr gibt es ebenso eine meist nicht bewußte Tradition des 'nutzlosen' Erhalts, des Nicht-Umgangs. Einige Gattungen technischer Denkmale überleben, wenn sie nicht sofort beseitigt werden, Stillegung und mangelnden Bauunterhalt sehr lange. Dies gilt besonders für massive Strukturen wie Kalk- oder Hochöfen, alte Brücken oder Kanäle (Abb. 18).[84] Die Industriearchäologie hat besonders in England

[82] Ironbridge Lecture – 24. Feb. 1992: Historic Record or Economic Resource? The Dilemma of the Industrial Archaeologist (MS), S. 13/14.
[83] Siehe etwa: J. P. Bravard: L'ondaine vallée du fer. Promenades d'archéologie industrielle. St.-Etienne 1981; Reinhard Dähne, Wolfgang Roser: Die bayerische Eisenstraße von Pegnitz bis Regensburg (Hg.: Haus d. Bayr. Geschichte). München 1988; Hans-Peter Bärtschi: Der Industrielehrpfad Züricher Oberland. Wetzikon ²1994.
[84] Manfred Hamm (Fotos), Axel Föhl: Sterbende Zechen. Berlin 1983; Hans-Peter Bärtschi: „Industrieruinen. Probleme der Erhaltung am Beispiel Ulster." In: archithese 10, 1980, H. 5, S. 37–41.

18. Die Braunkohlen-Schwelerei in Groitzschen bei Zeitz wurde 1890 errichtet und 1920 aufgestockt; seit 1954 ist sie Ruine. Im Unterschied zum rheinischen Braunkohlenrevier haben sich in der DDR zahlreiche historische Anlagen der Braunkohleförderung und -verarbeitung erhalten

häufig solche Anlagen untersucht und konserviert. Angesichts der riesigen Objekte der Montanindustrie, die nur sehr eingeschränkt nutzbar, aber mit hohem Aufwand und unter Veränderung ihrer originalen Erscheinung konservierbar sind, begann man Mitte der 80er Jahre in Deutschland über die möglichen Prinzipien eines Erhalts in kontrolliert-ruinöser Form nachzudenken.[85] Dieses Konzept, das eine radikal eben nicht eingreifende Lösung darstellen würde, läßt sich natürlich nur in räumlichen Situationen verwirklichen, die eine gewisse Isolierung der Ruine ermöglichen, etwa in der Landschaft oder auf Freiflächen (Text 42).

Das Industriedenkmal als Ruine ist ein umstrittenes Monument. Hier treffen die juristischen und technischen Bedenken und die gedanklich-philosophischen Überlegungen einer sich selbst nur zum Teil reflektierenden Gesellschaft aufeinander. Die etwa im nordrhein-westfälischen Denkmalschutzgesetz ausgesprochene Verpflichtung zur sinnvollen Nutzung des Denkmals führt sich hier ad absurdum: etwas extrem Zweckgebundenes, aber Überholtes kann kaum mehr genutzt werden.

Besonderen Einfluß auf die Überlegungen zum Erhalt von Industriebauten als Ruinen hatten die künstlerischen Medien, vor allem die Fotografie. Nachdem schon das Ehepaar Becher meist aufgegebene Industriebauten abgebildet hatte, wurden die Ruinen der Industrie, etwa in England oder Belgien, als Gleichnis der besonderen Vergänglichkeit der industriellen Welt entdeckt. „Tote Technik" wurde so durch den Zukunftsphilosophen Robert Jungk interpretiert; auch das Buch „Sterbende Zechen" des Fotografen Manfred Hamm verfolgt diesen Ansatz. Gerade die Vielschichtigkeit des Ruinenbegriffs, sein Antikenbezug, sein Vanitasverweis, aber auch seine Bedeutung als sichtbares und ungewolltes Zeugnis wirtschaftlichen Niedergangs begünstigte gegen heftigen emotionalen Widerstand die Vorstellung von der industriellen Ruine als Denkmal. Abgesehen von den durch die Rekonstruktions- und Restaurierungswelle der Nachkriegszeit hochgezüchteten Sauberkeits- und Perfektionserwartungen an das Baudenkmal, die sich mit der industriellen Realität trotz aller Bemühungen der Unternehmen meist nicht verbindet, scheint die Ruine dem Erhaltungsauftrag der Denkmalpflege gerade zu widersprechen.

Dem steht gegenüber, daß viele technische Denkmale (und das gilt auch für mobile) nur in ruinöser und rudimentärer Form original überliefert sind. Schon früh hat man die besondere Qualität stillgelegter Technik erkannt (Bredt, Text 9) und sie als natürliche Erscheinung, parallel zu den Resten der antiken Bauten oder Burgruinen gesehen.[86]

Aus dem Begriff der Industrielandschaft und in Erinnerung an den Landschaftspark, der auch (meist antikisierende) Ruinen umfaßte, entwickelte sich die Vorstellung vom industriellen „Landschaftspark".[87] Seit der Stillegung 1986 wird das Gelände des ehemaligen Hüttenwerks in Duisburg-Meiderich (Abb. 19) unter Einbeziehung der Hochöfen und übrigen Anlagen als Landschaftspark gestaltet. Aus-

[85] Gert Selle: „Die Unantastbarkeit des erloschenen Feuers. Ein Plädoyer für die alte Völklinger Hütte als Ruine." In: Saarbrücker Hefte, Nr. 64, Nov. 1990, S. 48-58; Gert Kähler: „Zum alten Eisen. Vom Umgang mit den Denkmälern und Landschaften der Industriekultur." In: DKD 48, 1990, H. 2, S. 98-105.
[86] Wagenbreth/Wächtler 1983, S. 20.
[87] Jürgen Milchert: „Plädoyer für grüne Industriebrachen." In: BW 79, 1988, S. 1332/33.

ERHALTUNGS-
KONZEPTE

schlaggebend war dabei letztlich nicht allein der industriearchäologische Wert, sondern die durch ein Gutachten untermauerten Berechnungen, die dem Abbruch für 20 Mio. die Kosten für eine Grundinstandsetzung von 1,5 Mio. und einen jährlichen Unterhaltsaufwand von 200000 DM gegenüberstellten.[88] Auf dieser Grundlage entschloß sich der Eigentümer, die Landesentwicklungsgesellschaft NRW, zusammen mit der IBA EmscherPark, die Hochofenanlage mit Ausnahme weniger Teile nicht abzubrechen, sondern zu erhalten und die nutzbaren Bauten unterschiedlichen Einrichtungen zu überlassen. Einen der Hochöfen, an denen nur wenige, den Verfall beschleunigende Schäden behoben wurden, richtete man zur freien Begehung als Schauobjekt und Aussichtspunkt her. Andere Teile des Werks wurden in den neuen Landschaftspark einbezogen. Es handelt sich um ein Erhaltungskonzept auf Zeit, bei dem davon ausgegangen wurde, daß die technischen Großanlagen, im Unterschied zu den nutzbaren Gebäuden, längere Zeit ohne eine bauliche Konservierungsmaßnahme erhaltbar sind, da sie aufgrund ihrer massiven Konstruktionen nur langsam verfallen. Nicht die Gebrauchsfähigkeit oder ein baufrischer Glanz, die nur mit hohem Aufwand herstell- und erhaltbar sind und zudem die originale Erscheinung beeinträchtigen, sondern die Patina des Alters, eine Schicht natürlichen Verfalls, soll vorherrschen, deren Zustand durch Sicherung, regelmäßige Überwachung und kleine Eingriffe, minimale Interventionen wie kleinen Reparaturen, kontrolliert werden soll. An den Erhalt 'auf Zeit', die verlangsamte Zerstörung, könnten sich später andere, dann festzulegende Maßnahmen anschließen.

Erst spät wurde in Europa bekannt, daß sich in den USA bereits zu Beginn der 70er Jahre in dem Stahlzentrum Birmingham (Alabama) eine erfolgreiche Initiative zur Rettung der Sloss furnaces, des ältesten industriellen Hüttenwerks der USA, gebildet hatte.[89] Treibende Kraft dieses Unternehmens war der Künstler Randy Lawrence. Auch hier wurde die Konservierung der Anlagen mit kulturellen Aktivitäten in den zugehörigen Bauten und vor der Kulisse der Hochöfen verbunden.

Das Hüttenwerk in Völklingen (Kap. VI, Abb. 21), innerhalb eines noch produzierenden Stahl- und Walzwerks gelegen, könnte mit dem Konzept des „kontrollierten Verfalls" ebenfalls ohne großen Aufwand erhalten werden.[90] Auch hier spielt der Wunsch, die immensen, letztlich schwer einschätzbaren Abbruch- und Entgiftungskosten für einen Erhalt einzusetzen, eine Rolle. Didaktisch wird die Anlage durch Führungen erschlossen.

19. Ehemaliges Hochofenwerk in Duisburg-Meiderich, stillgelegt 1986, als Industriedenkmal erhalten und in den Landschaftspark Duisburg-Nord integriert

[88] Gesellschaft für Industriegeschichte (Hg.): Nordpark Duisburg. Duisburg 1989; Planungsgemeinschaft Landschaftspark Duisburg-Nord (Hg.): Bericht über die Ergebnisse der Arbeit der Expertenkommission. Umgang mit der Hochofenanlage. Duisburg 1992; vgl: Wolfgang Ebert: „Aufbruch statt Abbruch. Giganten der Industriegeschichte: Die Hochöfen." In: SBW 123, 1994, S. 1992-1997.
[89] Dietrich Soyez: „Das amerikanische Industrie-Museum 'Sloss Furnaces'. Ein Modell für das Saarland." In: Annales. Forsch.-Mag. d. Univ. d. Saarlandes, 1, 1988, S. 59-68; Norbert Mendgen: „Völklingen und Birmingham. Überlebensstrategien für Hochofenwerke." In: Walter Buschmann (Hg.): Eisen und Stahl. Essen 1989, S. 79-95; vgl: Emory L. Kemp, Theodore Anton Sande: Historic Preservation of Engineering Works. New York 1981, S. 238/39.
[90] Georg Skalecki: „Neunkirchen und Völklingen. Zwei Fallbeispiele saarländischer Denkmäler der Eisenverhüttung." In: DKD 48, 1990, H. 2, S. 106-114.

Ähnliche Vorstellungen zum Umgang mit den gigantischen industriellen Relikten und Bergbaubrachen wurden im Bitterfelder Braunkohlerevier etwa mit dem Projekt „Ferropolis" entwickelt und verwirklicht, hier als Teil des „Industriellen Gartenreiches" in besonderer Beziehung zu dem barocken Erschließungssystem der Dessauer Fürsten und dem Wörlitzer Landschaftspark.[91]

Das Konzept des „Begehbaren Denkmals", das zwar Bauunterhalt benötigt, aber weder betriebsfähig noch didaktisch aufbereitet ist, verspricht die Probleme und Gefahren anderer Industriemuseen zu umgehen, indem es massive bauliche Eingriffe, wie sie etwa für die museale Infrastruktur und den ständigen Aufenthalt im Denkmal nötig wären, vermeidet. Der „Servicebereich" könnte mit gleichen Mitteln auch außerhalb oder in untergeordneten Anlageteilen untergebracht werden. Wichtiger Bestandteil dieser Erhaltungskonzepte ist allerdings eine regelmäßige und koordinierte Baupflege, mit der die jeweils notwendig werdenden Maßnahmen erkannt und punktuell umgesetzt werden können.

Eine Erweiterung des „Begehbaren Denkmals" in die Landschaft und Stadt stellen letztlich die industriegeschichtlichen Pfade dar, die, weniger auf das Einzelobjekt konzentriert und angewiesen, Bauten und Anlagen ganz unterschiedlicher Nutzung und Funktion, vom kompletten Museum bis zur einfachen archäologischen Spur, einbeziehen können, ohne daß ein 'Nutzungsdruck' entsteht. Hier droht allerdings die Gefahr der äußerlichen 'Herrichtung' ohne Rücksicht auf die Gesamtheit.

Als „Begehbare Denkmale" können schließlich auch technische und industriehistorische Museen und Sammlungen verstanden werden, die als solche bereits wieder veraltet sind. Solche Museen, in denen sich Denkmal und Sammlung, Geschichte und Präsentation vermengen, stellen heute, wie es Höhmann (Text 48) aus historisch-konservatorischer Perspektive auf die Spitze treibt, eigentlich schon „museale Museen" dar, Dokumente einer zeitlichen Sicht. Frühe Beispiele dafür sind die naturwissenschaftlichen Kabinette der Fürsten, etwa der „Mathematisch-Physikalische Salon" im Dresdner Zwinger oder das „Conservatoire des Arts et Métiers" in Paris, selbst die Umnutzung einer mittelalterlichen Kirche. Als Teile der „Geschichte des Museums" sind historische Sammlungen Dokumente in doppeltem Sinne. Mitsamt seinem Gebäude und seinen Sammlungen zum technischen Denkmal geworden war auch das Verkehrs- und Baumuseum im Hamburger Bahnhof in Berlin, das nach jahrzehntelangen durch die politisch-organisatorischen Verhältnisse bedingten Unzugänglichkeiten 1984 an West-Berlin kam (Abb. 20).[92] Leider wurde die Einheit von stark vernachlässigtem Bau und historischen Beständen aufgegeben; die Sammlung kam in das erst seit einigen Jahren bestehende damalige „Museum für Verkehr und Technik", während der Bahnhof zum Museum für zeitgenössische Kunst umgebaut wurde.

20. Der Hamburger Bahnhof in Berlin wurde 1847 errichtet und 1905/06 zum Verkehrs-und Baumuseum umgebaut. Aus dieser Zeit stammt die Halle, in der sich bis in die 80er Jahre das nach dem Krieg nicht wiedereröffnete, sondern erst 1984 von der DDR an Berlin (West) übergebene Museum befand. Obwohl dieses „Museum im Dornröschenschlaf" (Foto) einen großen Reiz ausübte, konnte es neben dem neuen „Museum für Verkehr und Technik" nicht bestehen. Die Bauten wurden saniert und zur Nutzung als „Museum für Gegenwart" der Staatlichen Museen/Stiftung preußischer Kulturbesitz bestimmt

Pluralität der Erhaltungs- und Nutzungskonzepte

Innerhalb weniger Jahrzehnte haben sich sehr unterschiedliche Erhaltungskonzepte vor allem auch für Denkmale der Industrie entwickelt.[93] Walter Buschmann schlägt für diese Konzepte, gemessen am zumindest theoretisch möglichen Umfang des originalen Erhalts der Bausubstanz und des Erscheinungsbildes, eine aus sieben Stufen bestehende Gliederung vor.[94] Die oberste Kategorie bildet die unveränderte Umwandlung in ein Monument seiner selbst, verbunden mit konservatorischen Maßnahmen zum Erhalt der Substanz; es folgt das stillgelegte, aber nicht weiter gegen Verluste behandelte Objekt, das auch Ruine sein oder werden kann. Dann unterscheidet Buschmann zwischen „spontanen", unaufwendigen Umnutzungen und aufwendigen Neunutzungen. Weitere Möglichkeiten sind die Rekonstruktion verschwundener Teile, wie sie etwa bei den Industriemuseen stattfin-

---

[91] Rolf Toyka (Hg.): Bitterfeld Braunkohlenbrachen. Probleme Chancen Visionen. München 1993; Stiftung Bauhaus Dessau (Hg.): Bauhaus Dessau - Industrielles Gartenreich, Dessau - Bitterfeld - Wittenberg. Dessau 1996.
[92] Alfred Gottwaldt, Holger Steinle: Verkehrs- und Baumuseum Berlin „Hamburger Bahnhof" (Berliner Beiträge zur Technikgeschichte und Industriekultur, Bd. 4). Berlin 1984; Thorsten Scheer: Hamburger Bahnhof - Museum für Gegenwart Berlin. Josef Paul Kleihues. Köln 1996.
[93] Vgl.: Manfred Göttlicher: „Industrie und Denkmalschutz." In: DBZ 1980, H. 7, S. 1091-1095; Dieter Boeminghaus: „Zehn gute Gründe für die Umnutzung alter Gebäude." In: architektur und wettbewerbe, Nr. 121, 1985, S. 8/9.
[94] Walter Buschmann: „Glanz und Elend der Industriedenkmalpflege in Westdeutschland." In: Das Bauzentrum 44, 1996, H. 7, S. 108-120.

ERHALTUNGS-
KONZEPTE

det, die Translozierung, die, ganz abgesehen vom verlorengehenden Ortsbezug, meist mit einem starkem Substanzverlust und Rekonstruktionen verbunden ist, und schließlich die Zerstörung nach vorausgehender Dokumentation.

Welche dieser Stufen im Einzelfall angestrebt und erreicht werden kann und muß, dürfte sich letztlich nur individuell klären lassen. Auch eine Kombination mehrerer Ebenen innerhalb eines umfangreicheren Objekts ist häufig. Wesentlich und keineswegs selbstverständlich ist in diesem Fall, daß der Umfang des originalen Erhalts gegenüber den didaktischen und ästhetischen Gesichtspunkten in den Vordergrund gestellt wird. Es zeigt sich, daß nach diesen Kriterien auch museale Lösungen sehr unterschiedlich ausfallen und beurteilt werden können (Texte 47, 48).

Die Vielzahl der Erhaltungskonzepte sollte es erleichtern, bei jedem Objekt die Ziele und Möglichkeiten individuell festzulegen. Die Abwägung zwischen konservatorischen Vorstellungen und Nutzungsabsichten gewinnt dadurch einen breiten Spielraum, der auch unabhängig von Aspekten der Denkmalpflege Möglichkeiten des Umgangs mit bestehender Bausubstanz aufzeigt. Der Denkmalschutz könnte andererseits manchmal unter dem Einfluß von Machbarkeits- und Verwertungsdogmen versucht sein, seiner vielleicht wichtigsten und letzten Aufgabe zu entkommen: Anwalt gerade des nicht Nutzbaren, des Überflüssigen, des momentan Ungeliebten und Abgelehnten zu sein.

Der Erhalt von Industriedenkmalen als isolierten „Orten der Erinnerung" ist in Gänze ebenso illusorisch und nicht wünschenswert wie eine perfekte Umnutzung aller Objekte. Nur eine Vielfalt von Konzepten und Wegen kann helfen, qualitativ und quantitativ nicht alles falsch zu machen. „Die Pluralität der Konzepte, von der musealen Konservierung mit wissenschaftlichem Anspruch bis zur schrillen Verfremdung mit gegenwärtiger Architektur, von der öffentlichen non-profit-Nutzung bis zur gnadenlosen Kommerzialisierung: wenn überhaupt etwas gehen soll, muß vieles möglich sein", schreibt ein Stadtplaner im Ruhrgebiet.[95]

Das von Karl Ganser immer wieder angemahnte „Moratorium",[96] die Reifezeit für die Aufstellung von Nutzungskonzepten, ist letztlich nichts als der konsequente Schluß aus der hier skizzierten Entwicklung der Erhaltungskonzepte.

Eine zusammenhängende Theorie für die Nutzung des „industriellen Erbes", die besonders die Vielzahl der Nutzungs- und Erhaltungskonzepte und die touristische Bedeutung der industriellen Kulturgüter in Großbritannien berücksichtigt, haben 1992 die Architektin Judith Alfrey und der Historiker Tim Putnam vorgelegt: „As the management of industrial heritage becomes more professional, it is important not to lose that diversity of motive and of uses which has been a key to its vitality, and gives it a secure place in the current expansion of heritage culture. In cultivating an interest in various aspects of the industrial past we should remember how to use industrial heritage resources in connection with contemporary and future industry – and that this should be concerned with making evident the continuities of value in industrial culture as well as with points of technical knowledge."[97] Alfrey und Putnam konstatieren einen Wandel in der Einschätzung der Industriegeschichte vom technischen zum kulturell-historischen Schwerpunkt und warnen deshalb vor einer rein rückwärtsgewandten Betrachtungsweise. Statt dessen plädieren sie dafür, die wirklichen Beweggründe und Möglichkeiten der Beschäftigung mit industrieller Vergangenheit zu erkennen und besser umzusetzen. Ihr Verlangen nach klaren Strategien bezieht sich dann aber doch nur auf die kulturellen Aspekte, nämlich auf die Möglichkeiten der Selbstdarstellung und die Anregung kultureller Aktivitäten, gefördert durch Nostalgie und Zukunftsfurcht. Nur am Rande gehen sie auf andere, ökonomische Zusammenhänge, wie etwa die Pflege historischer Techniken als technologische und ökologische Ressource, ein. Auch der stadtplanerische und strukturpolitische Umgang mit Industriedenkmalen beschäftigt sie kaum. „Industrial Heritage" wird als Teil des kulturellen Überbaus und nicht als auch wirtschaftlich-pro-

---

[95] Stephan Reiß-Schmidt: „Alles Museum?" In: SBW Nr. 123, 1994, S. 1937.
[96] Karl Ganser: „Industriegeschichte als historischer Irrweg?" In: Petzet/Hassler 1996, S. 20-22.
[97] Judith Alfrey, Tim Putnam: The Industrial Heritage. Managing Resources and Uses (The heritage: care, preservation, management). London 1992, Zitat S. 53; Rez.: IAR XV, H. 2, S. 214/15.

duktiv nutzbarer Teil des Volksvermögens begriffen. Die „Industriedenkmalpflege" im engeren Sinne wird nicht in einen allgemeineren städtebaulichen oder wirtschaftspolitischen Rahmen gesetzt; dies ignoriert eine selbstverständlich auch in England geführte Diskussion über die ökonomischen und ökologischen Potentiale der Denkmalpflege und des Baubestandes.[98] Gemessen am auch industriekulturell gemeinten, weiten Begriff „Industrial Heritage" mag dieser Ansatz verständlich sein; heraus kommt jedoch eine sich wiederholende Aufzählung der Kombinationsmöglichkeiten industriearchäologischer, historischer und denkmalpflegerischer Aktivitäten. Insgesamt entsteht das Bild einer überwiegend dokumentarisch-museal und kulturell arbeitenden, in sich geschlossenen „Kulturpflege", die einer Einbindung der Industriedenkmalpflege in ökonomisch und ökologisch relevante Zusammenhänge eher ablehnend gegenübersteht und ihre musealen Aktivitäten pflegt.

Die von Alfrey und Putnam vorgelegte Analyse von „resources and uses" ist auf die „heritage projects" beschränkt, trotz der auch in England zunehmenden und unübersehbaren Einbeziehung von Industriedenkmalen in allgemeine soziale und wirtschaftliche Erneuerungsprozesse. Sie führen nicht zu einer Auseinandersetzung mit fundamentalen Fragen der Beziehung zwischen Industriedenkmalen, heutigem Technikverständnis und Landesentwicklungspolitik.

Gratwanderungen im Umgang mit dem Original

Unabhängig von Nutzungs- und Vermarktungsüberlegungen bleibt aber die grundsätzliche Frage nach dem konservatorisch richtigen und angemessenen Umgang mit dem historischen Objekt.

Das spätestens seit Georg Dehio und Alois Riegl als „authentisches Geschichtszeugnis" definierte Denkmal beruft sich auf seine aus der Vergangenheit materiell überlieferte Präsenz; sie besteht aus der Substanz, durch Verarbeitung in eine gewollte Form gebracht und durch viele Umstände weiter verändert.[99] Sah man nun die ursprüngliche Idee oder Konzeption als Zentrum des Wertes und seine unmittelbare Umsetzung als das eigentliche Dokument, dann stellte sich die Frage, ob dieses Ideal nicht zurückgewonnen, „rekonstruiert" werden müsse. Die stilgeschichtliche wie die technikgeschichtliche Perspektive ließen solche Idealvorstellungen mitunter wünschenswert erscheinen und sie verwirklichen, etwa in der „Wiederherstellung" mittelalterlicher Kirchen. Dabei kann jedoch nie das tatsächliche Objekt zurückgeholt werden, sondern nur eine in Material, Bearbeitung und Form angenäherte und wahrscheinliche Gestalt. Jede Rekonstruktion bleibt letztlich hypothetisch.

Selbst der Begriff des „Originals" wird hier oft, wie etwa Achim Hubel gezeigt hat, mißverständlich benutzt.[100] Einerseits stellt man dem Original Kopie und Fälschung gegenüber; andererseits greift man etwa mit „Originalfassung" auf einen oft verdeckten, zerstörten oder hypothetischen Erstzustand zurück. Was eben noch original war, ist nun in sich weiter aufgeteilt in erwünschte und geringer geschätzte Bestandteile und Zustände. Es scheint sinnvoll, den Begriff des „Originalzustands" an der Schwelle des Übergangs vom normalen Gebrauch oder dem Ruhezustand in den musealen Zusammenhang festzumachen; dieser Punkt des Stillstands schließt die vormuseale Objektgeschichte, den Gebrauchs-Dokumentarwert, belegt durch die Gebrauchsspuren, ab. Die Konservierung dieses Zustandes bedarf aber entsprechender schneller Präventivmaßnahmen, um ein Einsetzen des Verfalls (oder des Vandalismus) aufzuhalten; aus konservatorischer Sicht bedeutet dies ebenfalls möglichst frühe (und dabei meist noch überschaubare) Konservierungsmaßnahmen.

Für den Zustand technischer Anlagen in situ hat der württembergische Denkmalpfleger Hans Peter Münzenmayer eine dreiteilige Einordnung vorgeschlagen; er geht dabei von einem „technikhistorischen Quellenwert" aus und bezieht sich nicht

---

[98] Siehe etwa die entspr. Beiträge in: Inst. f. Landes- und Stadtentwicklungsforschung des Landes NRW (Hg.): Innovationen in alten Industriegebieten. Dortmund 1988; vgl. auch: Kommunalverband Ruhrgebiet (Hg.): Planer/innen aus dem Ruhrgebiet besuchen North West England. Essen 1989.

[99] Stephan Waetzoldt, Alfred A. Schmidt: Echtheitsfetischismus? Zur Wahrhaftigkeit des Originalen (Carl Friedrich von Siemens Stiftung, Themen, H. XXVIII). München 1979.

[100] Achim Hubel: „Vom Umgang mit dem Original. Überlegungen zur Echtheit musealer Objekte." In: 6. Bayerischer Museumstag, Regensburg 4.–6. Sept. 1991, „Umgang mit Dingen". München 1992, S. 34–45; Hartmut Herbst: „Grundsätze und Entscheidungsvarianten bei der Restaurierung von technikhistorischem Kulturgut." In: Arbeitsblätter für Restauratoren, 1992, H. 2, 1992, S. 20–24; Walter Branner, Kornelius Götz, Kurt Möser, Gerhard Zweckbronner: Industrielles Kulturgut im Museum. Fragen zur Restaurierung. Mannheim 1989.

ERHALTUNGS-
KONZEPTE

auf wiederhergestellte Anlagen.[101] Den Idealfall einer betriebsfähigen Anlage bezeichnet er als „operationale Erhaltung"; die Anlage wird noch genutzt oder kann betrieben werden; dadurch ermöglicht sie die Beantwortung umfassender industriegeschichtlicher Fragestellungen. Darunter folgt die „funktionale Erhaltung", bei der zwar der Bestand der Anlage noch weitgehend erhalten, dieser aber nicht mehr einsetzbar ist. Weil hier für eine Inbetriebnahme umfangreiche Erneuerungen notwendig wären, erscheint eine reine Konservierung im Zusammenhang wünschenswert. Als dritte Kategorie nennt Münzenmayer die „formale Erhaltung", die sich nur auf ein einzelnes technisches Objekt bezieht; dazu gehören in der Regel Museumsstücke, auch wenn sie rekonstruierend wieder in einen „pseudo-funktionalen" oder „pseudo-operationalen" Zusammenhang gebracht sind. „Vom Standpunkt der Quellenkunde aus", folgert Münzenmayer, „sollte ... jede Beseitigung oder Translozierung nur das allerletzte Mittel sein, dank dessen etwas zwar atypisch erhalten, aber doch vor dem vollständigen Untergang gerettet wird. Es wird künftig auch nötig sein, gerade diejenigen Erkenntnisse aus den materiellen Quellen zu schöpfen, die nicht aus den schriftlichen zu erlangen sind."[102] Darüber hinaus können die Originale natürlich zur Überprüfung dieser Quellen dienen.

Als Dehio und Riegl zu Beginn dieses Jahrhunderts die Devise „Konservieren statt Restaurieren" prägten, stützten sie sich auf ein qualitativ neues Verständnis vom Original: Sie definierten das ganze historische Objekt als gewachsen, seine Geschichte gerade auch in seinem materiellen Schicksal in sich tragend.[103] Kontrovers diskutiert und immer wieder gestalterischen Tendenzen und zeitgebundenen Stilvorlieben unterlegen, sah sich diese konservatorische Prämisse mit den Zerstörungen des Zweiten Weltkrieges, der Ausweitung des Denkmalbegriffs und einer neuen Popularität von Geschichte vor große Herausforderungen gestellt. Der Wunsch nach Wiedergewinnung von Teilen der im Krieg zerstörten, meist mittelalterlichen Stadtbilder führte zu (Teil-)Rekonstruktionen und Restaurierungsmaßnahmen großen Ausmaßes. Die zu dieser Zeit ungeliebten Bauten der Gründerzeit (und damit auch die meisten Industriebauten) bleiben von dieser Rekonstruktionswelle noch verschont. Mit der schrittweisen Ausweitung des Denkmalbegriffes auf jüngere Bauepochen seit den 60er Jahren und einer riesigen Zahl kleiner und kleinster Objekte griff noch stärker eine Haltung um sich, die mit dem möglichst adretten ästhetischen Erscheinungsbild, oft als „Entkernung", radikale und schädigende Eingriffe in ebenso historisch wichtige Elemente wie Grundrisse und Ausstattungen kombinierte – dies nicht zuletzt unter starkem kommerziellen und gesellschaftlichen Druck. Der häufiger werdende Umbau solcher Bauten, ihr steigender Anteil am Gesamtbauvolumen, machten sie für Architekten und Bauwirtschaft zu einem wichtigen und begehrten Arbeitsfeld. Eine neue, zumindest behauptete Vorliebe für „historische" Lösungen in der Bevölkerung führte schließlich zu einer erneuten Welle totaler Rekonstruktionen, welche die beliebige Verfügbarkeit des Baudenkmals suggerieren bzw. das historische Faktum seines materiellen Verschwindens negieren.

Für die Industriedenkmale, deren vermehrter Erhalt nur mit und in Auseinandersetzung mit dieser Entwicklung denkbar ist, bedeutet der zwischen konservatorischen und architektonischen Vorstellungen ausgehandelte Anspruch insgesamt meist eine bessere Überlebenschance als überhöhte denkmalpflegerische Ansprüche. Zwar ermöglicht es die Denkmalbegründung prinzipiell, eine Vielzahl historischer Aspekte und Aussagemöglichkeiten heranzuziehen, die Abwägung und Selektion der herausragenden und bis ins Detail erhaltenswerten Bauten legt allerdings de facto einen Maßstab des Wünschenswerten für Veränderungen und die konservatorische Umgehensweise fest. In der Bundesrepublik wurde dabei insgesamt auf eine Einordnung der Denkmale in Bedeutungsklassen verzichtet, wie sie etwa in England, aber auch in der DDR üblich war. Dadurch wurde eine verfrühte Festlegung vermieden und die Möglichkeit flexibler Reaktion offengehalten.

---

[101] Hans Peter Münzenmayer: „Erfassung und Bewertung von Objekten der Technikgeschichte. Wege zu einer technikhistorischen Quellenkunde." In: DiBW 19, 1990, H. 4, S. 156–161.
[102] Wie vor., S. 161.
[103] Georg Dehio, Alois Riegl: Konservieren, nicht Restaurieren. Streitschriften zur Denkmalpflege um 1900. Mit einem Kommentar von Marion Wohlleben und einem Nachwort von Georg Mörsch (Bauwelt Fundamente 80). Braunschweig/Wiesbaden 1988.

Prinzipiell unterliegen die geschützten Industrie- und Ingenieurbauten und technischen Anlagen den gleichen Maßstäben und Auflagen wie alle übrigen Baudenkmale; es wäre falsch, sie von vornherein als konservatorische oder rechtliche Ausnahmen zu betrachten. Deshalb ist es auch bedenklich, von einer eigenen „Industriedenkmalpflege" zu sprechen. So läßt sich auch begründen, daß auch Denkmalhandbücher in der Regel nicht besonders auf sie eingehen. Es scheint ebenso falsch, anzunehmen, daß nur hier Einfühlungsvermögen und Kompromißbereitschaft notwendig wären. Erschwernisse ergeben sich zum einen aus der technikgeschichtlichen Komponente, zum anderen aus den oft gravierenden Nutzungseinschränkungen. Da sich die traditionelle Denkmalpflege auf Gebäude konzentriert, müssen für den Bereich der technischen Anlagen eher technische Museen und deren Restaurierungspraxis zum Vergleich herangezogen werden; dies gilt natürlich erst recht für in entsprechenden Denkmalen eingerichtete Industriemuseen. Davon ist gerade auch die im Gesetz ausdrücklich genannte Gruppe der beweglichen Denkmale betroffen, zu denen faktisch auch die in öffentlichen Sammlungen befindlichen und deshalb nicht zusätzlich einzutragenden Objekte zählen. Neben den Bauten, die Teil der allgemeinen Diskussion um die Behandlung von Bausubstanz sind, gehört vor allem der Umgang mit den eigentlichen technischen Anlagen und ihr Erhalt zu den konservatorischen Hauptaufgaben der Denkmalpflege.

Nachdem sich bereits zu Beginn der 70er Jahre, mit dem Eindringen der „Industriekultur" und Alltagsgeschichte in die Museen, vor allem im Bereich der Volkskunde eine Diskussion um den Umgang mit authentischen Museumsobjekten und den „Dinggebrauch" entwickelt hatte (siehe Kap. V), setzte eine kontinuierliche Beobachtung des Umgangs mit historischen Objekten im Museum ein. Hatte man zunächst versucht, die „Aura" des Kunstwerks durch den dokumentarisch-illustrativen Einsatz von historischen Objekten zu ersetzen, so wurde bald deutlich, daß deren konservatorisch-restaurierende Behandlung gerade jene Spuren tilgte, in denen die Authentizität der Objekte besonders deutlich zum Vorschein kam.

Während in den klassischen Domänen der Restauratoren, d.h. vor allem der bildenden Kunst, zwar immer bessere Methoden der Konservierung und Bearbeitung, natürlich auch der makellosen Wiederherstellung, entwickelt wurden, aber letztlich einige Unklarheit über die Restaurierungsziele bestand, waren im Bereich des technischen Kulturguts fast ausschließlich Autodidakten und Handwerker aktiv. Als Restaurierungsziel waren hier, aus der traditionellen Arbeitsweise der Technikmuseen, Eisenbahn- und Oldtimerszene übernommen, die funktionsfähige Wiederherstellung, technische Demonstration und Rekonstruktion „auf Original" die Regel. Noch 1985 mußte Thomas Brachert auch für den traditionellen Bereich der Restaurierung auf die ästhetische Bedeutung der „Patina" und den Alterswert historischer Objekte hinweisen.[104] Erst seit Mitte der 80er Jahre, als Folge der Etablierung neuer Technikmuseen und deren verstärkter Sammeltätigkeit, begann man, den restauratorischen Umgang auch mit technischem Kulturgut vertieft im Hinblick auf den Wert der Gebrauchsspuren zu reflektieren. Dabei erkannte man das „Primat der Funktion und der Wiederherstellung des Erstzustandes" (Text 43) bei der Restaurierung als überholt. In Folge dieser neuen Überlegungen strebte man nach besserer fachlicher Vertretung und Professionalisierung der Ausbildung; um 1990 entstand in der Arbeitsgemeinschaft der Restauratoren eine eigene Fachgruppe „Technisches Kulturgut", 1994 wurde an der Fachhochschule für Technik und Wirtschaft Berlin ein erster Studiengang zur Ausbildung einschlägiger Restauratoren eingerichtet.

Erste deutliche Auswirkungen dieser Diskussion auf die Restaurierungs- und Ausstellungspraxis der Museen zeigten sich etwa in Berlin, wo im „Museum für Verkehr und Technik" einzelne Dampfloks bewußt im unrestaurierten Zustand ihrer Auffindung ausgestellt und erläutert werden.[105] Dies schließt natürlich nicht einzelne Konservierungsmaßnahmen dieses Zustandes aus. Zugleich wird, ähnlich wie

---

[104] Thomas Brachert: Patina. Vom Nutzen und Nachteil der Restaurierung. München 1985; vgl.: Ralf Buchholz, Hannes Homann: Ein Berufsbild im Wandel. Restaurieren heißt nicht wieder neu machen. Hannover 1994.
[105] Alfred Gottwaldt: Züge, Loks und Leute. Eisenbahngeschichte in 33 Stationen. Ein Katalog (Schriftenreihe des Museums für Verkehr und Technik Berlin, Bd. 11). Berlin 1990, S. 12/13.

ERHALTUNGS-
KONZEPTE

21a u. b. Der Umgang mit „Technischem Kulturgut": Die Schnellzuglokomotive J. A. Maffei 18314 von 1919, bis 1971 in der DDR in Betrieb, wurde im Verkehrsmuseum Dresden ausgestellt, dann an das Technikmuseum Sinsheim verkauft. Die Bilder zeigen die Ankunft in Dresden mit schwarzem stumpfen Anstrich und die Präsentation im Museum mit frischem, grünem und rotem Lackanstrich

[106] Jobst Broelmann, Timm Weski: „Maria" HF 31. Seefischerei unter Segeln (Deutsches Museum). München 1992.
[107] Michael Peters (Hg.): MS Franz Christian. Arbeitsleben an Bord eines Binnenschiffs (Westf. Industriemuseum, Kleine Reihe Bd. 8). Dortmund 1992.
[108] Siehe etwa: Karl Gerhards: „Sanierung der Bahnsteighalle Köln Hbf. Eine technisch-wirtschaftliche Gestaltungsaufgabe mit denkmalpflegerischen, technischen und eisenbahnspezifischen Zielvorgaben." In: Die Bundesbahn 62, 1986, H. 8, S. 565-570; Stefan W. Krieg: „Bahnbetrieb und Denkmalpflege. Die Bahnsteighallen des Kölner Hauptbahnhofs zwischen Sanierung und Abriß." In: Jahrbuch 1989 „Erhalten historisch bedeutsamer Bauwerke", Berlin 1990, S. 147-152; Walter Buschmann: „Bauten aus Eisen und Stahl. Industriearchäologie und Industriedenkmalpflege." In: Das Bauzentrum 40, 1992, H. 7, S. 11-16.

seit längerer Zeit bei Freilichtmuseen, mit einem Objekt auch verstärkt dessen Inventar, Umbauten und „Lebensgeschichte" erforscht. Beispiele sind der Ewer „Maria" HF 31 des Deutschen Museums, in dessen Beschreibung auch die Restaurierung sachlich-kritisch behandelt wurde,[106] und das Frachtschiff „Franz Christian" der Außenstelle Schiffshebewerk Henrichenburg des Westfälischen Industriemuseums.[107] Diese Objekte demonstrieren überzeugend, welchen Zugewinn an historischer Plastizität die Einbeziehung des gesamten Lebenslaufs zu bieten vermag.

In einem Überblick über den Umgang mit und die Auswahlkriterien von historischen Technikobjekten hat der Technikhistoriker Ingo Heidbrink gerade am Beispiel von Schiffen deutlich gemacht, daß nur sehr wenige Objekte als umfassende Geschichtsquellen betrachtet und erhalten worden sind; vielmehr spielen kommerzielle, ästhetisch-symbolhafte und nicht zuletzt Marketinginteressen auch bei den Museen eine Hauptrolle im Umgang mit historischen Fahrzeugen (Abb. 21a u. b). Dabei verlangt die notwendige Verkehrssicherheit oft einen weit über praktische Gefährdungen hinausgehenden und konservatorisch nur schwer tragbaren Um- und Ausbau. Hier wird noch immer in Kauf genommen, daß der für den Erhalt vermeintlich notwendige Betrieb letztlich zur Zerstörung führt. Auch sind in der Praxis vieler Museen eine detaillierte Dokumentation der Arbeiten und die Aufbewahrung der ersetzten Teile nicht selbstverständlich.

Im privaten Bereich wird die radikale Renovierungspraxis fortgeführt. Durch sie steigen hier der Marktwert und das Prestige des Besitzers. Die sich ständig verringernden Objekte einer Epoche, die in historischen Zuständen erhalten sind, werden dadurch zumindest als Geschichtsquelle immer wertvoller. Auch Museen sind deshalb teilweise auf bereits renovierte Objekte angewiesen. Dies ist zu bedenken, zumal solche Renovierungen, im Gegensatz zum restauratorischen Anspruch der „Reversibilität", normalerweise nicht rückgängig gemacht werden können. Der Kontrast von (gepflegt-)originalen oder konserviert-fragmentarischen Objekten zu bereits renovierten wird allerdings in den Museen auf bestimmte Erwartungen vor allem der Besucher stoßen; letztlich ist dies aber eine lösbare didaktische Aufgabe.

Die Überzeugung und das Wissen darum, daß nicht nur die Renovierung, sondern auch die Nutzung von technischem Kulturgut Schritte zur Zerstörung des überlieferten Originals durch Ersatz und Verschleiß sind, die zwangsläufig in einer Kopie münden, hat das allgemeine öffentliche Bewußtsein noch nicht erreicht. Dabei könnte die Vorstellung der Aura, der 'magischen' Eigenständigkeit und Erzählkraft des Objekts, hilfreich sein. Traditionell ist es, etwa bei Reliquien oder persönlichen Andenken, gerade die Herausnahme aus dem Nutzungs- und Verschleißprozeß, mit der die Bedeutung und Symbolfunktion eines Objektes ausgedrückt wird.

Die Funktion des Restaurators, traditionell und begrifflich noch immer mit der Wiederherstellung verbunden, könnte sich dabei mehr auf die Konservierung, Analyse und Dokumentation verlagern, auf die Funktion eines Sachverständigen für den Erhalt und das gezielte Erkennen und Begrenzen von Schäden oder Schadensquellen. Wie schon in der Denkmalpflege und in der Restaurierung bildender Kunst müßte sich unter gezieltem Einsatz der jeweils geeigneten naturwissenschaftlichen Methoden ein zerstörungsfreier diagnostischer Umgang bei der Zustandsanalyse und Erforschung auch von technischem Kulturgut durchsetzen. Durch Kooperation kann der dafür notwendige Aufwand verringert werden. Im Gegensatz zu Großmaßnahmen sind hier auch die Risiken überschaubarer.

Für den Erhalt technisch-konstruktiver Ingenieurbauten und Großanlagen, seien es Ingenieurbauwerke, Industriebauten oder Großanlagen wie Hochöfen, existieren bisher fast nur industriell-kommerziell ausgerichtete Technologien aus der Materialkunde, die naturgemäß auf den Funktionserhalt der Anlage zielen. Der Umgang mit der Substanz von Industriedenkmalen reicht deshalb vom harmlosen, traditionellen,

22. Westfälisches Industriemuseum, Henrichshütte Hattingen. Konservierungsproben

[109] Siehe etwa: „Frisch gestählt und auf Gummisohlen. Die Operation 'Schwebebahn' lief planmäßig." In: Wuppertal Magazin 12/92, S. 3 u. 28; vgl. zuletzt: „90 Jahre alt und noch immer aktuell. Die Wuppertaler Schwebebahn." In: Denkmalpflege im Rheinland 8, 1991, H. 3, S. 97–100; Michael Metschies: „Eine denkmalpflegerische Katastrophe. Zum Abbruch und Neuaufbau der Wuppertaler Schwebebahn." In: RHP 34, 1997, H. 1, S. 10–20; Klaus Goebel: „Denkmalschutz für die Schwebebahn." In: Polis 8, 1997, H. 1, S. 14/15.
[110] Siehe etwa: Martin Stratmann: „Die atmosphärische Korrosion von Eisen und Stahl." In: Das Bauzentrum 42, 1994, H. 3, S. 157–162; DSI 20, H. 4, 1996, S. 20.
[111] Siehe etwa: Dieter Rentschler-Weißmann, Jörn Behnsen: „Zur Restaurierung des Fagus-Werkes in Alfeld (Leine)." In: Berichte zur Denkmalpflege in Niedersachsen, 1986, H. 1, S. 2–11; ders.: „Zum Thema Industriebau und Denkmalpflege. Restaurierung der Fagus-Werke in Alfeld an der Leine." In: Glasforum 36, 1986, H. 5, S. 1–16; ders.: „Ein Industriedenkmal von Weltrang. Das Fagus-Werk von Walter Gropius." In: Jahrbuch des Landkreises Hildesheim 1987, S. 161–172.
[112] George Revill: „Promoting the Forest of Dean. Art, Ecology and the Industrial Landscape." In: John R. Gold, Stephen U. Ward (Hgg.): Place Production. The Use of Publicity and Marketing to Sell Towns and Regions. Chichester 1994, S. 233–245; Maichal Barke, Ken Harrop: „Selling the Industrial Town. Identity, Image and Illusion." In: Ebd., S. 93–114; Wolfgang Ebert: „Industriegeschichte im Revier. Lebendige Vergangenheit oder Altlast?" In: Heiner Dürr u.a. (Hgg.): Die Erneuerung des Ruhrgebiets … . Bochum 1993, S. 19–40; Reinhard Roseneck: „Der Harz als historische Kulturlandschaft." In: Historische Kulturlandschaften (ICOMOS. H. des Dt. Nationalkomitees XI). München 1993, S. 55–61.

regelmäßig erneuerten Schutzanstrich des Eiffelturms über die rekonstruierende Sanierung der Bahnsteighalle des Kölner Hauptbahnhofes[108] bis zum geplanten Totalaustausch fast der gesamten Wuppertaler Schwebebahn.[109] Für die Denkmalpflege und ihre Vorstellung vom Erhalt des Originals stellt sich immer die Frage, welche Maßnahmen für ihre speziellen Zwecke und über einen gewissen Zeitraum erforderlich sind. Bei den Hochöfen von Meiderich zeigt sich, daß, bei Beseitigung konstruktiver Schäden und Schwachstellen, die Anlagen auch ohne weitere Behandlung einen absehbaren Zeitraum ohne Verlust des Dokumentationswertes überdauern können. Durch diese Art der „Passiv-Steuerung" hat sich eine Behandlung der rostbedeckten Stahlkonstruktionen vermeiden lassen. Wenn Konservierung nötig ist, kann sie oft durch gezielte konstruktive Mittel, etwa Abdeckungen, oder durch Fortsetzung der alten Konservierungsmethoden am leichtesten erreicht werden. In jedem Fall müßte dabei vom einzelnen Objekt und den örtlichen Bedingungen und Mitteln ausgegangen werden und eine möglichst genaue Klarheit über den wirklich angestrebten Zustand bestehen.

Obwohl man sich seit mehr als zwanzig Jahren mit dem Erhalt konstruktiver Eisenbauten beschäftigt, besteht hier nach wie vor erheblicher Forschungsbedarf (Abb. 22).[110] Die Vorstellung, man müsse gerade konstruktive Ingenieurbauten, ähnlich wie Fachwerkbauten, unbedingt einer Totalsanierung mit der Freilegung und möglicherweise Zerlegung des Skeletts unterwerfen, erscheint aus konservatorisch-denkmalpflegerischem Blickwinkel fatal. Denn dabei gehen nicht nur sämtliche Ausbauspuren verloren, sondern die anschließend notwendige Rekonstruktion läßt den Wunsch nach technischen wie optischen 'Verbesserungen' selten unberücksichtigt. Ähnliches gilt für den Umgang mit historischen eisernen Fenstern und Fassadenkonstruktionen, die unter dem Stichwort „wärmetechnische Optimierung" verändert und dabei als konstruktionsgeschichtliche Dokumente stark beeinträchtigt werden. Selbst die als Wendepunkt der Baugeschichte weltberühmte Vorhangfassade der Fagus-Werke in Alfeld von Walter Gropius aus dem Jahre 1912 wurde einer konservatorisch in diesem Umfang kaum zu rechtfertigenden und eindeutig verfälschenden Prozedur unterzogen.[111]

Management der Industrielandschaft

Die Denkmale des Industriezeitalters prägen oft Landschaft und Geschichte ganzer Regionen, bis in die infrastrukturellen und sozialen Bezüge hinein.[112] Die Industrielandschaft ist Anschauung und Spiegel der Geschichte; an ihrem Zustand lassen sich auch für den Laien die wirtschaftliche Situation und der Lebenszuschnitt einer Region ablesen. Die Industrielandschaft, als geographisches Phänomen einer Anhäufung von Gewerbe vereinzelt schon vor Beginn der Industriellen Revolution beschrieben und dargestellt, wird in der öffentlichen Perspektive erst zum Symbol des Gewerbefleißes, dann zur Machtdemonstration und schließlich zur Chiffre zerstörerischer Herrschaft des Menschen über die Natur. Vor diesem Hintergrund wird das schon bald ambivalente Verhältnis zu dieser zivilisationsgeschichtlichen Ausprägung des Industriezeitalters verständlich. Als Objekt ideologischer und identifikatorischer Bemühungen und nicht zuletzt des ökonomischen Strebens seiner Initiatoren muß sich die Industrielandschaft in ganz unterschiedliche historische Kontexte und Sichtweisen einordnen. Schon die physisch-optische Dominanz dieser Landschaften legt deshalb Zeugnis ab von der zivilisatorischen Entwicklung unserer Gesellschaft und der ihr zugrundeliegenden wirtschaftlichen und gesellschaftlichen Organisationsweisen.

Die Überlegungen zur Überlieferung von Industriekultur könnten sich deshalb auf einer ersten Ebene mit den Möglichkeiten beschäftigen, das Bild der Industrie-

ERHALTUNGS-
KONZEPTE

landschaft so zu erhalten, daß es als Ganzes wie in wesentlichen Elementen lesbar und interpretierbar bleibt, ohne daß die Betroffenen Schäden erleiden. Dies scheint weniger eine materielle als eine psychologisch-bewußtseinsbildende Aufgabe zu sein. Natürlich spielt dabei auch der ökonomisch-rentable Umgang mit industrieller Bausubstanz eine Rolle, wichtiger scheint jedoch als Grundlage, ein positives Bewußtsein der identitätsstiftenden und wertvollen Bedeutung solcher Strukturen zu erzeugen.

Unabhängig von den auf einzelne Objekte angewandten Erhaltungskonzepten wird seit längerem vorgeschlagen, die baulich-landschaftliche Struktur der Industrielandschaft historisch zu erschließen und zu erläutern. Damit würden über die geschichtliche Entwicklung und wirtschaftliche Verknüpfung sinnvolle Zusammenhänge hergestellt. Besonders für die schwerindustriellen Regionen mit ihrer großen Denkmaldichte bietet sich dieses System, wie es Walter Buschmann als „Nationalpark Ruhrgebiet" entwirft, an (Text 45).[113] Daß eine touristische 'Infrastruktur' das Interesse lenkt, verbessert und vertieft, ist bekannt; so könnten auch bisherige Belastungen einzelner Objekte besser verteilt werden. Ein solcher auch bildlich aktiver 'Überbau' würde als Bezugsrahmen die Übersicht und das 'Marketing' der historischen Industrielandschaft entscheidend verbessern. Ob er der inhaltlichen Komplexität, deren Wahrnehmung sich noch weiter entwickelt, gerecht werden kann, bleibt abzuwarten.

Vorstufen einer solchen geschichtlichen Erschließung der Landschaft existieren in mehreren Varianten. Näher als das Konzept der Industriemuseen in NRW (siehe Kap. VII) kommt das französische Ecomusée diesen Vorstellungen, weil es sich stärker der Geschichte und Erscheinung einer einzelnen Region widmet.[114] Neben dem Ur- Ecomuseum in Le Creusot, gegr. 1972, ist wohl das Museum Berslagen in Mittelschweden, gegr. 1978, die größte Einrichtung dieser Art. Das „Ironbridge Gorge Museum" in Mittelengland mit seinen heute neun Teilbereichen vom Wohnhaus über Friedhof und Fabrik bis zum Freilichtmuseum setzt ebenfalls dieses Konzept um.[115] Für großindustrielle Regionen ist es bisher bei Reiseführern geblieben, die eine Art „virtuelles Museum" erzeugen (Saarland: Schmitt; Ruhrgebiet: Günter).[116] Auch die Tourismusindustrie selbst greift diese Anregungen zunehmend auf, wobei allerdings industrielle Denkmale hier mitunter als „Exoten" in das traditionelle Programm der kulturellen und natur-räumlichen Highlights einer Region eingebracht werden.[117] Daneben entstehen allerdings auch mehr und mehr auf Themen wie die industrielle Nutzung oder die sozial- und industriehistorischen Strukturen von Stadtlandschaften zugeschnittene Programme.[118] Dabei sollten isolierende Tendenzen jedoch vermieden werden; wirtschaftliche Strukturen sind letztlich nur innerhalb ihrer topographischen und kulturellen Zusammenhänge wirklich verständlich. Bei vielen Regionen bietet sich zumindest in Abkehr von der üblichen Hierarchie kultureller Sehenswürdigkeiten eine historisch-systematischere Darstellung an.

Der Geograph Dietrich Soyez weist mit Recht darauf hin, daß eine Förderung des Tourismus in Industriegebieten nicht nur ein wichtiger Bestandteil einer auf Bildung und Information ausgerichteten Reisetätigkeit sein kann, sondern auch weiterreichende ökonomisch positive Auswirkungen erwarten läßt: „1. Jeder Industrieraum hat in Landschaften, Ensembles und Einzelobjekten ein hohes touristisches Anziehungspotential, das auf seiner Geschichtlichkeit und auf seinem Wert als Informationsträger für aktuelle Lebens- und Arbeitsverhältnisse sowie für die damit verbundenen Wirtschaftsweisen beruht. 2. Die Inwertsetzung dieses touristischen Potentials von Industrielandschaften kann – insbesondere in problembeladenen Altindustrieräumen – deutliche Stabilisierungseffekte aus regionalpsychologischer und regionalwirtschaftlicher Sicht bewirken. ... 4. Größtes Hemmnis für eine konsequente Nutzung solcher Potentiale sind tiefverwurzelte Klischeevorstellungen über Industrielandschaften. Jede Inwertsetzungsstrategie hat hier anzusetzen, da sie

---

[113] (NP RG, Ebert) Ninth International Conference ... . National Reports.
[114] Siehe Kap. V, Anm. 70.
[115] Siehe Kap. IV, Anm. 38.
[116] Armin Schmitt: Denkmäler saarländischer Industriekultur. Wegweiser zur Industriestraße Saar-Lor-Lux. Saarbrücken 1989, ²1995; Roland Günter: Im Tal der Könige. Ein Reisebuch zu Emscher, Rhein und Ruhr. Essen 1994.
[117] Patrick Viaene: Industriearchäologie in Belgien. Ein Führer zu Museen und Denkmälern (Westf. Industriemuseum, Kleine Reihe 7). Dortmund 1991.
[118] Etwa: Presse-und Informationsamt des Landes Berlin (Hg.): Ulrich Kubisch, Peter Schwirkmann: Technik-Denkmäler in Berlin. Berlin 1993; Centrum Industriekultur Nürnberg (Hg.): Industriekulturpfad (H. 1 u. 2). Nürnberg 1983, 1985.
[119] Dietrich Soyez: „Kulturtourismus in Industrielandschaften. Synopse und 'Widerstandsanalyse'." In: Christoph Becker, Albrecht Steinecke (Hgg.): Kulturtourismus in Europa. Wachstum ohne Grenzen? S. 40-63, Zitat S. 42-44; auch als Sonderdruck: Europäisches Tourismus-Institut (Hg.), Trier 1993.
[120] Siehe Anm. 72.

sonst zum Scheitern verurteilt ist. ... Überzeugend wirkt eine solche Strategie aber natürlich erst dann ..., wenn sie von einem breiten Konsens in der Anbieterregion getragen wird; dies wiederum setzt voraus, daß die Einheimischen erst einmal davon überzeugt werden müssen, daß den von ihnen für alltäglich (und damit banal) gehaltenen Objekten ein hoher Wert zukommt."[119]

Die touristische Erschließung von technischen Denkmalen und industriellen Landschaften läßt sich über die Industriearchäologie in England und Oskar von Millers „Baedecker technischer Kulturdenkmale" bis zu den Bemühungen der Heimatschutzbewegung (Frohnauer Hammer) zurückverfolgen. Soyez stellt auch hier klar, daß heute die wirtschaftlichen Effekte einer solchen „Inwertsetzung industrietouristischer Potentiale" nicht unterschätzt werden dürfen. Dazu müßte es allerdings, wie er betont, gelingen, gerade sowohl lokale Ablehnung als auch seitens der „Reisenden" einseitige Vorstellungen und Erwartungen von kulturell-historischen Werten aufzubrechen. Eine Voraussetzung dafür wäre eine Lösung der Technikgeschichte vom linearen, industriell geprägten Fortschrittsgedanken und der Gleichsetzung kultureller, sozialer und ökonomischer Entwicklung. Nur dann scheint eine positive, anregende und differenzierte Haltung gegenüber historischer Industrie und Technik denkbar.

Auf der begrifflichen Grundlage der „Industrielandschaft" könnte im „Industriellen Nationalpark" auch eine Alternative zum zentralisierten Fachmuseum entstehen. Konzepte wie das des Mannheimer Landesmuseums für Technik und Arbeit, das sich gelöst vom konkreten historischen Rahmen der Sammlung und Interpretation der Zeugnisse der Sozial- und Technikgeschichte widmet, hätten in diesem Zusammenhang eine wichtige Funktion.[120] Die wesentlichen Aufgaben der Museen, bereits herrenloses Kulturgut zu sammeln und zu schützen, Wege der Interpretation und Konservierung zu öffnen, bleiben auch bei einer Dominanz der Erhaltung vor Ort bestehen. Die Koexistenz des standortbezogenen (in-situ-) und des Museumskonzeptes scheint möglich, wenn über die Prioritäten Klarheit herrscht.

Die touristisch oder heimatkundlich motivierte Präsentation und Darstellung von Technik und Industriegeschichte blieb häufig aus professioneller Sicht unbefriedigend. Auch die Vertreter flächenbezogener industriehistorischer Konzepte werden deshalb nicht müde, darauf zu verweisen, daß ihr Ziel nicht die attraktive Herrichtung möglichst vieler isolierter Anlagen ist, sondern deren möglichst authentischer und integrierter Erhalt.

41.

HPC Weidner

Erhaltung von Industriedenkmalen zwischen Denkmalschutz und Stadtplanung, 1984

aus: Die Nordwolle in Delmenhorst. Arbeitshefte zur Denkmalpflege in Niedersachsen, Heft 3. Hannover 1984, S. 7–14; Zitat ab S. 9

Zur Person:
Mitarbeiter am Landesamt für Denkmalpflege Sachsen-Anhalt in Halle

Im Vordergrund der Bemühungen steht, wie meistens bei der Erhaltung von Baudenkmalen, die Frage nach einer denkmalpflegerischen Nutzung. Sie soll einerseits die Erhaltung der baulichen Substanz, andererseits aber auch eine ökonomische Sicherung auf Dauer gewährleisten, ohne daß dazu so weitreichende Veränderungen erforderlich wären, die den geschichtlichen Dokumentenwert des Denkmals in Frage stellen. Die Grenzen für noch mögliche Veränderungen können in kaum einem Fall dogmatisch festgelegt werden. Oft führte in der Vergangenheit eine scheinbar unverträgliche Nutzung – man denke etwa an die Umnutzung von Kirchen und Klöstern zu profanen Zwecken wie Lagerhäusern, Gefängnissen oder Fabriken – wenigstens zur Verhinderung des Abrisses und ermöglichte nach einer Zeit erbarmungsvollen Siechtums in glücklichen Fällen eine angemessene Wiederherstellung des Denkmals.

Größere und in komplexere Strukturen eingebundene bauliche Anlagen (und um solche handelt es sich bei den Industriedenkmalen meistens) scheinen nicht zuletzt im Hinblick auf ihre zusätzliche städtebauliche Wirksamkeit und Bedeutung weniger anfällig zu sein, ihres Wertes als Denkmal durch übermäßige Veränderung verlustig zu gehen, als kleinere und isoliert stehende Bauten. Der Ende des 3. Jahrhunderts erbaute Palast des römischen Kaisers Diokletian zum Beispiel ist heute das als Weltkulturdenkmal gewertete Zentrum der Altstadt von Split in Jugoslawien. Überdauert hat diese Anlage nur durch die konsequente Benutzung ihrer Bewohner, die ihre Bedürfnisse allerdings vielfältig der vorgefundenen Struktur unterzuordnen wußten. In ähnlicher Weise haben Städte in vielen Ländern ihr mittelalterliches Erscheinungsbild erhalten, auch wenn die Nutzung einzelner Gebäude wechselte und viele, häufig sogar die meisten Gebäude, im Laufe der Jahrhunderte bereits zum wiederholten Male neu gebaut werden mußten.

Die Erfahrungen aus der Stadtbaugeschichte geben daher brauchbare Hinweise, wie die Geschichtlichkeit komplexer Bereiche gewahrt werden kann:
1. Keine Substanz sollte aufgegeben werden, ohne daß ein unmittelbares Erfordernis nachweisbar ist.
2. Die Wahrung von Grundriß und Struktur sollte auch dann geboten sein, wenn die Substanzerneuerung unvermeidlich ist.
3. Die Erhaltung der Großform als übergeordnete Einheit bedingt die Wahrung grundsätzlicher Funktions- und Erschließungszusammenhänge, auch wenn die einzelnen Nutzungen sich verändern sollten.
4. Das Wissen um die Vergangenheit des Ortes muß intensiviert werden, um sein gegenwärtiges Erscheinungsbild zu verstehen, denn nur ein Geschichtsbewußtsein führt auch zu einem bewußten Bewahren von Geschichtlichkeit.

Industrieanlagen haben in Ausdehnung, Vielzahl der Gebäude wie auch in der Komplexität ihrer Funktionen manche Ähnlichkeit mit städtebaulichen Bereichen. Daher liegt es nahe, bei der Entwicklung von Erhaltungskonzepten stadtplanerische Methoden mit ihren prozeßeinleitenden und steuernden Mechanismen mit heranzuziehen. Die denkmalpflegerische Zielsetzung mündet so logisch ein in die umfassenderen Überlegungen einer Stadtteilentwicklungsplanung, die sich aus zunehmend gegebenen Anlässen immer intensiver mit dem Problem von Industriebrachen, also aufgegebenen Industriestandorten, beschäftigt.

Was würde aus unseren in vielen Bereichen noch so deutlich als Geschichtsbuch lesbaren unverwechselbaren Orts- und Siedlungsbildern, wenn alle Industriestandorte des 19. Jahrhunderts daraus getilgt würden. Die meist immissionsbedingte und sozialgeschichtlich vorbelastete Negativeinschätzung solcher milieu- und ortsbildprägenden Bereiche sollte nicht zu emotionaler und unkontrollierter Abrißstimmung führen. Es fällt sowieso auf, daß gerade diejenigen, die aus den Erfahrungen der Vergangenheit am ehesten Anlaß zu kritischer Einstellung hätten, die ehemaligen Arbeiter und unmittelbaren Quartiernachbarn der stillgelegten Fabriken, in der Einschätzung ihrer baulichen Umwelt deutlich positiver reagieren. Sie kennen den Gebrauchswert dieser Architektur und sind geprägt von sozialen Erfahrungen, die in solchen äußerlich so unwert erscheinenden Bauten Wertigkeiten wie Vertrautheit, Sicherheit und Verbundenheit offenbar werden lassen, die in Neubauquartieren so oft vermißt werden.

Und auch ohne die gesonderte denkmalpflegerische oder milieuerhaltende Komponente gibt es zahlreicher werdende Beispiele im Inland wie im Ausland dafür, daß die so gezielt für nur eine stets sehr technische Funktion konzipierten Bauten von erstaunlicher Nutzungsvariabilität sind. Dabei kann sich eine Wiederverwendung für neue Nutzungen als wichtige wirtschaftliche Komponente für die Stadtentwicklung erweisen. Die verstärkten staatlichen Bemühungen um eine steuerrechtliche Gleichstellung denkmalpflegerisch motivierter Investitionen gegenüber anderen eher denkmalfeindlichen Steuererleichterungen werden den erkennbaren Trend hoffentlich weiter positiv beeinflussen.

Diese Erkenntnisse und Hinweise führen keineswegs automatisch zur Lösung aller industriedenkmalpflegerischen Probleme. Zu unterschiedlich sind häufig die Ziele einer kommunalen Stadtentwicklungskonzeption und die Fragen, die sich der Denkmalpflege stellen. Am Beispiel der Industriedenkmalpflege läßt sich allerdings besonders deutlich machen, wie eng der Zusammenhang von Stadtplanung und Denkmalschutz werden kann und wie aussichtslos das Tun des Konservators wird, wenn ihm keine Unterstützung aus den entwicklungspolitischen Zielen der Kommune zuteil wird. Damit diese Ziele in Zukunft verstärkt gemeinsam betrieben werden können, bedarf es einer deutlichen Bewußtseinsänderung hinsichtlich dessen, was die Kultur unserer Städte ausmacht. Nicht nur die anheimelnden Fachwerkfassaden der Altstadt prägen das Bild unserer Städte und geben Zeugnis ab für ihre individuelle Geschichte, auf die wir stolz sind. Das, was viele, zumal die größeren und einwohnerreichen Städte vor anderen auszeichnet, sind die wirtschaftsgeschichtlichen Prozesse des 19. und frühen 20. Jahrhunderts. In den Bauten der seinerzeit gegründeten Fabriken haben sich stählerne und steinerne Dokumente für Stadtgeschichte erhalten, die trotz ihres jüngeren Alters den Vergleich zu mittelalterlichen Burgmannshöfen und Klöstern nicht zu scheuen brauchen.

Darüber hinaus enthalten die komplexen Anlagen auch zahlreiche Beispiele einer wohlüberlegten funktionalen Planungspraxis, deren Ergebnisse wichtige Belege einer Geschichte der Architektur in den letzten 100 Jahren darstellen, die im Guten wie im Schlechten unser heutiges Bauen wesentlich mehr bestimmt als das bauliche Erbe der vorindustriellen Epochen. Nur selten wird es allerdings gelingen, die wertvollen Dokumente der Produktionsverfahren und der Fertigungstechnik im Original zu sichern und in situ zu erhalten. Aber auch hierfür gilt es Überlegungen anzustellen und nach Erhaltungsmöglichkeiten zu suchen.

Die Geschichte der Industrialisierung ist nur wenig älter als 100 Jahre, ihre baulichen Zeugen häufig eher jünger. Und doch droht uns in naher Zukunft deren totaler Verlust, wenn wir nicht mit technologischer und gestalterischer Phantasie, aber auch mit kulturellem und politischem Engagement, das nicht nur ein kurzfristiger Modetrend sein darf, uns zu diesem Erbe und zu unserer Abhängigkeit von ihm bekennen.

42.

Gisela Framke

Vom Turm zu Babel zur Industrieruine, 1987

aus: Tendenzen 28, Nr. 154, 1987, S. 143–22; Zitat S. 21/22

Zur Person:
Kunsthistorikerin, promoviert. Direktorin des Museums für Kunst und Kulturgeschichte der Stadt Dortmund

... Betrachtet man die zunehmend häufiger werdenden fotografischen Abbildungen von stillgelegter oder verfallender Industriearchitektur, so erkennt man klassische Einstellungen wieder: die Ästhetik des Morbiden fasziniert, die Konstruktion der technischen Anlagen regt an zu neuem Mythos und Romantizismus. Natur ergreift zusehends Besitz von den baulichen Einrichtungen. Vertraute Topoi werden wiederaufgegriffen: friedlich grasende Schafe einst vor der Großartigkeit antiker Architektur, friedlich grasende Schafe jetzt vor den Relikten und Abfällen der Industrialisierung. Glorifizierung und Mythisierung werden nach wie vor bewirkt durch vergleichbare Perspektiven. Einst wie jetzt nähert man sich den Phänomenen zunächst über die formalästhetische Perspektive. Doch läßt sich auch das Bild der Alten, die antike Architektur als Ausfluß einer gesellschaftlichen Utopie werteten, auf die Bauten der Industrie übertragen? Läßt sich die ästhetische Mythisierung mit authentischen sozialpolitischen Verhältnissen der Geschichte der Industrialisierung vereinen? Wohl kaum. Das Dilemma wird vollends sichtbar, wenn man den Umnutzungs- oder Konservierungsgedanken als wesentliches Interesse von Denkmal- und Geschichtspflege auf Beispiele der zahlreicher werdenden Industrieruinen anwenden möchte, von denen Gefahr oder Verseuchung ausgeht, die „entsorgt" werden müssen, vor denen Umwelt geschützt werden muß (Kernkraftwerke, Kokereigebäude, chemische Betriebe usw.). Ein Wandeln zwischen diesen Ruinen, doch so wesentliches Element im Umgang mit den antiken Ruinen, ist dort nicht mehr denkbar. Angesichts dieser Ruinen wirkt eine Mythisierung von Technik, industrieller Architektur und ungebrochener Fortschrittsgläubigkeit ebenso wie ein moderner Romantizismus am Beispiel von stillgelegter Industrietechnik, die bereits die Patina der Vergänglichkeit trägt, eher unzeitgemäß und beschönigend, beängstigend und wirklichkeitsfliehend zugleich.

Und zudem scheint das Erhalten, Konservieren, Umnutzen, der Luxus des Stehenlassens und Zerfallenlassens doch geradezu im Widerspruch zum eigentlichen Kriterium unseres Jahrhunderts als dem einer Wegwerfgesellschaft zu stehen. Als deren wahre „Denkmäler" mit Jungk die „Abfallhalden am Rande der Städte mit ihrem wüsten Gemisch von halb Verbrauchtem, Zerbrochenem, Verglühtem und Zerscherbtem" anzusehen seien. Unbeachtet geblieben sind ohnehin die Argumente der Industrie gegen ein bloßes Stehenlassen veralteter Technik, die von unökonomischem Vorgehen oder von Sicherheitsrisiken sprechen würden. Ganz zu schweigen von jeglicher Blockade einer sinnvollen Stadtstrukturveränderung bzw. Stadterneuerung. Allenfalls der Gedanke des Mahnmals Ruine hat dann noch Tragfähigkeit. Aber nicht in der Form der Integration wie geschehen mit den bewußt konservierten Trümmern der Katastrophe des Zweiten Weltkrieges, sondern abgeschieden, isoliert.

In nur sehr wenigen Fällen könnte die Ruine eine Alternative sein und bleiben. Denn die Umnutzungsmöglichkeiten für technische Betriebe, deren Architektur über bloße „Behausung" hinaus von der Funktion bestimmt war, sind – ausgenommen die musealen Lösungen – verschwindend gering. Die Alternative „Ruine" wäre vielleicht denkbar, wenn mit ihr ein Zeichencharakter für Stadt und in ihr Lebende verbunden ist, wäre denkbar am Beispiel der Hochöfen Völklingen oder Dortmund neben der „grünen" Straße. ...

43.

Michael Dauskardt
Wie halte ich es mit dem Erbe? 1988

aus: Technische Kulturdenkmale 16, 1988, S. 33–35; Zitate S. 34/35

Zur Person:
Studium der Volkskunde, Anthropologie und Kunstgeschichte in Göttingen; Promotion. Seit 1987 Leiter des Westfälischen Freilichtmuseums für Technische Kulturdenkmale in Hagen

... Für viele kunst- und kulturgeschichtliche Museen stellt sich die Frage nach der Bestandssicherung nicht, weil es bei traditionellen Sammlungen eine gewisse Sicherheit und Übereinkunft in Fragen der Restaurierung von Kulturgut gibt. So betritt z.B. der Restaurator bei der Bearbeitung einer farbig gefaßten mittelalterlichen Skulptur kein methodisches Neuland. Das trifft auch auf die Bereiche Gemälde und Textil zu. Einhergehend mit dieser methodischen Sicherheit beim Umgang mit den Exponaten klassischer Sammlungsbereiche ist zu konstatieren, daß einer mittelalterlichen Skulptur, einem Gemälde von Rembrandt, einem Gobelin oder einer Stradivari-Geige eindeutig eine Dominanz und damit ein höherer Rang vor den Erzeugnissen des Kunstgewerbes und erst recht vor den Massenprodukten der früh- und hochindustriellen Zeit eingeräumt wird. Während der Bronzeskulptur und dem „alten Meister" die „Patina" als ein Vorgang fortschreitenden Verfalls mit der Poesie pittoresker Vergänglichkeit (Brachert 1985, S. 9) zugebilligt wird, ist diese Patina, als ein natürlicher Alterungsvorgang z.B. auf Oberflächen von Eisengegenständen, schlicht Rost, den es zugunsten des Erhalts einer zweifelhaften Funktionsfähigkeit zu beseitigen gilt.

Diese unzulässige Unterscheidung in höherwertige und minderwertige Kulturgüter hat in vielen musealen Sammlungen, im volkskundlichen und in besonderer Weise im technikhistorischen Bereich ihre Spuren hinterlassen. Die konsequente Unterordnung des originalen Gegenstands unter das Primat der Funktion hat in etlichen Museen technikhistorischer Prägung einen erschreckenden Stand erreicht. Die Problematik wird umso virulenter, je mehr sich der Sammlungsbestand der Gegenwart nähert.

Warum, so muß gefragt werden, müssen z.B. historische Kraftfahrzeuge stets in ladenneuem Zustand präsentiert werden? Warum müssen Maschinen blitzblank geputzt und stets mit einem neuen Lack versehen sein? Warum muß eine Dampfmaschine bei hohem Kostenaufwand unter Beseitigung aussagekräftiger Alterungs- und Gebrauchsspuren wieder betriebsfähig gemacht werden? Warum werden Eisenmetalle solange mit groben Sandstrahlgebläsen bearbeitet, bis ihre Oberflächen wie Blei aussehen und die so bearbeiteten Gegenstände zu glänzenden Metallruinen denaturieren? Warum wird nicht, wie im Bereich der klassischen Sammlungen, dem technikhistorischen Exponat eine Patina zugebilligt?

Es geht ja hier nicht darum, daß diese Patina als Ergebnis einer Epoche die Atmosphäre in anheimelnder Weise konservieren soll, sondern darum, daß Menschen an Maschinen Spuren hinterlassen haben, die es zu erhalten gilt. ...

So befindet sich der verantwortungsbewußte Museumswissenschaftler zunehmend in einem Dilemma. Mit den ständig wachsenden Beständen, die sich bei den technikhistorischen Museen zunehmend aus den Massenprodukten des 19. und frühen 20. Jahrhunderts rekrutieren, und dem Druck, diese Bestände im Rahmen von Ausstellungen zu präsentieren, wächst auch die Verunsicherung im restauratorisch-technischen Bereich. Der in der Regel zur Verfügung stehende Handwerker behandelt den ihm anvertrauten Gegenstand sicher nach bestem Wissen und Gewissen. Aber wer vermittelt die notwendige fachliche Anleitung? ...

Es gilt, das Bewußtsein für den verantwortlichen Umgang mit unserem kulturellen Erbe, das in Form historischer Artefakte den Eingang in unsere Museen gefunden hat, zu schärfen. Es gilt, in Zusammenarbeit mit den Restauratorenverbänden – und nicht in Abgrenzung zu ihnen –, gemeinsame Lösungswege zu suchen. Es gilt vor allem, einen Diplomstudiengang für die Restaurierung von Kulturgut aus dem technikhistorischen Bereich zu fordern

ERHALTUNGS-
KONZEPTE

44.

Martin Damus

Alte Fabriken und die nostalgische Baukunst der Gegenwart, 1989

aus: Nachlaß des Fabrikzeitalters (Rheinisches Industriemuseum, Beiträge zur Industrie- und Sozialgeschichte, Bd. 2). Köln 1989, S. 20–38; Zitate S. 25–27

Zur Person:
Geboren 1936 in Guben.
Studium der Kunstgeschichte, Philosophie und Geschichte in Berlin; Promotion 1972. Dozent und freier Historiker

und zu etablieren. Zunächst sei angemahnt, Brachert zu folgen, wenn er unter der Überschrift „Vom Renovations-Nihilismus und vom idealen Restaurator" schreibt: „Bezogen auf unser Anliegen der Patina wäre daraus zunächst einmal zu folgern, sich wenigstens dieses ständigen, gedankenlosen Zurechtschminkens von Totengut zu ewigblühender Jugend, des leidigen Prinzips Renovation also, zu enthalten, und sich vielmehr auf eine Position kritischer Restaurierung, wenn nicht besser noch der ausschließlichen Konservierung, zu beschränken" (Brachert 1985, S. 31).

... Das Interesse an alter Fabrikarchitektur ist nicht neu. Denkmalpfleger bemühen sich seit den 60er Jahren verstärkt um die Erhaltung von Industrieanlagen des 19. und des beginnenden 20. Jahrhunderts. Fotografen, Künstler, Architekten entdeckten an – unproduktiv gewordenen – Produktionsanlagen ästhetische Qualitäten. Das wird u.a. an den als Kunst ausgestellten Fotos z.B. von Förder- und Wassertürmen (B. und H. Becher) deutlich. Künstler und Architekten gingen damals mit alten Fabriken ästhetisch-spielerisch um. In vielen, nie ausgeführten Projekten hantierten Künstler-Architekten phantasievoll mit dem Gegenstand ihres ästhetischen Interesses: den Relikten einer der Vergangenheit angehörenden, heroischen Phase der Industrie. Es war ein übermütiges Spiel der Fortschrittsgläubigen mit den praktisch unnütz gewordenen Überresten der Vergangenheit.

Das Spiel ist aus. Heute geht es um ganz anderes. Immer mehr Anlagen der alten Industrien werden stillgelegt. In einer Zeit sozialer Unsicherheit, hoher Arbeitslosigkeit und ungewisser Zukunft werden die dem Verfall preisgegebenen Fabriken als Zeugnisse der Krise, des wirtschaftlichen Niedergangs erkannt. Das soll vermieden werden. Auch eine Totalsanierung beinhaltet ein solches Eingeständnis, da keine neuen Produktionsanlagen entstehen. Totalsanierungen werden, aus unterschiedlichen Gründen, immer häufiger abgelehnt – nicht nur von Arbeit suchenden Denkmalschützern. Zunehmend, und das ist neu, gewinnen alte Industrieanlagen, gewinnt Altes, Überliefertes an gesellschaftlich-emotionellem Wert, weil der Mechanismus der Moderne, immer Neues hervorzubringen, ökonomisch-ökologisch bedingt, nicht mehr funktioniert. In der Zeit der Krise, d.h. einer unsicheren Gegenwart bei ungewisser Zukunft, kann Alt-Vertrautes Sicherheit und Geborgenheit versprechen. Der Nutzung alter Fabriken kommt daher gesellschaftlich-integrative Bedeutung zu. Mit der Umnutzung bleibt das Alten nicht nur erhalten, sondern es wird angeeignet und auch gestalterisch mit dem Heute verbunden.

Vier Formen der Nutzung ausgedienter Industriearchitektur lassen sich unterscheiden:
– Zeitliche begrenzte Verwendung des vorhandenen Raums ohne Eingriff in den Bau (z.B. als Lager, für Ausstellungen).
– Zeitlich begrenzte „alternative" Nutzung bei minimalen baulichen, auf das Innere bezogenen Eingriffen, die sich auf das Notwendigste beschränken (Sicherheit, Raumtrennungen, sanitäre Einrichtungen). „Alternative" Nutzungen werden nur als Übergangslösungen akzeptiert (z.B. Jugendtreff, Stadtteil-, Kulturzentrum, Künstlerhaus).
– Umnutzung auf Dauer ohne offensichtliche bzw. als solche herausgestellte gestalterische Eingriffe am Außenbau (z.B. Kaserne, Ausstellungsbau, Fabrik).
– Gestalterisch eingreifende Umnutzung auf Dauer bei Wahrung des Bildes von der Fabrik. Es entsteht eine neue architektonisch-ästhetische Qualität. Im Sinne der Postmoderne erscheint das Neue mit dem Alten, das Heute mit dem Gestern zukunftsweisend zu verschmelzen.

... Die unmittelbar praktischen, wirtschaftlichen bzw. finanziellen Gründe, die für eine neue Nutzung der alten Fabrik sprechen, verbinden sich heute mit dem Bemühen, den Bruch zwischen Vergangenheit und Gegenwart zu überbrücken. Die Vergangenheit soll in der Gegenwart bewahrt, das Heute im Gestern verankert werden. Die neue Nutzung der Fabrik, z.B. in Engelskirchen, soll darauf verweisen, daß das Alte noch fruchtbar ist, die Gegenwart nicht von der Vergangenheit abgeschnitten ist, sondern aus ihr erwächst. An die Stelle der Identifikation und gesellschaftlichen Integration über den Zukunftsglauben tritt die Identifikation und Integration über Tradition. Die alte Fabrik wird nicht zum Steinbruch degradiert. Es wird nicht einfach ihr leerer Raum, sondern auch ihre architektonische Gestalt, ihr Bild genutzt. Die alte Fabrik bleibt, schöpferisch verwertet, in der neuen Gebrauchs- und Gestaltqualität aufbewahrt. Die Entwicklung geht über sie nicht hinweg. Ja das Alte selbst scheint – in der Postmoderne – zu neuen Formen der Gestaltung und des Gebrauchs anzuregen. Hat das Gestern noch Zukunft, wieviel mehr hat das Heute. Diese Verankerung der ungewissen Gegenwart und unsicheren Zukunft in der Vergangenheit, in der Tradition kann Sicherheit und Geborgenheit gewähren. ...

45.

Walter Buschmann
Kohle und Stahl, 1989

aus: Eisen und Stahl (Hg.: W. Buschmann). Essen 1989, S. 9–17; Zitat ab S. 14

Zur Person:
Geboren 1949. Studium der Architektur an der Universität Hannover; Promotion zum Dr.-Ing. über die Industriestadt Linden. Seit 1980 Referent im Rheinischen Amt für Denkmalpflege, seit 1990 im Referat Technik- und Industriedenkmale. Habilitation 1999 an der RWTH Aachen. Div. Publikationen zur Industriearchäologie

... Davon ausgehend, daß die industriellen Leistungen von Kohle und Stahl zu den großen und prägenden Menschheitsleistungen gehören, ohne die unser heutiges Leben nicht denkbar ist, stellt sich die Frage, ob aus der Zusammenschau dieser beiden Industriezweige Anhaltspunkte für ihre angemessene Überlieferung als Geschichtszeugnisse erwachsen. Die Größe der Anlagen, ihre Sperrigkeit im Gefüge der Städte, die aktuellen Planungsüberlegungen mit den Wiedernutzungsabsichten der freiwerdenden Gelände für den vielbeschworenen wirtschaftlichen Strukturwandel verweisen auf die Problematik traditioneller denkmalpflegerischer Erhaltungsmodelle und legen die Schlußfolgerung nahe, daß hier möglicherweise eine Sternstunde musealer Geschichtsüberlieferung gekommen ist.

Verschiedentlich ist darüber nachgedacht worden, daß die Bedeutung des Ruhrgebietes hier die Einrichtung eines großen Museums der Arbeit oder der Industrie geradezu verlangt. Die Fragwürdigkeit einer großen zentralen Schausammlung zur Industriegeschichte von Kohle und Eisen im 19. und 20. Jh. als eine Art Deutsches Industriemuseum in Ergänzung oder auch als Korrelativ zum Haus der Deutschen Geschichte in Berlin ist besonders dann offensichtlich, wenn ein solches Museum versuchte, Originalstücke auszustellen:

– die auszustellenden Objekte würden aus ihren örtlichen technischen und sozialen Zusammenhängen herausgelöst und würden damit an Authentizität verlieren;
– die Größe der möglichen Exponate, z.B. Dampfhämmer, Walzgerüste, Gebläsemaschinen, Stahlkonverter, Fördermaschinen oder gar Fördergerüste und Hochöfen sind kaum oder nur in beschränkten Ausnahmefällen umsetzbar; sehr strenge Auswahlentscheidungen wären unumgänglich;
– die Reduktion der präsentierten Objekte auf wenige Beispiele führte zu einer Verkürzung und Verniedlichung der Schwerindustrie;
– das zentrale Museum führt zu einer Isolierung der Geschichte in einem ausgesonderten Bereich, reduziert die Geschichtserkenntnis auf sonntägliche Erlebnisse.

Die Denkmalpflege dagegen erhält die ihr anvertrauten Objekte am Ort ihrer Entstehung und Nutzung, bewahrt damit den topographischen, sozialen

ERHALTUNGS-
KONZEPTE

und technischen Kontext und bewirkt, daß die Zeugnisse der Geschichte im Alltag präsent bleiben. Gerade bei den Anlagen des Bergbaus und der Stahlindustrie, die funktional und visuell zentrale Bedeutung in Stadt und Landschaft haben, würde deren Entfernung den Verlust eines Mittelpunktes bedeuten, aus dem die Menschen bislang Identifikationskraft und Lebensstolz gewonnen haben. Diese Wirkungsweise mag mit einem größer werdenden historischen Abstand schmelzen; ganz verschwinden wird sie nie unter der Voraussetzung, daß Bergbau und Eisenhüttenwesen auch in der zukünftigen Geschichtsbetrachtung den ihnen gebührenden hohen Rang einnehmen.

Aus dem zu erhaltenden Ortsbezug der Geschichte schöpft die Denkmalpflege auch andersartige Auswahlkriterien für die zu bewahrenden Denkmale. Während ein Museum zufrieden ist, wenn es einen aussagekräftigen Repräsentanten einer darstellenswerten historischen Schicht zeigt und jedes gleiche oder ähnliche Objekt als Dublette für das Museum relativ wertlos ist, kann für die Denkmalpflege durch den jeweils verschiedenartigen Ortsbezug auch die Erhaltung vieler gleichrangiger und gleichartiger Objekte anstrebenswert sein. So bedeutend also für das Eisenhüttenwesen die Völklinger Hütte sein mag, wäre durch deren geglückter Erhaltung keineswegs Ersatz geschaffen für das Eisenhüttenwesen in der Oberpfalz, in Norddeutschland oder im Ruhrgebiet. Wegen der Bedeutung dieses Industriezweiges läßt sich ein solcher exemplarischer Erhaltungsansatz auch nicht bezogen auf eine begrenzte Gebietseinheit, wie es das Ruhrgebiet oder das Saarland darstellt, rechtfertigen. Aus dem angestrebten Alltagsbezug der Denkmale heraus sollten vielmehr an allen Standorten, die noch aussagekräftige Substanz aufweisen, entsprechende Zeugnisse in sinnvoller Auswahl erhalten bleiben.

Diese sehr weitgehenden Erhaltungsvorstellungen erfordern ein neues Bewußtsein gegenüber den historischen Industrierevieren und daraus resultierend entsprechende organisatorische, personelle und finanzielle Voraussetzungen. Mit verändertem Bewußtsein meine ich, daß die historischen Industrierevieren als ganzheitliche Struktur von Bauten und Anlagen eine ähnliche Wertschätzung erhalten sollten, wie beispielsweise die mittelalterlich geprägten Altstadtkerne. Deren denkmalrechtliche Bewertung als Ensembles, ihre Förderung mit öffentlichen Mitteln, und zwar mit dem Ziel zur Bewahrung der historischen Eigenarten und deren Bedeutung für Bildung, Tourismus und Wirtschaft ist unumstritten. Industrierevieren nach Art des Ruhrgebietes sind dagegen wegen ihrer Größe und der relativ lockeren Verteilung der Denkmale kaum als Ensembles zu charakterisieren. Vergleichbare begriffliche Einordnungen bieten eigentlich nur die vorwiegend touristisch orientierten industriegeschichtlichen Ferienstraßen, wie die Steirische oder Bayrische Eisenstraße oder die ausgedehnten Flächenmuseen wie das Ironbridge Gorge Museum in Mittelengland bei Birmingham oder das Ökomuseum in Schweden. Der hier jeweils zugrunde liegende Gedanke besteht darin, die aussagekräftigen Objekte einer Industrieregion durch Broschüren, Faltblätter, u. a. öffentlichkeitswirksam zu erschließen und damit Anreiz und Hilfestellung zum Aufsuchen und Besichtigen dieser Objekte zu geben. Diese befinden sich nur teilweise oder sogar gar nicht im Eigentum der betreibenden Institution.

Eingeschlossen sind vielmehr auch produzierende Betriebe, so daß deren Besichtigung ein Verständnis der in den stillgelegten Anlagen nur noch erahnbaren Produktionsprozesse ermöglicht.

In Erwägung also, daß das Ruhrgebiet eine historische Kombination von Bergbau, Hüttenwesen, Siedlungs- und Verkehrsstrukturen von nationalgeschichtlicher Bedeutung besitzt, eine Industriekultur, die in Dichte und Bedeutung allen anderen vergleichbaren Städten und Regionen in der BR Deutschland überlegen ist, lautet der Vorschlag zur Erhaltung dieser Kultur eine Verbindung zwischen Planung, Denkmalpflege, Museen und Tourismus herzustellen. Um dem anzustrebenden Ziel einen Namen zu geben, meine ich nicht, daß nach dem englischen oder schwedischen Beispiel schon wieder eine Museumsgründung, diesmal mit einer superdezentralen Struktur anstünde – auch eine Bezeichnung „Ferienstraße des Bergbaus und Eisenhüttenwesens" wäre unpassend, da diese eher einen linearen Zusammenhang der Objekte untereinander impliziert und zu einseitig auf Tourismus zugeschnitten ist – vielmehr erscheint mir in Anlehnung an ein amerikanisches Beispiel der Name „Nationalpark Ruhrgebiet" passend.

Unter diesem Etikett „Nationalpark Ruhrgebiet" sollte eine organisatorische Vereinigung aller Behörden, Institutionen und Personen erfolgen, die sich für Erforschung, Erhaltung und Präsentation des industriellen Erbes einsetzen. Die damit verbundene Hoffnung ist nicht allein denkmalpflegerischer Art; vielmehr ist damit verbunden:

1. Die Rekonstruktion bzw. dauerhafte Erhaltung eines Bewußtseins über die hochrangige Bedeutung dieser Region für die Geschichte der ganzen Nation. Die geschichtliche Industriekultur kann dabei helfen, die dem Strukturwandel anhaftenden Selbstzweifel zu mindern, kann eine neue Moral gebären, die sich auch positiv auf den wirtschaftlichen Aufschwung, z. B. auf die Ansiedlungsbereitschaft fremder Firmen, auswirken kann.

2. Die Organisation von Instandsetzungsmaßnahmen an Baudenkmalen über Arbeitsbeschaffungsprogramme: Damit würde zumindest ein kleiner aber sinnvoller Beitrag zur Bewältigung der Arbeitslosigkeit für qualifizierte freigesetzte Beschäftigte aus dem Bergbau- und Stahlbereich geleistet.

3. Schaffung verbesserter Möglichkeiten für einen industriegeschichtlich orientierten Tourismus. Daraus können zusätzliche Anreize entstehen, diese Region zu besuchen. Die wirtschaftlichen Effekte liegen auf der Hand.

4. Intensivierung industriearchäologischer Forschungen.

5. Verbesserung der Bildungsmöglichkeiten zu Themen der Industriegeschichte durch Anschauung am erhaltenen Objekt für alle Stufen unseres Bildungs- und Ausbildungssystems.

Der Vorschlag „Nationalpark Ruhrgebiet" geht weit über das hinaus, was gemeinhin zu den Aufgaben der Denkmalpflege gehört. Die erhofften Resultate, von denen freilich auch die Denkmalpflege profitieren würde, beziehen sich darüber hinaus auf eine Förderung von Wirtschaft, Kultur und Bildung. Dieser Vorschlag zielt nicht darauf ab, einen großflächigen Denkmalschutz zu betreiben und damit so etwas wie eine Veränderungssperre zu bewirken. Gedacht ist vielmehr daran, die auch heute schon als denkmalwert erkannten Objekte zusammenhängend zu betrachten und durch geeignete publizistische, organisatorische, planerische und finanzielle Maßnahmen in ihrem Zusammenhang erlebbar zu machen. Die Realisierung dieser Maßnahmen ist nur bedingt ein personelles und finanzielles Problem. Es geht vielmehr darum, daß die vorhandenen Mittel und existierenden Behörden unter der genannten Zielsetzung zu einer größeren Effizienz gebracht werden. Meine Überzeugung ist, daß dies nicht nur der Industriedenkmalpflege, sondern dem Ruhrgebiet insgesamt von Nutzen sein wird.

46.

Gert Selle

Die Unantastbarkeit des erloschenen Feuers, 1990

Untertitel: Ein Plädoyer für die alte Völklinger Hütte als Ruine

aus: Saarbrücker Hefte, 64, November 1990, S. 48–58; Zitate S. 48–55

Zur Person:
Geboren 1933. Studium der Germanistik, Kunstgeschichte und Kunstpädagogik in Frankfurt und Kassel; Dozent und Professor in Darmstadt, seit 1981 in Oldenburg

Ich will eine Annäherung an den Ort versuchen, die ihm die Würde des Verlassenseins und Verfalls beläßt und die das Ärgernis nicht beseitigt, das aus der Ratlosigkeit kommt, was mit diesem Überbleibsel geschehen soll.

Ratlos sind wohl alle, am meisten diejenigen, die durch irgendwelche spektakulären Animationen an eine „Revitalisierung" des Geländes denken. Sie scheinen mir so ratlos wie die Beseitiger, die den Schrotthaufen des Anstoßes am liebsten aus dem Stadtbild wegräumen würden, aber auch wie alle, die ein Museum oder sonst irgendetwas daraus machen wollen. Jeder hat gute Gründe und schöne Ziele, aber jeder kaschiert damit auch einen Betrug. Ein rostiges Ärgernis steht da in Völklingen, und ich will Argumente für sein bloßes Dastehen sammeln, die wahrscheinlich für abwegig und unrealistisch gehalten werden. ...

Was stört eigentlich so am Ruinösen, daß es beseitigt werden muß wie ein Schandfleck? Wieviel Verdrängungsleistung steckt im hastigen Aufräumen, so wie nach dem letzten Krieg die Trümmer ja nicht nur aus funktionalen Gründen, sondern eben auch aus ästhetisch-psychologischen Motiven weggekarrt wurden und mit ihnen die Scham und die Schuld? Gewiß wird in der Beseitigung von Industrieruinen kein Krieg ausgeblendet, aber doch wohl manche Gewaltform von Geschichte, um die es da im Namen von Wachstum, Fortschritt, Wohlfahrt und Gewinnabschöpfung einmal ging. Diese Geschichte hat Menschen in Arbeit gesetzt, aber auch beschädigte Körper, geschädigte Schicksale und ausgebeutete Natur hinterlassen – nicht nur unbrauchbar gewordene Einrichtungen, Gebäude, Instrumente der Produktion, mit deren Hilfe das geschah. Ich weiß nicht, ob die Überreste für eine helle oder dunkle Geschichte stehen. Ich weiß nur, daß die alte Arbeitsgesellschaft, für die auch die Völklinger Hütte als verlassener Ort symbolisch steht, die Arbeit verbraucht hat; sie hat sie zum Schluß auf denkbar schlechte Weise ruiniert, nämlich fortrationalisiert, und nun steht die neue Kulturgesellschaft, die an die Stelle dieser alten Arbeitsgesellschaft zu treten scheint, im Begriff, sich die Überreste unter den Nagel zu reißen. Dabei wird auf ebenso schlechte Weise auch noch das Angedenken der Arbeitsgesellschaft ruiniert. Beide, die primäre und die sekundäre Ruinierensweise verlaufen gewaltförmig, sprunghaft, rücksichtslos, rational in einem systemimmanenten Sinne von Zwanghaftigkeit. Man kann Arbeitsplätze, ja die Arbeit überhaupt abschaffen, wenn sich das rechnet. Und man kann das Denkmal der Arbeit abschaffen, damit keiner mehr merkt, was fehlt, wenn sich das rechnet.

Je mehr ich darüber nachgedacht habe, was ich hier als Kunstpädagoge eigentlich soll und weshalb hier ein Workshop mit künstlerischen Projekten eingerichtet ist, um so mehr ist mir klargeworden, daß alle diese Re-Animationsversuche Abrißunternehmen eigener Art sind, Symptome der Kulturgesellschaft, die Arbeit durch Unterhaltung, Leben durch ästhetische Ereignisse, Kultur durch Bildungsangebote ersetzen will. Das Herbeizitieren der Künstler und Kunstpädagogen kommt mir inzwischen höchst verdächtig vor, nicht zuletzt, weil sie freiwillig kommen und sich den Ort untertan zu machen beginnen, indem sie selbst blindlings als eine Art von Animationsgesindel funktionieren, das überall auftaucht, wo es etwas vergessen zu machen gilt. Sie liegen damit voll im Trend, und ich beginne mich als Mitglied der Zunft zu schämen. Ich sehe schon die Schrottkunstwerke, ich höre schon die vielleicht mit Hilfe des Röhrensystems erzeugbare experimentelle Musik, ich ahne schon die ästhetischen Verfremdungen des Ortes – soweit bin ich ja professionell vorbestraft. Wahrscheinlich bin ich sogar eingeladen worden, selber solche Spiele mitzuerfinden. Den Teufel werde ich tun. Hier ist kein kunstpädagogisches Terrain, es sei denn, man begibt sich bewußt in die Gefahr, den Geist des Ortes zu verraten und zu verkaufen, auch ohne es zu wollen. Oder man bescheidet sich mit den allerleisesten Tönen und den zurückhaltendsten Aktionen. Denn jedes laute Spektakel würde nicht zu einer Reanimation der Erinnerungsfähigkeit, sondern zu deren beschleunigter Zerstörung beitragen. Ich könnte mir allenfalls künstlerische oder kunstpädagogisch angeleitete Umgangsweisen mit dem Ort vorstellen, die mit äußerster Behutsamkeit darauf angelegt wären, die Eigengestalt und die Aura der Ruine zu erhalten und sichtbar zu machen – stille Dialoge mit der Geschichte des Ortes, aus der seine Aura entsteht, und die sich, je lauter und unsensibler jemand auftritt, um so unauffälliger zurückzieht. Dann sieht man wirklich nur noch Rost und Dreck, mit bunten Kunsttupfern garniert, und möchte abschließend wegräumen, weil alles Abfall geworden ist, Sache und Garnierungsvorschlag.

Warum bin ich so streng? Ich denke, als Künstler wie als Kunstpädagoge kann man es sich nicht leisten, sich dem Ausverkauf von Geschichte einzureihen. Da steht ein überflüssiges Instrument der Produktion, obwohl Wahrzeichen der Stadt, zur Disposition. Da standen vorher, ebenso verraten und verkauft im Tagesgeschäft der widerstreitenden Interessen zwischen Kapital und Arbeitsmarktpolitik, Schicksale zur Disposition, Menschen der Region. Und da stand und steht ein Geschichtsbewußtsein zur Disposition, das einer eigenen ästhetischen Vergegenständlichung nicht bedarf, weil es sie in Gestalt der Ruine hat. Noch ist der Atem der Geschichte der Arbeit am Ort spürbar. Sobald die rostigen Konstruktionen und schmutzigen Hallen abgerissen oder umgenutzt oder voller Kunst sein werden, ist zu befürchten, daß nichts mehr von dem da ist, was im Namen einer Geschichte der Arbeit am Ort und in der Region so überaus dringend erhaltenswert wäre. Ich plädiere daher für nichts anderes als für eine Ausstellung der Ruine als Ruine im Beuysschen Sinne eines Aufmerksammachens auf das existentielle Motiv gelebten Lebens. Alles andere würde ein Ruinieren der Ruine bedeuten. Selbst die Umwidmung in ein Museum der Arbeit würde dieses Monument der einstigen Alltäglichkeit von schmutziger und schwerer Arbeit verfälschen und seiner Wirkung berauben. Die Ruine, nur die Ruine ist das Original der Geschichte. So wie sie dasteht, unaufgeräumt, weiter zerfallend, störend wie die Wirklichkeit dieser Geschichte selbst: Menschenwerk, ans Ende seines ursprünglichen Gebrauchs gebracht durch ökonomischen Zwang oder Mißwirtschaft oder falsche Politik oder alles zusammen, eben heruntergewirtschaftet, am Ende, exemplarisch für eine Epoche, einen Produktionszweig, eine Region.

Der Vorschlag ist nicht meine originale Erfindung. Wie ich erst hier auf dem Symposion gelernt habe, gibt es den Fachterminus des „Verrottungs-Denkmals". Ich habe auch nichts mit Ruinen-Romantik im Sinn. Es geht mir vielmehr ganz sachlich um die unverfälschte Möglichkeit ahnungsvollen Erinnerns, um eine Herausforderung der Vorstellungskraft oder Erinnerungsphantasie, das heißt um den möglichst unverstellten Weg dazu, einst gelebte Arbeitswirklichkeit imaginieren zu können, ohne irgendeiner inszenierten Fiktion anheimfallen zu müssen. ...

Unterlassen sollte man alles, was diese Ruine durch Eingriff ruiniert. Mindestens sollte man die Kunst oder Tugend des Unterlassens so lange bewußt üben, bis etwas Besseres, Endgültiges in die Vorstellung gekommen sein wird. Unterlassen ist auch eine Art des Mit-Gestaltens, des Bewußtmachens von Erfahrung, der Suche nach Sinn und dessen Ausdrucksformen. Besetzen wir daher diese Ruine nicht mit vorschnellen Interessen-Entscheidungen, sondern lassen wir zu, daß sie allmählich unsere Vorstellungsfähigkeit und Einbildungskraft besetzt! Das halte ich für die einzige intellektuell, emotional und ästhetisch befriedigende Lösung. Es wäre zugleich ein Versuch zum Gewinn histori-

ERHALTUNGS-
KONZEPTE

schen Bewußtseins, und dieser Plan wäre sozial verträglich, zuträglich – auch einer souveränen Kulturpolitik, die ja in diesem unseren Lande etwas sehr Rares ist. Wenn Politiker hingegen von „Visionen" reden, ist äußerste Skepsis angebracht. In Wahrheit handelt es sich um pragmatistische Fleißnachweise, um Anlässe für eine geschäftsmäßige Geschäftigkeit, die kulturpolitische Einfallslosigkeit verbergen soll. Ich kann mir eine Nutzung der Gebläsehalle durch vier Hochschulen nicht vorstellen, wie der saarländische Kultusminister das mit einem Seitenblick auf die Millionenzuschüsse aus dem Hochschulbauetat des Bundes visioniert. Hingegen visioniere ich, wie kaputtgebaut die Halle am Ende sein und welcher Kleinkrieg im Nutzungsstreit zwischen den Hochschulen ausbrechen wird.

Ruinen soll man in Frieden lassen, dann sprechen sie zu denen, die sie verstehen wollen. Und durch ihre bloße Anwesenheit vielleicht sogar noch zu denen, die achtlos an ihnen vorübergehen. Mindestens diese zyklopenhafte Ruine würde das tun. ...

47.

Helmut Bönnighausen
Arbeits- und Produktionsstätten als Denkmäler, 1991

aus: Denkmalschutz und Denkmalpflege. Köln 1991: Im Spannungsfeld von Denkmalpflege und musealer Nutzung, S. 149–155; Zitat ab S. 152

Zur Person:
Geboren 1943. Studium der Architektur und Denkmalpflege in Aachen; Promotion über die Paderborner Pfalz. 1973–83 Referent für Industriedenkmäler im Westfälischen Amt für Denkmalpflege in Münster. Mitinitiator und seit 1981 Direktor des Westfälischen Industriemuseums

... In der Gründungsphase konnte aufgrund der angeführten Museumsnähe zur Denkmalpflege die Illusion aufkommen, hier sei nun einmal eine Symbiose zwischen Denkmalpflege und Denkmalnutzung greifbar. Die Praxis jedoch zeigte auch hier sehr schnell das nie oder nur sehr selten auflösbare Spannungsfeld von sorgfältigster Konservierung des historisch überlieferten Objektes und einer wie auch immer aussehenden Nutzung des Objektes. Die Denkmalpflege will das Denkmal unverändert erhalten – das Museum will das Denkmal benutzen und als Demonstrationsobjekt gebrauchen. Zwei Arbeitsziele, die durchaus nicht immer harmonisch in Einklang zu bringen sind, die vielmehr ein ständiges Konfliktpotential darstellen, welches ein hohes Maß an gegenseitigem Verständnis und Rücksichtnahme erfordert. Die Belange der Denkmalpflege müssen gewahrt werden, das verlangt die Pflicht des verantwortungsbewußten Umgangs mit dem historischen Dokument. Das Museum hat aber ebenso zwingende Ansprüche; es kann keineswegs ein widerspruchsloser Partner sein. Da es Zusammenhänge vermitteln, Entwicklungen deutlich machen und Fragen anschaulich stellen will, ist das Museum zu Maßnahmen wie Rekonstruktionen, Weglassungen, Hinzufügungen, Veränderungen usw. genötigt, die über rein denkmalpflegerische Bestandserhaltung weit hinausgehen. Wo der Denkmalpfleger sich mit der Erhaltung der Bausubstanz zufriedengeben kann, ist es für das Museum lebenswichtig, zum Beispiel die Maschinenhalle wieder mit einer Fördermaschine, die demontierte Zeche wieder mit einem Fördergerüst zu versehen. Dies sind aber Dinge, die im Für und Wider der Diskussion in der Regel eine befriedigende Lösung finden. Die wirkliche Problematik liegt in den unübersehbaren Anforderungen, die Statik, Feuerschutz, Klimaschutz, Haustechnik, Gewerbeaufsicht, Sicherheitsgesichtspunkte, Versammlungsstättenverordnung usw. an das Baudenkmal stellen, das z.B. die museale Infrastruktur aufnehmen soll. ...

Auch im Fall der Industriemuseen ist also trotz guter Voraussetzungen das Spannungsfeld zur Denkmalpflege nicht aufgehoben. Es muß daher scharfe Kritik herausfordern, daß ständig dort, wo planerische Phantasielosigkeit für ein Baudenkmal keine angemessene Nutzung zu finden glaubt, wie ein Kaninchen aus dem Hut die Lösung „machen wir doch ein Museum draus" gezogen wird. Wenn die Voraussetzungen nicht gegeben sind, wird daraus entweder ein schlechtes Museum oder ein verhunztes Baudenkmal – abgesehen davon, daß eine derartige Musealisierung wohl mit Recht zu den Horrorvorstellungen gezählt werden muß.

Wie verfährt das Industriemuseum mit seinem Denkmal am jeweiligen Standort? Die einzelnen Standorte sind in bezug auf Zustand und künftige Möglichkeiten so verschieden, daß es eine Generallösung nicht geben kann; jeder Fall muß für sich betrachtet und analysiert werden. Eines aber hatten – zumindest im westfälischen Bereich – alle Standorte gemeinsam: den ruinösen Zustand.

Der zufällige Erhaltungszustand einer Fabrik gehörte nicht zu den Auswahlkriterien. Diese orientierten sich vielmehr an der Bedeutung des Objektes für Branche, Zeitgeschichte und Region. Der Aufbau erforderte also von Anfang an zwei Verfahren: Die sorgfältige Restaurierung des überlieferten Bau- und Ausstattungsbestandes und der rekonstruierende Wiedergewinn verlorener Bestandteile, die für die Museumsaufgabe unverzichtbar sind. Ersteres ist in Zusammenarbeit mit der Denkmalpflege kein wirkliches Problem, letzteres dagegen um so mehr. Es beginnt mit der Frage, welche Zeitspanne dargestellt werden soll: Gründungsphase, Blütezeit, Zustand der Betriebseinstellung oder die gesamte Betriebsgeschichte? Hunderte von Fragen stellen sich bei jeder Maßnahme, die über die reine Bestandssicherung hinausgeht. Sie können nur im Zusammenhang mit dem Gesamtkonzept und mit dem Konzept für den einzelnen Standort, was hier aus Platzgründen nicht weiter erörtert werden kann, beantwortet werden. Manche Frage muß offen bleiben. Auch ist zu lernen, mit Irrtümern fertig zu werden, denn die fortschreitende Konzeptdiskussion läßt manche Entscheidung von gestern heute als Fehlentscheidung erscheinen. Dennoch sind einige Leitlinien für den Umgang mit der Bausubstanz aller Standorte gültig: Strikte Beachtung denkmalpflegerischer und konservatorischer Belange. ...

Generell wird bei der Wiederherstellung der Anlagen ein Zustand angestrebt, der dem Werk im produzierenden Stadium entspricht, wo möglich und sinnvoll bis zur Wiederaufnahme der Produktion zu Vorführungszwecken hin (Ziegelei Lage, Glasfabrik in Petershagen, Textilfabrik in Bocholt). Ziel ist also die größtmögliche Authentizität des Werkes, wobei klar sein muß, daß dem Naturalismus enge Grenzen gesetzt sind: eine restaurierte Zeche kann niemals die reale Arbeitswelt repräsentieren. Die Umstände und Bedingungen der Arbeit sind nicht glaubhaft zu rekonstruieren, sondern bestenfalls durch das Denkmal und seine Präsentation zu erahnen. Die Problematik von „Realität" und „Authentizität" ist vielschichtig und soll durchaus sichtbar bleiben; das Museum will nicht so „tun als ob".

Immerhin ist ein Museum dieser Art der Vermittlung von Arbeits- und Produktionsbedingungen schon erheblich näher auf der Spur als die gebräuchliche Methode, mittels weltentrückter Reliquien im Glassarkophag museale Andacht zu erzeugen. Da die Exponate in ihrem ursprünglichen Beziehungs- und Funktionszusammenhang verbleiben, die Maschine in der Halle, die Halle im Werk, das Werk als der optische Bezugspunkt in Erinnerung und im Gebrauch der umwohnenden Menschen weiterhin eine Rolle spielt, ist ein gewisses Maß an Lebensnähe gegeben. Wird dazu die engere und weitere Umgebung des Denkmals mit ihren Siedlungen, Dorf- und Stadtkernen, Verkehrsstraßen, Kirchen, Halden usw. in die Museumsarbeit einbezogen, kann die Isolierung des Denkmals aufgebrochen werden, eine Brücke vom historischen Dokument zum Hier und Heute geschlagen werden.

Zu diesem Aspekt gehört auch die Arbeit der Fördervereine, deren wesentliche Aufgabe weniger in der finanziellen Unterstützung als vielmehr in der Herstellung lebendiger Beziehung zwischen Museum und Bevölkerung besteht. Wird diese Beziehung weiterhin zur Auseinandersetzung mit den früher hier arbeitenden Menschen genutzt, zur Verarbeitung ihrer Erfahrungen am

ERHALTUNGS-
KONZEPTE

Arbeitsplatz und zu Hause, dann ist auch der Gefahr der „Sozialromantik in der anheimelnden Arbeiterküche" schon weitgehend ein Riegel vorgesetzt, desgleichen einem „Elendsrealismus", der nur zu leicht zum sauren Kitsch gerät. Das Industriemuseum hat keine fertigen Antworten zur Industriegeschichte parat, es versteht sich als ständiger Denk- und Entwicklungsprozeß mit den Prinzipien von Erinnerung und Frage – folglich kann es nie „fertig" sein. Die Denkmäler, Maschinen und Geräte, die es bewahrt und pflegt und mit denen es arbeitet, sind die feste Grundlage und das Kapital der Industriemuseen im Rheinland und in Westfalen. Museumskonzepte können und müssen sich ändern. Die vor der Vernichtung bewahrten Denkmäler aber gestatten, alle Fragen unter anderem Blickwinkel immer wieder neu zu stellen und Antworten zu suchen.

48.

Rolf Höhmann

Denkmale der Industrie – Museen der Industrie? 1992

aus: ICOM – Museum und Denkmalpflege, 1992, S. 56–61 (Auszüge)

Zur Person:
Architekturstudium in Darmstadt. Als freier Industriearchäologe tätig. Gutachten u. a. über Meidericher Hütte, Völklinger Hütte, Hüttenwerk Sulzbach-Rosenberg

Die Gattung der Technischen Denkmale wird allgemein als besonders museumswürdig angesehen, da bei den oft spezialisierten Industriebauten andere Nutzungen nur schwer denkbar erscheinen. Die Erfahrungen der Denkmalpflege aus den letzten Jahren zeigen aber, daß Denkmalwert und museale Nutzung sich konträr zueinander entwickeln können. ...

Die Betrachtung beschränkt sich dabei auf die immobilen Denkmale, die nur mit erheblichem Aufwand transloziert werden können. Das Schicksal der mobilen, also leicht zu transportierenden Technischen Denkmale wie den Land-, Wasser- und Luftfahrzeugen, aber auch der Maschinen ist leider oft zu traurig, um hier ausführlich diskutiert werden zu können. ...

Der Prozeß der Sicherung und Unterschutzstellung nicht nur Technischer Denkmale ist langwierig. Es ist fast die Regel, daß in der Zwischenzeit wichtige technische Ausstattungen verschwinden, die dann später auch in Museen wieder auftauchen (Motto: Jedem Museum seine Dampfmaschine). An diesen Aktionen beteiligen sich nicht nur gutwillige Technik-Nostalgiker, sondern auch ein gewerblicher Handel und beamtete Museumsleute. Selbst die Kokom-Organisation von Schalck hat entsprechende Angebote gemacht.

Die immobilen Technischen Denkmale möchte ich in vier Gruppen einteilen, deren Denkmalwert meiner Meinung nach abnimmt, deren Museumswert aber steigt, also durchaus den Konflikt zwischen denkmalpflegerischer Erhaltung und musealer Präsentation darstellen sollen. Erste dieser Gruppen wäre die der verlassenen, „passiv" behandelten Technischen Denkmale. Die zweite, vielleicht „aktiv" zu benennende Gruppe wird in ursprünglicher oder ähnlicher Form weitergenutzt. Dritte Gruppe sind die echten Technikmuseen unterschiedlichster Konzeption, als vierte erscheint eine zunächst kurios erscheinende, gleichwohl vorhandene Kategorie von Museen, die wiederum Technisches Denkmal werden konnen.

Unter den passiven, verlassenen Denkmalen verstehe ich solche, die seit einiger Zeit in Ruhe gelassen wurden, möglicherweise sogar teilweise verfallen sind. Auch bei den herkömmlichen Denkmalen gibt es zahlreiche Objekte dieser Art. ...

Ähnlich ist der Umgang, wenn auch in kürzeren Zeitabschnitten, mit den Hochofenanlagen in Völklingen im Saarland und in Duisburg-Meiderich, die beide 1985 stillgelegt wurden und deren Schicksal seitdem zwischen Abriß und Museumsnutzung unentschieden blieb. Da die Abrisse zunächst nicht durchsetzbar waren und auch an den hohen Kosten bzw. am derzeit niedrigen Schrottpreis scheiterten, ergab sich für beide Anlagen zumindestens eine Gnadenfrist, in der Konzepte für einen möglichen Erhalt und dessen Konsequenzen entwickelt werden können. Das Hochofenwerk in Duisburg-Meiderich wurde in der Zwischenzeit in das Projekt der Internationalen Bauausstellung Emscherpark einbezogen, der Denkmalwert konnte untersucht und begründet werden, ein Erhaltungs- und Museumskonzept wird z. Z. entwickelt. In Völklingen ist die Situation weniger entschieden, Teile der Kokerei werden abgerissen, für Erhaltungsmaßnahmen sind keine Mittel vorhanden. In beiden Fällen hat die Dimension der Objekte zunächst schnelle Maßnahmen verhindert, das Problem für die Öffentlichkeit bewußt gemacht und eine Diskussion ermöglicht. Daß bei der möglichen Erhaltung ebenfalls „passive" Ansätze wie der sogenannte „kontrollierte Verfall" und punktuelle Sicherungsmaßnahmen erprobt werden sollen, wird den monumentalen Denkmalwert dieser technikgeschichtlichen Großobjekte nicht schmälern.

Modelle für solche Vorgehensweisen sind bisher nur in Großbritannien zu finden, dem Mutterland der Industriearchäologie mit entsprechend längerer Erfahrung.

... Die zweite Gruppe der aktiven oder genutzten Denkmale ist gekennzeichnet durch ihre lebendige Existenz innerhalb ihres ursprünglichen Funktionszusammenhangs bei nur wenig geänderten Nutzungen. Gerade für kleinindustrielle Anlagen ist die Verwendung von alten Produktionsgebäuden als Lager oder Werkstätten besonders typisch. Ein klassisches und für die Bundesrepublik wichtiges und bedeutendes Beispiel ist die Sayner Hütte in Bendorf.

... Die Einrichtung von Museen in Technischen Denkmalen ist dagegen dem Denkmalwert oftmals nicht förderlich. Für ein Museum gelten die Bedingungen der Öffentlichkeit, der Attraktivität, der pädagogischen Darstellung und anderes mehr. Diese Ziele sind zumeist nur mit Änderungen, Umbauten und Zutaten zur denkmalgeschützten Substanz zu erreichen. Die Beispiele sind zahlreich: Die Industriemuseen des Rheinlandes und Westfalens bemühen sich um eine dezentrale Darstellung der reichen Industriegeschichte des Ruhrgebietes möglichst an „Originalschauplätzen", also unter Einbeziehung existierender Technischer Denkmale der verschiedenen Produktions- und Infrastrukturbereiche. ...

Die Anlagen der Zeche Zollern 2/4 in Dortmund-Bövinghausen zählen zu den bedeutendsten Denkmalen dieser Art nicht nur in Deutschland; die Rettung dieses Objektes hat die Diskussion um den Erhalt von industriellen Denkmalen angeregt und bestimmt. Die zugehörigen Fördergerüste sind weit vor dieser Sicherung abgerissen worden; sie werden nun durch ähnliche, translozierte Gerüste ersetzt. Nach strenger denkmalpflegerischer Definition sind diese nicht Gegenstand einer Unterschutzstellung. ...

Vorstellbar ist, daß neben den sicher denkmalwerten Originalobjekten in einer absehbaren Zukunft diese Museen in ihrer Gesamtheit ein Denkmal werden könnten.

Schon diskutiert werden kann diese Entwicklung bei der vierten Gruppe, den herkömmlichen Technikmuseen. Das Bergbaumuseum Bochum steht weder am Standort eines Bergwerkes, noch erschließt sein Fördergerüst einen Tiefbau. Das Gebäude beansprucht aber zu Recht Denkmalwert, der allein schon mit seinen bekannten Architekten Schupp und Kremmer zu belegen ist, die zahlreiche stilbildende Industriebauten vor und nach dem Zweiten Weltkrieg vor allem im Ruhrgebiet entwarfen. Das Fördergerüst wird dann Denkmalwert erhalten, wenn es der letzte Zeuge dieser Art in der einst vom Bergbau geprägten Stadt Bochum sein wird.

Das wahre Denkmal eines Technikmuseums hätte das ehemalige Verkehrs- und Baumuseum im Hamburger Bahnhof in Berlin sein können, wenn gegen seinen Erhalt in dieser Form nicht Bauschäden und administrative Probleme gesprochen hätten.

VIII. Perspektiven: Deindustrialisierung und das Ideal ressourcenschonenden Wirtschaftens

Im letzten Viertel des 20. Jahrhunderts kündigt sich in der Industriellen Wirtschaft ein Paradigmenwechsel an. Die Auswirkungen der automatisierten Informationsverarbeitung und Produktionssteuerung zeigen mit der so erreichten Effizienzsteigerung die Grenzen traditioneller industrieller Strukturen und Arbeitsverhältnisse auf. Gleichzeitig beginnt auch in der Wirtschaft eine Neubewertung der Produktionsprozesse unter Umwelt- und Ressourcengesichtspunkten.

Grenzen der Fortschrittshoffnungen

Die im Zusammenhang des Fortschrittsdenkens stehenden Leitbilder von „Naturbeherrschung und Streben nach Wohlstand"[1] werden im entstandenen Bewußtsein der „Grenzen des Wachstums" neu befragt. Friedrich Rapp hat in seinem Buch „Fortschritt – Entwicklung und Sinngehalt einer philosophischen Idee" Geschichte und Verlust des Fortschrittsglaubens klug analysiert. Er zeigt Konflikte auf – etwa „zwischen Kulturentwicklung und Vermehrung des materiellen Wohlstandes",[2] und weist auf die Grenzen: „So müssen wir uns heute die Frage stellen und auf kollektiver Ebene beantworten, ob der erstrebte Fortschritt in erster Linie der Beförderung von Wissenschaft und Technik, dem materiellen Wohlstand, der Erhaltung der Umwelt, den sozialen und politischen Strukturen, der allgemeinen Bildung oder der Förderung des künstlerischen Schaffens und der moralischen Vervollkommnung dienen soll. Hier zeigt sich, daß selbst dann, wenn man von den gar nicht intendierbaren Idealvorstellungen absieht und sich nur auf die im Prinzip herstellbaren Zustände konzentriert, nicht alle gleichzeitig in vollem Umfang realisierbar sind. Die internen Konflikte und die Grenzen, auf die man hier stößt, sind letzten Endes in der Konkretheit und Endlichkeit aller menschlichen Verhältnisse begründet. ... diese Einsicht entbindet nicht von der Notwendigkeit einer konkreten Entscheidung. Innerhalb der Grenzen des Machbaren müssen angesichts der stets begrenzten Ressourcen aufgrund einer ausdrücklichen oder stillschweigenden Güterabwägung ganz bestimmte Prioritäten gesetzt werden. ... Bezüglich des Fortschrittsproblems bestehen insbesondere Konkurrenzbeziehungen zwischen dem Streben nach Massenwohlstand und den Belangen des Umweltschutzes oder zwischen den Interessen der gegenwärtig Lebenden und dem Anrecht der künftigen Generationen".[3]

Die Erkenntnis, daß systematische Ressourcennutzung und Naturausbeutung zwar Wohlstandsmehrung ermöglichen, der zunehmende Rohstoff- und Energieverbrauch und die problematischen Reststoffe industriellen Wirtschaftens aber die materiellen Bedingungen und die natürlichen, d.h. biologischen und klimatischen Lebensgrundlagen in Gefahr bringen, führt zu der Notwendigkeit, freiwillige Grenzen des Verbrauchs zu setzen und das Verhältnis von Industrie und Natur neu zu begründen. Nochmals mit den Worten von Friedrich Rapp argumentiert: „Weil dieses Vorgehen (die Kräfte der Natur im Rahmen ihrer immanenten Gesetzmäßigkeiten uneingeschränkt für den Fortschritt durch Wohlstandsmehrung in Dienst zu nehmen) sich als nur allzu erfolgreich erwiesen hat, stehen wir nunmehr vor der

1. Entkernte Maschinenhalle im Kraftwerk Süd, Bitterfeld, um 1995

[1] Friedrich Rapp: Fortschritt – Entwicklung und Sinngehalt einer philosophischen Idee. Darmstadt 1992; Zitate: S. 5.
[2] Wie vor., S. 49.
[3] Wie vor., S. 47/48.

Aufgabe, uns selbst Maßstäbe zu setzen und Beschränkungen aufzuerlegen, damit die strukturell vorprogrammierte Dynamik der 'Superstruktur' von Naturwissenschaft, Technik und Industrie sich auf lange Sicht nicht als kontraproduktiv erweist".[4]

Die Entwicklung der modernen industriellen Zivilisation war, wie bereits in früheren Kapiteln (II, III) angesprochen, von Beginn an von verschiedenen Seiten kritisch begleitet worden. In seiner Studie „Eine andere Moderne? Zivilisationskritik, Natur und Technik in Deutschland 1880-1933" hat der Historiker Thomas Rohkrämer die Hoffnungen auf die unabwendbare technische Zivilisation im ersten Drittel des 20. Jahrhunderts untersucht.[5] Am Beispiel von Walther Rathenau, Ludwig Klages und Ernst Jünger zeigt er die Visionen von der dienenden Technik, der Versöhnung von Technik und Natur und schließlich die Hoffnung auf die Lösung allgemeiner Probleme durch die Perfektionierung der Technik. Innerhalb der Moderne werden so zivilisationskritische Ansätze sichtbar, welche die von Beginn an gesehene Ambivalenz des Fortschrittsdenkens in aktive geistige und kulturelle Prozesse umformen, verarbeiten und in eine Theorie der industriellen Zivilisation einbringen wollen.

Strukturwandel und Deindustrialisierung

Die großen Veränderungen der europäischen Industriegebiete haben ihre Ursache allerdings nicht in den Auswirkungen der Einsicht in die Grenzen des Wachstums, sondern fußen in bereits wieder historisch zu sehenden Prozessen eines Strukturwandels.

Volkswirtschaftliche Zäsuren wie der Abschluß des Nachkriegswiederaufbaus in Deutschland und weltwirtschaftliche Entwicklungen wie die Verlagerung von Industriezweigen nach Südostasien und die Umstellung von Kohle auf Erdöl als primärem Energieträger haben schon in den 60er und 70er Jahren neue Bedingungen für die alten europäischen Industriegebiete geschaffen. Neben die sozialen traten hier Vorboten strukturpolitischer Herausforderungen, welche die Weiterexistenz historischer Industrielandschaften als wirtschaftliche Schwerpunkte in Gefahr brachten. „Globalisierung" der Industrien selbst und ihrer Märkte und weltweite Arbeitsteilung machen regionale und selbst nationale Politik auch in der Form eines Gegensteuerns zu als problematisch erkannten Entwicklungen immer schwerer.

Die Sinnfälligkeit der Erhaltung materieller Relikte etwa der schwerindustriellen Strukturen ist vor diesem Hintergrund doppelt schwierig zu vermitteln: Schon aus der ideologischen Verhaftung in den sozialen und wirtschaftlichen Denkmodellen und Strukturen der Nachkriegsjahre wird ein nicht mehr zeitgemäßer Optimismus des Erneuerns weiter beschworen – ohne auch nur an die neuen Chancen und Gefährdungen bereits denken zu wollen und den „Modernisierungsbruch" als Faktum anzuerkennen. Andererseits hat sich die Einsicht in die Unmöglichkeit eines erneuten Austauschs der gebauten Umwelt (siehe Text 52) noch nicht durchgesetzt.

Im letzten Jahrzehnt konnten so extrem konträre Haltungen gegenüber den Zeugnissen des Industriezeitalters entstehen: ihre rigorose Ablehnung als ideelle und materielle Belastung erhoffter (aber unrealistischer) zukünftiger Entwicklung einerseits und der Wille, historische Strukturen vor allem als Belege einer verschwindenden industriellen Welt sichtbar zu erhalten, andererseits. Pragmatische Kompromisse einzelner als „Bildstöcke"[6] in neue Baugebiete eingefügter Industrierelikte und hochambitionierte, aber oft überinszenierte Umbaulösungen historischer Industriebauten sind sichtbare Ergebnisse dieser gesellschaftlichen Ambivalenz.

Eine Neubewertung der Potentiale vorhandener industrieller Strukturen unter stark veränderten Rahmenbedingungen erscheint daher – ideell wie materiell – dringend notwendig.

Entwicklung des „Ökologischen Denkens"

Lange bevor der Begriff „Umwelt" Ende der 60er Jahre im heute gebräuchlichen Sinn definiert wurde, hatte sich schon einmal die Heimatschutzbewegung zu Beginn des 20. Jahrhunderts allerdings primär auf der Basis ästhetischer und landschaftlicher Vorstellungen für eine „schöne", harmonische und damit auch gesunde natürliche Umwelt eingesetzt (siehe Kap. II). Sie sollte die psychische und soziale Gesundheit des Menschen in der Industriegesellschaft stärken und fördern. In der Stadterneuerungspolitik seit den 70er Jahren wurde der Begriff der „sozialen Umwelt" entwickelt; Denkmalschutz wurde etwa von Michael Petzet als umfassende „Umwelttherapie" für alte kränkelnde Städte bezeichnet.[7] Die englischsprachige Welt spricht vom „historic" und „built environment" in Ergänzung zur natürlichen Umwelt. Die baulichen Zeugen sind Teil einer vom Menschen geschaffenen, kulturell, aber auch materiell bestimmten Welt.

Der Natur- und Artenschutz, ebenfalls eine der Wurzeln der modernen Umweltbewegung, setzte im 19. Jahrhundert ein. Den zuerst ästhetisch-landschaftlichen Ansatz belegt etwa der 1896 gegründete National Trust in England mit seinem Auftrag des Schutzes der „places of natural beauty". Auch wenn in dieser Formulierung bereits unbewußt natürliche Harmonie und Schönheit und ökologische Gesundheit enthalten sein mochten; die Natur- und Tierschutzorganisationen öffnen sich erst langsam einer ganzheitlichen Betrachtungsweise der Kompelexität ökologischer Systeme; der Namenswechsel des WWF vom „World Wildlife Fund" zum „Worldwide

2. Stillgelegte und teildemontierte Gleisanlagen auf der Kokerei Hansa in Dortmund-Huckarde, 1995

[4] Wie vor., S. 138.
[5] Thomas Rohkrämer: Eine andere Moderne? Zivilisationskritik, Natur und Technik in Deutschland 1880–1933. Paderborn 1999.
[6] Karl Ganser: „Industriegeschichte als historischer Irrweg?" In: Michael Petzet, Uta Hassler (Hgg.): Das Denkmal als Altlast? Auf dem Weg in die Reparaturgesellschaft (ICOMOS – Hefte des Dt. Nationalkomitees XXI). München 1996, S. 20–22.
[7] Michael Petzet: „Denkmalschutz als Umwelttherapie." In: Eine Zukunft für unsere Vergangenheit. Denkmalschutz und Denkmalpflege in der Bundesrepublik Deutschland (Ausst.-Kat.). München 1975, S. 7–37, bes. S. 14; vgl.: Hans Maier: „Die gebaute Umwelt und ihre Zukunft." In: Jahrb. d. Bayer. Denkmalpflege (JBD) 39, 1985, S. 9–14; Michael Petzet: „Denkmalschutz und Umweltschutz." In: JBD (wie vor.), S. 15–22.

STRATEGIEN FÜR DIE ZUKUNFT

Fund for Nature" steht dafür. Vorläufiger Schlußpunkt dieser Entwicklung ist die linguistische Feststellung, der Begriff „Umwelt" sei Ergebnis anthropozentrischen Denkens; vielmehr müsse von „Mitwelt" gesprochen werden. Es stellt sich hier die Frage nach Selbsteinordnung und Rolle des Menschen im komplexen System Erde.

1970 haben Dennis und Donella Meadows für den Club of Rome eindringlich auf die Grenzen des Wachstums hingewiesen: auf die Gefahren der Bevölkerungsexplosion, aber auch die Folgen der ungehemmten Steigerung der Industrieproduktion und des Energieverbrauchs, deren Grundlagen in der Wachstums- und Erfolgsideologie und der weltweiten Verflechtung der Wirtschaft.[8] Seitdem sind die Gefährdungen noch deutlicher geworden: für das klimatische Gleichgewicht, die schützende Erdatmosphäre und vieles andere. Der steigende Verbrauch der endlichen Ressourcen, also der Bodenschätze und Energieträger, führt nicht nur zur Zerstörung von Landschaft und Natur, sondern auch zur 'Erschöpfung' und Überhitzung der Erde.

Lange hat sich die Natur- und Umweltschutzbewegung in der Auseinandersetzung mit den negativen Auswirkungen der Industrialisierung entwickelt. Im 19. Jahrhundert sind es gerade die „rauchenden Schlote", die für Wohlstand und Wachstum stehen, für die Überwindung vorindustriellen Elends und Rückständigkeit. Die Einbeziehung des Umweltgedankens in die Wirtschaft erfolgte auf öffentlichen Druck und als Folge gesetzlicher Auflagen. Mit ausgelöst durch die 'Ölkrise' von 1973 wurden Forschung und Entwicklung im Bereich von Energiesparmaßnahmen intensiviert.

Theoretisch fordert die Eingrenzung des Schadens am Naturhaushalt eine grundsätzliche Überprüfung allen wirtschaftlichen Handels, wobei technologische und wissenschaftliche Ressourcen zugunsten der Umwelt, zur Verringerung und Minimierung der ökologischen Belastung eingesetzt werden könnten. Einzelne Ökonomen wie Karl William Kapp und Hans Immler haben die Einbeziehung des Faktors „Natur" in die ökonomische Berechnung schon seit den 50er Jahren gefordert;[9] die Diskussion über „externe Kosten" oder „Kostenwahrheit" prägt die Debatten über nachhaltiges Wirtschaften seit nun mehr als einem Jahrzehnt. Einzelne Institutionen wie die Hochschule St. Gallen haben versucht, solche Modelle in die Volkswirtschaftslehre einzuführen. Die Umsteuerung industrieller Dynamik und Potentiale in ein System dauerhaften Wirtschaftens als große ungelöste Aufgabe des 20. Jahrhunderts ist seit den 70er Jahren von fast allen politischen Bewegungen zwar thematisiert worden (z.B. in den frühen Programmen der „Grünen" Partei), bisher aber nur in Ansätzen in praktische Politik umgesetzt. Bisheriger Höhepunkt der auch internationalen Diskussion, die sich unter dem Stichwort „Klimaveränderung" entwickelt, ist dabei die Rio-Konferenz von 1991.

Von der Beschäftigung mit einzelnen schädlichen Umwelteinflüssen, die bis in die Anfänge der Industrialisierung zurückreicht, hat der Umweltschutzgedanke über die Verbindung der einzelnen Faktoren eine Gesamtsicht der ökologischen Systeme gewonnen. Die Idee solcher Gesamtschau stammt aus den biologischen Forschungsarbeiten schon der 20er Jahre.[10]

Aus dem Anspruch einer Gesamtschau erwuchs die Erkenntnis der Notwendigkeit einer aktiven Strategie, eines „Management", das nicht auf die Nachsorge der Schäden ausgerichtet ist, sondern die Wirtschaftsweise überhaupt kritisch betrachtet und möglichst frühe Einflußmöglichkeiten sucht. Bewertungsmodelle schädlicher Einflüsse bilanzieren gegenwärtig über die lange schon diskutierten Emissionen von Kohlendioxid und Schwefeldioxid auch die Fragen einer Versauerung des Bodens, humantoxische Einflüsse und ökotoxische Faktoren (Umweltschäden). Ein wichtiger Faktor der Bewertung ist dabei natürlich die Betrachtung der gesamten Lebenszyklen der Produkte und Leistungen – also eine Gesamt- oder Langfristbilanz von den Vorstufen der Herstellung der Produkte über ihren Gebrauch bis hin zu ihrer Beseitigung.[11]

3. Beispiele für Turmbauten aus: Werner Lindner: Bauten der Technik, 1927

[8] Dennis u. Donella Meadows, Grenzen des Wachstums. 1970, [16]1994; Studie Global 2000.
[9] Karl William Kapp: Sozialisierung der Verluste. Die sozialen Kosten eines privatwirtschaftlichen Systems. München 1972; Hans Immler: Vom Wert der Natur (Natur in der ökonomischen Theorie, Bd.3). Wiesbaden 1989.
[10] Eugene P. Odum: Ökologie. Grundlagen, Standorte, Anwendungen. Stuttgart [3]1998.
[11] Niklaus Kohler: „Modelle und Lebenszyklus des Gebäudebestandes." In: Uta Hassler, Niklaus Kohler, Wilfried Wang (Hgg.): Umbau. Über die Zukunft des Baubestandes. Tübingen/Berlin 1999, S. 24–38.
[12] Hist. Kulturlandschaften (ICOMOS – Hefte des Dt. Nationalkomitees, Bd.XI). München 1993.

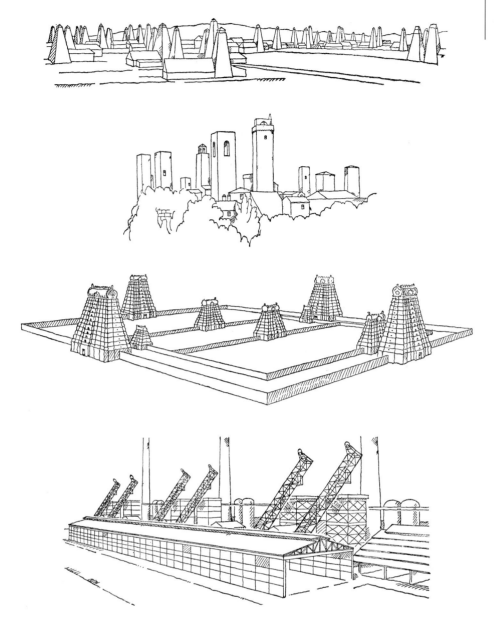

Industrie oder Natur – Industriemoderne und Landschaft

Seit in der Heimatschutzbewegung eine inhaltlich erweiterte und theoretisch reformierte Denkmalpflege mit dem Landschaftsschutz verbunden wurde, sind sowohl die Denkmale in ihrem landschaftlichen Umfeld als auch die historischen Kultur- und Naturlandschaften als eigenständige schützenswerte Elemente betrachtet worden.[12] Entsprechend hat sich der Heimatschutz, teilweise gemeinsam mit dem Deutschen Werkbund, immer wieder gegen die Zerstörung organisch gewachsener Landschaften und für eine angemessene Gestaltung der Eingriffe eingesetzt. Es zeigt sich, daß hierbei oft, sei es gewollt oder ungewollt, nicht zwischen einer weitgehend fiktiven „Urlandschaft" und der sich letzlich dynamisch entwickelnden Kulturlandschaft unterschieden wurde, obwohl ja schon der Begriff „Landschaft" Eingriff und Veränderung impliziert. Zudem wurde und wird der Begriff der Kulturlandschaft meist für die vorindustriell geprägte Landschaft reser-

STRATEGIEN FÜR
DIE ZUKUNFT

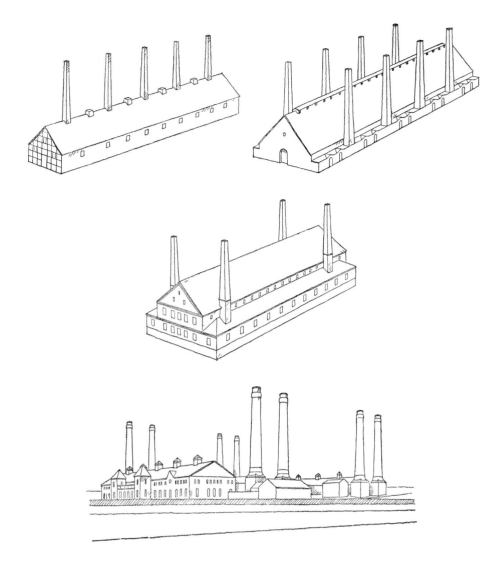

viert – eine Einstellung, die angesichts des heutigen Verständnisses von der Industriekultur und zahlreicher hochbedeutender, unwiderruflich industriell geprägter Regionen als nostalgisch und realitätsfern bezeichnet werden muß.

Über die Verknüpfung von Technikkult und reaktionärer Moderne in der Architektur und Propaganda des Dritten Reichs wurde im Kapitel III berichtet. Für die Positionen des ausgehenden 20. Jahrhunderts sind die Entwicklungen des ersten Jahrhundertdrittels und der Kriegsjahre noch immer prägend. Paradigmenwechsel in der Theoriebildung der Nachkriegszeit unterblieben zum Teil auch deshalb, weil die Aufarbeitung der Fachgeschichte lange fehlte und somit eine Analyse von Kontinuität und Wechsel der Leitbilder.[13]

Die von den Vertretern der „Industriemoderne" formulierten Hoffnungen auf eine möglichst weitgehende „Industrialisierung des Bauens und Lebens"[14] vertraten zwar eine Idealisierung der Technik und die Idee einer neuen „Funktionsform", fußten aber ebenso wie die konservativen Bewegungen auf Strömungen einer ästhetischen Reform, die ihre Vorbilder aus einer idealisierten Ingenieurarchitektur bezogen.[15] In der Idealisierung der „Industrieform" treffen sich bemerkenswerterweise die Vertreter der sogenannten Internationalen Moderne mit den Anhängern der Heimatschutzbewegung. Hin und wieder sind die Grenzen kaum auszumachen – wie etwa in der Person Werner Lindners (siehe Kap. II), der über die „Industriebauten in ihrer guten Gestaltung" schreibt, erste Inventare zu technischen Kulturdenkmalen erstellt und gleichzeitig als wichtiger Funktionär der Heimatschutzbewegung für die Erhaltung der Erscheinungsbilder traditioneller Kulturlandschaften eintritt. So sind auch die „Reformbünde" (Werkbund, Dürerbund ...) personell verknüpft.

Für die Landschaft haben die Bewegungen des ersten Jahrhundertdrittels konsequenterweise ebenfalls zwei Effekte: in großem Maßstab organisierte Aktivitäten zur besseren Gestaltung der als schutzwürdig erkannten Landschaft wie auch funktional-ökonomische Eingriffe, wie z. B. „Meliorations"- und Flurbereinigungsmaßnahmen zur einfacheren Anwendung maschineller Bearbeitungsmethoden – im weiteren Sinne die „Industrialisierung der Landwirtschaft" (seit den 30er Jahren z. B. organisiert durch den Reichsarbeitsdienst).

Gert Gröning hat in seinem Buch „Die Liebe zur Landschaft" belegt, wie weitgehend Planungsinstrumente und Fachvokabular der Nachkriegsplaner in der Fachgeschichte der 20er und 30er Jahre gründen: Idealtypisch zur Anwendung kamen sie vor allem in Planungen für die Ostkolonisation, aber auch in großen Projekten für neue technische Infrastruktur.[16]

Das „Unternehmen Reichsautobahn" zielte beispielsweise keineswegs nur auf eine Verbesserung der Verkehrsinfrastruktur, sondern verband landschaftsverschönernde Maßnahmen mit anspruchsvoll gestalteten technischen Bauwerken – anknüpfend an die schon ältere Tradition einer Gestaltung der Landschaft durch „gute Industrieform", etwa bei Kraftwerken, Schleusen, Leitungsbauten und anderer technischer Infrastruktur.[17] Viele der heute schutzwürdigen Objekte der Industriekultur stammen aus diesem Umfeld, Bauten von oft beachtlicher Qualität.[18]

Peter Norden zitiert in seinem Buch „Unternehmen Autobahn" die Leitsätze des Bauprogramms: „Für den Bau neuer Straßen ist oberster Grundsatz, daß sie die Schönheit des Landes nicht beeinträchtigen dürfen, sondern sie vermehren sollen. Der Reisende soll die neuen Verkehrswege nicht nur benutzen, um schnell von einem Ort zum anderen zu gelangen, sondern auch, um auf der Reise die Schönheit des Landes zu erleben und zu genießen ... das Erlebnis der Landschaft ist in hohem Maße ein Raumerlebnis".[19] Den beim Bau der Autobahn tätigen Ingenieuren wurden in den Bauleitungen Gartenarchitekten und Forstfachleute als Berater beigegeben. – Peter Reichel hat gezeigt, wie sehr die progressiv erscheinenden Planungskonzepte auf Pläne des Regimes zur Eroberung und Erschließung neuer Räume ausgerichtet waren. Er zeigt, daß und warum Ansätze einer „Versöhnung von Natur und Technik" verloren gingen im Versuch der Beherrschung von Natur und Mensch mit technischen Mitteln – ungelöste Widersprüche von Agrarromantik, modernem Industriestaat, Rassenutopie und hochtechnisierter Kriegsführung durch ästhetische und massenkommunikative Überspielung unterdrückend.[20]

Die Kontinuität der Leitbilder, idealisierte Naturlandschaft, Technikoptimismus und Hoffnung auf Verbesserung durch gute Form reicht bis in die späten Jahre des 20. Jahrhunderts, allerdings meist ohne ausdrücklichen Bezug auf ihre ideologische Tradition. Manche Themenfelder blieben andererseits lange tabuisiert, wie etwa das Thema „Dauerhaftigkeit". Vielleicht entstand auch die Diskussion über Knappheit natürlicher Ressourcen im Optimismus der Wiederaufbauzeit und in dem damals programmatisch gelebten „neuen Internationalismus" deshalb so zögerlich, weil in womöglich intuitiver Vermeidung der in der Kriegswirtschaft so wichtigen Fragen der Rohstoffe, Bodenschätze und anderen Naturressourcen über die Fragen von Knappheit nicht gerne gesprochen wurde.

Schon 1959 aber hat der Deutsche Werkbund in einem Appell „Die Landschaft muß das Gesetz werden" auf den schnellen Verbrauch des endlichen Gutes Landschaft im Bauboom der Nachkriegszeit hingewiesen: „Sollte es nicht möglich sein, das sinnlos und schädlich Auseinanderstrebende in eine gute Ordnung zu bringen, um Werte zu erhalten, ohne die kein menschenwürdiges Leben mehr möglich ist?", heißt es dort, und „wir sind im Begriff, mit immer besseren und kostspieligeren Mitteln ... die Grundlagen zu beseitigen, aus denen gesundes Leben sich ergänzen und Bestand haben kann".[21] Mit hohem philosophisch-moralischen Anspruch wird hier eine zivilisatorische Fehlentwicklung kritisiert, nicht aber auf die planerischen Leit-

---

4. Beispiele für Bautengruppen mit Schornsteinen aus: Werner Lindner: Bauten der Technik, 1927

[13] Ansatzpunkt wäre etwa der „Reichslandschaftsanwalt": Alwin Seifert: Im Zeitalter des Lebendigen. Dresden/ Planegg 1941; Ein Leben für die Landschaft. Düsseldorf 1962.
[14] Le Corbusier: Vers une architecture. Paris 1922.
[15] Reyner Banham: Das gebaute Atlantis. Basel 1990.
[16] Gert Gröning, Joachim Wolschke-Bulmahn: Die Liebe zur Landschaft. 1986; siehe z. B. auch: Niels Gutschow, Barbara Klain: Utopie und Vernichtung. Stadtplanung Warschau 1939–1945. Hamburg 1993.
[17] z. B.: Werner Lindner: Die landschaftlichen Grundlagen des deutschen Bauschaffens, Bd. 1: Das Dorf. Seine Pflege und Gestaltung. München 1938; Bd. 2: Die Stadt. Ihre Pflege u. Gestaltung. München 1939; mit Julius Schulte-Frohlinde, Walter Kratz: Der Osten. München (um 1940).
[18] Rainer Stommer: „Triumph der Technik. Autobahnbrücken zwischen Ingenieuraufgabe und Kulturdenkmal." In: ders. (Hg.): Reichsautobahn. Pyramiden des dritten Reichs. Analysen zur Ästhetik eines unbewältigten Mythos. Marburg 1982; dazu auch: Peter Reichel, Der schöne Schein des dritten Reichs. Ästhetik und Gewalt des Faschismus. München/Wien 1991, bes. Kap. 2 und 8.
[19] Peter Norden: Unternehmen Autobahn. Bayreuth 1983, S. 145.
[20] Reichel (wie Anm. 18), S. 283.
[21] Dt. Werkbund 1960: „Die Landschaft muß das Gesetz werden." In: Zwischen Kunst und Industrie. Der Deutsche Werkbund (Ausst.-Kat. Neue Sammlung). München 1975, S. 453–455.

STRATEGIEN FÜR
DIE ZUKUNFT

bilder hingewiesen, die jene Entwicklung entscheidend mit geprägt hatten. Mit der weiteren Motorisierung steigerte sich der Landschaftsverbrauch auch in den 60er Jahren, Aufschreie wie „Bauen als Umweltzerstörung" von dem Züricher Architekten Rolf Keller 1973 machten die Entwicklung bewußt.[22]

Schutz der Natur, Leitbilder einer neuen „Kulturlandschaft"

Obwohl die Verknüpfung der Schutzgüter Natur, Kulturlandschaft und Kulturerbe in der Nachkriegszeit kaum mehr thematisiert wird, finden sich doch in allen Disziplinen Hoffnungen auf eine Vereinbarkeit divergierender Interessen und neue fachübergreifende Sichtweisen. Auch für den Naturschutz brachten die 70er und 80er Jahre neue Einsichten in die Komplexität ökologischer Gleichgewichte und die Phänomene ihrer Gefährdung.[23]

Schutz der genetischen Diversität, Aufrechterhaltung der ökologischen Prozesse und lebenserhaltenden Systeme, nachhaltige Nutzung von Arten und Ökosystemen wurden als Rahmenziele des Naturschutzes in einem nun auch wissenschaftlich fundierten Fachverständnis begriffen. Steuerungsfragen einer ganzheitlichen Entwicklung genutzter Ökosysteme, die Naturnutzung, gebaute Umwelt und Naturressourcen einbezieht, werden aber nur zögerlich und in 'Diskursinseln' thematisiert.

So finden sich in Publikationen der Denkmalpflege zu Fragen der Kulturlandschaft meist im Vordergrund noch traditionelle Aspekte der Denkmallandschaft[24] und naturräumlicher Bedingungen, ergänzt etwa bei Wilfried Lipp um kulturhistorische Analysen zum Wandel des Naturbegriffs und der Rezeption von Landschaft und Geschichte seit der Aufklärung. Lipp zeichnet das Bild eines Auseinanderfallens der von ihm so genannten „symbolischen Trinität von Natur, Geschichte und Denkmal" in die „institutionalisierten Gehege von Natur- und Denkmalschutz" und den „vergleichgültigenden Historismus etablierter Geschichtswissenschaft", er sieht das Denkmalbewußtsein als Kompensationsversuch – den Versuch einer Aufhebung der Zeit.[25]

Als Weg in die Zukunft scheint „die friedliche Liquidation von Beständen, Beseitigung des Unbedeutenden, Bewahrung des Bedeutenden und damit Rückgewinnung von Natur" auf – eine womöglich wiederum in der Tradition des Naturverständnisses der Neuzeit begründete ästhetische Vision, Rückeroberung durch Natur nach mißbräuchlicher menschlicher Nutzung.[26]

Im Thema eines umfassenden Naturschutzes werden Kulturlandschaften anderer Bedeutung benannt, das Fehlen umfassender Konzepte beklagt. Harald Plachter schreibt 1996: „Naturschutz konzentriert sich in der Praxis nur auf den Erhalt von Arten und Ökosystemen. Es fehlt ein umfassendes Konzept für genutzte Landschaften, das auch den Schutz und die Entwicklung von ökologischen Prozessen einbezieht."[27]

Auch für den Naturschutz wird die Analyse von Prozessen und dynamischer Veränderungen nur zögerlich gedacht. Wenige Autoren wie z.B. Plachter zeigen, daß die herkömmliche Landschaftsplanung der ökologischen Bedeutung dynamischer Veränderungen nicht gerecht wird, da ihr mechanistische Landschaftsmodelle zugrunde liegen: „Das landschaftliche Wirkungsgefüge bleibt unbeachtet oder wird allenfalls als Summe der einzelnen Bausteine verstanden. Nutzungen und Schutzziele werden flächenscharf festgeschrieben, landschaftliche Dynamik damit unterbunden. Weitgehend diffuse Natürlichkeits- und Biodiversitätsbegriffe, die räumlich und thematisch nicht ausreichend differenziert werden, dienen als Leitlinie für die naturschutzfachlichen Festlegungen. Eine der Ursachen für diese Entwicklung ist das Fehlen ausreichend differenzierter, flächendeckender und dynamischer landschaftsökologischer Modelle."

[22] Rolf Keller: Bauen als Umweltzerstörung. Zürich 1973.
[23] Siehe etwa Harald Plachter: „Naturschutzforschung in Marburg." In: Wirtschaft und Wissenschaft, 3/1997; zur Bezeichnung zwischen Naturschutz und Denkmalpflege siehe auch: David Lowenthal: „Conserving Nature and Antiquity." In: Erik Baark, Uno Svedin (Hgg.): Man, Nature and Technology. Essays on the Role of Ideological Perceptions, S. 122-134.
[24] Hist. Kulturlandschaften (wie Anm. 12).
[25] Wilfried Lipp: Natur, Geschichte, Denkmal. Zur Entstehung des Denkmalbewußtseins in der bürgerlichen Gesellschaft. Frankfurt/New York 1987, Zitat S. 16.
[26] Lipp (wie vor.), S. 287.
[27] In: Bedeutung und Schutz ökologischer Prozesse (Verhandlungen der Gesellschaft für Ökologie, Bd.26). 1996, S. 287 (Übers.). Hierin S. 297 zum Thema Kulturlandschaften: „In historischer Zeit waren die örtlichen Kulturen und die sie umgebende Natur eng miteinander verknüpft. Beide beeinflußten sich über Interaktionen gegenseitig, es entstanden 'Kulturlandschaften' (vgl. Plachter & Rössler 1995). Heute ist der Mensch im funktionalen Sinn weitgehend in der Rolle eines 'abiotischen Umweltfaktors': er prägt die Natur, wird aber von ihr (auf örtlicher Ebene!) nicht mehr substantiell beeinflusst. Handlungsrichtschnur sind nicht mehr die lokalen standörtlichen Gegebenheiten, sondern Fluktuationen der Weltmärkte und der staatlichen Subventionen. Nutzungsfehler werden durch Abwanderung beantwortet."

5. Gartenkolonie bei Essen; Foto von Albert Renger-Patzsch 1929 (Titel: „Industrielandschaft")

Harald Plachter beklagt in seinem Aufsatz zu „Bedeutung und Schutz ökologischer Prozesse" Forschungs- und Entwicklungsdefizite und verweist auf „regionale landschaftliche Leitbilder" als Zielsysteme des Naturschutzes auf landschaftlicher Ebene. Er schreibt: „Auch moderne Naturschutzkonzepte definieren spezifische 'Soll-' und 'Optimalzustände'. Sie sollen über 'zielgerichtete' Maßnahmen erreicht werden. Damit schreiben derartige Konzepte aber den entscheidenden Nachteil der Landschaftsplanung fort: je mehr der Sollzustand erreicht wird, desto mehr wird die Landschaft in einem bestimmten Zustand festgeschrieben. Sollte der Sollzustand erreicht werden, so ist an sich keine weitere Entwicklung mehr erwünscht. Dies wird den realen Rahmenbedingungen in genutzten Landschaften offensichtlich nicht gerecht. Statt von einem 'Optimierungsmodell' auszugehen, sollten vielmehr Toleranzgrenzen definiert werden, innerhalb derer Nutzungsveränderungen als naturschutzfachlich unbedenklich eingestuft werden können." [28]

Die für den Naturschutz hier geforderten „flexiblen Leitbilder" begegnen einer erneuerten, zum Teil eher rückwärts gewendeten Diskussion über „Kulturlandschaft". Wolfgang Erz schreibt in einem Beitrag zur Geschichte der Naturschutzbewegung: „In Deutschland scheint es in antagonistischer Weise wieder zu einer Annäherung an die Ursprungsvorstellungen der Landesverschönerung wie auch der Naturdenkmalpflege zu kommen, was sich in Begriffen wie Kulturlandschaftsentwicklung, Naturschutz in der Landwirtschaft, landwirtschaftliche Kulturpflege, Landschaftssicherung, Landeskulturelle Leistungen, Landschaftsökonomie und schließlich auch in dem Schlagwort einer nachhaltigen Nutzung zeigt. Ergänzend dazu breiten sich Vorstellungen für einen Kulturlandschaftsschutz ganz im reduzierten Sinne der einstigen Naturdenkmalpflege, jedoch jetzt mit anderen Inhalten aus. Das wird in dem Bemühen offenkundig, Kulturlandschaften in das elitäre Inventarisierungssystem der UNESCO-Weltkulturerbekonvention aufzunehmen und damit dynamische Kulturlandschaften praktisch zu Kulturlandschaftsdenkmalen zu machen. Das könnte als Renaissance Rudorffscher Ideen einer umfassenden Denkmalpflege gewertet werden, eher könnte man aber den von der Landschaftspflege an Conwentz gerichteten Vorwurf wiederholen, reduzierende Reservatsbewahrung zu betreiben – ein Rückfall also." [29]

---

[28] S. 300. Siehe auch: Harald Plachter: „A Central European Approach for the Protection of Biodiversity." In: Nature Conservation Outside Protected Areas (Conf. Proc.). Ljubljana 1996, und ders.: „Methodische Rahmenbedingungen für synoptische Bewertungsverfahren im Naturschutz." In: Zeitschrift für Ökologie und Naturschutz 3, 1994, S. 87–105; Eckhard Heidt, Harald Plachter: „Bewerten im Naturschutz. Probleme und Wege zu ihrer Lösung." In: Beiträge der Akademie Natur- und Umweltschutz Baden Württemberg, Bd. 23. Stuttgart 1996, S. 193–251.

[29] Wolfgang Erz: „Geschichte der Naturschutzbewegung." In: Ingo Kowarik, Erika Schmidt, Birgitt Sigel (Hgg): Naturschutz und Denkmalpflege. Wege zu einem Dialog im Garten. Zürich 1998, S. 57–66, Zitat S. 64; darin auch: Ludwig Trepl: „Die Natur der Landschaft und die Wildnis der Stadt", S. 77–85.

STRATEGIEN FÜR
DIE ZUKUNFT

„Entwicklung durch Pflege": das Ideal der Nutzungskontinuität

Konflikte und Kongruenz der Interessen von Naturschutz und Denkmalpflege reichen neben der schon angesprochenen Frage des „Landschafts- und Naturschutzes" auch in den Bereich der Pflege von Gartendenkmalen, wo die Notwendigkeit einer Erhaltung durch Pflege, aber auch der Erhaltung durch Intervention und Austausch diskutiert werden. Die Diskussion entwickelt sich hier – ähnlich wie im Feld der Bau- und Kunstdenkmale – hin zu einer Respektierung des gealterten Originals bei Hinnahme einer veränderten Erscheinung. Auch hier findet sich das Ideal des „Prozeßhaften". Nutzungskontinuität wird höherrangiges Schutzgut im Vergleich zu formaler Integrität, in der Bewahrung der kulturell variierten biologischen Vielfalt treffen sich die Hoffnungen wertkonservativen Naturschutzes mit der Pflege und Erhaltung der Kulturlandschaften und der Denkmale von Natur und Garten.[30]

Daß freilich auch für „gebaute Objekte" zuerst in jenem pflegerischen Ansatz und schonendem Gebrauch eine Hoffnung zur Rettung von Geschichte für kommende Generationen zu finden sein könnte, betont die Theorie (wenn auch nicht immer die Praxis) der Denkmalpflege seit John Ruskin.

Landes- und Raumplanung für die Entwicklung der Industrielandschaft

Eine Ebene analytischer Betrachtung und planerischer Bewältigung der Entwicklung böte die Raumplanung, die als räumliche Organisation volkswirtschaftlicher, natürlicher und sozialer Grundlagen Basis einer Analyse der Dynamik von Produktions- und Wirtschaftsweisen und der Einordnung überkommener Strukturen in heutige Planung leisten könnte. Die Aspekte, unter denen existierende Bestände betrachtet werden, sind allerdings bisher vor allem nutzungsbezogen: als verfügbares Industriegebiet, als Raumreserve, als altlastenbefrachtetes Gelände, als Teil einer Verkehrsinfrastruktur, schließlich als räumliches Merkzeichen. Innerhalb dieser Aufgabenstellung werden Einzelobjekte aufgegebener industrieller Strukturen bestenfalls zu Fixpunkten der Entwicklungsplanung. Bereits auf dieser planerischen Ebene entscheidet sich aber das Schicksal jener Suprastrukturen, die das umfassendste Netz industrieller Denkmale bilden. Auch hier – wie im Feld der Aktivitäten für den Naturschutz – fehlen Instrumente einer flexiblen und langfristig angelegten Steuerung von Veränderungsprozessen.

Die Landes-, heute Raumplanung, als Instrument der Steuerung von Bodennutzung, Siedlungs- und Verkehrsplanung ist – historisch gesehen – ein Kind der Industrielandschaft. Sie entstand in den 20er Jahren im wesentlichen im Großraum New York, in Berlin und im Ruhrgebiet, wo aus dem „Siedlungsverband Ruhrkohlenbezirk" der heutige „Kommunalverband Ruhrgebiet" wurde. Das dahinter stehende Ziel war, die Entwicklung größerer Gebiete zu verbessern und die Interessen der einzelnen Kommunen in Einklang zu bringen. Dabei standen Infrastruktur, Erholungsräume und Entsorgung im Vordergrund.

Mit dem Aufkommen der „Erhaltenden Stadtsanierung" und der Beschäftigung mit historischen Industrieobjekten hat die Raumplanung begonnen, bauliche Relikte der Industrie bei ihren Planungen einzubeziehen. Zuerst kombinierte die Internationale Bauausstellung in Berlin 1984–87 mit den Neubauprojekten die „Stadtreparatur" durch Sanierung von Altbauten und die Verbesserung des städtischen Wohnumfeldes.[31] Ähnlich wie in vielen anderen europäischen und amerikanischen Städ-

---

[30] Kowarik/Schmidt/Sigel, wie vor.
[31] Siehe etwa: Harald Bodenschatz: Stadterneuerung im Umbruch. Berlin 1984; Hardt-Waltherr Hämer (Hg.): Idee. Prozeß. Ergebnis. Die Reparatur und Rekonstruktion der Stadt. Berlin 1987.
[32] Peter Zlonicky: „Städtebau, Architektur und kulturelle Verpflichtungen in Industrielandschaften." In: Andrea Höber, Karl Ganser (Hgg.): Industriekultur. Mythos und Moderne im Ruhrgebiet. Essen 1999, S. 21–24, Zitat S. 21/22.
[33] Dirk van Laak: „Der Turmbau der Moderne." In: FAZ Nr. 83 vom 10.4.1999; ders.: Weiße Elefanten. Anspruch und Scheitern technischer Großprojekte im 20. Jahrhundert. Stuttgart 1999.

ten löste die Politik der Stadtinnenentwicklung den Großwohnungsbau auf der grünen Wiese ab. Dies galt allerdings nur in geringem Maße auch für Industrie und Gewerbe. Neue Entwicklungen aber – und jedenfalls die Praxis der Umsetzung – stellen die in den 80er Jahren verbindlich scheinenden Einsichten der Sinnfälligkeit einer erhaltenden Sanierung bereits wieder in Frage. Mit dem Zerfall des Ostblocks und der deutschen Wiedervereinigung einerseits und schnell zunehmender Internationalisierung wirtschaftlicher Strukturen andererseits änderten sich die Rahmenbedingungen für den Umgang mit industriellen Relikten im Stadtraum in unerwartet kurzer Zeit.

Peter Zlonicky schreibt in einem Beitrag zu Städtebau und Denkmalpflege in Industrielandschaften 1999: „Im hart gewordenen Geschäft der Stadtentwicklung haben Städtebau und Denkmalpflege eher schwache Positionen. ... Denkmalpflege erklärt die zivilisationsprägende Entwicklung der Industrie in den Zeiten, in denen die Industrie ihre verbrauchten Räume verläßt und eine kulturelle Verpflichtung nicht mehr wahrnimmt." Zlonicky stellt fest, Städtebau wie Denkmalpflege verlören mit den an Kontinuität orientierten Konzepten die Zuwendung der Öffentlichkeit, Aufmerksamkeit dagegen fänden immer noch „neue Großprojekte", die auf den Austausch der Substanz setzen: „Das Denken in großen Strukturen ist ein Teil der Erfolgsgeschichte der Industrialisierung, und der Glaube an eine Rettung aus großen strukturellen Problemen durch große neue Projekte ist ungebrochen. Den besten Ausweis für einen aktiven Strukturwandel scheint die Stadt Oberhausen zu liefern: das 'CentrO' ist ein wirtschaftlicher Erfolg, für 20 Millionen Besucher im Jahr eine Attraktion. Die Aufenthaltsdauer in dieser Kunstwelt ist jetzt schon wesentlich länger als in jedem anderen Einkaufszentrum, und sie soll verlängert werden: ... durch Entertainment, durch Infotainment ... . Die Auswirkungen auf die Stadt- und Stadtteilzentren sind unübersehbar. ... Rückgang der Besucher- und der Umsatzzahlen, Schließung von Warenhäusern in den Haupt- und ganzen Ladenzeilen in den Nebenstraßen, ... zunehmende ökonomische und soziale Isolierung. Der wirtschaftliche Erfolg des 'CentrO' läßt die großen Städte des Ruhrgebiets nicht ruhen. Duisburg und Essen ziehen mit großen Projekten nach, das größte landet nun mit dem 'UFO' in Dortmund, einer Stadt, die in den letzten Jahren kaum mehr in der Lage war, ihre städtebaulichen Hausaufgaben zu erledigen, geschweige denn, die stadtzerstörerischen Wirkungen ihres neuen Lieblingsprojekts zu erkennen." [32]

Das für das 20. Jahrhundert oftmals typische Denken in Großprojekten beruht letztlich auf dem Prinzip der „economies of scale", also der Rationalisierungsmöglichkeiten durch Vergrößerung. Es blieb jedoch nicht bei rein betriebswirtschaftlichen Überlegungen – vielmehr erhob man technische Großprojekte mehr und mehr zu zivilisatorischen Programmen. Dirk van Laak schreibt dazu: „Die soziale Frage schien eine Konstrukteursaufgabe zu sein ... schon 1919 hatte Thorstein Veblen einen 'Sowjet der Ingenieure' gefordert. Damit wurde er zum Gründervater der Technokratiebewegung. ... ihre Prinzipien – Effizienz, Rationalität, Gemeinwohl, Planung – wirken als unterschwellige Ideologeme technischer und Verwaltungseliten bis heute weiter. 'Die Technik erzeugt die Wirtschaft, und die Wirtschaft sollte die Politik machen!' So faßte 1932 der visionäre Baumeister Hermann Sörgel den technokratischen Imperativ zusammen. ...

Letztlich haben aber nicht die Weißen Elefanten, sondern die zahllosen technischen Kleinprojekte die Welt umgestaltet, ... im Verbund mit einer organisierten Bürokratie ... . Sie haben die natürliche Umwelt des Menschen durch eine künstliche, eine 'zweite Natur' ersetzt." [33]

Besonders im Bereich der Bereitstellung von Energie hat das Denken in Großprojekten erhebliche Risiken erzeugt und immer wieder zu großen ökologischen Katastrophen geführt. Gegenwärtig gibt es immerhin Anzeichen für die Durchsetzung der Erkenntnis, daß andere Qualitäten und Strukturen für den Erfolg wirtschaftlicher

STRATEGIEN FÜR
DIE ZUKUNFT

Strategien geeigneter sind; neue Möglichkeiten der Kommunikation und Steuerung, Tendenzen zur Dezentralisierung und Verkleinerung können helfen, den Ressourcenverbrauch und die ökologischen Belastungen zu verringern.[34]

Die IBA EmscherPark als Steuerungsmodell wirtschaftlicher und sozialer Veränderungen

Die Kombination städtebaulicher Erneuerung mit anderen, damit untrennbar verknüpften Aufgabenbereichen der Stadt- und Raumplanung und der Denkmalpflege könnte für den Umbau alter Industriegebiete im Prinzip sehr sinnvoll sein: ökologische Ausgleichsmaßnahmen, die Sanierung von Industriebrachen, die Neu- und Weiternutzung von Industriebauten und industriellen Flächen, Konservierung und Weiternutzung schutzwürdiger Objekte, aber auch des weiterhin nutzbaren Bestandes, die Vorbereitung neuer Industrie- und Gewerbeansiedlungen auf alten Standorten – und schließlich eine Begleitung sozialen Wandels. Nur wenige Projekte haben einen solchen Versuch einer Steuerung des „Wandels ohne Wachstum" gewagt.

Das wohl einflußreichste frühe, Industriedenkmale integrierende Entwicklungsprogramm wurde in der amerikanischen Textilstadt Lowell (Mass.) durchgeführt, wo seit den 1970er Jahren leerstehende Fabrikgebäude zu Wohnungen, Ateliers und Büros umgebaut und parallel dazu neue kulturelle und Erholungsmöglichkeiten geschaffen wurden. In den Londoner Docklands, für die das GLC (Greater London Council) die LDDC (London Docklands Development Company) eingerichtet hat, kam es mit dem Beginn der konservativen Regierung Thatcher zu einer programmatischen Liberalisierung, deren infrastrukturellen Defizite schließlich wieder mit massiver staatlicher Unterstützung behoben werden mußten. Beim Hafengelände in Liverpool bildeten die „Royal Albert Docks", beim Industriegebiet „Castlefield" in Manchester der zum Ausstellungsgebäude umgebaute Hauptbahnhof teils kommerziell, teils öffentlich genutzte „Kerne", welche die Ansiedlung von Unternehmen und weiterer hochwertiger Nutzungen förderten.

1989 wurde von der nordrhein-westfälischen Landesregierung die „Internationale Bauausstellung EmscherPark" (IBA) gegründet. Aufgabe war, als Koordinator und Anreger der Einzelgemeinden die „ökologische, wirtschaftliche und soziale Entwicklung" des nördlichen Ruhrgebiets zu fördern. Um den Landschaftsverbrauch einzugrenzen, sollten etwa Gewerbeansiedlungen nur auf alten Industriegeländen erfolgen; den umzunutzenden historischen Bauten kam zunächst vor allem eine identitätsstiftende und maßstabgebende Bedeutung zu.[35]

6. Stillgelegtes Hüttenwerk in Duisburg-Meiderich, heute Teil des Landschaftsparks Duisburg-Nord, (Foto 1994)
7. Historischer Kernbau einer Zementfabrik an der Mosel

[34] Siehe etwa: Ernst Ulrich v. Weizsäcker, Jan Dirk Seiler-Hausmann (Hgg.): Ökoeffizienz. Management der Zukunft. Basel u.a. 1999; Franz Lehnert, Friedrich Schmidt-Bleek: Die Wachstumsmaschine. Der ökonomische Charme der Ökologie. Stuttgart 1999.
[35] Kunibert Wachten (Hg.): Wandel ohne Wachstum. Stadt-Bau-Kunst im 21. Jahrhundert (Ausst.-Kat. Biennale Venedig). Braunschweig 1996; Manfred Sack: Die IBA EmscherPark. Siebzig Kilometer Hoffnung. Stuttgart 1999.

Die konsequente Einbindung von Umnutzungszielen ist in der immerhin bis zu den Weltausstellungen des 19. Jahrhunderts zurückreichenden Geschichte der Bauausstellungen ein neuer Ansatz, der eine Trendwende im Bauwesen und Umgang mit bestehender Bausubstanz markieren könnte. Weit über das alte Gesichtsfeld hinaus geht auch der Versuch, die nicht einfach nutzbaren Industriedenkmale in ein nur teilweise museales, vor allem aber historisch-imaginatives Konzept der Landesplanung einzubinden. Der IBA steht mit der Landesentwicklungsgesellschaft (LEG) NRW ein staatlicher Grundstücksfonds als Träger zur Seite. Allerdings beruhte die bisherige Praxis von LEG und IBA für eine große Zahl der Objekte doch eher auf Ersatz – Abriß und Neubau. Die von Karl Ganser, dem hauptsächlichen Initiator der IBA, mit ins Leben gerufene „Stiftung Industriedenkmalpflege" (siehe Texte 34, 50) soll die Übergangszeiträume für Planung und Vermarktung längerfristig und spezialisiert für einen Teil der historischen Denkmale überbrücken.

Zur Verteidigung alter Industrielandschaften gegen eine industrialisierte „Regionalfolklore"

Aus konservatorischer Sicht erscheint im Zusammenhang der IBA teilweise auch der konservatorische Umgang mit den umgenutzten Bauten nicht immer unproblematisch. Ab und an wird unter Imagegesichtspunkten ein Idealbild baulicher

STRATEGIEN FÜR
DIE ZUKUNFT

und künstlerischer Perfektion und Sauberkeit verfolgt, das mit geschichtlicher Wahrheit und Authentizität nur schwer in Einklang zu bringen ist, aber auch unter wirtschaftlichen Gesichtspunkten nicht immer überzeugt (als Beispiel wäre die vom Büro Foster umgebaute Kraftzentrale der Zeche Zollverein zu nennen). In der Praxis beherrscht meist die architektonisch ehrgeizige Aufwertung die Projekte und verdrängt Konzepte harmlos unspektakulärer Weiternutzung, die aus der Sicht einer 'Vermeidungsstrategie' natürlich Vorteile hätten. Die konsequente Umsetzung des von der IBA angeregten Positionspapiers des „Forums Geschichtskultur" (siehe Kap. V) im konkreten Umgang mit Denkmalen und Altbeständen könnte hier Verbesserungen bringen. Da die IBA über die allgemeine Strukturverbesserung der Emscherregion das Gebiet auch für wirtschaftliche Aktivitäten attraktiver machen soll, wird hier Denkmalpflege auch als Wirtschaftsförderung verstanden.

Durch eine solche Umwertung ergibt sich die Chance, industrielle Baudenkmale nicht mehr als Hemmnis, sondern in mehrfacher Weise auch als positiven Standortfaktor, als Ausgangspunkt ökonomischer Neuorientierung zu begreifen. Der Vergleich mit anderen, auch früheren Programmen zeigt allerdings, daß die Integration historischer gebauter Strukturen in ein Entwicklungsprogramm bisher nie so erfolgreich wie für die IBA EmscherPark gelungen ist. Diese IBA hat nicht nur eine Einbeziehung aller Arten von industriellen Relikten versucht, sie hat auch innovative Konzepte für die Landschaftsplanung unter dem Motto einer „Entwicklung durch Pflege" umgesetzt, nicht nur die Erhaltung spektakulärer Einzelobjekte ist ihre Leistung, sondern die Entwicklung und Durchsetzung der entsprechenden Konzepte (so etwa für die Erhaltung des Hüttenwerks Duisburg-Meiderich).

In der Rückschau sind große Verdienste der IBA vor allem ihr Ansatz der Begleitung und Steuerung eines Wandlungsprozesses durch „Regionalisierung und Dezentralisierung",[36] die von ihr geleistete Integration sozialplanerischer, städtebaulicher, denkmalpflegerischer, landschaftsplanerischer Disziplinen bis hin zu klassischer Objektplanung, Tourismusförderung, Kunstprojekten und einer Diskussion neuer Verwaltungsstrukturen für ein nachindustrielles Zeitalter.

Im Hinblick auf die aufgelassenen Industriegebiete in Osteuropa stellt sich die Frage nach der Umkehrbarkeit der Entwicklung, nach „Heilung" neu. Zeigt die unter großem Aufwand und Risiken bezüglich der Gefahrenkontrolle „sanierte" Landschaft nicht auch oft eine Flucht vor dem Eingeständnis, wie schwer und lange der Mensch die Natur geschädigt hat? Verantwortungsvoller Umgang mit den Relikten bedeutet vielleicht auch das Sich-Einlassen darauf, daß der Mensch Teile der Natur so dauerhaft geschädigt hat, daß der Schaden sichtbar und damit kontrollierbar bleiben muß. Die Diskussion um das Bitterfelder Braunkohle- und Chemierevier brachte hier neue Einsichten. Sie wurde von den Hochschulen in Braunschweig und Jena angeregt und hat im Bauhaus Dessau eine heute als Stiftung organisierte personell-räumliche Basis gefunden. Aus der Verbindung mit der Theorie des Landschaftsparks und der „Wörlitzer Ökonomie" als Beispiel aufgeklärter Landesentwicklung vor 200 Jahren ergab sich hier ein ortsbezogener Anknüpfungspunkt für die Weiterentwicklung in historischem Bewußtsein. Die Konzepte des „Industriellen Gartenreichs Dessau-Wörlitz-Bitterfeld" sind allerdings noch immer weitgehend ästhetisch begründet und führen die euphemistische Tradition positiv besetzter Wortneuschöpfungen fort, wie etwa für die Benennung des „Industriellen Landschaftsparks" Duisburg-Meiderich. Sie enthalten aber kaum Vorschläge für den Umgang, die Weiternutzung der ökonomischen Ressourcen dieser Region: der altindustriellen Bausubstanz und der Arbeitskraft der 'freigestellten' Chemie- und Braunkohlearbeiter. Bilanzierungen der dort realisierten „Abrißpolitik" fehlen in doppelter Hinsicht: weder die realen Kosten der „Altlasten" sind bekannt geworden – wie auch keine Abschätzungen der verlorenen Restwerte vorliegen, welche die dort verwirklichte Abrißpolitik aufgegeben hat.

Verglichen mit vielen anderen alten Industriearealen der westlichen Welt verläuft der Wandel im Ruhrgebiet vielfach abgesichert, subventioniert und auf hohem Niveau technologischer Weiterentwicklung. Im Pas de Calais, Lothringen, im Bitterfelder Revier oder Teilen Osteuropas werden ähnliche Gebiete ganz anders 'hinterlassen' – ruinös, verschmutzt, leergeräumt –, wiewohl natürlich auch nicht annähernd so gesichtslos verändert wie häufig die Flächen an der Ruhr.[37]

Der Nachhaltigkeitsgedanke und das Prinzip der Langfristigkeit

Charakteristikum vieler „modern" gedachter Industriebauten – und dem Begriff und Ideal der „Moderne" immanent – ist, wie bereits kurz erwähnt, die Abwendung vom Ideal der Langfristigkeit und eine Bedarfsbefriedigung in einem sehr eng begrenzten Zeitrahmen. So erzeugt natürlich auch das Herstellungsprinzip der industriellen Wirtschaft Produkte, die entweder 'Moden' unterworfen sind und damit ästhetisch veralten, funktional und von ihrer Haltbarkeit an Grenzen gelangen oder – im günstigsten Fall – durch Verbesserung in jeweils neuen Produktgenerationen „effizienter" funktionieren. Kurzlebige High-Tech ersetzt langlebige „Low-Tech". Die Einsicht in die Begrenztheit der Ressourcen legt ein Umdenken im Umgang mit den Dingen nahe: Notwendig erscheint der „intelligente Gebrauch des Fehlerhaften",[38] kluge Weiternutzung des Existierenden, dessen Vorteile nicht nur in der Langlebigkeit, sondern auch in einer verringerten Abhängigkeit von technischer Perfektion, dafür einer größeren Stabilität und auch Vielseitigkeit bestünde. Dafür müßte allerdings das aus der Fortschrittslogik der modernen Technik abgeleitete Ziel einer immer weiteren, einseitigen Perfektionierung durch die Aufwertung von Eigenschaften wie Vielseitigkeit, Fehlerfreundlichkeit, Flexibilität und Anpassungsfähigkeit, letztlich die Strategie der Lebensverlängerung abgelöst werden – Eigenschaften, wie sie etwa das Funktionieren des Internets gewährleisten.

Seit dem Klimagipfel in Rio ist die europäische Diskussion am Gedanken eines „sustainable development" orientiert. Sehr schnell fand das Leitbild einer Politik der „Nachhaltigkeit" Eingang in die politische Debatte – nicht immer freilich in seiner wirklichen Radikalität erkannt und fast nirgends umgesetzt in seinem Anspruch. 1994 schrieb Fritz Vorholz in der Zeit: „Nachhaltigkeit, einmalige Karriere eines Begriffs, ist das neue Modewort aller Umweltbewegten. Kein anderer Ausdruck wurde beim Erdgipfel in Rio de Janeiro vor zwei Jahren häufiger benutzt als sustainable development, die englische Version von Nachhaltigkeit. Längst haben die Vereinten Nationen eine Kommission für nachhaltige Entwicklung (CSD) gegründet, deren Vorsitzender Klaus Töpfer ist; längst gibt es einen hochkarätig besetzten Unternehmerrat für nachhaltige Entwicklung (BCSD), in dem Daimler-Benz-Chef Edzard Reuter mitwirkt. ... So viel Begeisterung überrascht. Das neue Leitbild verlangt nämlich ... eine Revolution im Denken und Handeln. Es geht um nicht weniger als um ... die Versöhnung zwischen Ökonomie und Ökologie, um den Ausgleich zwischen Arm und Reich, zwischen Gegenwart und Zukunft ...".[39]

Hans Georg Bächtold hat 1998 Herkunft und Definitionen des Begriffs von der etymologischen Herkunft über die Geschichte seiner Verwendung und seines Begriffswandels in der Forstwirtschaft bis hin zur Diskussion der ökologischen, ökonomischen und ethischen Kriterien nachgezeichnet – im Thema „Nachhaltigkeit als Modewort" wird auf mißbräuchliche und mißverständliche Verwendungen des Begriffs gewiesen: „Nachhaltigkeit findet heute nicht nur als forstlicher Begriff, sondern als Terminus der gesamten Volkswirtschaft und Gesellschaft Verwendung. Allerdings beruht das Auftauchen des Wortes in deutschsprachigen Medien oft auf einem Übersetzungsfehler. 'Sustained growth' ist einfach nur 'prolonged growth'

---

[36] Heiderose Kilper: Die Internationale Bauausstellung Emscher Park. Eine Studie zur Steuerungsproblematik komplexer Erneuerungprozesse in einer alten Industrieregion. Leverkusen 1999, S. 341.
[37] Siehe etwa: Gerhard Ullmann: Industriebrachen. Bestandsaufnahme in beschädigten Landschaften (DB – Das Buch 12). Stuttgart 1999; Gerhard Lenz: Verlusterfahrung Landschaft. Über die Herstellung von Raum und Umwelt im mitteldeutschen Industriegebiet seit der Mitte des 19. Jahrhunderts (Edition Bauhaus, Bd. 4). Frankfurt am Main/New York 1999; Karl Markus Michel, Ingrid Karsunke. Timan Spengler (Hgg.): Kursbuch 131: Neue Landschaften. Berlin 1998; Klaus Steckeweh (Hg.): Centrum – Jahrbuch für Architektur und Stadt, 1999.
[38] Siehe: Uta Hassler, Niklaus Kohler: „Die Zukunft des Bestands." In: Baumeister 95, 1998, H. 4, S. 34–41.
[39] Fritz Vorholz: In: Die Zeit vom 22. Juli 1994, S. 15.

STRATEGIEN FÜR
DIE ZUKUNFT

und kann Ökosysteme zerstören, das oft angeführte 'sustenance' bedeutet 'being supplied with the necessaries of life' – und eben nicht anhaltende Wirkung".[40]
Bächtold nennt für die Forstwirtschaft vier Komponenten des Prinzips Nachhaltigkeit:
- Langfristigkeit (die Wirkungen sind stetig zu erbringen)
- Sozialpflichtigkeit (Einschränkung der Nutzungsrechte der Eigentümer im Interesse der Allgemeinheit)
- Ökonomie (Mitteleinsatz aufgrund des ökonomischen Prinzips)
- Verantwortung (Verpflichtung des Bewirtschafters gegenüber der Zukunft, Vorsorge)[41]

Nachhaltigkeit hat nach Bächtold grundsätzlich mit „Substanzerhaltung in zeitlicher Hinsicht" zu tun.[42]

Unter dem Eindruck sozialer und wirtschaftlicher Ungleichgewichte und ökologischer Problematik hat sich eine neue Diskussion über „dauerhaft tragfähige" Lösungen auch in Landesentwicklung und Bauwesen entwickelt. Obwohl der Begriff unterschiedlich verstanden und teilweise nur auf die klassische Entwicklungspolitik bezogen wird: im weiteren Verständnis bezieht er sich auf einen bewußten Umgang mit den vorhandenen Ressourcen. Über den sparsameren Umgang soll sich eine weitestmögliche Umstellung der Lebensweise auf erneuerbare Ressourcen einleiten. Unter diesem Ansatz entwickeln einige Planer Konzepte, bestehende Strukturen sinnvoll weiterzuentwickeln, Transportwege und externe Kosten erfahren neue Beachtung. Die Lebenszykluskosten von Objekten und Maßnahmen, gesetzliche und ordnungsrechtliche Maßnahmen, wie etwa die von Georg Frank vorgeschlagenen „Belastungsrechte", werden als Mittel der Steuerung zumindest diskutiert.[43]

Das Prinzip der Erzeugung und des Umsatzes immer neuer – und nicht immer faktisch besserer – Produkte ist immerhin seit den 70er Jahren umstritten. Damals begann die wertkonservative Diskussion über die Prinzipien der „Wegwerfgesellschaft". Mit der Einsicht in die Begrenztheit der stofflichen und energetischen Ressourcen wurde die Geschwindigkeit des Güterumsatzes und die Frage nach dem „danach" einer sehr kurzen Nutzungsphase thematisiert. Zuerst im Gebrauchsgüterbereich begann eine Diskussion über die Tugenden „langfristiger Nutzung", über eine neue „Strategie der Dauerhaftigkeit", die allein in der Lage ist, den Risiken des ungehemmten Erneuerns, Verbrauchens und Ersetzens gegenzusteuern. „Ohne Wohlstandseinbußen und Verzicht auf Fortschritt und Komfort", so Walter Stahel 1993, „erhöht diese Strategie die Lebens- und Nutzungsdauer von Gütern und eröffnet uns somit neue Wege ihrer nachhaltigen Nutzung. Sie bildet den Kern einer sich in ihrem wirtschaftlichen Denken neu ausrichtenden ... Gesellschaft. Durch eine Verschiebung von der heutigen kurzfristigen Optimierung von Produktion und Verkauf zu einer Nutzungsoptimierung über längere Zeiträume können Produktion und gesellschaftlicher Reichtum voneinander abgekoppelt werden."[44]

Das Müllaufkommen ist neben dem Energieverbrauch ein wichtiger Indikator des gesellschaftlichen Ressourcenverbrauchs. Durch das Prinzip der Produktion immer kürzerlebiger Güter verschärfen sich problematische Trends. Zum einen vermehren sich die Müllmengen 'an sich', zum anderen aber ergibt sich durch Technologien der Recyclierung von Stoffen und die Herstellung immer komplizierter konstruierter Güter eine Verteilung von Schadstoffen. Über die für das Bauwesen besonders problematische Entwicklung wird noch zu sprechen sein. Fehlender Deponieraum, Kosten der Beseitigung und Widerstand gegen die Verbrennung sind kommunalpolitische und überregionale Konfliktthemen, welche die Notwendigkeit eines anderen Umgangs mit der „verbrauchten Materie" aufzeigen. Noch in der Tradition ständiger Neuproduktion von Gütern stehend, hat der Recyclingbegriff vor allem seit den 80er Jahren politische Debatte und technische Entwicklung bestimmt (z.B. im Bundesabfallwirtschaftsgesetz von 1989). Erst seit Mitte der 90er Jahre werden

Grenzen des Recyclings untersucht und die gängige Praxis der Materialwiederverwendung richtig als „Downcycling" angesprochen. Mit der Debatte über ein „Kreislaufwirtschaftsgesetz" Ende der 1990er Jahre wird die Einsicht, daß Vermeidungsstrategien dem Grunde nach die Verlängerung der Nutzungszeiträume fordern, allgemein. Bisher ist diese neue Basisstrategie des Umweltschutzes, deren Anfänge sich weit zurückverfolgen lassen, allerdings nur teilweise und sehr zögerlich bis in den Baubereich weitergedacht worden.[45]

Industrielles Wirtschaften, Weiternutzung des Bestehenden und konservatorische Ziele

In den 70er Jahren hat bei dem erwähnten Umbruch der Stadtsanierung der Erhalt billigen Wohnraums, also letztlich der Erhalt wertvoller bestehender Substanz, eine wichtige sozialpolitische Rolle gespielt. Mit individuellen gezielten Modernisierungen wurde ein „Gesamtaustausch" verhindert. Schon 1975 heißt es darüber hinaus: „Die noch in den Anfängen steckende Wissenschaft der Bauökologie könnte völlig neue Argumente zur Bewertung alter Bausubstanz im Verhältnis zu geradezu lebensfeindlichen und gesundheitsschädlichen Bauweisen liefern".[46] Unter Bauökologie wurde hier vor allem „Baubiologie", d.h. der gesundheitliche Aspekt des Wohnens, begriffen. Die Gefahr für Altbaubestände durch schädliche Bau- und Sanierungsstoffe und Verfahren hat seither aber eher noch zugenommen und ist selbst zu einem ökologischen Problem geworden. Dabei spielen natürlich auch die Interessen und Arbeitsweisen der Bauindustrie und der Baumaterialhersteller eine Rolle, für die eine erhaltende und spezialisierte Vorgehensweise weniger gewinnbringend ist. Die fehlende öffentliche Unterscheidung zwischen den auch propagandistisch massiv vorgetragenen Interessen der Bauindustrie und den konservatorischen Zielen gehört zu den großen Defiziten des Denkmalschutzes.

Im Hinblick auf die „Industrialisierung" des Bauens auch auf dem Land schrieb Helmut Gebhard schon 1975: „Es gibt kaum einen deutlicheren Beweis dafür, daß die Industriegesellschaft mit dem naturwissenschaftlich-technischen Machtzuwachs noch nicht fertig wird, als die unbefriedigenden Ergebnisse der hektischen Bautätigkeit auf dem Land ... . Die Gebäude wurden ebenso wie Maschinen und Fahrzeuge als schnell überalterte Geräte der Wegwerfgesellschaft gesehen. Daß dabei zwei grundsätzliche Fehlkalkulationen unterliefen, wird jetzt offenkundig: Es bestehen Unterschiede der physiologischen Anforderungen an Gehäuse kürzerer oder längerer Aufenthaltsdauer, und die begrenzten Rohstoff- und Energievorräte der Erde zwingen dazu, den laufenden Energieverbrauch zu senken. Der Verbesserung weniger Baustoffe mit möglichst langer Nutzungsdauer ist der Vorrang einzuräumen. Allein aus der Sicht des verantwortungsbewußten Umgangs mit Rohstoffen und Energie gewinnt die schon vorhandene Bausubstanz erhöhte Bedeutung."[47] Daß diese Äußerung von einem Volkskundler mit Einblick in die traditionelle, vorindustrielle Subsistenzwirtschaft und Knappheitsbewältigung auf dem Lande und im ländlichen Bauwesen stammt, ist bezeichnend; sie deutet eine seit den 70er Jahren unterschwellig vorhandene, aber mangels übergreifender Einbindung in wissenschaftliche Forschung und einem wirtschaftlichen Aufschwung nach der ersten Energiekrise nicht intensiv weiterverfolgte Sichtweise an. These ist hier bereits, daß das Bauwesen offensichtlich in besonderem Maße ein „Reaktivierungspotential" für dauerhaftes Wirtschaften besitzt bzw. überliefert hat.

Seit dem ausgehenden 19. Jahrhundert hat die Denkmalpflege mit den Begriffen „Substanz", „Konservierung" und „Reparatur" eine Haltung entwickelt, die dem Konzept nachhaltiger Wirtschaftsweise schon sehr nahe kommt. Blickt man aus dieser Perspektive noch weiter zurück in die Geschichte des Bauwesens, so entdeckt

---

[40] Hans-Georg Bächtold: „Nachhaltigkeit. Herkunft und Definition eines komplexen Begriffs." In: Schweizer Ingenieur und Architekt, H. 13, 1998, S.194–197.
[41] Wie vor., Zitat S.193.
[42] Wie vor., S.197. Zu Diskussionsansätzen über Umweltökonomie siehe einige Literaturangaben bei Bächtold, und Herman E. Daly: Steady-state Economics. London 1976. Hassler/Kohler/Wang (wie Anm. 12).
[43] Georg Frank: „Die ökologische Rechnung. Oder der umweltschützerisch fällige Paradigmenwechsel der Stadtplanung." In: Bauwelt 1986, S. 692–709; ders.: Raumökonomie, Stadtentwicklung und Umweltpolitik. Stuttgart 1992.
[44] Walter R. Stahel, Dagmar Steffen: „Die Strategie der Dauerhaftigkeit": In: Bauwelt, H. 6, 1993, S. 236-239.
[45] Jutta Schwarz. „Nachhaltige Entwicklung. Unvollständige Gedanken zu einem neuen Leitbegriff anläßlich der Verleihung des SIA-Preises 1996." In: Schweizer Ingenieur und Architekt, H. 8, 1997, S. 146–148.
[46] Michael Petzet 1975 (wie Anm. 7).
[47] Helmut Gebhard: „Denkmalschutz auf dem Land". In: „Eine Zukunft ..." (wie Anm. 6), S. 100–114, Zitat; wieder abgedruckt in: Norbert Huse: Denkmalpflege. Deutsche Texte aus drei Jahrhunderten. München 1984 u. ö., S. 229.

STRATEGIEN FÜR
DIE ZUKUNFT

[48] Patricia Crone: Die vorindustrielle Gesellschaft. München 1992; bes. Kap. 9: Die moderne Welt.
[49] Insbes. Günther Moewes hat wiederholt auf diesen Aspekt und auf die Fragwürdigkeit sogenannten ökologischen Bauens hingewiesen: „Bauen und Entropie. Architektur zwischen Evolution und Vor-Müll." In: Baumeister 1990, H. 9, S. 42–49; Weder Hütten noch Paläste. Architektur und Ökologie in der Arbeitsgesellschaft. Eine Streitschrift. Basel 1995.
[50] Niklaus Kohler hat dazu div. Aufsätze publiziert; siehe etwa: „Sustainability of New Work Practises and Building Concepts." In: Norbert Streitz, Shin'ichi Konomi, Heinz Jürgen Burkhardt (Hgg.): Cooperative Buildings. Integrating Information, Organization and Architecture. Darmstadt 1998; „Ökobilanzierung von Gebäuden und Gebäudebeständen." In: Berichte zur Denkmalpflege in Niedersachsen 3/98, S. 112–116; „Modelle und Lebenszyklus des Gebäudebestands." In: Uta Hassler, Niklaus Kohler, Wilfried Wang (Hgg.): Umbau. Über die Zukunft des Baubestandes. Tübingen/Berlin 1999, S. 24–38.
[51] Niklaus Kohler, Uta Hassler, Herbert Paschen (Hgg.): Stoffströme und Kosten in den Bereichen Bauen und Wohnen (zuerst: Bericht für die Enquete-Kommission „Schutz des Menschen und der Umwelt" des Deutschen Bundestages, Nov. 1996). Berlin u. a. 1999; einige Daten, z. B. die Information, daß mehr als 60% des Wohnbaubestandes und der gewerblich-industriell genutzten Bestände aus den Nachkriegsjahrzehnten stammen. Eine Verbesserung der Datenlage wird in einem von der Deutschen Bundesstiftung Umwelt geförderten Projekt „Industrielle Baubestände" angestrebt (ifib, Univ. Karlsruhe und LS Denkmalpflege und Bauforschung, Univ. Dortmund).
[52] Kohler u.a. (wie vor.); Interview mit Urs Hettich in der Zeitschrift Hochparterre 10, 1992; Heft „Umnutzung von Bauten", Schweizer Ingenieur und Architekt, Nr. 12, 1996.

man eine Vielzahl von Vorgehensweisen, die man als „nachhaltiges" Handeln im Bauwesen bezeichnen könnte. Vorindustrielles Bauen und Wirtschaften war grundlegend geprägt von der Knappheit der Ressourcen und der Energie; nur ganz wenige Staats- und Repräsentationsbauten rechtfertigten einen höheren Aufwand.[48] Die Masse der Bauten war auf äußerst sparsamen und effizienten Material- und Energieeinsatz und regelmäßige Pflege angewiesen und wurde auch gestalterisch von diesen Faktoren wesentlich mitbestimmt. Diese Tradition beginnt mit der Verwendung regionaler Materialien und setzt sich fort in der Teilverwendung älterer Bauten oder ihres Abbruchmaterials. Ein höherer Arbeitsaufwand und der (unbewußte) Verzicht der Pflegeleichtigkeit sind dabei immanent. Eine Rückkehr zum vorindustriell-handwerklichen Bauen ist weder wünschenswert noch möglich; eine Weiterentwicklung des Bauwesens in die Richtung einer neuen Umsetzung dieser Prinzipien erscheint dennoch notwendig. Dies könnte beispielsweise die Entscheidung für Dauerhaftigkeit und Reparaturfähigkeit der Konstruktionen bedeuten, für Auswahl und Entwicklung einfacher und wenig komplexer Baustoffe und Bauweisen.

Gebäude sind Teil der künstlichen, der gebauten Umwelt. Sie unterliegen damit den Gesetzen der Materie und des Energiehaushalts. Ein Umdenkungsprozeß, der in den letzten Jahrzehnten die Auswirkung der Industrialisierung auf den Stoff- und Energieumsatz deutlich gemacht hat, argumentiert mit dem Begriff der „Entropie". Die Entropie als der fortgesetzte Wertverlust von Materie und Energie unter klimatischen und menschlichen Einflüssen beschreibt den Verbrauch der natürlichen Ressourcen der Erde, der sich besonders mit der Industrialisierung immer mehr zu beschleunigen begann. Eine Verlangsamung des Anstiegs der Entropie auf der Erde ist nur durch Ausnutzung von Sonnenenergie möglich und wird vor allem durch die Pflanzenwelt bewerkstelligt; wichtig für den Erhalt dieser natürlichen Lebensgrundlagen wäre die Verlangsamung des Verbrauchs nicht erneuerbarer Ressourcen zur Schonung der Ökosysteme. Dieser Hintergrund legt eine Betrachtung der Pflege des Baubestands als werterhaltende Aktivität unter ganzheitlichen Abwägungen nahe. Für die Denkmalpflege stellen sich in diesem Zusammenhang vor allem zwei Fragen: Wie sieht das Verhältnis zwischen historischen und werterhaltenden Kriterien aus und wie lassen sich beide Ansätze volkswirtschaftlich und juristisch gemeinsam fassen?

Aufgrund ihrer Komplexität sind Gesamtbilanzen, d.h. Energie- und Stoffflußbilanzen, für Gebäude vergleichsweise aufwendig zu erstellen. Bilanzen müssen den gesamten Lebenszyklus der Objekte berücksichtigen – vom Aufwand für die Herstellung der Baustoffe bis hin zu den Kosten der Deponierung und der Gefährdung, die von Stoffen während und nach der Nutzungszeit ausgeht. In der jüngeren Fachdiskussion wird daher verlangt, schon früher anzusetzen, eben bereits bei der Frage, ob ein Neubau überhaupt notwendig ist oder sich vermeiden läßt, ob der Umgang mit der bestehenden Bausubstanz nicht weniger von Optimierungs- und Erneuerungsvorstellungen als von flexiblen Nutzungsmöglichkeiten bestimmt werden könnte.[50] Der Wert bestehender Bausubstanz müßte unter diesen Voraussetzungen mit neuen Kriterien in die Bilanzen eingehen. Sämtliche Bauentscheidungen, vom „Nichtbau" über die Verbesserung und Sanierung vorhandenen Bestands bis hin zu Abriß- und Neubauentscheidungen müßten sich grundsätzlich über den Lebenszyklus der Objekte und die Referenz zum Bestand und seiner Entwicklung rechtfertigen.

Industriegebäudebestände haben im Vergleich zum Wohnbaubestand sehr heterogene Bauweisen – in Bezug auf den Gesamtbestand allerdings eine etwas günstigere Alterskurve.[51] Auch im industriell gewerblichen Bestand haben sich die vorhandenen Nutzflächen in den letzten drei Jahrzehnten verdoppelt.[52] Die Schwierigkeiten mittelfristiger Finanzierung des Bauunterhalts werden im industriell genutzten Bestand derzeit mehr als im Wohnungsbau durch Abriß umgangen. Eine Betrachtung der im Boden meist verbleibenden kontaminierten Reststoffe und die

Analyse der Reststoffe erfolgt gerade in diesem Bereich nur zögerlich. Neue Richtlinien befürworten die Abschätzung und Kontrolle der Gefährdungspotentiale für Wasser und Luft bei prinzipiell steigender Tolerierung der Belassung kontaminierter Böden am Ort ihrer Verschmutzung.

Das Bauwesen ist der einzige Bereich des gesellschaftlichen Wirtschaftens, in dem die Prinzipien der Industriegesellschaft bisher nur sehr zögerlich Eingang gefunden haben – hier findet sich noch immer die Tradition der Herstellung von Langfristprodukten –, obwohl die durchschnittliche Haltbarkeit der Bauprodukte und Bauten stetig abnimmt. Immobilien werden heute zwar meist im Zeitraum von 25–30 Jahren abgeschrieben, ihre Haltbarkeit, zumindest was die Primärkonstruktion angeht, liegt aber immer noch bei durchschnittlich 80 bis 100 Jahren. Durch den großen Bauboom der 70er und 80er Jahre kommen viele Bestände in den 90er Jahren und im ersten Jahrzehnt des neuen Jahrhunderts in Erneuerungsphasen; große volkswirtschaftliche Mittel sind damit gebunden. Die Dynamik der Veränderung ist für den Gebäudebestand durch die langen Haltbarkeiten bedingt sehr langsam. Positive und negative Veränderungen werden daher erst mit sehr langen Verzögerungen sichtbar. Ein negativer Trend, der künftig große Sorgen machen wird, ist die Zunahme toxischer und problematischer Stoffe im Bestand. Gegenwärtig werden rund fünf Massenanteile mehr Stoffe in den Bestand eingebaut, als im gleichen Zeitraum als Müll anfallen. Der Bestand ist ein riesiges „Zwischenlager" – eben leider auch für unangenehme Stoffe, die erst mit großen Zeitverzögerungen bei Abrissen anfallen werden.[53]

Schon 1983 heißt es in einem Denkmalschutz-Memorandum: „Die Sanierung historischer Gebäude erfordert im Vergleich zum Neubau einen höheren Personaleinsatz und geringeren Materialverbrauch. Damit werden natürliche Ressourcen geschont und hohe beschäftigungspolitische Wirkungen erreicht."[54] Es schien sich hier eine Umwertung in der Einschätzung und im Umgang mit bestehender Bausubstanz anzukündigen, die gerade für den Bereich der Industrie mit ihrer oft hohen Abbruch- und Ersatzrate Änderungen der Vorgehensweisen bedeuten könnte. Eine solche Neubewertung bestehender Bausubstanz als wertvolle und nicht erneuerbare Ressource und die daraus folgenden Weiternutzungsstrategien ergeben zu einem nicht unerheblichen Teil das, was seit langem Ziel der Denkmalpflege ist: den Erhalt von Originalsubstanz. Die Begründung ist freilich eine andere, gegenwärtig-materialwertbezogene – und sie kann die konservatorische Entscheidung niemals ersetzen. Der Denkmalpflege bleibt die Berücksichtigung ideell-historischer Kriterien und ihre Einbindung in den Erhaltungsprozeß. Es wäre sehr unklug, konservatorische Schutzbegründungen mit dem Thema der Erhaltung natürlicher Ressourcen leichtfertig gleichzusetzen, wie sich das neuerdings gelegentlich andeutet. Die Erhaltung gerade auch industrieller Relikte – wenn sie denn aus Gründen der Erhaltung der historischen Zeugnisse geboten ist – kann durchaus auch einmal aus der Sicht ressourcenschonenden Wirtschaftens nicht sinnvoll sein, und dennoch bleibt die Aufgabe der Erhaltung bestehen. Wenn aber der dauerhafte Erhalt und die Pflege von historischen Bauten erheblich selbstverständlicher bzw. notwendiger würden, d.h. ein langsamerer (und damit auch erkenntnisfördernderer) Prozeß möglich werden sollte, könnte sich die Denkmalpflege vom schwierigen Geschäft des bloßen Erhalts und der Nutzungsfindung mehr auf genuin wissenschaftlich-dokumentarische und konservatorische Aufgaben konzentrieren. Ein gesamthaft werterhaltender Umgang mit dem Bestand und langfristige Perspektiven der Erhaltung der vorhandenen Ressourcen könnten zu einer Entlastung vom Verwertungs- und Veränderungsdruck vielleicht auch für jene ein bis zwei Prozent des Gesamtbestands, die Denkmalwürdigkeit beanspruchen dürfen, führen.

Über das Einzelobjekt hinaus bildet die Betrachtung der Industrielandschaft als kultureller Ressource unter den Aspekten der Bildung, der individuellen Prägung

---

[53] Untersuchungen im Rahmen der Enquete-Studie (wie Anm. 51); vgl.: Hannes Wuest, Christian Gabathuler: Bauwerk Schweiz. Grundlagen und Perspektiven zum Baumarkt der 90er Jahre. Zürich 1989; dies.: Bauland Schweiz. Grundlagen und Perspektiven zum Bau- und Baulandmanagement. Zürich 1990; Wuest & Partner (Hg.): Flächennutzung der Industrie 1991 und Flächenbedarf bis zum Jahr 2005. Interne Studie. Industriebau-Engineering. Zürich 1995.

[54] Zur Lage des Denkmalschutzes. Memorandum (Schriftenreihe des Dt. Nationalkomitees für Denkmalschutz, Bd. 20). Bonn 1983, S. 17.

STRATEGIEN FÜR DIE ZUKUNFT

und der touristischen Nutzung einen zusätzlichen Horizont wirtschaftlicher Bedeutung. Ökonomisch wie kulturell betrachtet ist ein Totalaustausch von ungeliebten Industrielandschaften nicht denkbar, auch weil das Ausmaß der Veränderungen unabsehbar und der 'Ersatz' ebenso künstlich wie relativ ist. Die Dekontaminierung aller belasteten Flächen und Bauten ist wirtschaftlich kaum mehr darstellbar. Die dritte Ebene, die der ökologischen Relevanz des Umgangs mit großen Mengen von Bausubstanz und Energie, verweist auf eine Entwicklung, die nicht nur die natürliche Grundlage allen Wirtschaftens, sondern auch weitere Lebensbedingungen des Menschen betrifft. Unter diesen Wertmaßstäben sprechen also auch noch andere als die bisher den Denkmalschutz tragenden Gründe für den Erhalt von Strukturen und Bauwerken. Einen zukünftigen Schwerpunkt konservatorischen Handelns könnte man deshalb mit Inventar, Dokumentation und Analyse umreißen, mit der Überlieferung von Wissen in materialisierter, immer wieder befragbarer Form, wie sie Klaus Kornwachs in seiner Analyse des Dilemmas der modernen Informationsgesellschaft beschreibt.[55] Die auf schnellen Ersatz und ständige Expansion zugeschnittenen Nutzungs- und Selbstdarstellungsmuster bedürfen einer offenen und kreativen Revision.

Die öffentliche Wahrnehmung werterhaltender Aktivitäten steht – zumindest für die immobilen Objekte – nicht unbedingt für einen solchen Paradigmenwechsel. Leicht umsetzbare und „technisch" zu lösende Themen sind weitgehend akzeptiert bzw. selbstverständlich, schwierige Problemfelder werden sehr zögerlich angegangen. Kontamination unbelasteter Stoffe durch Recyclingverfahren, Vergiftung großer Bestände und ihrer Nutzer durch belastete Baustoffe, Belastung unproblematischer Bestände durch Sanierung mit problematischen Stoffen, Entwicklung neuer Bautechniken, die Reparaturen erschweren, Zunahme unbekannter Baustoffe und komplizierter Stoffe und Techniken, Verdrängung von menschlicher Arbeit durch industrialisierte Produkte und Verfahren – viele weitere derartige Entwicklungen wären zu nennen. Die Komplexität der Entwicklungen macht einfache additive Lösungen schwer. Fritz Vorholz schreibt 1999 über den neuen Überdruß am Umweltschutz und die Schwierigkeiten, neue unsichtbare Herausforderungen zu bewältigen: „Es geht um Nanogramm von Ultraspurenstoffen, um die Erderwärmung, ums Artensterben, um die Versiegelung des Bodens und um die riesigen Materialmengen, die täglich durch die Wirtschaftsmaschinerie geschleust werden – kurzum: die Lebensweise der Industriemenschen steht zur Debatte.".[56]

Für die Zukunft wäre vielleicht vorstellbar, Aktivitäten im Bauwesen prinzipiell wie umweltbeeinflussende/belastende Maßnahmen zu behandeln, das heißt ihre Bewegungen individuell nach ihren gesamtökologischen und damit zuletzt auch volkswirtschaftlichen Auswirkungen zu bewerten und zu regulieren. Eine solche Aufgliederung in Nutzungs- und Belastungsrechte durch den Umgang mit Bausubstanz als wichtigem Wirtschaftsgut könnte zu einer kalkulierbaren Größe und damit zu einem ökonomischen Faktor werden.

Der Gedanke des Denkmalschutzes, in einer Phase der gesellschaftlichen und ökonomischen Umwälzung und der Auflösung jahrhundertealter Beziehungen, Verhaltensweisen und Traditionen vor allem auch im erhaltenden Umgang mit Bausubstanz entstanden, könnte damit zum Teil wieder in einen selbstverständlichen Prozeß der wertebewahrenden, lebenssichernden und zukunftsfähigen Ökonomie einmünden.

8.–10. Blühende Landschaften. Der Ronneburger Krater. Im Revier Ronneburg (Ostthüringen) wurde in der DDR Uran gefördert. (Fotos: Sabine Sauer, Berlin)

[55] Klaus Kornwachs: „Entsorgung von Wissen?" In: Petzet/Hassler (wie Anm. 6), S. 26–33.
[56] Fritz Vorholz: „Umwelt ist uncool." In: Die Zeit Nr. 11 vom 11.3. 1999, S. 18.

49.

Georg Franck

Die ökologische Rechnung – Umweltressourcen und Belastungsrecht, 1989

aus: Bauwelt, 1989, H.15, S. 692–709

Zur Person:
Geboren 1946 in Schwäbisch Hall. Studium der Philosophie, Architektur und Volkswirtschaftslehre in München. Promotion in Dortmund zum Thema „Stadtentwicklung als Abstimmungsproblem der Raumnutzung." Ab 1974 als freier Architekt, Stadtplaner und Softwareentwickler in München tätig. 1994 Ordinarius für EDV-gestützte Methoden in Architektur und Raumplanung an der TU Wien

... Stadtplanung gestaltet nicht einzelne Bauwerke, sondern individuelle Baurechte. ...

Städte existieren wegen der Vorteile räumlicher Nähe zu einer großen Zahl anderer Menschen. Diese anderen Menschen wohnen nicht alle auf demselben Grundstück. Bereits die Vorteile räumlicher Agglomeration sind unvereinbarte Transfers von – in diesem Fall eben nützlichen – Effekten über Grundstücksgrenzen hinweg. Städtische Agglomerationsvorteile sind aber grundsätzlich erkauft um Nachteile räumlicher Beengung. Auch diese Nachteile machen an Grundstücksgrenzen nicht halt. Das wird besonders deutlich, wenn man bedenkt, daß Beengung durch städtische Agglomeration nie nur beschränkten Bewegungsraum sondern immer auch verknappte Umweltressourcen bedeutet. Umweltressourcen – wie saubere Luft, absorbierende Atmosphäre, regenerative Kräfte des Bodens und der Gewässer sind wie andere Ressourcen endlich, sie werden durch vielseitige Beanspruchung knapp. Sie lassen sich aber nicht parzellieren und individuell zueignen. Entsprechend hat ihre Inanspruchnahme, sobald sie zur Belastung wird, Wirkung auch für andere als die Inanspruchnehmenden. Diese Wirkungen sind es, die als Transfers spürbarer Kosten die Grundstücksgrenzen queren. ...

Die Bildung homogen genutzter Zonen stellt wohl die Symmetrie zwischen Emissionen und Immissionen her, sie reduziert aber das Aufkommen an schädlichen Effekten nicht. Sie schützt Menschen vor unmittelbarer Belästigung, entlastet aber die natürlichen Haushalte nicht als Gesamtheit. Sie ist rein passiver Umweltschutz, verteilt die Belastungen nur geschickt um. Worauf es aber ankäme, wäre, den Verbrauch an Umweltressourcen in Proportion zu deren Regeneration zu bringen. Es geht um Summen- und Fernwirkungen, die sich unabhängig von der kleinräumigen Verteilung addieren. Diese bleiben außer acht, solange Emissionen nicht als Emissionen unterdrückt, solange Belastungen nicht als solche verhindert werden. ...

Wie wohl das Festhalten an der Ausweisung homogener Zonen aus sozialer Sicht motiviert sein mag, so schlecht bedacht sind die ökologischen Folgen. Es hat sich als eigentliche Achillesferse der Planung in Meßwerten entpuppt. Die Festsetzung in Meßwerten verwickelt den Umweltschutz nämlich in einen kaum lösbaren Konflikt mit dem Bestandsschutz. Bestandsschutz genießen alle bestehenden Bauten und baulichen Nutzungen, sofern sie nicht ungesetzlich sind. Die bestehenden Baugebiete sind aber allgemein – und insbesondere für den Umweltschutz – zu den wichtigsten Planungsgebieten geworden. Weil sich der Bestandsschutz nicht nur auf Bauten, sondern auch Nutzungen erstreckt, wird für Festsetzungen im Bestand unwillkürlich das erreichte Immissionsniveau maßgeblich. Das kann zur Folge haben, daß ein funktional reines Wohngebiet deshalb nicht als Wohngebiet ausgewiesen wird, weil es im Einflußbereich eines rechtmäßig emissiven Betriebs oder einer rechtmäßig stark befahrenen Straße liegt. ...

Man sieht nicht falsch, wenn man in der Fortdauer dieses Mißstandes eine Kapitulation des Vollzugs, aber auch eine Ratlosigkeit des Gesetzgebers erblickt. Die Situation kann wirklich aussichtslos erscheinen. Zur einen Seite ist die Bereitschaft der Betroffenen, Einschränkungen an Grundeigentumsrechten hinzunehmen, sehr deutlich beschränkt. Man kann diese Schraube plötzlich nicht ungestraft weiter anziehen; sie ist möglicherweise schon zum Äußersten strapaziert. Nach der anderen Seite scheint die Trennung der Belastungs- von den Eigentumsrechten sachlich ausgeschlossen. Die Koppelung der Belastungs- an die Eigentumsrechte hat außer ihrer herkömmlichen Selbstverständlichkeit die, wie es scheint, sachlich schlagende Begründung, daß Umweltressourcen als solche nicht teilbar, damit auch nicht parzellierbar und individuell zueigenbar sind. Ergo sind Belastungsrechte nur qua Parzellierung der Raumnutzungsrechte individualisierbar. Im Fall, daß dieser Schluß wirklich folgt, und unterstellt, daß die Bereitschaft, öffentliche Intervention zu dulden, erschöpft ist, bliebe tatsächlich nur noch die Option des öffentlichen Aufkaufens, bzw. der entschädigten Reduktion von Belastungsrechten. Dies wiederum wäre als allgemeine Lösung nur finanzierbar, wenn auch die Gewährung (und schon Verlängerung) von Belastungsrechten etwas kosten würde. ...

50.

Eberhard Grunsky

Kunstgeschichte und die Wertung von Denkmälern, 1991

aus: Deutsche Kunst und Denkmalpflege, Jg. 1991, S. 107–115; Zitate S. 113–115

Zur Person:
Geboren 1941. Studierte Klassische Archäologie, Mittlere und Neue Geschichte in Würzburg, Bamberg und Tübingen. Seit 1971 für die Denkmalpflege im Rheinland und in Baden-Württemberg tätig; seit 1987 in Münster, dort Leiter des Westfälischen Amtes für Denkmalpflege

Kunsthistorische Analyse und Substanzerhaltung
... Die idealistische Vorstellung, jedes Denkmal habe eine „eigentlich richtige", absolut gültige Gestalt, der gegenüber seine konkrete Erscheinung und seine reale Geschichte nur Abweichung und Verfälschung sei, hat in der Denkmalpflege verheerende Folgen. Wenn wir die uns heute faszinierenden Qualitäten eines Kunstwerks der Vergangenheit verbal zu ewigen Werten erklären, ist die Gefahr groß, sie bei der Restaurierung durch Eingriffe in die Substanz auch herauszupräparieren, so daß für die Zukunft das unter bestimmten Bedingungen entstandene und von ihnen geprägte Kunstwerk auf seine Interpretation in unserer Zeit eingeengt wird. Als Restaurierungsziel das vermeintlich wahre Wesen des Denkmals zu sehen, die künstlerische Idee als das „eigentlich Wesentliche" von der materiellen Überlieferung zu isolieren, steht in krassem Gegensatz zur Geschichtlichkeit des Denkmals. Dabei wird unter Geschichtlichkeit nicht lediglich verstanden, daß ein Objekt irgendeine Vergangenheit hat. Geschichtlichkeit bedeutet vielmehr, daß jedes Denkmal eine individuelle Geschichte hat, die man insgesamt kennen muß – also Vorgeschichte, Entstehungsgeschichte und Biographie bis heute – um seine jetzige Gestalt zu verstehen. Der Faktor Zeit spielt für die Definition des Denkmals eine entscheidende Rolle. Alters- und Gebrauchsspuren, die nicht mit Schäden verwechselt werden dürfen, sind ebenso wie die persönliche Handschrift des Künstlers und wie die spezifischen Merkmale früherer handwerklicher Fertigung nicht wiederholbare Bestandteile des Originals. Um die Biographie bis heute zu klären, ist auch die Rezeptionsgeschichte kritisch aufzuarbeiten. Es ist durchaus die Regel, daß Denkmälern im Laufe ihrer Geschichte immer wieder neue Bedeutungen zugewachsen sind, die oft, aber keineswegs in jedem Fall ihren Ausdruck in gestalterischen Änderungen gefunden haben. Dabei sind die vorausgegangenen Bedeutungen nicht spurlos untergegangen, sondern sie sind in der jeweils neuen mehr oder weniger deutlich mitenthalten.

Die Beschäftigung des Kunsthistorikers mit der Geschichte des jeweiligen Objektes kann im praktischen Ablauf einer denkmalpflegerischen Maßnahme nicht von der Arbeit am materiellen Bestand getrennt werden. Schwierigkeiten bei der detaillierten und differenzierten Feststellung des Denkmalbestandes ergeben sich dadurch, daß in der Regel nur ein Teil – und zwar oft nur ein geringer – der historisch aussagekräftigen Substanz unmittelbar zu sehen ist. Für die Biographie des Denkmals wichtige Konstruktionsteile früherer Zustände, ältere Putzschichten, Farbfassungen, Reste von Bemalungen oder Teile früherer Ausstattungen sind häufig verborgen. Der Versuch, lediglich anhand von Schrift- und Bildquellen und mit Hilfe der Fachliteratur herauszuarbeiten, was die Substanz ist, auf deren Erhaltung es ankommt, muß in diesen Fällen erfolglos bleiben. Das heißt, daß der Kunsthistoriker auf die Zusammenarbeit mit Spezialisten anderer Fachgebiete angewiesen ist. Ohne Befunduntersuchungen von Restauratoren und Bauforschern und in vielen Fällen ohne begleitende naturwissenschaftliche Untersuchungen wie z. B. Laboranalysen von Farbfassungen, Datierungen mit Hilfe der Dendrochronologie usw. bleibt die

STRATEGIEN FÜR
DIE ZUKUNFT

kunstgeschichtliche Analyse in vielen Punkten auf bloße Vermutungen angewiesen. ...

Wenn das Denkmal erst durch die Analyse seiner historischen Bedeutung konstituiert wird, ist das wissenschaftliche Erforschen der primäre Umgang mit den Denkmälern. Durch neue Fragestellungen und dadurch gewonnene neue Erkenntnisse wird die Interpretation der historischen Bedeutung und damit auch das Denkmal verändert, selbst wenn keine Eingriffe in den materiellen Bestand vorgenommen werden. Bedeutungsschichten gehören ebenso wie etwa die Schichten verschiedener Farbfassungen zur geschichtlichen Existenz eines Denkmals. ... Viele Denkmäler wurden im Verlauf ihrer Restaurierungsgeschichte mit jedem Eingriff in den vorgefundenen Bestand – dem jeweils gültigen Forschungsstand folgend – in ihrem Erscheinungsbild immer „originaler", bis von der originalen Substanz so gut wie nichts mehr übrig war. In dieser Weise durch Denkmalpflege verursachte Verluste an Denkmalsubstanz ließen sich wesentlich verringern, wenn das Erforschen der Denkmäler tatsächlich als primärer Umgang mit ihnen anerkannt und praktiziert würde. Verständliche Entdeckerfreude sollte sich weniger an den Objekten, als in Publikationen äußern. Wenn die Ergebnisse der Entdeckerfreude am Denkmal herauspräpariert werden, wird dessen Bedeutungstradition häufig eingeengt.

51.

Karl Ganser

Strukturwandel, Geschichtlichkeit und Perspektiven des Ruhrgebietes, 1992

aus: Deutsche Kunst und Denkmalpflege, 50. Jg., Heft 2, 1992

Zur Person:
Geboren 1937 in Mindelheim (Schwaben). Studierte Chemie, Biologie, Geologie und Geographie in München. Tätig für das Land NRW; Initiator und 1989–1999 Geschäftsführer der IBA Emscher-Park

II

Zumindest in den Kreisen des öffentlichen und privaten Lebens, die in den Entscheidungen mehr sind als das „gemeine Volk", stößt man auf viel Unverstand, wenn die Sprache auf den Denkmalschutz kommt.
Wenig Verinnerlichung der geschichtlichen Verpflichtung!
Wenig zukunftsorientierte kulturpolitische Mission!
Wenig Sensibiliät für die Chance, die Denkmalschutz für die wirtschaftliche Entwicklung einer Region mit sich bringen könnte!
Man spürt es am deutlichsten bei den Verhandlungen über die kommunalen und staatlichen Haushalte. Da werden die ohnehin nicht sehr stattlichen Ansätze für die Denkmalpflege mit Vorliebe und mit wenig überzeugenden Argumenten zur Disposition gestellt.
In dieser unfreundlichen „Großwetterlage" hat es die Industriedenkmalpflege besonders schwer. Denn die Vorurteile, Industriebauten
– sind häßlich,
– sind Zeichen des Niedergangs,
– hindern die wirtschaftliche Nutzung der Flächen,
– sind unbezahlbar,
sind in diesem Bereich besonders stark ausgeprägt. Diese deutlich distanzierte Haltung trifft nun mit einer Zeit zusammen, in der ein verschärfter wirtschaftlicher Strukturwandel zusammen mit einer forcierten staatlichen Strukturpolitik ganze Industriekomplexe innerhalb kürzester Zeit beseitigt. Es werden jetzt in geradezu atemberaubendem Tempo im Westen und noch mehr im Osten die großmaßstäblichen Industrieanlagen des 20. Jahrhunderts stillgelegt, besser gesagt niedergelegt. ...

Wenige Wochen vorher war ich in Lothringen und konnte einen Blick auf den internationalen Industriepark Longwy werfen, der in einer Größe von 2000 ha durch gemeinsamen Staatsvertrag der Länder Frankreich, Belgien und Luxemburg entsteht. Mehr als eine Milliarde geht in die Aufbereitung und die Erschließung des Geländes. Drei Täler, die ehemals einen Schwerpunkt in der Hüttenindustrie dieser Region ausmachten, sind planiert zu einem großen Landeplatz für die Auslieferungslager der multinationalen Konzerne. Erschließungsanlagen wie auf Flugplätzen und so groß bemessene Bauparzellen, daß man ohne besondere Navigationskunst monotone viereckige Kisten landen kann, sprich riesige Gewerbehallen. Beziehungslos und verloren in dieser neuen Landschaft stehen noch die ehemalige Gebläsehalle und die Hauptverwaltung eines der früheren großen Konzerne.

Noch dramatischer verläuft der Zusammenbruch der Industriestruktur in den ehemals kommunistisch beherrschten Regionen. Hier gibt es keine privaten Investitionen oder öffentliche Mittel. Im polnischen Oberschlesien z. B. wird eine Industrielandschaft schlicht „hinterlassen".

Gibt es zumindest öffentliche Mittel, wie in den östlichen Bundesländern, dann entstehen, um den Mangel an Arbeit wenigstens abzumildern, Beschäftigungsgesellschaften, die mangels anderer vorbereitender Arbeiten erst einmal groß ans Aufräumen gehen. Da es keine konkreten Pläne oder Entwicklungsprojekte gibt, ist die Vorgabe für dieses Aufräumen die platte, problemlose, für alles Denkbare geeignete Fläche – von Tankstellen bis Großmärkten oder Automobilwerken.

III

Reden wir vom Ruhrgebiet, dann geht es in erster Linie um den Emscherraum, der wie keine andere Region in Europa mit Beginn dieses Jahrhunderts die großmaßstäbliche Entwicklung des Montankomplexes auf sich zog. Ich glaube nicht, daß man sich im Ruhrgebiet allgemein und im Emscherraum im besonderen über die Dramatik der De-Industrialisierung bewußt ist. Nähme man die Werksanlagen und die Siedlungen dieser Industrialisierungsphase vollständig aus dieser Region, dann bliebe eine Struktur völliger Belanglosigkeit.

Nun verläuft im Ruhrgebiet die Strukturpolitik – Gott sei Dank – differenzierter und reflektierter und die eingangs beschriebenen Engagements des Landes in behutsamer Stadterneuerung und Denkmalpflege sind auch an dieser Region nicht ohne Spuren vorübergegangen.

Und trotzdem ist man auch hier nicht wirklich davon überzeugt, daß ein erfolgreicher Strukturwandel nur in historischer Kontinuität gedacht werden kann. ...

IV

Wahrscheinlich haben wir die Realität dieser Objekte noch nicht genügend zur Kenntnis genommen:
- Es handelt sich um ungeheuer weitläufige Anlagen zwischen 30 u. ~200 ha, eine Flächenausdehnung, die historische Stadtkerne bei weitem übertrifft.
- Es sind die „Anlagen" für großindustrielle Prozesse und nicht aus Stein gebaute Gebäude (die sich vergleichsweise gut an neuen Nutzungen anpassen können), die Probleme bereiten. Hochöfen, Gasometer, Wasserbehälter, Rohrleitungen, Dampferzeuger, Turbinen, Kraftwerke, Umspannungsanlagen, Eisenbahnanlagen, Hafenanlagen kann man eben im gewöhnlichen Sinne nicht „umnutzen".
- Schließlich sind diese Industrieanlagen von vornherein auf vergleichsweise kurze Lebensdauer hin konstruiert. Das hat Auswirkungen auf die Unterhaltungs- und die Erhaltungsstrategie.

Da wir die Wesensart dieser Anlagen nicht verinnerlicht haben und insoweit auch keine überzeugende Strategie vorweisen können, begegnen uns die Forderungen nach Selektion in zweifacher, gleichermaßen unangenehmer Weise:
1. Da man sich den Erhalt dieser vermeintlichen „unproduktiven" Großanlagen zumindest nicht zutraut, sie häufig auch nicht schätzt, fordert man die Selektion der „Prototypen" und deren Eingliederung in ein Museum.

11. Eines der am häufigsten verwendeten Fotos der IBA: Brücke über die kanalisierte Emscher

STRATEGIEN FÜR DIE ZUKUNFT

2. Wenn man sich darüber hinaus auf dem Wege des Kompromisses eine weiterreichende Örtlichkeit abringen läßt, dann selektiert man das einigermaßen Eingängliche, in der Finanzierung Darstellbare oder das irgendwie Nutzbare.
...

Wenn wir aus diesen beiden fragwürdigen Selektivitäten ausbrechen wollen, dann müssen wir einen harmonischen Übergang von der städtebaulichen Anlage der Vergangenheit in eine städtebauliche Anlage der Zukunft formulieren. Es geht dann in erster Linie um die räumlich-funktionalen Beziehungen, also im Inneren der Anlagen um die Produktionsprozesse und im äußeren Bereich um die Zuordnung von Produktionsanlagen oder Wohnungen und Verkehrsanlagen. Daraus die Wesentlichkeiten zu definieren und sie als „Erbmasse" für die künftige Entwicklung mitzugeben, ist die Hauptaufgabe bei der Bestimmung der „Denkmaleigenschaft".

Auch dies ist eine Selektion, aber eine völlig andere. Sie ist auf die Ganzheitlichkeit der Anlage und die Örtlichkeit ausgerichtet. Jenseits dieser Wesensmerkmale kann es, darf es Verformungen, Beseitigungen und auch Verfall geben.

Wichtig ist, daß diese wesensprägenden Strukturen neu besetzt werden, nicht nur mit neuen Nutzungen, sondern auch mit neuen Sinndeutungen, die für die nicht nutzbaren Dinge ebenso wesentlich sind, so daß die neu hinzukommenden Baulichkeiten – ob Landschaft oder gewerbliche Bauten oder Wohnsiedlungen – innerhalb dieser ererbten Strukturen nicht nur Füllmasse sind, sondern neue Akzente mit neuer Einprägsamkeit setzen.

V
Dieses Denken braucht ein leistungsfähiges Instrumentarium:
– Die „städtebauliche Denkmalpflege" ist ohne Zweifel von seiten der Denkmalpflege der tragfähige Gedankenansatz. Die Korrespondenz im planerischen Instrumentarium ist der städtebauliche oder landschaftliche Rahmenplan. Beide Denkansätze müssen zusammengehören.
– Zur kreativen Ausformung der rahmensetzenden Planung eignen sich – so wenigstens die IBA-Erfahrungen – interdisziplinär angelegte Wettbewerbe vergleichsweise gut. Es kommen nicht nur überraschende Lösungen auf den Tisch. Die Verfahren als solche stimulieren Diskussionskultur, fördern neue Einsichten und führen schließlich zu veränderten Koalitionen und Konsensbildungen.
– Einer nicht nur graduellen Veränderung bedarf auch die Finanzierungsstrategie. Mit Mitteln der Denkmalpflege oder dem schon breiteren Mittelstrom der Städtebauförderung kommt man hier nicht aus. Vielmehr haben die großen Aufgabenbereiche, die mit gutem Grund öffentlich gefördert werden, diesen Denkansatz zu finanzieren.

Das gilt besonders für die Wirtschaftsförderung, deren Mittel eben nicht nur auf sogenannte „wirtschaftsnahe" Fördergegenstände beschränkt sein dürfen, sondern sich einer kulturell basierten Erneuerungsstrategie zu öffnen haben. (Daß es gelungen ist, das Kulturobjekt „Zollverein XII" zu wesentlichen Teilen aus Wirtschaftsförderungsmitteln der EG und des Landes voranzubringen, stimmt hoffnungsfroh). Eine ähnliche Öffnung hat sich im Bereich von Landschaft und Wasserbau zu vollziehen. Die Mittel für Naturschutz, Wasserbau und Renaturierung sind daher in ihrer Zweckbestimmung so zu gestalten, daß auch die industriehistorischen Spuren in der Landschaft nicht ausgegrenzt und auf andere (zumeist leere) Fördertöpfe verwiesen werden. (Das Ökologieprogramm Emscher-Lippe mit seinen Bestimmungen, daß in der Landschaft auch Denkmalschutz und industriehistorische Spuren bis hin zu künstlerischen Verfremdungen der Landschaft mitgefördert werden können, ist sicher ein Meilenstein auf diesem Weg). Es geht bei dieser Öffnung der Fördergrenzen in den einzelnen Fördertöpfen nicht nur darum, mehr Mittel für das hier vertretene Verständnis von Industriedenkmalpflege zu beschaffen. Viel wichtiger ist, daß in das Denken und in die Verantwortung der zugehörigen Träger und Organisationen einschließlich ihrer Fachbehörden das Verständnis für eine kulturhistorische Verantwortung wächst.

Das planerische und finanzielle Instrumentarium bedarf schließlich einer Ergänzung im organisatorischen Bereich. Das Management komplexer industriehistorischer Situationen im Verbund mit neuen Entwicklungsprojekten funktioniert nach meiner Beobachtung dort am besten, wo die Aufgabe einer zumindest partiell eigenständigen Organisation übertragen ist. Das gilt z.B. für den Landschaftspark Duisburg-Nord mit dem Hüttenwerk Meiderich, für die Bauhütte Zeche Zollverein XII, für den Wissenschaftspark Rheinelbe und andere ebenso wie für die Bundesgartenschau 1997. In diesen neuen Organisationen, zumeist privatrechtlich organisiert, sind keine grundsätzlich neuen Institutionen mit neuen Menschen tätig. Es sind wieder die Städte und die Landesentwicklungsgesellschaft oder die Montangrund und private Großunternehmen. In der neuen Organisation aber „benehmen" sie sich anders. Sie lassen sich von der neuen Aufgabe „anmachen". Die Binnenkoordination in dieser kleinen Gruppe nimmt zu und verläuft effektiver. Die Außenkontrolle durch das herkömmliche administrativ-politische System dagegen nimmt deutlich ab. Es tritt ein gewisser Grad von „Autonomisierung" auf. Es ist hier nicht der Ort, diese parakommunalen Gesellschaften verwaltungswissenschaftlich und demokratie-theoretisch einzuordnen. Bezogen auf die hier gestellte Aufgabe sind sie jedenfalls zielgetreuer und effektiver.

12. Ensemble Zollverein: Der Schacht XII der Zeche Zollverein (1929–32) und die Kokerei Zollverein (1959–62) von Fritz Schupp und Martin Kremmer bildeten in ihrer Umnutzung einen der Höhepunkte der IBA EmscherPark

STRATEGIEN FÜR DIE ZUKUNFT

VI

Die soeben geschilderte Entbürokratisierung und Autonomisierung durch Auslagerung und Dezentralisation in eigene Projektträgergesellschaften bleibt aber suboptimal. Das wichtigste Hemmnis ist, daß es bereits ein hohes Maß an Einsicht und Ausreifungsgrad geben muß, bis die neuen Gesellschaften von ihren alten Stammhaltern gegründet werden. Da vergeht viel Zeit, vor allem aber müssen Außenstehende Ideen beibringen und Argumentationsarbeit leisten, um derartige Entscheidungen reifen zu lassen. Die Frage ist also ungelöst. Wie kommt es zur Initiative?

Diese neuen Gesellschaften sind ferner in hohem Maße von öffentlichen Mitteln, zumeist von Staatsmitteln, abhängig und sind damit auch abhängig von den Konjunkturwellen staatlicher Föderprogramme und von den Wechselfällen jährlicher Haushaltsverhandlungen. Vor allem aber geht es nicht an, daß auf Dauer die kulturhistorisch engagierte Entwicklung einer Industrieregion ausschließlich den öffentlichen Händen aufgebürdet wird. Einen ebenso großen finanziellen Beitrag muß man von der Privatwirtschaft einfordern.

Schließlich werden in diesen neuen Projektgesellschaften die „Räder häufig immer wieder neu erfunden". Es wäre also hilfreich, eine „Mutterorganisation" zu haben, die das Erfahrungswissen zusammenführt und auf kurzem Wege projektbezogen weiterreicht.

Aus diesen drei Gründen ist der Gedanke einer „Stiftung für die Industriedenkmalpflege" im Lande Nordrhein-Westfalen entstanden. Die Arbeitsweise dieser Stiftung soll der des Grundstücksfonds nicht unähnlich sein. Komplexe alte Industriegelände werden in diese Stiftung zur Verwaltung, baulichen Sicherung und zur Entwicklung tragfähiger Konzepte eingebracht. Sind im Laufe der Zeit dann tragfähige Konzeptionen gefunden, deren Realisierbarkeit auch hinreichend genau festgelegt ist, kann die Stiftung Projekte an interessierte Projektträger abgeben und dabei möglicherweise auch die von ihr geleistete Arbeit in Rechnung stellen. Die wichtigsten Effekte einer derartigen Stiftung lauten wie folgt:

1. Sie arbeitet ohne „Seitenbeeinträchtigung" zielgetreu in dem hier angestrebten Sinn. Sie ist sozusagen „ideologisch gleichgerichtet".
2. Sie überbrückt die schwierigen Jahre zwischen dem Niedergang und der Akzeptanz einer neuen Entwicklung. Diese „Reifezeiten" sind mit das wichtigste für die neue Entwicklung komplexer industriehistorischer Situationen. Zumindest hat dies die gesamte bisherige Erfahrung gezeigt.
3. Sie versammelt das fachliche, technische und nicht zuletzt auch das politische Erfahrungswissen, wie man mit Objekten dieser ungewöhnlichen Struktur erfolgreich umgeht. Denn nichts paßt hier vom heutigen Fachwissen: nicht der gewöhnliche Planungsprozeß, nicht die übliche Wirtschaftlichkeitsberechnung, nicht der leicht erreichbare Experten-Sachverstand, nicht das übliche Ingenieurbüro, nicht der gängige Architekt und nicht die allgemein übliche Vermarktungsstrategie.
4. Die Stiftung soll zu gleichen Teilen aus öffentlichen Mitteln und Mitteln von Privatunternehmen kommen, denn der Stiftungskapitalaufbau Industriedenkmalpflege kann nicht allein eine Aufgabe der öffentlichen Hand sein. Ich erwähnte dies bereits. Die Eigner von denkmalwerten Industrieanlagen entledigen sich durch die Übergabe der Objekte in die Stiftung einer nach dem Gesetz notwendigen Aufwendung. Diese soll „kapitalisiert" werden. Auf jeden Fall sollen die ersparten Abrißkosten zuzüglich eines Teils der ersparten Haltungskosten eingebracht werden. Mit etwa gleich hohen Beträgen sollten sich aber auch die „denkmallosen" neuen Unternehmen in dieser Stiftung engagieren. Ihr Interesse müßte es sein, ihren Investitionsstandort zu pflegen, zu ent-

13. Mit Großtafeln an den Autobahnen wird seit 1999 für die Geschichte des Ruhrgebiets geworben: Teil des Projektes „Route der Industriekultur"

wickeln und ihm ein unverwechselbares regionales kulturhistorisches Profil zu geben.
5. Sinn der Stiftung ist es schließlich, fern von der Jährlichkeit öffentlicher Haushalte mit mittelfristiger finanzieller und organisatorischer Kontinuität agieren zu können.

VII
Die sogenannte „Kohlerunde" (dies ist ein besonderes Förderprogramm des Landes Nordrhein-Westfalen zur Stützung des Strukturwandels in den Kohleregionen mit einer Finanzausstattung von 2 Mrd. DM) gibt Anlaß, diese Stiftung nun konkret anzugehen. Das Land Nordrhein-Westfalen scheint geneigt zu sein, aus diesen 2 Milliarden DM die Stiftung mit dem öffentlichen Anteil ihres Kapitals in einer Größenordnung um die 40 Mio. DM auszustatten. Die verbindlichen Gespräche mit den Privatunternehmen sollten auf der Grundlage eines derartigen Beschlusses geführt werden. In erster Linie wird das Gespräch mit der Ruhrkohle als „Großeigentümer" von denkmalwerter Industrielandschaft zu führen sein.

Sozusagen am Rande der Internationalen Bauausstellung Emscher Park hat sich ein Gesprächskreis gebildet, der Fragen der Industriedenkmalpflege, der Industriegeschichte und der Industriekultur behandelt. Mitglieder dieses Gesprächskreises haben einen Initiativkreis zur Gründung der soeben erwähnten Stiftung „Industriedenkmalpflege und Geschichtskultur" begründet, um diesen Gedanken zu unterstützen.

Der intensive Dialog über Industriedenkmalpflege und Geschichtskultur hat daneben eine Einrichtung geboren, in der Fachleute und Laien, Einzelpersonen und Organisationen, wissenschaftliche Institutionen und Einrichtungen der Erwachsenenbildung zusammenfinden, um über die kulturelle Bedeutung der industriellen Vergangenheit dieser Region zu sprechen. Im Mai dieses Jahres wurde dieses „Forum Geschichtskultur an Ruhr und Emscher" durch die Initiative dieser Einzelpersönlichkeiten ins Leben gerufen. Man darf diesem Forum eine heftige Entwicklung voraussagen. Denn Industriedenkmalpflege in einem nicht musealen und in einem nicht selektiven Verständnis muß von den örtlichen und regionalen Gemeinschaften gewollt, getragen, gelebt werden.

Schlußbemerkung:
Wir brauchen eine Bewegung, die weit über die Denkmalpflege als Institution hinausgreift, wollen wir das industriekulturelle Erbe des späten 19. Jahrhunderts und des 20. Jahrhunderts in seinen städtebaulichen Bezügen lesbar halten.
Wir dürfen uns nicht auf die Musealisierung bescheiden lassen.
Wir brauchen diese breite politische Bewegung in ganz Europa, gerade in den östlichen Industrieregionen. Dort ist die Gefahr besonders groß, daß man sich auf eine Restaurierung der vorindustriellen Stadtbilder beschränkt.

52.

Michael Petzet, Uta Hassler

Reparaturkultur, 1996

Einleitungstext aus: Michael Petzet, Uta Hassler (Hgg.): Das Denkmal als Altlast? Auf dem Weg in die Reparaturgesellschaft (ICOMOS – Hefte des Dt. Nationalkomitees XXI). München 1996, S. 3

Zu den Personen:
Michael Petzet: bis 1999 Generalkonservator am Bayerischen Landesamt für Denkmalpflege. Präsident des Deutschen Nationalkomitees von ICOMOS und ICOMOS International.
Uta Hassler: Professorin für Denkmalpflege und Bauforschung an der Universität Dortmund

Seit Jahren ahnen wir, daß das gewohnte Konsumieren von Neuem, Schönerem, Besserem an Grenzen gelangen könnte. Dem trägt die umfangreiche Diskussion von Umweltfragen Rechnung, in der gegenüber den Themen Umweltgifte, Müllrecycling, Energie und Klimaschutz das Bauwesen eine vergleichsweise kleine Rolle spielt. Daß durch den Austausch oder den partiellen Ersatz bestehender Gebäude durch Neubauten ungeheure Ressourcen verbraucht, Energiemengen benötigt, Abfallmengen freigesetzt werden und unsere Umwelt nachhaltig verändert wird, ist kaum Gegenstand der Diskussion. Stattdessen werden im Zuge des wirtschaftlichen Strukturwandels in den von klassischer Schwerindustrie geprägten Regionen immer noch die baulichen Zeugnisse der Industrieproduktion durch Technologie- und Dienstleistungszentren ersetzt. Man bemüht sich zwar, einige wenige Gebäude, Teile von Anlagen oder industriell überformte Flächen als Spuren der Vergangenheit in „industrielle Parklandschaften" zu integrieren oder sie museal zu konservieren. Die Masse materiell wertvoller und gut nutzbarer Bausubstanz, darunter auch historisch bedeutsame Zeugnisse der Industriegeschichte, fällt jedoch der Erneuerung zum Opfer. Daß alter Baubestand nicht nur aus den handwerklich geprägten vorindustriellen Epochen eine wichtige Ressource für die Allgemeinheit darstellen kann, wird dabei nicht thematisiert.

Insgesamt erscheint die bisher praktizierte Strategie ständiger Erneuerung großer Teile der gebauten Umwelt auch über das mehr und mehr industriell geprägte Bauwesen des 19. und 20. Jahrhunderts hinaus aus ökonomischen und ökologischen Gründen immer fragwürdiger. In einem nicht nur kurzfristige Vermarktungsstrategien berücksichtigenden Bilanzrahmen, der die Herstellung, die Nutzung, den Unterhalt und die Beseitigung von Gebäuden einbezieht, würden sich der Erhalt des vorhandenen Baubestands und seiner Teile und die kontinuierliche Nutzung bebauter Flächen jedenfalls vielfach günstiger darstellen als der ständige Austausch bestehender Gebäude durch neue. Schon aus ökonomischen Gründen würde sich die in der Denkmalpflege häufig auftretende Frage nach der Zumutbarkeit des Erhalts bestehender Gebäude nicht mehr stellen. Mit der Masse vorhandener Altbauten böten sich weitaus umfassendere Interventionsmöglichkeiten für ein aus ökologischer Sicht notwendiges Ressourcenmanagement, als sie durch Einflußnahme auf die Neubautätigkeit je erreicht werden könnten. In diesem Sinn stellen die vorhandenen Gebäude nicht nur kulturelle Werte, sondern auch wichtige materielle und energetische Ressourcen dar. Eine Diskussion der Qualitäten und die Entwicklung geeigneter Modelle zur Bewertung des Altbaubestands sind daher unerläßlich.

Es wäre also zu diskutieren, ob die bisherige Praxis des Umgangs mit dem vorhandenen Baubestand in Zukunft noch realistisch und wünschenswert ist. Wir sind auf der Suche nach einem Leitbild, das die bauliche Entwicklung in Zusammenhang stellt mit Fragen des Erhalts von Energie, Ressourcen und Gebäuden. Es ist sehr wahrscheinlich, daß sich die Gesellschaft von morgen einen weitgehenden Austausch der gebauten Umwelt aus ökologischen und ökonomischen Gründen nicht mehr wird leisten können. So wollen wir mit der Tagung „Das Denkmal als Altlast?" versuchen, Ziele, Aufgabenstellungen und Steuerungsinstrumente einer auf der Kultur des Erhalts aufbauenden Gesellschaft zu beschreiben – einer „Reparaturgesellschaft".

53.

Klaus Kornwachs

Entsorgung von Wissen, 1996

aus: Michael Petzet, Uta Hassler (Hgg.): Das Denkmal als Altlast? Auf dem Weg in die Reparaturgesellschaft (ICOMOS – Hefte des Dt. Nationalkomitees XXI). München 1996; Zitat S. 32

Zur Person:
Geboren 1947 in Eugen (Baden). Studium der Physik, Mathematik, Philosophie in Tübingen, Freiburg, Kaiserslautern; 1987 Habilitation. Leiter des Fraunhofer-Instituts für Arbeitswirtschaft und Organisation, Stuttgart; seit 1992 Lehrstuhl für Technikphilosophie, BTU Cottbus

Zu den Spätfolgen unserer Industriegesellschaft gehören nicht nur die Entsorgungsprobleme unserer Produkt- und Produktionstechnologie, sondern auch die Bewältigung des durch Wissenschaft, Forschung und technologische wie organisatorische Entwicklungen angewachsenen Wissensberges. Einige Wissenschaftler sprechen bereits von der Notwendigkeit einer neuen Weltwissensordnung (z. B. H. Spinner). Eine Kultur steht immer vor der Aufgabe zu entscheiden, was sie bewußt tradieren möchte und was sie dem Vergessen und dem zufälligen Wiederentdecken anheim gibt. Selten jedoch sind Kulturen so musealisierend und historisierend wie die unsere mit dem Wissen umgegangen: Wir speichern alles, erklären sehr schnell alles zu Klassikern, doch in den aktuellen Entscheidungsprozessen spielt dieses Wissen der Klassiker – als Analogon zum Denkmal – so gut wie keine Rolle. Veraltetes technisches Wissen wird „entsorgt", wissenschaftliches Wissen überschreibt sich ständig neu. Umstrittener wird das Problem, wenn man an eine „Entsorgung" des kulturellen, philosophischen, geschichtlichen, gesellschaftlichen und politischen Wissens geht – von der Bücherverbrennung bis zur Sprachreinigung in Schulbüchern, von der Verdrängung der Alten Sprachen bis zum Verfall von Wissen ist dann die Rede.

Es zeigt sich jedoch, daß es notwendig sein wird, Wissen auf unserem heutigen Stand so an zukünftige Generationen weiterzugeben, daß diese mit den langfristigen Folgen unserer technischen Hervorbringungen werden umgehen können. Das Entsorgungsproblem radioaktiver Abfälle, die Freisetzung und Distribution gentechnisch veränderter Organismen, Wachstum und Existenz großer technischer Systeme wie der Kommunikationsnetze oder der Vorwarn- und Codierungssysteme der nuklearen militärischen Technologie, die Bindung langfristiger Organisationsformen an Softwareentwicklungen mögen als Beispiele dienen. Sie alle erlauben nicht, dieses Wissen in mehreren Generationen total zu vergessen, weil es diese Systeme dann noch geben wird. Wenn wir sie aber durch Wissen nicht beherrschen, dann stellen sie eine massive Gefährdung dar. Es wird also erforderlich sein, neben der notwendigen Entsorgung von Wissen das Selektionsproblem zu lösen, welches Wissen für die zukünftigen Generationen wichtig sein wird und Sorge dafür zu treffen, daß diese Wissensdenkmäler nicht nur materiell, sondern auch hinsichtlich ihrer adäquaten Interpretation und Verstehbarkeit lange Zeiträume überdauern. Eine rein technische Lösung reicht nicht aus – die Analogie zum Denkmal gilt auch hier: Nur solche Institutionen, die stabil und flexibel genug sind, um über lange Zeiträume zu existieren, können den Sinn und die Bedeutung von Denkmälern und Wissen (in welcher Form es auch immer vorliegen mag) sichern.

54.

Niklaus Kohler

Simulation von Energie- und Stoffflüssen von Gebäuden und Baubeständen, 1996

aus: Das Denkmal als Altlast?, S. 92–100; Zitat S. 100 (Abschnitt „Schlußfolgerungen")

Zur Person:
Geboren 1941 in Zürich. Studium der Architektur in den USA und Lausanne. Wiss. Mitarbeiter der École Polytechnique Fédérale Lausanne; 1993 Professur an der Universität Karlsruhe, Leiter des Instituts für industrielle Bauproduktion

Die Frage nach der Umweltbelastung durch das Bauen wirft also eine Reihe grundsätzlicher Fragen nach dem Sinn des Bauens an und für sich auf. Sie könnte in diesem Sinne Ausgangspunkt einer neuen Auffassung von Technik und Architektur werden, die sich, und das ist wohl neu, weder an technischen Lösungen noch an architektonischen Formen orientiert. Auf gesellschaftliche Forderungen hat die technische Gemeinschaft bis jetzt mit neuen Technologien, die Architektenschaft mit neuen Formen geantwortet. Die ökologische Herausforderung kann mit diesen Mitteln nicht beantwortet werden; im Gegenteil: Wir müssen verhindern, daß neue Technologien und Formen uns die Sicht auf die wesentlichen Probleme verstellen.

Es zeigt sich, daß gesamtgesellschaftlich nur die intensive Erhaltung und die optimale Nutzung des Gebäudebestandes mittelfristig zu einer Entlastung der Umwelt führen können. Dadurch wird der Gebäudebestand prinzipiell zur wichtigsten und schlußendlich einzigen möglichen Ressource. Die konzeptuellen Auswirkungen dieser Tatsache sind kaum untersucht worden. Man kann nur zwei nennen:

– Der Neubau verliert seine Bedeutung und wird zu einem Spezialfall der Erneuerung. Sämtliche Baugesetze, Stadt- und Regionalplanungsmethoden, Bauprodukte, Architektenwissen etc. beruhen heute aber auf dem Neubau.
– Wenn nichts mehr dazukommt, werden am Ende alle Gebäude zu Denkmälern. Die heutigen Konzepte der Denkmalpflege sind jedoch auf die intensive Betreuung von Einzelobjekten ausgerichtet. Die neuen Aufgaben der Denkmalpflege oder vielleicht besser der Werterhaltung betreffen alle Bauten, werden zu einem Massenphänomen.

Der Gebäudebestand ist das größte finanzielle, physische und kulturelle Kapital der Gesellschaft. Da wir gewohnt sind, in Gebäuden zu leben, sind wir uns der Wichtigkeit und Komplexität von Gebäuden nicht bewußt. Ebenso erscheint uns der Gebäudebestand als etwas so selbstverständliches, daß wir nur sehr ungenaue Vorstellungen über die Anzahl der Gebäude haben. Um den finanziellen Wert von Gebäuden zu bestimmen, gibt es viele Methoden. Der einzige physische Wert von Gebäuden ist ihr ökologischer Wert, im Sinne von existierenden, verfügbaren Ressourcen, die nicht mehr neu aus der Natur entnommen werden müssen, und die bei Umnutzung, Wieder- und Weiterverwendung die Umwelt weniger belasten als bei Neubau. Der kulturelle Wert von Gebäuden ist die traditionelle Domäne der Baugeschichte und Denkmalpflege.

Das Aufzeigen der komplexen Beziehungen und Gemeinsamkeiten dieser verschiedenen Wertvorstellungen könnte der Ausgangspunkt einer neuen Strategie der Werterhaltung des Gebäudebestandes sein.

55.

Umweltbelastungen durch Bauen und Wohnen

Zwischenbericht der Enquete-Kommission „Schutz des Menschen und der Umwelt" des 13. Deutschen Bundestages.

Studien „Stoffströme und Kosten in den Bereichen Bauen und Wohnen" und „Baumaterialien und gebäudebedingte Erkrankungen", 1997

Die Enquete-Kommission hat die mit dem Bereich „Bauen und Wohnen" verbundenen Stoffströme und die sie beeinflussenden Steuergrößen und Rahmenbedingungen untersucht. Dazu hat sie zwei Studien in Auftrag gegeben, deren Ergebnisse und Schlußfolgerungen nachfolgend kurz skizziert werden. ...

Stoffströme und Kosten in den Bereichen Bauen und Wohnen
In dem Bereich „Bauen und Wohnen" fallen große Teile der von Menschen verursachten Stoffströme an (ca. ein Viertel der mineralischen Stoffflüsse). Die Problematik dieser großen Stoffströme und Materialmengen spiegelt sich in der Tatsache wider, daß fast die Hälfte des Abfallaufkommens dem Bausektor zuzurechnen ist (derzeit rund 40 %). Die gegenwärtig jährlich anfallenden Abfallmengen sind erheblich geringer als die Materialmengen, die neu im Bauwesen Verwendung finden. Die Relation von Stoffinput zu Stoffoutput liegt je nach Rechenmodell zwischen 2:1 und 10:1.

Neben den großen Baustoffströmen bereiten zunehmend eher kleinere Massenströme von einzelnen Komponenten und Beimengungen zu Baustoffen Probleme. Einige sind toxisch (Arbeitsschutzproblematik, Grundwassergefährdung, etc.) und manche wirken sich negativ auf die Innenraumluft aus. Diese Entwicklung ist erst wenige Jahrzehnte alt und deshalb als Entsorgungsproblem bislang nur in geringem Umfang deutlich geworden. Die heute verbauten Stoffe werden in der Regel erst in 30 bis 100 Jahren zum Bauabfall. Der Einsatz einer Vielzahl von zum Teil neuen Bauhilfsstoffen bei Neubau und Sanierung sowie der Trend zum Gebrauch von Verbundmaterialien führen angesichts wachsender Stoffströme zu erheblichen Schwierigkeiten bei einem späteren Recycling des Bauschutts.

Mit Hilfe des im Rahmen der Studie entwickelten dynamischen Modells des deutschen Gebäudebestands (bottom-up-Ansatz 122) wurden folgende Trends für die Stoffumsätze im Hochbau ermittelt:

Die jährlichen Stoffumsätze steigen von gegenwärtig 140 Mio. Tonnen auf 150 Mio. Tonnen im Jahre 2000 ... . Die Abfallmengen werden von heute 70 Mio. Tonnen pro Jahr auf über 90 Mio. Tonnen im Jahre 2020 steigen ... . Das Aufkommen an Sondermüll aus Bauschutt wird sich stetig erhöhen, von 3,3 Mio. Tonnen im Jahre 1991 auf 5,6 Mio. Tonnen im Jahre 2020. Damit wächst das Problem des Bauschuttrecyclings in quantitativer und qualitativer Hinsicht. ...

Nur knapp über 1 % des vorhandenen Gebäudebestandes entsteht, nach Aussage der Studiennehmer, jährlich neu. Von dem Baubestand, der im Jahr 2020 genutzt werden wird, existieren gegenwärtig also schon rund 75 %. Jede Politik eines umfassenden Stoffstrom- und Energiemanagements im Bauwesen wird ihre entscheidenden Einflußgrößen daher in einem intelligenten Management des Bestandes suchen.

Eine Politik der Nachhaltigkeit für den Baubereich schließt neben der ökonomischen und ökologischen auch eine kulturelle und soziale Dimension der Verantwortung für die Zukunft ein. Eine solche Politik würde beispielsweise fordern:
- daß die vorhandenen Baukonstruktionen möglichst lange auf einem hohen Niveau weitergenutzt werden,
- daß der existierende Gebäudebestand effizient gepflegt und genutzt wird,
- daß der Energiebedarf für die Produktion und Nutzung von Gebäuden weiter gesenkt wird,
- daß möglichst wenig neu gebaut wird,
- daß möglichst wenige bisher unbebaute Flächen neu bebaut werden,

- daß ungiftige, trennbare und weiterverwendbare Baustoffe entwickelt und eingesetzt werden,
- daß neue Baukonstruktionen sowohl dauerhaft, reparaturfreudig, pflegefreundlich und energiesparend im Betrieb geplant werden,
- daß bei Baumaßnahmen ein hoher Anteil von bereits existierenden Baustoffen wiederverwendet wird,
- daß kulturelle Kapitalien in ihrer Bedeutung für ganzheitliche Werterhaltungen erkannt und berücksichtigt werden und
- daß der arbeitsmarktpolitisch/soziale Effekt eines Ersatzes von Ressourcen durch Arbeit im Rahmen einer Bestandspflege erkannt und genutzt wird.

56.

Norbert Huse

Unbequeme Baudenkmale – Entsorgen? Schützen? Pflegen? 1997

Zitate S. 74, 80, 87, 88

Tilmann Breuer zitiert nach: „Denkmallandschaft, Ein Grenzbegriff und seine Grenzen." In: Österr. Zeitschr. f. Kunst und Denkmalpflege 37, 1983, S. 75–82; Zitate S. 76, 82

Zur Person:
Professor für Kunstgeschichte an der Technischen Universität München

Vom Ensemble zur Denkmallandschaft

Denkmallandschaften gehören zu keiner der gesetzlich vorgesehenen Denkmalarten, und auch im Bewußtsein vieler Fachleute, von dem der politisch Verantwortlichen ganz zu schweigen, haben sie noch keinen festen Platz. Ihre Vielfalt erlaubt Regeln für den Umgang mit ihnen, Rezepte aber verbieten sich. Tilmann Breuer sieht Denkmallandschaften „entstanden als Vernetzungen von Gegenständen mit Denkmalbedeutung, die eine solche Dichte erreicht haben, daß sie den Totalcharakter einer Erdgegend bestimmen." Dies verlange ein Umdenken: „Nicht mehr ist auszugehen vom Einzelstück, welches isoliert in seiner Umgebung steht, sondern von der Kulturlandschaft im ganzen, die Zellen von Denkmallandschaften enthält ... Es ist schon manche Denkmallandschaft zerstört worden, viele Denkmallandschaften sind in akuter Gefahr. Um solchen Gefahren zu begegnen, ist es zuerst notwendig, Denkmallandschaften durch Darstellung und Analyse bewußt zu machen, wobei es nicht mit dem Vorzeigen von Bildern getan ist, sondern Strukturen verständlich zu machen sind oder ... durch erzählte Geschichte die Identität von Denkmallandschaften präsentiert werden muß. Nur so kann das Gefühl für deren Unwiederbringlichkeit geweckt werden." ...

Einer der wichtigsten Faktoren, die aus Denkmallandschaften so schwierige und unbequeme Denkmale machen können, ist die seit Generationen in den Köpfen verfestigte Trennung von Natur und Kultur. ...

Der Denkmalschutz war und ist in Völklingen eine Flucht nach vorn, von der noch niemand genau weiß, wohin sie einmal führen wird. Der abrupte Verlust aller ursprünglichen Funktionen hat die Anlage in einen neuen Aggregatzustand versetzt. Wo früher Rauch und Gestank, Feuer und Lärm das Lebenszentrum einer Stadt markierten, die selbst wenig mehr war als eine Fortsetzung der Fabrik, macht sich heute Stille breit. ...

Zu Fragen wäre ..., ob das eigentliche Denkmal in Völklingen nicht nur die Hüttenanlage, sondern die Industrielandschaft ist, die nicht allein die nach wie vor ganz auf das Werk hin orientierte Stadt einbegreift, sondern auch die Halden, „Hermann und Dorothea" genannt, die sich orts- und landschaftsprägend dahinter aufbauen. Würden sie, z.B. aus übergeordneten Gründen des Umweltschutzes, abgetragen, dann würde das Denkmal Völklinger Hütte erheblichen Schaden nehmen. Um Schönheit geht es dabei weniger, aber eine Denkmallandschaft kann auch „durch Verwerfungen, Brüche, Störungen charakterisiert sein, kann uns die Geschichte in ihrer ganzen Fremdheit entgegentreten lassen."

Triumph und Niedergang der Industrie, einstige Landnahme und jetzige Ohnmacht, sind zentrale Aussagen des Völklinger Denkmals ... .

Zeittafel zur Industriedenkmalpflege

1799	Eröffnung des 1794 gegründeten „Conservatoire des Arts et Métiers" in Paris, des ersten technikgeschichtlichen Museums
1835	Die Cirkularverfügung des preußischen Kultusministeriums zum Denkmalschutz erwähnt ausdrücklich die für „Geschichte, Wissenschaft und Technik" wertvollen „Überreste der Baukunst"
1857	Gründung des „Science Museum" in London
1891	Gründung des ersten Freilichtmuseums Skansen bei Stockholm
1903	Gründung des „Deutschen Museums von Meisterwerken der Naturwissenschaft und Technik" in München unter Oskar von Miller
1908	wird der Frohnauer Hammer erhalten
1908	Conrad Matschoß, Die Entwicklung der Dampfmaschine (2 Bde.)
1909	gründet Conrad Matschoß das VDI-Jahrbuch „Beiträge zur Geschichte der Technik und Industrie" (heute „Technikgeschichte")
1910	wird die Zeitschrift „Industriebau" gegründet: Heft des Rheinischen Vereins für Denkmalpflege und Heimatschutz über alte und moderne Industriebauten
1914	Gründung einer Vereinigung zum Schutz Technischer Kulturdenkmale durch Oskar von Miller scheitert am Ausbruch des Ersten Weltkrieges
1920	Gründung der Newcomen Society/Newcomen-Gesellschaft für Technikgeschichte in Großbritannien
1923	Gründung der „Vereeniging tot behoud van oude Molens" in den Niederlanden
1923	erscheint Werner Lindners „Ingenieurbauten in ihrer guten Gestaltung"
1925	Einrichtung eines Referats für technische Denkmäler am österreichischen Bundesdenkmalamt
1926	Matschoß ruft beim VDI zur Beschäftigung mit Technischen Denkmalen auf
1927–40	Erscheinen einer Rubrik „Technische Kulturdenkmale" in der Zeitschrift „Technikgeschichte"
1927	mit Werner Lindners „Bauten der Technik" erscheint die erste Darstellung historischer Industriebauten
1927	wird die Sayner Hütte erstmals vor dem Abbruch bewahrt
1928	Gründung der „Deutschen Arbeitsgemeinschaft zur Erhaltung technischer Kulturdenkmäler" von VDI, Deutschem Museum und Deutschem Bund Heimatschutz
1928	Gründung des Deutschen Bergbaumuseums in Bochum
1929	gründet Henry Ford sein Technikmuseum in Dearborn
1929	Die Sayner Hütte wird unter Denkmalschutz gestellt (1961 Teilabriß; 1973 endgültig vor dem Abbruch bewahrt)

1930	Wilhelm Claas schlägt erstmals die Errichtung eines technischen Freilichtmuseums vor
1931-36	Konzeption des „Freilichtmuseums technischer Kulturdenkmale" in Hagen durch Wilhelm Claas
1932	Conrad Matschoß und Werner Lindner geben im Auftrag des VDI, des Deutschen Werkbunds und des Deutschen Bundes Heimatschutz mit „Technische Kulturdenkmale" die erste Übersicht über diesen Bereich heraus
1935-39	„Windmühlenaktion" Theodor Wildemans im Rheinland
1939	Gründung des „Landesamtes für Kulturgeschichte der Technik" in Kassel für Kurhessen
1939-50	Restaurierung der Luisenhütte in Wocklum (Sauerland) mit Unterstützung des Vereins deutscher Eisenhüttenleute
1947	erscheint Francis D. Klingenders „Art and the Industrial Revolution"
um 1955	Inventarisation technischer Denkmale in der DDR
1955	veröffentlicht Michael Rix seinen Aufsatz „Industrial Archaeology"
1959	Gründung der Arbeitsgruppe Industriearchäologie des „Council for British Archaeology"
1959	wird das Ironbridge Gorge Museum gegründet
1959/60	Kampf um den Erhalt des Bahnhofs Rolandseck bei Bonn
1959/60	Abbruch der Ruine des Anhalter Bahnhofs in Berlin
um 1960	beginnt das Ehepaar Becher mit der fotografischen Dokumentation von Industriebauten
1960	wird das Westfälische Freilichtmuseum Technischer Kulturdenkmale in Hagen gegründet
1962	Abbruch des Euston Arch, Bahnhofsportal der „London and Birmingham Railway" in London
1962/63	Beginn des „Industrial Monuments Survey" in Großbritannien
1965	Beginn des Britischen Nationalkatalogs technischer Denkmale
1968	„Victorian Technology Survey" in Großbritannien begonnen
1969	Rettung der Maschinenhalle der Zeche Zollern II in Dortmund-Bövinghausen
1969	Abbruch der St.-Antony-Hütte in Oberhausen, der letzten erhaltenen 'Keimzelle' der Schwerindustrie des Ruhrgebiets
1969	Abbruch der Hallen in Paris
1970	NRW-Landesregierung nimmt den Schutz industrieller Denkmale in ihr „Nordrhein-Westfalen-Programm 1975" auf
1970	Gründung des Ecomusée Le Creusot

1973	Der erste internationale Kongreß zur Erhaltung des Industriellen Erbes (TICCIH) findet in Ironbridge statt
1973	In Großbritannien wird die „Association of Industrial Archaeology" (AIA) gegründet
1973	Die nordrhein-westfälischen Landesdenkmalämter richten Referate für Technische Denkmale ein
1973	erscheint in der DDR die erste deutsche Veröffentlichung zu technischen Denkmalen nach dem Krieg
1975	Die Europarats-Initiative „Europäsches Denkmalschutzjahr" stellt Denkmale des 19. Jahrhunderts und der Industrialisierung stärker heraus
1975	In Bochum findet der zweite Kongreß für das Industrielle Erbe statt; dazu erscheint mit Rainer Slottas „Technische Denkmalen in der BRD" die erste Übersicht zur Denkmälern der Früh- und Hochindustrialisierung
1979	ruft der Landschaftsverband Westfalen-Lippe das Westfälische Industriemuseum ins Leben, Zentrale Zeche Zollern II/IV, Dortmund-Bövinghausen
1980	Das nordrhein-westfälische Denkmalschutzgesetz erwähnt ausdrücklich die Denkmale der Industrie
1981	Gründung des Arbeitskreises „Technische Denkmale" in der „Vereinigung der Landesdenkmalpfleger"
1983	Gründung der „Cellule du Patrimoine Industriel" in Frankreich
1984	Gründung des „Rheinischen Industriemuseums" durch den Landschaftsverband Rheinland mit Zentrale in Oberhausen
1989	Gründung der IBA EmscherPark als „Werkstatt für die Zukunft alter Industriegebiete" (bis 1999)
1997	Rammelsberg und Völklingen werden Weltkulturerbe
1999/2000	Der Europarat ruft das „Jahr der Industriekultur" aus

Auflösung der Literaturkürzel

Banham 1990	Banham, Reyner: Das gebaute Atlantis. Amerikanische Industriebauten und die frühe Moderne in Europa (A concrete Atlantis, dt.). Basel u. a. 1990
Bew. u. Gest. 1965	Stemmler, Dierk (Bearb.): Bewahren und Gestalten. Deutsche Denkmalpflege (Ausst.-Kat., hg. v. d. Vereinigung der Landesdenkmalpfleger in der BRD). Berlin 1965
Buddensieg/Rogge 1981	Buddensieg, Tilmann; Rogge, Henning (Hgg.): Die nützlichen Künste. Gestaltende Technik und Bildende Kunst seit der Industriellen Revolution (Ausst.-Kat. aus Anlaß des 125jährigen Jubiläums des Vereins Deutscher Ingenieure). Berlin 1981
Cantacuzino/Brandt 1980	Cantacuzino, Sherban; Brandt, Susan: Saving Old Buildings. 1980
Cantacuzino 1989	Cantacuzino, Sherban: Re-Architecture. Old Buildings/New Uses. New York 1989
Cossons 1993	Cossons, Neil: The BP Book Of Industrial Archaeology. London ^{3}1993
Erhalten u. Gestalten 1965	Rheinischer Verein für Denkmalpflege und Landschaftsschutz (Hg.): Erhalten und Gestalten. 75 Jahre Rheinischer Verein für Denkmalpflege und Landschaftsschutz. Neuss 1981
FICCIM	First International Conference for the Conservation of the Industrial Heritage. Ironbridge 1973
Föhl 1976	Föhl, Axel: Technische Denkmale im Rheinland (Landeskonservator Rheinland, Arbeitsheft 20). Köln 1976
Föhl 1994	Föhl, Axel: Bauten der Technik und Industrie (Schriftenreihe des Deutschen Nationalkomitees für Denkmalschutz, Bd. 47). Bonn 1994
Glaser 1981	Glaser, Hermann: Maschinenwelt und Alltagsleben. Industriekultur in Deutschland vom Biedermeier bis zur Weimarer Republik. Frankfurt am Main 1981
Hartmann 1994	Hartmann, Kristiana (Hg.): Trotzdem modern. Die wichtigsten Texte zur Architektur in Deutschland 1919-1933, ausgewählt und kommentiert von Kristiana Hartmann (Bauwelt-Fundamente 99). Braunschweig 1994
Hochreiter 1994	Hochreiter, Horst: Vom Musentempel zum Lernort. Zur Sozialgeschichte deutscher Museen 1800-1914. Darmstadt 1994
Hudson 1965	Hudson, Kenneth: Industrial Archaeology. An Introduction (University Paperbacks 51). London 1965
Hult/Nyström 1992	Hult, Jan; Nyström, Bengt (Hgg.): Technology and Industry. A Nordic Heritage. Canton (Mass.) 1992
König/Weber 1990	König, Wolfgang; Weber, Wolfhard: Netzwerke, Stahl und Strom. 1840-1914 (Propyläen Technikgeschichte). Berlin 1990
Korff/Roth 1990	Korff, Gottfried; Roth, Martin (Hgg): Das historische Museum. Labor, Schaubühne (Edition de la Maison des Sciences de l'Homme). Frankfurt am Main 1990
Krings 1981	Krings, Ulrich: „Industriearchäologie und Wirtschaftsgeographie. Zur Erforschung der Industrielandschaft." In: Erdkunde, Jg. 35, 1981, S. 167-174

Linse 1986	Linse, Ulrich: „Die Entdeckung der technischen Denkmäler. Über die Anfänge der 'Industriearchäologie' in Deutschland." In: Technikgeschichte, Bd. 53, 1986, S. 201–222
Matschoß/Lindner 1932	Matschoß, Conrad; Lindner, Werner: Technische Kulturdenkmale. Im Auftrag der Agricola-Gesellschaft beim Deutschen Museum herausgegeben von Conrad Matschoß und Werner Lindner unter Mitarbeit von August Hertwig, Hans von und zu Löwenstein, Otto Petersen und Carl Schiffner. München 1932
Neumann 1986	Neumann, Eberhard G.: Gedanken zur Industriearchäologie. Vorträge – Schriften – Kritiken. Hildesheim 1986
Petzet/Hassler 1996	Petzet, Michael; Hassler, Uta (Hgg.): Das Denkmal als Altlast? Auf dem Weg in die Reparaturgesellschaft (ICOMOS – Hefte des Deutschen Nationalkomitees XXI). München 1996
Radkau 1989	Radkau, Joachim: Technik in Deutschland. Vom 18. Jahrhundert bis zur Gegenwart. Frankfurt am Main 1989
Rödel 1992	Rödel, Volker (Hg.): Reclams Führer zu den Denkmalen der Industrie und Technik in Deutschland, Bd.1: Alte Länder; Bd.2: Berlin u. neue Länder. Stuttgart 1992, 1998
Romain/Suhrbier 1984	Romain, Lothar; Suhrbier, Hartwig (Hgg.): Tausend Blumen. Kulturlandschaft Nordrhein-Westfalen. Wuppertal 1984
Schmidt/Theile 1989	Schmidt, Wolfgang; Theile, Wilfried: Denkmale der Produktions- und Verkehrsgeschichte, Teil 1 u. 2, herausgegeben vom Institut für Denkmalpflege der Deutschen Demokratischen Republik. Berlin 1989
SICCIM 1978	Second International Conference for the Conservation of Industrial Archaeology. Bochum 1978
Slotta 1975	Slotta, Rainer: Technische Denkmäler in der Bundesrepublik Deutschland (Veröffentlichungen aus dem Bergbau-Museum Bochum, Nr. 7). Bochum 1975
Slotta 1982	Slotta, Rainer: Einführung in die Industriearchäologie. Darmstadt 1982
Troitzsch/Wohlauf 1980	Troitzsch, Ulrich; Wohlauf, Gabriele (Hgg.): Technikgeschichte. Historische Beiträge und neuere Ansätze. Frankfurt am Main 1980
Wagenbreth/Wächtler 1983	Wagenbreth, Otfried; Wächtler, Eberhard (Hgg.): Technische Denkmale in der Deutschen Demokratischen Republik. Leipzig ⁴1983

Register

Aachen 34, 93, 119, 225, 227
Abbeydale Industrial Hamlet, **Sheffield** 117
Abeelen, Georges van den 125
AEG-Turbinenhalle, **Berlin** 74
Agricola-Gesellschaft 37
Alfrey, Judith 240, 241
Allied Ironfounders 118
Alltagsgeschichte 148, 243
Alt-Lauchhammer 49
Altenberg 219
Altlasten 116, 233, 272, 276
American Society of Civil Engineers 191
Amsterdam, Westergasfabrik 229
Anhalter Bahnhof, **Berlin** 122
Anhalter Güterbahnhof, **Berlin** 233
Annaberg (Erzgebirge) 33
Arbeitersiedlungen 156, 161, 181, 184
Arbeitsgemeinschaft TKD 35
Arbeitsschutz 16
Arc-et-Senans, Saline 196
Armand 158
Arnheim, Freilichtmuseum 39
Artenschutz 265
Arts-and-Crafts-Bewegung 18, 74
Association for Industrial Archaeology (AIA) 114
Atlantikwall 201/2
Augsburg 189
Ausbeutung der Ressourcen 79
Authentizität 275

Bächthold, Hans Georg 277, 278
Bad Nauheim, Alte Saline 34
Bad Reinerz, Papiermühle 49
Bad Sülze, Saline 49
Badisches Denkmalamt 51
Bahnhof Rolandseck, **Remagen** 186
Bahnhöfe 15, 115, 223, 232
Baltard, Victor 222
Banham, Reyner 83
Barcelona 229
Bargmann, Hans-Joachim 187
Barry, Charles 42
Barthel, Max 86
Bärtschi, Hans-Peter 128
Bauaufnahme 41, 44
Baucoop 225
Bauhaus **Dessau** 161, 276

Bauindustrie 279
Bausubstanz 10, 95, 96, 117, 182, 194, 202, 220, 221, 231, 240, 243
Bauwelt 41
Bayerischer Bahnhof, **Leipzig** 232
Bayern 122, 158
BDI 119
Becher, Bernd und Hilla 120, 121, 186
Begehbares Denkmal 226, 236, 239
Behne, Adolf 83
Behrens, Peter 34, 74, 75, 155, 161, 233
Belastungsrechte 278
Belgien 12, 108, 192, 234
Bendorf-Sayn 40
Benjamin, Walter 155
Berg, August Heinrich 45
Bergbaulandschaft Oberharz 191
Bergen, Hafen 196
Bergisches Land 16, 119
Berlin 49, 122, 158, 163, 181, 189, 232, 233, 272
Berlin-Moabit 17
Berlin-Tegel 226
Berlinmodell Industriekultur 163
Berslagen (Schweden), Museum 246
Bestelmeyer, German 75
Beutinger, Emil 77
Bewegliche Denkmale 183, 220
Bielefeld, Dampfmaschine 49
Birmingham (GB) 118, 232
Birmingham (Alabama) 238
Bitterfeld 276
Black Country 117
Bleyl, Fritz 42
Blin et Blin, **Elboef** 223
Block, M. P. 86
Bocholt, Textilfabrik 46, 233
Bochum-Wiemelhausen, Malakowturm 185
Bofill, Ricardo 229
Böll, Heinrich 148
Bollerey, Franziska 157
Bollhagen, Otto 87
Bonatz, Paul 90
Bonnefantenmuseum, **Maastricht** 227
Bönnighausen, Helmut 188
Borchers, Günther 127, 161, 182, 184, 201
Borinage 125

Borsdorf, Ulrich 159
Borsig-Arkaden, **Berlin** 17
Borsig, Villa 19
Borsig, Firma, **Berlin** 49
Boston 222, 226
Brachert, Thomas 243
Bradford, Industriemuseum 117
Brandenburg 50, 54
Braunkohlemuseum Zeitz 234
Braunschweig 276
Braunschweig, ehem. Hauptbahnhof 53, 122, 185, 186
Brecht, Bertolt 87
Bredt, Friedrich Wilhelm 33, 75
Breidenbach, Paul 43, 44
Bremen, U-Bootbunker 201
Breuer, Tilman 88
Bruwiers, M. 125
Buchanan, Robert Angus 114, 116, 195
Budapest, Technisches Museum 31
Buddensieg, Tilmann 154
built environment 265
Bürgertum 15
Buschmann, Walter 128, 189, 239, 246

Castlefield, **Manchester** 274
Cantacuzino, Sherban 222
Cellule du Patrimoine industriel 192
Centre de Documentation d'Histoire des Techniques 192
Centrum Industriekultur Nürnberg 155, 233
Chargesheimer 148
Charlier, Max 33
Charta von **Venedig** 179
Chartres 10
Chickering Piano Factory, **Boston** 222
Claas, Wilhelm 39, 43
Clausthal-Zellerfeld, Bergwerksmuseum 42
Clemen, Paul 85
Club of **Rome** 266
Coal Exchange **London** 115
Coalbrookdale 107, 118
Cockerill Stahlwerk, Seraing 12, 13
Conservatoire des Arts et Métiers, Paris 239
Conwentz, Hugo 271
Coolidge, John 191

Cornwall 111
Cossons, Neil 107, 115, 118, 123, 124, 129, 228
Council of English Archaeology 113
Covent Garden, **London** 223

Dalbenden, Hammerwerk 33
Dampfmaschine 9, 10, 14, 49, 78
Dauerhaftigkeit 280
DDR 53, 123, 201, 220, 234
DDR-Publikationen 184
Dearborn (Michigan) 31
Dehio, Georg 19, 241, 242
Deichtorhallen, **Hamburg** 223, 227
Deindustrialisierung 264
Dekontaminierung 282
Delft 39
Denkmalbegriff 9, 10, 19, 36, 94, 96, 128, 164, 197, 242
Denkmalbehörden 118
Denkmalbereich 180
Denkmalinventarisation 114
Denkmalpflege 281
Denkmalschutzgesetze 184
Deutsche Arbeitsfront 89
Deutsche Arbeitsschutzausstellung 234
Deutsche Bundesstiftung Umwelt 55
Deutsche Forschungsgemeinschaft 190, 191
Deutsche Gesellschaft für Industriekultur e.V. 124
Deutsche Gesellschaft für Mühlenerhaltung und Mühlenkunde e.V. 55
Deutsche Stiftung Denkmalschutz 191
Deutscher Bund Heimatschutz 35, 36, 55
Deutscher Bundestag 226
Deutscher Werkbund 73, 74, 75, 77, 81, 87, 161, 180, 267, 269
Deutsches Archiv für Handwerk und Industrie 44
Deutsches Bergbaumuseum **Bochum** 31, 54, 124, 125, 126, 187, 188, 199, 232
Deutsches Museum, **München** 30, 44, 49, 118, 122, 185, 190, 233, 235, 244
Deutsches Nationalkomitee für Denkmalschutz 198, 224
Deutsches Schiffahrtsmuseum **Bremerhaven** 190
Diesel, Eugen 92

Direction du Patrimoine 192
Docklands, **London** 226
Dokumentation 49, 116, 190, 191, 193, 240, 282
Döllgast, Hans 230
Döring, Wolfgang 186
Dortmund 158, 187
Dortmund-Bövinghausen, Zeche Zollern II/VI 186, 232
Dortmund, Hafenamt 187
Downcycling 278
Dresden 76, 229
Drittes Reich 268
Dudley 13, 117
Dudley, Donald 109
Duisburg 124
Duisburg-Meiderich, Hüttenwerk 190, 201, 237, 245
Dürerbund 75, 268
Düsseldorf, Umnutzung 228

E-Werk, **Köln-Mülheim** 224
Eberswalder Kupferhammer 54
Ebert, Wolfgang 124
Ecomusée 159, 160, 246
Edison, Thomas A. 31
Effizienzsteigerung 263
Ehrenamtliche 35
Eiermann, Egon 119, 198
Eiffelturm 84, 245
Eisenbahn 10, 13, 128
Eisenbetonbau 74, 88
Eisenheim 161, 184, 195
Eisenhütte 40
Eisenkonstruktionen 42, 95
Elboef 223
Ellsworth Air Force Base 201
Energiebilanzen 280
Energiemuseum **Hamm** 234
Engel, Helmut 196
Engelsberg-Eisenhütte 196
Engelskirchen 225
England 11, 39, 111, 159, 179, 185, 234
English Heritage 192
Entrophie 280
Eremitage Waghäusel bei **Mannheim** 219
Erlwein, Hans 75, 76
Ermen und Engels, **Engelskirchen** 225

Erster Weltkrieg 29, 34, 73, 77, 78, 155
Erz, Wolfgang 271
Erzgebirge 54, 189
Essen 46, 158
Essen, Historisches Museum 43
Essen, Deilbachtal 233
Europäisches Denkmalschutzjahr 1975 180, 197
Europarat 180, 300
Euston Arch, **London** 115
Eyth, Max von 33

Fabrik, **Hamburg** 153, 224
Fabrikarchitektur 118
Fabrikbau 16
Fagus-Werke, **Alfeld** 245
Falconer, Keith 113
Falun (Schweden) 39
Faneuil Hall Market, **Boston** 226
Fehlerfreundlichkeit 277
Ferropolis 239
FICCIM 123
Fickenhammerhütte 44
Firmenarchive 29
Firmenbriefköpfe 17, 189
Firmensammlungen 235
Fischer, Johann Conrad 12
Fischer, Theodor 75
Fischer, Wend 122, 155
Flächensanierung 181
Föhl, Axel 128, 188, 195, 226
Ford, Henry 31
Fortschrittsdenken 264
Forum Geschichtskultur 162, 275
Foster, Norman 226, 275
Frank, Georg 278
Frankfurt am Main, Umnutzung 225
Frankreich 9, 86, 108, 111, 159, 192
Franz, Wilhelm 75
Fraunhofer Glashütte 36
Freiberg 42, 54
Freiberger Bergakademie 42
Freilichtmuseum 32, 39, 43, 50, 117, 118, 198, 232, 244, 246
Friedell, Egon 146
Fritz-Thyssen-Stiftung 154
Fritzsche, Otto 42
Frohnauer Hammer 33, 247
Fürst, Artur 85

Galerie du Arsenal, **Paris** 223
Ganser, Karl 202, 240, 274
Gare d'Orsay, **Paris** 227
Gasometer 158, 229
Gebhard, Helmut 279
Gebhard, Torsten 122
Geo-Informationssysteme 194
Geschichtswerkstätten 114, 159, 164
Gesenkschmiede Henrichs, **Solingen** 190, 233
Giedion, Sigfried 82
Giengen an der Brenz, Steiff-Fabrik 83
Ginsheim, Schiffsmühle 36
Glaselefant, Maximilianpark, **Hamm** 229
Glaser, Hermann 152, 154, 159, 165, 166
Glasgow-Garnkirk, Eisenbahnlinie 12
Glasgow Transport Museum 117
Glashütten 36, 219, 233
Glashütte Gernheim 233
GLC (Greater London Council) 274
Globalisierung 265
Goldzack-Fabrik, **Wuppertal** 224
Görlitz 53
Goslar, Rammelsberg 190, 196
Grafschaft Mark 44
Graubner, Gotthard 186
Greenfield Village, **Dearborn** (Michigan) 32
Greenwich 118
Grenzen des Wachstums 263, 264
Grochowiak, Thomas 186
Gröning, Gert 269
Gropius, Walter 77, 78, 81, 88, 245
Großbritannien 107, 108, 183, 191
Großprojekte 273
Grün, Max von der 149
Grunsky, Eberhard 199
Guchez, Henri 125, 230
Günter, Roland 156, 184, 186, 187, 196
Gutehoffnungshütte, Lagerhaus 233
Gutehoffnungshütte, **Oberhausen** 29

Hafenareale 226
Hagen 39, 42, 43, 50
Hagen, Freilichtmuseum 50
Halbachhammer, Essen 44
Halle 49
Halle Tony Garnier, **Lyon** 223
Hamburg 189, 223, 224, 233

Hamburger Bahnhof, **Berlin** 232, 239
Hamm, Manfred 201, 237
Hamm (Westfalen), Glaselefant 229
Hamm-Uentrop, Seilnetzkühlturm 200
Haniel 233
Hannover 220
Hansmann, Wilfried 187
Harten, Jürgen 186
Hartmann, Kristiana 157
Haßler, Friedrich 49
Hatje, Gerd 83
Hay, Geoffrey D. 192
Heidbrink, Ingo 244
Heimatschutz 29, 32, 33, 42, 73, 75, 85, 119
Heimatschutzbewegung 77, 112, 265, 267
Heinitz, Grube 195
Hellerauer Werkstätten 76
Helmigk, Hans Joachim 34
Henschel, Firma, Kassel 18, 29
Hentschel, Walter 119
Hertwig, August 37
High-Tech 276
Historic American Building Survey 191
Historic American Engineering Record 191
historical landmark 194, 217
Historische Geographie 109, 114, 129
Hitchcock, Henry-Russell 83
Hitler, Adolf 89
Hochindustrialisierung 73
Hohenzollernbrücke, **Köln** 84
Höhmann, Rolf 128, 239
Holey, Karl 50
Hudson, Kenneth 109, 110, 116, 117, 124
Humboldt-Mühle, **Berlin-Tegel** 226
Hüttenwerk **Duisburg-Meiderich** 276
Hüttenwerke 39
Hüvener Mühle 52, 53

IBA EmscherPark, **Oberhausen** 162, 229, 238, 273, 274
ICCIM-Tagung 182, 188
ICOMOS 128
Immler, Hans 266
in situ-Erhaltung 42, 183
Industrial Archaeology Review 114
Industrialisierung der Landschaft 269

Industrialisierung des Bauens 279
Industrial Monuments Survey 113, 114
Industriearchäologie 39, 57
Industriearchitektur 34, 73, 74, 87, 95, 96, 119, 198, 276
Industriebau 34, 81
Industriebrachen 273
Industriefotografie 121
Industriekultur 74, 145, 148, 268
Industrielandschaft 10, 13, 15, 16, 95, 129, 245, 265, 282
Industrielles Gartenreich 239
Industrielles Gartenreich **Dessau-Wörlitz-Bitterfeld** 239, 276
Industriemoderne 268
Industriemuseum, **Chemnitz** 234
Informationsgesellschaft 163
Informationsverarbeitung 263
Ingenieurarchitektur 268
Ingenieurausbildung 12
Inland Waterways Ass./Museum 111, 117
Institut für Denkmalpflege **Dresden** 53
Internationale Bauausstellung, **Berlin** 1987 72
Inventar der neueren Schweizer Architektur 1850-1920 (INSA) 193
Inventarisation 185, 189, 191, 282
Iron Bridge 107, 113, 195
Ironbridge Gorge 196
Ironbridge Gorge Museum 118, 246
Ironbridge Gorge Museum Trust 118, 130

Jacobs, Jane 151
Jagenberg-Gelände, **Düsseldorf** 228
Jahrhunderthalle, **Bochum** 224
Jellinghaus, Karl 44
Jena 276
Johanngeorgenstadt 42, 49, 55
Johnson, Philip 83
Journal of Industrial Archeology 114
Jünger, Ernst 264
Jungk, Robert 202, 237

Kabelwerk Oberspree, **Berlin** 227
Kanada 40
Kanalsystem 111, 122
Kanis-Halle, **Essen** 224
Kapp, Karl William 266
Karl-Ernst-Osthaus-Museum, **Hagen** 44

Karlsruhe 195
Kassel 18, 51
Keller, Rolf 270
Keuth, Hermann 85
Klages, Ludwig 264
Klapheck, Richard 85
Kleihues, Josef Paul 223
Klingender, Francis D. 112
Kloster Val-St.-Lambert/Kristallglashütte 219
Knaff, Albert 40, 44
Knappheit 269, 280
Koblenz 40, 41
Koellmann, Hans P. 186
Kollmann, Franz 82, 84
Köln 42, 49, 84, 180, 181, 229, 234
Kölner Dom 9, 10, 11
Kölner Hauptbahnhof 245
Köln-Mindener Eisenbahn 14, 15
Kommunalverband Ruhrgebiet 86, 272
Konservierung 126, 127, 279
Kopenhagen 222
Kreis, Wilhelm 75
Kreislaufwirtschaftsgesetz 278
Krings, Wilfried 115, 126, 130, 183
Kristallpalast 112
Krupp v. Bohlen und Halbach, Gustav 41, 45, 46, 47
Krupp, Alfred 83
Krupp, Firma 14, 29, 37, 40, 43, 44, 93
Kuczynski, Jürgen 151
Kuhnert, Nikolaus 163
Kulturbund der DDR 196
Kulturlandschaft 267, 270
Kummerow bei Berlin, Raketenversuchsgelände 201
Kupferhammer Grünthal, **Olbernhau** 47, 48, 54, 90

Laak, Dirk van 273
Laakhaven, **Rotterdam** 193
Lagerhäuser 76
Landes, David S. 160
Landesbauernschaft 49
Landesentwicklungsgesellschaft (LEG) NRW, 274
Landeskonservator Rheinland 187
Landesmuseum für Technik und Arbeit, **Mannheim** 233, 247

Landesverein Sächsischer Heimatschutz 33, 75
Landschaft 269
Landschaftsplanung 276
Landschaftsschutz 267
Landschaftsverband Rheinland 232
Landschaftsverband Westfalen-Lippe 187, 232
Landschaftsverbrauch 270
Langfristbilanz 267
Langfristprodukte 281
Langen, Eugen 49
Lauf an der Pegnitz 189, 227
La Villette, **Paris** 223
Lawrence, Randy 238
LDDC (London Docklands Development Company) 274
Lebenszyklen 267
Lebenszykluskosten 278
Le Creusot, Ecomusée 160, 246
Le Grand-Hornu (Belgien) 125, 126, 230
Leipzig 229, 232
Ley, Robert 90
Library of Congress 191
Lille, Umnutzung 223
Lindner, Werner 36, 37, 41, 49, 50, 76, 77, 86, 90, 128, 268
Lindqvist, Sven 159
Lingotto, Turin 223
Linters, Adrian 125
Lipp, Wilfried 270
Liverpool 13, 226, 228, 274
Löbejün (Thüringen), Dampfmaschine 49
Lodders, Rudolf 91, 198
London 14, 31
Londoner Docklands 226, 274
Lothringen 192, 276
Lowell (Mass.) 191, 227, 273
Lübbe, Hermann 202
Lübeck 180, 181
Luftbildfotografie 86
Lüttich 12, 125, 193, 219, 219
Lyon, Umnutzung 223

Maastricht, Bonnefantenmusum 227
Machine de Marly, **Versailles** 15
Maginot-Linie 201
Malakowturm 119, 185, 233

Malerei 18
Manchester 13, 232
Mannheim, Industriemuseum 233
Maré, Eric de 112
Marshallplan 94
Maschinenhäuser 15
Matschoß, Conrad 30, 35, 37, 128
Meadows, Dennis und Donella 266
Mebes, Paul 34
Meersburg, Alte Schloßmühle 36
Meidericher Hüttenwerk 124
Mendelsohn, Erich 82, 88, 198
Menlo Park 32
Menzel, Adolf 18
Mettlach an der Saar, Villeroy & Boch 219
Meyer, Alfred Gotthold 78
Mies van der Rohe, Ludwig 88
Miller, Oskar von 30, 35, 110, 128, 247
Mitscherlich, Alexander 151
Mittelrheinischer Bezirksverein des VDI 41
Moderne 264, 268, 276
Möhring, Bruno 186
Montanarchäologie 115
Montrouge, Paris 223
Morgenthau-Plan 94
Morris, William 18
Motorisierung 270
Mühlen 39, 51
Mühlengesetz 51
Mülheim an der Ruhr 229
Müll 278, 281
Müller-Wiener, Wolfgang 119
Mumford, Lewis 160
München 189
Müngstener Brücke 84
Münzenmayer, Hans Peter 241
Museum der Arbeit, **Hamburg** 234
Museumskonzept 30
Museumspädagogik 158
Muthesius, Hermann 74, 78, 155

Nachhaltigkeit 277
Nachkriegswiederaufbau 265
Nachkriegszeit 269
Nadler, Hans 53
National Maritime Museum, **Greenwich** 118
National Park Service 191

National Trust 39, 265
Nationalpark Ruhrgebiet 246
Nationalsozialisten 43
Naturhaushalt 266
Naturschutz 265, 270
Naumann, Friedrich 74, 78
Neaverson, Peter 130
Neue Sammlung, **München** 155
Neunkirchen (Saarland) 195, 234
Neuwerk, Leuchtturm 53
New England Textile Mills Survey 191
New York, Hafen 222, 226, 272
Newcastle,
  Museum of Sience and Engineering 111
Newcomen Society 111
Niederlande 39, 192, 193, 222
Niethammer, Lutz 159
Nisser, Marie 124
Norden, Peter 269
Nordrhein-Westfalen 127, 179, 187, 224
Nordrhein-Westfalen-Programm 182
Nordwolle, **Delmenhorst** 225, 226
Nörrköping (Schweden) 227
NRW-Programm
Nuffield Survey 130
Nürnberg 156, 180, 189, 233
Nutzungskontinuität 271

Oberharz, Bergbaulandschaft 191
Oberharzer Bergwerksmuseum,
  Clausthal-Zellerfeld 42
Oberhausen 157, 158, 229
Olbernhau, Kupferhammer Grünthal 47
operating museum 236
oral history 150
Oranienburg, Heinkel-Flugzeugwerke 91
Originalsubstanz 281
Osnabrück, Industriemuseum 233
Österreich 35, 114, 158
Osteuropa 276
Osthaus, Karl Ernst 74, 81, 86, 90
Ostkolonisation 269
Ostpreußen 77
Otto, Nikolaus August 49
Otto-Motor 49

Palmer, Marilyn 130
Papiermühle Alte Dombach,
  Bergisch Gladbach 233

Parc de la Villette, **Paris** 234
Paris 14, 227
Pariser Markthallen 222
Pas de Calais 276
Paulinyi, Ákos 122
Pehnt, Wolfgang 83
Pennines 111
Petersen, Otto 47
Petzet, Michael 265
Pevsner, Sir Nikolaus 83
Piano, Renzo 223
Plachter, Harald 270, 271
Polen 39, 123, 196
Posener, Julius 154
Potosi (Bolivien) 196
Prag, Technisches Museum 31
Putnam, Tim 118, 240, 241

Quarry Banks Mill 39

Raistrick, Arthur 113
Rammelsberg, **Goslar** 89, 196, 235
Rapp, Friedrich 263
Rathenau, Emil 29
Rathenau, Walter 74, 75, 78, 264
Ratingen-Cromford 16, 220, 233
Raumplanung 272
Ravensberger Spinnerei,
  Bielefeld 49, 224
Recycling 278
Reding, Josef 149
Rees, W. 119
Regensburg 180
Rehorst, Karl 76
Reichel, Peter 269
Reichen und Robert 223
Reichen, Bernard 222
Reichsarbeitsdienst 41, 89, 269
Reichsautobahn 90, 269
Reichsgründung 15
Reichsmüllerverbände 36
Reisebeschreibungen 10
Rekonstruktion 9, 41
Rellecke, Horst 229
Remagen, Bahnhof Rolandseck 122, 186
Renger-Patzsch, Albert 47
Reparatur 279, 282
Reparaturfähigkeit 280
Ress, Franz Michael 47

Ressourcen 263, 269, 277, 280
Ressourcenausbeutung 95
ressourcenschonendes Wirtschaften 281
Reutlingen, Textilfabrik 220
Revitalisierung 222, 223
Rhein-Main-Gebiet 190
Rheinischer Provinzialkonservator 39
Rheinischer Verein für Denkmalpflege
  und Heimatschutz 33, 75
Rheinisches Amt für Denkmalpflege 189,
  196
Rheinisches Industriemuseum 190, 232,
  233
Rheinland 14, 32, 75, 86, 127, 201
Richards, J. M. 112
Riedler, Alois 30
Riegl, Alois 242
Riemerschmid, Richard 75, 76, 77
Rimpl, Herbert 91
Rio de Janeiro,
  Welt-Klima-Konferenz 1992 266, 277
Rivière, Henri 159
Rix, Michael 109, 113, 115
Robert, Philippe 222
Rohkrämer, Thomas 264
Rödel, Volker 188, 196
Rolt, LTC (Lionel Thomas Caswell) 111
Roseneck, Reinhard 235
Rossi, Aldo 227
Rotterdam, Laakhaven 193
Royal Albert Docks, **Liverpool** 228, 274
Rudorff, Ernst 34, 75, 271
Ruhpolding, Hammerschmiede 36
Ruhr-Universität **Bochum** 122, 185
Ruhrberg, Karl 186
Ruhrbesetzung 86
Ruhrgebiet 14, 86, 93, 148, 150, 157,
  185, 194, 227, 232, 240, 272, 274,
  276
Ruhrkohle AG 187
Ruhrkohlenbezirk 86
Ruhrland-Museum, **Essen** 46, 158
Ruine 219, 230, 231, 237, 239
Runge, Erika 150
Ruskin, John 271
Rüsselsheim, Stadtmuseum 157, 234
Rußland 79, 80

Saarland 86

Sachsen 16, 2, 39, 42, 53, 75, 118, 119, 184, 189
Saigerhütte Grünthal, Olbernhau 48
Saline Arc-et-Senans 196
Saline, **Bad Sülze** 49
Salvisberg, Otto Rudolf 83
Sammlungen 12, 31
Sangerhausen, Thomas-Müntzer-Schacht 201
Sayner Hütte 40, 42, 51, 186
Scarpa, Carlo 230
Schattner, Karljosef 230
Scheiner, Wilhelm 87
Schiffshebewerk Henrichenburg 232, 244
Schiffsmühle 36
Schiffsschraubenfabrik Zeise, **Hamburg** 230
Schinkel, Karl Friedrich 12, 15, 184
Schirmfabrik Breuer, **Aachen** 227
Schlaich, Jörg 200
Schlesien 39, 49, 50
Schlumberger-Fabrik, **Paris** 223
Schmidt, Robert 86
Schmitthenner, Paul 90
Schneider, P. F. 198
Schöfer, René von 119
Schönheit der Arbeit 89
Schopenhauer, Johanna 12
Schücking, Levin 14, 15
Schultze-Naumburg, Paul 76, 77
Schumacher, Fritz 75
Schupp, Fritz 87, 198, 226
Schwäbisch-Gmünd, Silberwarenfabrik Ott-Pauser 190
Schwarz, Rudolf 88, 230
Schwarzenberg-Gebläse, **Freiberg** 42
Schwechten, Franz 84
Schweden 39, 108, 114, 123, 124, 159, 227
Schweiz 114, 158
Science Center 234
Science Museum, **London** 31, 111, 118
Scott, George Gilbert 19
Seilnetzkühlturm, **Hamm** (Westf.) 200
Selle, Gerd 161
Sembach, Klaus-Jürgen 161
Seraing (Belgien) 12, 13, 219
Severntal 107, 109, 113, 118

Sheffield 117
SICCIM 124
Siedlung Eisenheim, **Oberhausen** 157, 233
Siedlungsverband Ruhrkohlenbezirk 86
Sielpia (Polen) 51
Siemens, Werner von 29
Siemens-Ring-Stiftung 49
Siemensstadt, **Berlin** 227
Silberwarenfabrik Ott-Pauser, **Schwäbisch-Gmünd** 190
Skandinavien 222, 226
Skansen 32
Sloss furnaces 238
Slotta, Rainer 125, 126, 188, 193, 195
Society for the Protection of Ancient Buildings 39, 111
Sölter, Walter 193
Sörgel, Hermann 273
Soyez, Dietrich 246
Sozialgeschichte 151, 158, 164
Sozialpolitik 221
Sozialschutz 156
Soziokulturelle und Bürgerzentren 153
Speer, Albert 91, 93
Spengler, Oswald 78
Spethmann, Hans 86
Spoerri, Daniel 158
St.-Antony-Hütte, **Oberhausen** 233
Städtebauliche Denkmalpflege 180
Städtebauliche Erneuerung 273
Stadterneuerung 265
Stadtreparatur 272
Stadtsanierung 120, 122, 161, 221, 278
Stahel, Walter 278
Steffann, Emil 230
Steiff-Fabrik, **Giengen an der Brenz** 83
Steinberg, Rolf 201
Steinmetz, Georg 77
Stiftung Volkswagenwerk 154, 190
Stoffflußbilanzen 280
Stoke Bruerne (North) 117
Stollwerck, **Köln** 153, 224
Strack, Johann Heinrich 17
Substanzerhalt 153, 277
Substanzpflege 81
Šuchov, Vladimir G. 87
Sulzbach-Rosenberg, Hüttenwerk 190

Tamms, Friedrich 91
Tatlin, Wladimir 87
Taut, Max 34
Technikgeschichte 109, 114, 117, 122
Technikkult 268
Technische Kulturdenkmale 32, 35, 38, 40, 50, 95, 111, 118, 122, 184, 198, 219
Technisches Kulturgut 183
Technokraten 88
Telford Neue Stadt 118
Telford, Thomas 222
Textilfabrik Ermen und Engels, **Engelskirchen** 233
Textilfabrik Le Blan, **Lille** 223

Textilfabrik, **Cromford bei Ratingen** 233
Textilindustrie 16
TH Berlin-Charlottenburg 12, 17, 30, 36, 75
Theile, Wilfried 196
Thomas-Müntzer-Schacht, **Sangerhausen** 201
Thun, Alphons 16
TICCIH-Verband 123
Tourismus 110, 276
Translozierung 17, 42, 56, 199, 240
Trinder, Barrie 118
Tuchfabrik Müller, **Euskirchen-Kuchenheim** 190, 233
Turin, Lingotto 223

Uecker, Günter 186
Ulrich, Ernst 165
Umbaulösungen 265
Umnutzung 198, 202, 218, 220, 221, 222, 227, 228, 231
Umwelt 265, 266
UNESCO-Weltkulturerbekonvention 271
Universität Dortmund 157
Universität Bath 114
Unna-Königsborn 45, 51, 54
USA 49, 88, 108, 114, 123, 179, 191, 193, 201, 222, 223

VDI 29, 41, 55, 118
Veblen, Thorstein 273
Verbeek, Hans 76
Verein Deutscher Eisenhüttenleute 47
Vergiftung 282

Verkehrs- und Baumuseum, **Berlin** 232, 239
Verkehrsanlagen 118, 122, 161
Verkehrsbauten 15
Victorian Technology Survey 115
Vitruv 9, 10
Völklingen, Hochofenwerk 190, 196, 234, 238
Volkskunde 128, 149, 193
Vorholz, Fritz 277, 282

Wächtler, Eberhard 194, 196
Wagenbreth, Otfried 194, 196
Wagener, Wolfgang 163
Wagner, Otto 74
Wailes, Rex 39, 111, 113
Wales 111
Wallraff, Günter 150
Warschau, Technikmuseum 31, 39
Wasserkraft 16
Wasserturm 229
Wasserwerk 226
Watkins, George 111
Wegwerfgesellschaft 278
Weidenau an der. Sieg, Fickenhammerhütte 44
Weiße Elefanten 273
Weiternutzung 273, 276
Weltausstellung 14, 80, 274
Weltkulturerbe 196
Weltwirtschaftskrise 34, 79
Wendener Hütte 47
Werkbund-Archiv 155
Werkbund-Diskussion 155
Westfalen 122, 189
Westfälisches Freilichtmuseum Technischer Kulturdenkmale, **Hagen** 43
Westfälisches Industriemuseum 187, 232, 244
Westfälisches Industriemuseum, Textilfabrik, **Bocholt** 46
Westwall 201
Wetter, Burg 219
Wiederaufbau 120, 122, 146, 147, 179
Wiedervereinigung 272
Wielicka (Polen) 196
Wien 31, 229
Wildeman, Theodor 39, 41, 48, 51, 53, 236

Wind- und Wassermühlen 232
Windmühlen 33, 51, 220
Windmühlenaktion 48, 49, 236
Winckelmann, Johann Joachim 9
Wirtschaftsförderung 275
Wirtschafts- und Sozialgeschichte 109, 114
Wirtschaftswissenschaft 16
Wocklumer Luisenhütte 47
Wolff-Metternich, Franz Graf 48
Wolters, Rudolf 91
Worldwide Fund for Nature (WWF) 266
Wörlitzer Ökonomie 276
Wright of Derby, Joseph 18
Wright, Frank Lloyd 88
Wright, Gebrüder 32
Wuppertal, Goldzack-Fabrik 224
Wuppertal-Barmen 34
Wuppertaler Schwebebahn 245

York 111

Zaanse Schans, NL 39
Zeche Adolph von Hansemann, **Dortmund** 187
Zeche Carl, **Essen** 153, 224
Zeche Germania, **Dortmund** 198
Zeche Hannover, **Bochum** 233
Zeche Nachtigall, **Witten** 233
Zeche Westhausen, **Dortmund** 187
Zeche Zollern II/IV, **Dortmund** 186, 195, 232
Zeche Zollverein, **Essen** 190, 196, 226, 275
Zeisehallen, **Hamburg** 224
Zeitschrift Industriebau 77
Zeitz, Braunkohlemuseum 234
Ziegelei Sylbach, **Lage (Westf.)** 233
Zingst an der Ostsee, Windmühle 42
Zink 54
Zinkfabrik Altenberg 233
Zivilisation 264
Zlonicky, Peter 272
Zollern-Institut 187
Zürich 234
Zweiter Weltkrieg 109, 110, 111, 118, 146

Abbildungsnachweis

8	LS Denkmalpflege (Eva Potthoff)
10	Ebhardt, Die zehn Bücher des Vitruv, S. 30
11	Dombauarchiv Köln (Matz/Schenk)
12	Klingender, Kunst und Revolution, 1974, Abb. 77
13	Wirtgen-Dusart, Visages Industriels, 1981, S. 83
14	Meier-Graefe, Weltausstellung Paris 1900, S. 171
15	Pachtner, Borsig, 1943, vor S. 161
16	RIM (Stadtarchiv Ratingen)
17	Landesbildstelle Berlin
19	AK Industrie und Technik in der dt. Malerei, 1969, S. 64 (Märkisches Museum, Berlin)
20	Raistrick, Industrial Archaeology, 1972, Abb. 4 (British Museum)
22	Wegner: Schinkel, Reise nach Frankreich und England
25	Fritz, Dortmund, Bilder aus vier Jahrhunderten, 1966, S. 71
27	Hist. Archiv Bayer AG
28	RAD
31/1	Deutsches Museum, München
31/2	Henry Ford Museum, Detroit
32	Schmidt/Theile 1989, Bd.1, S. 70
34	Matschoß/Lindner 1932, S. 20
36	Privatbesitz
38	RAD
39	Privatbesitz
40	RAD
41	RAD
42	Schmidt/Theile 1989, Bd.1, S. 69
43	Claas, Die technischen Kulturdenkmale ... , 1939, Abb. 1
45	WFLM Hagen, Sammlung Claas
46	Historisches Archiv, Krupp
47	Matschoß/Lindner 1932, S. 72
49	RWWA, Köln, Bestand KHD
50	Hist. Museum Bielefeld
52	Gemeinde Hüven
53	Matschoß/Lindner 1932, S. 29
54	WAfD
56	Kur/Wolf, Wassermühlen, 1992, S. 106
57	RAD
72	LS Denkmalpflege (Eva Potthoff)
75	Buddensieg, Behrens, 1979, S. D18
76/1	ZS Industriebau 1910
76/2	SLAfD
77/1	ZS Industriebau 1910, 1911
77/2	ZS Industriebau 1910, 1911
79	Ullstein Bilderdienst, Berlin
80	Städt. Kunsthalle Recklinghausen
82	Werkbund-Jahrbuch 1913
83	archithese 1.94, S. 19
84	Kollmann, Schönheit der Technik, 1928
85	LDA Baden-Württemberg
87	Busch, Schupp & Kremmer, 1980, S. 76

89/1	Taschenbuch Schönheit der Arbeit 1937
89/2	Taschenbuch Schönheit der Arbeit 1937
89/3	Stommer, Reichsautobahn, 1982, S. 35, 107
90	Stommer, Reichsautobahn, 1982, S. 35, 107
91	Durth/Gutschow, Architektur und Städtebau der 30er/40er Jahre, 1993, S. 30
93	RBA
94	Högl, Dortmund im Wiederaufbau, 1985 (Stadtarchiv Dortmund)
98	Schulze-Naumburg, Kulturarbeiten, Bd. 1, 1922, S. 344
101	Kollmann, Schönheit der Technik, 1928, S. 67
106	LS Denkmalpflege (Eva Potthoff)
110	Gladwin, A Pictoral History of Canals, 1977, S. 93
111	IAR Bd. XVI, H. 1 (Nat. Monuments Record, Watkins Collection)
112	Richards/de Maré: The Functional Tradition, 1968 (Eric de Maré)
113	Cossons, Industrial Archaeology, S. 331
114	Hudson, World Industrial Archaeology, 1979, S. 21
115/2	Hudson, The Archaeology of Industry, S. 57
117	Black Country Museum, Dudley
119	SLAfD
120	Klaus Michael Lehmann, Castrop-Rauxel
122	Denkmalpflege in der BRD, 1975, S. 54
123	Nisser, Industriminnen, 1979, S. 39
126	archithese 5.80
129	Burton, Remains of a Revolution, 1974, S. 96 (Clive Coote)
144	Carl Andreas Abel © VG Bild-Kunst, Bonn 2000
146	Högl, Dortmund im Wiederaufbau, 1985, S. 49 (Stadtarchiv Dortmund)
147	Chargesheimer (Museum Ludwig, Köln)
149	KVR
153/1	Schneider, Fabriketagen. Leben in alten Industriebauten, 1997
153/2	AK Das darf nicht weg! 1983, S.15
154	Siepmann, Alchemie des Alltags, 1987, S. 93
155	Buddensieg/Rogge, AK Die nützlichen Künste, 1981, S. 23
157/2	Museumskatalog Rüsselsheim
160	Daumas, L'archéologie industriel en France, 1980, S. 139
163	Föhl, Bauten der Industrie und Technik, 1994, S. 141
166	Klaus Michael Lehmann, Castrop-Rauxel
178	LS Denkmalpflege (Eva Potthoff)
180	Eine Zukunft für unsere Vergangenheit, 1975
181/2	Stadterneuerung in der Industrielandschaft (Broschüre MSWV NRW), S. 17
183	RAD
184	Günter, Leben in Eisenheim, 1980, S. 32
185	RAD
186	Cantacuzino, New Uses for Old Buildings, 1975, S. 256
187/1	Bauwelt 1969, S. 735
187/2	WAfD
188/1	LVR, Archiv
188/2	LVR, Archiv
188/3	Tatort Fabrik/RIM Euskirchen-Kuchenheim
189	Denkmalpflege in Baden-Württemberg 2/93, S. 112
190	Hudson, World Industrial Archaeology, 1979, S. 21
191	Hay/Stell, Monuments of Industry, 1986

192	Re-Architecture, Old Buildings /New Uses, 1989, S. 133
193	LS Denkmalpflege (Alexander Kierdorf)
194	RAD
195	Beck, Industriearchitektur in Karlsruhe, 1981, S. 137
197	Buschmann, Eisen und Stahl, 1989, S. 74
198	Museumskatalog WFLM Hagen
199/1	Busch, Schupp & Kremmer, 1980, S. 142
199/2	Busch, Schupp & Kremmer, 1980, S. 142
200	WAfD
216	LS Denkmalpflege (Elmar Wiedenhöver)
218	Hassler, Die Eremitage Waghäusel, S. 20
219	Crowley, Beam Engines, S. 8
220	Ak Das darf nicht weg! 1983, S. 14
222	Détruire les Halles (Claude Caroli)
223/1	Cantacuzino/Brandt, Saving Old Buildings, 1980
223/2	Pelissier, Reichen & Robert, 1994, S. 37
224/1	Medien-Fabrik Zeisehallen, 1993, S. 98
224/2	WAfD
225	Dt. Architekturpreis 1987
226	LS Denkmalpflege
227	Naib, European Docklands, 1991, S. 34
228	Steele, Museum Builders, 1994, S. 63
229	Cantacuzino/Brandt, Saving Old Buildings, 1980, S. 63
230	IBA EmscherPark
232	Wagenbreth/Wächtler 1983, S. 329
235	Roseneck, Der Rammelsberg, 1992, S. 169
237	Wagenbreth/Wächtler 1983, S. 258
238	Dt. Ges. f. Industriekultur, Duisburg
239	Gottwald/Steinle, Verkehrs- und Baumuseum „Hamburger Bahnhof", 1984, S. 29
244/1	Katalog Museum Auto und Technik Sinsheim
244/2	Katalog Museum Auto und Technik Sinsheim
245	LS Denkmalpflege (Alexander Kierdorf)
262	Stiftung Bauhaus Dessau, Archiv Industrielles Gartenreich
264	LS Denkmalpflege
271	© Albert Renger-Patzsch Archiv/A nn und Jürgen Wilde/VG Bild-Kunst
274	LS Denkmalpflege
275	LS Denkmalpflege (Alexander Kierdorf)
283/1	Sabine Sauer, Berlin
283/2	Sabine Sauer, Berlin
283/3	Sabine Sauer, Berlin
286	IBA EmscherPark
289	IBA EmscherPark
290	KVR

Abkürzungsverzeichnis

ADB	Allgemeine Deutsche Biographie	HAER	Historic American Engineering Record	RAD	Rheinisches Amt für Denkmalpflege
ADH	Arbeitshefte zur Denkmalpflege in Hamburg	IA	Industrial Archaeology (ZS)	RBA	Rheinisches Bildarchiv (Köln)
AEG	Allgemeine Elektrizitätsgesellschaft	IAR	Industrial Archaeology Review (ZS)	RDK	Reallexikon zur Deutschen Kunstgeschichte
AIA	Association of Industrial Archaeology	IB	Zentralblatt für Industriebau	RHP	Rheinische Heimatpflege (ZS)
AIV	Architekten- und Ingenieurverein	IBA	Internationale Bauausstellung	RIM	Rheinisches Industriemuseum
		ICOM	International Council of Museums	RP	Die Rheinprovinz (ZS)
ALVR	Archiv des Landschaftsverbandes Rheinland	ICOMOS	International Council of Monuments and Sites	RWTH	Rheinisch-Westfälische Technische Hochschule Aachen
AR	Architectural Review (ZS)	IHK	Industrie- und Handelskammer	RWWA	Rheinisch-Westfälisches Wirtschaftsarchiv (Köln)
BDI	Bundesverband der Deutschen Industrie	IMS	Industrial Monuments Survey	SBW	Stadtbauwelt (ZS)
BEIA	The Blackwell Encyclopedia of Industrial Archaeology	JBD	Jahrbuch der Bayerischen Denkmalpflege	SIA	Schweizer Ingenieur und Architekt (ZS)
				SICCIM	Second International Conference for the Conservation of Industrial Monuments
BGT	Blätter für die Geschichte der Technik (ZS)	JDWB	Jahrbuch des Deutschen Werkbundes		
BJB	Brandenburgische Jahrbücher	JGT	Jahrbuch Geschichte der Technik	SLAfD	Sächsisches Landesamt für Denkmalpflege
BRD	Bundesrepublik Deutschland	JRD	Jahrbuch der Rheinischen Denkmalpflege	SPAB	Society for the Protection of Ancient Buildings
BW	Bauwelt (ZS)				
DAI	Deutsches Archäologisches Institut	JRIBA	Journal of the Royal Institution of British Architects	STE	Stahl und Eisen (ZS)
DB	Deutsche Bauzeitung	kb	kritische berichte	SWWA	Stiftung Westfälisches Wirtschaftsarchiv (Dortmund)
DBZ	Deutsche Bauzeitschrift	KuT	Kultur und Technik (ZS)	TC	ZS Technology and Culture
DDR	Deutsche Demokratische Republik	KVR	Kommunalverband Ruhrgebiet	TG	ZS Technikgeschichte
		LDA	Landesdenkmalamt	TH	Technische Hochschule
DEMAG	Deutsche Maschinenbau Aktiengesellschaft	LVR	Landschaftsverband Rheinland	TICCIH	The International Committee for the Conservation of the Industrial Heritage
DGM	Deutsche Gesellschaft für Mühlenerhaltung und Mühlenkunde	MIAG	Mühlenbau- und Industrie-AG		
		MJK	Marburger Jahrbuch für Kunstgeschichte	TKD	Technische Kulturdenkmale (ZS)
DiR	Denkmalpflege im Rheinland (ZS)	MK	Museumskunde (ZS)	TNS	Transactions of the Newcomen Society (ZS
		MLSH	Mitteilungen des Landesvereins Sächsischer Heimatschutz (ZS)	VDI	Verein Deutscher Ingenieure
DiRP	Denkmalpflege in Rheinland-Pfalz (ZS)			VEB	Volkseigener Betrieb
		MRV	Mitteilungen des Rheinischen Vereins	WAfD	Westfälisches Amt für Denkmalpflege (Münster)
DKD	Deutsche Kunst und Denkmalpflege (ZS)	MUT	Mitteldeutscher Umwelt- und Technologiepark	WFLM	Westfälisches Freilichtmuseum
DM	Deutsches Museum (München)	NDB	Neue Deutsche Biographie	WIM	Westfälisches Industriemuseum
DSD	Deutsche Stiftung Denkmalschutz	NICCIM	Ninth International Conference on the Conservation of Industrial Monuments	WZD	Wissenschaftliche Zeitschrift der TH Dresden
DSI	Denkmalschutz-Informationen (ZS)			WZW	Wissenschaftliche Zeitschrift der TH Weimar
ETH	Eidgenössische Technische Hochschule	NRW	Nordrhein-Westfalen	ZRVDH	Zeitschrift des Rheinischen Vereins für Denkmalpflege und Heimatschutz
FAZ	Frankfurter Allgemeine Zeitung	NSDAP	Nationalsozialistische Deutsche Arbeiterpartei		
FICCIM	First International Conference for the Conservation of Industrial Monuments	ÖZKD	Österr. Zeitschrift für Kunst und Denkmalpflege	ZS	Zeitschrift